梁启超 著

大学者谈史系列

中国史散论

中国文史出版社

图书在版编目（CIP）数据

中国史散论 / 梁启超著 . —— 北京：中国文史出版社，2023.7

（大学者谈史系列 / 史鸣主编）

ISBN 978-7-5205-4131-2

Ⅰ . ①中… Ⅱ . ①梁… Ⅲ . ①中国历史 – 文集 Ⅳ . ① K207-53

中国国家版本馆 CIP 数据核字 (2023) 第 105246 号

责任编辑：方云虎

出版发行：中国文史出版社

社　　址：北京市海淀区西八里庄路 69 号院　　邮编：100142

电　　话：010-81136606　81136602　81136603（发行部）

传　　真：010-81136655

印　　装：廊坊市海涛印刷有限公司

经　　销：全国新华书店

开　　本：16 开

印　　张：40.5

字　　数：470 千字

版　　次：2024 年 1 月北京第 1 版

印　　次：2024 年 1 月第 1 次印刷

定　　价：118.00 元

编者说明

　　近代著名百科全书式学者梁启超于中国历史深有研究，是20世纪前期创建我国近代史学理论的代表人物。1901—1902年，他先后撰写《中国史叙论》和《新史学》，批判封建史学，发动"史学革命"。除享誉史林的经典著作《中国近三百年学术史》《中国历史研究法》外，他还写有多篇史学论文，涉及中国早期历史、政治、经济、文化、思想、宗教、人口、地理等多方面，多有创见，回应时代，影响超越学界。这些文章没有单独出版，本书将其搜罗集中，汇编于一体，虽为散论，但有助于了解梁启超学术思想变化的脉络，及其史学主张和史学研究之全貌。

　　本书的编辑重点参考了不同版本的《梁启超全集》和《饮冰室全集》，订正了个别错讹。

编　者

目　录

中国史叙论

第一节　史之界说

史也者，记述人间过去之事实者也。虽然，自世界学术日进，故近世史家之本分，与前者史家有异。前者史家，不过记载事实；近世史家，必说明其事实之关系，与其原因结果。前者史家，不过记述人间一二有权力者兴亡隆替之事，虽名为史，实不过一人一家之谱牒；近世史家，必探察人间全体之运动进步，即国民全部之经历及其相互之关系。以此论之，虽谓中国前者未尝有史，殆非为过。

法国名士波留氏尝著《俄国通志》，其言曰：俄罗斯无历史，非无历史也。盖其历史非国民自作之历史，乃受之自他者也；非自动者而他动者也。其主动力所发或自外，或自上，或自异国，或自本国。要之，皆由外部之支配，而非由内部之涨生，宛如镜光云影，空过于人民之头上。故只有王公年代记，不有国民发达史，是俄国与西欧诸国所以异也云云。今吾中国之前史，正坐此患。吾当讲此史时，不胜惭愤者在于是；吾当著此史时，无限困难者在于是。

德国哲学家埃猛埒济氏曰：人间之发达凡有五种相：一曰智力（理学及智识之进步，皆归此门），二曰产业，三曰美术（凡高

1

等技术之进步，皆归此门），四曰宗教，五曰政治。凡作史、读史者，于此五端忽一不可焉。今中国前史以一书而备具此五德者，固渺不可见，即专详一端者，亦几无之。所陈陈相因者，惟第五项之政治耳。然所谓政治史，又实为纪一姓之势力圈，不足以为政治之真相。故今者欲著中国史，非惟无成书之可沿袭，即搜求材料于古籍之中，亦复片鳞残甲，大不易易。

第二节　中国史之范围

甲、中国史与世界史。今世之著世界史者，必以泰西各国为中心点，虽日本、俄罗斯之史家（凡著世界史者，日本、俄罗斯皆摈不录）亦无异议焉。盖以过去、现在之间，能推衍文明之力以左右世界者，实惟泰西民族，而他族莫能与争也。虽然，西人论世界文明最初发生之地有五：一曰小亚细亚之文明，二曰埃及之文明，三曰中国之文明，四曰印度之文明，五曰中亚美利加之文明。而每两文明地之相遇，则其文明力愈发现。今者左右世界之泰西文明，即融洽小亚细亚与埃及之文明而成者也。而自今以往，实为泰西文明与泰东文明（即中国之文明）相会合之时代，而今日乃其初交点也。故中国文明力未必不可以左右世界，即中国史在世界史中，当占一强有力之位置也。虽然，此乃将来所必至，而非过去所已经。故今日中国史之范围，不得不在世界史以外。

乙、中国史与泰东史。泰东史者，日本人所称东洋史也。泰东之主动力全在中国，故泰东史中中国民族之地位，一如世界史中阿利扬民族之地位。日本近来著东洋史者日增月盛，实则中国史之异名耳。今吾所述,不以泰东史名之者,避广阔之题目,所以免汗漫挂漏,而供简要切实之研究也。至于二千年来亚洲各民族与中国交涉之事最繁赜,自归于中国史之范围,固不待言。

第三节 中国史之命名

吾人所最惭愧者,莫如我国无国名之一事。寻常通称,或曰诸夏,或曰汉人,或曰唐人,皆朝名也;外人所称,或曰震旦,或曰支那,皆非我所自命之名。以夏、汉、唐等名吾史,则戾尊重国民之宗旨;以震旦、支那等名吾史,则失名从主人之公理;曰中国、曰中华,又未免自尊自大,贻讥旁观。虽然,以一姓之朝代而污我国民,不可也;以外人之假定而诬我国民,犹之不可也。于三者俱失之中,万无得已,仍用吾人口头所习惯者,称之曰“中国史”。虽稍骄泰,然民族之各自尊其国,今世界之通义耳。我同胞苟深察名实,亦未始非唤起精神之一法门也。

第四节 地势

中国史所辖之地域,可分为五大部:一中国本部,二新疆,三青海、西藏,四蒙古,五满洲。东半球之脊,实为帕米尔高原,亦称葱岭,盖诸大山脉之本干也。葱岭向东,衍为三派,其中部一派为昆仑山脉,实界新疆与西藏焉。昆仑山脉复分为二:

其一向东，其一向东南。向东南者名巴颜喀喇山，界青海与西藏，入中国内地，沿四川省之西鄙，蔓延于云南、两广之北境，所谓南岭者也。其向东者名祁连山，亘青海之北境，其脉复分为二：一向正东，经渭水之上流，蔓延于陕西、河南，所谓北岭者也；一向东北，沿黄河亘长城内外者为贺兰山，更北为阴山，更北为兴安岭，纵断蒙古之东部，而入于西伯利亚。盖中国全部山岭之脉络，为一国之主干者，实昆仑山也。

使我中国在亚洲之中划然自成一大国者，某大界线有二：而皆发自帕米尔高原。其在南者为喜马拉耶山，东行而界西藏与印度之间；其在北者为阿尔泰山，实为中俄两国天然之界限焉。在昆仑山与阿尔泰山之中，与昆仑为平行线者为天山，横断新疆全土，分为天山南北路，而终于蒙古之西端。

中国之大川，其发源之总地有二：其一在中国本部者，曰黄河、曰扬子江、曰西江、曰金沙江，皆发源于新疆、西藏之间；其二在中国东北部者，曰黑龙江之上流斡难河、克尔伦河，其支流之嫩江，曰色楞格河、曰鄂尔坤河等，皆发源于蒙古之北部。大抵诸大川河中与历史最有关系者为扬子江，其次为黄河，其次为西江、黑龙江。

蒙古及新疆虽为诸大河之发源地，但其内部沙漠相连，戈壁瀚海，准噶尔之诸沙漠，殆占全土之大半。故河水多吸收于沙漠中，或注泻于盐湖。

地理与历史，最有紧切之关系，是读史者所最当留意也。高原适于牧业，平原适于农业，海滨、河渠适于商业。寒带之民擅长战争，温带之民能生文明。凡此皆地理、历史之公例也。我中国之版图，包有温、寒、热之三带，有绝高之山，有绝长之河，有绝广之平原，有绝多之海岸，有绝大之沙漠。宜于耕，宜于牧，宜于虞，宜于渔，宜于工，宜于商，凡地理上之要件与特质，我中国无不有。故按察中国地理，而观其历史上之变化，实最有兴味之事也。中国何以能占世界文明五祖之一？则以黄河、扬子江之二大川横于温带，灌于平原故也。中国文明何以不能与小亚细亚之文明、印度之文明相合集而成一繁质之文明？则以西北之阿尔泰山、西南之喜马拉耶山为之大障也。何以数千年常有南北分峙之姿势？则长江为之天堑，而黄河沿岸与扬子江沿岸之民族，各各发生也。自明以前，何以起于北方者其势常日伸，起于南方者其势常日蹙？以寒带之人常悍烈，温带之人常文弱也。东北诸胡种何以二千余年迭篡中夏？以其长于猎牧之地，常与天气及野兽战，仅得生存，故其性好战狠斗，又惯游牧，逐水草而居，故不喜土著而好侵略。而中国民族之性质适与相反也。彼族一入中国，何以即失其本性，同化于汉人？亦地质使之然也。各省地方自治制度何以发达甚早？则以幅员太大，中央政府之力常不能及，故各各结为团体，以自整理也。何以数千年蜷伏于君主专制政治之下，而民间曾不能自布国宪？亦以地太大，团体太散，交通不便，联结甚难，故一二枭雄之民贼，常得而操纵之也。何以不能伸权力于国外？则以平原膏腴，足以自给，非如古代之希腊、腓尼西亚及近代之英吉利，必恃国外之交通以为生活，故冒险远行之性质不起也。近年情形何以与昔者常相反？则往时主动力者常在盘踞平原之民族，近时主动力者常在沿居海岸之民族，世界之大势，驱迫使然也。凡此诸端，无不一一与地理有极要之关系。故地理与人民二者常相待，然后文明以起，历史以成。若二者相离，则无文明，无历史。其相关之要，恰如肉体与灵魂相待以成人也。

第五节　人种

种界者，今日万国所断断然以争之者也。西人分世界人种或为五种或为三种，或为七种，而通称我黄色种人谓为蒙古种。此西人暗于东方情实，谬误之谈也。今考中国史范围中之各人种，不下数十，而最著明有关系者，盖六种焉：

其一苗种。是中国之土族也。犹今日阿美利加之红人、澳大利亚之黑人也。其人在历史以前曾占重要之地位，自汉族日渐发达，苗种即日就窘迫，由北而南，今犹保残喘于湖南、贵州、云南、广西之间。其在安南、缅甸等地亦间有焉。

其二汉种。即我辈现时遍布于国中，所谓文明之胄、黄帝之子孙是也。黄帝起于昆仑之墟，即自帕米尔高原东行而入于中国。栖于黄河沿岸，次第蕃殖于四方。数千年来，赫赫有声于世界，所谓亚细亚之文明者，皆我种人自播之而自获之者也。

其三图伯特种。现居西藏及缅甸之地。即殷周时代之氐羌，秦汉之际之月氏，唐时之吐蕃，宋时之西夏，皆属此族。

其四蒙古种。初起于贝加尔湖之东隅一带，次第南下，今日蔓延于内、外蒙古及天山北路一带之地。元朝即自此族起混一中国，威震全地。印度之谟嘉尔帝国，亦此族所建设也。

其五匈奴种。初蕃殖于内、外蒙古之地，次第西移。今自天山南路以至中亚细亚一带之地，多此族所占据。周以前之獫狁，汉代之匈奴，南北朝之柔然，隋之突厥，唐之回纥，皆属此族。现今欧洲土耳其国，亦此族所建立也。

其六通古斯族。自朝鲜之北部，经满洲而蔓延于黑龙江附近之地者，此种族也。秦汉时代之东胡，汉以后之鲜卑，隋及初唐之靺鞨，晚唐、五代之契丹，宋之女真，皆属此族。今清朝亦自此兴者也。

西教徒所主张，以谓全世界之人类，皆由最初之一男一女而生。但今日世界大通，人种学大明，此论之无稽殆不足辩。然则各种、各族各自发生，其数之多，殆不可思议，且也错居既久，婚姻互通，血统相杂，今欲确指某族某种之分界线，其事盖不易易。况游牧民族迁徙无常，立于数千年之后，而指前者发现于历史上之民族，一一求今之民族以实之，非愚则诬。故今日以六种族包括中国史内之人民，诚不免武断挂漏之讥。但民族为历史之主脑，势不可以其难于分析而置之不论，故举其在史上最有关系者约而论之云尔。

今且勿论他族，即吾汉族，果同出于一祖乎？抑各自发生乎？亦一未能断定之问题也。据寻常百家姓谱，无一不祖黄帝。虽然，江南民族自周初以至战国，常见有特别之发达，其性质、习俗颇与河北民族异其程度。自是黄河沿岸与扬子江沿岸，其文明各自发达，不相承袭。而瓯、闽、两粤之间，当秦汉时亦既已繁盛，有独立之姿。若其皆自河北移来，则其移住之岁月及其陈迹，既不可考见矣。虽然，种界者本难定者也，于难定之中而强定之，则对于白、棕、红、黑诸种，吾辈划然黄种也，对于苗、图伯特、蒙古、匈奴、满洲诸种，吾辈庞然汉种也。号称四万万同胞，谁曰不宜？

第六节　纪年

纪年者，历史之符号，而于记录考证所最不可缺之具也。以地理定空间之位置，以纪年定时间之位置，二者皆为历史上最重要之事物。凡符号之优劣，有一公例，即其符号能划一，以省人之脑力者为优，反是则为劣，是也。故凡野蛮时代之符号，必繁而杂；凡文明时代之符号，必简而整。百端皆然，而纪年其一端也。古代之巴比伦人，以拿玻呐莎王为纪元（在今西历纪元前747年）；希腊人初时，以执政官或大祭司在位之时按年纪之，其后改以和灵比亚之大祭为纪元（当纪元前767年）；罗马人以罗马府初建之年为纪元（当纪元前753年）；回教国民以教祖摩哈默德避难之年为纪元（当纪元后622年）；犹太人以《创世纪》所言世界开辟为纪元（当纪元前3761年）。自耶稣立教以后，教会以耶稣流血之年为纪元，至第六世纪，罗马一教士乃改用耶稣降生为纪元，至今世界各国用之者过半。此泰西纪年之符号逐渐改良，由繁杂而至简便之大略也。吾中国向以帝王称号为纪，一帝王死，辄易其符号，此为最野蛮之法（秦汉以前各国各以其君主分纪之，尤为野蛮之野蛮），于考史者最不便。今试于数千年君主之年号，任举其一以质诸学者，虽最淹博者亦不能具对也。故此法必当废弃，似不待辨。惟废弃之后，当采用何者以代之，是今日著中国史一紧要之问题也。甲说曰：当采世界通行之符号，仍以耶稣降生纪元。此最廓然大公，且从于多数，而与泰西交通利便之法也。虽然，耶稣纪元虽占地球面积之多数，然通行之之民族亦尚不及全世界人数三分之一，吾贸然用之，未免近于徇众趋势。其不便一。耶稣虽为教主，吾人所当崇敬，而谓其教旨遂能涵盖全世界，恐不能得天下后世人之画诺，贸然用之，于公义亦无所取。其不便二。泰东史与耶稣教关系甚浅，用之种种不合，且以中国民族固守国粹之性质，欲强使改用耶稣纪年，终属空言耳。其不便三。有此三者，此论似可抛置。乙说曰：当用我国民之初祖黄帝为纪元，此唤起国民同胞之思想，增长团结力之一良法也。虽然，自黄帝以后，中经夏、殷，以迄春秋之初年，其史记实在若茫若昧之中，无真确之年代可据，终不能据一书之私言，以武断立定之，是亦美犹有憾者也。其他近来学者，亦有倡以尧纪元，以夏禹纪元，以秦一统纪元者，然皆无大理公益之可援引，不必多辩。于无一完备之中，惟以孔子纪年之一法，为最合于中国。孔子为泰东教主、中国第一之人物，此全国所公认也。而中国史之繁密而可纪者，皆在于孔子以后。故援耶教、回教之例，以孔子为纪，似可为至当不易之公典。司马迁作《史记》，既频用之，但皆云孔子卒后若干年，是亦与耶稣教会初以耶稣死年为纪，不谋而合。今法其生不法其死，定以孔子生年为纪，此吾党之微意也。

但取对勘之便，故本书纪年以孔子为正文，而以历代帝王年号及现在通行西历，分注于其下。

第七节　有史以前之时代

史者，记人间世过去之事者也。虽然，人类之起源远在书契以前，其详靡得而稽焉。《春秋纬》称自开辟至于获麟，凡三百二十七万六千岁，分为十纪。其荒诞固不足道，而要之必有悠远之时代，无可疑也。洪水时代实为全世界公共纪念物，故截称洪水以前为无史时代，洪水以后为有史时代，亦不为过。虽然，洪水之起源及其经过之年代，虽以今世地质学家考据极周密，然犹纷纷莫衷一是。故以洪水平息后，始可为真正之有史时代。中国自古称诸夏，称华夏，夏者以夏禹之朝代而得名者也。中国民族之整然成一社会，成一国家，实自大禹以后。若其以前，则诚有如《列子》所谓三皇之事，若存若亡；五帝之事，若觉若梦者。其确实与否，万难信也。故中国史若起笔于夏禹，最为征信。虽然，中国为全世界文明五种源之一，其所积固自深远。而黄帝为我四万万同胞之初祖，唐、虞、夏、商、周、秦之君统，皆其裔派，颇有信据。计自黄帝至夏禹，其间亦不过数百年，然则黄帝时去洪水之年亦已不远。司马迁作《史记》，托始黄帝，可谓特识。故今窃取之，定黄帝以后为有史时代。

1847 年以来，欧洲考古学会专派人发掘地中遗物，于是有史以前之古物学，遂成为一学派。近所订定而公认者，有所谓史前三期：其一石刀期，其二铜刀期，其三铁刀期。而石刀期中，又分为新、旧二期，此进化之一定阶级也。虽其各期之长短久暂，诸地不同，然其次第则一定也。据此种学者之推度，则地球生物之起源在一万万年以前，而人类之遗迹，亦在一万年乃至十万年以前云。中国虽学术未盛，在下之层石未经发见，然物质上之公例，无论何地皆不可逃者也。故以此学说为比例，以考中国有史前之史，决不为过。据此种学者所称新、旧两石刀期，其所经年代最为绵远。其时无家畜，无陶器，无农产业。中国当黄帝以前，神农已作耒耜，蚩尤已为弓矢，其已经过石器时代，交入铜器时代之证据甚多。然则人类之起，遐哉邈乎！远在洪水时代以前，有断然也。

又以人群学之公例言之，凡各人群，必须经过三种之一定时期，然后能成一庞大固结之团体。第一为各人独立，有事则举酋长之时期；第二为豪族执政，上则选置君主，下则指挥人民之时期；第三为中央集权渐渐巩固，君主一人专裁庶政之时期。斯宾塞尔《群学》云："譬有一未成规律之群族于此，一旦或因国迁，或因国危，涌出一公共之问题，则其商量处置之情形如何？必集其民众于一大会场，而会场之中自然分为二派。其甲派，则老成者，有膂力者，阅历深而有智谋者，为一领袖团体，以任调查事实、讨议问题之事；其乙派，则少年者，老羸者，智勇平凡者，为一随属团体，占全种族之大部分。其权利义务，不过傍听甲派之议论，为随声附和之可否而已。又于领袖团体之中，必有一二人有超群拔萃之威德，如老成之狩猎家，或狡狯之妖术家。尊在会场决策而任行之，即被举为临事之首领"云云。然则一群之中，自然划分为三种之人物：即其一最多数之随属团体，即将来变成人民之胚胎也；其二则少数之领袖团体，即将来变成豪族之胚胎也；其三则最少数之执行事务委员，即将来变成君主之胚胎也。凡此三种人物，当其在太古野蛮时代常相集合，距离不甚远；又至今日文明时代亦相结合，距离不甚远。惟中间所经过之趋势，则三者常日渐分离。其政权由多数而浸归于少数，由少数而浸归于最少数。盖其初时，人人在本群，为自由之竞争，非遇有外敌，则领袖团体殆为无用。其后因外敌数见，于是临时首领渐变而为常任首领，而领袖团体之权力日以大焉。又其后此领袖团体中之有力者，各划分权力范围，成封建割据之形，而兼并力征之势日盛，久乃变成中央集权之君主政体。此历代万国之公例也。我中国当黄帝、尧、舜之时，纯然为豪族执政之时期，而且中央集权君主专裁之制，亦已萌芽发达，亦可见我中国有史以前，既经绝远之年代，而文明发达之早，诚足以自豪于世界也。

第八节　时代之区分

叙述数千年之陈迹，汗漫邈散，而无一纲领以贯之，此著者、读者之所苦也，故时代之区分起焉。中国二十四史，以一朝为一史，即如《通鉴》号称通史，然其区分时代，以《周纪》《秦纪》《汉纪》等名。是由中国前辈之脑识，只见有君主，不见有国民也。西人之著世界史，常分为上世史、中世史、近世史等名。虽然，时代与时代相续者也，历史者无间断者也。人间社会之事变，必有终始、因果之关系。故于其间若欲划然分一界线，如两国之定界约焉，此实理势之所不许也。故史家惟以权宜之法，就其事变之著大而有影响于社会者，各以己意约举而分之，以便读者。虽曰武断，亦不得已也。

第一上世史。自黄帝以迄秦之一统，是为中国之中国，即中国民族自发达、自竞争、自团结之时代也。其最主要者，在战胜土著之蛮族，而有力者及其功臣子弟分据各要地，由酋长而变为封建。复次第兼并，力征无已时。卒乃由夏禹涂山之万国，变为周初孟津之八百诸侯，又变而为春秋初年之五十余国，又变而为战国时代之七雄，卒至于一统。此实汉族自经营其内部之事。当时所交涉者，惟苗种诸族类而已。

第二中世史。自秦一统后至清代乾隆之末年，是为亚洲之中国，即中国民族与亚洲各民族交涉繁赜、竞争最烈之时代也。又中央集权之制度日就完整，君主专制政体全盛之时代也。其内部之主要者，由豪族之帝政变为崛起之帝政；其外部之主要者，则匈奴种、西藏种、蒙古种、通古斯种次第错杂，与汉种竞争。而自形质上观之，汉种常失败；自精神上观之，汉种常制胜。及此时代之末年，亚洲各种族渐向于合一之势，为全体一致之运动，以对于外部大别之种族。

或问曰：此中世史之时代，凡亘二千年，不太长乎？曰：中国以地太大、民族太大之故，故其运动进步常甚迟缓。二千年来，未尝受亚洲以外大别种族之刺激，故历久而无大异动也。惟因此时代太长之故，令读者不便，故于其中复分为三小时代焉。俟本篇乃详析之，今不先及。

第三近世史。自乾隆末年以至于今日，是为世界之中国，即中国民族合同全亚洲民族，与西人交涉竞争之时代也，又君主专制政体渐就湮灭，而数千年未经发达之国民立宪政体，将嬗代兴起之时代也。此时代今初萌芽，虽阅时甚短，而其内外之变动，实皆为二千年所未有，故不得不自别为一时代。实则近世史者，不过将来史之楔子而已。

（1901 年）

尧舜为中国中央君权滥觞考

尧舜禅让，为中国史上第一盛事。非特寻常旧学所同推赞而已，即近世言民权言大同者，亦莫不称道尧舜，以证明中国古有民主制度，其意不可谓不善。吾以为民主制度，天下之公理，凡公理所在，不必以古人曾行与否为轻重也。故尧舜禅让之事，实与今日之新主义无甚影响，既使尧舜果有禅让，则其事亦与今日民主政体绝异。何则？民主国者，其主权在国民，其举某人为民主，由于全国人之同意，绝非君主所得而禅让也。禅让者，私相授受之意也。凡人必其己所自有之物，然后能举以授人，国家者岂君主所有物乎？以国家为君主所有物，是正沉惑于专制政体之谬想耳。故《孟子》云："尧以天下与舜，有诸？曰：否，天子不能以天下与人。"言禅让者，非天子权限内所得有之事也。《孟子》此言，可谓有国家思想者也。虽然，此又不过就寻常传述者而论之耳。若考其实事，则又与寻常所想象不能无异，若非详细辨论之，则于中国上古之国体，不得其真相，而进化之理不能明，历史之义务不能尽，故吾今者不得不一言。

中国上古之国体，盖有力之诸侯及豪族，选立帝王而委以政权，已亦从而参与之也，至其被选之资格，则亦略有限制。故按黄帝以来之谱系，其帝王皆出自黄帝之血族，大抵于同宗族之中，择其最贤明有望实者而立之，其系统之远近亲疏，固所不计也。如帝舜以黄帝八代孙起自民间，代尧即位，大禹亦以黄帝数代之孙而继舜，伯益亦以颛顼数世之孙而为禹所荐。推而上之，则少昊以黄帝次妃方雷氏所生之子，何以能凌元妃之子玄嚣、昌意而继立？少昊既立，何以不能传位于其子，而昌意之子颛顼嗣其位？颛顼既立，又何以不能传位于其子，而玄嚣之孙帝喾嗣其位？其中选立之权，必有主之者，不可不察也。其尤著明者，则帝喾之长子帝挚既立，仅九年而诸侯废之以立帝尧。夫废君之事，自后世史家观之，鲜不以为大逆不道，而当时若甚平平无奇者，盖贵族帝政时代之常习也。然则舜以族孙而继尧，禹以族弟（或族叔族侄）而继舜，以视颛顼、帝喾之以侄继叔，帝尧之以弟继兄，其事亦相去不远耳。要而论之，则中国之政体，自黄帝以前，君主无世袭权；大禹以后，君主有世袭权；而自黄帝至大禹之间，则世袭权定而不定之过渡时代也。子贤则传子，不贤则择他之贤者而立之，是可谓无世袭权。虽然，其所选之贤者，必在同族中，是可谓稍有世袭权。此过渡时代前后实亘四百余年，至禹而始定，若是者谓之豪族帝政，此种政体，在他邦亦往往有之。现今阿非利加洲之阿比斯尼亚国，其王位由一族世袭，而其人则由选立也（布拉士《尼罗河源纪行》），是实与我国古时之政体相同。当十二世纪前，西班牙亦尝行选举君主之制度，盖有贵族的小团体司选举权，当王位有阙，则共选立之（哈蓝氏《中世史》）。又德国当纪元 911 年后，帝统中绝，国中大族相会同而举佛郎哥尼亚公登帝位，自此德国变为选立主义之帝国，有所谓司选侯者，实握一国之大权。此等事实，可为中国上古政体之左证。就此以观，可知黄帝、尧、舜时之君权，绝非如后世帝者之强盛。其主权大半在豪族之手，若帝者之意见与豪族相冲突时，决不能行其志，或并其位而不能保，亦未可知。苟不明此原因，则读当时之史，有令人大不可解者。即如鲧者四凶之一也，当尧时其恶德既显，尧咨治水于四岳，四岳举鲧，尧既斥其方命圮族，而不能不屈意以用之，以至九载无功。若使尧果有全权，则以如许重大之事委于明知其不可之人，尧岂不重负天下乎？又如所谓八元、八恺者，皆尧之亲族，其中如稷如契，则尧之异母兄弟也，尧岂不知之？而不能举。盖皆由豪族之阻挠而已。故后此尧欲让舜，而必先让于四岳，俟四岳举舜，然后试之以示不专；舜欲授禹等九官，亦必询于四岳任其推荐。可想见当时天子与四岳之关系矣。《白虎通》云："四岳，总四岳诸侯之事者也。"然则四岳之官，实全国诸侯之代表，其名义与美国上议院议员代表各州者略同，而其权力恰如德国前者之司选侯，下之黜陟官吏，上之废置君主，皆其职权所行之事，是实可以参观而得之者也。故舜受尧禅后，必让尧之子于南河之南；禹受舜禅后，必避舜之子于阳城，待诸侯朝觐讼狱讴歌者皆归，然后践天子位，亦视当时豪族为趋向也。尧在位七十二年，舜在位六十一年，此百三十三年中，中央政府渐加整顿，权力日盛，能渐收豪族之权于帝室。而禹之大功，又足以震慑天下。故尧不能去四凶，舜不能服有苗，而禹则会诸侯于涂山，执玉帛者万国，防风氏后至，直取而戮之。盖主权之雄强，迥非昔比矣。此所以世袭之权至是而确定也。而当夏后之世，四岳之官，亦已不见，然则四岳之与德国司选侯相类，尤可信矣。由此观之，则传贤传子之变迁，实由政体之进化使然。非至于禹而德衰，实至于禹而力盛也。然尧舜之能择人而推荐之，则其功德固自不可诬耳。

吾之断断致辨于此者，非必欲将我民族数千年所尊仰之尧舜贬损其声誉以为快也。凡史家之义务，贵按世界进化之大理原则，证之于过去确实之事，以引导国民之精神者也。畴昔所言尧舜，推之太过，反失其真相，是亦室吾人思想之一端也。吾今请更广伸其义。自由民政者，世界上最神圣荣贵之政体也。而此种政体，我中国昔有之乎？若其有之，则其消灭歇绝在何时，因何事？此数问题者，是我辈所必当研究也。西人之言动曰：自由制度者，阿利扬人种所专有也，当犹獉未辟之世，阿利扬人种散居于德国之林莽，其时自由之制已胚胎，逐渐发达，以至于今日。果如此言，则是此种美德将为白种所垄断，而他种殆难冀矣。然按之实事，其说乃大谬不然，当天造草昧之始，无论何种人，皆有所谓自由性者。不过彼乃无制裁之自由，故谓之野蛮之自由；此乃有制裁之自由，故谓之文明之自由云尔。但其为自由性则一也。凡人群进化之阶级，皆有一定。其第一级，则人人皆栖息于一小群之中，人人皆自由，无有上下尊卑强弱之别者也，亦名为野蛮自由时代。其第二级因与他群竞争，不得不举群中之有智勇者以为临时酋长，于是有所谓领袖团体者，出以指挥其群，久之遂成为贵族封建之制度者也，亦名贵族帝政时代。其第三级，则竞争日烈，兼并盛行，久之遂将贵族封建一切削平，而成为郡县一统者也，名为君权极盛时代。其第四级，则主权既定后，人群之秩序已巩固，君主日以专制，人民日以开明，于是全群之人共起而执回政权，名为文明自由时代。此数种时代，无论何国何族，皆循一定之天则而递进者也。但此四时代之起伏久暂，则恒因乎兼并竞争之或剧或不剧以为差，竞争愈烈，则领袖团体之势力愈大，而最初之人民自由权不得不消灭；兼并愈行，则中央政府之主权愈盛，而少数之领袖团体的权利亦不得不摧坏，此自然之数也。阿利扬人种之自由制度，所以能绵延不断，逐渐发达，以放大光明于今日者，皆由英国以海外孤岛，保存其一线耳。若在欧洲大陆，则自百年以前，此种自由之光影，几韬匿而不可复睹。其故何欤？盖由英国以弹丸之地，僻在海隅，兼并之祸不烈，而所谓英吉利撒逊人种之初入英国也，即有所谓撒逊七王国者相峙并立，均势以保和平，故于自由主义所存独多焉。犹古代希腊半岛，小国林立，而于自由之发达保存大有力也。由此观之，则凡在大陆之地者，其竞争必愈烈，其兼并必愈盛，兼并盛则小国不能自存，而必成一大帝国，既为一大帝国，则必厚集中央政府之权力，而原初之自由权遂至绝迹而无遗类。此欧洲大陆之自由发达所以不如英国，而亚洲大陆之自由发达所以不如欧洲也。然则自由制度，必非阿利扬人所专有，不过幸得合宜之地，借以保其固有之残喘，而吾中国则全然中断云尔。此实关于地理上之天演，非人力所能为也。而以吾中国史观之，则自黄帝以前，为第一级野蛮自由时代；自黄帝至秦始皇，为第二级贵族帝政时代；自秦始皇至乾隆，为第三级君权极盛时代；而自今以往，则将交入第四级文明自由时代者也。中国旧学家之论尧舜，或以君权极盛时代拟之；新学家之论尧舜，又或以文明自由时代拟之。不知尧舜当时实贵族帝政初发达之时代，亦即最初自由制度消灭适尽之时代，而尧舜之所以为尧舜，其功德不在能开辟民政，而在能确立帝政也。故世之称尧舜以为民主之滥觞者，虽其意甚盛，然不可不谓之厚诬古人也。

或曰：如子所言，尧舜为君权专制之发轫，则尧舜千古罪人矣，何功德之可云？曰：是不然。凡国家必经过此四级时代而后完全成立，缺一不可焉。欲使国内无数之小群泯其界限，以成一强固完整之大群，非专制不为功也。尧舜之有大造于中国，即在此焉耳。

（1901 年）

新史学

中国之旧史

于今日泰西通行诸学科中，为中国所固有者，惟史学。史学者，学问之最博大而最切要者也，国民之明镜也，爱国心之源泉也。今日欧洲民族主义所以发达，列国所以日进文明，史学之功居其半焉。然则但患其国之无兹学耳，苟其有之，则国民安有不团结，群治安有不进化者？虽然，我国兹学之盛如彼，而其现象如此，则又何也？

今请举中国史学之派别，表示之而略论之。

试一翻《四库》之书，其汗牛充栋、浩如烟海者，非史学书居十六七乎？上自太史公、班孟坚，下至毕秋帆、赵瓯北，以史家名者不下数百。兹学之发达，二千年于兹矣。然而陈陈相因，一丘之貉，未闻有能为史界辟一新天地，而令兹学之功德普及于国民者。何也？吾推其病源，有四端焉：

一曰知有朝廷而不知有国家。吾党常言，二十四史非史也，二十四姓之家谱而已。其言似稍过当，然按之作史者之精神，其实际固不诬也。吾国史家，以为天下者君主一人之天下，故其为史也，不过叙某朝以何而得之，以何而治之，以何而失之而已，舍此则非所闻也。昔人谓《左传》为"相斫书"，岂惟《左传》，若二十四史，真可谓地球上空前绝后之一大相斫书也。

史学

第一，正史
- 甲、官书（所谓二十四史是也）
- 乙、别史（如华峤《后汉书》、习凿齿《蜀汉春秋》《十六国春秋》《华阳国志》《元秘史》等，其实皆正史体也）

第二，编年（《资治通鉴》等是也）

第三，纪事本末
- 甲、通体（如《通鉴纪事本末》《绎史》等是也）
- 乙、别体（如平定某某方略、《三案始末》等是也）

第四，政书
- 甲、通体（如《通典》《文献通考》等是也）
- 乙、别体（如《唐开元礼》《大清会典》《大清通礼》等是也）
- 丙、小纪（如《汉官仪》等是也）

第五，杂史
- 甲、综记（如《国语》《战国策》等是也）
- 乙、琐记（如《世说新语》《唐代丛书》《明季稗史》等是也）
- 丙、诏令奏议（《四库》另列一门，其实杂史耳）

第六，传记
- 甲、通体（如《满汉名臣传》《国朝先正事略》等是也）
- 乙、别体（如某帝实录、某人年谱等是也）

第七，地志
- 甲、通体（如各省通志、《天下郡国利病书》等是也）
- 乙、别体（如纪行等书是也）

第八，学史（如《明儒学案》《国朝汉学师承记》等是也）

第九，史论
- 甲、理论（如《史通》《文史通义》等是也）
- 乙、事论（如历代史论、《读通鉴论》等是也）
- 丙、杂论（如《廿二史劄记》《十七史商榷》等是也）

第十，附庸
- 甲、外史（如《西域图考》《职方外纪》等是也）
- 乙、考据（如《禹贡图考》等是也）
- 丙、注释（如裴松之《三国志注》等是也）

都为十种二十二类

虽以司马温公之贤，其作《通鉴》，亦不过以备君王之浏览（其论语无一非忠告君主者）。盖从来作史者，皆为朝廷上之君若臣而作，曾无有一书为国民而作者也。其大敝在不知朝廷与国家之分别，以为舍朝廷外无国家。于是乎有所谓正统、闰统之争论，有所谓鼎革前后之笔法。如欧阳之《新五代史》、朱子之《通鉴纲目》等，今日盗贼，明日圣神；甲也天命，乙也僭逆。正如群蛆啄矢，争其甘苦；狙公饲狙，辨其四三。自欺欺人，莫此为甚！吾中国国家思想，至今不能兴起者，数千年之史家，岂能辞其咎耶？

二曰知有个人而不知有群体。历史者，英雄之舞台也，舍英雄几无历史。虽泰西良史，亦岂能不置重于人物哉？虽然，善为史者，以人物为历史之材料，不闻以历史为人物之画像；以人物为时代之代表，不闻以时代为人物之附属。中国之史，则本纪、列传，一篇一篇如海岸之石，乱堆错落。质而言之，则合无数之墓志铭而成者耳。夫所贵乎史者，贵其能叙一群人相交涉、相竞争、相团结之道，能述一群人所以休养生息、同体进化之状，使后之读者爱其群、善其群之心油然生焉。今史家多于鲫鱼，而未闻有一人之眼光有见及此者。此我国民之群力、群智、群德所以永不发生，而群体终不成立也。

三曰知有陈迹而不知有今务。凡著书贵宗旨，作史者将为若干之陈死人作纪念碑耶？为若干之过去事作歌舞剧耶？殆非也。将使今世之人鉴之裁之，以为经世之用也。故泰西之史，愈近世则记载愈详。中国不然，非鼎革之后，则一朝之史不能出现。又不惟正史而已，即各体莫不皆然。故温公《通鉴》亦起战国而终五代。果如是也，使其朝自今以往，永不易姓，则史不其中绝乎？使如日本之数千年一系，岂不并史之为物而无之乎？太史公作《史记》，直至今上《本纪》，且其记述不少隐讳焉，史家之天职然也。后世专制政体日以进步，民气学风日以腐败，其末流遂极于今日。推病根所从起，实由认历史为朝廷所专有物，舍朝廷外无可记载故也。不然，则虽有忌讳于朝廷，而民间之事，其可纪者不亦多多乎？何并此而无也？今日我辈欲研究二百六十八年以来之事实，竟无一书可凭藉，非官牒铺张循例之言，则口碑影响疑似之说耳。时或藉外国人之著述，窥其片鳞残甲，然甲国人论乙国之事，例固百不得一，况吾国之向闭关不与人通者耶！于是乎吾辈乃穷。语曰："知古而不知今，谓之陆沉。"夫陆沉我国民之罪，史家实尸之矣！

四曰知有事实而不知有理想。人身者，合四十余种原质而成者也，合眼、耳、鼻、舌、手、足、脏、腑、皮、毛、筋络、骨节、血轮、精管而成者也。然使采集四十余种原质，作为眼、耳、鼻、舌、手、足、脏、腑、皮、毛、筋络、骨节、血轮、精管，无一不备，若是者可谓之人乎？必不可。何则？无其精神也。史之精神维何？曰理想是已。大群之中有小群，大时代之中有小时代，而群与群之相际，时代与时代之相续，其间有消息焉，有原理焉。作史者苟能勘破之，知其以若彼之因，故生若此之果，鉴既往之大例，示将来之风潮，然后其书乃有益于世界。今中国之史，但呆然曰：某日有甲事，某日有乙事，至此事之何以生，其远因何在，近因何在，莫能言也；其事之影响于他事或他日者若何，当得善果，当得恶果，莫能言也。故汗牛充栋之史书，皆如蜡人院之偶像，毫无生气，读之徒费脑力。是中国之史，非益民智之具，而耗民智之具也。

以上四者，实数千年史家学识之程度也。缘此四蔽，复生二病。

其一，能铺叙而不能别裁。英儒斯宾塞曰："或有告者曰：邻家之猫，昨日产一子。以云事实，诚事实也，然谁不知为无用之事实乎？何也？以其与他事毫无关涉，于吾人生活上之行为毫无影响也。然历史上之事迹，其类是者正多，能推此例以读书观万物，则思过半矣。"此斯氏教人以作史、读史之方也。泰西旧史家，固不免之，而中国殆更甚焉。某日日食也，某日地震也，某日册封皇子也，某日某大臣死也，某日有某诏书也，满纸填塞，皆此等邻猫生子之事实，往往有读尽一卷，而无一语有入脑之价值者。就中如《通鉴》一书，属稿十九年，别择最称精善，然今日以读西史之眼读之，觉其有用者亦不过十之二三耳（《通鉴》载奏议最多，盖此书专为格君而作也。吾辈今日读之，实嫌其冗），其他更何论焉！至如《新五代史》之类，以别裁自命，实则将大事皆删去，而惟存邻猫生子等语，其可厌不更甚耶？故今日欲治中国史学，真有无从下手之慨。二十四史也，九《通》也，《通鉴》《续通鉴》也，《大清会典》《大清通礼》也，《十朝实录》《十朝圣训》也，此等书皆万不可不读，不读其一，则挂漏正多。然尽此数书而读之，日读十卷，已非三四十年不为功矣。况仅读此数书，而决不能足用，势不可不于前所列十种二十二类者一一涉猎之（杂史、传志、札记等所载，常有有用过于正史者。何则？彼等常载民间风俗，不似正史专为帝王作家谱也）。人寿几何？何以堪此！故吾中国史学智识之不能普及，皆由无一善别裁之良史故也。

其二，能因袭而不能创作。中国万事皆取述而不作主义，而史学其一端也。细数二千年来史家，其稍有创作之才者惟六人：一曰太史公。诚史界之造物主也，其书亦常有国民思想，如项羽而列诸本纪，孔子、陈涉而列诸世家，儒林、游侠、刺客、货殖而为之列传，皆有深意存焉。其为立传者，大率皆于时代极有关系之人也，而后世之效颦者，则胡为也。二曰杜君卿。《通典》之作，不纪事而纪制度。制度于国民全体之关系，有重于事焉者也，前此所无而杜创之，虽其完备不及《通考》，然创作之功，马何敢望杜耶？三曰郑渔仲。夹漈之史识卓绝千古，而史才不足以称之。其《通志》二十《略》，以论断为主，以记述为辅，实为中国史界放一光明也，借其为太史公范围所困，以纪传十之七八填塞全书，支床叠屋，为大体玷。四曰司马温公。《通鉴》亦天地一大文也，其结构之宏伟，其取材之丰赡，使后世有欲著通史者，势不能不据为蓝本，而至今卒未有能逾之者焉。温公亦伟人哉！五曰袁枢。今日西史，大率皆纪事本末之体也。而此体在中国，实惟袁枢创之，其功在史界者亦不少。但其著《通鉴纪事本末》也，非有见于事与事之相联属，而欲求其原因结果也，不过为读《通鉴》之方便法门，著此以代抄录云尔。虽为创作，实则无意识之创作，故其书不过为《通鉴》之一附庸，不能使学者读之有特别之益也。六曰黄梨洲。黄梨洲著《明儒学案》，史家未曾有之盛业也。中国数千年惟有政治史，而其他一无所闻。梨洲乃创为学史之格，使后人能师其意，则中国文学史可作也，中国种族史可作也，中国财富史可作也，中国宗教史可作也。诸类此者，其数何限？梨洲既成《明儒学案》，复为《宋元学案》，未成而卒。使假以十年，或且有《汉唐学案》《周秦学案》之宏著，未可料也。梨洲诚我国思想界之雄也！若夫此六君子以外（袁枢实不能在此列），则皆所谓"公等碌碌，因人成事"。《史记》以后，而二十一部皆刻画《史记》；《通典》以后，而八部皆摹仿《通典》，何其奴隶性至于此甚耶？若琴瑟之专壹，谁能听之！以故每一读辄惟恐卧，而思想所以不进也。

合此六弊，其所贻读者之恶果，厥有三端：一曰难读。浩如烟海，穷年莫殚，前既言之矣。二曰难别择。即使有暇日，有耐性，遍读应读之书，而苟非有极敏之眼光，极高之学识，不能别择其某条有用、某条无用，徒枉费时日脑力。三曰无感触。虽尽读全史，而曾无有足以激厉其爱国之心，团结其合群之力，以应今日之时势而立于万国者。然则吾中国史学，外貌虽极发达，而不能如欧美各国民之实受其益也，职此之由。

今日欲提倡民族主义，使我四万万同胞强立于此优胜劣败之世界乎？则本国史学一科，实为无老无幼、无男无女、无智无愚、无贤无不肖所皆当从事，视之如渴饮饥食，一刻不容缓者也！然遍览乙库中数十万卷之著录，其资格可以养吾所欲，给吾所求者，殆无一焉。呜呼！史界革命不起，则吾国遂不可救。悠悠万事，惟此为大。《新史学》之著，吾岂好异哉？吾不得已也。

史学之界说

欲创新史学，不可不先明史学之界说。欲知史学之界说，不可不先明历史之范围。今请析其条理而论述之。

第一，历史者，叙述进化之现象也。现象者何？事物之变化也。宇宙间之现象有二种：一曰为循环之状者，二曰为进化之状者。何谓循环？其进化有一定之时期，及期则周而复始，如四时之变迁、天体之运行是也。何谓进化？其变化有一定之次序，生长焉，发达焉，如生物界及人间世之现象是也。循环者，去而复来者也，止而不进者也，凡学问之属于此类者，谓之天然学。进化者，往而不返者也，进而无极者也，凡学问之属于此类者，谓之历史学。天下万事万物，皆在空间，又在时间（空间、时间，佛典译语，日本人沿用之。若依中国古义，则空间，宇也；时间，宙也。其语不尽通行，故用译语），而天然界与历史界，实分占两者之范围。天然学者，研究空间之现象者也；历史学者，研究时间之现象者也。就天然界以观察宇宙，则见其一成不变，万古不易，故其体为完全，其象如一圆圈；就历史界以观察宇宙，则见其生长而不已，进步而不知所终，故其体为不完全，且其进步又非为一直线，或尺进而寸退，或大涨而小落，其象如一螺线。明此理者，可以知历史之真相矣。

由此观之，凡属于历史界之学（凡政治学、群学、平准学、宗教学等，皆近历史界之范围），其研究常较难；凡属于天然界之学（凡天文学、地理学、物质学、化学等，皆天然界范围），其研究常较易。何以故？天然界已完全者也，来复频繁，可以推算，状态一定，可以试验。历史学未完全者也，今犹日在生长发达之中，非逮宇宙之末劫，则历史不能终极，吾生有涯，而此学无涯。此所以天然诸科学起源甚古，今已斐然大成，而关于历史之各学，其出现甚后，而其完备难期也。

此界说既定，则知凡百事物，有生长、有发达、有进步者，则属于历史之范围，反是者则不能属于历史之范围。又如于一定期中，虽有生长发达，而及其期之极点，则又反其始，斯仍不得不以循环目之。如动植物，如人类，虽依一定之次第以生以成，然或一年，或十年，或百年，而盈其限焉，而反其初焉，一生一死，实循环之现象也。故物理学、生理学等，皆天然科学之范围，非历史学之范围也。

《孟子》曰："天下之生久矣，一治一乱。"此误会历史真相之言也。苟治乱相嬗无已时，则历史之象当为循环，与天然等，而历史学将不能成立。孟子此言盖为螺线之状所迷，而误以为圆状，未尝综观自有人类以来万数千年之大势，而察其真方向之所在，徒观一小时代之或进或退、或涨或落，遂以为历史之实状如是云尔。譬之江河东流以朝宗于海者，其大势也。乃或所见局于一部，偶见其有倒流处，有曲流处，因以为江河之行，一东一西，一北一南，是岂能知江河之性矣乎（《春秋》家言，有三统，有三世。三统者，循环之象也，所谓三王之道若循环，周而复始是也。三世者，进化之象也，所谓据乱、升平、太平，与世渐进是也。三世则历史之情状也，三统则非历史之情状也，三世之义既治者，则不能复乱。藉曰有小乱而必非与前此之乱等也，苟其一治则复一乱，则所谓治者必非真治也。故言史学者，当从孔子之义，不当从孟子之义）！吾中国所以数千年无良史者，以其于进化之现象见之未明也。

第二，历史者，叙述人群进化之现象也。进化之义既定矣，虽然，进化之大理不独人类为然，即动植物乃至无机世界，亦常有进化者存，而通行历史所纪述，常限于人类者，则何以故？此不徒吾人之自私其类而已。人也者，进化之极则也，其变化千形万状而不穷者也。故言历史之广义，则非包万有而并载之，不能完成。至语其狭义，则惟以人类为之界。虽然，历史之范围，可限于人类，而人类之事实，不能尽纳诸历史。夫人类亦不过一种之动物耳，其一生一死，固不免于循环，即其日用饮食、言论行事，亦不过大略相等，而无进化之可言。故欲求进化之迹，必于人群。使人人析而独立，则进化终不可期，而历史终不可起。盖人类进化云者，一群之进也，非一人之进也。如以一人也，则今人必无以远过于古人。语其体魄，则四肢五官，古犹今也；质点血轮，古犹今也。语其性灵，则古代周、孔、柏（柏拉图）、阿（阿里士多德）之智识能力，必不让于今人，举世所同认矣。然往往有周、孔、柏、阿所不能知之理，不能行之事，而今日乳臭小儿知之能之者，何也？无他，食群之福，享群之利，藉群力之相接相较相争相师相摩相荡相维相系相传相嬗，而智慧进焉，而才力进焉，而道德进焉。进也者，人格之群，非寻常之个人也（人类天性之能力能随文明进化之运而渐次增长与否，此问题颇难决定。试以文明国之一小儿不许受教育，不许蒙社会之感化，沐文明之恩泽，则其长成能有以异于野蛮国之小儿乎？恐不能也。盖由动物进而为人，已为生理上进化之极点，由小儿进为成人，已为生理上进化之极点，然则一个人殆无进化也。进化者，别超于个人之上之一人格而已，即人群是也）。然则历史所最当注意者，惟人群之事，苟其事不关系人群者，虽奇言异行，而必不足以入历史之范围也。

畴昔史家，往往视历史如人物传者然。夫人物之关系于历史固也，然所以关系者，亦谓其于一群有影响云尔。所重者在一群，非在一人也。而中国作史者，全反于此目的，动辄以立佳传为其人之光宠，驯至连篇累、牍、胪列无关世运之人之言论行事，使读者欲卧欲呕，虽尽数千卷，犹不能于本群之大势有所知焉，由不知史之界说限于群故也。

第三，历史者，叙述人群进化之现象而求得其公理公例者也。凡学问必有客观、主观二界。客观者，谓所研究之事物也；主观者，谓能研究此事物之心灵也（亦名所界、能界。"能""所"二字，佛典译语常用为名词）。和合二观，然后学问出焉。史学之客体，则过去现在之事实是也；其主体，则作史读史者心识中所怀之哲理是也。有客观而无主观，则其史有魄而无魂，谓之非史焉可也（偏于主观而略于客观者，则虽有佳书，亦不过为一家言，不得谓之为史）。是故善为史者，必研究人群进化之现象，而求其公理公例之所在，于是有所谓历史哲学者出焉。历史与历史哲学虽殊科，要之，苟无哲学之理想者，必不能为良史，有断然也。虽然，求史学之公理公例，固非易易。如彼天然科学者，其材料完全，其范围有涯，故其理例亦易得焉；如天文学，如物质学，如化学，所已求得之公理公例不可磨灭者，既已多端，而政治学、群学、宗教学等，则瞠乎其后，皆由现象之繁赜，而未到终点也。但其事虽难，而治此学者不可不勉。大抵前者史家不能有得于是者，其蔽二端：一曰知有一局部之史，而不知自有人类以来全体之史也。或局于一地，或局于一时代，如中国之史，其地位则仅叙述本国耳，于吾国外之现象，非所知也（前者他国之史亦如是）。其时代则上至书契以来，下至胜朝之末止矣，前乎此，后乎此，非所闻也。夫欲求人群进化之真相，必当合人类全体而比较之，通古今文野之界而观察之，内自乡邑之法团（凡民间之结集而成一人格之团体者，谓之法团，亦谓之法人。法人者，法律上视之与一个人无异也。一州之州会，一市之市会乃至一学校、一会馆、一公司，皆统名为法团），外至五洲之全局，上自穸古之石史（地质学家从地底僵石中考求人物进化之迹，号曰石史），下至昨今之新闻，何一而非客观所当取材者。综是焉以求其公理公例，虽未克完备，而所得必已多矣。问畴昔之史家，有能焉者否也？二曰徒知有史学，而不知史学与他学之关系也。夫地理学也，地质学也，人种学也，人类学也，言语学也，群学也，政治学也，宗教学也，法律学也，平准学也（即日本所谓经济学），皆与史学有直接之关系。其他如哲学范围所属之伦理学、心理学、论理学、文章学及天然科学范围所属之天文学、物质学、化学、生理学，其理论亦常与史学有间接之关系，何一而非主观所当凭藉者。取诸学之公理公例，而参伍钩距之，虽未尽适用，而所得又必多矣。问畴昔之史家，有能焉者否也？

夫所以必求其公理公例者，非欲以为理论之美观而已，将以施诸实用焉，将以贻诸来者焉。历史者，以过去之进化，导未来之进化者也。吾辈食今日文明之福，是为对于古人已得之权利，而继续此文明，增长此文明，孳殖此文明，又对于后人而不可不尽之义务也。而史家所以尽此义务之道，即求得前此进化之公理公例，而使后人循其理、率其例以增幸福于无疆。史乎史乎！其责任至重，而其成就至难！中国前此之无真史家也，又何怪焉！而无真史家，亦即吾国进化迟缓之一原因也。吾愿与同胞国民筚路蓝缕以辟此途也。

以上说界说竟。作者初研究史学，见地极浅，自觉其界说尚有未尽未安者，视吾学他日之进化，乃补正之。

著者识。

历史与人种之关系

历史者何？叙人种之发达与其竞争而已。舍人种则无历史。何以故？历史生于人群，而人之所以能群，必其于内焉有所结，于外焉有所排，是即种界之所由起也。故始焉自结其家族以排他家族，继焉自结其乡族以排他乡族，继焉自结其部族以排他部族，终焉自结其国族以排他国族。此实数千年世界历史经过之阶级，而今日则国族相结相排之时代也。夫群与群之互有所排也，非大同太平之象也，而无如排于外者不剧，则结于内者不牢；结于内者不牢，则其群终不可得合，而不能占一名誉之位置于历史上。以故世界日益进步，而种族之论亦日益昌明。呜呼！后乎此者，其有种界尽破万国大同之郅治乎？吾不敢知。若在今日，则虽谓人种问题为全世界独一无二之问题，非过言也。

有历史的人种，有非历史的人种。等是人种也，而历史的、非历史的何以分焉？曰：能自结者为历史的，不能自结者为非历史的。何以故？能自结者则排人，不能自结者则排于人。排人者则能扩张本种以侵蚀他种，骎骎焉垄断世界历史之舞台。排于人者则本种日以陵夷衰微，非惟不能扩张于外，而且澌灭于内，寻至失其历史上本有之地位，而舞台为他人所占。故夫叙述数千年来各种族盛衰兴亡之迹者，是历史之性质也。叙述数千年来各种族所以盛衰兴亡之故者，是历史之精神也。

近世言人种学者，其论不一。或主张一元说，而以为世界只有一人种；或主张多元说，而区分为四种（康德），为五种（布曼伯），为六种（巴科安），为七种（韩特），为八种（亚加智），其多者乃至十一种、十五种、十六种、二十二种、六十种，其最多者分为六十三种（巴喀），甚者以言语之分而区为一千乃至二千余人种。然今所通行，则五种之说，所谓黄色种、白色种、棕色种、黑色种、红色种是也。或以南洋群岛、太平洋群岛、纽西仑诸土人及中亚美利加之土人合于黄种，以澳洲、南印度之土人合于黑种，而成为三大种。今勿具论。要之，缘附于此抟抟员舆上之千五百兆生灵，其可以称为"历史的人种"者，不过黄、白两族而已。今条其派别如下：

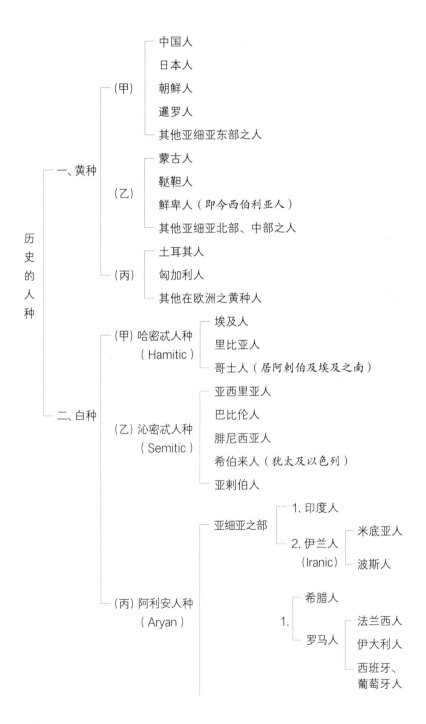

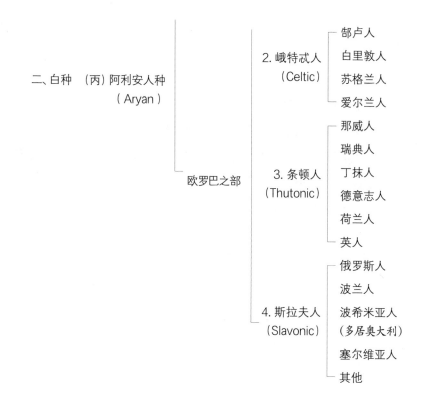

同为历史的人种也，而有世界史的与非世界史的之分。何谓世界史的？其文化武力之所及，不仅在本国之境域，不仅传本国之子孙，而扩之充之以及于外，使全世界之人类受其影响，以助其发达进步，是名为世界史的人种。吾熟读世界史，察其彼此相互之关系，而求其足以当此名者，其后乎此者吾不敢知，其前乎此者，则吾不得不以让诸白种，不得不以让诸白种中之阿利安种。而于其中复分为两大时期，前期为阿利安种与哈密忒、沁密忒两种合力运动时代，后期为阿利安种独力运动时代。前期之中，复分为三小时期：一、哈密忒全盛时代，二、沁密忒全盛时代，三、阿利安与哈、沁融合时代。于后期之中，亦分为三小时期：一、希腊、罗马人时代，二、条顿人时代，三、斯拉夫人时代（所谓各时代者，非此时代终而彼时代乃始也，其界限常不能甚分明，往往后时代中仍抱前时代之余波，前时代中已含后时代之种子，不过就其大势略区别之，取便称呼耳。观下文自明）。试略论之。夫以狭义言之，欧罗巴文明实为今日全世界一切文明之母，此有识者所同认也。欧罗巴文明何自起？其发明光大之者，为阿利安民族，其组织而导引之者，为哈密忒与沁密忒之两民族，若世界文明史而有正统也，则其统不得不托始于哈密忒人。代表哈密忒者，曰埃及，埃及文明之花，实现于距今四五千年以前。于金字塔观其工艺之伟大（金字塔者，埃及古王之坟陵也。其最大者，容积七千四百万立方英尺，底阔七百六十四英尺，侧袤四百八十英尺，世界最大之石碑也。其能运如许重大之石材，上举语数百丈之高处，则其时工械力之大可想），于木乃伊想其化学之发明（木乃伊者，埃及古王之尸体，以药物浸裹之，使其不朽，至今犹有存者。则当时之人已明化学，可以概见），尼罗河畔，实历史上最荣誉之纪念场哉！自摩西为埃及王女所收养，遍学其教术，吸取其智识，既乃率同族以开犹太（详见《旧约全书·出埃及记》），是沁密忒文明出于埃及之明证也（其余巴比伦、叙利亚文明，亦得力于埃及不少，史家能言其详）。希腊古哲，如德黎（Thales），如毕达哥拉（Pythagoras），如梭伦（Solon），如德谟吉来图（Democritus），如柏拉图（Platon），皆尝受教于埃及僧侣，而德谟吉来图、柏拉图二氏且躬自游历埃土。而遏狄加人（希腊四大族之一）之宗教，及其群治制度，多承埃及之遗迹，是阿利安文明出于埃及之明证也。故今日欧洲文明，以希腊为父，以沁密忒为祖，以哈密忒为祖之所自出。虽然，哈密忒人能创造之以待人取法者也，沁密忒人能创造之且能传播之者也，阿利安人能创造之、能传播之且最能取法于人者也，故三族之优劣胜败于此判焉矣。

哈密忒于世界文明，仅有间接之关系，至沁密忒而始有直接之关系。当希腊人文未发达之始，其政治、学术、宗教卓然有牢笼一世之概者，厥惟亚西里亚（或译作亚述）、巴比伦、腓尼西亚诸国。沁密忒人实世界宗教之源泉也，犹太教起于是，基督教起于是，回回教起于是。希腊古代之神话，其神名及祭礼，无一不自亚西里亚、腓尼西亚而来。新旧巴比伦之文学美术，影响于后代，其尤著者也。腓尼西亚之政体，纯然共和政治为希腊所取法，其商业及航海术亦然。且以贸易之力，传播其文明，直普及于意大利，作罗马民族之先驱。故腓尼西亚国虽小，而关系于世界史者最大。若希伯来人之有摩西、耶稣两教主，其势力浸润全欧人民之脑中者，更不待论矣。故世界史正统之第二段在沁密忒人，而亚里西亚、巴比伦、希伯来为其主脑，腓尼西亚为其枢机。

其在第三段，为世界史之主人翁者，则希腊也。希腊代表阿利安种之一部，其民族则土著之毕拉士治（Pelasgi）人与西迁之阿利安人（阿利安分亚洲之部、欧洲之部，两者已详前表。希腊之阿利安，则自伊兰高原西来者也）混合而成者也。阿利安族之所长，在贵自由，重考验，务进步。惟贵自由，故其于政治也，不甘压制而倡言平等；惟重考验，故其于学问也，不徇现象而探求原理；惟务进步，故其于社会一切事物也，不泥旧例而日事革新。阿利安族所以亘数千年至今常执全世界之牛耳者，皆此之由，而希腊人其最初之登场者也。希腊之代表，惟雅典与斯巴达。雅典右文，斯巴达尚武，两者虽不调和，而皆足以发挥阿利安族之特性。故史家或以今世欧罗巴，为古代希腊之放影，以古代希腊，为今世欧罗巴之缩图，非过言也。然其民族之团结力，只能建设市府政治，不能成就国家政治，故虽握霸权于历史上者七百年，卒服属于他国以致灭亡。

其在第四段，为世界之主人翁者，则罗马也。罗马位于古代史与近世史之过渡时代，而为其津梁。其武力既能挥斥八极，建设波斯以来梦想不及之绝大帝国，而其立法的智识，权利的思想，实为古代文明国所莫能及。集无量异种之民族，置之中央集权制度之下，为一定之法律以部勒之，故自罗马建国以后，而前此之旧民族，皆同化于罗马，如果嬴之与螟蛉，自罗马解纽以后，而后此之新民族皆赋形于罗马，如大河之播九派。今日欧洲大陆诸国，其言语、文学、宗教、风俗各不相远，皆由其曾合并于罗马一统之下，浸润于同种之泽使然也。故希腊能吸集哈密忒、沁密忒两族之文明，纳诸阿利安族中，以成一特色。而罗马则承希腊正统，举其所吸集者、所结构者以兵力而播之于世界。虽谓罗马为希腊之一亢宗子可也。虽然，罗马文明，其传袭希腊者固多，其独自结构者亦不少。如法律之制定，宗教之传播，其尤著也。

自希腊、罗马以后，世界史之主位既全为阿利安人所占，及于罗马末路，而阿利安族中之新支派纷纷出现。除拉丁民族（即罗马族）外，则峨特民族、条顿民族、斯拉夫民族其最著者也。峨特民族在阿利安中，以战胜攻取闻。其人为印度阿利安之一派，自西历纪元前四世纪，即已侵入欧洲，发轫于小亚细亚，越今之瑞典、德意志、法兰西、意大利、西班牙诸地，直至爱尔兰之西岸，苏格兰之高原，皆有足迹焉。后乃自中部欧罗巴蹂躏希腊、马基顿，蔓延全陆，所至竞争斗恣杀掠，使人战栗。故峨特人在世界史上，其影响所及亦不甚鲜。虽然，其人能冒险而不能忍耐，故战胜之结果，无一可表见，而其血气之勇，终不足以敌罗马节制之师，卒被征服，及罗马亡后，遂服属于条顿人之轭下。今之苏格兰人、爱尔兰人及法兰西人之一部，实峨特民族性质之代表也。

条顿民族之移住欧洲也，在拉丁、峨特两族之后，而其权力之影响于历史则过之。自中世以后，欧罗巴历史之中心点实条顿人也。其民族移动之原因及其年代，虽不可确考，要之，自西历纪元三四世纪，始出现于欧罗巴东部，而其中有势力于历史上者，复分四派：其在东欧者曰高特族（Goth），其在西欧者曰福伦喀族（Frank），其在北欧者曰撒逊族（Saxon），亦称日耳曼族，其在南欧者曰阿里曼族（Alemaun）。兹将千余年前条顿民族之位置列表如下：

条顿民族之位置沿革表

	西历纪元三世纪	四世纪	五世纪	六世纪以后
高特族之位置		本世纪中叶，西高特族始见于多恼河之下流。其末叶，东高特族自多恼河下流入布加里亚	西高特族建设王国。东高特族转入意大利建国焉	本世纪末叶为东罗马帝国所灭，其支派占有北日耳曼之地
福伦喀族之位置	居来因河之下流	本世纪中叶入于加利亚，建设多数之小王国	本世纪末叶大败罗马军，使法兰西（指今地）境内不留罗马只骑。复胜高特、阿里曼诸族	建设查里曼大帝国，成今日欧洲群雄树立之势

撒逊族之位置	自埃士河越埃尔比河，宅居于今荷斯顿及丁抹诸地		本世纪中叶，撒逊人分为两派，一派越海与盎格鲁人共征服英国之大部，别成所谓盎格鲁撒逊民族者，其一派蹂躏大陆诸邦	六世纪以来屡与福伦喀族争斗，至九世纪福伦喀王国建立，撒逊人亦全占有北日耳曼之全部。十一世纪盎格鲁撒逊人全征服英国
阿里曼族之位置	居多恼、麻因两河间，即日耳曼中部也。势力颇强，屡挫罗马军		本世纪之末，为福伦喀族所阻，遏其进路	

由是观之，世界文明史之第五段，实惟阿利安族中罗马人与条顿人争长时代，而罗马人达于全盛，为日中将昃之形，条顿人气象方新，有火然泉达之观。峨特人虽奋血气之勇，偶耸动一世耳目，而其内力不足以敌此两族，昙花一现，遂为天演所淘汰，归于劣败之数。自六世纪以后，而全欧文明之霸权，渐全归条顿人矣。

蹑条顿人之迹而有大势力于历史上者，斯拉夫人也。以冒险之精神、道义之观念论之，条顿人迥非斯拉夫人所能及。若夫坚实耐久，立于千苦万难之中，毅然终始不失其特性者，则斯拉夫人殆冠宇内而无两也。彼等好战之心，不如条顿人之盛，若一旦不得已而跃马执剑，则无论如何之大敌，决不足以慑其前。彼等个人自由之观念，视条顿人虽大有所缺乏，至其注意公益，服从于一定主权之下，听其指麾，全部一致，以为国民的运动，又远非条顿人所能几也。故识者谓世界史之正统,其代条顿人以兴者,将在斯拉夫人,非虚言也。

条顿民族既兴以后,而罗马民族之力尚未衰。中世史之末叶,意大利自由市府勃兴,实为今世国家之嚆矢。而西班牙、葡萄牙、法兰西人,当十四五世纪,国势且蒸蒸日上,西辟美洲,东略印度,南开南洋,阿利安人之势力范围,始磅礴于欧洲以外。其主动者皆罗马人也。虽然,以物竞天择之公例,罗马人之老大,终不敌条顿人之少年。未几而荷兰人起,与之竞争。未几而英吉利人起,一举而代之。近则德意志人,复骎骎然凌厉中原矣。故觇罗马、条顿两族之盛衰,但于其殖民历史之沿革焉足矣。北阿美利加也(初为法人、班人所开,今全属盎格鲁撒逊族矣)、南阿美利加也(本为班人、葡人所开,今全为德意志势力范围)、印度也(初为法人所经营,后卒全归英辖)、南洋群岛(初亦班、葡人航海所觅,今全为英、荷属),皆告我辈以两民族消长之明效也。今日全地球之土地主权,其百分中之九十分属于白种人。而所谓白种人者,则阿利安人而已。所谓阿利安人者,则条顿人而已。条顿人实今世史上独一无二之主人翁也。

论正统

中国史家之谬,未有过于言正统者也。言正统者,以为天下不可一日无君也,于是乎有统。又以为天无二日、民无二王也,于是乎有正统。统之云者,殆谓天所立而民所宗也。正之云者,殆谓一为真而余为伪也。千余年来,陋儒断断于此事,攘臂张目,笔斗舌战,支离蔓衍,不可穷诘。一言蔽之曰:自为奴隶根性所束缚，而复以煽后人之奴隶根性而已。是不可以不辩。

"统"字之名词何自起乎？殆滥觞于《春秋》。《春秋公羊传》曰："何言乎王正月？大一统也。"此即后儒论正统者所援为依据也。庸讵知《春秋》所谓大一统者，对于三统而言，《春秋》之大义非一，而通三统实为其要端。通三统者，正以明天下为天下人之天下，而非一姓之所得私有，与后儒所谓统者，其本义既适相反对矣。故夫统之云者，始于霸者之私天下，而又惧民之不吾认也，乃为是说以钳制之曰：此天之所以与我者，吾生而有特别之权利，非他人所能几也。因文其说曰："亶聪明，作父母。"曰："辨上下，定民志。"统之既立，然后任其作威作福，恣睢蛮野，而不得谓之不义，而人民之稍强立不挠者，乃得坐之以不忠不敬、大逆无道诸恶名，以锄之摧之。此统之名所由立也。《记》曰："得乎丘民而为天子。"若是乎，无统则已，苟其有统，则创垂之而继续之者，舍斯民而莫属哉？故泰西之良史，皆以叙述一国国民系统之所由来，及其发达进步、盛衰兴亡之原因结果为主，诚以民有统而君无统也。藉曰君而有统也，则不过一家之谱牒，一人之传记，而非可以冒全史之名，而安劳史家之哓哓争论也。然则以国之统而属诸君，则固已举全国之人民，视同无物，而国民之资格所以永坠九渊而不克自拔，皆此一义之为误也。故不扫君统之谬见，而欲以作史，史虽充栋，徒为生民毒耳。

统之义已谬，而正与不正，更何足云！虽然，亦既有是说矣，其说且深中于人心矣，则辞而辟之，固非得已。正统之辨，昉于晋而盛于宋。朱子《通鉴纲目》所推定者，则秦也，汉也，东汉也，蜀汉也，晋也，东晋也，宋、齐、梁、陈也，隋也，唐也，后梁、后唐、后汉、后晋、后周也。本朝乾隆间《御批通鉴》

从而续之，则宋也，南宋也，元也，明也，清也。所谓正统者，如是如是，而其所据为理论，以衡量夫正不正者，约有六事：

一曰以得地之多寡而定其正不正也。凡混一宇内者，无论其为何等人，而皆奉之以正，如晋、元等是。

二曰以据位之久暂，而定其正不正也。虽混一宇内，而享之不久者，皆谓之不正，如项羽、王莽等是。

三曰以前代之血胤为正，而其余皆为伪也。如蜀汉、东晋、南宋等是。

四曰以前代之旧都所在为正，而其余皆为也。如因汉而正魏，因唐而正后梁、后唐、后晋、后汉、后周等是。

五曰以后代之所承者所自出者为正，而其余为伪也。如因唐而正隋，因宋而正周等是。

六曰以中国种族为正，而其余为伪也。如宋、齐、梁、陈等是。

此六者，互相矛盾，通于此则窒于彼，通于彼则窒于此。而据《朱子纲目》及《通鉴辑览》等所定，则前后互歧，进退失据，无一而可焉。请穷诘之。夫以得地之多寡而定，则混一者固莫与争矣。其不能混一者，自当以最多者为最正，则苻秦盛时，南至邛僰，东抵淮泗，西极西域，北尽大碛，视司马氏版图过之数倍；而宋、金交争时代，金之幅员亦有天下三分之二，而果谁为正而谁为伪也？如以据位之久暂而定，则如汉、唐等之数百年，不必论矣。若夫拓跋氏之祚，回轶于宋、齐、梁、陈；钱镠、刘隐之系，远过于梁、唐、晋、汉、周；而西夏李氏，乃始唐乾符，终宋宝庆，凡三百五十余年，几与汉唐埒，地亦广袤万里，又谁为正而谁为伪也？如以前代之血胤而定，则杞宋当二日并出，而周不可不退处于篡僭。而明李槃以宇文氏所臣属之萧岿为篡贼，萧衍延荀全之性命而使之统陈；以沙陀夷族之朱邪、存勖，不知所出之徐知诰冒李唐之宗，而使之统分据之天下者，将为特识矣。而顺治十八年间，故明弘光、隆武、永历，尚存正朔，而视同闰位，何也？而果谁为正而谁为伪也？如以前代旧都所在而定，则刘、石、慕容、苻、姚、赫连、拓跋所得之土，皆五帝三王之故宅也；女真所抚之众，皆汉、唐之遗民也，而又谁为正谁为伪也？如以后代所承所自出者为正，则晋既正矣，而晋所自出至魏，何以不正？前既正蜀，而后复正晋，晋自篡魏，岂承汉而兴邪？唐既正矣，且因唐而正隋矣，而隋所自出至宇文，宇文所自出至拓跋，何以不正？前正陈而后正隋，隋岂因灭陈而始有帝号邪？又乌知夫谁为正而谁为伪也？若夫以中国之种族而定，则诚爱国之公理，民族之精神，虽迷于统之义，而犹不悖于正之名也。而惜乎数千年未有持此以为鹄者也。李存勖、石敬瑭、刘智远，以沙陀三小族，窃一掌之地，而腼然奉为共主。自宋至明百年间，黄帝子孙无尺寸土，而史家所谓正统者，仍不绝如故也，而果谁为正而谁为伪也？于是乎而持正统论者，果无说以自完矣。

大抵正统之说之所以起者，有二原因：

其一，则当代君臣自私本国也。温公所谓："宋魏以降，各有国史，互相排黜。南谓北为索虏，北谓南为岛夷。朱氏代唐，四方幅裂。朱邪入汴，比之穷新（原注：唐庄宗自以为继唐，比朱梁有有穷篡夏，新室篡汉），运历年纪，弃而不数。此皆私己之偏辞，非大公之通论也。"（《资治通鉴》卷六十九）诚知言矣。自古正统之争，莫多于蜀魏问题。主都邑者以魏为真人，主血胤者以蜀为宗子，而其议论之变迁，恒缘当时之境遇。陈寿主魏，习凿齿主蜀；寿生西晋，而凿齿东晋也。西晋踞旧都，而上有所受，苟不主都邑说，则晋为僭矣，故寿之正魏，凡以正晋也。凿齿时则晋既南渡，苟不主血胤说，而仍沿都邑，则刘、石、苻、姚正，而晋为僭矣。凿齿之正蜀，凡亦以正晋也。其后温公主魏，而朱子主蜀；温公生北宋，而朱子南宋也。宋之篡周宅汴，与晋之篡魏宅许者同源。温公之主都邑说也，正魏也，凡以正宋也。南渡之宋与江东之晋同病，朱子之主血胤说也，正蜀也，凡亦以正宋也。盖未有非为时君计者也。至如五代之亦膴然目为正统也，更宋人之誓言也。彼五代抑何足以称代？朱温盗也，李存勖、石敬瑭、刘智远，沙陀犬羊之长也。温可代唐，则侯景、李全可代宋也；沙陀三族可代中华之主，则刘聪、石虎可代晋也。郭威非夷非盗，差近正矣，而以黥卒乍起，功业无闻，乘人孤寡，夺其穴以篡立，以视陈霸先之能平寇乱，犹奴隶耳。而况彼五人者，所掠之地，不及禹域二十分之一，所享之祚合计仅五十二年，而顾可以圣仁神武某祖某皇帝之名奉之乎？其奉之也，则自宋人始也。宋之得天下也不正，推柴氏以为所自受，因而溯之，许朱温以代唐，而五代之名立焉。（以上采王船山说）其正五代也，凡亦以正宋也。至于本朝，以异域龙兴，入主中夏，与辽、金、元前事相类，故顺治二年三月，议历代帝王祀典，礼部上言，谓辽则宋曾纳贡，金则宋尝称侄，帝王庙祀，似不得遗，骎骎乎欲伪宋而正辽、金矣。后虽惮于清议，未敢悍然，然卒增祀辽太祖、太宗、景宗、圣宗、兴宗、道宗，金太祖、太宗、世宗、章宗、宣宗、哀宗，其后复增祀元魏道武帝、明帝、孝武帝、文成帝、献文帝、孝文帝、宣武帝、孝明帝，岂所谓兔死狐悲，恶伤其类者耶？由此言之，凡数千年来哓哓于正不正、伪不伪之辩者，皆当时之霸者与夫霸者之奴隶，缘饰附会，以保其一姓私产之谋耳！而时过境迁之后，作史者犹慊他人之慨，断断焉辩得失于鸡虫，吾不知其何为也。

其二，由于陋儒误解经义，煽扬奴性也。陋儒之说，以为帝王者圣神也，陋儒之意，以为一国之大，不可以一时而无一圣神焉者，又不可以同时而有两圣神焉者。当其无圣神也，则无论为乱臣、为贼子、为大盗、为狗偷、为仇雠、为夷狄，而必取一人一姓焉，偶像而尸祝之曰：此圣神也，此圣神也！当其多圣神也，则于群圣群神之中，而探阄焉，而置棋焉，择取其一人一姓而膜拜之曰：此乃真圣神也！而其余皆乱臣、贼子、大盗、狗偷、仇雠、夷狄也。不宁惟是，同一人也，甲书称之为乱贼、偷盗、仇雠、夷狄，而乙书则称之为神圣焉。甚者同一人也，同一书也，而今日称之为乱贼、偷盗、仇雠、夷狄，明日则称之为神圣焉。夫圣神自圣神，乱贼自乱贼，偷盗自偷盗，夷狄自夷狄，其人格之相去不可以道里计，一望而知，无能相混者也，亦断未有一人之身，而能兼两途者也。异哉！此至显至浅至通行至平正之方人术，而独不可以施诸帝王也。谚曰："成即为王，败即为寇。"此真持正统论之史家所奉为月旦法门者也。夫众所归往谓之王，窃夺殄民谓之寇。既王矣，无论如何变相，而必不能堕而为寇。既寇矣，无论如何变相，而必不能升而为王，未有能相印焉者也。如美人之抗英而独立也，王也，非寇下，此其成者也。即不成焉，如菲律宾之抗美，波亚之抗英，未闻有能目之为寇者也。元人之侵日本，寇也，非王也，此其败者也。即不败焉，如蒙古蹂躏俄罗斯，握其主权者数百年，未闻有肯认之为王者也。中国不然，兀术也，完颜亮也，在《宋史》则谓之为贼、为虏、为仇，在《金史》则某祖某皇帝矣。而两皆成于中国人之手，同列正史也。而"诸葛亮入寇""丞相出师"等之差异，更无论也。朱温也，燕王棣也，始而曰叛、曰盗，忽然而某祖、某皇帝矣，而曹丕、司马炎之由名而公，由公而王，由王而帝，更无论也。准此以谈，吾不能不为匈奴冒顿、突厥颉利之徒悲也，吾不能不为汉吴楚七国、淮南王安、晋八王、明宸濠之徒悲也，吾不能不为上官桀、董卓、桓温、苏峻、侯景、安禄山、朱池、吴三桂之徒悲也，吾不得不为陈涉、吴广、新市、平林、铜马、赤眉、黄巾、窦建德、王世充、黄巢、张士诚、陈友谅、张献忠、李自成、洪秀全之徒悲也。彼其与圣神，相去不能以寸耳，使其稍有天幸，能于百尺竿头，进此一步，何患乎千百年后赡才博学、正言说论、倡天经明地义之史家，不奉以"承天广运、圣德神功、肇纪立极、钦明文思、睿哲显武、端毅弘文、宽裕中和、大成定业、太祖高皇帝"之徽号，而有腹诽者则曰大不敬，有指斥者则曰逆不道也。此非吾过激之言也。试思朱元璋之德，何如窦建德？萧衍之才，何如王莽？赵匡胤之功，何如项羽？李存勖之强，何如冒顿？杨坚传国之久，何如李元昊？朱温略地之广，何如洪秀全？而皆于数千年历史上巍巍然圣矣神矣！吾无以名之，名之曰幸不幸而已。若是乎，史也者，赌博耳！儿戏耳！鬼域之府耳！势利之林耳！以是为史，安得不率天下而禽兽也！而陋儒犹嚣嚣然曰：此天之经也！地之义也！人之伦也！国之本也！民之坊也！吾不得不深恶痛绝夫陋儒之毒天下如是其甚也！

　　然则不论正统则亦已耳，苟论正统，吾敢翻数千年之案而昌言曰：自周、秦以后，无一朝能当此名者也。第一，夷狄不可以为统，则胡、元及沙陀三小族在所必摈，而后魏、北齐、北周、契丹、女真更无论矣。第二，篡夺不可以为统，则魏、晋、宋、齐、梁、陈、北齐、北周、隋、后周、宋在所必摈，而唐亦不能免矣。第三，盗贼不可以为统，则后梁与明在所必摈，而汉亦如唯之与阿矣。然则正统当于何求之？曰：统也者，在国非在君也，在众非在一人也；舍国而求诸君，舍众人而求诸一人，必无统之可言，更无正之可言。必不获已者，则如英、德、日本等立宪君主之国，以宪法而定君位继承之律。其即位也，以敬守宪法之语誓于大众，而民亦公认之。若是者，其犹不谬于得丘民为天子之义，而于正统庶乎近矣。虽然，吾中国数千年历史上，何处有此？然犹断断于百步五十步之间，而曰统不统、正不正，吾不得不怜其愚，恶其妄也！后有良史乎，盍于我国民系统盛衰强弱主奴之间，三致意焉尔。

论书法

新史氏曰：吾一不解夫中国之史家，何以以书法为独一无二之天职也？吾一不解夫中国之史家，何以以书法为独一无二之能事也？吾一不解夫中国之史家，果据何主义以衡量天下古今事物，而敢嚣嚣然以书法自鸣也？史家之言曰：书法者，本《春秋》之义，所以明正邪，别善恶，操斧钺权，褒贬百代者也。书法善则为良史，反是则为秽史。嘻！此瞽言也。《春秋》之书法，非所以褒贬也。夫古人往矣，其人与骨皆已朽矣，孔子岂其为惮烦，而一一取而褒贬之？《春秋》之作，孔子所以改制而自发表其政见也，生于言论不自由时代，政见不可以直接发表，故为之符号标识焉以代之。书"尹氏卒"，非贬尹氏也，借尹氏以讥世卿也；书"仲孙忌帅师围运"，非贬仲孙忌也，借仲孙忌以讥二名。此等符号标识，后世谓之书法。惟《春秋》可以有书法。《春秋》，经也，非史也；明义也，非记事也。使《春秋》而史也，而记事也，则天下不完全、无条理之史，孰有过于《春秋》者乎？后人初不解《春秋》之为何物，胸中曾无一主义，撷拾一二断烂朝报，而规规然学《春秋》，天下之不自量，孰此甚也！吾敢断言曰：有《春秋》之志者，可以言书法；无《春秋》之志者，不可以言书法。

问者曰：书法以明功罪，别君子小人，亦使后人有所鉴焉，子何绝之甚？曰：是固然也。虽然，史也者，非纪一人一姓之事也，将以述一民族之运动、变迁、进化、堕落，而明其原因结果也。故善为史者，必无暇断断焉褒贬一二人，亦决不肯断断焉褒贬一二人。何也？褒贬一二人，是专科功罪于此一二人，而为众人卸其责任也。上之启枭雄私天下之心，下之堕齐民尊人格之念，非史家所宜出也。吾以为一民族之进化堕落，其原因决不在一二人；以为可褒则宜俱褒，以为可贬则宜俱贬。而中国史家，只知有一私人之善焉、恶焉、功焉、罪焉，而不知有一团体之善焉、恶焉、功焉、罪焉。以此牖民，此群治所以终不进也。吾非谓书法褒贬之必可厌，吾特厌夫作史者以为舍书法褒贬外，无天职、无能事也。

今之谈国事者，辄曰：恨某枢臣病国，恨某疆臣殃民。推其意，若以为但能屏逐此一二人，而吾国之治即可与欧美最文明国相等者然，此实为旧史家谬说所迷也。吾见夫今日举国之官吏、士民，其见识与彼一二人者相伯仲也，其意气相伯仲也，其道德相伯仲也，其才能相伯仲也。先有无量数病国殃民之人物，而彼一二人乃乘时而出焉，偶为其同类之代表而已。一二人之代表去，而百千万亿之代表者，方且比肩而立，接踵而来。不植其本，不清其源，而惟视进退于一二人，其有济乎？其无济乎？乃举国之人，莫或自讥自贬，而惟讥贬此一二人，吾不能不为一二人呼冤也。史也者，求有益于群治也，以此为天职为能事，问能于群治有丝毫之影响焉否也。

且旧史家所谓功罪善恶，亦何足以为功罪善恶？彼其所纪载，不外君主与其臣妾交涉之事。大率一切行谊，有利于时君者，则谓之功，谓之善，反是者则谓之罪，谓之恶。其最所表彰者，则死节之臣也，其最所痛绝者，则叛逆及事二姓者也。夫君子何尝不贵死节？虽然，古人亦有言，"君为社稷死则死之，为社稷亡则亡之。苟为己死而为己亡，非其亲昵，谁敢任之？"若是乎，死节之所以可贵者，在死国，非在死君也。试观《二十四史》所谓忠臣，其能合此资格者几何人也？事二姓者，一奴隶之不足，而再奴隶焉，其无廉耻不待论也。虽然，亦有辩焉：使其有救天下之志，而欲凭藉以行其道也，则佛肸召而子欲往矣，公山召而子欲往矣；伊尹且五就汤而五就桀矣，未见其足以为圣人病也。苟不尔者，则持禄保位、富贵骄人以终身于一姓之朝，安用此斗量车载之忠臣为也！《纲目》书"莽大夫扬雄死"，后世言书法者所最津津乐道也。吾以为扬雄之为人，自无足取耳，若其人格之价值，固不得以事莽不事莽为优劣也。新莽之治，与季汉之治，则何择焉？等是民贼也，而必大为鸿沟以划之曰：事此贼者忠义也，事彼贼者奸佞也。吾不知其何据也。雄之在汉，未尝得政，未尝立朝，即以旧史家之论理律之，其视魏徵之事唐，罪固可未减焉矣。而雄独蒙此大不韪之名，岂有他哉？李世民幸而王莽不幸，故魏徵幸而扬雄不幸而已。吾非欲为儇薄卑靡之扬雄讼冤，顾吾见夫操斧钺权之最有名者，其衡量人物之论据，不过如是，吾有以见史家之与人群渺不相涉也。至于叛逆云者，吾不知泗上之亭长，何以异于渔阳之戍卒；晋阳之唐公，何以异于宸濠之亲藩；陈桥之检点，何以异于离石之校尉。乃一则夷三族而复被大憝之名，一则履九五而遂享神圣之号，天下岂有正义哉！惟权力是视而已。其间稍有公论者，则犯颜死谏之臣时或表彰之是已。虽然，其所谓敢谏者，亦大率为一姓私事十之九，而为国民公义者十之一。即有一二，而史家之表彰之者，亦必不能如是其力也。嘻！吾知其故矣。霸者之所最欲者，则臣妾之为之死节也。其次则匡正其子孙之失德而保其祚也。所最恶者，臣妾之背之而事他人也。其尤甚者，则发难而与己为敌也。故其一赏一罚，皆以此为衡。汉高岂有德于雍齿而封之？岂有憾于丁公而杀之？所谓为人妇则欲其和我，为我妇则欲其为我詈人耳。而彼等又知夫人类有尚名誉之性质，仅以及身之赏罚而不足以惩劝也。于是鼎革之后，辄命其臣妾修前代之史，持此衡准以赏罚前代之人，因以示彼群臣群妾曰：尔其效此，尔其毋效彼。此霸者最险最黠之术。当崇祯、顺治之交，使无一洪承畴，则本朝何以有今日？使多一史可法，则本朝又何以有今日？而洪则为《国史·贰臣传》之首，史则为《明史·忠烈传》之魁矣。夫以此两途判别洪、史之人格，夫谁曰不宜？顾吾独不许夫霸者之利用此以自固而愚民也。问二千年来史家之书法，其有一字非为霸者效死力乎？无有也。霸者固有所为而为之，吾无责焉，独不解乎以名山大业自期者，果何德于彼，而必以全力为之拥护也？故使克林威尔生于中国，吾知其必与赵高、董卓同诟；使梅特涅而生于中国，吾知其必与武乡、汾阳齐名。何也？中国史家书法之性质则然也。

吾非谓史之可以废书法，顾吾以为书法者，当如布尔特奇之《英雄传》，以悲壮淋漓之笔，写古人之性行事业，使百世之下，闻其风者，赞叹舞蹈，顽廉懦立，刺激其精神血泪，以养成活气之人物。而必不可妄学《春秋》，侈衮钺于一字二字之间，使后之读者，加注释数千言，犹不能识其命意之所在。吾以为书法者，当如吉朋之《罗马史》，以伟大高尚之理想，褒贬一民族全体之性质，若者为优，若者为劣，某时代以何原因而获强盛，某时代以何原因而致衰亡，使后起之民族读焉，而因以自鉴曰：吾侪宜尔，吾侪宜毋尔。而必不可专奖励一姓之家奴走狗，与夫一二矫情畸行，陷后人于狭隘偏枯的道德之域，而无复发扬蹈厉之气。君不读龙门《史记》乎？史公虽非作史之极轨，至其为中国史家之鼻祖，尽人所同认矣。《史记》之书法也，岂尝有如庐陵之《新五代史》、晦庵之《通鉴纲目》，咬文嚼字，矜愚饰智，断断于缌小功之察而问无齿决者哉！

论纪年

或问新史氏曰：子之驳正统论，辩矣。虽然，昔之史家说正统者，其意非必皆如吾子所云云也。盖凡史必有纪年，而纪年必藉王者之年号，因不得不以一为主，而以余为闰也。司马温公尝自言之矣（《资治通鉴》卷六十九）。新史氏曰：审如是也，则吾将更与子论纪年。

纪年者何义也？时也者，过而不留者也。立乎今日以指往日，谓之去年，谓之前年，谓之前三年，前十年，再推而上之，则词穷矣。言者既凌乱而难为之名，听者亦瞀惑而莫知所指矣。然人生在世，则已阅数十寒暑，其此年与彼年交涉比较之事，不一而足。而人之愈文明者，其脑筋所容之事物愈多，恒喜取数百年、数千年以前之事，而记诵之、讨论之。然而年也者，过而不留者也，至无定而无可指者也。无定而无可指，则其所欲记之事，皆无所附丽，故不得不为之立一代数之记号，化无定为有定，然后得以从而指名之，于是乎有纪年。凡天地间事物之名号，其根原莫不出于指代，而纪年亦其一端也。

凡设记号者，皆将使人脑筋省力也。故记号恒欲其简，不欲其繁。当各国之未相遇也，各自纪年，盖记号必不能暗同，无可如何也。及诸国既已相通，交涉之事日多，而所指之年，其代数记号，各参差不相符，则于人之脑筋甚劳，而于事甚不便。故孔子作《春秋》，首据其义曰"诸侯不得改元"，"惟王者然后改元"，所以齐万而为一，去繁而就简，有精意存焉也（孔子前皆各国各自纪元。详见《纪年公理》）。

既明纪年之性质及其公例矣，然则一地之中，而并时有数种纪年，固为不便，百年之内，而纪年之号屡易，其不便亦相等明矣。何也？一则横繁，一则竖繁也。是故欲去繁而就简者，必不可不合横竖而皆一之。今吾国史家之必以帝王纪年也，岂不以帝王为一国之最巨物乎哉！然而帝王在位之久，无过六十年者（康熙六十一年，在中国数千年中实独一无二也）。其短者，或五年，或三年，或二年、一年乃至半年。加以古代一帝之祚，改元十数，瞀乱繁杂，不可穷诘。故以齐氏《纪元编》所载年号，合正统僭伪计之，不下千余。即专以史家所谓正统者论，计自汉孝武建元（以前无年号），以迄今光绪，二千年间而为年号者，三百十有六。今试于此三百十六之中，任举其一以质诸学者，虽极淹博者，吾知其不能具对也。于是乎强记纪元，遂为谈史学者一重要之学科，其糜脑筋于无用亦甚矣。试读西史，观其言几千几百年，或言第几世纪，吾一望而知其距今若干年矣。或有译本以中国符号易之，而曰唐某号某年，宋某号某年，则懵然不知其何指矣（译西书而易以中国年号，最为无理。非惟淆乱难记，亦乖名从主人之义。若言中国事而用西历，其谬更不待辩矣）。夫中国人与中国符号相习，宜过于习他国矣，然难易若天渊焉者何也？一极简，一极繁也。苟通此义，则帝王纪年之法，其必不可以久行于今日文明繁备之世，复何待言！

西人之用耶稣纪元，亦自千四百以来耳。古代之巴比伦人，以拿玻纳莎王为纪元（在今西历纪元前747年）；希腊人初时以执政官或大祭司在位之年纪之，其后改以和灵比亚之大祭为纪元（当纪元前767年）；罗马人以罗马府初建之年为纪元（当纪元前753年）；回教国民以教祖摩哈麦德避难之年为纪元（当纪元后622年）；犹太人以《旧约·创世记》所言世界开辟为纪元（当纪元前3761年）。自耶稣立教以后，教会以耶稣流血之年为纪元。至第六世纪，罗马一教士倡议改用耶稣降生为纪元，至今世界用之者过半。此泰西纪年之符号逐渐改良，由繁杂而趋于简便之大略也。要之，苟非在极野蛮时代，断无以一帝一号为纪元者。有之，其惟亚洲中之中国、朝鲜、日本诸国而已（日本近亦以神武天皇开国为纪元）。

曰：然则中国当以何纪？曰：昔上海强学会之初开也，大书孔子卒后二千四百七十三年。当时会中一二俗士，闻之舌挢汗下色变，曰：是不奉今王正朔也，是学耶稣也。而不知此实太史之例也。《史记》于《老子列传》大书孔子卒后二百七十五年，而其余各国世家，皆书孔子卒，此史公开万世纪元之定法也。近经学者讨论，谓当法其生，不法其死，以孔子卒纪，不如以孔子生纪。至今各报馆用之者既数家，达人著书亦往往采用。此号殆将易天下矣。用此为纪，厥有四善：符号简，记忆易，一也；不必依附民贼，纷争正闰，二也；孔子为我国至圣，纪之使人起尊崇教主之念，爱国思想亦油然而生，三也；国史之繁密而可纪者，皆在孔子以后，故用之甚便，其在孔子前者，则用西历纪元前之例，逆而数之，其事不多，不足为病，四也。有此四者，则孔子纪元殆可以俟诸百世而不惑矣。或以黄族鼻祖之故，欲以黄帝纪；或以孔子大同托始故，欲以帝尧纪；或以中国开辟于夏后故，欲以大禹纪；或以中国一统于秦故，欲以秦纪。要皆以事理有所窒，于公义无所取，故皆不足置辨；然则以孔子生纪元，殆后之作史者所宜同认矣。

纪元之必当变也，非以正统、闰统之辨而始然也。然纪元既不以帝号，则史家之争正统者，其更无说以自文矣。不然，以新莽之昏虐，武后之淫暴，而作史者势不能不以其始建国、天凤、地皇、光宅、垂拱、永昌、天授、长寿、延载、天册、登封、神功、圣历、久视、长安等年号厕之于建元之下，光绪之上，其为我国史污点也，不亦甚乎！况污点国史者，又岂直新莽、武后乎哉！

（1902 年）

中国专制政治进化史论

绪　论

进化者，向一目的而上进之谓也。日迈月征，进进不已，必达于其极点。凡天地古今之事物，未有能逃进化之公例者也。

中国者，世界中濡滞不进之国也。今日之思想，犹数千年前之思想；今日之风俗，犹数千年前之风俗；今日之文字，犹数千年前之文字；今日之器物，犹数千年前之器物。然则进化之迹，其殆绝于中国乎？虽然，有一焉，专制政治之进化，其精巧完满，举天下万国，未有吾中国若者也。万事不进，而惟于专制政治进焉，国民之程度可想矣。虽然，不谓之进化焉，不得也。知其进而考其所以独进之由，而求使他途与之竞进之道，斯亦史氏之责任也。作《中国专制政治进化史》。

第一章　论政体之种类及各国政体变迁之大势

中国自古及今，惟有一政体，故政体分类之说，中国人脑识中所未尝有也。今请先述泰西分类之说，及其变迁发达之形，以资比较焉。

第一，理论上之分类。

以理论分别政体种类者,起于希腊大哲亚里士多德。因主权者之人数而区为三种,每种复为正、变二体,今以表示之如左(下):

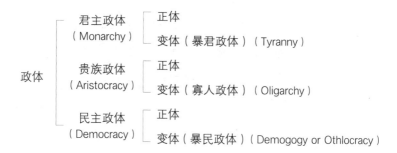

于此正变各三体之外,复有一焉,号曰混合政体(Mixed State),即和合君主、贵族、民主三者而为一者也。此论传数千年,至今学者诵法之。虽小有损益,然大端无以易也。十八世纪法国大哲孟德斯鸠之分类如左(下):

一、主权者以名誉为主义,谓之君主政体

二、主权者以道德为主义,谓之民主政体

三、主权者以温和为主义,谓之贵族政体

四、主权者以胁吓为主义,谓之专制政体

此分类法后人多有驳之者。其实第一类与第二类,盖同物而二名耳。近儒墺斯陈之分类如左(下):

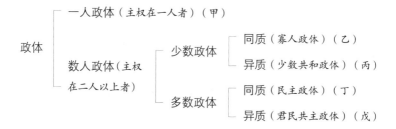

日本博士一木喜德郎复为如（下）之分类：

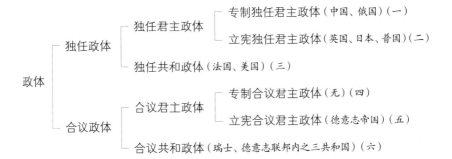

此分类者，盖就近世之国家言之。故贵族政体，不另为一种云。

第二，历史上之分类。

法国博士喇京所著《政治学》，就历史上区别政体如（下）：

综以上五表论之，则我中国所曾有者，第一表之第一（君主正体变体）、第二（贵族正体变体）、两种也，第二表之第一（君

主）、第三（贵族）、第四（专制）三种也，第三表之第一（一人政体）、第二（寡人政体）、两种也，第四表之第一种（专制独任君主政体）也，第五表之第一（族制政）、第二（神权政）、第四（封建政）、第五（近世专制君主政）、四种也。

以群学公例考之，凡人群必起于家族，中国之宗法，实政治之最初级，而各国所皆曾经者也。故政治学者常言：国家者，"家庭"二字之大书也。是族制政体实万国政治之起原。吾命为政治进化之第一级。家族者各自发生而日浸庞大者也。此族与彼族相遇，则不能无争，争则一族之中必须有人焉起而统率之，于是临时酋长之制起。斯宾塞《群学》云"譬有一未成规律之群族于此，一旦或因国迁，或因国危，涌出一公共之问题，则其商量处置之情形如何，必集民众于一大会场，而会场之中，自然分为二派。其甲派则老成者，有膂力者，阅历深而有智谋者，为一领袖团体，以任调查事实、讨议问题之役。其乙派则年少者，老羸者，智勇平凡者，为一随属团体，占全种族之大部分，其权利义务不过旁听甲派之议论，为随声附和之可否而已。又于领袖团体之中，必有一二人有超群拔萃之威德，如老成之狩猎家，或狡狯之妖术家，专在会场决策而任行之，即被举为临事之首领"云云，是临时酋长政体之所由起也。吾命为政治进化之第二级。于斯时也，一群之中，自划然分为三种人物。其一，即最多数之随属团体，即将来变成人民之胚胎也；其二，则少数之领袖团体，即将来变成贵族之胚胎也；其三，则最少数之事务委员，即将来变成君主之胚胎也。当其初也，人人在本群为自由之竞争，非遇外敌，则领袖团体殆为无用。其后因外敌数见，于是临时首领渐变为常任首领。常任首领之有大功于本群者，威德巍巍，慴服群类。及其死也，以为神而祀之。而其子孙又利用野蛮时代之宗教迷信也，以为吾之祖若父，实天鬼之所命，而非他人所能及者也，于是一变为神权政体。吾命为政治进化之第三级。临时酋长者，不过领袖团体中之最优者耳，外敌既数见，则领袖团体全部之势力，必与之俱进，又非临时酋长所能专也。于是乎此团体之魁杰者，或在中央政府而司选举君主之权，则贵族政体所由起也。或分属于诸部落而为诸侯割据之势，则封建政体所由立也。吾命为政治进化之第四级。自兹以往，有英明雄鸷之君主出，凭藉固有之权力，著著务扩充之。杀贵族之权，削封建之制，务统一之于中央政府，或一蹴而几焉，或六七作而后几焉。其积之也，或以数十年，或以数百年千年，及其成也，则能役属群族，以一人而指挥全国，然后君主专制之政体乃成。吾命为政治进化之第五级。凡地球上君主专制之国，未有不经由此诸级来者也。及专制权力之既巩固也，则以国土为私产，以国民为家奴，虐政憔悴，民不堪命。而世运日进，氓智日辟。彼林林总总者，终不能自为刍狗以受践弃，自为犬马以服驱役，自为牛羊以待豢养也，于是乎自由自治之议纷起。君主之智焉者，则顺其势而予之，此立宪君主政体所由生也；其愚者则逆其势而抗之，此革命民主政体所由成也。吾命为政治进化之第六级。以上六级，欧洲数千年来政治消长之林，略具于是矣。

吾中国政治之发达，与欧西异。一曰欧洲六级已备，中国则有前五级，而无第六级也。二曰欧洲诸级之运，长短不甚相远，中国则第五级之成立最早，而其运独长也。三曰欧洲于第四级最占权力，当百年前，余焰未衰，中国则二千年前已划除殆尽也。四曰第一级之族制，欧人早已不存，中国则数千年与第五级并行也。其间证据碎繁，原因深远，今请得上下千古而综论之。

第二章　封建制度之渐革（由地方分权趋于中央集权）

人群之治，皆滥觞于部落酋长。酋长之强有力者，则能服属诸酋，或自封亲藩，以参伍旧酋，仍画土以各率其部落，若是者谓之封建。酋长封建，皆群治所必经之阶级，而天下万国所莫能外者也。顾其制之发达，或迟或早，其运之推移，或久或暂，则随其特别之原因以为差。欧洲自罗马解纽以后，而封建之制始极盛。及近世史之初年（约距今四五百年前），始渐削侯封而建王国。然其余运，犹绵延数百年，直至十九世纪之末，意大利再造，日耳曼一统，然后封建之迹几绝。其运之迟生而统之久驻也如彼。中国不然，自秦以来，天下几一家矣，以二万余里之大地，而二千年来常统制于一王。此实专制政体发达之最明著者也。虽然，其间逐渐变革之迹，亦有非偶然者，请次而论之。

穹古以前，不可征矣。董子称九皇六十四民。《庄子》所述有大庭氏、柏皇氏、中央氏、栗陆氏、辒连氏、赫胥氏、尊卢氏、祝融氏、混沌氏、昊英氏、有巢氏、葛天氏、无怀氏等。《老子》称邻国相望，鸡犬之声相闻，其民老死不相往来。盖古者舟车未通，一山之障，一河之隔，辄自成一部落，其时酋长之多，不知纪极。是为第一期。

黄帝既克炎帝，擒蚩尤，四征八讨，披山通道，史称诸侯有叛者，黄帝从而伐之，平者去之，然则以兵力交通诸部落者，黄帝之功也。虽然，其所兼并、翦灭者盖寡。黄帝以巍巍威德，詟服宇内，为诸酋长之长，子孙袭其荫者数百年，逮至尧舜，号称郅治。然而天子（即酋长之长）称元后，诸侯（即诸酋长）称群后，其势位相去，殆不甚远，元后率由群后所选立，有四岳等操废置之柄，殆如近世日耳曼之司选侯（日耳曼有司选侯，司推戴共主之权，古代四岳颇同此制，余所著《中国通史》详论之）。观帝挚之立而旋废，舜禹受禅，必待诸侯朝觐讴歌讼狱之所归，然后即位，其明证矣。故尧舜以前，仍纯为酋长政治。是为第二期。

神禹既成大功，声教四讫，统一之业，实始于此。涂山一会，执玉帛者万国，酋长之盛，可以概见。然中央之权，已进一级，选侯之职不设，传子之局大定。防风后至，禹则戮之；有扈怠侮，启则灭之；羲和弗率，胤则征之。元后之权力，与群后稍殊绝矣。自夏迄殷，凡历千岁，综其政体，大率相同。大抵以朝诸侯为有天下之证据（《孟子》言"武王朝诸侯，有天下"，然则武王前诸侯不朝，即天下不为商家所有，明矣），其间王权虽渐张，而霸者亦屡起，如有穷后羿、昆吾氏、大彭氏、豕韦氏等，皆尝代夏、殷而有天下之人也。于斯时也，酋长之数渐少，而封建之制尚未兴。是为第三期。

封建何自起？起于周。封建云者，以其既得之土地而分与其人之谓也。故封建之行，实专制政体进化之一现象也。武王观兵孟津，诸侯会者八百，此外未与会者犹多可知。然则其时酋长，尚以千数矣。周初灭国五十，天下既定，大封亲贤。彼时土广人稀，其地固非必尽由侵略所得，然爪牙腹心遍布宇内，与向来土著之部落酋长相错处，据要害而制其命，复有王室为之应援，有同封者相与联络，于是土著部落之势力日杀，中央集权之治日坚固矣。是为第四期。

封建群侯既占优势，则兼并盛行，而土著部落驯至不能自立。故有周七百余年间，为封建政治全盛时代。孟津之会为国八百，加以未会及新封者，数当盈千；降及春秋，而见于记载者仅百六十三国（其中同姓者三十八，异姓者三十六，姓具而爵不明者二十四，爵明而姓不具者八，姓爵俱不明者二十六，戎狄诸种三十一）；春秋二百四十年中，被灭之国六十有五；曾几何时，及战国之末，而仅余七雄矣。天下大势趋于一统，运会所迫，如汤沃雪，如风卷云。秦汉之混一海宇，非秦汉所能为也，其所由来渐矣。自周之既衰，已非复一王专制之政体，而实为封建专制之政体。齐桓、晋文实朝诸侯有天下之共主也（《诗》称"赫赫宗周，褒姒灭之"；《孟子》称"三代之失天下也，以不仁"。遍观先秦古书，无不以周为亡于幽厉者，特后儒不敢昌言耳。齐桓之专地而封、晋文之致王而朝，谓非行天子之事而何哉）。虽然，自战国以前，无论为王为霸，皆与群后分土分民，俱据南面，有不纯臣之义，其所专制者，仅及于境内（《周礼》之制，亦仅治畿内者耳）。若境外属国之治，虽时或以半外交的政策干涉之，其权限亦不过与数十年前奥大利之待日耳曼、意大利诸小邦相等，非能如后世帝者之力之完备也。是为第五期。

及秦始皇夷六国，置郡县，而封建之迹一扫。虽然，郡县非自始皇始也。《史记》"秦武公十年，伐邦冀戎，初县之；十一年，初县杜郑"；《左传》"楚庄王灭陈，杀夏征舒，因县陈"；又称"晋分祁氏之田为七县，羊舌氏之田为三县"。其后秦孝公用商鞅变法，集小乡邑聚为县；秦惠文十年，魏纳上郡；十三年，秦取汉中地，置汉中郡。是郡县之兴，已数百年，而常与国邑相错处。盖春秋战国间，实封建与郡县过渡时代。而中国数千年来，政治界变动最剧之秋也。有郡县，然后土地人民直隶于中央政府，而专制之实乃克举。亦惟以如此广漠辽廓之土地，而悉为郡县以隶于中央政府，则非大行专制不能为功。故自始皇置三十六郡，而专制政体之精神形质，始具备焉矣。立乎之罘刻石之岁，追溯涂山会计之年，由万国而八百国，而百六十三国，而十余国，而七国，以渐归于一国，进化程度历历在目。虽曰天运，岂非人事哉！是为第六期。

经此六期，专制之局既定矣。虽然，积数千年之旧习，其势固非可以骤革，于是反动力起，余波复沿袭若干年，而始乃大定。譬犹法国大革命，开十九世纪民权之幕，而忽有拿破仑崛起，继以俄、普、奥三帝神圣同盟，反动力大作，几尽复革命前之旧观，又加甚焉。虽然，回阳返照，势不可久，经此波折，而新时代出现焉矣。秦汉之际，有类于是，始皇既殂，四海鼎沸，六国各自立后，于是有楚怀王心、赵王歇、魏王咎、魏王豹、韩王成、韩王信、齐王田儋、田荣、田广、田市等，及楚汉相持，而郦食其说汉王复立六国后，印已铸矣。张良一言而解，岂所谓天之所废，谁能兴之者耶？项羽以宰割分封而亡，汉高以力征混一而帝，一顺时势，一逆时势而已。然高帝既定天下，犹且裂地以王韩、彭，分国以侯绛、灌，盖人情习见前世故事，未得而遽易也，乃异姓八王，不旋踵而诛亡者七。夫以战国七雄，据土各数百岁，犹不能自存，而况于新造者乎？此外尚有分封子弟诸国，亦仅传两叶，逮文景时，晁贾之徒，已畏其逼，卒有吴楚七国之反。大难既定，遂严诸侯王禁制，至是封建之余波乃平。后此虽有爵国，名存而实去矣。是为第七期。

至是而上古封建之治全为一结束。虽然，其暗潮波折，屡起屡伏，更历千年，然后销声匿影以至于尽也，试略举其梗概。汉代封建，有两特色。其一，郡国杂处，帝国分地与诸侯王国分地，犬牙交错以相牵制也（《汉书·诸侯王表》序云："诸侯比境，周匝三垂，外接胡越。天子自有三河、东郡、颍川、南阳。自江陵以西至巴蜀，北自云中至陇西，与京师内史，凡十五郡，公主、列侯颇邑其中。而藩国大者夸州兼郡，连城数十，宫室百官同制京师。"）；其二，则天子为侯国置傅相，管其政治，诸侯不得有为于其国也（汉初，汉廷惟为置丞相，其御史大夫以下皆自置之，百官悉如汉朝。后景帝惩之，遂令诸侯王不得治民，令内史治之，改丞相曰相，省御史大夫、廷尉、少府、宗正、博士官，凡员职皆不得自置）。凡此两者，其法度之外形，皆相矛盾，似封建非封建，似郡县非郡县，亦封建亦郡县，亦过渡时代不得不然也。两者交战，而兴废必有所趋，其日趋于中央集权，天运然矣。汉制贵爵为三等，曰诸侯王（惟宗亲得封），曰列侯（或王之子或功臣或外戚恩泽），曰关内侯（有爵无国邑）。而关内侯之制，直行之千余年以至今日（《文献通考·封建考十》云"秦汉以来所谓列侯者，非但食其邑入而已，可以臣吏民，可以布政令，若关内侯则惟以虚名受禀禄而已。然西都景、武以后，始令诸侯王不得治民，汉置内史治之。自是以后，虽诸侯王亦无君国子民之实，况列侯乎？然所谓侯者，尚裂土以封之也。至东都始有未与国邑，先赐美名之，例如灵寿王、征羌侯之类是也。此后类此者不可胜数，则列侯有同于关内侯者矣"云云，两汉封建名实消长之机于此可见）。是为第八期。

两汉强干弱枝之策大行，中央政府之权达于极点。皇子之国，其势不敌汉廷一宦竖。及其衰世，而小小反动力起焉，曰州牧。晚汉州牧，实中唐藩镇之先声也。其土地初本受诸帝室，然非封建也，其后乃传诸子孙，与封建无异矣。故前此诸侯王列侯，无封建之实而有其名。后此州牧，无封建之名而有其实。是为第九期。

魏承汉旧，又加甚焉。袁宏谓虽有王侯之号，而乃侪于匹夫。县隔千里之外，无朝聘之仪，邻国无会同之制。诸侯游猎，不得过三十里。又为设防辅监国之官以伺察之，王侯皆思为布衣而不可得（《文献通考》引）。盖至是而封建之运几尽矣。及晋而反动力大作，晋鉴汉魏亡于孤立，乃广建宗藩，而八王之乱喋血京邑，卒覆其宗。盖自秦以来，中央专制之威，积之数百年，既深既剧，其势固不可以复散于枝叶，苟有所倚于外，则其"求心力"仍常趋于中。互挽互夺而主权如弈棋矣。晋之不纲，抑岂不以是耶？洎及六朝，南朝率循晋法，北朝多彷汉制，而其结果亦复相类。是为第十期。

初唐之治，数千年来专制君主之最良者也。其封建也，有亲王、郡王、国公、郡县、开国公、侯、伯、子、男等九等之号，而无官土，其加实封者，则食其所封，分食诸郡，以租调给之，然汉魏制，凡王侯皆例须之国，唐则在京师衣食租税而已。此又其势更杀之征也。虽然，中叶以后，反动力又起，酿成方镇之习，中央政府实权既坠于地。山东河朔，皆擅署吏，以赋税自私，以土地传子孙，至合纵以抗天子，卒百余年，与唐相终始，延至五季，犹诸雄角立。盖自秦以降，其反动力之巨且剧，此为最矣。何也？晋八王之乱，其所共争者，仍中央之权也；唐之方镇，则务自巩其地方之权，与中央分势者也。是为第十一期。

宋制，地方之权大衰，而中央之权亦不见其盛，盖文弱之极，与外患相终始，无足云者。女真、蒙古以部落膻俗之制治中国，于沿革大势，所关亦寡焉。至明而封建之死灰又复小燃，燕王棣以之篡，宸濠以之叛。虽然，以视汉七国、晋八王，盖其微矣。是为第十二期。

及至本朝，以外族入主中夏，宠异降将，尚有孔、吴、耿、尚等四王之封，实为中国有史以来四千年间封建制度最后之结局也。自三藩戡定后，迄今二百余年无封建，岂惟二百余年，吾敢信自今以往，封建之迹真永绝矣。今制，元功宗亲皆留京师，宗室自亲王以下至奉恩将军，列爵九等，皆拨予之以直隶及关东之田以抵古人之汤沐邑；功臣自一等公以下至恩骑尉，列爵二十六等，皆予俸，无官受世职单俸，有官受双俸，此汉关内侯之制也，亦英国、日本等贵族华族之制也。其有封建之名而无其实者既如此矣，曰：然则他日亦有无封建之名而有其实，如汉州牧，唐方镇者乎？曰：是亦必无。虽自平发平捻以后，督抚势力日盛，中央之权似有所减，如庚子一役，东南督抚有敢抗朝旨擅与他国立约之事。虽然，是有特别原因焉，不能认为中央地方两权消长之证也。后此如更有变迁乎，其必不袭汉牧唐镇之旧也，有断然矣。是为第十三期。

综而论之，则十三期中复为四大期，自黄帝以至周初，为封建未定期。自周以至汉初，为封建全盛期。自汉景、武以后至清初，为封建变相期。自康熙平三藩以后，为封建全灭期。由酋长而成为封建，而专制之实力一进化。由真封建而变为有名无实、有实无名之封建，而专制实力又一进化。举名实两扫之，而专制实力又一进化。进化至是，盖圆满矣。莽莽数千年，相持相低昂，徘徊焉，翱翔焉，直至最近世，然后为一大结束而势乃全定，莫或主之，若或主之，进化之难，乃如是耶。上下千古，其感慨何如哉！

附论　中国封建之制与欧洲日本比较

封建之运，东西所同也。中国有之，日本有之，欧洲亦有之。然欧洲、日本封建灭而民权兴，中国封建灭而君权强。何也？曰：欧洲有市府而中国无有也；日本有士族，而中国无有也。欧洲自希腊以来，即有市府之制，一市一村，民皆自治。

及中世之末封建跋扈，南部意大利诸州，其民首自保卫，为独立市府，日耳曼诸州继起，逐至有八十市府联盟之事。自余法兰西、英吉利、葡萄牙、西班牙诸市，所在发达，近世诸新造国，其帝王未有不凭藉市府之力而兴者也。然则欧洲封建之灭，非君主灭之，而人民灭之也。帝王既藉人民以灭诸侯，义固不可不报，则民有权矣。民方能以自力灭诸侯，则尤不容帝王之不报，则民有权矣。日本武门柄政凡八百年，而德川氏三百年间，行封建制，其各藩中有所谓藩士，在本藩常享特别之权利，带贵族之资格，略与希腊共和国所谓市公民者相类。及明治维新，其主动者皆此等藩士也。诸藩士各挟其藩之力，合纵以革幕府（即大将军德川氏）而奖王室。及幕府既倒，大势既变，知不可以藩藩角立，乃胥谋而废之，然则日本封建之灭，非君主灭之，而以自力灭之也。夫既恶幕府之专制而去之，则其不复乐专制明矣。能以自力自灭其藩，此其人亦非可以专制笼络之明矣。以是之故，故欧洲、日本皆封建灭而民权与之代兴（或疑欧洲近史中专制主如路易第十四世者，指不胜屈，不可谓民权逐兴，不知近数百年来全欧皆以专制、自由两主义相战，不过其战胜有早暮耳，宗教改革诸役皆民权之前锋队也）。中国不然，数千年来曾无有士民参与政治之事，岂惟无其事，乃并其思想而亦无之。兴封建者君主也，废封建者亦君主也，以封建自卫者君主也，与封建为仇者亦君主也。封建强则所分者君主之权，封建削则所增者君主之势，夫以数万里之广土众民，同立于一政府之下，而人民复无自治力以团之理之，然则非行莫大之专制，何以立国乎？故统览数千年历史，其号称小康时代者，必其在中央集权最盛大最巩固之时代也。如周初、汉初、唐初、清初是已。专制权稍薄弱则有分裂，有分裂则有力征，有力征则有兼并，兼并多一次，则专制权高一度，愈积愈进，至本朝乾隆时代而极矣。论者知民权之所以不兴，由于为专制所压抑，亦知专制之所以得行，由于民权之不立耶？不然，则欧人谓憔悴虐政之苦，莫甚于封建时，何以中国封建之运之衰，远在欧洲之先，而专制之运之长，反远在欧洲之后也？

第三章　贵族政治之消灭（由寡人政治趋于一人政治）

贵族政治为专制一大障碍（专制有广、狭二义，吾今所论专指狭义之君主专制言也，若以广义则贵族政体固专制矣。即今日之议会政治，学者犹谓为多数之专制，此非本论界说之范围也）。其国苟有贵族者，则完全圆满之君主专制终不可得行。贵族何自起？起于族制，起于酋政，故地球上一切国，无不经过贵族政治一阶级，而其盛衰久暂，亦常随其特别之原因，且常演出特别之结果，故谈政者必于此中观消息焉。

吾欲言我国之贵族政治，请先言他国之贵族政治。泰西数千年历史，实贵族与平民相阅之历史而已，其阻力也在是，其动力也在是，故"贵族"二字在泰西史，实为政治上一最大之要素。泰西政治史，发源于希腊、罗马。希腊之斯巴达，贵族政治也。希腊之雅典，自梭伦定律以前，贵族政治也。罗马自纪元前五百年以前，皆贵族政治也。此后二百年间，皆贵族平民轧轹时代也。自纪元前79年以后，所谓三头政体者，又贵族政治也。降及中世，封建糜烂，蛮敌凭陵，虽完全之政治无可表见，而于人群中最占势力者，皆贵族也。洎于近世，反动力大起，数百年间，以两族之角斗胜败相终始，君主之与平民结也，为挫贵族也。宗教革命，为挫贵族也。法国大革命，则举贵族权力而一扫之也。十九世纪全欧之扰攘，皆承法国大革命之余波，铲贵族之萌蘖也。今日俄罗斯之虚无党，亦与贵族为仇也。然直至今日，而欧洲各国犹不能灭绝贵族。伟矣哉贵族之势力！重矣哉贵族之关系！

　　贵族政治者，最不平等之政治也。他国以有贵族故，故常分国民为数种阶级，其最甚者为"喀私德"（Castes）之制，其次甚者为"埃士梯德"（Estates）之制。喀私德者，诸凡古代东洋诸国，如埃及、波斯等皆有之，而印度为最整严。印度之喀私德，其第一种曰婆罗门（Brahmans），彼中称为自神之口而出者，一切学问、宗教、法律皆归其掌握；其第二种曰刹利（Kshatriyas），彼中称为自神之胁而出者，军人武门属焉（案：释迦牟尼即出此族也）；其第三种曰毗舍（Uisas），彼中称为自神之膝而出者，农、工、商、牧等业属之；其第四种曰首陀罗（Sudras），彼中称为自神之足而出者，奴隶属焉。此四族者，婚姻不相通，职业不相易，自数千年至今日，而其弊犹未革。此为贵族政治流弊之极点。埃士梯德者，其形状与喀私德略同，而其性质则稍异。喀私德者，一成而不可变者也，埃士梯德者，随时势而有转移者也。埃士梯德之制极盛于中世之欧洲，而条顿民族尤为整严。彼中谓太初有神，厥名黎哥（Rigr），兹生三子，其先产者名曰胥罗（Thral），为奴隶之祖；其次产者名曰卡尔（Karl），为农民之祖；最后产者名曰这尔（Jarl），教之武艺，为贵族之祖。彼其理想，固与印度之喀私德绝相类。故欧洲所谓埃士梯德者，大率亦分四族，一曰教士，二曰贵族，三曰自由民，四曰奴隶。其阶级亦与印度之四喀私德相应，自希腊、罗马以至中世及近世之初期，此种阶级常横截欧洲之政界，虽各国之权限伸缩不同，而其概一也。各国国宪之变动，往往因此埃士梯德之关系而起者，十居八九。其在中古，各级各为法律，不相杂厕；第一、第二两种常握政治上大权，其第三种稍维持民权于一二，其第四种则全有义务而无权利者也。及至近世乃始渐脱樊篱，至最近世乃一跃而廓清积习。要而论之，则欧洲数千年来之政治，最不平等之政治也，最不自由之政治也（第一、第二两种太自由，故第三、第四两种太不自由）。虽以亚里士多德之大哲，犹谓奴隶制为天然公理；以希腊、罗马之文明，而其下级社会之民被虐待者惨无天日；其所谓沐文明之膏泽者，不过国中一小部分耳。至如美国当十九世纪，尚以争买奴而动干戈；法国既改共和政体，而世袭之爵犹沿而不除；即如我东邻最近之日本，亦有"非人""秽多"等称号，至维新后而始革。盖贵族政治之极敝，衍为阶级，其现象及其影响乃至如此，彼其国中所以轧轹不绝者，皆此之由。抑其君主专制之政所以不能极盛，即盛矣而不能持久者，亦此之由。

吾今请言中国。我祖国之历史，有可以自豪于世界者一事，曰无喀私德，无埃士梯德。此实由贵族政治之运不长所致也。然则吾中国亦尝有贵族政治乎？曰有。贵族政治者，亦国家成立所必经之级而不可逃避者也，岂吾中国而能无之？太古之事邈矣。《尚书》托始于尧舜，而彼时即贵族政治最盛之时代也。当时之贵族，或拥疆土以俱南面，或踞中央以握政权，为君主者不过为贵族所选立，而奉行贵族之意而已。何以知君主为贵族所选立也？黄帝崩，元妃之子玄嚣、昌意皆不得立，而次妃之子少昊代焉，少昊不得传位其子，而昌意之子颛顼代焉，颛顼亦不得传位其子，而玄嚣之孙帝喾代焉。后世史家据今日之思想以例古人，以为宋宣公、吴王寿梦、宋艺祖之类，由先君之遗命以定所立也，而岂知皆贵族之势力左右其间也。其尤著明者，则帝喾之长子帝挚既立，仅九年，而诸侯废之以立帝尧。夫废君之事，自后世史家观之，鲜不以为大逆不道，而当时若甚平平无奇者，盖贵族政治之常习然也。其后尧欲让舜，而必先让四岳，俟四岳举舜，然后试之，所以示不专也。使尧而果有全权也，意中既有一舜，岂不能直举而致诸青云之上，乃必于四岳焉一尝试其让，使四岳而竟慨诺之，则尧又将奈何？吾有以信尧之果无奈何也。及舜受尧禅，而必先自避于南河之南；禹受舜禅，而必先自避于阳城。待朝觐讼狱讴歌之皆归，然后之中国践天子位，亦视当时贵族为趋向而已。何以知君主必奉行贵族之意也？吾昔读古史而有一不可解之问题：彼鲧者，四凶之一也，当尧之时恶德既显，尧咨治水于四岳，四岳举鲧，尧既斥其方命圮族，而不能不屈意以用之，以至九载无功，使尧果有全权，则以如许重大之事，委诸明知其不可之人，尧不重负天下乎？又如所谓"八元八恺"者，皆尧之亲族，其中如稷如契，则尧之异母兄弟也，尧岂不知之而不能举？无他，为贵族所阻挠而已。此后舜欲授禹等九官，亦必询于四岳，任其推荐，然则用人行政之大权，四岳操其强半也明矣。四岳者何也？《白虎通》云："总四岳诸侯之事者也。"然则四岳之官，实代表全国诸侯而总制中央，左右君主者。以理势度之，其职权殆与斯巴达之"埃科亚士"（Ephors）绝相类（参观《斯巴达小志》）。埃科亚士凡五人，而四岳则四人，皆贵族所以平均其势力也。此为我国贵族政治最盛之时代，及尧、舜、禹皆以不世出之英主，汲汲以集权奠国为务。尧在位七十二年，舜在位六十一年，此百三十三年中，中央政府渐加整顿，权力日盛，能渐收豪族之权于帝室，而禹之大功，又足以震慑天下。故尧不能诛四凶，舜不能服有苗，而禹则会诸侯于涂山，防风氏后至，直取而戮之，盖主权之雄强，迥非昔比矣。至是君主世袭之权确定，而四岳之官，至夏亦不复见。于是贵族政治受第一之次裁抑，而专制政体一进化。

夏殷之事，史文阙漏，今不具论。周革殷命，广置封建，而京畿之内，二伯分陕，权力犹埒王者。厉王无道，国人流之于彘，而共和执政。国人云者，吾不敢信为全国之平民也，殆贵族而已（当时民权颇发达，而我国又向无分民为阶级之弊，故晋文听舆人之诵，子产采乡校之议。或者平民有权亦未可知，吾不敢遽下断案也。但观共和执政，则贵族权之强盛有断然者）。或此后见于史传者，如周、召、毕、郑、虢、祭、单、刘、尹等诸族，常左右周室，司政权焉，不待五霸之兴，而王者固已常如守府矣。故周之一代，实贵族政治之时代也（夏、殷亦当然，但不可考耳）。然以视尧舜时，则其权稍杀，盖彼则王位由其废置，而此则假王之名以行事者也。春秋列国亦然，在齐则有国、商、崔、庆，在鲁则有三桓，在郑则有七穆，在晋则有栾、郤、胥、原、范、荀，在楚则有昭、屈、景，在宋则有武、缪、戴、庄、桓之族，其余诸国大率类是。右族相继持一国之大权，政府（即贵族）势力过于国君，国君之废立常出其手，国君之行为能掣其肘。观《孟子》告齐王以贵戚之卿，反覆谏其君而听则易位，滕文公欲行三年之丧，父兄百官皆不欲，则几不能尽于大事，亦可见当时贵族政治之一班矣。周代贵族权所以独盛者何也？其一，由于人群天然之段级使然；其二，亦由人力有以助长之也。盖国家本起原于家族，但国势愈定，则族制自当愈衰。周之兴，去黄帝时代已二千载，宜其家族之形体渐革，而今反不尔者，周制实以家为国也。故有最齐整、最完备之一制度曰宗法，所谓"别子为祖，继别为宗，继称者为小宗，有百世不迁之宗，有五世始迁之宗"。此制度者，王室与同姓诸侯之关系赖之，诸侯与其境内诸侯之关系赖之，乃至国中一切大小团体所以相维持相固结者皆赖之。周代群治，悉以此制度为中心点，故曰"国之本在家"，又曰"家齐而后国治"，此诚实制，非空言也。以此之故，贵族政治大伸其力，虽以孟子之卓识，犹云"所谓故国者，非有乔木之谓也，有世臣之谓也"，亦可见贵族政治入人深矣。逮至战国，而社会之风潮一大变，秦始用客卿以强，列国继之，及孔子没后二百余年，而贵族之权与周室同尽矣。于是贵族政治受第二次裁抑，而专制政体一进化。

周末之贵族政治，所以能就澌灭者何也？吾推其原因，有两大端。其一，由于学理之昌明。孔子最恶贵族政治者也，故其作《春秋》也，于尹氏卒（隐三年），齐崔氏出奔卫（宣十年），皆著讥世卿之义焉；于仍叔之子来聘（桓五年），曹世子射姑来朝（桓九年），皆著讥父老子代从政之义焉。《春秋》于大夫主权之举，无不贬绝，溴梁之会（襄十六年），信在大夫，而《春秋》遍刺之。盖孔子深见夫当时贵族政治之极弊，故救时之策，以此为第一义，故曰："天下有道，则政不在大夫。"摧灭贵族政治者，孔子之功最伟矣。墨子亦然，言尚贤、言尚同，至《老子》之刍狗一切者更无论矣。故孔、墨、老宗旨虽不同，而皆力倡万民平等之大义，与二千年陋俗为敌，其弟子亦多出身微贱，名闻一时（子张，驵侩也，颜涿聚，大盗也，学于孔子。禽滑厘，大盗也，学于墨子），天下相与化之。以视亚里士多德之主张蓄奴，大有异矣，故经诸大师大力鼓荡之后，而全群之思想皆大变。其二，由于时势之趋向。自春秋之末以至战国，兼并盛行，列国之竞争最剧，相率以登进人材、扩张国势为务，其雄鸷之主，知仅恃贵族不足以豪于天下。故敬礼处士，招致客卿，自秦人首用由余、百里奚以霸西戎，此后商鞅、范雎、蔡泽、张仪、李斯，凡佐秦以成大业者，无一不起自远客贱族。而吴越亦以伍子胥、范蠡等之力，崛起南服，主盟中原。至战国之末，列雄始悟优胜劣败之所在，然后相率以蹈其后，于是乐毅、剧辛、邹衍、淳于髡、苏秦、公孙衍、鲁仲连、廉颇、蔺相如、李牧之徒，始皆以处士权倾人主矣。当时如齐孟尝、赵平原、魏信陵，实为贵族政治回光返照，放一异彩，而其所以能尔尔者，乃实由纡尊降贵，自放弃其贵族之特权，以结欢于处士，故虽谓三公子为贵族之自伐者可也。至是而黄帝以来二千年之贵族政体，一扫以尽。

汉高起草泽作天子，其本身既已不带一毫贵族性质；其左右股肱萧、曹、韩、彭、平、勃之流，皆起家贱吏、牙侩、屠狗，致身通显。君臣同道，益举自有人类以来天然阶级之陋习，震荡而消灭之，汉高复以刻薄悍鸷之手段，芟夷功臣，无使遗种。故自汉兴，而布衣将相之局已定，初不待武帝时之卜式以牧羊为御史大夫，公孙弘以白衣为丞相也。功臣既殄，而亲藩又不得留京师参朝政，故在汉代，无可以生出贵族之道。若必求其近似者，则后族当之矣。若西汉之吕氏、窦氏、田氏、霍氏、上官氏、王氏，东汉之邓氏、窦氏、阎氏、梁氏，皆气焰熏灼，权倾一时。虽然，举不足以当贵族之名也。泰西之所谓贵族，与中国古代所谓贵族，皆别为一阶级，不与齐民等，而其族之人亦必甚多，受之于世袭，而非附一二人之末光以自尊显，而又传诸其胤，不以一二人之失势而丧全族之权利，具此诸质，乃可谓之贵族。若汉之后族则何有焉？卫青、霍去病，以一异父同母之私生姊妹，蒙荫以尸大位，自余诸族，亦大率类是而已。其间惟哀、平间之王氏，虽不能全具贵族之性质，而颇有其一二。故谓新莽之乱，为贵族之小余波可也。然其影响于数千年之政治界者，抑甚微矣。

东汉之末，袁氏以十二世为汉司徒，四世为汉司空，绍、术两竖子因乘余荫窃方镇者十余年，似亦足为贵族势力之一征焉。然所成就既无可表见，且与中央政府无丝毫关系，夫安得以贵族政治论？至如曹氏之于汉，司马氏之于魏，亦全由个人权力，处心积虑，以相搀夺，尤与贵族政治不相涉。故谓两汉三国全无贵族，决非过言也。于是专制政体又一进化。

自魏陈群立九品中正取士之制，沿至晋代，至有所谓"上品无寒门，下品无世族"者。故战国以后至今日，中间惟六朝时代颇有贵族阶级，"旧时王谢堂前燕，飞入寻常百姓家"，贵族与寻常百姓之区别，颇印于全社会之脑中矣。及南北朝，门第益重，视后门寒素，殆如良贱之不可紊（史称：赵邕宠贵一时，欲与范阳卢氏为婚。卢氏有女，父早亡，叔许之而母不肯。又，崔巨伦姊眇一目，其家议欲下嫁，巨伦姑悲戚曰："岂可令此女屈事卑族。"又，何敬容与到溉不协，谓人曰："到溉尚有余臭，遂学作贵人。"是其例也）。而单门寒士，亦遂自视微陋，不敢与世家相颉颃（史称：右军将军王道隆权重一时，到蔡兴宗前不敢就席，良久方去，兴宗亦不呼坐。又，宗越本南阳次门，以事黜为役门。后立军功，启宋文帝，求复次门。等是其例也），其有发迹通显，得与世族相攀附，则视为莫大之荣幸（史称：王敬则与王俭同拜开府，仪同。俭曰："不意老子遂与韩非同传。"敬则闻之，曰："我南沙小吏，侥幸得与王卫军同拜三公，夫复何恨。"又，孙搴寒贱，齐神武赐以韦氏女为妻，韦氏本士族，时人荣之。等是其例也）。甚至风俗所趋，积重难返，虽以帝者之力，欲变易之而不可得（史称：宋文帝宠中书舍人宏兴宗，谓曰："卿欲作士人，得就王球坐，乃当判。尔若往诣球，可称旨就席。"及至，宏将坐，球举扇曰："卿不得尔。"宏还奏帝曰："我便无如此何。"他日，帝以劝球，球曰："士庶区别，国之常也。臣不敢奉诏。"又称：纪僧真尝启宋武帝曰："臣小人，出自本州武吏，他无所须，惟就陛下乞作士大夫。"帝曰："此事由江斅、谢瀹，我不得措意，可自诣之。"僧真承旨，诣斅，登榻坐定，斅命左右："移吾床让客。"僧真丧气而退，告帝曰："士大夫固非天子所命。"等是其例也）。此等习尚，沿至初唐而犹极盛（史称：唐太宗诏群臣刊正姓氏，第为九等，而崔氏犹居第一，太宗家列居第三。诏曰："曩时南北分析，故以王、谢、崔、卢为重，今则天下一家矣。"遂合三百九十三姓，千六百五十一家为《氏族志》，颁行天下。而《李义府传》犹云"自魏太和中定望族，七姓子孙迭为婚姻。唐初作《氏族志》，一切降之。然房元龄、魏徵、李勣仍往求婚，故望不减"云，则固非太宗所能禁矣），及中唐犹未革（《唐书·杜羔传》云："文宗欲以公主降士族，曰：'民间婚姻不计官品，而尚阀阅，我家二百年天子，反不若崔、卢邪？'"可见唐之中叶，其风不衰也）。若此者，殆与泰西所谓"喀私德""埃士梯德"者相类，实吾中国数千年来社会上一怪现象也。其原因所自起，吾不能确言，大率由于虚名，非由于实力也。彼之所谓门第者，于政治上权力毫无关系，虽起寒门，可以致其位于将相，虽致将相，而不能脱其籍于寒门。故六朝时代，可谓之有贵族，而不可谓之有贵族政治。其于专制政体之进化，毫无损也。

自此以后，并贵族之迹而全绝矣。元人以膻族夺我国土，压制我种族，于是有分国人为四阶级之制，一曰蒙古人，二曰色目人（即非蒙古非汉族之诸小蛮族），三曰汉人（指灭金时所掠河北人民），四曰南人（指灭宋时所掠江南人民）。政权全在蒙古人，色目人次之，汉人南人最下（南人尤甚）。一切百官，皆蒙古人为之长，汉人南人从未有得为正官者。终元之世，汉人得为伴食宰相者二人而已（史天泽、贺惟一）。而汉人与蒙古人同官者，亦皆跪起禀白如小吏，莫许抗礼。元代一百年中，吾国民遂束缚于阶级制度之下，虽然，此非我民族自造之现象也，国被灭而为敌所钳，夫安得已也。此百年中可谓贵族政治，然彼贵其所贵，非吾所谓贵，吾盖不屑以污我楮墨焉。然彼以彼之贵族，拥护彼之专制，而专制政体亦一进化。

有明三百年中，变迁盖少。至本朝入主中夏，亦生小小阶级。满洲人为一级，最贵；蒙古汉军为一级，次之；汉人为一级，最下。然以视胡元之畛域，则有间矣。其政权分配之制，则满汉各半，以五百万满洲之贵族而占其半，以四万万汉人之平民而仅得其半，不可不谓贵族政治之成绩也。然以别此阶级之故而犹得其半，较诸元代，则吾辈惟有歌颂圣德而已。中叶以来，全化汉俗，咸同以后，以物竞天择自然之运，政权归汉人手者十而八九，故本朝政治，亦可列诸数千年历史，以常格而论之，语其实际，则本朝亦非有所谓贵族政体者存。中叶以前之满人，中叶以后之汉人，皆多起寒微，参预大政，而天潢贵胄反不得与闻政事，盖自晋八王以后，帝者皆以畏逼之故，裁抑亲藩也久矣。是亦专制政体进化之一大眼目也。自热河蒙尘以后，始置议政王，位军机大臣上，后虽裁撤，而军机常以亲王领班，贵族政治似稍复萌蘖焉。然前者以恭邸、醇邸之尊亲，其权不能敌文祥、沈桂芬、李鸿藻、翁同龢、孙毓汶、徐用仪，近则如礼王久拥首座之虚衔，最近则庆王、肃王崭然显头角，然其权亦不能敌荣禄、刚毅。盖贵族政治之消灭久矣，天之所废，谁能兴之。吾敢信自今以往，吾中国必无或复先秦时代贵族政权之旧也。至是而专制政体之进化，果圆满无遗憾矣。

"喀私德""埃士梯德"之陋谷，吾中国诚无之也（元之辱我不计）。虽有之，而其族亦甚微，无所影响于政治。《六经》古史中，"奴""仆"等字不多见。然《礼记》有"献民虏者操右袂"之语，然则战胜而俘人为奴，殆古俗所万不能免者。《左传》屡称某人御戎，某人为右，御戎可谓贱役也，而为之者大率皆贵族。孔子则樊迟御、冉有仆、子路执舆，阙党童子将命，是孔子终身无用奴仆之事，是或圣人平等之精意则然，然我古代断无所谓如希腊、罗马之奴隶充斥者，可断言矣（并田之制，论者或谓其未尝实行，使果行之，则人人受田百亩余，余夫亦受焉，安有所谓奴隶者乎）。然至汉世，下诏免奴婢者史不绝书，苟前此无此物，则何免之可言。故谓中国绝无阶级制度者，亦非然也。汉高定制，令贾人不得乘车衣绣，齐明帝制寒人（即寒门）不得用四幅伞，此亦阶级制度之施诸奴隶以外者也。凡进化之公例，世运愈进，则下等级之人民必渐升为高等，而下等之数日以消灭。乃吾中国则若反是，自唐宋以前，奴婢之种类盖不多见，而近今六七百年，若反增益者，吾推度之，殆有两原因焉；一由胡元盗国时，掠夺之祸极惨，汉人、南人率为俘虏以入奴籍（赵瓯北《陔余丛考》论之极详）；二由前明中叶以后，中使四出，诛求无餍，人民相率投大户以避祸。"投大户"者，当时之一名词，盖以身体财产全鬻诸权贵有力之家，甘永世为其服役，借作护身符以救一时也。以此两端，故近世以来奴籍转增于前古。而本朝之制，凡曾鬻身为人仆者，曾在公署执皂隶之役者，曾为倡优者及隶蛋户者，皆谓之身家不清白，其子孙不得应试入仕，计此类特别阶级，亦当不下全国民数五十分之一，然则竟谓之无阶级焉，固不可也。但以较诸欧洲中古以前及近世所谓隶农制度者，则吾之文明终优于彼焉耳（按：此一段与专制政体之进化无甚关系，因论阶级制度，故并及之）。

要而论之，则吾国自秦汉以来，贵族政治早已绝迹。欧、美、日本人于近世、最近世而始几及之一政级，而吾国乃于二十年前而得之，其相去不亦远耶。如前所云云，贵族政治者，最不平等之政治也，最不自由之政治也。吾中国既已划除之，宜其平等自由，达于极轨，而郅治早陵欧美而上，乃其结果全反是者何也？试纵论之。

贵族政治者，虽平民政治之蟊贼，然亦君主专制之悍敌也。试征诸西史，国民议会之制度殆无不由贵族起。希腊最初之政治，有所谓长者议会者存，其议员即各族之宗子（Father Sovereign），而常握一国之实权者也，此议会其后在斯巴达变为元老议会（Gerusia）及国民议会，其在雅典变为元老议院（The Senate of the Are opagus）及四百人议院（Pro-bouleutic Senate）。罗马最初之政治，亦有所谓元老院（Senate）者存，其后变为百人会议（Comitia Cenuriata），平民会议（Concilia Plebis），而保有世界最古之成文宪法。所谓《金牛大宪章》者之一国（即匈加利），亦由贵族要求于国王而得之者也。英国今日民权最盛之国也，考其国会发达之沿革，其最始者为贤人会议（The Witenagemot），以王族、长老、教士充之，是贵族之类也；次之者为诺曼王朝之大会议（The Great of the Kings Tenants-in-Chief），谓国王治下贵族士人之会议也，以曾受封土及教会长教士等充之，亦贵族也；然后渐变为所谓模范国会者（Model Parliament）（1295 年始命各州选二名爵士议员，各市府选二名市民议员，后世国会多取法于此，故史家称为模范国会）；此后逐渐改良进步，然后完全善良之国会乃起。由此观之，贵族政治固有常为平民政治之媒介者焉。凡政治之发达，莫不由多数者与少数者之争而胜之，贵族之对于平民，固少数也；其对于君主，则多数也。故贵族能裁抑君主而要求得相当之权利，于是国宪之根本即已粗立。后此平民亦能以之为型，以之为楯，以彼之裁抑君主之术，还裁抑之，而求得相当之权利。是贵族政治之有助于民权者一也。君主一人耳，既用愚民之术，自尊曰圣曰神，则人民每不敢妄生异想，驯至视其专制为天赋之权利。若贵族而专制也，则以少数之芸芸者，与多数之芸芸者相形见绌，自能触其恶感，起一吾何畏彼之思想。是贵族政治之有助于民权者二也。一尊之下，既有两派，则畴昔君主与贵族相结以虐平民者，忽然亦可与平民相结以弱贵族，而君主专制之极，则贵族平民又可相结以同裁抑君主，三者相牵制相监督，而莫或得自恣。是贵族政治之有助于民权者三也。有是三者，则泰西之有贵族而民权反伸，中国之无贵族而民权反缩，盖亦有由矣。吾非谓中国民权之弱，全由于无贵族，然此殆亦其复杂原因之一端也。

十八世纪之学说，其所以开拓心胸，震撼社会，造成今日政界新现象者，有两大义，一曰平等，二曰自由。吾夙受其说而心醉焉，曰：其庶几以此大义移植于我祖国，以苏我数千年专制之憔悴乎！乃观今日持此旗帜以呼号于国中者，亦非始无人，而其效力不少概见，则何以故？吾思之，吾重思之，彼泰西贵族平民之两阶级，权利事务皆相去悬绝，诚哉其不平等也。君主压制之下，复重以贵族压制，罗网重重，诚哉其不自由也。惟不平等之极，故渴望平等；惟不自由之极，故日祝自由。反动力之为用，岂不神哉！若吾中国则异是，谓其不平等耶？今岁筚门一酸儒，来岁可以金马玉堂矣；今日市门一驵侩，明日可以拖青纡紫矣。彼其受政府之腋削，官吏之笞辱也，不曰吾将取何术以相捍御，而曰吾将归而攻八股，吾将出而买财票，苟幸而获中，则今日人之所以腋削我、笞辱我者，我旋可还以腋削人、笞辱人也。谓其不自由耶？吾欲为游手，政府不问也；吾欲为盗贼，政府不问也；吾欲为棍骗，政府不问也；吾欲为饿殍，政府不问也。听吾自生自灭于此大块之上，而吾又谁怨而谁敌也。于是乎虽有千百卢梭、千百孟德斯鸠，而所以震撼我国民、开拓我国民之道，亦不得不穷。何以故？彼有形之专制，而此无形之专制故；彼直接之专制，而此间接之专制故。专制政体进化之极，其结果之盛大壮实而颠扑不破。乃至若是，大孰知夫我之可以自豪于世界者，用之不善，乃反以此而自弱于世界乎！噫！

第四章　权臣绝迹之次第及其原因结果

问者曰：权臣之为物，果为利于国耶？抑为病于国耶？应之曰：权臣时而利国，时而病国，要其对于君主，则病多而利少也。今试以正当之训诂为"权臣"二字下界说，则国中受委任（注：其委任或受之自君，或受之自民）之大吏（注：或中央大吏或地方大吏），有独立之威权，而不被掣肘于他人者是也。故专制国有权臣，立宪国亦有权臣。专制国之权臣，尽人所能解矣。立宪国之权臣，则如德国大宰相是也〔德国大宰相兼联邦参事会（Bundesrat）之议长，联邦参事会即帝国国会之上院，以立法机关而兼行法，其下院，则民选之议会（Reichstag）是也。故上院之议长（即大宰相）不以下院之多数少数为进退。国法学者谓德国大宰相其地位恰如君主国之君主云〕，英国大宰相亦是也（英国大宰相以下议院之多数少数为进退，故宰相恒为议院多数党所拥戴。英之下议院有无限威权，英人常云"巴力门无事不可能为，所不能者除是使女变男，男变女耳"。巴力门既有此威权，则其多数拥戴之大宰相亦有此威权，自不待言），故谓权臣必病国者，曲士之论也。虽然，在专制国之权臣，则往往利少而病多，以故欲行完全圆满之专制政体者，不可不取权臣而摧灭之。此实凡专制国之君主所愿望而不能几者也，能之者惟今日之中国。

试即中国权臣之种类而分析之，为表如左（下）：

权臣
- 在中央政府者
  - 一、受顾命者（如殷伊尹、周太公、汉霍光及本朝之鳌拜、肃顺等类是也）
  - 二、有大勋劳者（如汉曹操、晋刘裕乃至洪氏之杨秀清，与夫历朝之定策、拥立等类皆是也）
  - 三、以特别之才术结主知者（如秦商鞅、宋王安石、明张居正等类是也。此类之性质与他类稍别，盖其君授之以权，权仍在君，非欲去之而不能者也）
  - 四、贵戚（如汉之窦、田、阎、梁、王诸后族，晋之诸王及杨、贾诸后族，乃至清初之睿亲王等类是也）
  - 五、间接者（如魏何晏、邓飏之用曹爽，晋孙秀之用赵王伦等类是也。近世如孙毓汶之用醇亲王亦近似之）
  - 六、以近习便佞进者（如唐之卢杞、李林甫，宋之韩侂胄、贾似道，清之和坤乃至历朝之阉宦、中官皆是也。此类与第三类颇不同，盖此类能制人主，欲去之而往往不能也）
- 在外者
  - 七、藩王
  - 八、方镇

综观历朝史乘，权臣柄政时代，殆居强半，然其种类亦大有变迁，直至本朝最近数十年间，而其迹殆绝。夫所谓无权臣者，非指雄主在上，群下慑戢之时代言也。若彼者，权臣之形影虽暂伏匿，而可以产育权臣之胎卵，固仍在也。必也其君主虽童骏耄昏荒淫庸暗，而仍不闻有权臣，必也其国内虽棼乱狼藉废弛愁惨，而仍不闻有权臣。若是者，真可谓之无权臣也已矣。若是者，非专制政体进化达于完全圆满之域，不克有此。

吾推原中国权臣消长之所由，其第一原因，则教义之浸淫是也。孔子鉴周末贵族之极敝，思定一尊以安天下，故于权门疾之滋甚，而经传中矫枉过直之言，遂变为神圣不可侵犯之天经地义。如所谓"惟辟作福，惟辟作威，臣无有作福作威"，所谓"天下有道，则政不在大夫"，所谓"人臣无将，将而诛焉"，皆据乱世救敝之言，而二千年来君臣权限之理论所由出也。此外，法家道家与儒教中分天下，至其论治术，则皆以抱一于上、鞭笞群下为政治之大原。汉兴，叔孙通、公孙弘之徒，缘饰儒术以立主威；晁、贾人豪，和合儒法；武帝表六艺黜百家，益弘此术以化天下。天泽之辩益严，而世始知以权臣为诟病。尔后二千余年，以此义为国民教育之中心点，宋贤大扬其波，基础益定，凡缙绅上流束身自好者，莫不兢兢焉，义理既入于人心，自能消其枭雄跋扈之气，束缚于名教以就围范。范蔚宗《后汉书》论张奂、皇甫规之徒，功定天下之半，声驰四海之表，俯仰顾盼，则天命可移而犹鞠躬狼狈，无有悔心，以是归功儒术之效，诚哉然也。若汉之武侯，唐之汾阳，近今之湘乡、湘阴、合肥，皆隐受其赐者也。若是者，取权臣之根本的观念而摧陷之，以减杀其主观的权力，厥功最伟矣。

其第二原因，则全由于客观的，即君主之所以对待其臣是已。今更分论之。

前表列次权臣八种，而在中央政府者与居六焉，故宰相地位之变迁与权臣之消长，最有密切关系。汉制，宰相副贰天子，与天子共治天下，而非天子之私人。故《汉官》曰："宰相干于海内无所不统。"《汉仪》曰："天子为丞相起，天子为丞相下舆。"以邓通之骄横，而丞相申屠嘉坐府按召之，天子不能庇也，立命斩戮，天子舍代为哀免之外，无他术也。相权尊严，可见一斑。揆当时之制，其宰相与今立宪国之宰相殆几相近（谓比较的相近耳）。盖君相之间，所去不过一级（黄梨洲《明亮待访录》引《孟子》"天子一位，公一位，君一位，卿一位"之言，谓天子非截然立于群僚之上，其论实本于历史，非特理想也），君主亦不得不加严惮焉。君主之侵相权，自汉武始。初，秦制少府遣吏四人，在殿中主发书，谓之尚书（少府乃九卿之一，而尚书又少府所遣，则其职秩之微甚矣）。及汉武游宴后庭，始令宦者典事尚书，而外廷之权渐移于宫中。其末年以霍光领尚书事，光薨，子山继之，山败，张安世继之，宰相实权始在尚书矣。其所以由宰相而忽移于尚书者，何也？汉制宰相，必经二千石（郡国守相），中二千石（九卿），著有政声者，历御史大夫（宰相之副也），乃得为之。其位高，其望重，苟以节操自持者，虽天子亦不得干以私，汉武惮焉，乃任用己之左右近习，能奉承意旨者，使潜夺其权，则尚书之所以重也。然自霍氏以后，尚书一职移至外廷，浸假而其位之尊、望之重与前此之宰相等（霍光以大将军领尚书事，其后，张安世以车骑将军，王凤以大司马，师丹以左将军领之。后汉章帝时以太傅赵熹、太尉牟融并录尚书事，盖为三公之兼官矣。和帝时以太尉邓彪为太傅，录尚书事，且班在三公上矣），又非复天子之所得而私矣（《汉官仪》云："尚书令主赞奏事，总领纪纲，无所不统，与司隶校尉、御史中丞朝会，皆专席坐。"京师号曰三独坐，盖后汉制也），于是乎复移而入于中书（政权由尚书入中书，自魏晋始，然西汉之末实已有之。《汉书·萧望之传》云："元帝时，中书令弘恭、石显秉势用事，权倾内外。望之奏言中书政本宜以贤明之选，更置士人。"是中书有实权之明证也，时望之方录尚书事也。又《霍光传》言："光夫人显及禹山云等，言上书者益黠奏封事，辄下中书令取出之，不关尚书。"然则中书侵权自宣帝时而已然矣。要之，著著由外廷以移于内侍而已）。魏晋以后，尚书令徒拥尊号，而不掌实政，几等于汉之三公（史称：荀勖久在中书，参赞朝政。及迁尚书令，人有贺者，勖怒曰："夺我凤凰池，诸公何贺焉！"），中书令、监，始为真宰相矣（魏黄初中，以刘放为中书监，孙资为中书令，并掌机密。中书监自此始）。南朝齐、梁以后，复以侍中对掌禁令。逮乎初唐，逐以尚书、中书、门下谓之三省，而尚书令、中书令、侍中为三省长官（侍中者，门下省长官也）。拟于三公，罢师、傅、保、丞相、太尉诸官，悉不置，三省长官名实并为宰相，自唐始也。夫尚书、中书令在西汉时为少府官属，与太官、汤宦、上林诸令，品列略等耳（侍中则但为加官）。在东汉时犹属少府，铜印墨绶，秩稍增仅乃千石，其去公卿甚远，或至出为县令，其卑微也若此。而顾以之总百揆掌机要何哉？无他，君主以是为我弄臣，可以无所尊严，无所忌惮云尔。故三公之阶不撤，然不过徒塞时望，敬而远之，宰相之职偶置，则皆权臣篡弑时虚经之阶级也（东汉末置丞相，曹操为之，其三公则杨彪、赵温辈也。魏末置丞相，司马师、昭为之，其三公则王祥、郑冲辈也）。观此而宰相一职，与权臣之关系，可概见矣。唐制，三省长官，既为真相，而秩犹三品（大历中乃升正二品），天子与宰相之位阶相距盖悬绝，其于《孟子》"君一位，卿一位"之义，去之愈远矣。然且以太宗尝为尚书令，臣下避不敢居，改以其属官仆射为尚书省长官，宰相之秩益卑。然且以其职望之隆，又非复天子之所得而私也，故不轻以授人，复以其他官更卑秩更小者尸其实权。于是有中书门下平章事、同中书门下三品参知政事参预朝政诸名（同中书门下三品者，因三省长官，即仆射、侍中、中书令也，皆秩三品也。不欲实除敌曰同之，其后虽一品、二品官亦加此名，盖可笑也）。一言蔽之，则君主远其所敬畏者，而任其所可狎弄者云尔。及于宋，而尚书令、侍中、中书令位益崇重，至班在太师上，然亦不复除授矣，此又汉魏废丞相不置之遗技也（宋制，以三省长官秩高，不除，故以尚书令之贰，左右仆射为宰相，而左仆射兼门下侍郎，以行侍中之职，右仆射兼中书侍郎，以行中书令之职，而别置侍郎以佐之）。唐初，实权在三省，至高宗时始分其职于北门学士，元宗时又移于翰林学士，既稍稍内迁矣。中叶以后，置诸司使，皆中官领之，而枢密使参预朝政，实与宰相分权，学士、中书皆承其下流，昭宗以降，其职始移于外廷（时大诛宦官，宫中无复奄寺，故命蒋元晖为之，枢密使移于朝臣，自兹始）。五代因之，枢密使皆天子腹心之臣，日与议军国大事，其权重于宰相。盖唐末之枢密使，即汉武时之尚书、中书令；而五代、宋之枢密使，即东汉、魏、晋间之尚书、中书令也。皆由君主猜忌外廷大臣使然也。唐制，三省各分职，中书出诏令，门下掌封驳，尚书主奉行。盖微有三权鼎立之意焉，中书省其犹立法机关也（专制国立法之权全在君主，亦固其所），门下省其犹司法机关也，尚书省其犹行政机关也。夫门下省而有覆审封驳之权，则其妨害于专制也亦甚矣（门下省封驳之权，不独其长官有之而已，其所属之给事中尤专以此为职。岳珂《愧郯录》记唐李藩在琐闼以笔涂诏书，谓之涂归。宋南渡后三省合为一，此职遂专归给事中。《愧郯录》又记元祐中权给事中梁焘封缴诏书，其驳文云"所有录黄谨具封还，伏乞圣慈，特付中书省别赐取旨"云云，此亦可称峻厉之司法官矣。若近代则给事中与御史同职，安用此叠床架屋，无谓之升转阶哉）。及宋南渡，以门下侍郎为左仆射兼官，与中书侍郎同时取旨，于是三权合一，而并归于君主之左右近习，专制之威权更增一层。此亦千古得失之林哉。明初，亦曾设丞相、相国、平章政事、参知政事等官，及既定天下，又以其位高望重，非复天子所得而私也，于是罢中书省（洪武十三年。平章、参知等官本属中书省），谕以后嗣君毋得议置丞相（洪武二十八年），而实权归于内阁，内阁大学士之官不过五品耳（杨士奇在内阁得政，历二十五年，后加至少师，而实官仍止五品）。以秩微之故，天子得任意以授其所私昵，犹汉世以秩六百石、千石之中书、尚书令代宰相也（洪武十五年初置华盖、武英、文渊、东阁诸大学士，而邵质以礼部尚书为华盖，吴伯宗以检讨为武英，宋讷以翰林学士为文渊，吴沈以典籍为东阁。夫尚书、翰林学士之与检讨、典籍，其官阶甚相远也，而同时受此职，其便于君主之任意迁除亦甚矣）。盖君主国之君主，虽专制权无限，而前代之法律，亦往往束缚之（孟德斯鸠尝详论其理）。故必脱离其名号，然后得自恣，历代宰相名实之沿革，大率为是也。梨洲《待访录》云："有明之无善治，自高皇帝罢丞相始也。"又曰："入阁办事者，职在批答，犹开府之书记也。其事既轻，而批答之意，又必自内授之而后拟。或者乃谓阁老无宰相之名，有宰相之实，若是者可谓有其实乎？"可谓知言（赵瓯北《陔余丛考》卷二十有"前明司礼监即枢密使"一条，盖当时有所谓秉笔太监者，常令粗写事目送阁撰拟。中唐以后正如是也，故梨洲又谓有宰相之实者，今之宫奴也。要之，实权自上廷渐移于内廷，千古一辙耳）。虽然，自汉中叶以后所公认为宰相之职者，何一非开府书记之类，又宁独区区有明之大学士哉！明之大学士，则东汉、魏、晋时之尚书、中书令也。本朝之大学士，则唐、宋之尚书、中书令也，其位浸太高，其望浸太重，又非复天子之所得而私矣，于是一移于南书房（康熙中，谕旨多令南书房翰林撰拟，其职如唐翰林学士，掌内制，实宰相也），再移于军机处（雍正间始设军机处于隆宗门外，以鄂尔泰、张廷玉任之），政权皆以次内迁，犹汉唐故事也。所异者未入于中涓之手耳。自乾隆迄今垂二百年，军机处常为独一无二之枢要地，大学士而不兼军机大臣者，犹汉末之太傅、太尉不录尚书，唐末之仆射、平章不任枢密，冷然与闲曹无异也。夫以曾文正、李文忠之勋名，赫赫盖天下，任阁老且十年至数十年，然一离其方镇之任，则冷然一闲曹也。左文襄赞军机仅一月，遂为先辈所排，不安其位。权臣之为权臣，不亦难哉。呜呼！仅以宰相一职，上下千古，而察其名实递嬗之所由，当益信吾所谓中国专制政体进化达于完全圆满之说，诚非过言矣。

难者曰：子所述者，宰相之异名耳。若夫有天子不能无宰相，则二十余代所同也。号之曰丞相，曰相国，曰太尉，曰太傅，曰司徒、司马、司空，曰录尚书事，曰尚书令，曰中书令、中书监，曰侍中，曰仆射，曰平章，曰参知，曰同三品，曰承旨学士，曰枢密使，曰知制诰，曰内阁大学士，曰南书房翰林，曰军机大臣，其名则殊，其实何择焉？应之曰：否否。吾今所欲论辨者，正惟其实，不惟其名也。吾以为名实不副之相与实相比较，其相异之点有四。一曰位不甚高，望不甚重，不见严惮也。汉制，天子待丞相，御座为起，在舆为下，不必论矣。即在后世拥三公虚号者（唐宋时之仆射等官，已可谓之拥三公虚号。盖彼时此等官已如汉之丞相矣），犹不失坐而论道之礼（宰相见天子不敢坐，自范质之于宋艺祖始耳），至如汉武时之尚书、中书、侍中，则执唾壶虎子者也（史称，孔安国为侍中，帝以其儒者，特听掌唾壶，朝廷荣之云云，吁亦可叹矣）。唐宋之学士，则出入讽议之司也，枢密使等又益与明之秉笔太监无择也，皆其素所狎比昵弄，而倡优臧获畜之者也。善夫黄子之言曰："宰相既罢，天子更无与为礼者，遂谓百官之设所以事我，能事我者我贤之，不能事我者我否之。"夫其位望稍足与君主相接近者，则既已敬而远之，不使与闻国事，而所委任者，乃反在六百石（汉中书令）、千石（东汉尚书令）、三品（唐三省长官）、五品（明大学士）之人，有资格者无地位，有地位者无资格，其不易造出权臣者一矣。二曰不得自辟掾属也。汉制，丞相官属，有司直，有长史，有诸曹，而司直且秩中二千石，位司隶校尉上，相府诸官皆不受职于天子。故曹操、司马昭、刘裕之徒，将行篡弑，必复置真相而自任之者，为此种权利也。至尚书、中书以下之所谓相者，无复此矣，若隋唐尚书之有左右司郎中左右丞务，宋中书之有五房捡正，明大学士之有中书，今军机处之有章京，皆天子之臣，非长官所得而私也。其不易造出权臣者二矣。三曰徒掌票拟职同书记，权非独立也，相名曰丞，丞犹贰也。汉制，御史大夫丞丞相，而非丞相属，御史中丞丞御史大夫，而非其属。犹今制府丞丞府尹，县丞丞知县而非其属也。故因文究义，亦知丞相丞天子，而断未尝奴隶于天子（《史记》陈平对汉文帝言"宰相者，上佐天子，理阴阳，顺四时，下遂万物之宜，外镇四夷诸侯，内亲附百姓，使卿大夫各任其职"云云，凡此皆天子之事也。又汉武帝语相田蚡曰："君除吏尽否，吾亦欲除吏。"此虽愤激争权之语，亦可见当时相权之独立矣。故先君崩殂、嗣子谅暗，则百官总己以听冢宰，亦犹总督丁忧则巡抚署理、布政护理而已）。今立宪国诏令，非宰相副署，不得施行，犹斯意也。故天子譬犹国之大脑，宰相譬则小脑也。若后世名实不副之宰相，则王之喉舌耳、喉舌之司，虽不可无，然其细已甚矣。唐虞之龙作纳言，位次九官之末，而后世则以之在一人之下万人之上（隋制，竟以纳言名宰相，尤可笑）。更何处复容参政之余地也，吾常谓今之军机大臣，不过合留声机器与写字机器二者之长。此虽戏言，实确论也（雍乾间张文和、汪文端亲自拟旨，是犹兼尽两机器之职务，此后皆传旨使章京票拟，则唯一之留声机器而已）。故惟以有记性能慎密者为上才（汉之初以霍光领尚书事，史称以其谨密而用之，此后世英主择相之秘诀矣），其他皆非所需也。不见乎壬寅、癸卯间四军机中无一人官肢完备者，曾何损于润色鸿业矣。故真相非才德望兼备者不任，而名实不副之相乃愈庸才而愈妙也。其不易造出权臣者三矣。四曰同职数辈势位相等不能擅专也。秦汉之相，则一而已，或分左右，不久旋罢；后世则既有尚书，复有中书，既有令，复有监；六朝时则侍中、门下侍郎、散骑常侍、中书舍人等，往往并行宰相职；唐天宝以后，同时任平章同三品、参知、参预等职者，乃多至三四十人；明制大学士凡六员，本朝军机大臣无定员，常四人至九人不等，虽其间秉钧持衡者实不过一二，而其名号固已分矣。求其如古代及今世立宪国之正名定分，以一人总摄机要，礼绝百僚者，久矣乎未之有闻也。其不易造出权臣者四矣。以此四端，故缘宰相之名实，而权臣消长之机大显焉。吾不敢指为行政机关之退化，吾但见为专制政体之进化而已。何也？彼桀黠之君主，不知经几许研究试验而始得此法门也。

（1902 年）

中国史上人口之统计

　　自玛儿梭士《人口论》出世，谓人口之蕃殖，以几何级数增加，每二十五年辄增一倍。达尔文因之以悟物竞天择之原理。迨十九世纪，举地球万国几无不以人满为患，而玛氏、达氏之学说益占势力于学界。推原各国兵事之所由起，殆皆由民族与民族之相接触而有争竞，其所以相接触之故，大率由于人满而移住，此天演自然之理，即中国当亦不能外也。顾吾读古籍，孔子言："不患寡而患不均。"又言："天下之民襁负其子而至矣！"梁惠王问孟子："邻国之民不加少，寡人之民不加多，何也？"孟子又言："天下耕者皆愿耕于王之野。"凡此皆当时诸国争欲吸集客民之征也。窃疑自黄帝至春秋战国间，已二千余年，何故其现象仍复如彼？且其时战争日烈之原因，抑何在耶？深所不解。偶检《文献通考》《续通考》《皇朝通考》之"户口门"读之，观其历代统计之比较，有令人大失惊者！明知吾国调查之学不精，且更有种种原因，使版籍之数势必失实。虽然，不实之中，亦有研究之一值也。

中国历代户口比较表

（据《三通考》撮录，其失载者不杜撰，其舛误者不臆改）

年代	户数	口数
夏禹时	-----	13,553,923
周初	-----	13,704,922
周东迁时	-----	11,941,922
周末	-----	-----
汉初	-----	-----
西汉末	12,233,062	59,594,978
汉光武时	4,279,634	21,007,820
明帝时	5,860,173	34,125,021
章帝时	7,456,784	43,356,367
和帝时	9,237,112	53,256,229
东汉末	16,070,906	50,066,856
三国时	-----	7,672,881
晋武帝时	2,459,804	16,163,863
南北朝全盛时	-----	48,000,000
南北朝之末	-----	11,009,604
隋全盛时	8,907,536	46,019,956
唐太宗时	3,000,000（不满）	-----
武后时	6,356,141	-----
元宗天宝时	9,619,254	52,909,306
肃宗至德二年	8,018,701	-----
乾元二年	1,933,125	-----
德宗时	3,805,076	-----

宪宗时	2,473,963	-----
武宗时	4,955,151	-----
宋艺祖时	3,090,504	-----
真宗时	8,677,677	19,930,320
神宗时	15,684,529	23,807,165
徽宗时	20,019,050	43,820,769
南宋高宗时（金在外）	11,375,733	19,229,008
光宗时（并金合计）	19,241,873	73,292,985
元初	11,840,800	58,834,711
元末	-----	-----
明成祖时	11,415,829	66,598,337
英宗时	9,466,288	54,338,476
武宗时	9,151,773	46,802,005
神宗时	9,825,426	51,655,459
清顺治十八年	-----	21,068,609
康熙五十年	-----	24,621,334
乾隆十四年	-----	177,495,039
四十八年	-----	284,033,755

【表例附】

一、周末、汉初、元末诸时代，极关紧要，然原书不能言其数，今别证他书，附考于后，惟表中则空之。

二、原书于唐著户不著口，其他或著口不著户，今悉依以为存阙。

三、原书于东汉、唐、宋、元、明列表甚详，每帝皆有。今惟取其比较之率有大涨落者，乃列次之。

四、当数主分立时代，必须合观各主所属之户口，乃为全国总数。下表所列者，惟南宋高宗时代，未将金所属列人。其时金之户数三百万，合诸宋之数共一千四百余万户也。口数则原书不载，无从挽入，故阙之。其余如三国时、六朝时及南宋光宗时，皆综合其总数列表。所据者如下：

（一）三国时。

	户	口
魏	663,423	4,432,881
蜀（亡时）	280,000	940,000
吴（亡时）	530,000	2,300.000
合计	1,473,423	7,672,881（即前表之数）

（二）南北朝全盛时。

南朝所可考者，惟《宋书》载孝武时，户九十万六千八百七十，口四百六十八万五千五百一。北朝所可考者，惟《魏书》载孝文迁都河洛时为全盛，户口之数，比晋太康倍而有余。马氏原按云："太康平吴后，户二百四十五万余，口千六百十六万余。"云倍而有余，则是户五百余万，口三千二百余万以上也，故略列如前表。

（三）南宋时。

	户	口
宋（光宗时）	12,301,873	27,845,085
金（章宗时）	6,929,000	45,447,900
合之即前表之数也		

【表补附】

一、周末人口略算。

苏秦说六国,于燕、赵、韩、齐皆言带甲数十万,于楚则言带甲百万,于魏则言武士苍头奋击各二十万;张仪言秦虎贲之士百余万。又苏秦言齐、楚、赵皆车千乘、骑万匹,言燕车六百、骑六千,言魏车六百、骑五千;张仪言秦车千乘、骑万匹。以秦、楚两国推例之,大抵当时兵制,有车一乘、骑十匹者,则配卒一千人,故秦楚千乘而卒百万,赵六百乘而卒六十万。然则苏秦虽不确言齐、赵、燕、韩之卒数,然亦可比例以得其概。大约齐、赵皆当百万,燕、韩皆当六十万。盖当时秦、齐、楚工力悉敌,而苏秦亦言山东之国莫强于赵,故合纵连衡时,秦、赵、齐、楚皆一等国,而魏、韩、燕二等国也。以此计之,七雄所养兵,当合七百万内外也。

由兵数以算户数。据苏秦说齐王云,临淄七万户,户三男子,则临淄之卒可得二十一万。是当时之制,大率每一户出卒三人,则七国之众,当合二百五十余万户也。

由户数以算人数。据《孟子》屡言八口之家,是每户以八人为中数,则二百五十余万户,应得二千余万人也。

此专以七雄推算者。当时尚有宋、卫、中山、东西周、泗上小侯,及蜀、闽、粤等,不在此数。以此约之,当周末时,人口应不下三千万。

二、汉初人口略算。

据《史记·秦本纪》及《六国表》,则自秦孝公至始皇之十三年,其破六国兵,所斩首虏共百二十余万(**余别有表**),而秦兵之被杀于六国者尚不计,六国自相攻伐所杀人尚不计,然则七雄交哄,所损士卒当共二百万有奇矣。而始皇一天下之后,犹以四十万使蒙恬击胡,以五十万守五岭,以七十万作骊山驰道。

三十年间，百姓死亡，相踵于路；陈、项又恣其酷烈，新安之坑，二十余万；彭城之战，睢水不流。汉高定天下，人之死伤亦数百万，及平城之围，史称其悉中国兵，而为数不过三十万耳。方之六国，不及二十分之一矣（参用马氏原按语，略加考证）！

汉既定天下，用民服兵役者，当不至如六国之甚。然以比拟计之，当亦无逾五六百万者（南越、东越等不计）。

由前表观之，则中国自清乾隆以前，民数未有逾百兆者。其最盛为南宋，宋金合七十三兆余；次则明成祖时，六十六兆余；又次则西汉孝平时，五十九兆余；最少者为三国，乃仅为七兆余。呜呼，孰谓吾先民而仅有此？今姑据此不实不尽之统计一研究之。

上古邈矣，不可考，但据原案，周东迁时得十一兆余。今所揣度，则至战国而进为三十兆，其间以卫生之不备，战争之频数，进率只于如是，其与理论殆不相远。及至汉初，而六去其五矣，则暴秦、陈、项之乱为之也。汉休养生息二百年，自文景迄孝平，由五兆进为五十九兆，殆加十倍。乃建武中兴，复锐减至二十一兆，几去三之二矣，则王莽、赤眉以来之乱为之也。东汉二百年稍苏，复进至五十兆，然犹不及西京之盛。曾几何时，而三国时代仅余七兆，比盛汉时南阳、汝南两郡之数（窃疑三国时户口最确实。盖史所载者，并其将士若干人，吏若干人，后宫若干人，而一一备例之也），盖七而余一矣。马贵与谓：兴平建安之际，海内荒废，白骨盈野三十余年。及文帝受禅，人众之损，万有一存。此皆甚言之词，然生民之不遭，亦至是极矣。隋之极盛，可比汉代，其所以致此者，下节论之。隋与唐之比较，原书于唐记户而略口，故民数无稽焉。然隋大业间有户八百九十万余，唐贞观间，乃不满三百万，亦去三之二矣。其有户无民者，尚不在此数。玛氏谓经乱离之后，十存不能一二，则豪杰共逐隋鹿之为之也。至武后时而增一倍，为六百万户；至元宗天宝时而增二倍，为九百余万户，则唐之极盛也。盖其休养者凡百三十余年，而始得此。肃宗至德二年，即元宗幸蜀之次年也，犹八百余万。再越三年，为乾元二年（以至德三年改元曰乾元），乃仅有百余万户。视天宝时（相距不过五年）十去其八矣，则安史之乱为之也。其后终唐之世以及宋艺祖之定天下，虽时有进退，然仅如贞观时耳，则藩镇迭扰、十国交哄之为之也。元明之交，竟弗可深考，而元初与明初之比较殆相若，今无置论焉。明代民籍，大率上下于五六十兆间，天启中犹有五十余兆，及顺治十八年仅二十兆，又五去其三矣，则流寇恣虐、满洲入篡、三藩继乱之为之也。综览二千年来我先民之宅于斯土者，稍得置田庐长子孙，度数十寒暑，辄复一度草薙禽狝，使靡孑遗。如佳期将至，风雨便来；如萌蘖方生，牛羊滋牧。呜呼，举天下含生负气之俦，其遭遇之大不幸者，孰有中国人若哉！孰有中国人若哉？玛尔梭士《人口论》之公例，独不行于我中国也亦宜。抑以如此之遭际，而欲责其文明发达与他国享平和幸福者并辔而驰，亦何望矣？

虽然，上表所列，固绝不足为信据也。不足信据而复列之，则以其于中国国情之考证，固别有裨也。宋李心传所著《建炎以来朝野杂记》云："西汉户口至盛之时，率以十户为四十八口有奇。东汉率以十户为五十二口。唐人率以十户为五十八口（按：由此略可推算唐时公报之人数，大率天宝最盛时六百兆矣）。自本朝元丰至绍兴，率以十户为二十一口，以一家止于两口，则无是理，盖诡名子户漏口者众也。然今浙中户口率以十户为十五口有奇，蜀中户口率以十户为二十口弱。蜀人生齿非盛于东南，意者蜀中无丁赋，于漏口少尔。"吾证以南宋时之统计，而再观夫宋光宗间为户千二百余万为口，仅二千七百余万。金章宗间为户六百九十余万，为口乃四千五百余万。宋之户倍于金，而口乃仅及金之半，宁有是理耶？以金例宋，则当光宗时，宋民八九千万，乃始与其户相应矣。宋金合计，则彼时之民已应在百二三十兆以上矣。且吾以为此数不至宋而始然也，自唐时而当已然。宋之所隐匿者在口，而唐之所隐匿者在户（实则户、口两者俱匿，特唐宋更各有所偏重耳）。杜君卿云："我朝自武德初至天宝末，凡百三十八年，可以比崇汉室，而人户才比于隋氏，盖法令不行，所在隐漏之甚也。"考隋文帝初年，有户三百六十万，平陈所得又五十万耳，乃至大业之始不及二十年，而增至八百九十余万。其增进之率，适与玛氏二十五年加一倍者相合。夫唐贞观以后之治过隋远也，吾先民之安居乐业者，在历史中实以彼时为最长。人口乌有不蕃殖之理？以隋例唐，隋初据四百万户之业，阅二十年而得八百余万者。唐初据二百万户之业，阅百三十余年，最少亦应至千八百万有奇矣（此尚非以几何级数递算）。以当时每户五口有奇之比例算之，则盛唐时代应有民百四五十兆以上。顾统计表上隋唐之相违如彼其远者，则史称隋文帝恭俭为治，不加赋于人。而唐代行租庸调之法，以谓税户，以庸税口（陆宣公奏议云：有田则有租，有户则有调，有身则有庸）。玛氏所谓庸调之征愈增，则户口之数愈减，诚哉然也（唐制：户口有课者有不课者。凡鳏寡孤独废疾不课，九品以上官不课，部曲客女奴婢不课。天宝十四年，户数共八百九十一万有奇，课者五百三十四万有奇，不课者三百五十六万有奇。口数共五千二百九十万有奇，课者八百二十万有奇，不课者四千四百七十万有奇。以全国之户而穷而无告者，居三之二。以全国之民而鳏寡孤独废疾奴婢居六之五。天下有是理乎？此虽由立法不善，然官吏之不能综核，与国民之不解纳税义务，皆可见矣。中国官牍之统计，皆此等类，何足怪讶？特附记以资一粲云尔）。《明史·食货志》云："太祖当兵燹之后，户口顾极盛，其后承平日久，反不及焉。靖难兵起，淮以北鞠为茂草，其时民数反增于前，后乃递减。至天顺间为最衰，成弘继盛，正德以后又减。户口所以减者，周忱谓投倚于豪门，或冒匠窜两京，或冒引贾四方，或举家舟居，莫可踪迹也。"然则明时民数不进之所由，亦可以见矣。清顺治十八年，人数二十一兆有奇；康熙五十年，二十四兆有奇；乾隆十四年，一百七十七兆有奇。前此五十年间，所增仅三兆，不过递加十分之一；后此二十余年间，陡增一百五十兆，递加八倍有余。使前表而为信史也，则是吾中国数千年来濡滞不进之民数，常往来于四五六十兆之间者；至彼二十七年间，乃改其度，而为一大飞跃也。使前表而为信史也，则玛尔梭士之徒闻之，当更增数倍之悲观也，而岂知自唐以来，我民族既早有此数，徒以避赋役而自匿蔽。自康熙五十一年下"滋生人丁永不加赋"之谕，取汉唐以来口算庸调之法而扫除之，然后千余年间人口之实数，始渐发现也（康熙五十一年以后，曾两次编审人丁，而数仍不进者，法令新行，未信于民也。故至乾隆十四年第三次编审，始得此数）。迨乾隆四十八年，所增复逾半倍，为二百八十余兆，则依玛氏所算之率，秩序而进矣。东坡尝云："自汉以来，丁口之蕃息，与仓廪府库之盛，莫如隋。其贡赋输籍之法，必有可观者。孔子曰：'不以人废言。'而况可以废一代之良法乎？"三代之制，既不可考信。炎汉以迁，计口课税之法，骚扰民间者垂二千年，其余毒乃至使吾侪今日欲求一征信之统计表而不可得。及康熙间乃一举而廓清之，不谓为中国财政史上一新纪元不得也。若是者，亦安可以民族主义之余愤而抹煞之？

夫前表之不足征信，固也。虽然，其累朝鼎革时代，与其全盛时代之比较率，则原书所记，虽不中亦当不远。如东汉初视西汉全盛得三之一，三国视东汉全盛得七之一，唐初视隋全盛得三之一，宋初视唐全盛得四之一，清初视明全盛得三之一，此其大较也。盖扰乱既亘二三十年，则壮者尽涂膏血于原野，举凡有生殖力者而一空之，无以为继，一也；壮者既去，老弱妇女势不能自存，二也；血肉满地，疠疫缘生，三也；田弃不治，饥馑相随，四也。故每一次革命后，则当代之人未有能存其半者也。唐盛时已得百余兆（此著者推度之数。下同），而宋初仅数十兆；宋盛时已得百余兆，而明初仅数十兆；明初已得百余兆，而清初复仅数十兆，皆此之由。泰西历史为进化，我国历史为循环，岂必论他事，即户口一端而已然矣。不然，岂有九百年前（指前表所记南宋时）拥二千万户一百三四十兆人之国，而至今仅以四百兆称者哉？

西人之称我者，动曰四百八兆，此道光二十二年料民之数也（其年凡四百十三兆有二万人云）。吾中国官牍上文字，多不足措信。虽康熙改革以后，视前代征实数倍，犹未敢谓其为实录也，顾舍此亦无他可援据。即以道光廿四年此数论之，后此经洪杨之难，两军死者殆七八百万，合以流窜殃及、疠疫饥馑及生殖力所损亡，可除出五千万；以所余三百六十兆为本位，计道光廿四年迄今，凡六十年，以乾隆十四年至四十八年间之比例，则约四十五年而增一倍。然则光绪十五年时，固应有七百二十兆人矣！今日其或当在六百兆之间耶？以今者行政机关之混乱如此，谁与正之？悬此数以俟将来新政府之调查而已。

（1903 年）

中国历史上革命之研究

　　近数年来之中国，可谓言论时代也已矣。近数年来中国之言论，复杂不可殚数。若革命论者，可谓其最有力之一种也已矣。凡发言者，不可不求其论据于历史；凡实行者，愈不可不鉴其因果于历史。吾故为《中国历史上革命之研究》，欲与举国言论家一商榷焉。

　　革命之义有广狭。其最广义，则社会上一切无形有形之事物所生之大变动皆是也。其次广义，则政治上之异动与前此划然成一新时代者，无论以平和得之，以铁血得之，皆是也。其狭义，则专以兵力向于中央政府者是也。吾中国数千年来，惟有狭义的革命，今之持极端革命论者，惟心醉狭义的革命。故吾今所研究，亦在此狭义的革命。

　　十九世纪者，全世界革命之时代也，而吾中国亦介立其间，曾为一次之大革命者也。顾革命同而其革命之结果不同，所谓结果者，非成败之云也。欧洲中原之革命军，败者强半，而其所收结果，与成焉者未或异也。胡乃中国而独若此？西哲有言："历史者，民族性质之缫演物也。"吾缘恶果以溯恶因，吾不得不于此焉诇之。

　　中国革命史，与泰西革命史比较，其特色有七：

　　一曰有私人革命，而无团体革命。泰西之革命，皆团体革命也。英人1646年之役，冲其锋者为国会军；美人1776年之役，主其事者为十三省议会；又如法国三度之革命，则皆议员大多数之发起，而市民从而附和也。1848 年以后，欧洲中原诸地之革命，莫非由上流团体主持其间也。综而论之，则自希腊、罗马以迄近世，革命之大举百十见，罔非平民团体与贵族团体相阋争也。独吾中国不然，数千年来革命之迹，不绝于史乘，而求其主动之革命团体，无一可见。惟董卓之役，关东州郡会合，推袁绍为盟主以起义，庶几近之，然不旋踵而同盟涣矣。自余若张角之天书，徐鸿儒之白莲教，洪秀全之天主教，虽处心积虑，历有年所，聚众稍夥，然后从事，顾皆由一二私人之权术，于团体之义仍无当也。其在现世，若哥老、三合之徒，就外观视之，俨然一团体，然察其实情，无有也。且其结集已数百年，而革命之实，竟不克一举也。此后或别有枭雄者起，乃走附焉而受其利用，则非吾所敢言，若此团体之必不能以独力革命，则吾所敢言也。故数千年莽莽相寻之革命，其蓄谋焉，戮力焉，渫血焉，奏凯焉者，靡不出于一二私人。此我国革命与泰西革命最相违之点也。

二曰有野心的革命，而无自卫的革命。革命之正义，必其起于不得已者也。曷云乎不得已？自卫心是已。泰西之自卫，每用进取；中国人之自卫，惟用保守。故以自卫之目的，乃崛起而从事革命者，未之前闻。若楚汉间之革命，固云父老苦秦苛法，然陈涉不过曰："苟富贵，毋相忘。"项羽不过曰："彼可取而代也。"汉高不过曰："仲之所就，孰与我多。"其野心自初起时而已然矣。此外若赵氏之南越，窦氏之河西，马氏之湖南，钱氏之吴越，李氏之西夏，其动机颇起于自卫，然于大局固无关矣。故中国百数十次之革命，自其客观的言之，似皆不得已；自其主观的言之，皆非有所谓不得已者存也。何也？无论若何好名目，皆不过野心家之一手段也。

三曰有上等下等社会革命，而无中等社会革命。泰西革命之主动，大率在中等社会，盖上等社会则其所革者，而下等社会又无革之思想，无革之能力也。今将中国革命史上之事实类表之，则：

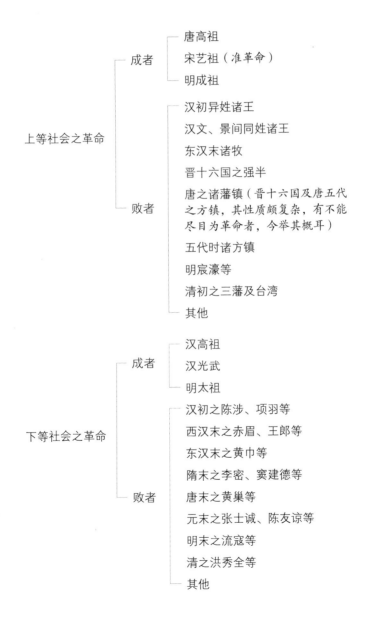

上等社会之革命

成者
- 唐高祖
- 宋艺祖（准革命）
- 明成祖

败者
- 汉初异姓诸王
- 汉文、景间同姓诸王
- 东汉末诸牧
- 晋十六国之强半
- 唐之诸藩镇（晋十六国及唐五代之方镇，其性质颇复杂，有不能尽目为革命者，今举其概耳）
- 五代时诸方镇
- 明宸濠等
- 清初之三藩及台湾
- 其他

下等社会之革命

成者
- 汉高祖
- 汉光武
- 明太祖

败者
- 汉初之陈涉、项羽等
- 西汉末之赤眉、王郎等
- 东汉末之黄巾等
- 隋末之李密、窦建德等
- 唐末之黄巢等
- 元末之张士诚、陈友谅等
- 明末之流寇等
- 清之洪秀全等
- 其他

表例说明：一、凡在本朝任一方镇拥土地人民以为凭藉者，皆谓之上等社会。二、凡欺人孤儿寡妇，假名禅让以窃国者，不以入革命之列。

准此以谈，则数千年历史上，求所谓中等社会之革命者，舍周共和时代国人流王于彘之一事，此后盖阒乎未有闻也（或疑中等与下等之界线颇难划。同为无所凭藉，则中与下等耳于何辨之？曰：起事者为善良之市民，命之曰中等，其为盗贼，命之曰下等。或由下等而渐进为中等，不能计也；或裹胁善良之市民，亦不能计也）。夫泰西史上之新时代，大率以生计问题为枢纽焉。即胎孕革命者，此亦其重要之一原因也。故中等社会，常以本身利害之关系，遂奋起而立于革命之场。若中国，则生计之与政治，向固绝无影响者存也。故彼中革命一最要之机关，而我独阙如也。

四曰革命之地段。吾欲假名泰西之革命曰"单纯革命"，假名中国之革命（历史上的）曰"复杂革命"。长期国会时之英国，除克林威尔一派外，无他革命军也。独立时之美国，除华盛顿一派外，无他革命军也。自余各国前事，大都类是（其成者，每类是。反之而各地蜂起者，每不成）。中国不然，秦末之革命，与项羽、汉高相先后者，则陈涉、吴广也，武臣也，葛婴也，周市也，田儋也，景驹也，韩广也，吴芮也，如是者数十辈。西汉末之革命，与光武相先后者，则樊崇也，徐宣、谢禄、杨音也，刁子都也，王郎也，秦丰也，平原女子迟昭也，王常、成丹也，王匡、王凤也，朱鲔、张卬也，陈牧、廖湛也，李宪也，公孙述也，隗嚣也，窦融也，卢芳也，彭宠也，刘永也，张步也，董宪也，如是者数十辈。东汉末之革命，与曹操、刘备、孙权相先后者，则黄巾十余大部也，董卓也，北宫伯玉也，张燕也，李傕、郭汜也，袁绍也，袁术也，吕布也，公孙瓒也，张鲁也，刘璋也，韩遂、马腾也，陶谦也，张绣也，刘表也，公孙渊也，如是者数十辈。隋末之革命，与李唐相先后者，则王薄、孟让也，窦建德也，张金称、高士达也，郝孝德也，杨玄感也，刘元进也，杜伏威、辅公祏也，宇文化及也，李弘芝也，翟让、李密也，徐圆朗也，梁师都也，王世充也，刘武周也，薛举也，李轨也，郭子和也，朱粲也，林士宏也，高开道也，刘黑闼也，如是者数十辈。自余各朝之鼎革，大都类是（以胪列此等人名干燥无味，故后代阙之）。即如最近洪杨之役，前乎彼者，广西群盗，既已积年；后乎彼者，捻、回、苗、夷蜂起交迫，犹前代也。由是观之，中国无革命则已，苟其有之，则必百数十之革命军同时并起，原野厌肉，川谷阗血，全国糜烂，靡有孑遗，然后仅获底定。苟不尔者，则如汉之翟义，魏之毋丘俭，唐之徐敬业，并其破坏之目的亦不得达，更无论成立也。故泰西革命，被革命之祸者，不过一方面，而食其利者全国；中国革命，则被革命之祸者全国，而食其利者并不得一方面。中国人闻革命而战栗，皆此之由。

五曰革命之时日。泰西之革命，其所敌者在旧政府。旧政府一倒，而革命之潮落矣，所有事者，新政府成立善后之政略而已。其若法兰西之变为恐怖时代者，盖仅见也，故其革命之时日不长。中国不然，非群雄并起，天下鼎沸，则旧政府必不可得倒，如是者有年。既倒之后，新政府思所以削平群雄，绥靖鼎沸，如是者复有年。故吾中国每一度大革命，长者数十年，短者亦十余年。试表列之。

时代	旧政府未倒以前	既倒以后	合计
秦末	三年（二世元年壬辰，陈涉起首难。三年甲午，沛公入武关，秦亡）	十三年（高帝十二年丙午，平陈豨、卢绾，兵事息）	十六年
西汉末	八年（新莽天凤四年丁丑，新市、下江兵起地皇。五年癸未，更始入长安，莽亡）	十八年（光武建武十五年庚子，卢芳降，兵事息）	二十六年
东汉末	十二年（灵帝中平元年甲子，黄巾起。献帝兴平二年乙亥，李傕、郭汜亡）	八十五年（晋太康元年庚子，平吴，兵事息）	九十七年
隋末	九年（炀帝大业七年辛未，王薄、张金称等起。恭帝二年，王世充弑之，隋亡）	十一年（唐太宗贞观二年，平梁师都，兵事息）	二十年
唐末	三十四年（僖宗乾符元年甲午，王仙芝始乱。昭宣帝天祐四年丁卯，朱温篡弑，唐亡）	七十四年（宋太宗太平兴国四年己卯，北汉主刘继元降，兵事息）	百〇四年
元末	二十一年（顺帝至正八年戊子，方国珍起。廿八年戊申，徐达定中原，元主北遁，元亡）	二年（明太祖洪武二年己酉，徐达擒张良臣，兵事息）	二十三年
明末	十七年（思宗崇祯元年戊辰，陕西流贼起。十七年甲申帝殉国，明亡）	四十年（清圣祖康熙二十二年癸亥，平三藩、台湾，兵事息）	五十七年
附　洪杨	道光二十三年癸卯，李沅发始乱（二十九年己酉，洪秀全起广西。同治七年，李鸿章平捻，兵事息）		二十六年

　　附注：若晋十六国、南北朝间，混乱固极矣。然其性质复杂，不纯然为革命，且大革命中复包含无数小革命焉，故今不列于表。又东汉末旧政府既倒后，犹拥虚号，其嬗代亦与他时代之性质稍异，以严格算之，其年数略可减少，谓献帝建安十八九年间为一段落可也，则亦二十年矣。

由是观之，中国革命时日之长，真有令人失惊者。且犹有当注意者一事，则旧政府既倒以后，其乱亡之时日，更长于未倒以前是也（其间惟元明之交，其现象出常例外，则由革命军太无力，久不能倒旧政府耳，其性质非有以异于前代也）。当其初革伊始，未尝不曰：吾之目的，在倒旧政府而已。及其机之既动，则以悬崖转石之势，波波相续，峰峰不断，驯至数十年百年而未有已。泰西新名词曰强权强权，强权之行，殆野蛮交涉之通例，而中国其尤甚者也。中国之革命时代，其尤甚者也。如斗蟀然，百蟀处于笼，越若干日而毙其半，越若干日而毙其六七，越若干日而毙其八九，更越若干若干日，群蟀悉毙，仅余其一，然后斗之事息。中国数千年之革命，殆皆若是。故其人民，襁褓已生金革之里，垂老犹厌鼙鼓之声，朝避猛虎夕长蛇，新鬼烦冤旧鬼哭。此其事影响于社会之进步者，最酷且烈。夫中国通称三十年为一世，谓人类死生递嬗之常期也。其在平和时代，前人逝而后人直补其缺，社会之能力始继续而不断。若其间有青黄不接之顷，则进化之功用，或遂中止焉矣。英国博士福亚氏，尝以统计上学理，论人口死亡之率，谓："英国生产者一百万人中，其十五岁至四十五岁间，以肺痨病死者七万二千三百九十七人。譬如每人以三十年间力作所得，平均可得二百磅，则是肺痨一症，使英国全国之总殖，损失千四百四十七万九千四百磅也。"此等语随机指点，已有足令人瞿然惊者，然此犹生计上直接之损害也。若语其间接者，则壮者死亡离散，而生殖力为之损耗，有去无来，人道或几乎息。观中国历史上汉末、隋末、唐末之人口，比于前代全盛时，十仅存一（参观《中国史上人口之统计篇》），此岂尽由于杀戮耶？亦生殖力之锐减为之原也。坐是之故，其所影响者，若生计上，若学术上，若道德上，若风俗上，前此经若干年之群演，而始达于某级程度者，至是忽一切中绝，混然复还于天造草昧之态状。文明之凝滞不进，皆此之由。泰西革命，蒙革命之害者不过一二年，而食其利者数百岁，故一度革命，而文明之程度进一级。中国革命，蒙革命之害者动百数十岁，而食其利者不得一二年，故一度革命，而所积累以得之文明，与之俱亡。此真东西得失之林哉！

六曰革命家与革命家之交涉。泰西革命家，其所认为公敌者，惟现存之恶政府而已，自他皆非所敌也。若法国革命后，而有各党派之相残，则其例外仅见者也。中国不然，百数十之革命军并起，同道互戕，于旧政府之外而为敌者各百数十焉。此鼎革时代之通例，毋庸枚举者也。此犹曰异党派者为然也，然其在同党，或有事初起而相屠者，如武臣之于陈涉，陈友谅之于徐寿辉之类是也；或有事将成而相屠者，如刘裕之于刘毅，李密之于翟让之类是也；或有事已成而相屠者，如汉高祖、明太祖之于其宿将功臣皆是也。求其同心戮力，全始全终者，自汉光武以外，殆无一人。夫岂必远征前代，即如最近洪杨之役，革命之进行尚未及半，而韦昌辉与石达开同杀杨秀清矣，昌辉旋复谋杀达开矣，诸将复共杀昌辉矣。军至金陵，喘息甫定，而最初歃血聚义之东、西、南、北、翼五王，或死或亡，无复一存矣。其后陈玉成被卖于苗沛霖，而上游始得安枕；谭绍光被弑于郜云官等，而苏州始下，金陵随之而亡。岂必官军之能强？毋亦革命家之太不济也！吾前者屡言，非有高尚严正纯洁之道德心者，不可以行革命，亦谓此而已，亦谓此而已！彼时洪杨等固无力以倒北京政府也，藉令有之，试思其后此与张总愚、赖汶洸辈之交涉何如？与苗沛霖辈之交涉何如？即与其部下石达开、陈玉成、李秀成、李世贤辈之交涉何如？此诸党魁之各各互相交涉又何如？其必缠演前代血腥之覆轨，无待蓍蔡矣！此真吾中国革命史上不可洗涤之奇辱也！

七曰革命时代外族势力之消长。呜呼！吾观法国大革命后，经过恐怖时代，巴黎全市血污充塞，而各国联军干涉，犹能以独力抵抗。不移时而出拿破仑，大行复仇主义以震慑欧陆。吾因是以反观中国，吾不自知其汗浃背而泪承睫矣！中国每当国内革命时代，即外族势力侵入之时代也。综观历史上革命与外族之关系，可分为五种：

一曰革命军借外族之力以倒旧政府者。如申侯之以犬戎亡周，李世民之以突厥亡隋，石敬瑭之以燕云十六州赂契丹等类是也。

二曰旧政府借外族之力以倒革命军者。如郭子仪之以吐蕃、回纥讨安史，李鸿章之以戈登灭洪秀全等类是也。

三曰旧政府借外族之力以倒革命军，而彼此两毙者。如吴三桂以满洲亡李闯，而并以亡明是也。

四曰革命军借外族之力以倒政府，而彼此两毙者。如成都王颖以刘渊为大单于，同抗王室，卒不能成，而遂以亡晋是也。

五曰革命军败后，引外族以为政府患者。如汉初陈豨、卢绾辈，东汉初卢芳辈之导匈奴，唐初刘黑闼、梁师都辈之导突厥等类是也。

此皆其直接关系也。若语其间接者，则如刘项阋而冒顿坐大，八王乱而十六国势成，安史扰而蕃、鹘自强，五代棼而契丹全盛，闯、献毒氛遍中原，而满洲遂尽收关外部落，此则未假其力以前，而先有以养其势者矣。呜呼！以汉高之悍鸷，而忍垢于白登之役；以唐太之神武，而遗憾于高丽之师。我国史之污点，其何日之能雪耶？即如最近数十年间，西力之东渐，固由帝国主义自然膨胀之力，而常胜军之关系亦宁浅薄耶？识者观此，毛发俱栗矣。

以上七端，皆中国革命时代所必显之现象也。事物公例，因果相倚，因果相含。欲识过去因，请观今日果，欲识未来，请观今日因。今后之中国，其必以革命而后获救耶？抑不革命而亦可以获救耶？此属于别问题。若夫革命而可以救中国耶？抑革命而反陷中国于不救耶？此则正本论之所欲研究也。若后有革命军者起，而能免于此七大恶特色，以入于泰西文明革命之林，则革命者，真今日之不二法门也。而不然者，以百数十队之私人野心的革命军同时并起，蹂躏于全国，而蔓延数十年，犹且同类相屠，而两造皆以太阿之柄授外族，则过此以往，必有太息痛恨于作俑之无后者。抑今日国中迷信革命之志士，其理想必与此七大恶特色不相容，无待余言也。今后若有一度能为革命史上开一新纪元，以一洒种种之污点，吾之欣喜愿望，宁有加焉！虽然，理想之与事实，往往不能相应，此又不可不详察也。当思泰西革命之特色何以若彼，中国革命之特色何以若此，此其中殆必有一原因焉。今者我国国民全体所受之因，与夫少数革命家所造之因，其诚能有异于前代与否？是即将来结果之同不同所由定也。吾见夫所欲用之以起革命之多数下等社会，其血管内皆含黄巾、闯献之遗传性也。吾见夫以第一等革命家自命之少数豪杰，皆以道德信义为虱为毒，而其内部日日有杨、韦相搏之势也。吾见夫高标民族主义以为旗帜者，且自附于白种景教而借其力，欲以摧残异己之党派，且屡见不一见也。夫景从革命者，必赖多数人，故吾观彼多数人者之性质而吾惧。主持革命者，必赖少数人，故吾观彼少数人者之性质而吾滋惧。吾惧乎于理想上则彼七大特色万不愿有，而于事实上则彼七大特色终不能无也。此吾所以于衣被全欧震撼中国之革命主义，而言之犹有余栗也。嗟夫！今而哓哓，复奚为者？公等而持不革命而可以救中国之论也，则请实为不革命以救中国之预备，公等而持必革命而可以救中国之论也，则请实为革命以救中国之预备。革命以救中国之预备奈何？毋曰吾学习武备，吾运动会党，吾密输入器械，而吾事毕矣。必虚心商榷，求所以免于彼七大恶特色者，其将何途之从？如何而使景从我者免焉？如何而使我躬先自免焉？若有以此道还问诸鄙人者，则鄙人舍其迂远陈腐之议论，仍无以为对也。曰：汝而欲言革命，欲行革命也，则汝其学克林威尔，汝其学华盛顿，汝其用最善良之市民。乃若当今号称革命巨子者之所称道，割断六亲，乃为志士；摧弃五常，乃为伟人，贪黷倾轧，乃为有手段之豪杰；酒色财气，乃为现本色之英雄。则吾亦如某氏所谓刀加吾颈，枪指吾胸，吾敢曰期期以为不可，期期以为不可也。吾为此言，吾知又必有詈我者曰：汝责人无已时。虽然，吾为吾国忧，吾为吾国惧，吾宁能已于言，所责者在足下耶？非足下耶？惟足下自知之。足下而仅欲言革命，而不欲行革命也，则吾复何云？凡吾之说，悉宜拉杂之，摧烧之。足下而诚欲行革命也，诚欲行革命以救中国也，则批鳞逆耳之言，毋亦有一顾之价值耶？毋徒嚣嚣然曰：某也，反对我革命论，是欲做官也，欲巴结满清政府也。孔子不云乎："不以人废言。"就使其人而果于欲做官，欲巴结满清政府之外，无他思想也，苟其言诚有一二当于理者，犹当垂听之。足下试一度清夜自思，返观内照，吾所责者而诚非足下也；则当思与足下同政见者，其可责之人，固自不少，宜如何以转移之。苟不转移之，吾恐足下之志事，败于彼辈之手也。若吾所责者而有一二类似于足下也，则吾哀哀泣谏，求足下改之，若不改之，吾恐足下之志事终不得就也。若曰吾所责者而非可责也，而必曰破坏旧道德为革命家应行之义务，则刀加吾颈，枪指吾胸，吾敢曰：倡此论者，实亡中国之罪人也，实黄帝子孙之公敌也。吾宁不知革命论者之中，其高尚、严正、纯洁者，固自有人，顾吾所以且忧且惧而不能已者。吾察其机之所趋有大不妙者存，吾深虑彼之高尚、严正、纯洁者，且为法国罗兰夫人党之续也。或曰：凡子之所责者，皆言革命者耳。非行革命者，子何忧之之甚？信如是也，则吾为多言也夫，吾为多言也夫！虽然，信如是也，则吾为中国风俗人心忧，吾为中国前途忧，滋益甚也。

（1904 年）

世界史上广东之位置

　　顷编国史，泛滥群籍，随手感触，条绪棼如，因推寻东西交通之迹，剌取研究所得之一部分以成斯篇。其参考书类，除中国古籍外，取资最多者，则德国哈士氏（Hirth）所著《中国通考》（*Chinesische Studien*）。（哈氏为现今西人研究中国史第一流之学者，在纽约哥仑比亚大学为教授。吾游美时，曾与相见，彼出名刺相示，译其名，作"夏德"二字，盖粤音也。其室藏中国古籍及名画等极多。）日本坪井九马三氏所著《史学研究法》，斋藤阿具氏所著《西力东侵史》，高楠顺次郎氏所著《佛领印度支那》，及《史学杂志》内白鸟库吉氏、中村久四郎氏、石桥五郎氏数篇之论文也。谨弁数言，以表谢意。著者识。

一　中国史上广东之位置与世界史上广东之位置

　　广东一地，在中国史上可谓无丝毫之价值者也。自百年以前，未尝出一非常之人物，可以为一国之轻重（如六祖慧能及袁督师，虽为历史上有关系之人物，然视他省伟人，其性质固有间），未尝有人焉以其地为主动，使全国生出绝大之影响（晋孙恩、卢循虽根据广东，以扰中原，其影响不甚大；唐黄巢虽用广东，究不以为根据地也）。崎岖岭表，朝廷以羁縻视之，而广东亦若自外于国中。故就国史上观察广东，则鸡肋而已。虽然，还观世界史之方面，考各民族竞争交通之大势，则全地球最重要之地点仅十数，而广东与居一焉，斯亦奇也。

二　东西交通海陆二孔道

古代东西交通之孔道有二：其一曰北方陆路，由小亚西亚经帕米尔高原，下塔木里河从新疆、甘肃诸地入中国者；其二曰南方海路，由波斯湾、亚剌伯海，经印度洋从广东以入中国者。此两道迭为盛衰，而汉唐以还，海道日占优势。

北方陆路，其起原当甚古。盖我族迁徙，本自西徂东。炎黄以前，其往还或极盛未可知。自有成文史以后（春秋以前，吾假名之为不文史，以后则成文史也），则西汉张博望通西域一役，实为东亚两文明接触之导线。博望之迹虽未越地中海，然中亚诸国，间接以为之媒介，其影响所被盖甚广。如葡萄、苜蓿、胡桃、安石榴等诸植物，皆由希腊传来，其名称皆译希腊音，班班可征。当时我国输出品之大宗曰丝绢，其销场广及于罗马。罗马国中，至金绢同重同价。其末叶之生计界，因此蒙非常损害，此西史所明著也。此为东西交通之最初期，迨东汉而海道始发达。

三　南路海道之初开通

后汉桓帝延熹九年，大秦王安敦遣使自日南微外献象牙、犀角、玳瑁（《后汉书·西域列传》），是为罗马直接通中国第一次，实西纪 166 年也。吴黄武五年，有大秦贾人宗秦论，来至交趾，交趾太守吴邈遣送诣孙权（《梁书·诸夷列传》），是为罗马直接通中国第二次，实西纪 227 年也。考东汉吴交趾太守皆治番禺，所领地兼今之两粤、安南，秦使所至之地，为今越南，为今广州，不能遽断。要之，广州当时已有市舶之迹则无疑也（《南方草木状》云，耶悉茗花、末梨花，皆胡人自西国移植于南海。耶悉茗即 Jasmine，素馨科之一种，实罗马旧植云）。其时交通孔道，忽自陆而移诸海者，原因有三：一、前此东西两大国，一汉一罗马，皆极全盛，声威远播。自班氏父子（超及子勇）既没，汉威不复振于中亚，而罗马自西历第三世纪以还，亦无力经略亚洲，葱岭以西诸地，复为野蛮未开人所占踞，展转迁移，道路亘塞。二、前此丝绢转运，多由波斯，及罗马帝安的尼莎时（西纪 161 至 180 年）与波斯构兵，商业大蒙损害，而小亚细亚全部，疫疠时行，百业益以不振。三、前此东西商务，经波斯人与叙利亚人两重媒介，波贩诸东，叙贩诸西，至是叙利亚人势力日隆，欲直接握东西之冲，以广其利，毋为波人垄断。时叙利亚海运业正极发达，故思于陆路以外，更求航路。广东位置，所以骤变，实基于此。

四　广东交通发达期

颜氏斯综《南洋蠡测》云："新嘉坡有华人坟墓，碑载梁朝年号，是华人旅此者，实始六朝。"今按法人黎柱荷芬所著《支那交通史》云："西历第一世纪之后半，西亚细亚海舶，始至交趾。凡二百年间，继续航行，至第三世纪中叶，支那商船渐次西向，由广州达槟榔屿（Pinang）。至第四世纪，渐达锡兰（The island of Cylon）。第五世纪，更由希拉（Hira）以达亚丁（Aden），终乃在波斯及米梭必达迷亚（Mesopotamia）独占商权。至第七世纪末，而阿剌伯人始与之代兴。"据此，则我粤人握东西交通之海运权者，垂五百余年。稽其时代，则自晋五胡苻秦极盛时，迄唐天宝安史乱后也。黎氏所据，为第八世纪亚剌伯人《古旅行记》，谓当时波斯湾、阿剌伯海，华人帆樯如织，所述定当不谬，而主动者实广东人。其时印度高僧求那跋摩、金刚智、达磨诸大师来我国，皆自海道。而法显、三藏之探险于印度，其往也遵陆经葱岭，其返也遵海经广州，所乘当亦皆华船也。由此推之，当时我华人殖民力，必已随商业以涨于海外。新嘉坡之既有华人置田庐长子孙焉，毫无足怪者。

【附言】据黎氏所述，则当千余年前，我国海运力直逼欧境，使无苏彝士地峡之阂隔，则吾方以全欧为市场矣。先民精力，可胜崇拜。今当大地比邻之时，而我反无片帆影及于海外，我祖宗何取此不才子为也！一叹。

当时与我竞海运业者，惟波斯人。盖东行航路，本由叙利亚人所发见，及叙利亚既衰，而波斯沿袭之，弃陆行之纡回，取水道之利便。证以义净之《南海寄归传》及《求法高僧传》中之《玄达法师传》等，则所乘多属波斯船也。

时则西方输入之琉璃，最为我国人所宝。隋大业间，尝招致大月氏国之琉璃工人于广东，欲试仿造，而成功不如其所期。虽然，缘此而别生一良结果焉。盖采其术以加精制于陶器，遂为中国一名产，数千年专大利于世界之市场，即食此役之赐也。（附言：此说见中村氏所著《东西文明交通说》，彼不引原书，不知其所出也。又：玻璃一物，于泰西文明之进步甚有关系，盖化学非有此物不能成立。我国当时仿造之失败，实千古遗憾也。然先民之苦心于艺学，可见一斑矣）其时西人缘此航路之开通，渐悟地员之理，著名地学家皮特廉马（Ptolemaus）以理想制一地图，谓自欧洲向西直行，当可达广东或印度。中世纪之欧洲人，咸信其说焉。后此哥伦布以欲觅亚洲新航路故，乃别发见美洲新大陆，其远因实自此时也。

五 广东交通全盛期

五胡六朝时代，中原云扰，国民无复余裕以事远略，惟广东僻处岭外，所受影响较微，故元气发纾，仅以不衰。及隋统一宇内，内竞渐息，遂欲举全力以对外，若炀帝之汲汲通拂菻（拂菻者，当时之东罗马帝国，都于康士但丁奴布者也），其见端也。迨唐之兴，天下大定，数百年霾阴顿开，熙熙如春，万卉齐苗。太宗雄武，底定四裔。至高宗庆显五年，遂开西域十六都督七十二州，北方交通之陆路复开，而南方海运之进步，亦一日千里。黎氏所谓我国商舶西征，达于红海（即亚丁湾）者，即此时也。而同时西方复有勃兴之国二焉：一曰大食。大食者，阿剌伯也。史载永徽二年，大食王（敢谷）密莫末赋（白鸟氏谓此为 Emilal-Mumenin 之译音，即阿斯曼大王之称号云）遣使由南海来贡。其后开元、长庆间，凡十四度来朝（《唐书·大食传》），是为阿剌伯通中国之始。其时回教初兴，国势瞳瞳，若旭出海。而商业随教力俱东，一集注于广州。苏哈巴者，摩诃末（回教祖 Mahomet 也，近译马哈默德或谟罕默特，今从正史旧名）之母舅也，实始入中国传教，在广东省城建怀圣寺，遂卒于广州，葬焉。（今春《香港商报》一年祝典印有苏哈巴墓影片）而光塔寺之二石塔，蠹立城中，岿然至今。此又曾游粤省者所能共见也。盖当时阿剌伯人商业之盛，甲于大地，而其所注重者实在广州。二曰天竺，即印度也。印度当西纪六七百年间，有戒日王者勃起，锐意以宣播文明、传布佛宗自任。而中国君相，方皈依释尊，几有认为国教之势，求法者络绎于道，故商业亦随教力而进行。其陆运则自西藏，而海运则自广州。由此言之，初唐时代，中国海运方盛，一也；大食海运新兴，二也；天竺海运辅行，三也；波斯海运未衰，四也。并此四者，而广州遂骎为全世界之重镇。高楠顺次郎氏尝悬拟当时定期航行船之线路，为表如下：

一 中国商船	广州	南海	锡兰	亚剌伯	波斯间（此线经阿剌伯海岸入波斯湾）
二 同上	广州	南海	锡兰	米梭必达迷亚间（此线经阿剌伯海之南复经亚丁峡、红海）	
三 波斯商船	波斯	锡兰	南海	广州间	
四 大食商船	阿剌伯	锡兰	南海	广州间	
五 锡兰婆罗门船	锡兰	阇婆	林邑	广州间	
六 唐使船	广州	南海间			

原注：上表所谓南海者，专指马来群岛。又阇婆者，即今爪哇岛；林邑者，安南海岸也。

航线五、六，而皆集中于广东，广东之为天下重，可想矣。故当时西域诸国，称广东曰"支那"，称长安洛阳曰"摩诃支那"，此名在佛典中，屡见不一见也。高楠氏尝搜佛宗各传记，见著名印度高僧由广州往返，见于记载者凡数十人。而阿剌伯人《古旅行记》，称黄巢乱时，流寓广州之波斯、大食人共十二万余。然则当时此地交通之盛，不让今香港，而外人居留之多，今日举国无能与京矣。

【附言】阿剌伯人所著书，以西历 851 年出版，名为
《梭里曼（Soleiman）旅行记》者，内载当时中国最大口岸曰
Khanfou。近世欧美学者，多以杭州附近之澉浦当之，虽哈士亦
云然。日本坪井九马三氏，以《唐书·逆臣传》记黄巢陷广州事，
与彼《旅行记》所记之年月相比较，知其确为广州而非澉浦，
断定 Khanfou 字为"广府"之译音云。按坪井氏说信也。吾粤
人至今犹呼广州为广府。当时舍广府外，无他地足以呈此盛况，
又可断言也。

【又】中村氏又引《桯史》（宋岳珂撰）及《广州外志》
（《图书集成》卷一千三百十四引）称，广东及海南岛蒲姓人多，
证以《宋史》所载大食国人，如蒲希密、蒲麻勿、蒲加心、蒲沙
乙等，皆蒲姓。蒲即译 Abu 之音，大食人姓此者最多。粤之忽
有此姓，知当时阿剌伯人流寓者极盛矣。愚按：据此则吾粤民
族，其混入阿剌伯人种之血，必当不少，殆必有与我通婚或久居
同化者矣。

当时中央政府对于此新开繁盛之口岸，其所施政策有三：

一、开大庾岭。唐中宗末叶，始大举开大庾岭，修治道路。
盖因广东骤兴，为辟此道，使与中原得交通之便也（此事于广东
关系极重，自兹以往，广东始渐为重于国中矣）。

二、设外人裁判所。唐宣宗大中四年（850 年），始为回教
民别设一法司于广州，其制度今不可考。以当时国势推之，谅必
无领事裁判权之屈辱也。

三、置市舶司。即今之海关也，其起原不可考。大约在开元
之初，初别置使，后即以岭南节度使兼充，至宋复别置。

六　广东交通中衰期

初唐盛时代，广东号称极盛。及安史之乱，而其业一挫。乾元元年（758 年），大食人与波斯人共焚广州城。盖缘当时政府佣其人为兵以平乱，事定后，赏赉不能满其欲，故愤以出此（见《唐书·波斯传》）。自是稍衰息，至贞元八年（792 年）而复盛（《唐书·李勉传》云："勉初为岭南节度使，夷舶至者，岁仅四五。及勉至宽待远人，明年，至者四千余柁。"《通鉴》卷二百三十四云"贞元八年夏六月，岭南节度使奏言，近日海舶异多"云云）。自兹以往，继长增高，迄于唐末，及乾符六年（耶历 879 年，回历 266 年）黄巢陷广州，十余万流寓之外国人，杀戮殆尽云。鸣呼！孰意千余年前义和团之惨剧，早已演于我广州耶。此役以后，东航者始视为畏途，加以五代之乱，全国如麻，刘氏僭窃南汉，虐待远人，无所不至。故百余年间，广东于世界通商之位置，顿衰落矣。

【附言】据《梭里曼旅行记》，称其时贸易之中心点，移于个罗（Kolah）。个罗地今难确指，《唐书》有个罗，范氏《读史方舆纪要》云，一名诃罗陀。中村氏谓诃罗陀即今之满刺加（Malacca）（或译作麻六甲）云。果尔，则已移至南洋岛中矣。

七　广东交通苏复期

宋一天下，初下广南，即复市舶使，以大将潘美任之，实开宝四年也（971 年）。广东商业，自是再振。然其时势力，渐分于各地。杭州、明州（今宁波），以次勃兴。咸平二年（999 年）已设市船厅于此二地。天圣元年（1023 年）改市舶司焉，然犹隶于广州，广州盖袭前代积威也［熙宁九年（1076 年）诏："诸舶皆隶广州舶司。"］。当时荆公秉政，法令修明，有所谓市舶法、市舶条者，而我国商舶出海外者亦渐多（《文献通考·职官考》十六云："熙宁中，始变市舶法，令各地贾海外者往复必诣广州，否则没其船与货。"据此，则我国当时出海之船必甚多，各地皆有，而广东为最，故稽察之任，一专于此也）。自兹以往，福建之泉州，山东之密州（今胶州）继兴，咸置市舶司，而泉州独盛。故崇宁元年（1102 年）废诸舶司，而广、泉独留。及宋南渡，徙宅于杭，政府中心点既变迁，密迩海岸，商业中心点随之。及乾道初（1165 年）两浙路之通商口岸有五：曰临安（杭州）、曰明州、曰秀州（今嘉兴府）、曰温州、曰江阴军（今江苏常州府）。淳祐六年（1246 年）澉浦复置市舶官（澉浦者，钱塘江口一小港也），咸淳十年（1274 年）台州、福州亦置焉。合诸广、泉、密，凡十一港。西历 1150 年出版之 *Geographied Edriei*（vol.1, p.90）称其时我国商港十二，以我史考之，所得如此，所余一港，不知何指也，然十二港中，其握霸权者固在广州。《宋史·食货志》云："东南之利，舶商居其一。"政府盖亦重视之矣（《图书集成》卷一〇四八《泉州府城考》云："宋宁宗嘉定四年，邹应龙以胡贾簿录之赀请于朝，而大修之，城始固。"胡贾至，自出赀以修泉城，则其时泉之商业已骎骎夺广席矣）。

【附言】《梭里曼旅行记》云："以吾度之，每届舶期（海船至之期也），则 Khanfou（广府）金库，当日进五万典拿（Dinar）。"（一典拿约合英金九先零，以今日金值，当合华银三两有奇）此其言或不无太过，然当时此项关税，为财政上一要项，盖可想见。

故唐广德中，广州市舶使吕太一叛，逐节度使张休（《唐书·代官本纪》），盖其所凭藉者厚也。虽然，自中唐以前，此项进款不归政府，而归诸天子私人，故亦谓之宫市（宋钱易《南部新书》云："自贞元以来，多令中官强买市人物，谓之宫市。"杜诗云："自平宫中吕太一，收珠南海千余日。"宋蔡少蕴《避暑录话》称宫中当为宫市之讹，引《唐书·韦伦传》云："宦者吕太一，盖中人为宫市于岭南者，故称市舶使。"然则市舶使即宫市之一种也）。其后乃归节度使兼管，利始入政府矣。韩愈《送郑尚书序》（郑任岭南节度使时）云："岭南贾人舶交海中，奇物溢中国，不可胜用，故选帅常重于他镇。"又《唐书·黄巢传》云："巢陷广州，右仆射干琮曰：南海市舶利不赀，贼得之益富，而国用屈。"然则广州之影响于国家财政者，可想矣。宋初虽始置司，但议而不征（《文献通考》引止斋陈氏云："是时市舶虽始置司，而不以为利。"）。其后一蹙于契丹，再蹙于西夏，帑藏日空，于是汲汲求饷源于关税。荆公以还，市舶法益加整顿，寖为国家岁入一大宗。皇祐中，岁入五十三万缗，及哲宗元祐元年，广、明、杭三州市舶使征税及专卖所得（宋制："海舶至者，视其所载，十算其一，而市其三。"即关税值百抽十，而复取三十归政府专卖也。此对于普通物品之税法也。其贵重品如犀牙、珍珠等，有值百抽二十而取其四十或六十归政府专卖者），凡七十七万八千五百八十九缗。至徽宗崇宁间，九年之内收至一千万，岁百万缗有奇矣（以上统计皆据《文献通考》卷二十市籴考）。《广东通志》（阮《志·经制略》第十四）云："宋南渡后，经费困乏，一切倚办海舶，岁入固不少。"诚哉然也。

八　广东交通过渡期

自宋以前，以广东之交通，而一国食其利；自宋以后，以广东之交通，而一国蒙其患。固由人谋之不臧，抑亦其所遇之国族，有以异于古所云也。自汉以来，罗马屡欲与我通，为波斯所遮，不能自达（见《后汉书·大秦传》）。故千余年间，相往还者，惟亚洲毗西之安息、大食人。及元以后，欧人始踵接入中国。自元人勃兴东方，跨亚欧二洲，建设一大帝国。其时东方为主动者，西方为被动者。东西诸大民族，渐有短兵相接之势。其时欧洲方兴十字军，联合景教国以抗回教国，而蒙古人亦正与波斯及小亚细亚诸回族构衅，故各取远交近攻之策，不期而相结以为重。元定宗元年（1246 年）罗马教皇遣柏朗嘉宾（Plan Carpin）使元，诣和林。宪宗三年（1253 年）法王路易第九复遣路卜洛克（Rubruck）使焉。及元世祖至元八年（1271 年）意大利著名之旅行家马可·波罗（Marco Polo）复衔教皇使命入中国，大为元主所亲信，历官至扬州刺史，凡在中国三十年，归而著一书，为欧人言中国事者之嚆矢。自兹以往，为欧亚交通一新纪元。

元代交通，陆盛于海，故其时之广东，无甚可纪者。虽然，自马可·波罗之著书既出世，刺激眩惑。全欧人之脑中，心醉此都，发于梦寐。复有一意大利教士奥代理谷者（Odoric），由康士但丁出波斯、印度之沿岸，至广州上陆，为迦特力教初布教于中国之始，凡旅居十三年，归亦著书，与马氏作桴鼓应。于是欧人竞欲觅新航路以通亚洲，此亚非利加与亚美利加两大陆之发见所由来也。及东洋印度新航路开通，而世界之大势一变，广东遂为中国忧患之伏根地。

【附言】当中古时代，欧人往来于印度之孔道有三：（甲）

由叙利亚上陆，出幼发拉底河畔，下入波斯湾。（乙）入黑海，由亚尔米尼亚上陆，下泰格里士河，入波斯湾。（丙）由亚历山德里亚，溯尼罗河，横绝沙漠，入红海。自土耳其人起西亚，（甲）（乙）两路皆梗绝，所余者惟（丙）路，而沙漠之阻滋弗便。此欧人所以欲觅新航路之理由也。时葡王约翰第一，大奖厉航海，自1394年以来，屡派遣探险队，沿亚非利加海岸而南。1486年，达其极南端，遇暴飓不得渡，废然失望而返。归乃讳之，易其名为好望角（Cape of Good Hope）。1497年，有维哥·达·嘉马（Vasco da Gama）者，复往航焉，卒以翌1498年5月20日，达印度麻拉巴海岸（Malabar Coast）之加拉吉大（Calicut），此所谓印度新航路者也，盖距哥仑布之发见美洲，仅六年后云，此实欧亚两洲交涉史上一大事也。

【又】我永乐间，郑和七次航海，由满剌加（Malacca）海峡经滨角湾（Bay of Bengal）至锡兰，沿印度半岛之西岸，入波斯湾，更道阿剌伯海，至阿丹湾（Aden）（今通译亚丁或雅典，此从郑所译名），溯红海，抵昃达（Jiddah），复从非洲东岸，即今亚比西尼亚（Abyssinia）之沿海，航摩森比克（Mozambique）海峡，以至马达加斯加岛（Madagascar）边，此其距好望角咫尺耳。郑君航海，在维哥·达·嘉马发见新航路前七十余年，乃亏此一篑，致成维氏之名，惜哉！

九　广东交通忧患期

葡人嘉马之发见新航路，实当我明之弘治十一年。自兹以迄今日，中国海疆日以多事，而广东常当其冲。今分国记述之：

一、葡萄牙。东洋通商之先登者，葡人也，于印度有然，于中国亦有然。正德十一年（1516 年，即新航路开通后之十八年也）葡人蒲士特列罗（Rafael Perstrello），始乘小筏至广东，欧人揭国旗于中国海上自此始。翌年有安得里都（Ferdinand Andrade）者，复率八船至焉。吾遇之甚厚，许以圣约翰岛（St. John's Island）资其碇泊。自此以往，来者相续。越二十年，至嘉靖十六七年间（1538 年）而葡人出入之要区三：一圣约翰岛，二廉帕高岛（Lampacao），三澳门（Macao）也（据斋藤氏所述，其圣约翰、廉帕高两岛属今何地，俟考）。其始廉岛最盛，嘉靖末叶，旅居者常五六百人，澳门始不过以修难船、晾贡物为名假居之。万历元年（1573 年），我政府筑砦自画，默许其居留，澳门始盛。十年（1582 年）始定僦借之约，岁纳租五百两。自是澳门握东洋贸易霸权者百余年，及英人起而始衰。然道光二十九年（1849 年）以还，岁租不贡，渐与我争领地主权。光绪十三年（1887 年）遂借他国之援，迫我订割让条约。此地者，于吾国割地历史中资格最老者也。

二、荷兰。近世史之初纪，与葡萄牙争商权者，则荷兰也。荷人既植根据于南洋群岛，乃觊觎中国。天启二年（1622 年）以舰队十七艘谋夺澳门，葡人御焉，粤人助之，以故不得志，乃退而据澎湖。其与广东之关系不深，得澎湖后，进略台湾。未几郑延平攘而去之，故荷兰始终不能有大影响于我国。

三、西班牙。西班牙于嘉靖四十四年（1565 年）略菲律宾群岛，以此地为与中国通商之媒介，而进取之地，亦以广东。今墨西哥银犹盛行于广东，实西班牙领墨时代之余波也（墨西哥旧班属，1810 年独立）。

四、法兰西。自昔与广东交涉甚稀，自越南战役以后，势力日进。光绪二十四年，遂割广州湾，且订两广不许让与他人之约。

五、英吉利。英之入中国，在葡荷诸国之后，其所凭藉亦微。明崇祯八年（1635 年）始有一船入澳门，实为英船抵华之嚆矢。船长滑德（Wedell）乞互市，将许之，葡人谗焉，遂不果。英人怒，攻澳门，夺其炮台，寻退，会明清鼎革，商务益不振。康熙三十九年（1700 年）东印度会社派伋志菩尔（Catchpoole）为全权，欲推广商业于中国，得舟山为暂驻地，然以征税重，不能有利。至嘉庆七年（1802 年）欧洲革命乱起，其影响忽波及广东。时英法方相阋于欧，惧法之占澳门也。乃借保护葡境之名，突以兵上陆。我政府为严厉之抗议，遂引退。而当时鸦片已盛行，我政府于嘉庆五年（1800 年）、二十五年（1820 年）两次严禁，密卖滋益盛。两国皆苦思焦索，以期解决此问题。时则英国有伟大之政治家巴麻斯顿（Palmerston），以其锐眼及其辣腕，一意以扩势力于中国为务，迭派通商监督尼菩尔（Lord Napier）、鲁敏逊（Robinson）赴广东，皇皇然欲图一置锥地。我国则有雄迈果决之林文忠任两广总督，彼此相持不下。道光十九年（1839 年）遂有复收鸦片二万二百八十三函烧弃之于白鹅潭之事，英舰遽占领香港。其将布冷墨尔（Bremer）更率舰队陷定海、舟山、乍浦，封锁厦门、宁波，直窥白河，胁北京；寻陷吴淞、上海、镇江，迫南京，全国震恐。卒使耆英与英国全权濮鼎查（Pottinger）媾和，实道光二十二年七月二十四日也（1842 年 8 月 29 日）。史家名其战争曰"鸦片战争"，名其条约曰《南京条约》。其缘此约条所生之结果有二大端：

（一）前此欧人至中国者，以广东为雷池，不得越一步，至是乃伸其势力于广东以外（条约第二条订开广东、福州、厦门、上海通商口岸）。

（二）前此欧人在广东根据地，惟有一澳门，其主权在衰弱国之手，至是乃有一强国别得一根据地于广东（条约第三条割让香港）。

自兹以往，广东之地位一变，全国之地位一变。此役也，实我国人欲忘不能忘之大记念也！越十五年，即咸丰六年（1856年），以领事会晤被拒之远因，以"亚罗"（Arrow）船水手被逮之近因，战事再起。前后亘四年，卒乃俘叶名琛，燔圆明园。逮八年（1858年）更订《天津条约》。十年（1860年）更订《北京条约》，其结果则举前约之结果扩张之而已：

（一）前此伸其势力于广东以外者，至是而势力益张（《天津条约》第十一条增开牛庄、登州、台湾、潮州、琼州为通商口岸；第九条许欧人旅行于内地；第八条许传教自由）。

（二）前此得一根据地于广东者，至是而根据益固（《北京条约》第六条割让九龙之一部分）。

尔后四十年来，交涉日多，忧患日丛。虽然，固中国全局之事，非广东一部分之事也，故兹略焉。自吴邈受大秦使节，以迄叶名琛为印度俘虏，上下二千年间，广东常为轻重于世界。而追想唐宋时代，市舶使、裁判官等堂皇之威严，与夫波斯湾、亚丁岬上国旗之摇曳，古亦日月，今亦日月，先民有知，其谓我何！吾叙述至此，而不禁获麟之涕也！

十　广东与世界文化之关系

论泰西古代史者，必以腓尼西亚（Phoenicia）占一重要之位置，谓其为小亚细亚、埃及、希腊三种文明之媒介也。求诸东方，则广东庶几近之。今举广东对于世界文化上所贡献者如下。

甲、自西方输入中国者。

一、宗教。

（一）回教。苏哈巴以教主之父行，初至广东，其为最初传入者甚明。

（二）耶稣教。

1.景教。今所传《景教流行中国碑》，属尼士特拉派（Nestorius），耶教之别宗，当时行于波斯者也。六朝唐间，广东波斯交通最盛，必由广东输入无疑。

2.迦特力教（即罗马旧教）。元代意大利教士奥代理谷（Odoric）始至广东，为罗马旧教入中国之始。当时信奉颇盛，未几中绝。明万历间，利玛窦（Matteo Ricci）与其徒至广东，居肇庆十余年，实由罗马教之东洋布教会所派也。

3.婆罗的士坦教（即新教）。嘉庆十二年（1807年），英人摩利逊（R. Morrison）始至广东，留二十五年，译《新》《旧约全书》，耶稣新教之输入自兹始。

（三）佛教。佛教虽早已至，然自广东海运开，往还特便，高僧接踵至，其助发达不少。若达摩之留粤（今粤城有西来初地，即达摩最初之迹也），后即传钵于粤人（六祖慧能），其影响于宋明学界者尤大也。

二、学术。

（一）历算。利玛窦在我学界为重要人物，尽人知之。彼翻译事业，其修养全在广东也。

（二）语学。米仑氏（Milne）之英华字典，成于道光三年（1823年），实欧亚字书之嚆矢。米氏旅粤凡二十五年，所译皆粤音也。近三十年前，粤人所续编之字典，至今犹见重于学界。

日人之研究英语，其始亦藉此等著述之力不鲜。

（三）医学及其他科学。广东博济医院，实为西医入中国之始。又道光间广州出版之《博物新编》等五种，近世科学最先之译本也。

至最近数十年间，泰西之技术思想，以次输入中国。其发起及传播者，广东人实占重要之地位，今不具征。

乙、自中国输出西方者。

罗盘针也，火药及火器也，制纸法及印刷术也，此三者，为西人致富强之原；然皆由十字军东征时，经阿剌伯人手，间接传自中国者。阿剌伯人至中国者，以广东为第二故乡，则此三物第一之贩卖场，实广东也。又蚕卵一物，我梁简文帝太宝元年（550年），一波斯人由广东携归康士但丁，西方之有丝产始此。又陶器由广东人精制后，更大输出于泰西。至西纪1708年，德国名匠勃查（Bottger）苦心研究，终青于蓝，而中国派之绘画美术，亦缘此以浸被于欧洲。凡此皆广东人对于世界文化上之贡献也。

十一　广东人之海外事业

广东人于地理上受此天然优胜之感化，其僄悍、活泼、进取、冒险之性质，于中国民族中，稍现一特色焉。其与内地交通，尚不如与海外交通之便，故其人对内竞争力甚薄，而对外竞争力差强。六朝唐间，商船远出，达于红海，尚矣。即自明以来，冒万险，犯万难，与地气战，与土蛮战，卒以匹夫而作蛮夷大长于南天者，尚不乏人。以吾所考闻者：

一、三佛齐国王梁道明，二、三佛齐国王张琏，三、爪哇顺塔国王某，四、暹罗国王郑昭，五、戴燕国王吴元盛，六、昆甸国王罗大，七、英属海峡殖民地开辟者叶来。

以上七人之事业，见《新民丛报》"传记门"，今不再述。

夫明清之交，欧人经营南洋，始发轫焉，而我著著皆占先鞭。使有政府以盾其后，则今日此诸域者，恐无复英、法、荷、班人插足之余地也。此真粤人千古之遗恨也。

今我同胞在海外者，无虑五百万，而粤人三之二焉。宛转依人，嘻其惫矣。而南洋矿权，半在我手。近两年来，墨西哥、秘鲁航路新开，粤民以自力悬国旗往复于太平洋之船，既数艘焉，而墨西哥一隅，亦渐有为有秩序之殖民者，成绩且过于日本。呜呼！宁得谓吾民之终不可用也！

十二　广东之现在及将来

今之广东，依然为世界交通第一等孔道。如唐宋时，航路四接，轮樯充阗，欧洲线、澳洲线、南北美洲线，皆集中于此。香港船吨入口之盛，虽利物浦、纽约、马赛，不能过也。若其对于本国，则自我沿海海运发达以后，其位置既一变；再越数年，芦汉、粤汉铁路线接续，其位置将又一变。广东非徒重于世界，抑且重于国中矣。独惜卧榻之鼾，殷殷盈耳；覆巢之卵，咄咄困人。仰溯前尘，俯念来许，旁皇终夕，予欲无言。

【补】前稿既印成，顷读史，复得数条，可以为广东人航权发达之证者，补录如下：

《汉书·地理志》云："近海多犀象、毒冒、珠玑，中国往商贾者，多取富焉。番禺其一都会也。"

《唐书·李勉传》云："旧制，海商死者，官籍其赀。满三月，无妻子诣府则没入。孔戣以海道岁一往复，苟有验者不为限，悉推与。"（按：此记戣为岭南节度使时事）

唐刘恂《岭表录异》云："每岁广州常发铜船，过安南贸易路。"

【按】以上数条，则东汉之末，广东人已有往贾于近海者，但其航权在彼在我，不能确指。孔戣节度岭南，在唐宪宗元和间；刘恂为广州司马，在唐昭宗乾宁间。则中唐、晚唐时代，广东尚有定期航行船出海外，其盛况固未替也。

（1905 年）

历史上中国民族之观察

世界眈眈六七强，方俎置我中国，汲汲谋剖食日不给，而我于其间乃有所谓省界问题者，日益滋蔓。人人非之，人人蹈之，莫之为而为，莫之致而致也。吾于畴昔宦界商界普通之习惯见之，吾于近今东中留学界益见之，智识愈开进，关系愈复杂，而此现象愈显著。呜呼！其恶果未知所终极也！吾方有事于国史，泛滥群籍，辄有感触。尔乃即今日之果，以推寻昔日之因，更思易今日之因，以市求它日之果，遂发表其研究所得以作是篇。虽然，考据的归纳学派，非短日月所能大成，吾说之不谬与否，非所敢知也；又吾之此论，其将唤起我民族共同之感情，抑将益增长我民族畛域之感情，非所敢言也。材而择之，是在读者。

吾草此论，有先当料拣（料拣者，佛典译文通用语，以无他适当语，故袭用之）者二事。

一、我中国主族，即所谓炎黄遗胄者，其果为中国原始之住民，抑由他方移殖而来？若由移殖，其最初祖国在何地？此事至今未有定论，吾则颇袒西来之说，即以之为假定前提，本论考证，不复及此。

二、本论所研究者，属于学术范围，不属于政论范围。故主权上主族、客族之嬗代，不置论焉，惟刺取其有影响于各族之进化、退化、合并、迁徙者论之。

今请先举列研究之顺序：

今之中华民族，即普通俗称所谓汉族者，自初本为一民族乎？抑由多数民族混合而成乎？此吾所欲研究之第一问题。

若果由多数民族混合而成，则其单位之分子，今尚有遗迹可考见乎？其最重要之族为何为何？此吾所欲研究之第二问题。

中华民族混成之后，尚有他族加入，为第二次，乃至第三、四次之混合否乎？若有之，则最重要者何族何族？此吾所欲研究之第三问题。

民族混合，必由迁徙交通，中国若自初有多数民族，则其迁徙交通之迹，有可考见乎？此吾所欲研究之第四问题。

迁徙交通之外，更有他力以助长其混合者否乎？此吾所欲研究之第五问题。

迁徙之迹，限于域内乎？抑及于域外乎？若及于域外，其所及者何地？其结果之影响若何？此吾所欲研究之第六问题。此问题即"中国以外更有中华民族所立国与否"之问题也。

中华民族号称同化力最大，顾何以外来之族多同化于我，而我各省、各府、各州县反不能为完全之自力同化？此吾所欲研究之第七问题。

自今以往，我族更无术以进于完全同化乎？抑犹有之乎？若有之，其道何由？此吾所欲研究之第八问题。

自今人于本论。

德国人种学大家麦士苗拉尝言："血浓于水，语浓于血。"一时以为名言。盖谓以皮肤、骨骼辨人种，不如以言语辨人种。如印度人与欧罗巴人，肤泽之黑白判然，而由语系上观察之，其同源固历历可稽也。故近今考族类者，必以言语为基。环观全球万国，以同一民族，而其言语庞杂，沟绝不能相通，则未有中国人若者也。闽粤不必论，即吴、越、湘、鄂、齐、燕，莫不各各有其方言，非互相迁就，则相对不能交一言也。不惟省与省为然耳，一省中一府中，乃至一州县中，出闾阎而若异域者，比比然也。［吾粤为尤甚。鄙人粤之新会人也，所居距省治不过二百五十里，而言语已不能通。尤奇者，与吾乡相距十里许，有一小乡居民万余人，皆李氏，其语并吾乡人亦一字不解。今英译其所读《论语》一节以资大噱：子曰：由，诲汝知之乎？知之为知之，不知为不知，是知也（Sar dam, team, shan beam lio dai deam？lio dai, gar lio dai, yew lio, gar yew lio, shar lio shar）］

窃意其间必有一原因焉，为研究人种者最重要之资料，惜乎东西学者寡通吾语，而吾国人又学识谫陋，且能遍识各地方言者，亦无其人，故此问题之价值，至今未显也。《礼记·王制》云："五方之民，言语不通，嗜欲不同，达其志，通其欲，东方曰寄，南方曰象，西方曰狄鞮，北方曰译。"当时所谓夷、蛮、戎、狄，所占地域，尚不及今本部十之七，而非恃舌人，不能自达。其言语之复杂，倍蓰于今日，可想见也。《孟子》所谓南蛮鴃舌，所谓庄岳之间，更其显著矣。《说文》序曰："诸侯力政，分为七国，田畴异亩，车涂异轨，律令异法，衣冠异制，言语异声，文字异形。始皇初并天下，丞相李斯乃奏同之，罢其不与秦文合者。"然则秦以前之错杂，更不可思议也。扬雄《方言》，作于李斯后二百余年，其旧迹散没已多，即其并时者，亦采辑未备，然沟绝固已若是矣。窃尝读《公羊传》一书，引齐语者十数见。而庄二十八年《传》云："伐者为客，伐者为主。"何君《注》云："读伐长言之，读伐短言之。"上"伐"为他动词，下"伐"为受动词，而齐人同一语根，自生区别。由此推之，可知吾国诸语系中，必有一种或数种焉有语尾变化者，徒以我国文字，衍形不衍声，其变化无所寄，自李斯以秦语齐一国文，此等语系遂以中变耳（奥语读"食"字，其 Present Tense，则读音为 Shick，其 Past Tense，则读音为 Sheek。但言 Shick，则人人共知其为现在，但言 Sheek，则人人共知其为过去，不必加"已食""既食""食过"等字样，同一语而变化之，斯足矣。一入文，则非加"已""既""过"等字，不能表明其时矣，其余动词无不如此。故知此种文系能改变语系，使其语尾变化渐归渐灭也）。又至今闽语，有以一字而读两音或三音者，或两三字而读一音者（此杨智子为余言，余不通闽语，不能举其例）。此与日本人、安南人各以其语读汉字，相去几何也（安南文书"二"作"𡥵"，其读为 Hai。书"三"作"𠀧"，其读为 Ba。书"四"作"𦊚"，其读为 Bon。书"五"作"𠄼"，其读为 Nam。余皆类此）。夫言语上之差别，则既若是矣，其他风俗之习惯，宗教之迷信（专指下等社会所信野蛮之宗教而言），其各地之歧异，欲数之，更仆不能尽也。以故吾解释第一问题，敢悍然下一断案曰：现今之中华民族，自始本非一族，实由多数民族混合而成。

【附言】窃尝论与中国不同语系之人，而欲用中国之文系者，惟有三法。其一如日本，别制一种"假名"，与汉字相辅，其语尾变化，则以假名显之也。其二如安南，一切字皆和两为一，其一明义，其他示音，𡥵、𠀧、𦊚、𠄼之类是也。中国最通行之形声字，其起原亦犹是，皆和两为一—其一明义，其他示音也。近代翻绎欧文，如"嘆咭唎"等字，亦遵是道也。化学原质名目钾、锌、矽、碲等字，亦遵是道也。若其变化之则非一字所能显者，则不得不附加以定其意义，如 England 不得不译为英国，English 不能不译为英人是也。是其例之既穷者也。其三如满洲，满洲语系，本有语尾变化，与中国画然殊趣，但彼无文字，及其既入中原，则用中国文字（满洲文字，达海以一夜之力造成之，全由人为，非出天然发达，于事物生成之公理不符，其不能行远而传久也亦宜），久之遂不得不弃其语系以从我文系。故至今满人中，其能操满语者，已十不得一，其语系之绝灭，可立而待也。吾以为我中国古代民族，本有多数殊异之语系，而至今不可见者，其原因皆坐是。不过满洲语系之灭绝，近在数百年以内，故我辈能灼见而确指之，其他诸民族语系之灭绝，远在数千年以前，故莫或能察也。然则此种文字之吞灭语言，其力之伟大可想矣。既无疑于满洲之异语系，而独疑于古代诸民族之异语系乎？

民族未混成以前，其分别部居之族凡几，此非今日所能确言也。则凭古籍，搜遗迹，举其大者。《王制》：“东方曰夷，被发文身；南方曰蛮，雕题交趾；西方曰戎，被发衣皮；北方曰狄，衣羽毛穴居。”当时（后儒多言《王制》为殷制，其成必在春秋战国间）所谓四裔，总不出今之本部十八省以外，其俗尚与中原殊异既若此。虽然，《王制》所举，不过泛语方位，未足为征信也。《说文》“蛮”下云：“南蛮，蛇种，从虫，蛮声。”“闽”下云：“东南越，蛇种，从虫，门声。”“狄”下云：“赤狄，本犬种，从犬，亦省声。”“貉”下云：“北方豸种，从豸，各声。”“羌”下云：“西戎，牧羊人也，从人，从羊，羊亦声。”“蜑”下云：“南方夷也，从虫，延声。”以上所举，虽其训释出于自尊卑人之习，不可据，至其列莘莘数大族，实考古之一资料矣。窃尝论之，先秦以前，分宅中国本部诸族，除炎黄一派之华族（谓中华国民族也，以下皆省称华族）以外，凡得八族，今分论之。

一、苗蛮族。苗族与我族交涉最古。自黄帝迄舜、禹，为剧烈之竞争，尽人知之。自春秋战国秦汉以来，苗名不显，通称曰蛮。逮明以后，始复以苗闻于上国。今按旧史通称之蛮，泰半皆苗裔也（亦有非苗族者，下别论之）。今贵州附近之苗，其自称曰Mun（据日本人鸟居龙藏说，鸟居氏尝探险于苗疆者二年有奇，归而著书，甚富），正与"蛮"音吻合。吾古代称之曰苗（Miao），《山海经》亦称三苗曰三毛（Mäo）、蛮（Mun）、苗（Miao）、毛（Mäo），一音之转，至易见。此族最初之根据地，《左传》指定其位置曰"左洞庭，右彭蠡"，则今湖南之岳州、长沙，湖北之武昌，江西之袁州、瑞州、临江、南昌、南康、九江，是其地也。当其盛时，有绝世伟人蚩尤为之酋帅，涉江逾河，伐我炎帝，华族之不斩如缕。黄帝起而攘之，经颛、喾、尧、舜、禹数百年血战，始驱之复南，保残喘于故垒，而舜征苗至苍梧、九疑崩焉，固已至湘桂之交矣。洎汉以来，有长沙蛮、武陵蛮、五溪蛮、澧中蛮、溇中蛮、黔中蛮诸名，皆在今湖南，而江西已无复苗迹。汉光武建武中，刘尚、马援征蛮，皆溯沅江而上，其窟穴已移于洞庭以西矣。今澧州、常德一带，是其乡也。隋唐间，置锦、溪、巫、叙四州以处苗，则今之辰州、永顺间也。五代马氏据湖南，并吞四州，与土酋更立铜柱为界。宋熙宁间，又别置沅、诚二州以辖属群蛮，则今沅州及贵州之铜仁、思州境矣。元、明、清三代屡创之，雍正间改土归流一役，狝薙尤剧。而至今贵州之全部分，湖南之辰沅，广西之密迩，湘黔一大部分，若怀远，若思恩，若柳州，若庆远，犹为此族栖息之所云。盖此族数千年来退婴的迁徙，其迹最历历分明，由江北而江南，由湖东而湖西，卒溯沅江以达其上游苦瘠之地，展转萎靡以极于今日也。

又，此族自舜禹时，迁其一部分于三危，即今甘肃敦煌地，其后别为西羌族。下篇论之。

二、蜀族。中国历史，皆有同一神话，惟蜀独异。其古昔名王，有若蚕丛，若柏灌，若鱼凫，若杜宇。李白所谓"开国茫然，四万八千岁，不与秦塞通人烟"者也。《说文》"巴"下云：
"虫也，象形。""蜀"下云："桑中虫也，象形。"（《尔雅·释
文》引）巴蜀本虫名，今变为地名者，殆与闽同例，初转为种族
名（古代言异族皆不齿人类，别以恶名加之，观上所引《说文》可
见），更以名其种族所居之地也。夫蜀，天府膏腴，其面积足当
今之日本，有岷、涪诸江，华离错综，灌域甚广，又适当温带，
最宜于初民发生之地。而陆有剑阁，水有瞿塘，重险隩区，天下
称最。古代战术未精，他族之侵入不易，则其间有一独立之民
族，自固其所。此族之被知于我族，当与苗族同时。黄帝元子昌
意，降居若水，娶蜀山氏女，生高阳，既交通焉。唐虞以还，无
复黄帝之远略，自尔不相闻问者且二千年。逮秦惠王用司马错伐
蜀灭之，其地始合并于中原；历两汉三国，同化殆尽。

三、巴氏族。巴与蜀自古非同族也，世为仇雠（《华阳国
志》云："蜀王伐苴侯，苴侯奔巴，巴求救于秦，秦灭蜀，遂灭巴
苴。"）。盖自剑阁以内为蜀族根据地，其外则巴族根据地也。巴
族之起，盖自巴江、嘉陵江沿岸，今四川保宁、绥定两府间，其
后寖沿大江而下，今四川之重庆、夔州，湖北之宜昌、荆州，皆
其部落分布之地。在古有庸国，尝与蜀族从周武王伐殷，其后
庸巴合并，至春秋时与楚壤相接，《史记》称楚肃王为扞关以
拒蜀，实则巴也（扞关在今湖北宜昌府长阳县，班《志》所谓江关
也）。其在汉以后，谓之廪君蛮（《后汉书·南蛮传》云"廪君种"
条下云："初，巴、樊、瞫、相、郑五姓，皆出于武落钟离山。"《文
献通考》引此文注云："今夷陵郡巴山县。"余按：今之宜昌府也。
巴氏子出赤穴，田姓子生黑穴，未有君长，共立巴氏子务相，是为廪
君，四姓皆臣之。巴梁间诸巴皆是也。余按：范史所载，神话尚多，
今不录。但此为巴族最古之神话也）、板楯蛮（《后汉书·南蛮传》又

云："板楯蛮者，秦昭襄王时有一白虎伤害千余人，王募能杀虎者，赏邑万家。有巴郡阆中夷廖仲等射杀虎，（中略）代号为板楯蛮。阆中有渝水，其人多居水左右。"余按：阆中即今保宁府，渝水即嘉陵江，然则其为巴族无疑也。且据范史所记，廪君、板楯两种事迹多相出入，而史乃别标之若异族然，殊为失当）。其别种为氐（《通典》"氐"条下云："西戎之别种，在冉駹东北，广汉之西。"然则当在今潼州府绵州一带。其与巴同族之证，下文详之），秦县其地以为巴郡，汉发其人以定三秦，武帝元封间，徙氐之一部分于酒泉（今甘肃嘉峪关地）。光武建武中、和帝永元中，两徙板楯之一部分于江夏（今湖北江夏府），其在江夏者，上称沔中蛮。汉末则张鲁以鬼道役属其人，天下大乱，板楯、廪君之裔，自巴西之宕渠（今四川绥定府），迁于汉中（今陕西汉中府），号为车巴。魏武克汉中后，复迁氐于秦川，将以弱蜀，自是，巴氐种充斥关中矣。未几，其一部落复迁于略阳（今甘肃巩昌府），李成苻秦，皆以此兴焉（《晋书》载记，称李特之祖当魏武时，率五百家由汉中迁略阳，又称苻洪为略阳氐，其先本居汉中，然则李、苻殆同徙者，可为巴、氐同种之一证）。至六朝间，则今武昌、襄阳一带皆其窟穴。至西魏后周，王雄、陆腾两次斩刈之，其族遂衰。

四、徐淮族。亦称东夷族，但此所谓东夷，与秦汉时所谓东胡异。彼在域外，而此居域中也。其住地约当前明凤阳巡抚所治全境、今江南之淮安府、徐州府、庐州府，山东之曹州府、河南之归德府一带；而复沿山东半岛之海岸线，历黄海方面之莒州、胶州，至渤海方面之登州、莱州，皆其族之散布地也。夫初民之起，必沿河岸。淮水为四渎之一，其在古代，独自出海，未尝与江河合流，其间有特别之民族起焉，无足怪者。征其历史，则夏太康有夷人之乱，殷仲丁有蓝夷之寇（俱见《通典》）。及于周初，管蔡武庚，挟以抗王室。周公东征三年，克奄，迁其君蒲姑（今亳州）。鲁公伯禽之世，徐淮交起，是以有《费誓》之作（俱见《书序》）。洎穆满时，而徐特盛，徐偃王朝三十六国焉（见《韩非子》）。穆王使楚伐之，未能克也（见《通典》）。宣王时，复大有事于徐淮，《诗》所谓"率彼淮浦，省此徐方"，又曰"徐方绎骚，震惊徐方"，又曰"铺敦淮坟，截彼淮浦"，又曰"徐方既同，徐方来庭"，又曰"淮夷来求"，皆极力铺扬我军容之盛。比例推之，则敌之强亦可见也。盖以周初之盛，封建之广，能越江以树吴国，不能沿淮以奠徐夷。自战国以前，徐淮一瓯脱地，未尝一受治于华族主权下也。《史记》称太公初封营丘，莱夷即与之争国（见《齐世家》），《春秋》僖三十年，介人侵萧。介在今胶州，萧在今徐州，以区区小国，能越千里而侵入者，其所经地皆我族势力范围外也。尔后其在山东半岛者见并于齐，其在凤阳一带者见并于楚。至秦一天下，东夷乃渐同化矣，而其遗俗之强武，数千年来犹烂然有声于国史。刘汉之兴以淮泗，朱明之兴以凤颍，其他各时代，每天下有事，此族必岿然为重于一方，或且动全国。《太平寰宇记》云："淮南之地，人多躁急剽悍，勇敢轻进，斯地气之使然也。"其民族之特色滋显著矣。若最近之李鸿章、苗沛霖，其代表也，而袁世凯或亦其将来之代表也。

【又按】此族在古代，其势力盖甚强，殆奄有今山东省之全境。《左传》昭二十年，晏子语齐景公曰："昔爽鸠氏始居此地，季荝因之，有逢伯陵因之，蒲姑氏因之，然后太公因之。"所谓爽鸠、季荝、有逢伯陵、蒲姑者，未知属何族，但观周公克奄，迁其君于蒲姑，则此族与奄必有关系可知。合诸《齐世家》莱夷争国之文，则徐、奄、淮、莱，殆同族欤？又《史记·五帝本纪》

称神农时，有夙沙氏煮海为盐，不用帝命，其民叛之而归炎帝。而《左传》襄十七、十八年，两记齐臣夙沙氏之事，是夙沙之裔至春秋之季而犹盛也。然则夙沙氏或即为此族最初之闻人矣乎！

五、吴越族。吴越与徐淮地虽接近，而大江界之，徐淮自古为华族势力所不及，吴越则夏周时通焉。其最初民族非同源甚明，史称泰伯逃之荆蛮，其称号与苗种颇相混。虽然，此族与他族，有一最显著之异点焉，曰断发。《史记·吴世家》称："泰伯文身断发，示不可用，以避季历。"《汉书·地理志》："越人文身断发以避蛟龙之害。"苗族以发为饰观最重之具，束之卷之，滋爱惜焉（据日人鸟居氏所说也，凡野蛮最能保守，此必其古代传来之习惯矣），必无或断之明矣。赤县神州中，断发之族，舍此亦更无他也（西人之断发亦近今百年余间耳，前此虽稍截短之，然犹披垂盈尺。观一世纪前名人之遗像可见也。然则全地球断发之俗，或以吴越人为始，亦未可知。今考据未周，不敢确言）。夫湖泽与河流，皆于初民之发生最适焉。太湖及钱塘江沿岸，有一种特别之民族也亦宜。《汉书·地理志》又云："吴越之君皆好勇。故其民至今好用剑，轻死易发。"《隋书·地理志》称苏州俗以五月五日为斗力之戏，各料强弱相敌，事类讲武。然则其族之本性，盖甚尚武焉。今则惟浙东一带，此风尚见一二，余地率与汉、隋《志》所记成反比例。此其中殆有别原因焉，下方更论之。

六、闽族。《周官·职方氏》："掌四夷、八蛮、七闽、九貉、五戎、六狄、之人民。"则闽为一大族，由来久矣。其形从虫，其声与"苗""蛮"皆相近，其与苗族有血缘与否，今不可确指。但至今日，而其语系犹画然异于他省，则其为特别种族，殆可推见（鸟居氏调查苗族与台湾生番相似之点甚多，果尔，则闽之与苗必有关系矣。但吾终疑古昔之苗族未必能广殖于今之福建也。

若两族果同源，则其相缘者必又不止此两族矣。下方更论之）。《史记》称汉武帝平闽越，徙其人于江淮间，尽墟其地，后有遁逃山谷者颇出。然则此族受创夷，盖特甚焉。魏晋以后，有所谓泉郎者，今泉州府之住民，史称为卢循海贼（晋末为刘裕所灭者）之余烬，想亦七闽之一支派也。

七、百粤族（附蜑族）。五岭以外，古称百粤，以其族繁多，不能指名也。《通典》云："五岭之南，八杂夷獠，不知教义，以富为雄。铸铜为大鼓，初成，悬于庭中，置酒以招同类。人多构仇怨，欲相攻击，则鸣此鼓，有鼓者号为都老。"（《广东通志》"铜鼓山"条，下文略。同山在今文昌县，以土中掘出大铜鼓得名也）【余按】此数语者，于人种之研究大有价值。近数年来，西人往往于"印度支那"（安南、暹罗、缅甸诸地总名）及南洋巫来由群岛得铜鼓，其模范款识与吾国所记悉吻合〔宋周去非《岭外代答》云："广西土中铜鼓，耕者屡得之。其制正圆，而平其面，曲其腰，面有五蟾，分据其上，蟾皆累蹲，一大一小相负也。周围款识，其圆纹为古钱，其方纹如织革，各以其环成章，合其众纹，大类细画图阵之形。"今日本之帝国博物馆（在东京上野），藏有铜鼓三：一为在广东所得者，一为在爪哇国所得者，一为暹罗王室所赠者，其模范款识皆若一，与周去非所记无纤毫异〕，近世史家以此物为研究南亚诸民族之关系一大要具焉（研究铜鼓，始于德儒哈士氏，实现今欧美人中第一汉学家也。其言谓今印度支那及巫来由岛民，皆以此物为宗教品，极重视之云。余按：日本博物馆所藏暹罗赠品，乃其王赠与日皇者，其必为至贵品可推见。周去非记又云："交趾人往往私买以归，复埋于山，未知其何义也。"此亦可为此物含宗教性质之证。《通典》称有鼓者号为都老，然则亦非尽人所能有也。粤人与南亚诸族既同有此物，其用法亦同，则其人种必有关系可断）。大率自贵州之南部，广西之西南部，广东之全部，以及安南、暹罗、缅甸、南掌，下逮南洋英属荷属群岛，乃至南印度之一小部分，皆为同一民族所占地域〔明人某所著《八十二蛮略记》（此据哈士所引，不著作者姓名，今无从指出）云："广顺、安顺、兴义各属蛮，每岁首击铜鼓为礼，若掘地得鼓，则富者出重价争购。"余按：广顺、安顺、兴义等在黔省南部，经广西之西隆，云南之广南等地，以达安南，其道甚近。彼诸府已在苗族势力范围外，必与百粤族有瓜葛矣〕。其某地为最初发生，某地为后起移殖，则今尚未有定论。要之，与中华民族及其他腹地诸族绝不相蒙，可断言也。又《通典》所谓好构仇怨，常相攻击，此风至今不衰焉。

蜑族者，亦有研究之一值者也。至今此族尚繁，殆不下百万，我族莫肯与通婚姻。但其人皆居水中，以船为家焉。夫人民必与土地相附，此通则也。若蜑族者，绝无寸土，诚为全地球独一无二之怪现象。吾粤人习见之，而莫能言其所自来。【今按】蜑为种族之称，已见《说文》，则其起源甚古可知。《隋书·南蛮传》云："与华人杂处，曰蜑曰俚。"韩文公《房公墓志》云："林蛮洞蜑。"然则蜑族昔固洞居，而与华人杂厕者也，其由陆入水，不知仿自何时。要之，为我族所逼，不能自存于陆地，是以及此？抑亦其自入水后，与我无争，故能阅数千年，传其种以迄今日？古百粤之族，其留纯粹之血统以供吾辈学术上研究之资料者，惟此而已。

八、百濮族。《书·牧誓》："微卢彭濮人。"《左传》文十六年："百濮聚于选。"昭九年："巴濮楚邓，吾南土也。"昭十九年："楚子为舟师以伐濮。"所谓濮者何族？其所居何地？此人种学研究之一要点也。杜预《春秋释例》云："建宁郡南有濮夷，无君长，各以邑落自聚，故称百濮。"【按】晋建宁郡在今云南界，其族在建宁南，则为云南境内可知也。吾欲以今之猓猡当之，请述其论据。畴昔学者，往往以猓猡为苗之别种，而云贵人久与相习者，皆能言其异点。近者日人鸟居龙藏实历调查，益言其间画然为一鸿沟，两族世为仇雠，竞争至今尚剧。猓猡所居地域，则自云南全部，北至四川之会理州、宁远府，皆极盛，东北至嘉定、叙州，亦间有焉，南则散及安南之东京，东则至贵州之安顺府止焉。而滇黔交界地，即毕节、威宁、镇雄、昭通间，实苗猓冲突之烧点也。其言此两族骨骼上、习俗上、文明上皆有绝异之处，文多不具征（其文题曰《支那苗族之地理学的分布及其现况》，见《地学杂志》第百七十四卷）。今以其说为假定前提，按诸地理，则惟古百濮当之也。《通典·边防典》有尾濮、木绵濮、文面濮、折腰濮、赤口濮诸名。尾濮在兴古郡（今云南府）西南千五百余里，赤口濮在永昌（今永昌府）。沿袭濮名之种，见于秦汉后古籍者仅此。《读史方舆纪要》"云南镇南州"条下云："濮落蛮所居。""巨津洲"条下云："唐时为濮獹蛮所居。""楚雄府"条下云："汉后为杂蛮耕牧地，蛮名峨碌。""赵州"（大理府属）条下云："后为罗落蛮所居。""永昌府"条下云："古哀牢国。"又"四川马湖府""镇雄军民府""乌蒙军民府""东川军民府""天全六番招讨使司""酉阳宣抚司""四川行都指挥使司"诸条下，皆言为蛮獠所居。又称元置罗罗斯宣慰司于建昌路（今宁远府冕宁府也）。以上诸名，其罗罗斯与猓猡，即为同一译语，尽人能知。罗落亦极相近，至易见者。其他濮落（Plo）、濮獹（Pliou）、峨碌（Glook）、哀牢（Glou）、獠（Leau），其族名皆以 L 发音，或加 P、G 为助音（Russia）（吾国译为鄂罗斯、俄罗斯等名，亦加一 G 字助音，然则獠猓族有峨碌、哀牢等名，无足怪者）。而其所在之地，又与古之濮、今之猓猡正相合。然则撮拾彼诸族之片影于旧史，会通而论之，虽不中当不远矣。《史记·西南夷传》区其域为五大部曰："西南夷君长以十数，夜郎最大；其西靡莫之属以十数，滇最大；自滇以北君长十数，邛都最大；自越嶲东北君长以十数，筰都最大；自筰以北君长十数，冉駹最大。除冉駹北迤汉中，为氐羌部落外，自余则皆濮族也。"夜郎有今贵州之安顺府、云南之昭通府、广西之兴义府地，滇有今云南之云南府、楚雄府地，邛都有今四川之宁远府地，筰都有今四川之嘉定府边地。又自叶榆（约当今之姚州镇南）以外，至于昆明（今洱海），地方数千里，无君长，则今大理永昌边徼地也。其服饰上之区别，夜郎、滇、邛皆椎髻，筰则被发，昆明以外则辫发。其社会组织上之区别，夜郎、滇、耶、筰皆居国，昆明以外则行国。然则其种族固自有差异焉，但其大体当出于一，故统谓之濮，而概以百也（今猓猡所分别种亦繁）。自楚庄蹻、汉唐蒙、司马相如后，此族渐通上国，然数千年来，同化于我者不通一部分。至今犹悍然为梗于一方，其在蜀之会理、宁远、越嶲外徼者，往往贩吾民为奴隶，残暴滋甚云（亦鸟居氏所述）。

又，今云南之北部，有一种族名"磨些"者，其俗亦颇与猓猡异。猓猡、磨些皆有文字，猓猡文颇肖日本之假名，磨些文则酷类埃及之象形字。此两族之关系若何，今难确言。但其文明似较苗族略为优胜，殆其天然之质性，有以逾于苗乎？又，此族与绵亘两广之瑶族，异同之点何在，不能确指。或谓其关系甚切密者，果尔，则百粤、百濮之血缘，必有期功之亲矣，其审定俟诸异日。

此吾臆推我国各地原始时代所有民族之大概也。大抵诸族之起，非沿大江，则缘大湖，黄河灌域则有我中华主族焉。洞庭湖、鄱阳湖及扬子江中游灌域，则有苗族焉。岷江灌域，则有蜀族焉。嘉陵江及扬子江上游灌域，则有巴氏族焉。淮水灌域则有徐淮族焉。太湖、钱塘江及扬子江下游灌域，则有吴越族焉。闽江灌域，则有闽族焉。西江灌域，则有百粤族焉。滇池及洱海灌域，则有百濮族焉。夫初民之起，必沿河流，此尽人所能道矣，而近六十年来，学者益发明湖沼与初民之关系（1853年大旱魃，瑞士之舍弥华湖涸焉，见湖底有许多代工家屋，为巢居时代人民所构造者，自此西人研究湖沼之学益盛），知其重要与河流等，且或过之。今吾之此论，吾信其可为世界之史学家、地学家增一左证也。

前所论列之八族，皆组成中国民族之最重要分子也。其族当邃古之时，或本为土著，或自他地迁徙而来，今不可考。要之，自有史以来即居于中国者也。而其中除苗、濮二族外，率皆已同化于中华民族，无复有异点痕迹之可寻，谓舍诸族外更无复华族可也。若其自近古以后，灼然见为外族，其大部分今犹为异种，而小部分溶化以加入华族者，亦有可指焉。今先部居其种族之名称位置，次乃论其与我族之交涉。

附：《史记·匈奴传》戎狄名义考

史者所以记一民族之发达进化，及其与他民族之竞争交涉，故必深明各民族之位置，然后其交涉发达乃可得而言。每读国史，见其称外族统曰夷、蛮、戎、狄，其事迹互相出入，眩瞀不可方物，吾深苦之，当亦凡治斯学者所同以为病也。故今先研究春秋以前错居大河南北诸族，以《史记·匈奴列传》为主，别其部居，析其谬误，以就正于中外之历史学、地理学、人种学大家焉。《史记》正文：

唐虞以上，有山戎、獫狁、荤粥，居于北蛮，随畜牧而转移。（中略）毋城郭常处耕田之业，然亦各有分地；毋文书，以言语为约束。（中略）夏道衰，而公刘失其稷官，变于西戎，邑于豳；其后三百有余岁，戎狄攻大王亶父，亶父亡走岐下。（中略）其后百有余岁，周西伯昌伐畎夷氏。后十有余年，武王伐纣而营洛邑，复居于酆、鄗，放逐戎夷泾、洛之北，以时入贡，命曰"荒服"。其后二百有余年，周道衰，而穆王伐犬戎，得四白狼四白鹿以归。自是之后，荒服不至。后二百有余年，周幽王用宠姬褒姒之故，与申侯有隙。申侯怒而与犬戎共攻杀周幽王于骊山下，遂取周之然获，而居于泾、渭之间，侵暴中国。秦襄公救周，于是周平王去酆、鄗而东徙洛邑。当是之时，秦襄公伐戎至岐，始列为诸侯。是后六十有五年，而山戎伐燕，燕告急于齐。齐桓公北伐山戎，山戎走。其后二十有余年，而戎狄至洛邑伐周襄王，襄王奔于郑之氾邑。（中略）于是戎狄或居于陆浑，东至于卫，侵盗暴虐中国。（中略）周襄王既居外四年，告急于晋。晋文公初立，欲修霸业，乃兴师伐逐戎翟，迎内周襄王，居于洛邑。当是时，秦晋为强国。晋文公攘戎翟，居于河内圁、洛之间，号曰赤翟、白狄。秦穆公得由余，西戎八国服于秦。故自陇以西，有绵诸、绲戎、翟獂之戎，岐、梁山、泾、漆之北，有义渠、大荔、乌氏、朐衍之戎，而晋北有林胡、楼烦之戎，燕北有东胡、山戎，各分散居溪谷，自有君长，往往而聚者百有余戎，然莫能相一。自是以后，百有余年，晋悼公使魏绛和戎翟，戎翟朝晋。后百有余年，赵襄子逾句注而破并代以临胡貉，其后与韩魏共分晋地。则赵有代、句注之北，魏有河西、上郡，以与戎界边。其后义渠之戎，筑城郭以自守，而秦稍蚕食。至于惠王，遂拔义渠二十五城，惠王击魏，魏尽入西河及上郡于秦。秦昭王时，（中略）遂起兵伐残义渠，于是秦有陇西、北地、上郡，筑长城以拒胡。而赵武灵王亦变俗胡服，习骑射，北破林胡、楼烦。筑长城，自代并阴山，至高阙为塞，而置云中、雁门、代郡。（中略）燕亦筑长城，自造阳至襄平，置上谷、渔阳、右北平、辽东、辽西郡以拒胡。当是时，冠带战国七，而三国边于匈奴。其后赵将李牧时，匈奴不敢入赵边。后秦灭六国，而始皇帝使蒙恬将十万之众北击胡，悉收河南地。因河为塞，筑四十四县城临河，徙适戍以充之。而通直道，自九原至云阳，因边山险堑溪谷可缮者治之，起临洮至辽东万余里，又度河据阳山北假中。当是之时，东胡强而月氏盛，匈奴单于曰头曼，头曼不胜秦，北徙十余年。而蒙恬死，诸侯叛秦，中国扰乱，诸秦所徙适戍边者，皆复去。于是匈奴得宽，复稍度河南，与中国界于故塞。须曼有太子曰冒顿，（中略）射杀头曼，自立为单于。（中略）遂东袭击东胡，灭东胡王而虏其民人及畜产。（下略）

吾读此文，有急欲研究者三事：

一、文中所谓戎、所谓狄、所谓胡，为别名耶？为通名耶？二、若为通名，则诸戎、诸狄、诸胡，悉为同种耶？抑其间各有种别耶？三、若各有种别，则何者与匈奴为同种？何者与匈奴为别种？

《礼记·王制》："西方曰戎，北方曰狄。"故普通学者率皆以西北之位置区画戎狄。虽然，按诸《史记》此文，其同在一地，历史上事实相衔接者，忽称戎，忽称狄（或翟），忽又戎狄并称，其界线不可得而指也。不直此也，征诸《春秋》及《左氏传》，狄伐周，管夷吾平戎于周。晋为周伐狄，齐使平戎于晋，晋重耳出奔狄，古书以为其母国也。而重耳之母国，即所谓犬戎狐姬生重耳之戎也。狐偃为文公之舅，而《书》云"交城狄地，狐偃生"，今有祠。又骊姬言于晋献公曰"疆场无主，则启戎心"，又曰"狄之广莫，丁晋为都"，又《穆天子传》："陵翟来侵，天子使孟悆讨戎。"诸如此类，不可枚举。由是观之，漫以戎狄分古人种之界限，必陷谬误，无可疑者。（此节为观云复余书，辨戎狄界说者，今采之）

戎、狄既为通名，不能以此分种界，于是吾辈考古之业，遂纠纷而无朕。吾乃据群籍以比推之，臆断《史记》本文所述者，凡为三族：

一曰根据今山西、陕西而侵入杂居于内地者，二曰根据今甘肃而侵入杂居于内地者，三曰根据今辽东而侵入内地但未杂居者。

其根据今山西、陕西之族，则《史记》本文所举什八九属焉。其族为控弦游牧之众，最悍盛，而蹂躏之地最广。在黄帝时谓之獯鬻，《五帝本纪》所谓"黄帝北逐獯鬻"是也。在尧时谓之狄，其种之可知者八，《墨子》所谓"尧北教八狄"是也。尧都平阳，即今太原，太原，群狄之根据地也。自尧以前，我族皆宅河南，至尧乃渡河而北，突入狄窟奠都焉，尧之明德远矣。及舜封后稷、弃于邰，弃，尧之母弟，而邰，今陕西延安也，其地夙为我族势力所不及，至是开殖焉。自兹以往，周人与此族交涉最繁。《国语》所谓"不窋失官，自窜于戎狄之间"（《史记》本文作公刘，而《周本纪》作不窋，与《国语》合，当从《本纪》），盖周之受封，本在狄地，至是而国为狄所陷也。公刘崎岖，稍复旧业，及太王又见逼南迁。《孟子》称太王事獯鬻，故知太王所避者，与黄帝所逐者为同族也。其时彼焰张甚，史称武乙之世，犬戎寇边。故王季始即位，伐西落鬼戎，次乃伐义渠之戎、燕京之戎、余无之戎、始呼之戎、翳徒之戎（见《后汉书》及《竹书纪年》）。至文王时，其在西者谓之昆夷，其在北者谓之獫狁，其总称曰畎夷，本文所谓西伯昌伐畎夷是也。《逸周书》曰："文王立，西距昆夷，北备獫狁，此《采薇》《出车》之所为作也。"（《诗·采薇》序云："文王之时，西有昆夷之患，北有獫狁之难。"）知昆夷、獫狁为同族者。《出车》之诗曰："天子命我，城彼朔方。赫赫南仲，薄伐西戎。"是西北同一役，而主帅皆南仲也。夫曰獫狁，曰畎夷，与獯鬻之獯，皆从犬，故知即太王所避之狄，至西伯而始大雪其耻也。《史记·周本纪》又称，闳夭求骊戎之文马，献纣，以释西伯，则春秋时骊戎之原始，可得稽焉。王季所伐义渠之戎，则至战国而犹存者也。其余无之戎，后儒谓春秋之东山皋落氏也，是皆缘此可以推见春秋诸戎族之关系者也。史称武王始放逐之于泾、洛之北，则武王以前，其族错居泾、洛南可知，是今之西安、凤翔一带，皆戎迹也。穆王以还，周威坠地，其族复东南徙。《六月》之诗曰："獫狁孔炽，我是用急。"又曰："獫狁匪茹，整居焦获。侵镐及方，至于泾阳。"又曰："薄伐獫狁，至于太原。"是宣王时，其势力复及于泾水以南，今凤翔及甘肃平凉地矣。周伐之至太原，其迹不可谓不远，而终不能胜也。翌代而遂有犬戎入周杀幽王之事，周遂以东，此犬戎即文宣所伐之征獫狁，王季所伐之畎夷，而太王所避，黄帝所逐之獯鬻也。自兹以后，其族散居腹地，随王室而东，遍于扬拒泉皋伊洛间（杜《注》云"伊阙北有皋亭"，顾栋高《春秋大事表》云："今洛阳县西南有泉城，即皋戎地也。"），统称曰赤狄。时最强悍，两次陷京师，又灭邢、灭卫，侵齐、侵鲁、侵晋、侵郑，前后百年间，患不绝于中国。知诸戎即为狄者，僖十一年、廿四年两次陷京师，《春秋》前书曰"扬拒诸戎"，后书曰"狄"，而皆王子带召之，事同一贯也。知其为赤狄种者，赤狄隗姓，而惠王之狄难（僖二十四年之难），由狄后隗氏也（晋文公取廧咎如二女叔隗、季隗，即此族）。盖自周之既东，此族一大部落杂处中原，而其本部有在今陕西者，有在今山西者。在陕西者，则秦当其冲；在山西者，则晋当其冲。秦与此族世为仇雠，自周宣王时，使秦仲为大夫诛戎，为戎所杀。仲之子庄公兄弟五人皆伐戎，庄公长子世父弃位让其弟，襄公身入戎窟者十数年，而骊山之难，襄公捍戎功最高焉。时戎夺我岐、丰，平王命秦能逐戎，即以其地界之，历襄公、文公，戎地遂复，是为秦立国之始。然岐丰以西犹然戎也。及秦缪公用由余以霸西戎，辟地千里，益国十二（此《秦本纪》文也，《匈奴传》言服八国，未知孰是）。故此族之别部，虽陆梁于东，其本部已迫蹙于西，自是戎不能复为秦患。惟义渠一部，延残喘及于战国，秦昭王灭之，则秦地无复戎迹矣。晋始兴于曲沃，本戎狄之窟穴，故籍谈曰："晋居深山之中，戎狄之与邻，而远于王室。王灵不及，拜戎不暇。"（《左传》昭廿五年）故终春秋之世，晋与狄竞，未尝一日宁息。若东山皋落氏，若廧咎如，若潞氏，若甲氏，若留吁，若铎辰，皆赤狄也。若鲜虞，若肥，若鼓，皆白狄也。若鄋瞒，长狄也。若骊戎，则亦其一种落也。大抵春秋之初，赤狄之本部在晋，而侵略及中原；白狄之本部在秦，而侵略及晋（《左传》：晋侯使吕相绝秦曰："白狄及君同州，君之仇雠，而我之婚姻也。"）。其后则竟东北趋入于直隶界矣（宣十五年，荀林父败赤狄于曲梁，曲梁，今广平府也。白狄最后亡者为鲜虞，鲜虞，今正定府也），自晋灭潞、灭肥、灭鼓以后，腹地之狄狄大衰。昭公元年，荀吴败狄于大原，《传》美之曰："崇卒也。"盖至是而我族声威，始能复及唐尧、周宣所经略之地，盖自今甘肃之平凉，陕西之延安，山西之汾州、太原，直隶之保定、顺天，此界线以南，则我族之土地也。彼族虽有居者，亦既同化焉。界线以北，若今甘肃之巩昌兰州，则翟貌绵诸戎地也，庆阳则义渠戎地也，宁夏则朐衍戎地也。今山西之大同、朔平间则楼烦地也，今直隶之宣化则林胡地也。此战国初期形势之大凡也。厥后经赵李牧、燕秦开、秦蒙恬数次大挫之，我族与彼族始划长城以为界。夫自秦以前，戎狄之名称以百数，而未闻有匈奴。及秦而此绝强大之种族忽发现于西北者，盖前此纵横驰突于我中原腴沃之地，各自趋利，而又有我族诸强国间隔犄角之，故其势莫能统一。及经春秋战国，为我族歼击殆尽。其存者宛转窜于穹北苦瘠之地，蹉跌频续，则同胞互相急难之情生，地段毗连，则雄主臂指相使之势易。故头曼、冒顿继起，遂能组织一大国，南向复与我族争也。当是时也，我族非有秦汉之统一，则必为彼所鲸吞，彼族非有匈奴之统一，亦将为我族所蚕食。两族相阅凡数千年，而其统一事业，同成于前后数十年之间，岂不异哉？岂不异哉！今更隳括黄帝至汉初数千年间彼族之形势综论之。自黄帝至尧舜，彼族初起，殆自西北游牧而来，我名之曰獯鬻，时陕西之全部及山西什之九（山西入我族者，惟邻河南之平阳一隅），皆其所占地。尧起而攘之，有山、陕之半，而彼之势力一挫。舜禹因之，威棱更远。是为第一期。夏殷之衰，国威不振，于是彼族渐复唐虞以前所占地（成汤奄有氐羌，时彼族当一小挫，然其时不久），我名之曰獯鬻、曰畎夷、曰狄。殷周之交，猾扰滋甚，始分两支，其在西者我名之曰昆夷，亦曰西戎，其在北者我名之曰獯狁。是为第二期。周之统一，并力攘之，辄复辟易，而我族势力之远，尚不能如尧禹时。是为第三期。穆王以后，西北二支更迭交侵，遂亡宗周。徂东以避其锋，犹复躔迹以至，蹂躏中原。至春秋上半纪，彼族声光达于全盛。是为第四期。秦晋急难，汲汲外攘，亘百余年，歼彼丑虏，卧榻之侧，无复鼾睡。洎春秋末，光复之烈，已过尧禹。战国赵、燕、秦三雄继之，驱其余孽，投诸北裔，丰功伟烈，前古未闻。是为第五期。秦一天下，国力益充，威震殊俗，而彼族亦以忧患之余，亟相保聚，又得英鸷之主，整齐以使令之。于是南北两帝国对峙，至成汉代之剧争。是为第六期。以上就《史记·匈奴传》略加引申诠次之。史公所记大致，盖不谬也。今更就六时代记其重要之名义，为表如下：

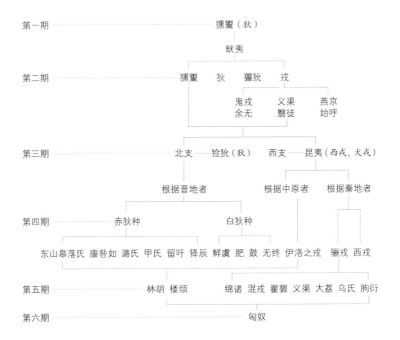

其根据今甘肃而侵入杂居于内地者，曰陆浑之戎，亦称姜戎，亦称阴戎，亦称允姓之戎。此族本三苗之裔，其后衍为羌族者，《史记》此文以之与诸戎狄混合为一，是大谬误也。知陆浑、姜、阴、允姓为一族而四名者，左氏僖二十二年《传》云："秦晋迁陆浑之戎于伊川。"襄十四年《传》云："范宣子数戎子驹支于朝曰：'来，姜戎氏！昔秦人迫逐乃祖吾离于瓜州，乃祖吾离。（中略）来归我先君，我先君惠公有不腆之田，与女剖分而食之。'"昭九年《传》："晋以阴戎伐颍，王使詹桓伯辞于晋曰：'允姓之奸，居于瓜州，惠公归自秦而诱以来。'"合三《传》观之，僖廿二年，正惠公归自秦后之九年，则所迁陆浑之戎，即允姓阴戎，而昔居瓜州。其后晋率之以伐周者，盖秦贪其地（戎子云："秦人贪于土地，逐我诸戎。"），而晋贪其人，故《传》既言秦迫之，复言晋诱之，而又言秦晋同迁之也。

襄十四年《传》呼之为"姜戎氏"，而戎子又言："崤之师，晋御其上，戎亢其下。"是即僖三十三年《传》所谓遽兴姜戎者也。故知姜戎即允姓阴戎，亦即陆浑戎也。知其为三苗后者，昭九年《传》又云："先王居梼杌于四裔，以御魑魅，故允姓之奸，居于瓜州。"杜《注》云："阴戎之祖与三苗俱放三危者，瓜州，今敦煌。"襄十四年《传》云："谓我诸戎是四岳之裔胄也，毋是剪弃。"杜《注》不直指为三苗后者，盖以此语。然尧舜时四岳固有异族之归化民为之者，舜所殛四凶，古注多以为即旧四岳，然则不能以此为难也。《汉书·西羌传》言其为古三苗后，当必有所本，而此族名姜戎，是其为羌族之确证也（杜《注》以姜为姓，可谓望文生义）。吾今援此诸证，立以上所陈之假定前提，此前提若不谬，则此族与獯鬻、犬戎、匈奴之族，其起源截然不同甚明。且尤有证者，彼族常与晋为劲敌，而此族则终春秋之世，服属于晋，若奴隶然。襄十四年《传》又云："我诸戎除剪其荆棘，驱其狐狸豺狼，以为先君不侵不叛之臣。（中略）自是以来，晋之百役，与我诸戎，相继于时，以从执政，岂敢离逖？"是其证也。詹桓伯又云："戎有中国，谁之咎也？"以此归罪于惠公，然则惠公以前，此戎未入中国可知。而前此他戎狄之猖獗者已数见不鲜，其与此族之事实毫无干涉，章章明其也。

其根据今辽东以侵入内地而未尝杂居者，曰山戎，亦曰东胡，即后世契丹、金源、满洲之族，西语所称为通古斯族。通古斯（Tunguse）者，"东胡"二字之音译也（近人不知其本名，反从彼所译者还译之，则何不称孔子为可夫沙士也）。此族自春秋初，颇猖獗于东北，为燕患苦。及齐桓公北伐定燕，大挫其锋（《春秋》庄三十年"齐人伐山戎"，三十一年"齐侯来献戎捷"），自是戢焉。至秦汉之交而复盛，未几复见并于匈奴。史公以之与诸戎并称，恐亦失检。诸戎之起，皆在西陲，征诸前所列据，章章甚明。当隐、桓间，西北戎猾夏之力尚未极盛，不应遽能越中原诸国，以苦穷北之燕。且秦汉之间，诸族皆统一于匈奴，而东胡独强盛，与为敌国，此东胡何以能突然发生也。通观汉后数千年历史，彼居于今西伯利亚及满洲地之民族，与彼居于今蒙古地之民族，每不能同化。故吾持山戎与獯鬻异族之说，虽求诸古籍，不能得完全有力之证据，而终觉史公混合之说为不安也（或引《史记·五帝本纪》称："黄帝北伐獯鬻，合符釜山，而邑于涿鹿之阿。"是獯鬻古在东北之据。余按：獯鬻之在西北，几已成不可摇之铁案。《本纪》此文读法，当自"东至于海"至"合符釜山"为一节，是言黄帝之游踪。"邑于涿鹿之阿"与下"迁徙往来无常处，以师兵为营卫"相连，是言黄帝之国都及行在，不能以此为獯鬻在涿鹿附近之证也。苟持此说，则必以蚩尤为獯鬻之酋长乃可）。

附：春秋夷蛮戎狄表

按：此表与《〈史记·匈奴列传〉戎狄名义考》同时作，皆旧著《国史稿》之一部分。又有《春秋时代我族与戎狄交涉表》残稿五页又半，似即此表之初稿，较简略，兹不复录。

春秋夷蛮戎狄见于经传者凡十二种族：

一、戎。即戎州己氏之戎，在今山东曹州之曹县（《左传》杜《注》云："陈留、济阳县东内有戎城。"）。

二、北戎。亦名山戎，其部落曰无终（以北戎、山戎、无终定为一族者，据《左传》孔氏《正义》说也），在今直隶永平之玉田（玉田县治有古无终城）。

三、姜戎。亦名阴戎，亦名允姓之戎，亦名陆浑之戎（知四者同名者，僖二十二年《左传》："秦晋迁陆浑之戎于伊川。"襄十四年《传》："范宣子数戎子驹支于朝曰：'来，姜戎氏！昔秦人迫逐乃祖吾离于瓜州，乃祖吾离，（中略）来归我先君。我先君惠公有不腆之田，与女剖分而食之。'"昭九年《传》云："允姓之奸，居于瓜州，伯父惠公归自秦而诱以来。"合三《传》观之，僖二十二年正惠公归自秦后之十年，则所迁陆浑之戎，而昔居瓜州者可知。盖秦贪其地而晋贪其人，故《传》既言秦迫之又言晋诱之，而复言秦晋同迁之也。襄十四年《传》呼为姜戎氏，戎子又自言崤之师，晋御其上，戎亢其下"，故知姜戎即陆浑戎也。昭九年，晋率阴戎伐颍，王使詹桓伯辞于晋，指为允姓之奸，故知阴戎即允姓戎也），亦名小戎（僖十二年《传》杜《注》："小戎即允姓戎。"），亦名九州戎（昭二十二年、哀四年《传》杜《注》："九州戎即允姓戎。"）。初居甘肃关外（杜《注》："瓜州，今敦煌。"按：今甘肃嘉峪关外地也），移于今河南洛阳。

四、伊洛之戎。其种类有扬拒泉皋等名（知与陆浑之戎不同族者，陆浑未迁以前，已有事于中国也），在今河南洛阳。

五、蛮氏戎。一名戎蛮子，一名茅戎（据杜《注》），在今河南汝州（杜《注》："河南新城县西南有蛮城。"《前汉·志》："河南新城县曰蛮中，故戎蛮子国。"按：今河南汝州西，即有蛮城）。

六、犬戎。亦名西戎，在今陕西凤翔境内（《史记·匈奴列传》："犬戎杀幽王于骊山下。"晋文侯、秦襄公救周逐之，其遗种在中国者尚散居渭滨间）。

七、骊戎。在今陕西西安之临潼县（县治东二十四里，有大骊戎城）。

八、狄。其种类有赤狄，有白狄，有长狄。其部落有东山皋落氏，有廧咎如，有潞氏，有甲氏，有留吁，有铎辰（皆赤狄），有鲜虞，有肥，有鼓（皆白狄），有鄋瞒（长狄）。其游牧出没之地，自今山西以迄直隶、河南，皆与晋为边，而直接今山东之境，于诸族中为最强。

九、夷。其见于经传者曰淮夷，在今江苏淮安；曰介，在今山东莱州；曰莱夷，在今山东登州；曰根牟，在今山东沂州；曰徐，在今江苏徐州。

十、蛮。经传言群蛮，其地不可深考，盖在今湖南北之间。

十一、濮。经传言百濮，其地不可深考，盖在今湖南辰沅以外。

十二、巴。在今四川重庆。

今将诸族与吾族交涉之历史列表如下：

	戎	北戎	姜戎、伊洛、蛮氏	犬戎、骊戎	狄	东夷	蛮、濮、巴
隐公	二年春，公会戎于潜。八月，公及戎盟于唐。七年，天王使凡伯来聘，戎伐凡伯于楚丘以归。	九年，北戎侵郑。					
桓公	二年，公及戎盟于唐。						十三年，楚屈瑕伐罗，罗与卢戎两军之。
庄公	十八年，公追戎于济西。二十一年冬，齐人伐戎。二十四年，戎侵曹，曹羁出奔陈，亦归于曹。二十六年春，公伐戎。	三十年，齐人伐山戎，以其病燕故。三十一年六月，齐侯来献戎捷。		二十八年，晋伐骊戎，骊戎男女以骊姬。	三十二年冬，狄伐邢。		九年，楚及巴师围鄾。十八年，巴人叛楚而伐邢处，取之，遂门于楚。
闵公				二年，虢公败犬戎于渭汭。	元年春，齐人救邢。二年冬十二月，狄人入卫。晋侯使太子申生伐东山皋落氏。		

	戎	北戎	姜戎、伊洛、蛮氏	犬戎、骊戎	狄	东夷	蛮、濮、巴
僖公		十年，齐侯许男伐北戎。	十一年，扬拒泉皋、伊洛之戎同伐京师，入王城。 十二年，齐侯使管仲平戎于王，使隰朋平戎于晋。 十三年秋，会于咸以谋，王室为戎难故。 十六年，王以戎难告于齐，齐征诸侯城周。 二十二年，秦晋迁陆浑之戎于伊川。 三十三年，晋人及姜戎败秦师于崤。	二年，虢公败戎于桑田。	元年夏，邢迁于夷仪，齐师、宋师、曹师城邢。二年春，诸侯城楚丘而封卫。八年夏，狄伐晋。十年春，狄灭温，苏子奔卫。十三年春，狄侵卫。十六年秋，狄侵晋。十八年五月，宋襄公、曹伯伐齐，狄救齐。冬，邢人、狄人伐卫。二十年秋，齐人、狄人盟于邢。二十一年春，狄侵卫。二十四年夏，狄伐郑。冬，天王出居于郑，避狄难也。二十五年夏，晋侯纳王。三十年夏，狄侵齐。三十一年冬，狄围卫，卫迁于帝丘。秋，晋搜于清原，作五军以御狄。三十二年夏，卫人侵狄。秋，卫人及狄盟。三十三年夏，狄侵齐。秋，狄伐晋，晋人败狄于箕，郤缺获白狄子。	十三年，淮夷病杞。 二十九年春，介葛卢来。冬，介葛卢来。三十年，狄介人侵萧。	

	戎	北戎	姜戎、伊洛、蛮氏	犬戎、骊戎	狄	东夷	蛮、濮、巴
文公			八年，公子遂从晋赵盾，会伊洛之戎，盟于暴。十七年，周甘歜败戎于邥垂。	三年，秦霸西戎。	四年夏，狄侵齐。七年夏，狄侵鲁。九年夏，狄侵齐。十年冬，狄侵宋。十一年秋，狄侵齐。冬十月，鲁叔孙得臣败狄于咸，获长狄侨如。十三年冬，狄侵卫。		十六年，楚大饥，群蛮叛楚。十六年，百濮聚于选。十六年，楚人、秦人、巴人灭庸。
宣公					三年秋，赤狄侵齐。四年夏，赤狄侵齐。六年秋，赤狄伐晋。七年秋，赤狄伐晋。八年夏，晋师、白狄伐秦。十一年秋，晋侯会狄于攒函，众狄疾赤狄之役，遂服于晋。十三年秋，赤狄伐晋。十五年，晋师灭赤狄潞氏，以潞氏婴儿归，获长狄焚如。十六年春正月，晋人灭赤狄甲氏及留吁。	七年夏，齐侯伐莱。九年夏，齐侯伐莱。九年，鲁取根牟。	
成公			元年，王师败绩于茅戎。六年，晋伯宗、卫孙良夫、郑人、伊洛之戎、陆浑、蛮氏侵宋。		三年，晋郤克、卫孙良夫伐廧咎如。九年冬，秦人、白狄伐晋。十二年秋，晋人败狄于交刚。	十八年，王湫奔莱。	

	戎	北戎	姜戎、伊洛、蛮氏	犬戎、骊戎	狄	东夷	蛮、濮、巴
襄公		四年，无终子嘉父因魏庄子纳虎豹之皮，以请和诸戎。	五年，王使王叔陈愬戎于晋。		十八年春，白狄来。二十八年夏，白狄与诸侯朝于晋（时白狄属楚）。	二年春，齐侯伐莱。六年冬，齐侯灭莱。	
昭公		元年春，晋荀吴败无终及群狄于太原。	九年，晋率阴戎伐颍。十六年，楚诱戎蛮子嘉杀之，既而改立其子。十七年，晋荀吴帅师灭陆浑。二十九年，晋赵鞅、荀寅帅师城汝滨（陆浑所居也）。		元年夏，晋荀吴帅师败狄于大卤。十二年秋，晋荀吴灭肥，以肥子归。冬，晋伐鲜虞。十三年秋，晋荀吴侵鲜虞。十五年秋，晋荀吴帅师围鼓，以鼓子归。二十二年六月，晋荀吴再灭鼓。	四年夏，楚子及诸侯淮夷会于申。秋七月，楚子以诸侯及淮夷伐吴。	十九年，楚子为舟师以伐濮。
定公					三年秋，鲜虞人败晋师于平中。四年，晋士鞅、卫孔圉帅师伐鲜虞。五年冬，晋士鞅帅师围鲜虞。		
哀公			四年，晋人执戎蛮子赤归于楚。		元年秋，师及齐师、卫孔圉、鲜虞人伐晋。三年春，齐、卫围戚求援于中山（中山即鲜虞）。四年冬，荀寅奔鲜虞。六年春，晋赵鞅帅师伐鲜虞。		

征上表所列,则当时诸外族之地位及其势力可得而论次焉。其最强者莫如狄。以吾考之,狄盖即秦汉以后所谓匈奴者(考别见)。当春秋时游牧于黄河北岸,迁徙往来无常处,蹂躏殆数千里。其初起于今山西隰州、吉州之间,后乃渐东徙,纵横于直隶、河南、山东诸腹地,闵、僖之间,鸱张最甚,灭邢、灭卫、灭温、伐齐、伐鲁、伐郑、伐晋,观此则此诸国皆与狄地毗邻明甚矣。群狄始以合而强,终以分而灭(僖、文以前,经皆通书狄,宣公以后乃有赤狄、白狄之名,是狄始合终分之明证),而其援中国以免于狄难者,惟晋之功。晋人先携白狄而结之以图赤狄,赤狄灭后乃从事于白狄焉。赤狄著者六部落,潞为最;白狄著者三部落,鲜虞为最。晋人之灭潞也,其君臣合全力仅乃克之,荀林父败赤狄于曲梁,遂灭潞。而晋侯身自治兵于稷,以略狄土,稷在山西绛州之闻喜,而曲梁在直隶广平之鸡泽,绵亘七百余里,战线之长,古今所罕见也。先十年而谋之,先五年而间之(宣六年,晋侯欲伐狄,荀林父曰:"使疾其民以盈其贯,将可殄也。"十一年,晋求成于众狄,众狄疾赤狄之役,遂服于晋。至十五年,乃灭潞),再越五年,乃收成功焉(宣十六年,晋灭赤狄甲氏及留吁、铎辰;成三年,晋伐廧咎如,讨赤狄之余)。战事之久,又并世所无也,故晋之灭赤狄,我民族一大纪念也。其时朝歌、邯郸、百泉诸地,久沦于狄,先王名都皆左衽焉,至是始复内属,班《志》谓河内殷墟,更属于晋,则灭潞一役为之也。微晋之强,则刘聪、石勒之祸,或将早见于《春秋》也。潞氏既灭,赤狄余种遂不支,白狄之悍稍亚于赤,晋初结以为援,后乃贰于楚。故昭、定、哀间,晋人有事于鲜虞者数十年,然晋既稍不竞,故终春秋之世不能得志于鲜虞,后遂为中山国,延残喘于七雄之间,及赵武灵王灭之,然后狄患绝迹于内地。

其次为西戎。我民族兴于西土，故与西戎竞争最剧，殷高宗伐鬼方，太王居邠，狄人侵之（此狄乃西戎，非《春秋》之赤狄、白狄，余别有考），王季伐畎夷，皆其部落也。自秦晋迁其一部分于伊川，其在西方之势始渐杀，而在中原之势力乃浸强（秦晋所迁陆浑戎，当为西戎一种，但既至中原，与本种离，故前表别著之），秦人经营戎索殆有年，但其前事不可深考（襄十四年《传》："秦人迫逐戎祖吾离于瓜州。"）。及春秋僖文间，秦缪公用由余以伐戎，益国十二，开地千里，遂霸西戎［《史记》："戎王使由余于秦，由余其先晋人也，亡入戎，能晋言，闻缪公贤，故使由余观秦。（中略）缪公退而问内史廖曰：'今由余贤，寡人之害，奈何？'廖曰：'戎王处僻匿，未闻中国之声，试遗以女乐以夺其志，留由余莫遣以失其期，君臣有间，乃可图也。'公曰：'善！'因与由余曲席而坐，传器而食，问其地形与其兵势，尽察。而后以女乐遗戎王，王受而说之。终年不还，于是秦乃归由余。由余数谏不听，缪公又数使人间要由余，由余遂降秦。三十七年，秦用由余谋伐戎王，益国十二，开地千里。"］。我民族势力拓殖于西方自兹始。

其次为山戎。盖肃慎鲜卑之族久跋扈于东北，为燕齐患，自齐桓定霸，大挫其锋（《管子·小匡篇》："北伐山戎，制泠支，斩孤竹。"又云："北至于孤竹山，戎滅貊。"按：《汉书·地理志》云："孤竹城在辽西会支县。"又貊在今吉林，滅在今朝鲜，皆当时我民族声威所及也），僖、文以降，不复能得志于中国矣。

其次为河洛间诸戎。虽不甚强，而为心腹患。扬拒泉皋伊洛诸戎之寇京师也，实王子带召之，遂入王城，焚东门。此后十余年间，戎患不绝，申侯以后，此为第二次矣。怀抱私怨而引外族以贼同胞，此中国人不可洗涤之恶德，而带作俑焉，带实对于我全族而犯叛逆之罪，非徒获戾于周家而已。抑晋惠公亦同罪之一人也，贪姜戎之为己用，而迁置诸肘腋之下，使扰攘吾神京者数十年，其子孙屡率之以伐中国，且犯及京师。詹桓伯责之曰："先王居梼杌于四裔，以御魑魅，故允姓之奸，居于瓜州。伯父惠公归自秦而诱以来，使逼我诸姬，入我郊甸，则戎焉取之。戎有中国，谁之咎也？后稷封殖天下，今戎制之，不亦难乎？"词严义正，千载后犹当诵之。汉氏不察，裂地以款匈奴，所以酿刘石、苻姚之祸，毒及于百世也。春秋之末，以晋楚之力，仅灭陆浑蛮氏，而中国亦几病矣。

东夷自春秋前颇猖獗（《诗》屡言"淮夷""徐夷"可证），入春秋则浸弱，盖齐桓之功也。然以蕞尔之介，犹能越千里以侵萧（介在今山东胶州，萧在今江南之徐州，相去千有余里），则其势力之非薄弱可想。特所居非中原竞争之地，故其与我族交涉之事迹罕传于后耳。及楚将图吴，遂结淮夷为应援，始加入于国际。徐夷昔甚强，东迁前已僭王号，春秋末灭于吴，自吴楚争霸，而东夷乃渐灭以尽矣。

群蛮百濮者，殆皆有苗氏之后，其在春秋尚当极盛，然当时楚地不越洞庭，交涉不繁，事迹无纪。

巴蜀为我先民入中国初经之地，神明遗裔，颇有存焉。然与中原既相邈隔，其历史盖若觉若梦矣。要之，当时外族与我族关系甚切密者，曰戎，曰狄，而东夷次之。若南之蛮与濮西之巴羌，谓无与于历史之大势焉可也。

春秋时代，中国民族势力所及之地，为今河南、陕西、山东、山西、直隶、湖北、江南、江西、浙江之九省。而僖、文、宣间，即此九省中为外族所错居者尚四之一；盖自陕西之延安，山西之隰州、吉州、潞安、太原，直隶之广平、顺德、正定、保定、真定、永平，河南之卫辉，皆为狄地；河南之河南、汝州皆与群戎杂居；陕西之西安为骊戎地；凤翔以西为西戎地，山东之青州、沂州、曹州与东夷杂居；登州、莱州以至江南之淮安、徐州，皆东夷地；而楚、吴、越又皆夏蛮杂糅。主治者虽黄帝子孙，若其民则冠带之族十不得二三也。一言蔽之，则在大河南者两岸确定我民族之势力范围，是春秋时代之事业也。

外族之错处，于我民族之统一事业，最有助力焉。中国之为一大帝国也，孕育于晋、齐、秦、楚，而秦乃成之。晋起曲沃，蕞尔小邦也，而能建中部、北部统一之基础者何也？晋人之言曰："狄之广漠，于晋为都。晋之启土，不亦宜乎？"（庄二十八年《传》）又曰："晋居深山，戎狄之与邻，而远于王室。王灵不及，拜戎不暇。"（昭十五年《传》）又曰："吾先君之呕战也有故，秦、狄、齐、楚皆强，不尽力，子孙将弱。今三强服矣，敌楚而已。"（成十六年《传》）读此诸语，则晋人勃兴之原因，从可想矣。

（未完）

（1905 年）

太古及三代载记

中国史宜托始于何时耶？宋司马光作《资治通鉴》，起周烈王二十三年；孔子作《春秋》，起鲁隐公元年；而左丘明为之传，所记事往往追溯前数十年；《尚书》独载尧以来；《史记》及《竹书纪年》皆始黄帝；《世本》则上及伏羲；蜀谯周《古史考》、晋皇甫谧《帝王世纪》皆言三皇；宋罗泌《路史》更说盘古。夫史也者，人类发展之记录也。以严格绳之，必有其正确之年代粲然著之竹帛，乃得谓之史。则我国有史，最古不过溯及虞夏之交，前乎此者，实无史时代。无史时代，非作史者所当拟议也。虽然，欲察进化轨迹，必探其原，若于初民群聚之情状不加挈求，则后此世运变迁之由来，未从考见。故吾作《载记》，虽托始三代，而太古亦未敢尽从盖阙，考证推稽，期弗近诬而已。

编史最以史材阙逸为病，古代尤甚。孔子于夏商二代，已叹文献无征，况立乎今日以指唐虞以上者哉？近世西方，有所谓历史哲学之一派，推求进化之源，往往溯及各国神话，谓其言虽什九荒诞，然各民族最初之心理，恒于此表征焉。其宗教思想、文学思想多自兹导发，故不可废也。我国为文化最古之国，故神话传说必极丰富，其中若言华胥、言昆仑等，殊不能谓其于史迹绝无系属（若《楚辞》之《离骚》《天问》等篇，其半史的事实尤多）。然神话与史实，界限不明（此各国言古史者所同病，匪独我国也），一切舍旃，既自湮文明之迹，稍涉博采，又动贻芜秽之讥。此一难也。有史以还，取材宜富，然聿稽先典，奇厄实多。考商周之间，史官持重，大史、小史、内史、外史、左史、右史、瞽史诸职，綮见经记，上自王朝，下遍侯国，咸设专司，其所记载，谅堪征信，然东迁以降，诸侯去籍，典章所寄，强半散遗。及秦燔祸起，凡非秦记，悉付摧烧。夫史籍与诸书百家语不同，秘府孤藏，别无口授及传抄副本，一经荡尽，无复孑遗。此二难也。考古之业，载籍法物，两皆可珍，我国古代，器铭璧刻，不乏鸿制，其著见于经记者，若夏之九鼎，周之天球河图，郑之刑书，晋之刑鼎（二者皆刻法律条文，若罗马之十二铜表矣），皆金铸也。楚庙则有古事画壁（见《楚辞·天问》），秦宫则具六国之形（见《史记·秦本纪》），皆石华也。倘其获存，资证宁少（近出土之钟鼎款识小品及山东嘉祥汉画像，六朝诸造象，存于今日者，多足为考史及研究美术之助，若先秦巨制古刻犹存，所裨更当何若）。乃秦项虔刘，累代摧坏（项羽焚咸阳，火三月不绝，为古代宫室一大厄。自后每经丧乱，古建筑无一能存焉。秦始皇尽取天下之兵及器铸为金人，此铜器一厄。董卓悉取洛阳、长安内府所藏古器铸小钱，此铜器二厄。隋开皇九年、十一年，两次毁平陈所得三代秦汉古器，此铜器三厄。周显德二年，敕除朝廷法物外，凡各地官私所藏铜器限五十日内毁废送官，此铜器四厄。金海陵正隆三年，诏废平辽宋所得古器，此铜器五厄。宋绍兴六年敛民间铜器，二十八年出御府铜器千五百斤付泉司，大索民间铜器，得铜二百余万斤，此铜器六厄。靖康北徙，器亦并迁金汴，季年，钟鼎为崇，宫殿之玩，毁弃无遗，此铜器七厄。故今兹所遗存皆小品，其裨益史料甚微也），先民手泽千不一存，欲求如埃及、巴比伦籍古刻以考遗制，且不可得。此三难也。战国之际，学术勃兴，而皆好依附古圣以为重，故老庄言黄帝，许行称神农，墨翟宗大禹，医家说岐伯，兵家道太公，方士侈述九皇，儒生聚讼五帝，或寓言之迹显而易明，或托事之文殽而难辨，后史杂采，遂以乱真。此四难也。

太史公称载籍极博，考信六艺，壹宗经纪，宜若谨严，不知经训本与史籍殊科，经以明义，非以记事（近儒或倡《六经》皆史之说，实偏见也）。故史实足藉以明义者采之，否则置之，此孔子删定《诗》《书》，笔削《春秋》，所以为大业也。若以记事为职志也，则《书》千篇何以仅存百篇（或有以《今文尚书》二十八篇即孔子删定原本，别无所谓逸篇者，其言亦近真），《诗》三千何以仅存三百？《春秋》曷为不纪周而纪鲁，曷为必始元而终麟？湮灭史迹，孔子不且为万世罪人耶？惟其本非记事之书，故去取可别具权衡，殊弗以武断为病。不宁惟是，义之所寄，虽附益文辞可也（《尚书·皋陶谟》有"蛮夷猾夏"一语，夏为大禹有天下之号，后世称我民族为诸夏，犹刘汉以后称汉人，李唐以后称唐人也，舜时安得有此称），改变事实可也（《尚书》记尧、益、伊尹等事，有与他书绝异者，孰为事实，殊难断言。春秋二百四十二年中，鲁三弑其君，《春秋》皆讳之。其他为尊讳、为亲讳、为贤讳者不下数十事，此自经义应尔，若作史读，岂不成曲笔耶）。故群经中记载涉及史事者，诚不失为较确之史材，然必欲混经史以同其范围，则其道反为两失。此五难也。

求先秦史料，周柱下史及列国史记若晋《乘》、楚《梼杌》之类既不可见，其纯以记事为职志，完书传于今者，惟《左传》与《国语》（次则《战国策》已为纵横家言，非绝纪事）。次近古者，则史迁之《史记》，今述古代史，则《尚书》《春秋》以外，惟当信据此三书，夫人而知之矣。顾尤有数书最当商榷者：其一《逸周书》（俗或称《汲冢周书》，盖据隋、唐《艺文志》言，然晋代汲冢所得书目，具载《束晳传》，并无此书。而《汉书·艺文志》有《周书》七十一篇，与今本篇数正合。两汉人所引《周书》文亦多见今本，故知今所传者即《汉·志》旧本也。后人以其所记有文王受命称王，武王、周公私计东伐，俘藏殷遗暴珍原兽辇括宝玉等事，谓圣人所必无，指为战国后人所依托），其二《竹书纪年》（《晋书·束晳传》："晋太康二年，汲县人发魏襄王冢，得古书七十五篇，中有《竹书纪年》十三篇，今所传本篇数正同。其书起黄帝元年，历唐、虞、夏、商、周，皆有年次，入春秋则特详晋事，入战国则特详魏事，讫于魏安釐王二十年，盖魏史官所记也。"晋卫恒、束晳、王接、荀勖续成，皆有校释，见各本传。宋沈约有注，见《隋书·经籍志》。清乾隆间编《四库书目提要》，举六朝唐宋人所引与今本不同者二十余事，断定今本为元明人所伪托。其最为世诟病者，则所记有益干启位，启杀益，文丁杀季历，太甲杀伊尹等事。然此诸事，今本所载，亦多有异同），其三《穆天子传》（与《竹书纪年》同出汲冢，《束晳传》云五篇，今所传者六卷，前五卷皆纪穆王西巡事，后一卷纪美人盛姬事。《束晳传》称同时尚得杂书十九篇，此殆其一，而后人合之也。晋郭璞有注，并传于今，其中言穆王西巡事，皆有日月，并详纪所行里数。旧史以列起居注《四库书目》，以其多夸诞不经语，改列小说类），其四《山海经》（见《汉书·艺文志》，有刘秀校上奏，称为伯益所作，《史记·大宛传》亦云"《山海经》所有怪物，余不敢言"，是此书确为先秦旧籍无疑。《列子》称大禹行而见之，伯益知而名之，夷坚闻而志之。刘秀谓伯益作，殆本于是。其书所纪人名有夏后启、周文王等，所纪地名有秦汉郡县，可证其决非禹益时书。殆战国人所纪，秦汉人复有附益也。前代著录者多以为地理书之冠，《四库总目》亦归诸小说类》），其五《世本》（司马迁作《史记》，其世家、年表多采

《世本》。刘向云《世本》古史官明于古事者，所记录黄帝以来至春秋时，王侯诸国世卿大夫系谥名号。《汉书·艺文志》著录十五篇，《隋书·经籍志》、新旧《唐·艺文志》皆著录四卷，唐以后佚。据群书所引，则其书有《作篇》，记创作诸器物之人；有《居篇》，记历代王侯世卿所宅都；有《姓氏篇》，有《帝系篇》，有《王侯大夫谱》，有《谥法篇》。近人有搜辑成书，略还旧观者）。

正经正史以外，此五书者其最古之记录矣。《世本》史家共推无异辞，顾既残佚，余四书俱存，而稽古者不甚乐道之，惮其与正经正史相迕也。夫吾岂敢谓诸书所纪，悉为实录？虽然，以后世人记并世事，其失实者且多矣，矧于古代，至若经记所述，古代圣君贤相成一理想的神圣人格，更无疵颣，其社会则郅治之极，全率由最高道德之轨范，此自圣贤垂世立教，悬一至善之鹄以示方来，揆以进化轨阶，恐反有非其真者耳。若因其与经记间有出入，遽指为伪托，则彼伪托者生汉晋以后，全国思想界久为经说所支配，何敢故作叛经之言以撄众怒？故吾以为正以其有骇人之记载，不足以明其伪，反足以明其真也。故吾于《逸周书》《竹书纪年》，不敢采其异说以入史文，然终谓其书之不容废也。《穆天子传》《山海经》，其最滋疑议者，谓所载地名于今无征也。然最近绩学之士，以今图证《穆传》地名，其可指者盖得八九（仁和丁谦著《穆天子传地理考证》，以西图案其地望，言甚博辩，略可征信），以《水经注》证《山经》域内地名，亦什得其六（镇洋毕沅《山海经校注考证》最翔实，力言《山经》实古地理书），其非凿空志怪之作，较然甚明，其间涉夸诞，则古代神话之常，殆无足怪。而既认此诸书有几分历史上之价值，则古代与西方交通之迹，遂渐成一大公案。此似治史者所宜毋忽也，吾故于载笔之先，略发其凡如上。

古代传疑章第一

中国者，华夏民族所创建也。中国史者，华夏民族发展之记录也。然此民族非一旦所成，历万数千年抟挠磨炼，乃渐凝为颠扑不破之一体。此民族又非孤根特达，实苞罗无数种姓，次第同化混合，始庞然确立其中坚。此民族是否即为此国最初之土著，抑徙自他方？虽不可确考，第自既宅此国以来，与异族之斗争，未始或息，恒赖民族之公共业力与夫大哲奇英个性之发挥，故不惟能抵抗敌患，不失旧物，且常能吸纳外来之力以自光大。此数千年国史所由成立也。邃古邈矣，百家所述古皇名号杂多，不可殚纪，其稍足征信者，则上古穴居野处，既乃有教民结巢而居者，号曰大巢氏（亦称有巢氏）；上古未有火化，食草木之实、鸟兽之肉，饮其血，茹其毛，既乃有教民以火食者，号曰燧人氏（祝融氏亦古代所尊祀，为司火之神皇，其与燧人是一是二，不可考）；上古不知蓄聚，饥则求食，饱则弃余，既乃有教民以驯畜禽兽而蕃息之者，号曰庖牺氏（亦作包牺，亦作伏羲、虙牺等）；上古不解粒食，既乃有尝百草而辨其性，教民以树艺五谷者，号曰神农氏；上古未有工艺，既乃有教民范金、合土、刳木、弦木者，号曰共工氏。此诸氏者，皆起于黄帝之先，其种族盖非同一，其世次相距久暂不可深考，不称帝皇而以氏名，本未成为国家，以是识别其种姓云尔。故古代之氏，见于百家者，名称至夥，固非必尽信，亦必非尽诞，其人盖散处各方，山居谷汲，为一团焦帐落之小酋，未可以后世之帝王侪拟也。

三皇五帝之称，始见于《周官》"外史掌三皇五帝之书"，《列子·杨朱篇》亦言"三皇之事若存若亡，五帝之事若觉若梦"。然帝与皇之名未列举也。《吕览》（十二月纪）以黄帝、炎帝、太皞、少昊、颛顼为五帝，盖本之《左传》，而《月令》因之（《左传》昭十七年，郯子述纪官列次，黄帝、炎帝、共工、太皞、少昊、颛顼；《吕览》删共工，而以余五帝分配五行，《礼记·月令》则采《吕览》之文也）。《大戴记》（《五帝德》《帝系姓》两篇）以黄帝、颛顼、帝喾、尧、舜为五帝，盖本之《国语》，而《史记》因之（《国语·鲁语》臧文仲论祀典，以黄、颛、喾、尧、舜五帝相连并举，与《大戴记》合。《史记·五帝本纪》则明言采宰我问《五帝德》《帝系姓》之文也，然《国语》于黄帝前尚举烈山、共工二氏，于舜后尚举鲧、禹、契、冥、稷诸人，亦并非谓帝必限以五也）。《世本》及《竹书纪年》于黄帝之后颛顼之前皆有少昊，而《史记》无之。刘歆《三统历》则以包羲、神农、黄帝、尧、舜为五帝，宋以后述古史者多从之。此五帝异说之大概也。《史记·秦本纪》有天皇、地皇、泰皇之名，郑康成据《春秋纬》以女娲配羲、农为三皇，皇甫谧采之作《帝王世纪》，司马贞采之作《补三皇本纪》，而谯周《古史考》易女娲以燧人，宋均《世本注》又易以祝融。徐整《三五历》则本《秦本纪》为说，而易泰皇为人皇。晚出之伪《三坟》又糅合之，而以伏羲即天皇，黄帝即地皇，神农即人皇。此三皇异说之大概也（《左传》楚左史倚相能读《三坟》《五典》《八索》《九丘》，杜预《注》云："古书名。"而晚出《古文尚书》伪孔《序》附会之云："伏羲、神农、黄帝之书谓之《三坟》，少昊、颛顼、高辛、唐、虞之书谓之《五典》。"故其后遂有伪造《三坟》书者）。而《文子》称九皇之制，《管子》亦称九皇六十四民（《汉旧仪》称圣王祭三皇五帝九皇六十四氏，盖本于《管子》，"民"字或"氏"字之讹也），又言古封泰山者七十二家，《春秋纬·命历序》则谓自开辟至获麟，凡三百二十七万六千岁，分为十纪（一九头纪，二五龙纪，三摄提纪，四合洛纪，五连通纪，六序命纪，七修飞纪，八回提纪，九禅通纪，十流讫纪，而流讫实当黄帝时云），罗泌《路史》复于十纪之前冠以盘古氏焉。其古皇氏名见于周秦诸子各种纬书及《世本》《山海经》者不下百数，孔子所不道，太史公所不采，而魏晋以后作史者，乃累累罗列以为博，而不知其自陷于芜秽也。降及近世，欧洲学者盛倡中国人种西来之论，好奇之士诧为新异，从而和之，乃遍索百家所记名号，刺取其与巴比伦、迦勒底古史所述彼中王名译音相近者数四，辄附会为彼我同祖之征，斯益凿矣。然必以孔子所未道、史公所未采之故，而径指为臆造虚构，则亦失之武断。盖有史以前，先以神话，实各国之所同，我国古代种族夥繁，十口相传，各侈其祖。春秋战国以还，好事者最而录之，其名称复杂，固宜然也。然必欲强排次其年代，且以后世帝王盛德大业拟议之，则大不可。盖其人仅一团瓢之主，稍进亦一游牧族之酋耳，曰皇曰帝，则皆史以后崇报之名，非固有也。若夫三五之数，则全由春秋战国以下哲学家喜言三才五行，凡百事物，动相比附，实则古代非有帝皇之名，后人皇之帝之，数虽百十可也。谓皇必三而帝必五，夫既拘墟，更聚讼于其名氏世系，益无谓也。

前列诸氏，固皆为华夏民族之祖，然其时民族之体系犹未成也。其成之则自黄帝以后。夫无论若何文明之民族，必由野蛮阶级进化而来，此公例也。然非谓举凡一切民族，皆可由野蛮而进于文明。今全世界见存民族不下数百，其有文明史可纪者十数而已，或自始未有，或昔有之而今已中断也。我国自肇辟以来，各民族之土著于是间及自外侵入者不知凡几，而惟华夏民族能始终为之宗主。其在古代，种族部落星罗棋布，殆以千计（参观本卷附录《古代国名表》），或淘汰，或混化。至今惟有华夏民族者存，不见其他也；亦有其族虽存，而遂不能以文明自见，历四五千年仍为无史民族者，若苗族是也。是故进化虽为恒规，能进化实在自力，大抵凡无史民族，恒为其所遭值之境遇所宰制，对于外界而为被动者；凡有史民族，恒以自我宰制所遭值之境遇，对于外界为能动者，此其机键也。今弗泛论，请举黄帝迄尧舜史迹，见于故书雅记略可征信者分别论次之，其伏羲、神农事，以类追述焉。

一、世系及年代。伏羲或谓即太皞，因风而生，风姓，蛇身人首，兴于燧人氏之季（据皇甫谧《帝王世纪》），以龙纪官（据《左传》）。继其后者或有女娲氏，亦风姓，蛇身人首（据《世纪》），时有洪水，女娲氏止之（据《淮南子》及《列子》）。伏羲、女娲后，传数十世乃至神农云（宋均《世本注》言女娲至神农七十二姓，谯周《古史考》言女娲后五十姓至神农）。神农或谓即炎帝，姜姓（据《世本》），母曰任姒，有蟜氏女，感神龙生帝，人面龙颜（据《春秋元命苞》及《命历序》），或云传八世五百二十岁（据《春秋命历序》），或云传七十世（据《尸子》）。黄帝者，少典之子，姓公孙，名曰轩辕，兴于神农氏世衰之时，代炎帝为天子（据《史记》），在位百年（据《竹书纪年》），有子二十五人，其得姓者十四（据《国语》及《史记》）。或云帝崩后其孙立，是为帝颛顼（据《史记》），或云嗣黄帝者为少昊（据《竹书纪年》），或曰黄帝传十世千五百二十岁（据《春秋命历序》），其裔有帝鸿、帝魁等名（据《山海经》及郑玄所引《尚书纬》）。少昊氏名挚（据《左传》），或云黄帝之臣（据《逸周书》），或云黄帝之孙（据《汉书·律历志》），或不以列诸帝皇（据《史记》），或云继少昊者即帝颛顼（据《竹书纪年》），或云少昊传八世五百岁（据《春秋命历序》）。帝颛顼高阳氏，或云黄帝之孙而昌意之子也（据《史记》），母蜀山氏之女（据《山海经》），感瑶光之星而生帝（据《宋书·符瑞志》）；有子曰穷蝉，或云即虞舜所自出（据《史记》），或云伯鲧实颛顼子，为夏禹所自出（据《大戴记》及《山海经》），或云颛顼有子曰老童，为春秋世楚国所自出（据《世本》）。帝喾高辛氏，黄帝之曾孙也（据《大戴记》及《史记》），生挚及尧，挚立九年而废，或云其元妃有邰氏之女曰姜嫄，感大人足迹而生稷，实周所自出，其次妃有姚氏之女曰简狄，吞鸟卵而生契，实商所自出（据《诗经》《大戴记》《世本》及《史记》）。帝尧陶唐氏，帝喾之子（据《史记》），黄帝之玄孙（据《世本》），母娵訾氏之女（据《世本》）曰庆都，感赤龙而生帝（据《汉尧庙碑》），在位七十年，举舜摄政，百年而崩（据《尚书》《孟子》《竹书纪年》及《史记》）。帝舜有虞氏，黄帝八世孙（据《大戴记》《世本》及《史记》），母曰握登，感大虹而生帝（据《宋书·符瑞志》），受尧禅即天子位，摄政二十八年，在位五十年，禅于禹，崩（据《尚书》《孟子》及《竹书纪年》）。

此百家言古帝王世系年代诸说之大概也。其当疏证者数事：第一，诸帝年代相距之久近，异说实繁，惟伏羲、神农与唐虞之世相距极远，盖可推见。伏羲事见于正经者，惟画卦及以龙纪官二事，纬书称其人首蛇身，亦与龙有连，易卦亦首取龙象（《易·乾》为龙，其象皆取诸龙。《说文》："易，蜥易也，象形。"是易之本义为蜥蜴龙，古文作"昆"，与"易"字相类，或言"易"字即"龙"字，说虽稍凿，亦足备一解）。我国人以龙为神圣，其思想盖传自伏羲以来，然据地质学家言，则龙之为物，绝迹于新石器时代，约距今五六万年前，伏羲时龙族尚繁，则其邈远可想。又女娲洪水传说，必有所承，考各国古史，皆有洪水神话，当为古代一大事实（详下文），而其年代之极远，亦可比推也。第二，近世学者，考社会进化之迹，皆言父系之前，先有母系，盖古代婚姻之礼不备，男女之别未严，人皆知有母不知有父也。故诸帝系姓，皆详纪母氏，而于父反多传疑。又好说圣人无父，感天而生（许慎《五经异义》引《诗》齐、鲁、韩，《春秋》公羊说皆云然），此虽为宗教家言（各国宗教家皆以此立义，耶教其最著明也。孔教言孔子祷尼丘而生，亦同此义。凡以明教主为超人之神圣而已），亦母系先于父系之一左证也。故"姓"字从女生，言女所生也；最古之姓，姚、姒、子、姬、姜、嬉、姞、嬛、妫、嬴字率从女，以女辨系也。第三，据《大戴记》及《史记》，则黄帝、颛顼、帝喾、尧、舜，一脉相承，而后世帝王之家，悉黄帝所自出。然即证群籍，牴牾实多。少昊确为一名王，安容削其位号？据昭十七年《左传》，则炎帝、太皞皆在黄帝之后，其与羲、农宜非一人。而黄帝与少昊、颛顼之间，相去数代，各有制作，不相沿袭，则谓颛顼为黄帝孙，帝喾为黄帝曾孙，实可滋疑。《左传》又称高阳、高辛才子，世济其美，以至于尧，则颛、喾之与尧，世次亦似非衔接。又谓尧为黄帝玄孙，舜为黄帝八世孙，则釐、降二女，舜乃以侄曾孙而娶曾祖姑，毋乃可骇。鲧为颛顼子，据《竹书》纪其生年，则逮尧忧洪水时，鲧寿应及二百，而自颛至禹，祖孙相距，垂四百年，宁有是理？舜于尧为四世从孙，禹于舜为四世从祖，悬隔相嗣，事太不经。《周诗》但颂姜嫄（《诗·大雅》："厥初生民，时维姜嫄。"但言姜嫄生后稷，不言姜嫄为帝喾元妃），《商诗》惟歌玄鸟（《诗·商颂》："天命玄鸟，降而生商。"并未言简狄，更未言简狄为帝喾次妃），稷、契为帝喾子，于经无征。若其然也，则尧有圣兄而不之知，待舜乃举，已为异闻，且稷、契既尧诸昆，则舜受禅时，当逾百岁，耄期登仕，情理实乖。又由契至成汤四百余年而十四传，由稷至文王九百余年而十五传，谱系相印，何其悬绝？凡此诸端，二千年来学者纷纭聚讼，书可汗牛，迁就附缘，终无是处。原其受蔽，皆由以后世之大一统政象，推诸古而强求其合，故帝皇号次之争辩兴焉。实则古代群落并立，地丑德齐，率土一王，绝无其事，太皞、少昊、高阳、高辛之辈，与彼祝融、共工、蚩尤、烈山之俦，文言之可俱称诸后，质言之，可俱称诸酋。正统闰位之辨，在后世犹为词费，况乃远古？诚能熟察部落政治之状态，则观载籍中所传古酋种姓之繁多，推见初民万芽齐茁之象，观其递兴迭仆，可想见诸落交通竞争之迹。因其异说之纷拿，益知其年代之绵远，如是则古史之印象，既已略具矣。欲更进于此而有所考证，则愈考证而愈失其实也。至于唐虞三代同祖黄帝之说，或出于人种一元之理想，或由后代帝王，喜自托于华胄（如汉高祖自称出于豢龙氏，因远祖唐尧。王莽自称出于黄帝，汉昭烈自称中山靖王后，刘渊自称汉甥）。而其谱系之龃龉不可通，既已若是，则宜侪诸神话，不能视同史实，其理甚明。窃意有熊、高阳、高辛、陶唐、有虞、有夏、有商、有邰，皆古来固有种姓之名，黄、颛、喾、尧、舜、禹、契、稷，皆其种中大长之俊英，威德独盛，后世从而宗之。此数大种姓者，有无血统之联属，尚不可深考。必取千数百年之圣哲，强指为父子兄弟祖孙，非惟凿，抑隘矣。

二、宅都及经历地。伏羲或云生于成纪（据《帝王世纪》。今甘肃秦州），或云生于雷泽（据《诗纬》。今山东定陶），都于陈（据《世纪》。今河南陈州），曾封泰山（据《管子》），冢在山阳（据《世纪》。今山东金乡），其后嗣在春秋时，有任宿、须句、颛臾等国（据《史记》。国皆在今山东）。神农生于华阳

（今陕西华县），长于姜水（据《国语》），都于陈，徙于鲁（并据《世纪》），曾封泰山（据《管子》），夙沙氏之民，自攻其君来归（据《逸周书》《吕氏春秋》及《说文》。夙沙盖海滨之国），冢在长沙（据《世纪》）。黄帝生于寿丘（据《世纪》。地失考），长于姬水（据《国语》。地失考），初居有熊（据《纪年》。今河南新郑），与炎帝战于阪泉（据《史记》。今直隶怀来），与蚩尤战于涿鹿（据《史记》。直隶今县），遂邑于涿鹿之阿，迁徙往来无常处；东至于海，登丸山及岱宗（即泰山）；西至于空同，登鸡头（今甘肃平凉西北，或云岷县西北）；南至于江，登熊湘（当在今湖南）；北逐荤粥，合符釜山（当在今直隶京兆北。并据《史记》）；济积石（今青海之噶达苏斋老山），涉流沙（今大戈壁），登于昆仑（今和阗南之喀喇昆仑山脉。并据贾谊《新书》），昆仑之丘有帝宫焉（据陆贾《新语》及《竹书纪年》）；或曰曾与西王母会于王屋（据《抱朴子》引《内经》），曾使伶伦至大夏西昆仑之阴取嶰谷之竹（据《汉书·律历志》。大夏，古国名，在今喀什噶尔地）。其子玄嚣降居江水（或云即今嘉陵江），昌意降居若水（今四川犍为宜宾间），陵在桥山（今山西北境。并据《史记》）。少昊国于穷桑（杜预云在鲁北），迁于曲阜（山东今县。据《左传》）。颛顼生于若水（见前。据《竹书纪年》），都于帝丘（据《左传》。今直隶滑县），徙于高阳（据《史记》。或云今河南杞县，或云今直隶任邱，或云今直隶清苑），北至于幽陵（当指今口北等地），南至于交阯（今安南），西至于流沙（今戈壁），北至于蟠本（当指今吉林省内之大森林。据《史记》），陵在顿丘（据《世纪》。今直隶清丰）。帝喾初封于辛（据《竹书纪年》。今河南省城），都于亳（据《纪年》。今河南商丘）。尧生于丹陵（今直隶完县），初封陶（今山东定陶），改封唐（今直隶唐县。并据《竹书纪年》），都冀之平阳（今山西临汾。据《竹书纪年》），涉流沙（今戈壁），封独山（或云即《穆天子传》所谓群玉之山，亦《山海经》所谓峚山也。今称密尔岱山，在叶尔羌西），西见王母，训及大夏渠搜（并见贾谊《新书》），崩于陶（据《纪年》），陵在济阴（今山东定陶。据《帝王世纪》）。舜之先出于虞（今山西平陆），生于诸冯（或云今山东诸城，据《孟子》），或云生于姚虚（今山东濮县。据《纪年》），耕于历山，渔于雷泽，陶于河滨，作什器于寿丘，就时于负夏（据《史记》，注家言诸地皆在今山东境）；尧妻以二女，釐降于妫汭（据《尚书》。《水经注》谓："河东郡南妫汭，汭水出焉。"则地在今山西），受禅都蒲坂（今山西永济），崩于鸣条（据《孟子》。今山西安邑），或云崩于苍梧（据《史记》。今湖南衡阳）。

吾今将据此诸地以考我华夏民族发育光大之迹，惟有二事宜注意者：其一，古代本未脱游牧之习，黄帝以前特甚（《史记》称"黄帝迁徙往来无常处"是也），所谓宅都某处者，不过如后世诸胡部落之幕庭，非必确有定居，尤不能与后世之帝京同视。其二，所记诸地未必可信，有时出于夸张（如颛顼之幽陵、交阯、流沙、蟠木，当是夸大颂祷之词。观《史记》原文尚有"日月所照，莫不砥属"等语可见），有时杂以神话。其三，所释今地不过据前贤考证，求其近是，良不敢尽谓正确。今以此三义为范围，详慎挛索，则：第一，知中国文明发轫，实在黄河下游，今河南之开封、河北两道，山东之东临、济南两道，直隶之大名、保定两道，实为文物诞育之区。伏羲、神农、少昊、颛顼、帝喾之都，不出沿河上下数百里间。盖我国之有黄河，犹埃及之有尼罗，中亚古国之有幼发拉底也。而三省之中，又似山东发育最早，伏羲虽无都山东之传说，然其裔之传于后者，任宿、须句、颛臾皆依泰山而居，金乡鱼台，传有伏羲陵，当有所自。神农、少昊则皆都鲁焉（鲁公伯禽受封于少昊之墟，见《左传》，最可信），凤沙氏之归，声教益东渐于海矣（凤沙氏来归当为古代一大事，故古书言之者极多。《说文》称凤沙始煮海为盐，则其地滨海而极富饶，可知应为泰山以东之大部落，与吾华夏民族并雄者。近人务申民族西来说，乃至附会凤沙为迦勒底都城之苏萨，欲将我古代史迹悉移赠中亚细亚，甚无取也）。惟黄帝邑于涿鹿，距河殊远，或为控制獯鬻计不得不尔耶？要之，自太行山脉以东，桐柏山脉以北，泰山以西，长城以南，实吾国最大之平原，大河贯注，滋沃乎其间，于文化之孕育最适焉，民族发育斯域，固其宜矣。第二，炎黄以来，既宅此平原，唐虞之际，忽逾太行趋西北，作都于山西之高原，在历史上实为一奇象。盖去难就易，初民恒情；舍沃趋瘠，于性殊拂。河岸平原地力未尽，曷为舍旃以崎岖于山谷？或疑尧舜所属之部落本在其地，如春秋之晋，发祥攸自，斯亦不然。尧之封国，曰陶，曰唐，实在燕齐。舜东夷之人，见于《孟子》，早年历迹咸在山东。谓二帝兴于北陲，左证乃适得其反。然则西迈之由，不得不归诸洪水，盖洪水之祸，殆地球与他界之关系使然（说详下）。全地之水，吸而上浮，时非高原，莫可栖止（山西高原拔海自千迈当至二千迈当，黄河下游平原拔海皆在二百五十迈当以下）。尧、舜、禹所为迁宅冀域，殆必由是。而前此文明之破坏于兹役者，亦可推见矣。第三，则湖南一地，在古代似与中原极有系属，黄帝南渡江登熊湘，见于迁《史》，神农葬长沙，舜崩苍梧，虽涉荒唐，然传说谅非无自。夫以春秋之盛，沅湘犹未内属（顾栋高《春秋大事表》有楚地不及湖湘论），而谓数千年前，反为哲王圣绩之所被，宜若近诬。惟考当时吾族就敌，厥惟三苗，而湖湘之间，实苗窟宅（说详下）。诸帝徂征，当为事实，苗既远窜，遂成荒徼，此如两汉西域之道，通塞不常，正不必以后之莽梗，疑古之沟通也。第四，则古代西北诸地与中原交涉之迹，详慎钩稽，兴趣良富。彼持极端华族西来之论者，吾虽不敢附和，而西域通道由来甚古，事略足征。昆仑县圃，《楚辞》盛称，其他故记，杂见非一，昔人以为文家冥想，事等寓言，然汲冢《穆传》，地名里数，一一具详，按今图记，吻合什九（《穆天子传》卷四有里西土之数一段，最为翔实。说详本卷第三章），其非虚造，已可断言，则昆仑、流沙、王母之往来，岂得指为悠谬（西王母，国名，非人名，尤非神仙。并详第三章）。又古代以玉为宝，祀典瘗埋，朝聘贽执，燕居垂佩，用之极繁，种类名称，博见载籍，古玉之富，略堪悬想。然产玉之域，必推于阗（今新疆之喀什噶尔道，和阗、于阗一带），雍州之贡璆琳，昆冈之出玉石，实皆其地，假非交通夙密，曷由输运滋繁？又伏羲之生成纪，黄帝之登鸡头，渠搜大夏，受训来宾，玄嚣青阳，降居二水，稽其地望，皆在西荒。然则凿空非始张骞，定羌宁俟充国，今万有余里之新疆，实五千年前之旧属，参稽故实，似非诞辞。第五，我族既发迹于黄河下游沿岸，炎黄之际，缔造方始，曷为能遂勤远略，西涉万里以外之荒碛？则我族文化，其毋乃非由东西渐，而实由西东徂，此人种西来论所由起也。輓近西士，盛倡此说，其尤著者二家。拉克伯里谓巴比伦为我宗邦，里德和芬谓和阗为我旧壤。拉氏之说，傅会音译，谓黄帝即奈享台，谓百姓之名，本于巴克，牵强媒合，殊类滑稽〔巴比伦古有名王库达·奈亨台（Kudur Nakhunte），其年代与我古籍所记黄帝时略相当。拉氏谓黄帝称有熊氏，熊古音读"奈"（Nai），黄帝之音为"Huang-ti"，因将"熊黄帝"三字连读之，造一名曰 Nak-Huangti，谓即巴比伦王奈亨台，其实有熊国名。

末笔四点字，自音雄，与鲧化黄熊之"熊"字末笔三点读如奈之平声者，形音俱别，安得合而为一？且去有留熊，以"熊黄帝"三字连属成名，古来安有此称帝为爵号？岂容名译？凡此矫诬，不值一笑。拉氏又将百姓之"百"字以粤音读之译为巴克（Pak），谓姓为种族。百姓者，巴克种族也，因今小亚细亚有地名巴克，遂指为古代中国与巴比伦种族之公称。实则"百姓"二字不能作如此解，五尺之童皆知之矣。拉氏既立此为论据，乃益刺取两国古史所纪文物有相类似者，悉为牵合，如谓八卦出于楔形文字，谓《太阴历》传自迦勒底，诸如此类，不一而足。若如其说，则吾国古代无一文明，一切皆从幼发拉底河畔移殖而来，宁有是理？拉氏，欧洲人，习见欧洲之民族及文明皆自他土移植，因谓中国亦当尔尔。不知欧洲自为文明传播化合之地，中国、巴比伦、埃及、印度自为文明发源胎育之地，地势使然，安可强附也？此说本无深辨之价值，惟拉氏学博而言辩，亦著《中国古代文明西来考》（*Western Origin of the Early Chinese Civilization*），彪然巨帙，风靡欧美。日本学界、我国学者亦得翕然信从，甚至盘古即巴克，凤沙即苏萨等说推波助澜，不可究诘，吾故略辨之如上〕。

里氏之说，根据中国史传，不如拉氏之武断，然后起孤证，依凭亦薄（里氏据《魏书·于阗传》云："自高昌以西诸国，深目高鼻，惟此一国貌不甚类胡，颇类华夏。"以此为中国与于阗同种之证，其他若玉出于阗而中国古代多玉，亦其一证。实则魏收《魏书》成于隋唐之交，安可据以论数千年前古事？魏"类华夏"一语，亦岂足为同种之确证？然于阗与内地，古代实早交通，游牧时代吾族或有迁宅斯土者，亦意中事也）。窃以为欲论此事，则人种一元多元之辩，是所宜先。谓一元耶，则凡今含生之俦，宜皆同祖，宁独中国与巴比伦？果尔，则葱岭西帕米尔高原实为大地脊，或为全界人类共同之祖国，其裔姓随环岭河流所向，或东宅我华，或南开印度，或西辟西亚，或西南趋埃及。果尔，亦不过同源分布，断无中国文明为巴比伦再传之理。况一元之说，自达尔文种源论既昌以后，盖不复能自完。若宗信多元，则以我国山河两戒之奥区，自能有多数民族函奄卵育于其间，岂其必由外铄？是故华族西来之说，求诸中外史乘，既无确证，揆诸群象蕃变情形，亦非吻合，宜从盖阙，无取凿陈也。然则古代西通频繁，其故安在？窃疑炎黄以前，今新疆中央之大戈壁白龙堆（白龙堆或本一湖泊，亦未可知），实为多数文明都邑之所宅（今地志统称为塔木里河溢地，其地不过拔海五百迈当至一千迈当，与山西、四川之高原略齐）。塔木里河两岸，不减中原陈、卫、宋、郑之郊，自玉门西抵昆仑，井邑相属，其开化或更先于中原。我华夏民族或曾宅此间，以次转徙而东，或本在东方，而与西土常相接触。故西域故实，至今犹往往见古籍中也。至此道后来中梗之由，则因洪水以还，绣壤奥区沦为沙漠（洪水与沙漠之关系，说详下），前劫文物，湮荡无余，此非惟中国史家之遗恨，抑亦全世界文明史一大厄运也。吾之此说，于载籍绝无稽验，惟从地文学上试为悬断。然今沙漠中有已沦之古国，则中西学者，皆有先我言之者矣（《汉西域图考》云：汉时鄯善、精绝等国，今已沦入瀚海。欧人黑丹士达因为中亚细亚地学专家言，汉和阗及其邻近地今已埋于沙漠，尝试发掘，得有西历纪元前300年间，由印度输入文物之迹云。此皆沙漠已成之后赓续沦没者，则未有沙漠前更可想耳）。他日若科学益昌明，能拔沙漠中古迹而出之，则中国古史，其或尽改旧观也。

三、与苗族之竞争。华夏民族非一族所成，太古以来，诸族错居，接触交通，各去小异而大同，渐化合以成一族之形，后世所谓诸夏是也。就中有二族焉，不能与诸夏化合者，则从而摸逐之、剿绝之，一曰獯鬻，二曰三苗。獯鬻盖欧人所谓芬种（Hun），后世獫狁、匈奴皆其异名；此族当炎黄之世，曾肆扰东北，黄帝攘之，其焰遂衰，史称"帝北逐獯鬻，合苻釜山"是也（自此役以后，唐虞夏商千余年间，史籍无獯鬻侵暴之迹）。其后战国秦汉间，颇极猖獗，其遗种今有立国于欧洲者，兹不具论（别详《两汉载记卷》）。三苗亦称九黎，其族盖起于湖湘之间，浸以盛大，与诸夏争雄，其酋之最强武者曰蚩尤，或曰共工氏亦其族也。蚩尤与黄帝争为帝，战于涿鹿之野，帝禽蚩尤，斩之于中冀。苗族之不竞于我，盖自兹始。然余众犹倔强。少昊、颛顼之时，屡烦征讨，尧、舜、禹三圣，益膺惩之，分窜之于三边。于是其族之驯良者，渐同化于我，其凶顽者则远窜南服，历数千年至今尚有存者，其一部分且滋殖于安南、缅甸诸地及南洋群岛云。要之，华、苗二族之消长，为古代史第一大事，而我族自黄帝以降数百年间，恒汲汲以对苗之举重劳焦虑，则苗族在古代之势力，亦可推见矣。

附：三苗与九黎蚩尤考

三苗与九黎同族，其酋之最著者曰蚩尤，在古代与华夏民族勍敌，故古籍多言其事。惟年代湮远，异说丛杂，非参稽会通之，莫能得其真也。今先罗列经传之说，次乃分别疏证之。

《尚书·尧典》：窜三苗于三危（马融《注》："三苗，国名也。缙云氏之后为诸侯，盖饕餮也。"）。

《尚书·尧典》：分北三苗（郑玄《注》："三苗为西裔诸侯，

犹为恶，乃复分背流之。"）。

《尚书·皋陶谟》：何迁乎有苗？（又）苗顽弗即功，帝其念哉！

《尚书·禹贡》：三危既宅，三苗丕叙（郑玄《注》："三危在鸟鼠西南。"）。

《尚书·吕刑》：蚩尤惟始作乱，延及于平民（马融《注》："蚩尤，少昊之末，九黎君名。"郑玄《注》："蚩尤霸天下，黄帝所伐者。"）。苗民弗用灵，制以刑。惟作五虐之刑，曰法，杀戮无辜（郑玄《注》："苗民，谓九黎之君也。九黎之君于少昊氏衰而弃善道，上效蚩尤重刑。必变九黎，言苗民者，有苗，九黎之后，颛顼代少昊诛九黎，分流其子孙。居于西裔者为三苗，至高辛之衰，又复九黎之德。尧兴，又诛之，尧末，又在朝舜臣，尧又窜之；禹摄位，又在洞庭逆命，禹又诛之；穆王恶此族三生凶恶，故著其恶而谓之民。民者，冥也，言未见仁道。"）。爰始淫为劓、刵、椓、黥（夏侯说苗民大为此四刑），皇帝哀矜庶戮之不辜，报虐以威，遏绝苗民，无世在下。乃命重、黎，绝地天通，罔有降格。皇帝清问下民，鳏寡有辞于苗。惟时苗民匪察于狱之丽。上帝不蠲，降咎于苗，苗民无辞于罚，乃绝厥世。

《国语·楚语》：少皞之衰，九黎乱德（韦昭《注》："九黎，黎氏九人，蚩尤之徒也。"）。民神杂糅，不可方物。夫人作享（韦昭《注》："夫人，人人也；享，祀也。"），家为巫史。烝享无度，民神同位。民渎齐盟，无有严威。神狎民则，不蠲其为，颛顼受之，乃命南正重司天以属神，命火正黎司地以属民，使复旧常，无相侵渎，是谓绝地天通。其后三苗复九黎之德（韦昭《注》："三苗，九黎之后。"又《书疏》引韦昭别注："三苗，炎帝之后，诸侯共工也。"），尧复育重、黎之后，使复典之。

《左传》文十八年：缙云氏有不才子，贪于饮食，冒于货贿，天下之人谓之饕餮（《书疏》引郑玄云："饕餮即三苗。"）。

《逸周书·尝麦解》：蚩尤乃逐帝，争于涿鹿之阿，九隅无遗，赤帝大慑，乃说于黄帝，执蚩尤，杀之于中冀。

《史记·五帝本纪》：神农氏世衰，诸侯相侵伐，而蚩尤最为暴（应劭曰："蚩尤，古天子。"瓒曰："《孔子三朝记》曰：'蚩尤，庶人之贪者。'"）。蚩尤作乱，黄帝乃征师诸侯，与蚩尤战于涿鹿之野，遂禽杀蚩尤（《正义》引《龙鱼河图》云："黄帝时有蚩尤，兄弟八十一人，并兽身人语，铜头铁额，食砂，造立兵丈刀戟大弩，威振天下，黄帝不能禁。"）。

《山海经》：蚩尤作兵伐黄帝，黄帝乃令应龙攻之冀州之野（《帝王世纪》："应龙杀蚩尤于凶黎之丘。"）。

《战国策·秦策》：黄帝伐涿鹿而禽蚩尤（高诱《注》："蚩尤，九黎民之君。"），舜伐三苗，禹伐共工（高诱《注》："共工霸于水火之间。"）。

《战国策·魏策》：昔者三苗之居，左彭蠡之波，右洞庭之水，文山在其南（按："文"为"汶"字之省，古书"岷山"多作"汶山"），衡山在其北，恃此险也，而禹放逐之。

《史记·五帝本纪》：三苗在江淮荆州，数为乱，于是舜迁三苗于三危，以变西戎（《正义》："今江州、鄂州、岳州，皆古三苗地。"）。

《韩诗外传》：当舜之时，有苗不服。其不服者，衡山在南，岐山在北，左洞庭之陂，右彭泽之水。禹请伐之，而舜不许，曰："吾喻教犹未竭也。"久喻教而苗民请服（《韩非子》《淮南子》《说苑》《盐铁论》略同）。

《吕览·召数篇》：舜却有苗，更易其俗。

《淮南子·修务训》：舜南征三苗，道死苍梧（《礼记·檀弓》：
"舜葬于苍梧之野。"郑《注》："舜征有苗而死，因葬焉。"）。

《墨子·兼爱篇》下：《禹誓》曰："蠢兹有苗，用天之罚，
若予既率尔群对诸群，以征有苗。"禹之征有苗也，以求兴天下
之利，除天下之害。

《墨子·尚同篇》中：昔者先王制为五刑以治天下，逮至有
苗之制五刑以乱天下。

《管子·乘马篇》：葛卢之山，发而出水，金从之。蚩尤受
而制之，以为剑铠矛戟。是岁，诸侯相兼者九。

《拾遗记》：轩辕去蚩尤之凶，迁其民善者于邹屠之地，迁
恶者于有北之乡。

综诸书所记，则其史实略可征信者得十事：其一，三苗九黎，
一族两名，其部落最初之大酋为缙云氏，吾族因其贪残，谓之饕
餮，因其冥昧，亦谓之民（民之本义为奴虏，吾别有考）。其二，
彼族根据地在江以南，最初起于湖湘之间，渐侵及江淮之间，既
乃渡河而北，致与吾族接触冲突。其三，彼族盖为多神教，迷
信甚深，而所信仰者早下狎读，与吾族之一神教不相容（参观上
引《国语》）。其四，彼族已有刑法，可见其国家经制亦既粗具
（参观上引《吕刑》《墨子》）。其五，冶金铸兵之术，盖为彼族
所先发明，其所以骤强者以此（参观上所引《管子》《山海经》及
《史记正义》。近人夏曾佑谓《史记正义》言蚩尤铜头铁额指其甲
胄，亦足备一解）。其六，彼族当全盛时，其杰出之酋曰蚩尤者
几征服吾族，吾族有袭用彼族之传说者，故或谓之古天子；以其
当炎黄时自君一国，故或谓之古诸侯；以其为诸侯也，故或谓之
黄帝之臣；以其强也，故或谓之霸天下；以其为贱族也，故或谓

之庶人之贪者。其七，黄帝既禽杀蚩尤，我族以兴，彼族以替，然彼族非遂一蹶不振，盖赓续数百年与我对抗，故颛顼伐之，尧伐之，舜伐之，禹又伐之，而舜或且疑死于苗难焉。其八，吾族对待彼族之方略凡数变，初极严峻，意虽剿绝其种（《吕刑》所云：遏绝苗民，无世在下。"又云："乃绝厥世。"）。其法则俘其一部分以为奴民（郑玄《注》"苗民弗用灵"云："著其恶而谓之民。"古"民"字与"奴"字通），其余则离隔而分窜之（《尧典》所谓"分背"），此黄帝、颛顼以来所用法也。然此法未能竟全功，故又欲怀柔之使之同化（《韩诗外传》所谓"喻教"，《禹贡》所谓"丕叙"），此尧舜所用法也。然奏效亦有限，卒更穷讨而膺惩之，此禹所用法也（《皋陶谟》述禹对舜之言，谓"苗顽，弗即功，帝其念哉"，禹盖疑舜之怀柔策将招败也。舜旋以征苗野死，故禹嗣位，即宣誓大举致讨也）。其九，经此诸帝数百年剿抚兼用，至舜禹时，苗势已大衰，大约其时苗族略分三部：其一部在山东、河北者，略已同化（所谓"其善者迁之邹鲁之乡"）；其一部在陕西、四川、甘肃之间，即窜于三危者也（郑康成引《地记》云："三危之山在鸟鼠之西南，当岷山。"《山海经》云："三危在敦煌南，与岷山相接。"则其地当在长江发源处），其裔与后代三氐羌及今川藏间之土司或有关系；其一部即苗之本部在湖湘间者，即舜所欲喻教而禹卒亲征之者也。三苗之名所由兴，盖原于是。其十，自禹大举讨伐之后，苗之受创必甚深，故三代以还，不复以苗为患。然其人性极顽蔽，以我华夏同化力之强，终不能使之混化于我，而彼又无自发展之力，故虽数千年保延残喘，遂不能进为有史民族，今行将淘汰以尽矣。交阯、日南之间及南洋群岛，皆有彼族孳育之迹（近人数学专家考亚来由人种之头骨，盖与黔桂之苗族同系；又苗族唯一法物曰铜鼓，我国史上常见之，巫来由族亦有之，其体制花纹皆相近，亦足为同族之一证。欧儒或名之为铜鼓民族也）。然其不能自振，亦与内地之苗同，徒附蚩尤神话之末，供考古者之凭吊而已。

四、洪水。上古有一大事曰洪水，古籍所记，与洪水有系属者凡三：其一，在伏羲、神农间，所谓女娲氏积芦灰以止淫水是也（《淮南子·览冥训》："往古之时，四极废，九州裂，天不兼覆，地不周载，火爁炎而不灭，水浩洋而不息，猛兽食颛民，鸷鸟攫老弱。于是女娲炼五色石以补苍天，断鳌足以立四极，杀黑龙以济冀州，积芦灰以止淫水。淫水涸，冀州平，狡虫死，颛民生。"）。其二，在少昊、颛顼间，所谓共工氏触不周之山是也（《列子·汤问篇》："共工氏与颛顼争为帝，怒而触不周之山，折天柱，绝地维。"《淮南子·本经训》："共工振滔洪水以薄空桑。"《楚辞·天问》："康回冯怒，地何故以东南倾？"王逸《注》："康回，共工名也。"《国语·周语》："共工壅防百川，堕高堙庳以害天下，皇天弗福，共工用灭。"）。其三，在尧舜时，即《尚书》《史记》所载而鲧、禹所治也（《尚书·尧典》云："帝曰：咨，四岳！汤汤洪水方割，荡荡怀山襄陵，浩浩滔天，下民其咨，有能俾乂？佥曰：於，鲧哉！帝曰：吁咈哉！方命圮族！岳曰：异哉！试可乃已！帝曰：往，钦哉！九载，绩用弗成。"《尚书·洪范》曰："我闻在昔，鲧堙洪水，汩陈其五行。"《山海经》云："洪水滔天，鲧窃帝之息壤，以堙洪水。"《国语·周语》曰："崇伯鲧播其淫心，称遂共工之过，尧用殛之于羽山。《孟子》云："当尧之时，天下犹未平，洪水横流，泛滥于中国，草木畅茂，禽兽繁殖，五谷不生，禽兽逼人，兽蹄鸟迹之道交于中国。"《淮南子·本经训》云："舜之时，龙门未开，吕梁未发，江淮通流，四海溟涬，民皆上丘陵，赴树木。舜乃使禹平通沟陆，流注东海，鸿水漏，九州干，万民皆宁其居。"）。据以上群籍所记，似洪水曾有三度，相距各数百年，每度祸皆甚烈。实则只有尧舜时之一度，前乎此者，不过神话传说之歧出。此次水祸，其历年或甚长久，逮舜禹登庸，其祸始息。禹之前治水者有鲧，鲧之前有共工，皆务堙塞之，而效卒不睹。至禹则以疏通之而获成功焉。洪水经过之情状，大略如是，兹事虽出天变，而影响于古代人民思想及社会组织者盖至大，实史家所最宜注意也。

附：洪水考

古代洪水，非我国之偏灾，而世界之公患也。其最著者为犹太人之洪水神话，见基督教所传《旧约全书》之《创世记》中。其大指谓人类罪恶贯盈，上帝震怒，降水以溺灭之，惟挪亚夫妇，为帝所眷，予筏使浮，历百五十日，水退得活，是为开辟后第二次人类之初祖。此神话为欧美宗教家所信仰，迄今未替，而印度古典亦言洪水，请劫余孑遗者，惟摩奴一人。希腊古史则言有两度洪水，其前度为阿齐基亚洪水，起源甚古，且其历时甚久云；其次度曰托迦里安洪水，则时短而祸烈，其原因亦由人类罪恶所致，得免者唯一男子托迦里安，一女子比尔拉，实由电神婆罗米特教之造船，乘船九日，得栖泊于巴诺梭山，后此二人遂为夫妇，为希腊人之祖云。北欧日耳曼神话亦言洪水，谓有巨人伊弥尔，得罪于大神布耳，布耳杀之，所流血为洪水，尽淹覆其族姓，独卑尔克弥尔夫妇获免云。其他中亚美利加及南太平洋群岛，其口碑咸有洪水，而太平洋岛夷，则言水患历四十日云（惟埃及、波斯、巴比伦古传记，不见有洪水之迹）。此诸地者，散在五洲，血统不同，交通无路，而异喙同声，战栗斯祸，其为全地球共罹之灾劫，殆无可疑（欧人犹有以为传说同出《创世记》，各地互相袭者。果尔，则所传发水之原因，历时之久暂，劫后之人名等皆当同一。而今不尔，可见其神话实各自发生，而水祸确有其事，非宗教家虚构也）。其发水原因，则西方所称述，皆教宗寓言，与我国所传康回触山、崇伯窃壤，同一荒诞，不必深辩。以科学推论之，大抵当为地球与他行星或彗星躔道，偶尔偭错，忽相接近，致全球之水见吸而涨也。初民蒙昧，不能明斯理，则以其原因归诸神秘，固所当然。惟就其神话剖析比较之，亦可见彼我民族思想之渊源，从古即有差别，彼中类皆言末俗堕落，婴帝之怒，降罚以剿绝人类；我先民亦知畏天，然谓天威自有分际，一怒而尽歼含生之族，我国古来教宗，无此理想也。故不言干天怒而水发，乃言得天祐而水平（《尚书·洪范》言："帝震怒，不畀鲧《洪范九畴》。禹嗣兴，天乃锡之。"盖以禹治水为得天助也）。彼中纯视此等巨劫为出于一种不可抗力，绝非人事所能挽救，获全者惟归诸天幸。我则反是。其在邃古，所谓炼石补天积灰止水，言诚夸诞，然隐然示人类万能之理想焉；唐虞之朝，君臣孳孳，以治水为业，共工、鲧、禹相继从事，前蹶后起，务底厥成。盖不甘屈服于自然，而常欲以人力抗制自然，我先民之特性，盖如是也（比较神话学可以察各民族思想之源泉，此类是也。凡读先秦古书，今所见为荒唐悠谬之言者，皆不可忽视，举其例于此）。洪水发生年代及历时久暂，求诸外纪，无足以资参考。盖犹太、希腊诸族，其文化萌芽远在洪水以后，视洪水时代，等于开辟，所言百五十日、四十日、九日等，纯属悬拟，无复价值。我国则水消之时可以略推，而其水起之时未由确指。据最可征信之经传者，则综计鲧、禹两代，至少已应历十七年（《书·尧典》言"鲧九载绩用不成"，《孟子》言"禹八年于外")。据《汲冢竹书》，共工衔命治水，又在鲧前四十余年，则尧时水工，前后历岁，殆逾六十(《竹书纪年》于尧十九年记"命共工治河"，于六十一年记"命崇伯鲧治河"，于六十九年记"殛崇伯鲧"，于七十五年记"命司空禹治河"，于八十六年记"司空入觐赟用玄圭"，前后相距凡六十六年)。要之，斯役必稽时甚久，故种种诞说，缘会而生，试参稽以求其近是。大抵水祸初兴，负责救治者厥惟共工，而数十年不惟无效，灾情反增。于是人民咸怨，以当时冥昧之心理，或反疑水祸实治水者所招致，此头触不周之说所由起也。既已代远年湮，重以丧荒孑遗之后，传说益复庞杂，故群情集矢之共工，事实愈传而愈诞。考共工两见《尧典》，其为尧臣甚明，而百家多载与颛顼争帝之说，甚则女娲所止之水，其祸源亦蔽罪共工。为之说者，谓共工乃古大族之名酋，建号始于羲、农，颛、尧之时，袭号者乃其苗裔。然夷考凡言共工史迹者，虽互有出入，而大致相同，无一不与洪水有系属(《管子》言共工氏之王水处什之七，陆处什之三，亦与水有关系)，则为同一传说而讹歧年代甚明。故知女娲时、颛顼时原非有水，实则皆尧时之水也，共工既不能举绩，次乃鲧，鲧被四岳公荐，则为当时人望所集可知，而复以无功，致罹罪殛。故后人往往冤之，而彼身之神话亦多(《楚辞·离骚》云："鲧婞直以亡身兮，终然夭乎羽之野。"又《天问》云："鸱龟曳衔，鲧何听焉？顺欲成功，帝何刑焉？永遏在羽山，夫何三年不化？伯禹腹鲧，夫何以变化？")。当时共工及鲧之政策，在修堤防(故《周语》谓"共工壅防百川，堕高堙庳"，又谓"鲧遂共工之过"，《山海经》谓"鲧窃帝之息壤，以堙洪水")，禹则反之，务浚河道，后人以为成败所攸判，斯固然矣。实则地球与他星之关系，岂人所能为力？鲧禹父子，易时则成败亦当相若耳。禹之功绩，别详下章，兹弗具论。尤有数事可推寻者：其一，为洪水与前此文明之关系。吾窃疑炎黄时代之文物已颇可观，百家所纪，非尽铺张，特经兹劫，荡然无遗，致虞夏以还，重劳缔造。其二，以避水故，四方诸族咸集高原，其于华夏民族之完成，社会组织之变化，不无影响。此二事亦于次节续论之。其三，则洪水与沙漠之关系及与后此河患之关系也。今东半球有三大沙漠，其一在蒙古，其一在新疆，其一在阿非利加洲之萨哈剌，此等沙漠，宜非与地球有生以俱来，盖沙漠为积水沉淀所成，此既地文学之公言。然积水何由而来？吾以为必自唐虞时之洪水。盖洪水初兴，举全球之水，骤吸以上腾，历百数十年间，冲刷岩石，中含泥沙之量日多，及其消也则以渐，愈近末期，其流愈缓，流愈缓而其沉淀之量愈增。其在河流通海之地，则淤积下游河岸，岁岁与新流相荡，驯成沃原；其不通海之地，末浊所潴，遂成沙漠。我国西北部形势，自天山山系以南，昆仑山系、阴山山系以北，西界葱岭，东障兴安，略如椭形仰盂，而数千里之沙漠，蜿蜒东驰，若随山势，于全国地相，为一大缺憾焉，而实自洪水以后始然。盖当游慧出躔溢水归壑之际，而天山一带南流之河，昆仑、阴山一带北流之河，葱岭东流、兴安西流之河，无海可泄，其浊屑潴此仰盂，盂底之广原，则沙漠所由起也。其在蒙古者且勿论，其在新疆者，今戈壁与白龙堆两大漠，古代盖为多数之大湖泊，而湖泊四周，盖有多数国土（湖泊为初民发育最适之地，近世学者已有定论）。今载籍虽阅，然稽诸《山经》《穆传》等，其故墟尚可想象一二也。[《山海经》第六篇之《西次山经》及第八篇之《北山经》所记，皆今新疆省内地理，其中言湖泽者甚多：曰泑泽，则沘水、丘时之水、逢水、杠水、匠韩之水、敦薨之水注焉；曰稷泽，则丹水、桃水注焉；曰蕃泽，则浊浴之水注焉；曰汤谷，则英水注焉；曰芘湖，则彭水注焉；曰栎泽，则边水注焉；曰鼍之泽，不言所受水。其中尤有称勃海者，《海内西经》谓河水入勃海，又出海外西北，入禹所导积石山也。今新疆境内稍大之湖泊惟三，皆在东偏，与白龙堆相当，曰巴格喇赤湖；在堆之北，曰喀喇布朗湖；曰罗布泊，在堆之南。罗布泊即《史记》之盐泽，亦即《汉书》之蒲昌海。而郭璞注《山海经》谓勃海即蒲昌海，郦道元注《水经》谓泑泽即勃海亦即蒲昌海。姑从其说，则泑泽之所在略可指矣。然《山海经》又言泑泽之水广袤三百里（《水经注》引作广轮四百里），今之罗布泊犹未能及其什之一二。然则罗布泊在作《山海经》时必甚广阔，故能受多数之河，而洪水前更不必论。或今之白龙堆全部皆泑泽，未可知也。鼍泽、蕃泽、栎泽等似不甚大，或今之巴格、喀喇两湖有足以当者。惟稷泽实为巨浸，且地在西偏，《西次三经》言丹水出崟山，注于稷泽，其下又云自崟山至于钟山，四百六十里，其间尽泽也，则稷泽之更大于泑泽可知。或谓稷泽即《穆天子传》之珠泽，亦即今之伊斯库里泊，其地望固相近，然大小悬绝，恐不足以当之也。若容我武断，窃欲谓今之两片大漠，即万数千年前二泽之废墟，白龙堆即泑泽之遗，大戈壁即稷泽之旧；虽求诸载籍，杳无左证，然以理度之，则今之天山南路所谓塔木里河盆地者，广袤万里，为昆仑山下一大旷原，而距海极远，四山之水所潴，其间自不容无大湖泊。既有湖泊，则洪水消息时水势就下湖泊，自然为重浊泥屑所先淤积，而更无他方尾闾以为之宣泄，则变成沙漠，固其所也。初成漠之时，非遽若今之干燥，盖水相与沙木并存，犹常湿性回环流注，故古籍谓之流沙也。《禹贡》云"导弱水至于合黎，余波入于流沙"，注家谓弱水不可以乘舟楫。曷为不可以乘舟楫？弱水者，流沙之未成者也，水多于沙，故虽弱而名之为水；流沙者，又沙漠之未成者也，故虽沙而仍字之曰流。及其为今日之戈壁龙堆，又数千岁变迁之所积矣〕使吾所拟议不大刺谬，则古代此地形势，俨为东方之小地中海（稷泽为小地中海，则泑泽可称小红海），或遂为我国文化最初发荣之地，此古籍所以恒乐道西方，若有余慕也（《水经注》言泑泽旁有龙城，故姜赖之虚，大国也，城基尚存，而至大晨发西门，暮达东门。此恐是太古故国，盖秦汉以来此地为游牧族所栖息，不应有尔许大城也）。沙漠初成，面积犹不甚广，故三代以来，西方交通未全断，后此则碛日险艰而道日堙塞矣。我国当海通以前，与西方国交久梗，此亦其一原因也。又沙漠之与河患，亦有关系。古籍皆言河出昆仑，又言河有伏流，苟不明沙漠之由来，则此二事几疑为夸诞。盖河自昆仑至积石间，本有故道，沙漠既生，遂成湮没，沙质疏松，故故道虽没，犹得伏行于下，然坐是之故，河水含沙量益富，故其色深黄，其质重浊，出伏流后，其势湍急，此数千年来河患所由不绝也。（河源之说自汉迄今，久成聚讼。《禹贡》导河始于积石，为今之巴颜喀喇山，山非崇峻，不足为此大川之发仞甚明，故《山海经》《尔雅》《穆天子传》《史记·禹本纪》皆言河出昆仑，必有所受矣。汉武帝发使穷河源，定为出于于阗，即所谓昆仑之墟也。然昆仑积石之间，曷为不见有河道？据《山海经》云河水出昆仑东北隅，以行其北，西南又入勃海，又出海外，入禹所导积石山，故有径以今之塔里木河为黄河塞外之上游者。虽亦足备一解，然塔里木河所受者为喀什噶尔河、叶尔羌河等，非于阗河也。于阗河即今之和阗河，实注入戈壁而止，未尝入蒲昌海也。《水经》言河有二源，其一源从葱岭出，入蒲昌海，此则塔里木河足以当之；其一源出于阗国南山，北流与葱岭所出河合，又东淀蒲昌海，此当指于阗河。然据今地图，则于阗河并未尝与葱岭河合也。法显《西域记》云："阿耨达山西北有大水，北流注牢兰海。"阿耨达即昆仑，其大水即于阗河，牢兰即蒲昌。郦道元《水经注》引申之，谓于阗河经扞弥、精绝、且末、鄯善等国入蒲昌海，然则当晋六朝时，于阗河入蒲昌海之故道，尚历可见，故汉使得循之以穷其源也。今则此诸国者与河道同沦漠中矣，益知沙漠之区古狭而今广矣。《水经注》又引高诱云河出昆山，伏流地中万三千里。此自不免夸张，然河有伏流，且其伏流不自罗布泊之东南始，盖可信也）以上为吾对于洪水所感想，虽嫌词费，然于古代史实之蜕变所关颇大，故著之如上。（《山海经》所载地名，其在《禹贡》九州内者，证以今地，虽名称多殊，然地望什得八九，惟西北地理则荒诞不可究诘，故后人疑焉。若吾说稍有可采，则因洪水沙漠之故，陵谷变迁不知凡几，不能执今以疑古也）

五、制作及发明。古代文化浚发至若何程度，载籍所纪，颇相悬殊。或谓炎黄时代文物既已烂然，夫以经传所纪，夏殷犹多僿野之风，谓远古反极绚华，殊与进化原则相戾。然凡一事物之发明，皆或为之先，或为之后，古今相续，通力合作以竟厥功。苟无所创，安得有因？崇德报功，远溯其朔，殆非为过。考《世本》有《作篇》（《作篇》《居篇》皆以一宗为篇名），专记事物之起原，原书虽亡，群籍征引，尚见崖略。[《世本·作篇》佚文见于各书者胪举如下：伏羲制俪皮嫁娶之礼（《礼记·月令》疏引），伏羲作琴（《山海经注》引），伏羲作瑟（《初学记》《通志》引），神农作琴（《风俗通》《初学记》引），神农作瑟（《山海经注》引），女娲作笙簧（《文选注》《太平御览》引），随作笙作竽（《风俗通》《文选注》《太平御览》引，宋衷注："随女娲氏之臣。"），颛顼命飞龙氏铸洪钟，声振而远（《太平御览》引），祝融作市（《初学记·玉篇》引），伏羲臣句芒作罗（《玉海》引），芒作网（《御览》引），黄帝使羲和作占日，常仪作占月，叟区占星气，伶伦造律吕（《史记索隐》《玉海》引），大挠作甲子（《春秋序正义》《史记索隐》引），隶首作算数（《文选注》《史记索隐》引），容成作调历（《太平御览》《史记索隐》引），黄帝左右史沮诵、仓颉作书（《唐六典》《太平御览》《广韵》引》，史皇作图（《文选注》《艺文类聚》引），黄帝作旃（《尔雅》《释文》引），黄帝作冕旒（《仪礼疏》引），黄帝臣伯余作衣裳（《太平御览》引），夷作鼓（《通典》《艺文类聚》引），伶伦作磬（《广韵》引），黄帝见百物始穿井（《初学记》引），黄帝臣尹寿作镜（《事物原始》引），於则作扉履（《初学记》《御览》引），蚩尤以金作兵器（《初学记》《御览》引），巫咸作筮（《周礼疏》引），巫彭作医（《山海经注》《初学记》引），巫咸作铜鼓（《通典》引），共鼓货狄作舟（《御览》《初学记》《广韵》引），垂作钟（《风俗通》《广韵》引），作规矩准绳（《玉篇》引），作铫（《诗疏》引），作耒耜（《路史》引），作耨（《左传疏》引），黄帝臣挥作弓（《初学记》《御览》引），黄帝臣牟夷作矢（《山海经注》《艺文类聚》引），雍父作杵臼（《广韵》《御览》引），胲作服牛（《初学记》《御览》引），相土作乘马（《周礼注》《荀子注》引），奚仲妨作车（《山海经注》《后从出注》引），宿沙作煮盐（《御览》《北堂书钞》引），尧作围棋（《北堂书钞》引），鲧作城郭（《礼记疏》《水经注》引），舞作簨（《通典》引），敤首作画（《御览》引），后益作占岁（《御览》《玉海》引）〕

自余传记，言器物创作之主名者尚多，不可悉举，然兑之舞衣，兑之戈，和之弓，垂之竹矢，列在周廷（见《尚书·顾命》）；垂之和钟，叔之离磬，女娲之笙簧，陈于鲁庙（见《礼记·明堂位》）。此皆唐虞前法物，流传有绪，而宝藏逮西周春秋之世者，则起源甚古，殆不诬也。大抵古代发明之最有价值者：一曰文字。盖起于伏羲之画八卦，而黄帝时仓颉、沮诵实创立义例，后此代有增益，遂成为中国特有之一种象形、指事、会意谐声之文字。华夏民族所以能团结光大，而其文明所以能赓续传播者，实赖乎是。二曰图画。《世本》称史皇作图，即仓颉也。盖书画共贯，实吾国美术之特征，仓史作书，画理随辟，至虞舜垂诰，遂有作绘施采之文（《尚书·皋陶谟》："吾欲观古人之象，日月星辰，山龙华虫，作绘以五采，章施于五色。"），绘画之重，由来旧矣。三曰历算。《史记·五帝本纪》于黄帝、颛顼，皆首纪其推荚之功。尧之初政，命羲和历象授时，舜之摄位，先正璇玑玉衡以齐七政（并见《尚书·尧典》），盖以此为帝者第一大事焉。而岁差置闰之理，尧时已明，则其已能应归纳法，发明原理以御对象，可推见矣。四曰音乐。律吕肇兴，其旨微妙，伶伦作始，信否难征。要之，逮唐虞之世，乐学盖已臻全盛，垂制其器，夔调其律，舜阐其理，典谟所纪，粲然竟备，而箫韶之奏，孔子犹及闻之，知其教之神而其传之远也。五曰医药。今所传《本草》请出神农，《素问》《灵枢》谓出黄帝，斯诚依托，匪云足征。而斯学之兴，必由上古，岐伯、俞拊，盖有其人，故口碑相传，引以为重也。六曰蚕织。旧史谓黄帝娶于西陵，厥号嫘祖，实教蚕事，信否虽无确征，然轩辕垂裳，实见《易·系》。至尧舜时，黼黻缔绣，绚烂明备，必利用颇久，而奏技乃精也。又古代西方之民，号我曰丝国（古代波斯人称我国名为 Silk，罗马人因之译言丝国，盖彼中之有丝实传自我，因以丝名吾国。犹今欧人号我为 China，彼中之有陶瓷实传自我，因以陶瓷名吾国也），相传甚古，斯亦旁证。七曰冶铸。冶金之术，盖起蚩尤。蚩尤虽戮，其艺转昌，初则兵器所资，继则祭器斯重，虞之宗彝，禹之九鼎，经传所纪，鸿宝共闻，商周彝器，传今尤夥。精纹良质，焜耀古今，而推原作始，宜在轩辕，得宝鼎以推荚（见《史记·五帝本纪》），铸铜鼎于荆山（见《史记·封禅书》），虽涉传疑，宁尽虚构。盖绝艺虽出天才，进化要须历纪也。以上数端，实古代发明之菁英，而智力之伟可见其概。我族所以能独秀于神州，盖以此也（其详别见《先秦文物制度志略篇》）。至于自余庶物之制作，则与社会状态之蜕变相缘，由渔猎以入游牧，由游牧以入耕稼，由耕稼以入工商，而制器前民，自能与之相应。此世界所大同，我国固亦宜尔。炎黄至唐虞，盖在游牧、耕稼两期之间者也（我国文字最能表示社会之状态及理想，试取《说文》之会意字，一一加以挈索，可以察古代文明进化之迹也）。

古籍记事物之创作，归诸黄帝时者什而七八，虽或多出比附，要非绝无根据。考《史记·五帝本纪》称黄帝时播百谷草木，淳化鸟兽虫蛾，旁罗日月星辰水波土石金玉，勤劳心力耳目，节用水火材物（《史记》此语本《大戴记·五帝德篇》）。黄帝之大功德，盖实在是。其道则发挥人类最高之良能，宰制自然界事物使为我利用，所谓能尽其性，则能尽人之性尽物之性也。黄帝之人格及事业必有大过人者，故能为我民族数千年崇仰之所集，其无正确之遗迹传于后世者，恐亦罹洪水之荡堙耳。

六、国家组织之进化。我国政治上最高之理想，治国之上，更有平天下。以今语言之，则我国所尊者，非国家主义而世界主义也，此理想盖发自远古，历数千年进行不怠，而华夏民族所以大成而永存，则亦以此。黄帝以前，群族并立，地丑德齐，部落战争盖甚惨烈（《史记·本纪》云："轩辕之时，诸侯相侵伐，暴虐百姓。轩辕乃习用干戈，以征不享，诸侯咸来宾从，而蚩尤最为暴，莫能伐。"）。黄帝以其威望与实力，能联合诸部落以战胜蚩尤，遂为诸部落之盟主（《本纪》云："乃征师诸侯与蚩尤战于涿鹿之野，遂禽杀蚩尤，而诸侯咸尊轩辕为天子。"）。当时从黄帝之诸部落,即后世所谓诸夏也。华夏民族之相互团结,实始于是,其有不加入此团结者,则以兵力强制之。虽山谷僻远之部落,务开辟之使从同于我,此黄帝毕生致力之大业也(《本纪》云:"诸侯有不顺者,黄帝从而征之,平者去之,披山通道,未尝宁居。")。然当时无所谓中央政府之组织也,乃至首都亦无定所(《本纪》云:"迁徙往来无常处,以师兵为营卫。")。其纯属群落之法,则由盟主选群落中之雄强者,指定二人使为己副,以分领其附近之诸落,此后世方伯制度之滥觞也(《本纪》云:"置左右大监,监于万国,万国和。")。经黄帝时代提挈抟捖之后,至尧舜时,华夏民族体系渐具,而阶级制度、宗法制度、联邦制度乃至中央政府制度,皆相随而起。于是有平民、贵族之别,平民曰民,贵族曰百姓(详本条末所附《古代"民""百姓"释义》)。其统属诸部落之法,则天子曰元后,诸侯曰群后(《尧典》:"班瑞于群后,又肆觐东后。"群后即诸部落之长,东后,东方部落之长也,南、西、北同)。虽各君其国,各子其民,而名分权限别焉,殆颇类德意志之联邦也。其介于元后、群后之间者则有四岳,四岳者,四方群后之代表也(东岳代表东后,南、西、北同),权力至重,元后之用人行政恒咨焉,乃至帝位继承,亦参谟议。故尧将禅位,先让四岳,岳咸举舜,舜乃登庸(俱见《尧典》)。舜摄政时,岳犹在位(《舜典》:"舜受终于文祖,乃曰觐四岳群牧。"),及其末年,则无闻焉(《舜典》记舜即位,命官后有"咨,汝二十有二人"之语,注家算其数,谓无四岳也)。而更分天下为十二州,州置一牧,所谓十有二牧也。岳牧对于群后,其权力若何,古籍无考,以理推之,当为所在地部落中最强者之酋长,本为一方一州之盟主,元后因而承仞焉。质言之,可谓两重之联邦政治也。中央与地方之联络,则天子五年一巡守,群后四朝。其中央政府，则舜时有九官：禹为司空，平水土；弃为后稷，播百谷；契为司徒，敷五教；皋陶作士，明五刑；益为虞，掌山林草木鸟兽；垂作共工，掌百工；伯夷作秩宗，典三礼；夔典乐，教胄子；龙作纳言，出纳王命。后世分部设官自兹始。每三年考百官之成绩，经三考则汇校而进退之。后世官吏考成自兹始。此皆禹治水功成后之制也。虽规模草创，未足与后此王朝法制同其完备，然视尧以前则既大进矣。要之，华夏民族政治统一机关之建设，实滥觞于舜禹，而舜禹所以能肇建此大业者，固由进化自然之运，而洪水与三苗，实亦促而助其成。三苗自黄帝、颛顼以来，虽屡受膺惩，其焰迄未戢，吾族为自卫计，不得不力谋团结以捍其敌；若洪水尤人类全体之公患也，其灾害既巨且久，绝非各部落专恃自力所能抗围，人人皆深有感于共同防御之万不容已。故部落战争渐以衰息，而统一之基树焉。夫群治由分争而趋统一，诚大势所不得不然，然其致之也，厥有二途：一曰征服，二曰联合。征服者，以一强兼并众弱。其在西方，有若罗马；其在我国，若秦始皇。联合者，众弱相结而为一强。其在西方，有若今世德美之联邦；求诸我国，则古舜禹时代，殆略近之。凡以联合成国者，必利害之共通者深切，而联合之程度乃固。洪水与三苗，皆以外界侵压之力，使华夏民族益同其利害者也（因洪水之故，濒河下游平原不可居，诸部落共徙集冀州高原，此亦促进华夏民族统一之动机也。四岳本为四方群酋之长，而当时咸集尧廷，盖亦因避水故。部落悉散而今聚愈接近，则共同利害愈发生，故统一之运骤开也）。

附：古代"民""百姓"释义

后世"民"与"百姓"通训，古代不然。《书·尧典》："九族既睦，平章百姓，百姓昭明，协和万邦，黎民于变时雍，明有亲疏先后之别。"《国语》屡以百姓与兆民对举（《周语》《晋语》《楚语》皆有）。百姓，贵族也，民则异族或贱者也。《楚语》昭王问观射父曰："百姓者何也？"对曰："王公之子弟之所能言能听彻其官者，而物赐之姓以监其官，是为百姓。"郑玄注《尧典》"平章百姓"，谓："百姓者，群臣之父子兄弟也。"又《礼记·郊特牲》："戒百姓也。"郑《注》："王之亲也。"又《曲礼》："纳女于天子曰备百姓。"此皆百姓为贵族专称之证。《书·禹贡》："锡土姓。"《左传》桓二年："天子建德，因生以赐姓。"盖姓非天子特赐则不能有，且并有虽出帝系而仍不能得姓者。故黄帝子二十五人，其得姓者十四而已（见《国语·晋语》）。大约当尧舜时，有姓者不过一百内外，此百姓之名所由起也。民之为义，《说文》云："民，众氓也。"贾谊《新书·大政篇》："民之为言萌也，萌之为言盲也。"《春秋繁露·深察名号篇》："民者，瞑也。"《书·吕刑》："苗民勿用灵。"郑《注》："此族三生凶恶，故著其民，而谓之民。民者，冥也，言未定仁道。"《论语》："民可使由之。"郑《注》："民，冥也，其见人道远。"《孝经·援神契》："民者，冥也。"《荀子·礼论篇》杨注："民，泯无所知者。"《周礼》："以兴利锄萌。"郑《注》："萌犹懵。懵，无知貌也。"此皆"民"字所以得声之由，亦即其所以取义之由。又"氓"字从民、从亡，会意，亡亦声，盖谓民之流亡而来归者。民氓转注，《诗》："氓之蚩蚩。"义亦与萌、盲、泯同，盖贱蔑之不以齿于贵族也。《尧典》于百姓言平章，于黎民言于变，其待遇之不同亦可见（《尧典·皋陶谟》凡言民皆"黎民"二字连称，或谓指九黎之民，即苗族也。黎民于变犹三苗丕叙，亦足备一解）。

其后民之界说渐宽，虽贵族亦同此称。盖一则无制限婚姻之禁，种族渐淆，一则贵族之人日多，其无采地无官者，耕田凿井，与民无异，因即以民之名加之，于是举社会中，惟有君主与民之两阶。此则三代后进化之结果也。

唐虞禅让，古今美谈。据经传所记载，则尧在位七十年时，将逊位让于四岳，岳共举舜，舜登庸三年，尧老而舜摄，于是舜相尧二十八年，尧百岁乃崩。舜避尧之子于南河之南，天下诸侯朝觐者，不之尧之子而之舜；讼狱者，不之尧之子而之舜；讴歌者，不讴歌尧之子而讴歌舜。舜不得已，然后之中国践天子位焉。禹之于舜也亦然：禹相舜摄政十七年，舜崩禹避，朝觐、讴歌、讼狱咸归禹，一如舜时。此皆故书《雅记》所纪之事实也。而野史传说，或谓舜南面而立，尧率诸侯北面而朝，甚则谓尧幽囚，舜野死，其为荒诞，前贤辨之详矣。虽然，禅让云者，亦只能心知其意，而其陈迹殊有不必深求者（例如舜禹受禅形式、程序事事相同，乃至尧舜寿皆百岁不增不减，此皆不必强求其故也）。当知古代帝位非如后世之尊严，帝权非如后世之强大。元后与群后，各自长其部落，势位并非悬绝，诸部落大长中，有一焉德望优越于侪辈者，朝觐、讼狱相与归之，遂称为天子，其人云亡，朝觐、讼狱别有所归，帝号亦随而他属（所谓讼狱者，盖部落与部落相争，而请两造共信仰之第三部落为判其曲直。《诗》称周文王时"虞芮质厥成"即其例也。现代北美联邦，其中央政府即有裁判各邦争议之权）。舜未受禅，其先既世守虞疆（《国语·鲁语》云："幕能帅颛顼者也，有虞氏报焉。"《左传》昭八年云："自幕至于瞽瞍无违命，舜重之以明德。"盖有虞氏之一部落，当颛顼时有名幕者，实始创建，历传至瞽瞍及舜，世为其长。故《孟子》述舜弟象之言，亦称舜为都君，故知舜未受禅，本为群后之一，受禅则为元后耳）。尧虽崩殂，其胤仍久君唐国（陶唐氏至夏仲康时始亡，见《左传》哀六年引《夏书》。故知舜禹为元后时，尧之子孙仍为群后之一也。《山海经》有帝丹朱台，然则尧子丹朱且袭帝号矣）。尧舜之递嬗帝号，正如桓文之狎主夏盟，事势当然，非关盛德之不可跂及也。

（1918 年春夏间）

纪夏殷王业

　　王天下自大禹始（皇，从自从王，则先有"王"字而后有"皇"字可知。《说文》训大帝从上。《孟氏易章句》云："帝，天称。"故知皇帝本非有天下之号，三皇五帝，后人追称耳。《说文》"王"字下云："天下所归往也。董仲舒曰：'古之造文者三画而连其中谓之王。三者，天、地、人也，而参通之者，王也。'孔子曰：'一贯三为王。'"据此知王实为始有天下之称，以"一贯三"赋其形，以"归往"取其声，合形声而义着焉。此古代造字最含精意者。王之称始自夏，"王"字当亦其时所造。《史记·殷本纪》云："后世贬帝号为王。"《索隐》谓："以德不及五帝，故贬号失之矣。"）。华夏民族之统一，开之者黄帝，而成之者大禹也。禹号夏后，后世遂以夏为我族对外之名。《说文》"夏"字下云："中国之人也。"（《尚书》："蛮夷猾夏。"《左传》："裔不谋夏，夷不乱华。"《论语》："夷狄之有君，不如诸夏之亡也。"称我族为夏，盖以朝代名为种族名，犹之对满、蒙、回而自称汉也。海外华侨自称唐人，亦同此例）而外国之有文物者，我亦或称之为夏焉［《汉书·律历志》："黄帝使伶伦取大夏嶰谷之竹，以为箫。"贾谊《新书》亦言："帝尧教化，训及大夏渠搜。"《山海经》言："白玉山在大夏东。"《逸周书·王会篇》亦载其国名。《汉书·西域传》称："大月氏击大夏而臣之。"盖古波斯国也（说详《两汉载记》）。古代称波斯为大夏，犹汉世称罗马为大秦，皆以其文明类我，故锡以嘉名］。

　　自夏以还，政治组织之异于前代者有四：其一，定九州贡献之制。《禹贡》一篇，言之綦详。前此群后之于元后，则朝觐讼狱而已，其有馈献，盖自由致敬，弗以为常。及禹则第其等差，列其名物，着之令甲，普使卒从，九州正赋，沨为九等（冀州，厥赋惟上上错；兖州，厥赋贞作，十有三载乃同；青州，厥赋中上；徐州，厥赋中中；扬州，厥赋下上上错；荆州，厥赋上下；豫州，厥赋错上中；梁州，厥赋下中三错；雍州，厥赋中下）。仍因物宜，各有常贡（冀州无贡，惟岛夷贡皮服；兖州厥贡漆丝，厥篚织文；青州厥贡盐絺，海物惟错，岱畎丝、枲、铅、松、怪石，莱夷作牧，厥篚檿丝；徐州厥贡惟土五色，羽畎夏翟，峰阳孤桐，泗滨浮磬，淮夷滨珠暨鱼，厥篚玄纤缟；扬州厥贡惟金三品，瑶、琨、筱、荡、齿、革、羽、毛、惟木，岛夷卉服，厥篚织贝，厥包橘、柚锡贡；荆州厥贡羽、毛、齿、革，惟金三品，杶、干、栝、柏砺、砥、砮、丹，惟菌簬、楛，三邦底贡厥名，包匦菁茅，厥篚玄纁玑组，九江纳锡大龟；豫州厥贡漆、枲、絺、纻，厥篚纤纩，锡贡磬错；梁州厥贡璆、铁、银、镂、砮、磬、熊、罴、狐、狸、织皮；雍州厥贡惟球、琳、琅玕，织皮昆仑、析支、渠搜）。近畿之地，不贡庶物，而田赋之制特详密，所谓成赋中邦，《孟子》亦谓之夏后氏五十而贡也（《禹贡篇》末称："成赋中邦。五百里甸服，百里赋纳总，二百里纳铚，三百里纳秸服，四百里粟，五百里米。"此近畿赋税之制，故冀州无贡，而厥赋上上也）。其二，封建制度实始萌芽。唐虞以前诸国，皆太古固有之部落。传记中间有言受封者（如《竹书纪年》言帝喾时封尧于唐，《孟子》言舜封弟象于有庳之类），实不足深信。惟禹"治定功成，爰锡土姓"（《禹贡》文），其时之国，有斟观、斟寻，有三鬷，有缗等，皆夏同姓，实佐中兴，见于雅记（见《左传》哀元年）。故知封建滥觞，实自夏时也。其三，定畿甸与各州相维之制。前此元后之于群后，权力所能及者甚微（传记所述羲、农、黄、颛时代，威德远播之迹，多厉后人推想铺颂）。至禹则画全国为甸、侯、绥、要、荒之五服（环王畿四周方五百里内为甸服，环甸服外四方各五百里为侯服，绥服则环侯服外五百里，要服又环绥服外五百里，荒服环要服外五百里，荒服则谓之蛮夷矣。此夏代五服之制也），中央驾御之宽严疏密，以其地之近远为差。所谓"弼成五服，至于五千""外薄四海，咸建五长"也（《皋陶谟》文）。其四，传子之局，孔子称"大道之行，天下为公""大道既隐，天下为家"（见《礼记·礼运》）。故万章问孟子，疑至禹而德衰，乃不传贤而传子，孟子以"天与贤则与贤，天与子则与子"解之（见《孟子·万章篇》），此自儒家立宗明义之言。若按诸社会进化之实情，则君位传贤，实初民自然之势，变而传子，反乃国家体制始具之征（古代部落结集，初无君长，惟其族之长老数辈，各董率其子弟奴仆，其有全族利害所关之事，或族中各派有讼阋，则聚而议焉，此贵族政制之起源也。其后遇有与他部落战争之事，不能不推一人为主帅，于战争期内全部落之人皆受其宰制。此为有酋长之始。然此种酋长不过临时建置，事过辄即解职。其后与外族竞争日剧，战事往往连年不息，则临时酋长变为久任酋长，甚则变为终身酋长，其威权亦日益扩大，俨成君主之形矣。然其人年老不堪任事者，恒自退让，别选贤能，即或功德甚高，众情感戴，亦至及身而止，身后必择贤而别立矣。有非常之豪杰出，捍灾患，廓土宇，功莫与京。虽没之后，国人畏威怀德不衰，而国土日大，非有尊严之君主不能统治，而举朝皆其旧臣，莫敢当大任，于是乃共戴其子，至是则世袭君主之局成，而国家之体制亦具矣。此种进化阶级，无论何族何国之古代史同所经历。读欧洲史及我国诸史中之《四夷传》

可证也。我国虽神明之胄，岂能独外此轨则？明乎此，则知尧舜倦勤禅让，在当时亦本为庸德，非甚琦异，而禹之传子，则我华夏民族缔造国家之成功也）。尧舜时代，犹未脱部落之旧，君位承继之制未确定，恒藉四岳，参预定策（尧举舜，舜举禹，皆先咨于四岳）。自禹崩启嗣，传数百年，君主制成，国甚奠矣（禹以后经传，即不复见四岳之名，亦中央权力渐扩之一征）。凡此诸端，皆虞夏之际社会变迁灼然可见者。故唐虞以前，仅能谓之有民族史，夏以后始可谓之有国史矣。

大禹所以能创此大业，固由社会进化自然之运，而实则大禹之人格有以铸成之。凡社会之能进化，固其本性，而使之进化者则人也。社会进化者，全社会之人同进之谓，而导率社会多数以进者，又恒在一二人。古今中外能进化之社会，皆其历代圣哲豪杰人格之化成也，明此义则可与语禹业矣。洪水之平，是否全由人力所能致？禹当鲧时，是否遂能抑洪水，且勿深论。要之，当彼巨浸滔天万民昏垫之际，此大圣出而治之，治之而效，则事实也。以此事实故，能使吾民族知自然界之威虐，可畏而终非甚可畏也。以数十年之奇灾巨患，常人咸束手受其痛毒，归诸天运之无可奈何，此大圣者毅然与抗，虽备历艰苦，而积患卒以消除。于是共知人类精力所注，无不可制服之天然，此人定胜天之理想所由生也。吾民族固凤信人类之上，尚有最高之主宰，然经此事实以后，知主宰我者实为仁爱，常顺人力之所及而助之（《书·洪范》："鲧堙洪水，帝乃震怒，不畀《洪范九畴》，彝伦攸斁，鲧则殛死，禹乃嗣兴，天乃锡禹《洪范九畴》，彝伦攸叙。"），此天从民欲之理想所由主也。

禹绩之伟，共称治水，然水平之后，为事正多。禹之言曰："予乘四载，暨益奏庶鲜食，予决九川，距四海，浚畎浍距川；

暨稷播奏庶艰食鲜食，懋迁有无化居，烝民乃粒。"（《书·皋陶谟》文）孔子称禹"尽力乎沟洫"，又称禹"稷躬稼"（俱《论语》文），《禹贡》又称"庶土交正，咸则三壤。"（三壤者，据郑玄说谓上、中、下三等之土壤，而每等又各分为三也。上文九州分叙，冀州厥土惟白壤，兖州厥土黑坟，青州厥土白坟，徐州厥土赤埴坟，扬州、荆州皆厥土惟涂泥，豫州厥土惟壤，下土坟垆，梁州厥土青黎，雍州厥土惟黄壤。此皆治水后察勘所得，所谓正庶土则三壤也）盖神农以来，虽有稼事，然民人大食耕稼之利，实自禹平水土后而始然。所以者何？前此纯任天然，可耕之地盖甚少（埃及立国于尼罗河畔，每年春涨，至全境泛溢，水退留淤成膏腴，农即播种，及下期涨之未至，已获矣。我国古代农业全在黄河下游濒岸，殆亦同一情状）。禹之治水，既以浚凿疏通为主，不得不多开支流，缕析之精，极于沟浍，其始以泄一时之患，其后遂成万世之规。民人于是知自然界一切物象，放任之能为巨患者，驾驭之可旋使为大利，而乐天之观念滋长焉。前此未辨壤性，艺植之种类亦希，故弃地弃材，两皆盈望。禹既正土则壤，益稷更广播艰鲜（《史记》引《皋陶谟》文云："与益予众庶稻鲜食。"又云："令益与众庶稻可种卑湿。"盖谓鲜食为稻。《诗·思文篇》："贻我来牟。"《汉书·楚元王传》引作厘麰，释云麦也，始自天降。《说文》"来"字下云："瑞麦，天所来也。"是必前此未解种麦，至是后稷始发明焉，故珍重之谓为天所来。《诗》又云："诞降嘉种，惟秬惟秠。"亦此意也。窃意我国耕稼始自神农，然神农时所发明谷之种类，盖不多，若稻、若麦，殆禹稷时始艺殖，盖由能察壤性，则土之不宜于此者可宜于彼，则农业乃骤蓄变矣。故禹自言"烝民乃粒"，孟子称后稷"树艺五谷，五谷熟而人民育"也）。人民于是知自然界之利赖无穷，比例于人类心思材力之精进，而利用之范围，可以愈扩而愈大，此向上心所由激发也。前此各人各部落，僝然自营而已，水患既兴，始渐觉自然界之暴威，非独力所能抵御。共工与鲧，专事堤障，枝节图功，终归败衄。禹反其道，通盘规画，合全国人通力趋事，乃克有功（《益稷》记禹言曰："惟荒度土功，外薄四海，咸建五长，各迪有功，苗顽弗即工。"故知当时工事实由禹督率全国人分任，除顽苗之外，诸族咸有劳绩。以今语释之，可谓为国家总动员也）。不宁惟是，畎浍沟洫之利，诸部落各自为政，则不能理也。不宁惟是，各地物产异宜，阙焉则资生之具不周，必自为而后用之，非惟劳而少功，且势有所必不能致。及禹通贡道，而商运之业兴焉，故曰懋迁有无化居也（禹之任土作贡，非徒使各地与中央关系日密而已，实将使各地特产不滞积一隅，彼我运输，以羡补不足。故《禹贡》详纪贡道：冀州则夹右碣石入于河；兖州则浮于济、漯，达于河；青州则浮于汶达于济；徐州则浮于淮、泗，达于河；扬州则沿于江海达于淮泗；荆州则浮于江、沱、潜、汉，逾于洛，至于南河；豫州则浮于洛达于河；梁州则西倾，因桓是来，浮于潜，逾于沔，入于渭，乱于河；雍州则浮于积石，至于龙门、西河，会于渭汭。盖大獎水运之利，懋迁化居之业骤兴，实由是也）。凡此诸端，皆以显著之事效，使人民知欲抵抗天然、利用天然，其道莫如合群协力，知群体愈扩，则利用厚生之资愈饶，知觳薄相争，不如交通互利，由部落观念以进于国家观念，此其动机也。

夫禹之事业，其影响于世运人心者则既若是矣，而其事业所以克就，则其性行品格实为之源。禹之言曰："予何言？予思日孜孜？"又曰："予乘四载，随山刊木。"（《史记》释四载之义，谓陆行乘车，水行乘舟，泥行乘橇，山行乘檋。）又曰："予创若时，娶于涂山，辛壬癸甲（《史记》释义谓：娶后在家，仅辛壬癸甲四日也）。启呱呱而泣，予弗子，惟荒度土功。"（俱《益稷》文）故孟子称之曰："禹八年于外，三过其门而不入。"孔子称之曰："禹菲饮食，而致孝乎鬼神，恶衣服，而致美乎黻冕，卑宫室，而尽力乎沟恤。禹，吾无间然矣。"墨子称之曰："河而通四夷九州也，名山三百，支川三千，小者无数。禹亲自操橐耜而九杂天下之川，腓无胈，胫无毛，沐甚雨，栉疾风，置万国，禹大圣也，而形劳天下也如此。"（《庄子·天下篇》）又曰："禹治水，身执蔂臿，以为民先，当此之时，烧不暇撌，濡不给扢，死陵者葬陵，死泽者葬泽。"（《淮南子·要略》）综禹行谊，其示人以至道者三焉：其一使人知民生在勤之义。睹禹终身焦劳之迹，则知凡受生于天地间者，无一人而可以自逸，而欲成就一事业，必须全集注其心力体力，无一日而可以怠息。禹以此为天下倡率，孔子所谓先之劳之也，墨子宗之以立教，则曰"日夜不休，以自苦为极，不能如此，非禹之道"（《庄子·天下篇》），虽衍之不无太过，然人道所以能自强，斯其大本也（欧西格言云："Labour is sacred。"劳动者，神圣也。此禹墨之教也）。其二使人知俭为共德之义。禹之啬于自奉，非直八年在外时而已，治定功成，循而不改。虽御衮冕，仍恶衣菲食，孔子所以称为无间也。禹之为教，殆以为非有坚苦卓绝之操，不足以固肌肤而养神明。故务制耆欲，崇淡薄，既自葆其天年，亦为天地惜物力，广厚生正德之用也。三曰使人知博施济众之义。凡人之自爱自利与爱他利他，两者皆受性之良能。而文化愈深之民，则其爱他利他之良能发育，愈增其度，度之高下，又群力结合强弱之所由判也。禹之行谊，实举此良能发挥至于极致，其过门不入，启泣弗子，示人以忠于职务公尔忘私之绝高模范。故孟子曰："禹思天下有溺者，犹己溺之也。"是以如是其急也。此三义者，列举则分条，会观则共贯。盖非勤劳刻苦，无以爱他利他，然必先有不自私自利之心，而后勤劳刻苦，乃能安而行之也。盖禹也者，最能克制己身粗下之情欲，而发挥人类合群之良能者也。禹之大业在征服自然，而所以能尔者，先在宰制自己之私欲。禹之神功在利用百物，而所以能尔者，在发挥人类之本能，以此立人格之模范，则使人自觉其所以贵于万物者何在矣。

夫尧舜之圣，万世同仰，固已。然孔子之称尧也，曰："荡荡乎，民无能名焉。"其称舜也，曰："无为而治，恭己正南面而已。"此非空言，盖尧诚无名也，舜之所以为圣者即在其能举禹，故禹之功德即尧舜之功德也（《孟子》曰："尧以不得舜为己忧，舜以不得禹、皋陶为己忧。"又曰："大舜有大焉，善与人同，舍己从人，乐取诸人以为善，自耕稼陶渔，以至为帝，无非取诸人者。"）。若禹者，以一身拯百数十年之巨患，劳其心思，苦其形骸，摩顶放踵以利天下，劳而不伐，有功而不德（《伪古文尚书·大禹谟》云：帝曰："来禹克勤于邦，克俭于家，不自满，假惟汝贤。汝惟不矜，天下莫与汝争能，汝惟不伐，天下莫与汝争功。"此虽伪书，然亦有所本。襄二十九年《左传》记季札观乐，见舞《大夏》者，曰："美哉！勤而不德，非禹，谁能修之？"则禹不自伐其功德可见矣）。禹既以身为天下先，其同僚若稷、契、皋陶、益、伯夷诸贤，咸仪则之，协力分劳，定兹大业，而当时全国人民，除苗族外，大率皆追随禹后，受其部勒，各效其能。夫以吾侪生数千年后，寻《诗》《书》之陈迹，睹禹功于万一，闻者犹且兴起，而况于亲炙之者乎？是故禹以其崇峻无极、伟大无垠、神圣无诟之人格，日日与全国民相接，民日受其陶冶感化而不自知，于以养成其深远坚实博大之国民性，以诏诸方来。夫我国后世，虽屡经丧乱，民德淳漓，升降不恒，而农工商贾所谓国之石民者，其勤俭耐劳苦有恒心，常为世界各国之冠。而历世大哲，自孔、墨以下，无不以此为立身垂教之鹄。数千年来学派虽至繁，赜其主旨大抵皆务克治重实行，常以自我为中心，以求尽人合天之道，其政治上之理想，则世界主义、统一主义、平等主义、博爱主义等发达最早，此皆大禹人格之化成，在当时感受甚深，故历久而其风不替也。故大禹之事功，为中国物质上统一之基础；大禹之德性，为中国精神上统一之基础也。故其德合帝，惟禹与舜称大；其功迈皇，惟禹与农称神，有以也夫〔欧人于其古代明王大哲诵其功德，或于其名之上冠以"大"字（Great），如大腓力特列、大彼得、大拿破仑等，或冠以"神圣"（Saint）之字，如圣彼得、保罗等。我国称大者有大舜、大禹，称神者有神农、神禹，与彼不谋而同；而兼大与神之名者，惟禹焉，亦可见吾民信仰崇敬之深也〕。

禹之治绩，见于古《尚书》者，尚有《汩作》一篇，《九共》九篇，《槁饫》一篇，今皆亡佚，所传者惟《禹贡》而已（《书序》云："帝釐下土，方设居，方别生分类，作《汩作》，《九共》九篇，《槁饫》。"伏生《尚书大传》云："《九共》以诸侯来朝，各述其土地所生美恶，人民好恶，为之贡赋政教。"据此则《九共》九篇必九州各自为篇，其鸿博当过《禹贡》，实我国最古之地志也。《尧典》疏引郑康成云："《汩作》逸，《九共》九篇逸，《槁饫》亡。"然则《汩作》《九共》实在汉代中秘所传逸《古文尚书》十六篇之内，至晋永嘉时始亡耳。惜哉！《九共》逸文惟《大传》引"予辨下土，使民平平，使民无敖"十二字今传于世，盖禹自述之言也）。《禹贡》所纪辨壤制赋诸大政，前文俱详，今惟就经文考九州疆理，释以今地，因以求治水浚浍之迹焉。

《禹贡》所纪疆域，纯以高山大川标明地望，实地理书中体例最精审者；但川流通淤，代有迁移，即山川之名，今亦不能尽同于古（《吕刑》称："禹平水土，主名山川。"然则山川，之名殆多为禹所命定，但古书既不能普及于众，且代有散佚，故后之山川各以其地俗名名之，此古今名所由异也）。且三代疆域，建置屡更（以《尔雅·释地》之九州校《禹贡》，有幽、营而无青、梁，以《周礼·职方》之九州校《禹贡》，有并、幽而无徐、梁，其所举地望亦多异同），故指目今名，尚劳辨证。今采近儒所考订较可信据者，简括述之，求禹迹之所淹，庶论后世版图之式廓，得从其朔也。

《禹贡》发端之文曰："禹敷土，随山刊木，奠高山大川。"《吕刑》曰："禹平水土，主名山川。"盖禹治水奏绩首在审全国地势，及其以审察所得勒为成书，则不独为我国地理学开山之祖，且使人知我族所栖之国土如此其弘大而优美，则感怀天赐，不敢自暴弃也；又知夫山脉水络互相联属，知国土之不可分，而统一观念油然生也。此《禹贡》之书所以可尊也。其书上半列叙九州疆域，下半则纪禹施功之迹，而复分为导山、导水两章，其导山章分四节：第一，导岍（今甘肃陇县山）及岐（今甘肃岐山县山），至于荆山（今陕西富平朝邑县一带连山），逾于河（今陕西省与山西分界之河）、壶口（今山西吉县山）、雷首（今山西永济县山），至于大岳（今山西霍县山，汉时名霍太山）、底柱（今山西平陆县河岸之小山）、析城（今山西阳城县山），至于王屋（今河南济源县山）、大行（今河南河内、修武等县直西北，绵亘山西冀宁道千余里之连山）、恒山（今山西浑源县一带连山），至于碣石（今直隶昌黎县东北小山，南北朝时已沦于海），入于海。此导北条北列之诸山也。第二，西倾（今甘肃洮县一带南趋之连山）、朱圉（今甘肃伏羌县山）、鸟鼠（即鸟鼠同穴也，今甘肃渭源县山），至于大华（即华山也，今陕西华县华阴一带连山）、熊耳（今河南卢氏县山）、外方（即嵩山，今河南登封县一带山）、桐柏（今河南桐柏县山），至于陪尾（今山东泗水县山）。此导北条南列之诸山也。第三，导嶓冢（今陕西沔县山），至于荆山（今湖北南漳县山，与第一节荆山异）、内方（今湖北钟祥县山），至于大别（今湖北汉阳县山）。此导南条北列之诸山也。第四，岷山之阳（岷山山脉起四川松潘县徼外，延袤千余里东南趋，云岷山之阳，盖历鹿头山山脉一带，由重庆入湖南境矣），至于衡山（今湖南跨湘江、衡阳两道之连山），过九江（今鄱阳湖），至于敷浅原（今江西庐山东南麓）。此导南条南列之诸山也（分两条四列者，用郑康成说，今地从胡渭《禹贡锥指》所释，间有订正）。禹盖以山为河流之所自出，欲治水必先察山势，所举四列，中原诸山之干脉具焉（除南境五岭山脉及北境阴山山脉，盖禹迹所未及也）。山系之称，今世稍治舆地学者类能言之，而禹乃发明之于四千年以前，其导一山必通东西数千里得其脉络起伏，此真有系统之科学也已。

导山凡所以导水也，其导水章分九节。首二节，导西北徼外之水；中五节，导入海四渎，所谓江、河、淮、济是也（四渎名本《尔雅》）；末二节，导上游入河巨川。盖禹之施功以四渎为重，而治河尤其主力所集，绎经文而可识也：第一，导弱水（源出今甘肃山丹县），至于合黎（今甘肃酒泉县），余波入于流沙（今甘肃敦煌以西诸沙漠地）。第二，导黑水，至于三危，入于南海（经言黑水有三：其一华阳黑水，惟梁州。其二黑水西河，惟雍州。其三即此文也。雍州黑水与西河对举，定雍界宜在雍西。梁州黑水与华阳对举，定梁界宜在梁南。今考西南徼外实无如此绵长之巨川，足当此三文之黑水而皆吻合者。故后儒或谓黑水有三而各为之说。然此文云至于三危入于南海，三危为今敦煌县附近地，明属雍州，南海以南名，必属梁州可知。然则《禹贡》黑水宜掠敦煌以西雍州西境，南流至蜀滇之交，折而东流，以画梁州南境，乃更南流以入于海也。然今世实不见有此水，且自汉唐以来亦不闻有之，殆三代时已湮变耶？既无确证，阙疑可耳。梁州黑水则应为泸江，盖古黑水之下游，说详下）。此记导徼外二水也。第三，导河积石（积石山即今巴颜喀喇山，在甘肃兰山道导河县），至于龙门（山名，在今陕西韩城县），南至于华阴（陕西今县），东至于底柱（见前），又东至于孟津（河南今县），东过洛汭（洛水之内也，据《水经注》指今河南巩县），至于大伾（今河南浚县），北过洚水（即漳水），至于大陆（即大陆泽，跨今直隶巨鹿、平乡、隆平三县），又北播为九河（九河故道久湮，据《汉书·沟洫志》引许商说谓："古九河之名，有徒骇、胡苏、鬲津，今见在成平、东光、鬲界中。"成平为今直隶交河县，东光为直隶今县，鬲为山东德县。《尔雅》："九河之次，徒骇最北，鬲津最南。"故知今交河以南、德县以北皆九河故道所在也），同为逆河，入于海（《汉·志》谓河至章武县入海，章武为今直隶沧县，即禹河入海故道逆迎也。以一迎八纳之于海也，逆河盖在今直隶之天津静海、沧县、盐山及山东之无棣、沾化等县之间）。此记导河也。第四，嶓冢（见前）导漾，东流为汉，又东为沧浪之水（即夏水，在今湖北均县），过三澨（今湖北宜城县），至于大别（见前），南入于江，东汇泽为彭蠡（即鄱阳湖），东为北江，入于海。第五，岷山（见前）导江，东别为沱（沱水由今四川郫县、彭县之交，与江别流，东南行至泸县，复与江合），又东至于澧（此非今醴陵县之澧水，盖指今湖北近城与湖南临湘之间），过九江（见前），至于东陵（在今江西浔阳之东），东迤北会于汇（即前文所谓汇泽为彭蠡），东为中江，入于海。此记导江汉也。第六，导沇水（沇水出今山西垣曲县及河南济源县），东流为济（据《水经注》，沇水东至温县为济水，即河南今县也），入于河（据《汉·志》，济水东南至武德县入河，今河南武陟县也），溢为荥（今河南荥泽县），东出于陶丘北（今山东定陶县），又东至于菏（泽名在定陶县北），又北会于汶（据《水经》，汶水自寿张县东北来注济水。寿张，今山东东平县也），又北东入于海（据《汉·志》，济水东至琅槐县入海。琅槐，今山东东安县也）。此记导济也。第七，导淮自桐柏（见前），东会于泗、沂，东入于海（今泗、沂皆入运河，禹时则入淮也）。此记导淮也。第八，导渭自鸟鼠同穴（见前），东会于澧（源出陕西鄠县），又东会于泾（源出今甘肃平凉县东，南至陕西咸阳县入渭），又东过漆沮（今陕西中部县），入于河。第九，导洛自熊耳（见前），东北会于涧瀍（今河南洛阳县西北），又东会于伊（今洛阳县西南），又东北入于河。此记导入河二巨川也。

梁启超曰：吾纪禹绩而俱列《禹贡》导山、导水之文，盖以明地理为史家第一义。《禹贡》为地志之祖，非先疏通之，则后此言地理沿革将无所丽；而《禹贡》以山川标地望，非知山川脉络所在，则释地之功，盖无由施，故不避繁重，略为今释如上。而古今变迁之迹及禹功之勤，亦可得而言也。古称江、河、淮、济为四渎，渎也者，独流入海也，故《禹贡》以之界九州之域焉。今济渎久湮矣，小清河实其故道，与上游不相属，不复成为巨川也，则四渎仅余其三。自金章宗明昌五年至清文宗咸丰五年，凡六百九十六年间，河淮合流，而四渎仅余其二（自咸丰五年河决北岸铜瓦箱，复东汉以来故道，河淮始分流入海，今复得三渎矣）。此实数千年来川渎变迁之大事，而于政治上盖有甚深之因果关系焉。考禹治水之功，其什九在治河，洪水为地球与他星之相互关系，或非禹所能治也，河患为禹域一隅之关系，此则禹所能治者也。

禹治河之大业，其一在凿龙门，其二在疏九河，其三在瀹济漯。当河之历河套而趋阴山之麓也，其势宜循长城蜿蜒东下以入海，然而不能者，则太行山脉遮断之。我国山势皆东西趋，独太行则南北走，此黄河所由不能不折而南也，今山西、陕西、河南三省交界河曲之处，正当太行山脉之极南端（指太行支脉之霍山），其南则华山山脉横焉，河自此折而东，亦势所不得不然也。而今山西吉县与陕西韩城之间，有龙门山焉，梗其中流（西岸为龙门，在韩城；东岸为壶口，在吉县），河不得南下，荡决四溢，则山、陕两省无平土矣（《尸子》曰："古者龙门未开，吕梁未凿，河出于孟门之上，大溢逆流，无有丘阜、高陵，尽皆灭之。"《淮南子》曰："舜之时，共工振滔洪水，以薄空桑，龙门未开，吕梁未发，江淮通流，四海溟涬，民皆上丘陵、赴树木。"）。禹首凿而通之，河乃得安流，此其为功，颇有类于近世欧美之间凿苏彝士、巴拿马两地峡，此禹施功最先而亦最艰者也。循是东下，则底柱伊阙，亦其疏凿所有事焉（底柱当河南陕县与山西平陆县之东，伊阙在河南巩县地。《墨子》云："禹凿龙门，洒底柱。"《淮南子》云："禹凿龙门，阙伊阙。"《水经注》云："禹治洪水，山陵当水者凿之，故破山以通河，三穿既决，水流疏分。"盖龙门以外底柱、伊阙皆经禹凿矣）。此黄河上游之禹绩也。自兹以往，雍冀之郊，数千年迄今，无复河患；下游河患，则自汉以来，实为全国一最艰巨之业。而河之北流与南徙，盖古今得失之林矣。禹河与今河之异道，歧于阳武（今河南河北道属县），今河由阳武直趋而东，禹河由阳武斜趋而北，此虽因故道地势之自然，而禹又未尝不大施以人力，盖禹导河之干流北，而泄其支派于南，一以免南部泛滥之虞，一以增北部灌溉之利（《史记·河渠书》云：
"导河至于大伾，于是禹以为河，所从东来者，高水湍悍，难以行
平地，数为败，乃厮二渠，以引其河，北载之高地，过洚水，至于
大陆，播为九河，同为逆河，入于勃海。"所谓厮二渠、北载之高
地，禹之劳苦功高，盖在此）。是故禹河干线之下游，自阳武与
今河歧趋后，东径延津县北，又东径胙城县北（其北岸则新乡、
汲县），又东北至浚县西南（其南岸则滑县），所谓至于大伾也，
更折而北，与漳河合，历内黄（直隶大名道）、汤阴、安阳、临
漳（并河南河北道）、成安、肥乡、曲周、平乡、广宗以至巨鹿
（并直隶大名道），所谓北过洚水至于大陆也。自是疏为九派，
分溉今交河以南德县以北诸地，而同为逆河，于天津沧县之间入
海焉。其必导之使北者，盖以淮济之间，水量太多，再注以湍
悍之河流，则无所容而必至泛溢（《史记》言载之高地，恐是后人
揣度之辞，实则禹河所经故道之地，并不视今河所经为高也）。故
引之与漳水合（所谓厮二渠者，非本无此渠而新浚之，其北渠即漳
水耳），更播为九以杀其势，至将入海时必复合为一逆河者，厚
其冲水刷沙之力，使河口毋致以淀淤为忧也。此黄河北干流之
禹迹也。禹以此为未足，复开南支流，通济渎以入海，谓之漯
水，即今黄河所行道是也（漯水即大清河，亦即今河也，济渎即
小清河，禹当时盖引河之支流为漯，以通于济。《史记》"厮二渠"
下《正义》云："二渠，其一出贝丘西南，其一则漯川。"）。

禹之治黄河下游，其工程大略如是，而要旨全在疏瀹，略
如近世美国人之治密士瑟必河也。吾侪生今日，习见今河所行
之道，则谓为固然，则于禹之必导使北，或且疑其拂水之性（汉
贾让《治河策》引难者之说，谓"禹凿龙门、辟伊阙、析底柱、破
碣石，堕断天地之性，此乃人工所造"云云，是汉时固有此种疑议

矣）。然孟子不云乎，"禹之治水，水之道也。"又曰："禹之行水，行其所无事。"则河之北渎，必非禹所创凿，禹不过因其经流而益浚之，为事甚明。而自禹锡圭告成后，直至周定王五年河徙之时，河循斯道以行，凡一千六百六十余岁不变，益可证禹之能善导水性而其功不虚矣。故刘定公临洛汭而叹曰："禹之明德远矣。微禹，吾其鱼乎。"（见《左传》昭元年）盖目睹形势竭诚感诵之言也。然非通全国之利害以为利害，则其业之所就，亦乌克臻此。故禹之治河，实中国最初之国家事业也。而其所以能成功者，尤必赖甚深之科学以为之用，盖非几何测算，法甚精密，无以审地势之高下，而顺水性之所趋。故《周髀》言算，推本于禹焉（《周髀算经》云："故禹之所以治天下者，此数之所由生也。"汉赵君卿注云："禹治洪水，望山川之形，定高下之势，乃句股之所由生也。"）。此又科学致用之实效也。

附：论后代河流迁徙

有史以来，河患不绝于书。盖河水湍悍淤浊（《汉书·沟洫志》载张戎言："河水重浊，号为一石水而六斗泥。"），出伊阙后而东方数千里之平原，皆可流注，故历代皆以河工为非常艰巨之业。欧人某尝谓黄河与北狄，为中国文明两大魔障，非过言也。禹前无可征矣。禹以后，河之安流，殆千六百余年，中间殷都屡迁，史家多谓为困于河患，然当非甚剧，观于河道之未改足以证也。巨患之兴，始于周定王五年河之东徙（当春秋鲁宣公七年也。《春秋》不记此，所据者《汉书·沟洫志》述王横引《周谱》之言也）。推原河徙之故：其一由天灾之骤发（《汉·志》载王横言又云："往者天尝连雨，东北风，海水溢西南，出浸数百里，九河之地已为海所渐矣。"颜《注》云:"渐,浸也。言九河故道为海水湮没也。"此事在何年,王横未明言,他书亦无考。窃意当是一度大海啸,海水虽退而河道遂湮乱。九河本所以杀上游水势,九河湮而河流遂无所受而四泛矣),其二由工事之失修(河工本以每岁浚修为要义。今欧洲之苏彝士河,美洲之密士瑟必河,皆岁有常费,国有常工,不尔者亦数岁而壅,数十岁而湮矣。禹之功本在浚凿,后代每至衰季,则百度废弛,工事自不能赓续。殷周中叶以后渐有河患,盖皆由此),其三由列国之曲防(《孟子》记齐桓公葵丘五命曰"无曲防"。孙奭《疏》云:"言不得曲防其水以专利也。"是知齐桓之时,曲防之弊已极著,故桓公特据为厉禁也),而曲防之弊为最甚。盖列国分立,各欲专水利于己国,而嫁水害于其邻,不复顾川渎自然之形势,而相率埋郭梦乱之,此水患所由日滋也(《汉·志》载贾让奏云:"堤防之作,近起战国,壅防百川各以自利。齐与赵、魏以河为境,赵、魏濒山,齐地卑下,作堤过水,使西泛赵、魏,赵、魏亦作堤以防之。"此言当时曲防之弊,可谓深切著明。孟子责白圭以邻国为壑,正谓是也。秦灭魏时,王贲引河灌大梁城,假河道为用兵之具,又河流紊坏之一原因也)。

定王时河所徙之地,今不可确指(河徙事惟王横引《周谱》为一孤证,横未言徙何处,而蔡沈《尚书传》谓徙砥砾,不知何据,胡谓为蔡氏误读《汉书》颜注,殆然)。要之,河自季周以后,日徙而南,此共见也,而其最有力之近因,则鸿沟之开凿是已。鸿沟盖起于战国以前(鸿沟之著名,自刘项画界始,然苏秦说魏襄王已云"大王之地,南有鸿沟",故知起自战国前矣),以人力凿南北通运之渠,此后世运河之源起也(《史记·河渠书》云:"自是以后,荥阳之东南为鸿沟,以通宋、郑、陈、蔡、曹、卫,与济、汝、淮、泗会于楚,东方则通鸿沟江淮之间。"据此则史公时之鸿沟,其延袤殆与今之南运河等,但未有北段耳)。中国河流皆东西向,南北交通滋弗便,鸿沟运河等之浚置,诚非得已,然缘此而川泽之变化乃迭起,其第一步则荥泽之涸竭是已(《禹贡》屡言荥泽,察其形势,当为巨浸,不让彭蠡。今则荥阳、荥泽两县附近一带久成平陆矣。胡氏渭考证荥竭实自东汉,但前此已渐涸渐小,特至东汉而全堙耳,其原因则自开荥渎始,即《河渠书》所谓自荥阳下引之道也),荥竭而济随以枯(济水溢为荥,会汶入海,荥竭后水无所潴泄,黄河乱流,则水随河所至而衍溢,济不复能敂受故枯也)。盖前此河、济、淮、江,四渎并流以入海,自九河既湮后,河在北地无所宣泄,适荥泽既引为渠以趋东南,河遂以全量入泽,挟之以缘渠而下,河之淤淀,能使泽涸,泽涸而河愈悍决,驯至以禹所厮支流之漯水,受全河水量,莫能两大,而济遂枯焉。此东汉以后之形势也。当西汉武帝元光中,河决瓠子,东南注巨野,通于淮、泗,实为河流夺淮之渐。当时竭全国之力,经二十余年之久,仅乃塞之,稍复禹迹(以上俱据《河渠书》原文云:"道河北行二渠,复禹旧迹,而梁楚之地复宁,无水灾。"然此所复者,恐未必遂为禹迹,当多是周定王五年所徙者也)。然宣、成、哀、平以还,河复屡决,数集群臣议所以救治,《汉书·沟洫志》所载许商、平当、贾让、关并、张戎、王横诸人奏议,言各成理,而王莽僭政,但尚空言,无复实施。莽始建国三年,河决魏郡,泛清河以东数郡,莽废不治,河随势南泛,而北渎遂空。上距周定王五年,盖六百七十二岁。然当西汉之末,河尚由章武入海,在今天津县南境,河身所经虽有变迁,然入海之道,去禹河固未远也,莽复废河不治,垂六十年。明帝永平十二年,王景治之,筑河堤自荥阳东至千乘海口千余里,今河汴分流,而济隧亦通。此实禹后一大业,盖其河即清咸丰五年以后迄今之河道也。夫河既以种种原因，迫而南徙，欲全复其故，在势既不可能，景因当时形势以导之，厥功亦云茂美，但梁齐之野，水害固稍纾，而燕赵之郊，水利亦日蹙耳。然自此历六朝隋唐五代，河行此道不为大患者，盖九百七十七年（自汉明帝永平十三年迄宋仁宗庆历八年）。至宋真、仁、神三代，河决岁告，河流四溢无定者且百余年。至金章宗明昌五年，河决阳武，南北分流，一合北清河入海，一合南清河入淮，河之夺淮实始于是。然北流犹未绝也，是时南北分立，金地处河上流，受害加剧，恒欲嫁之于宋，日障河使南。及元之统一，定都燕京，漕运悉仰诸南，元世祖至元二十六年，开会通河成，自是以一淮受全河之水，四渎亡其二。而东南淮海之间，无宁岁矣。明清两代，承元之敝，治河、治运并为一谈，河屡决，欲北徙以保运，故不得不郭之使南。前明以防河空帑藏，实为招致亡乱之一因。前清乾嘉之间，河工岁费二千余万两，而河迄不治，盖以一运河全汇北干诸山西来之水，而以一淮纳之，其量云胡能容，而河之入运南趋，乃须逾越泰峰山脉，拂逆水性，莫斯为甚。清代学者睹其极敝，咸谓但能复王景故道，导河复入渤海，患庶稍苏（孙嘉淦、嵇璜曾抗疏言之，胡渭、钱大昕、孙星衍、魏源等著书极言之）。然终以妨运故，莫之敢行。至咸丰五年，河决铜瓦箱北流，泛溢数十州县，时值洪杨之乱，海内鼎沸，未之能塞，河自觅道，从大清河入海，两岸居民私筑堤埝，以约水势，而今河之道成焉。同治十二三年间，天下复定，会有郑州之决，河南、山东抚臣盛倡复咸丰前故道之议，盖犹是以邻为壑之意焉。幸翁同龢、潘祖荫持之于内，李鸿章、曾国荃持之于外，决口卒塞，而河之安流于今道者，盖六十年矣。虽小决偏灾，时所不免，然视前此数百年间倾全国之力以从事一河，而滔天之祸，且岁告者，盖不可同年而语矣。何也？今之河盖禹河故道之一（禹酾二渠，此其一焉，元明以来二渠并湮，今则北渠虽未复，而南渠全复矣），其所趋者自然之势也。虽然，河安矣而运则芜矣，非今日海舶汽车之利大开，则河与运亦交敝以终古耳（同治十三年，李鸿章驳淮黄合一议之折，力言海运已通，南漕可折，运河虽淤不为害，无庸改河以保运）。

通观数千年大势，大抵河患皆酝酿于分裂之时与衰乱之世，盖全国利害关系之事业，而以地方畛域之、念应之，贤者不免枝节图功，不肖者且壑邻乐祸，此分裂之为病也，战国与宋金之际是也。国家事业，端赖赓续，叔季之世，百度废弛，则隳前绩而贻后忧，此衰乱之为病也，商、周、汉、唐、宋之末叶皆是也。又事物有条理，利害有轻重，顾一时之小利，常酿数世之大害，元、明、清之以漕运病河流是也。非夫以国家全局永久之利害为职志者，其孰能与于斯？故曰："禹之明德远矣。"（河工为数千年来大政，因述禹绩，叙其变迁梗概如此，以后即不复分代纪述也）

地方区域之分划，莫古于《禹贡》九州（舜时十二州之名不见于经）。今钩稽经文，释以今地如下。

冀州（《禹贡》九州，皆举山川为地望，独冀州不尔者，以帝都所在，特异其文，且以雍、兖、豫之界，可互见也）。州包今山西、直隶两省（京兆在内），东、西、南皆以河为界，东河界兖，西河界雍，南河界豫。明禹时河道所经，则冀之疆域可得而指也。西河数千年无变迁，故今日山、陕之界，即禹时冀、雍之界，南河变迁不剧，故今河南之河北道，宜为冀属，惟禹河自阳武以东，即折而趋北，经浚县、汲县以入直隶境，故浚、汲之东南为兖，其西北乃冀也。禹河又经今直隶之巨鹿趋天津沧县之间入海，故此一带沿线之南为兖，其北乃冀也。故冀虽全有今山西，不能全有今直隶，而今河南之隶冀者，反几及一道焉，东北尽碣石，为今昌黎县附近，故知未及奉天界也。冀所属有岛夷，当为渤海中群岛之族，或言已及朝鲜，恐未然也。其北境旧说谓抵塞外阴山下，其西北境，旧说谓抵东受降城（今绥远之归化城），殆可信。

济河惟兖州。州跨今山东、直隶、河南三省，西北距河，南界济水，黄河故道既明，则知自阳武东经汲县、巨鹿以抵沧县，其南皆兖界矣。济水久枯，所可考者，济源县（河南河北道）为其发源，上游入河合流，东南历荥泽（河南开封道）、定陶（山东济宁道），会汶河，由今小清河口出海。故知兖州所属，其在今山东者，为东临道全境，济南、济宁两道之西境；其在今河南者，为河北道东南一小分，及开封道东北一小分；其在今直隶者，为大名道南部之半，津海道南部一小分也。

海岱惟青州。州在今山东，西南倚泰山山脉，东尽登莱半岛，北临渤海。其所属者，今胶东道全境，济南道之半（历城、章丘、邹平、长山、桓台、溜川、长青等县，又至肥城、莱芜之北境，与徐为界），而嵎夷亦为所辖，旧说谓在辽之东西，盖奄有今辽阳半岛矣（《后汉书》曰："《王制》'东方曰夷'，夷有九种，尧命羲仲宅嵎夷，今在辽海间矣。"《说文》云："崵山在辽西，一曰嵎夷崵谷也。"按："堣"与"嵎"通，"崵"与"旸"通）。

海岱及淮惟徐州。州跨今山东、安徽、江苏三省，东临黄海、北倚泰山，南界长淮。其在山东者，有济宁道之大半（除曹县、菏泽、定陶、郓城诸县属兖外），且错入胶东、济南两道之境（胶东之诸城南境，济南之新泰、莱芜南境）；其在安徽者，有淮、泗道之小分（怀远、灵璧、泗县、五河等县）；其在江苏者，有徐海道全境，而淮扬道亦错入焉（淮阳之泗阳、涟水两县）。

淮海惟扬州。州北据淮，东南襟海，稽其地望，则今江西、浙江、福建、广东四省全境属焉，广西除田南、镇南两道外皆属焉，江苏则金陵、沪海、苏常三道全境属焉，淮扬道之大半属焉（江都、仪征、东台、兴化、泰县、高邮、宝应、淮安、盐城等县），安徽之安庆、芜湖两道全境属焉，淮泗道之小半属焉（凤阳、定远、寿县、盱眙、天长、霍丘等县），河南汝阳道之小分属焉（光山、固始二县）。或谓《禹贡》物产贡赋职方山薮川浸，皆不及五岭外，则两广疑非禹域。然古代交阯，且有已通上国之迹，似不必以记载之详略致疑也，州所属有岛夷，近当为舟山，远当为琼崖也。

荆及衡阳惟荆州。州北据荆山，南及衡山之阳，其所有者，则今湖南全省也，湖北之荆南、江汉两道全境也，襄阳道之小分也（南漳县），四川川东道之小分也（夔万东南一带）。

荆河惟豫州。州在今河南，而兼跨湖北、安徽、直隶、山东四省，北距河，西南至荆山。其在河南者，有开封、河洛、汝阳三道全境（除开封之荥泽与兖错界，及汝阳之光山、固始属扬州外）；其在湖北者，有襄阳道之大半（襄阳、宜城、枣阳、光化、谷城、均县、郧县、保康等县，自郧县、西县之东境与梁为界），有江汉道之小分（随县北境）；其在安徽者，有淮泗道之小分（亳县、太和、蒙城、颍上等县）；其在山东者，有济宁道之小分（定陶、城武、曹县、单县等县）；其在直隶者，有大名道之小分（东明、长垣二县）。

华阳黑水惟梁州。州东据华山之南，西南距黑水，惟黑水所在颇难确指，故梁州西南所极，亦多异辞。今稽梁州黑水之地望，宜为金沙江（《禹贡》三言黑水，难并为一谈，此专就梁州言）。金沙缘川边东南趋入蜀境，亦名泸江，即此黑水也（卢，黑色也，加水为泸。金沙亦称丽江，番名木鲁乌苏。"丽"同"骊"，亦黑也，番语乌苏，译义亦黑也）。由此以推，则梁州所有者今四川全省也（除夔万以东属荆州外），陕西汉中道全境也，甘肃渭川道全境也，兰山道一小分也（陇西漳县、岷县等），湖北襄阳道一小分也（房县、竹山、谿县等，白郎西县之东境与豫为界），云南腾越道一小分也（中甸、永北、华坪等县）。

黑水西河惟雍州。州东据河，与冀为界，西距黑水，黑水今已湮变，故西界摩得而指（雍州黑水与梁州黑水决非同一水，因中隔积石山，脉不容有此南北流之巨川也。《禹贡》一篇中荆山有二，衡山有二，不必以同名并举为疑矣。经既以黑水定界，其为雍西巨川甚明，但此地密迩沙漠，河流湮变最剧，今遗迹全无可考。后儒纷纭聚讼，都无确据，今皆不征引）。就经文错综参稽，则其所有者，今陕西关中、榆林两道全境，甘肃兰山、泾原，宁夏西宁、甘凉互道全境也（除兰山道之陇西、漳、岷三县属梁州外）。而析支、渠搜、昆仑之名，附见州末，则越新疆沙漠通葱岭矣。

附：《禹贡》九州考

据上所释，除云南、贵州二省外，今之各行省，殆皆为禹迹所淹（两广、福建当在存疑之列）。夫以吴楚在春秋犹称夷狄，巴蜀至战国尚属蛮荒，而谓当禹时，版图式廓，乃反如彼，为事似不可信。不知《禹贡》九州，可称为地方区域，不可称为行政区域，非必虞夏政令所及，始入记载也。且当时中央政令所得施于地方者，其程度本自有限，朝觐讼狱以外，群后自治其部落，元后殊不加以干涉（直至清代，其待藩属尚如此，古代可推见）。所谓贡献，亦不过与互市相类（汉、唐、元、明、清各时代之远夷来贡，率有赏犒，赏品必远过所贡之值，故来者络绎不绝。清道光前，欧洲各国之来，尚多用此形式，来者多非衔国家使命也。窃意古代外夷入贡者亦当如此，其在远古，各部落之朝贡天子，亦含此性质）。则当时海东之岛夷、莱夷、嵎夷，海西之昆仑、析支、渠搜，其早通上国，亦非足深异。若必以后世之隔绝，疑古代之沟通，则西域之道，先通而后梗，交趾之郡，昔有而今无。汉唐以来，斯例非一，读古籍者，观其会通可耳。

大禹制作，流传最久者，一曰九鼎，二曰夏时。鼎之起原及形状，略见于《左传》，盖禹平水土后，类聚方物，铸鼎凡九，殆如后世之置博物馆焉（《左传·宣三年》："昔夏之方有德也，远方图物，贡金九牧，铸鼎象物，百物而为之备，使民知神奸，故民入川泽山林，不逢不若。"）。今所传《山海经》，备载异物，或谓即九鼎所铸也。其器历传商周，垂二千年，以为国宝，秦灭周移鼎而亡其一，及汉则无复存，盖毁于项羽焚咸阳时矣。读古籍所纪，则其时美术工艺之发达，犹可悬想矣。夏时殆古代最精密适用之历谱，孔子曰："行夏之时。"（《论语》文）又曰："我欲观夏道，是故之杞而不足征也，吾得夏时焉。"（《礼记·礼运篇》）其历以建寅之月为岁首，即今日民间通行之旧太阴历是也。其书存者曰《夏小正》，在《大戴礼记》中。《禹贡》为最古之方志，《夏小正》则最古之历谱也。

神禹功德，治水而外，厥惟征苗。舜崩苍梧，疑死苗难，禹张挞伐，雪耻上酬，自是南人不复反焉。其后禹遂会诸侯于涂山，执玉帛者万国，防风氏后至，戮之以徇，统一之局大进。史家颂之曰："东渐于海，西被于流沙，朔南暨，声教讫于四海也。"寻东巡，崩于会稽，其地今传有禹穴云。

夏世系表

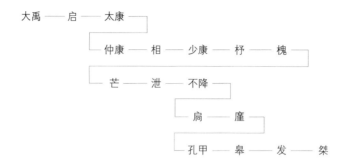

夏代大事，莫如有穷后羿之祸。此事不载《史记·夏本纪》，然参稽群籍，其略可得而言也。禹再传而至太康，太康娱以自纵（据《楚辞·离骚》），畋于洛表（据《竹书纪年》）；有穷氏之后羿者，以善射闻（据《论语》），至是自锄迁于穷石，因夏民以代夏政（据《左传》襄四年），称帝夷羿（据《左传》引《虞箴》）。太康失国，昆弟五人，须于洛汭，作《五子之歌》焉（据《史记·夏本纪》）。遂迁都于斟鄩（据《纪年》《汉书》。薛瓒《注》云："斟鄩在河南。"《括地志》云"故鄩"。启超以为禹、启两代皆都河北之安邑，太康初即位，无缘忽迁河南，殆为后羿所距，不得归故都，乃南迁。《纪年》误记耳），四年崩，弟仲康立，仍居斟鄩。七年崩，世子相立，迁于商丘（据《纪年》）。羿既篡位，亦淫于原兽，其臣寒浞杀之，因羿室生浇及豷（据襄四年《左传》），实帝相之八年也（据《纪年》）。二十六年浞子浇灭斟灌，明年，遂伐斟鄩，大战于潍，覆其舟，灭之（据襄四年、哀元年《左传》及《竹书纪年》）。我国舟师见于史者，自是役始，《论语》所谓奡荡舟也（何晏《集解》引孔安国曰："寒浞因羿室生奡，奡多力，能陆地行舟。"是"奡"即"浇"，以音近故别称耳。汉时《竹书》未出，孔氏不得荡舟之解，遂附会为陆地行舟，实无是理也。《淮南子》云："潍水出覆舟山。"山盖缘是役得名）。明年，帝相遂见弑（据《纪年》），其后方娠，逃出自窦，归于有仍，生少康焉。浇使人求少康于有仍，少康奔有虞，虞思妻之以二姚，邑诸纶，有田一成，有众一旅，能布其德而兆其谋，以收夏众（据襄四年《左传》）。先是，帝相之灭也，其遗臣伯靡奔有鬲氏，至是伯靡收二斟之烬，以灭浞而立少康。少康灭浇于过，后杼灭豷于戈，有穷遂亡（据襄四年、哀元年《左传》）。距帝相之弑二十年矣。自太康失国至少康光复，都凡五十五年（据《竹书纪年》）。中国篡弑僭窃之祸始见于史者，自羿、浞也。

其他大事可考者，则帝启时，伐有扈，灭之（《尚书》有《费誓》）。仲康时，使胤侯征羲和（《逸书》有《胤征》，见《夏本纪》），锡昆吾命作伯（见《纪年》）。帝相时征畎夷（见《后汉书·东夷传》），征淮夷、风夷、黄夷，于夷来宾。少康时迁都于原，方夷来宾。帝芬时，迁都于老丘，九夷来御，洛伯用与河伯冯夷斗（河、洛，国名；用与冯夷，人名也）。帝泄时，殷侯微以河伯之师伐有易，弑其君。帝廑时，迁都西河。帝孔甲时，废豕韦氏，帝皋时复之。帝桀时，复迁斟鄩，畎夷入于岐以叛，灭有缗，伐岷山（《楚辞·天问》作蒙山），复迁河南（以上俱据《竹书纪年》），卒为商汤所灭云。自大禹受命迄桀之亡，凡四百七十一年，或谓不止此数，疑莫能明也（此据今本《竹书纪年》也，《晋书·束皙传》称《竹书》所纪，夏年多殷，据此则殷年仍多于夏，知今本有改窜，与束皙所见本异矣）。

代夏有天下者惟商，亦称殷。其先出于契，实为舜司徒，旧史谓帝喾次妃简狄感玄鸟卵所生也（契为帝喾子不可信，辨见第一章"论帝皇世系"条）。契封于商，十四传而及成汤，自契至汤，八迁其都（八迁之地，《尚书正义》仅举其三。近人王国维曰："《世本·居篇》称契居蕃。契本居亳，由亳迁蕃，一迁也；又称昭明居砥石，二迁也；荀子《成相篇》称昭明由砥石迁商，三迁也；《左传》定九年称相土之东都，其地在泰山下，襄九年称相土居商丘，疑相土曾由商丘迁东都，旋复归商丘，四迁、五迁也；《竹书纪年》记帝芬时商侯迁于殷，六迁也；又记孔甲时殷侯复归于商，七迁也；至汤始居亳，八迁也。"）。汤始居亳，仅有地七十里，今山东济宁道曹县境也（古书载地名亳者，不下十处，此采《汉书·地理志》薛瓒注说）。汤闻伊尹贤，三聘而师事之，任以国政，商浸强，为方伯，征诸侯。初征葛（据《孟子》），次征有洛（据《逸周书》及《竹书纪年》），次征荆（据《诗·周颂》及《竹书纪年》），次征温（据《竹书纪年》），次征豕韦、征顾、征昆吾（据《诗·商颂》及《竹书纪年》）。时夏桀虐益甚，民不堪命，汤遂誓师伐桀，战于鸣条，夏师败绩，桀出奔三朡（据《竹书纪年》）。汤遂伐三朡，俘厥宝玉（据《尚书序》），获桀于焦门（据《淮南子》），放之于南巢（据《竹书纪年》），或云放之于大沙（据《墨子》），汤于是朝诸侯称天子焉。论者谓前此得天下者以禅让，征诛之局，实自汤始。臣弑其君，于义非可（公孙丑问孟子语）；又谓汤有惭德，恐来世以为口实（《伪古文尚书·仲虺之诰》语）。为之解者，则谓闻诛一夫，未闻弑君（《孟子》语）；谓汤武革命，顺乎天而应乎人（孔子《易·象传》文）。实则君位传贤，本初民社会通习，且尧舜之世，迫于天灾人患，则选贤与能，更为事势所不得不然。迨境宇日恢，民伪日繁，力征经营自随而起。《易》曰："武人为于大君。"（大君即元后）有固然矣。古者天子诸侯，俱南面而治，有不纯臣之义（《公羊传》文），议为弑君，盖义乖论世矣。然遂以顺天应人为颂，亦不过后圣垂警立教之微旨，学者当心知其意也。

商世系表

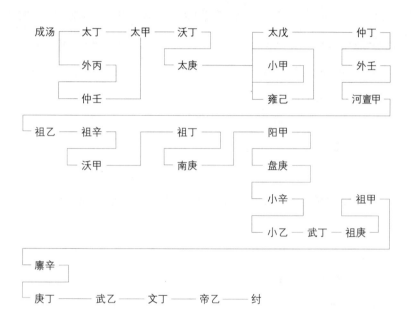

商传世三十，贤圣之君六七作。自成汤而外，太甲、太戊、祖乙、盘庚、武丁、祖甲皆贤，而太甲称太宗，太戊称中宗，武丁称高宗焉。其名臣则有伊尹（成汤太甲时）、仲虺（成汤时），伊陟、巫咸、臣扈（太戊时），巫贤（祖乙时），甘盘、傅说（武丁时），微子、比干、箕子、胶鬲（帝乙、纣时）。故中间虽频更衰乱，而故家遗俗、流风善政，往往多存，用能屡替屡兴，享祀久长。及其既亡，而遗民之服其先德者，尚数世焉。此殷商一代史乘之特色，夏与周，皆莫能逮也。

商代创业垂统，伊尹之功最高。前此圣君贤相，皆产自贵族，起平民而总国政，实自伊尹始。故后世记其遇合，传说异辞，或言其以割烹要汤（《史记·殷本纪》云："伊尹欲干汤而无由，乃为有莘氏媵臣，负鼎俎，以滋味说汤，致于王道。"），或言其五就汤五就桀（《书序》云："伊尹去汤适夏，既丑有夏，复归于亳。"），据《孟子》所称述，则曰："伊尹耕于有莘之野，而乐尧舜之道焉。非其义也，非其道也，禄之以天下弗顾也，系马千驷，弗视也；非其义也，非其道也，一介不以与人，一介不以取诸人。其志行之卓绝而狷介如此也。"又曰："思天下之民，匹夫匹妇有不被尧舜之泽者，若己推而内之沟中。"其自任以天下之重如此，而其自信力与自觉心之相应，又如此也。又述伊尹之言曰："天之生此民也，使先知觉后知，使先觉觉后觉也。予天民之先觉者也，予将以斯道觉斯民也，非予觉之，而谁也？"（此语《孟子》两引之，其必为伊尹之言著之竹帛者也。《汉书·艺文志》道家有《伊尹》五十一篇，虽未必伊尹自著，当为采集伊尹之言，口说相承流传有自者。今《吕览》《说苑》《尸子》《韩诗外传》诸书尚多引伊尹对汤问之言，《逸周书》有伊尹献令，当并是五十一篇中之文也）是其所以自任者，不徒在一时一国政治之得失，而在天下万世、人心世道之隆污也。故《孟子》曰："伊尹，圣之任也，尹耕于野，汤三聘乃起，汤则学焉而后臣之。"盖虽勇于自任，而其不轻身以试也又如此，及其志既决，则百折而不回。故《孟子》又述其言曰："何事非君？何使非民？治亦进，乱亦进也。"尹既相汤定天下，汤崩，太子太丁早世，未立，外丙、仲壬递立，皆享年不永，王位次传至汤孙太甲，于是伊尹相四君矣。太甲既立，不遵汤德，伊尹放之于桐宫，自摄政当国者三年。太甲怨艾悔过，伊尹迎归，复授以政。太甲尊之以保衡，敬礼始终焉。《诗·商颂》所谓"实惟阿衡，实左右商王"也（今本《竹书纪年》于"太甲元年"记云："伊尹放太甲于桐，乃自立。"于"七年"记云："王潜出自桐，杀伊尹。"《竹书》为世诟病者，以此事为最。考当时与《纪年》诸书同出汲冢者，尚有《琐语》一书，今亡。宋王应麟谓刘知几《史通》引汲冢书记，舜放尧于平阳，益为启所诛，太甲杀伊尹，文丁杀季历，皆《琐语》中事，非《纪年》本文。其说是也。杜预《左传集解》后序记汲冢事，谓发冢者不以为意，往往散乱推寻，不能尽通，然则殆当时校释者以《琐语》文误入《纪年》中也。其事虽不可信，然不容以此废《纪年》也）。放幽嗣君，为非常之举，伊尹坦然行之，无所嫌疑，太甲亦顺受之无所怨。此可见伊尹自信力之强，而信于人者自深也。

商人屡迁其都，自契至汤既八迁矣。仲丁则自亳迁于嚣（《史记》作隞，今河南荥泽县），河亶甲迁相（今河南内黄县），祖乙迁邢（《书序》及《竹书纪年》作耿，今河南温县，旧说谓在河东皮氏，误也），复迁庇（今直隶巨鹿县），南庚迁奄（今山东曲阜县）。自汤至是，又五迁矣，盘庚所谓于今五邦也（庇、奄两迁，惟见《竹书纪年》，他书不载）。至盘庚复欲迁于殷，民安土重迁，啧有浮言，盘庚严恳告谕之，卒定都焉，今《尚书》中《盘庚》三篇是也。自是商亦以殷名。[旧说皆以今河南偃师为殷，又谓殷即汤所居之亳，此两误也。亳在曹县，不在偃师，而殷尤非亳。《盘庚》上篇明言"于今五邦，今不承于古"，若返汤旧都，何云"不承于古"乎？然则殷地究何在？十余年前河南安阳县西五里洹水之南，一小屯有极多之龟甲兽骨出土，皆乘有文字，上虞罗振玉据以考定其地即殷墟，证以史记《项羽本纪集解》《殷本纪集解》《竹书纪年》《水经注》皆合（详所著《殷虚出契考释》第一篇）。故知盘庚所迁即其地矣，地今在河北，当彼时则河南也。殷亦称亳者，犹春秋晋屡迁而皆称绛，战国楚屡迁而皆称郢也]其所以屡徙之故，昔人多以为避河患，是或然，抑亦无乃未尽脱游牧之习耶？而不然者，若后世城郭宫室既备，且各国各有疆域，迁岂易言，即迁亦安所得地者（汤以前既屡迁，而据《竹书纪年》则夏都亦屡迁，又据《史记》周自不窋、公刘、太王、文王、武王亦屡迁，知是当时通习也）？至盘庚奠都后，七世不迁，武乙三年，自殷迁河北（不详其地），十五年自河北迁沬（即朝歌，今河南汲县），纣于此亡焉。自契初封以迄纣亡，盖十五迁也。

商代王位继承，兄弟相及，此其制度之独异者也（周时宋国仍沿此制，微子复断以微仲，宣公之传穆公，公子鱼之让襄公，皆沿祖制耳）。故其嗣君多尝降居民间，知稼穑之艰难与民之情伪，其多中兴令辟，盖亦由此。武丁之旧劳于外，祖甲之旧为小人是也（《尚书·无逸》云："其在高宗，时旧劳于外，爰暨小人；其在祖甲，不义惟王，旧为小人，作其即位，爰知小人之依。"）。自商以后，此罕闻矣。

商代王灵所及，无可考信，据伊尹四方献令所记（见《逸周书·王会解》），四方远夷奉朔纳贡者盖不少。要之，仍是旧部落错居，天子以元后而为群后之长，以朝诸侯为有天下之徽帜焉（孟子称武丁朝诸侯、有天下，犹运诸掌也，然则武丁以前诸侯不朝，即殷为不有天下也。古代所谓有天下者皆如此）。其武功见于经记者，则《易》称："高宗伐鬼方，三年克之。"此北伐也（鬼方考证详下）。《诗·殷武》为祀高宗之乐曰："挞彼殷武，奋伐荆楚，罙入其阻，裒荆之旅。"此南征也。自汤以降，盖武丁尤武矣最近出土之殷虚书契，其记征伐者数十事，惜其用兵之地不能确释焉矣（上虞罗氏《殷虚书契考释》释卜辞中卜征伐者三十有五，其所征伐之地得六，但地名未由识别）。

夏商两代，以方伯著闻者，在夏有昆吾，在商有大彭、豕韦，后人以合诸周之齐桓、晋文，称五霸焉。方伯职制，颇类唐虞四岳，盖群后中之强有力而为其邻近诸落之所宗者。故汤灭昆吾，遂革夏命，而周未代殷，先为西伯也，然此与春秋之霸政，故自异耳。

殷诰誓之文，见于《尚书序》者凡三十七篇（一《帝告》，二《釐沃》，三《汤征》，四《汝鸠》，五《汝方》，六《夏社》，七《疑至》，八《臣扈》，九《汤誓》，十《典宝》，十一《仲虺之诰》，十二《汤诰》，十三《咸有一德》，十四《明居》，十五《伊训》，十六《肆命》，十七《徂后》，十八、十九、二十《太甲》三篇，二十一《沃丁》，二十二《咸乂》，二十三《伊陟》，二十四《原命》，二十五《仲丁》，二十六《河亶甲》，二十七《祖乙》，二十八、二十九、三十《盘庚》三篇，三十一、三十二、三十三《说命》三篇，三十四《高宗肜日》，三十五《高宗之训》，三十六《西伯戡黎》，三十七《微子之诰》），今所存者七篇而已（一《汤誓》，二、三、四《盘庚》三篇，五《高宗肜日》，六《西伯戡黎》、七《微子》。今本《尚书》有《仲虺之诰》《汤诰》《咸有一德》《伊训》，《太甲》三篇、《说命》三篇，皆伪古文也）。《诗》有《商颂》五篇，皆周时宋人祀祖乐章，盖非商文，《礼记·大学》则引汤之盘铭三语焉。其他鼎彝之文于近数百年出土者，亦得百数十器。最近得殷虚贞卜文，锲于骨甲者逾万，然皆单词片语，其裨于史实者盖寡。《尚书》中七篇，穆然见敬天畏鬼之诚，孔子所谓率民以事神欤？此可以略察商代之政教也。

商之末主曰纣，据群籍所记，则人主昏暴之恶德，几尽集于一身。纣诚无道，而传说亦不免铺张，故孔子曰："纣之不善，不如是之甚也。君子恶居下流，天下之恶皆归焉。"尤可异者，所传桀、纣二王之恶德，皆两两相当，若合符契（如桀作酒池，

纣作肉林；桀作瑶台，纣作玉床；桀宠妹喜，纣宠妲己；桀杀龙逢
剖其心，纣杀比干亦剖其心；桀囚汤于夏台，纣囚文王于羑里。诸
类此者尚多）。此可见皆出后圣垂戒之言，非尽实录也。纣之将
亡，微子去之，箕子为之奴，比干谏而死，孔子叹之曰："殷有
三仁焉！"其后，周封微子于宋续殷祀，而箕子应周武王之访，
陈《洪范九畴》，其义俱在《尚书》，为后世言阴阳五行者之
祖，成周末秦汉哲学之一派焉。箕子卒逊于朝鲜，武王因而封
之，华夏文明之东渐，自兹始也。自成汤受命迄纣之亡，都凡
六百二十九年（此据《三统历》也，《竹书纪年》作四百九十六
年，然宣三年《左传》记王孙满之言称"商祀六百"，似可信。要
之，远古年代记终难求精确也）。

（1918 年春夏间）

春秋载记

梁启超曰：世运尊大同，治法贵统一。此言夫其究竟也，大同统一之治，则未有不以宗法封建为之阶者。人类有通性、有特性，人人发挥其特性之所长而以会归于通性，则通性之量自日加博厚，而其质自日加高明，世运所为蒸蒸向上，恒必由是也。人之积而为群也则亦有然，合全世界人类可命为最大群有其通性焉，所以示别于不群之禽兽者也。其间则有多数之次大群，字之曰国，各有其特性，彼最大群之通性即此诸次大群特性和合而成也。然此诸次大群之特性，非突如其获成，其下恒有无数小群，各各有其特性，各发挥之而和合之，则高级之新特性于以强立也。夫今世所称国家主义者，自达道之君子视之，则其陈义至粗而褊也。然而不能废者，各国民之聪明才力，尺有所短、寸有所长，各据国力以胥谋发育继长增高，而皆有所靖献于世界，国家主义在人类进化史上，有莫大之价值，由此而已。虽缘此主义而有争夺相杀之事，生民一时蒙其患苦，然综数十年数百年各自所耗伤与其所增进乘除以求其总和，则其对全世界人类犹功逾于罪，此国家主义之公谳也。明乎此者，则可以与言春秋之国故矣。古昔大地未沟通，国人称禹域曰天下，我累代先民，盖常怀抱一至高之理想焉，曰以天下为一家，中国为一人，其粗迹之表见于政论者，则曰大一统。繄古以来，明王哲士经世之业，皆向此鹄而迈进者也。直至秦汉，而此理想乃现于实。秦汉以降，政权发施之所自出，虽常有迁移分裂，而所谓中国人者，则已成为永不可分之一体，他族人焉非久必与之俱化，我国所以能岿然独立而与天地长久，盖恃此也。而其酵酿之而字育之者，实在春秋之世。春秋分立百数十国，其盛强者尚十数，日寻干戈，二百余年，宜若与大一统之义绝相反也，殊不知非经此阶段，则后此一统之象决无自而成。夫我国在今日虽仅为世界百数十国中之一国，然其地尚数倍于全欧洲也。其在古代，则非国而天下也，各种姓之孳育，错处其间者，其类别不知凡几，言语、文字、宗教、习俗至庞杂不可究诘也。周初封建，以本族文化为根干而条布之于四方，然周所建国校诸固有之部落曾不能什之一也（观前卷附表所列国名百余，其周所封者不过三之一，然所遗有限矣。周初千余国，则旧部落之甚多可推见）。经数百年以逮春秋，则旧部落凌夷略尽，惟余十数文化较盛之国，相与竞雄长，遂为霸政之局。夫周初封建，虽大国不过百里，取精寡而用物啬，势不能大有所发舒。及兼并稍行，其大国皆廓境至数百里，尤大者逾千里，以千数百里之国，而建政府，设法制，备官守，其经纬擘画，易以纤悉周备，其治理之资，亦不甚觳薄，其政大抵自世族出，执政之德慧术智本优越于齐民，民服其教而弗疑叛，于是各因其土宜，民俗浚发，其物力而淬厉，其人文缉熙向上，而各国之特性以成。故吴季札听乐而能辨政俗之殊异，盖特性成熟发越之表征也。此进化之第一步也。霸政既起，朝聘会盟征伐无虚岁，其劳费诚为各国所共患苦，然而交通之利坐是大开，其君其卿相得频相酬酢，其士大夫交错结纳，相与上下其议论而互濡染，其术学其军旅习于共同之行动，增长其节制而磨淬其材力，其道路衔接修治，奔走其商旅而通输其物材。而其国与国之相交际也，无论在平时、在战时皆有共循之轨则，或出自相沿之礼制，或根于新定之盟约，各信守之，罔敢越也。故争斗虽频数，而生民之被祸不甚烈。霸政全盛之代，尤以仗义执言、摧暴扶微为职志，各国不敢恣相侵伐，民愈得休养生息，以孳殖其文物，而以并立竞存之故，各国恒争自濯磨，不敢暇豫，惧一衰落而无以自全也。于是前此已成熟之特性，益发扬充实，而以交际频繁之故，彼此之特性日相互有所感受，徐徐蒸变化合而不自知。于是在各种特性基础之上，别构成一种通性，此即所谓中国之国民性，传二千年颠扑不破者也，而其大成，实在春秋之季。此进化之第二段也。由此观之，春秋时代国史之价值，岂有比哉（读泰西史，观希腊时代文化所以极盛，及十字军后文治所以复兴，与夫现代各国并立，交际竞进之迹，则可以识春秋史价值之崇贵矣）？今特详为记载，先分述数大国国势梗概，次总述霸业消长，与各国交互错综之关系，次述文物制度之迹象，各分节目而时缀以论列，藉以揽知大势云尔。其宜专纪者，则归诸列传也。

纪晋楚齐秦国势章第一

晋、楚、齐、秦，分峙朔、南、东、西四徼，实春秋之骨干，而晋楚尤其脊柱也。此四国者，惟齐自始封即为大侯，余皆微弱不足齿数。晋几中绝而乃别兴，秦始建仅食采为附庸耳；楚曾受封与否且不可深考，而其后乃皆浡焉以兴，迭为霸长，虽曰人谋之臧，毋亦以越在边远，环其周遭者多未开化之蛮族，非刻意振拔不能自存。及其既已强立，次第蚕食群落以自广，剪灭虽众，而天下不以为贪，蓄力既厚，乘时内向以争中原，则弱小者固莫与抗矣。此四国所以独为重于彼之世，读史者首当察所凭藉也。

晋之始封国曰唐，成王封幼弟叔虞邑于河汾东之太原（今山西太原府），盖尧故都云。其时北地未辟，群狄错居，周宣王之诗曰"薄伐汉玁狁，至于太原"是也。其后晋大夫籍谈有言："晋处深山之中，戎狄之与居，而远于王室。王灵弗及，拜戎不暇。"（见昭公十五年《左传》）初晋形势殆实如是。盖晋受封较晚，畿甸附近，锡王已尽，不得不胙诸远方，亦庶以镇抚西北焉。而晋人自是养成勤朴武健之风，卒以霸天下。以周初诸国分地论，晋所沐天然之赐最觳薄，民非勤嗇，不能自给，国非戒惧，不能自完。故吴季札闻歌《唐风》，叹其忧深思远，有陶唐氏之遗。梁启超曰：嘻！何其与百年前欧洲之普鲁士酷相似也。其后晋谋迁都，诸大夫多欲徙郇瑕（今河东解县），以其沃饶而近盐，韩厥谓国饶则民骄佚，乃徙新田（见成六年《左传》）。观此则晋立国之元气可概见，其特以雄强著称，则亦由此。当周穆王时，晋为狄所逼，南徙平阳。宣王时，晋有穆侯者，生二子，曰太子仇，曰少子成师，封成师于曲沃，号曲沃桓叔。时晋都在翼（即平阳），而曲沃之大与翼埒，晋殆分为二，迭相攻，而曲沃日强，翼侯见弑者二，见逐者一。入春秋之初，翼之君则鄂侯，而曲沃则庄伯，周平王使虢公、芮伯、梁伯、荀侯、贾伯讨曲沃，两兴师无功，自桓叔分封后，六十七岁而曲沃武公灭翼。天子受赂，策命武公为晋侯，始复合一。实鲁庄公之十六年，齐桓始霸盟诸侯于幽之年也。自曲沃桓叔、庄伯、武公及子献公四世皆枭雄，浸蚕食诸国。沈、姒、蓐、黄皆河汾间古部落，春秋前已入于晋，自是虢、芮、荀、贾次第见灭，修怨也；复灭焦、灭杨、灭霍、灭耿、灭魏、灭虞，又伐东山皋落氏，伐骊戎，伐耿蒲与屈，皆狄地，取而城之，以为大邑。逮献公之末，而晋极强，西有河西与秦接境，北边狄，东至河内，盖奄有今山西全境且兼跨直隶、河南、陕西之三省矣。献公有太子曰申生，有庶长之子曰重耳，曰夷吾，后有所爱骊姬生奚齐，其娣生卓子。献公嬖骊姬，以谗杀太子申生，而重耳、夷吾皆出亡。献公卒，以奚齐、卓子托大夫荀息，荀息迭立之，而里克迭杀之。荀息死焉，里克欲迎重耳，而夷吾赂秦，秦先纳之，是为惠公。惠公背秦盟，靳其赂，与秦战于韩原，败绩，见获，既而归之（语在"秦晋交兵"章）。惠公卒，子怀公立。惠、怀失政，内外恶之。是重耳出亡在外已十九年。历狄、卫、齐、曹、宋、郑、秦、楚诸国，秦穆卒纳之，是为文公，年六十二矣，实齐桓公卒后之七年也。文公既入，修德政，饬军旅，任贤才，教民三年然后用之。属王室有子带之难，乃勤王以求诸侯，纳襄王于成周，王赐以河内阳樊之地。晋于是乎始启南阳，盖自灭虢后，据崤函之固，自启南阳，扼孟门太行之险，天下之重，尽在晋矣。其明年，楚伐宋，文公伐曹、卫以救宋，遂与楚战于城濮，大败之。天下诸侯翕然归晋，乃会盟于践土，周王莅焉，复盟温，盟翟泉。城濮一役，春秋第一大战，亦后此百余年大势所攸判也（语在"晋文霸业"章）。自文公拔用贤才，其臣郤縠、先轸、狐偃、赵衰、胥臣、栾枝等皆崇礼让，其后晋卿十一族，赵、魏、韩、狐、胥、原、栾、郤、范、知、中行更迭执政，代有贤良。若赵盾、士会、士燮、荀罃、韩厥、魏绛辈，皆一时名卿，忠于谋国，故历襄、灵、成、景、厉、悼六公垂百年，虽有汰虐之主，而晋霸不衰，诸卿之力也。然自晋献公尽杀庄桓之族（曲沃桓叔、庄伯子孙也），惠公又诅无畜群公子，虽以文公之明德，有子三人，一继立（襄公）而三在外（公子雍、公子乐及成公）。故襄公之卒，议立长君，迎公子雍于秦，既而拒之，坐是与秦构怨益深。及灵公见弑，成公嗣统，其后厉公见弑，悼公嗣统，皆迎之于周者也。晋以不畜群公子故，故当时周、鲁、卫、齐、楚、宋、郑，皆频以兄弟争国召乱，晋独无有，其臣亦无攀援公族以分朋党者，故较能辑和。晋之久霸，颇亦赖此。然公族益微，卿族益侈，卒乃成六卿瓜分之局，斯又利害得失之相倚伏也（语并在《晋诸臣传》）。自襄灵之世，累岁与秦构兵，崤函、彭衙、令狐、河曲四役其最著也，秦是以不能得志于东方。景公之世，楚庄王贤明，楚益强，北向与晋争霸，于是有邲之役，晋师熸焉（景公三年）。晋君臣恐惧修政，晋以不衰。未几灭赤狄（七年），战齐于鞍，败之（八年），至厉公六年遂败楚于鄢陵。鄢陵之役，诸卿皆主战，曰不可以当吾世而失诸侯，独范文子（士燮）不欲战，曰："吾先君之亟战也有故，秦、狄、齐、楚皆强，不尽力，子孙将弱。今三强服矣，敌楚而已，惟圣人能外内无患，自非圣人，外宁必有内忧，盍释楚以为惧乎？"盖忧晋之将乱而为是言，然晋百年来外竞之大势，亦具于是矣。厉公胜楚而骄，遂杀郤至、郤锜、郤犫，灭郤氏，且欲尽去群大夫，栾书、中行偃遂弑之，迎立悼公。悼公立年仅十四、能修旧功，施德惠，振纪纲，逐不臣者七人，任韩厥、知罃、魏绛，和诸戎，合诸侯，号称复霸。及悼公之卒，群卿之贤者亦先后凋谢，卿族侈汰益甚。自盟宋弭兵之后，晋霸遂衰，不复振。历平、昭、顷、定、出、哀、幽、烈、孝、静十公，拥虚号而已，诸卿族迭相阋噬。至顷公时，余赵、韩、魏、知、范、中行六氏，共分晋地，而知氏最强。出公时，知伯瑶灭范氏、中行氏，晋余四卿。哀公时赵、韩、魏共灭知氏。烈公时，周王策命韩、赵、魏为诸侯，及静公遂迁为家人，晋绝不祀焉（语在《晋诸臣传》及《战国载记》）。

晋当武、献之世，灭国极多，拓境最广，文公以后，世为盟主，以仗义禁暴自命，义不能复侵夺群小。然北狄部落，若潞氏，若甲氏，若留吁，若铎辰，若肥，若鼓，以次囊括之，辟地亦千数百里。惠公迁陆浑之戎于伊洛，越百年至顷公时遂灭陆浑，有伊洛地。襄灵间屡与秦战，亦颇略其城邑，而中原诸国要害之地，若郑之虎牢，卫之朝歌、河内、邯郸，皆自春秋中叶折入于晋。其取之于何年，得之于何道，不可考也。故晋尽得中原地势形便。至战国时，而三晋犹雄于天下。

楚自称出自帝颛顼，而唐虞时之祝融氏，夏时之昆吾氏，殷时之彭祖氏，皆其所祖，第弗可深考。要之与中原族姓派系别也。入周之初祖曰熊绎，史称其先有鬻熊者，曾为文王师，故成王封绎以子男之田，居丹阳云（今湖北宜昌府）。当周夷王时，有熊渠者，兴兵伐庸扬粤，自称王，且立其子康为句亶王，红为鄂王，执疵为越章王。周厉王时，熊渠畏周来伐，去其王号。入春秋之初，有若敖、蚡冒二君，筚路蓝缕以启山林。蚡冒弟熊通，复僭王号，是为武王，其子称文王。文王时，齐桓公始霸，楚亦始大。自春秋以前，中国文物沿河展发，极淮汉而止，不及江浒，《禹贡》扬州，实淮域也。周文王时，肇辟汉阳，诸姬受封其间者十数国，而下游淮以南江以北，古部落盖无算，春秋时可考其存灭者亦尚十数国。而楚之始建国，在今荆宜间，襟带江汉，雄据上游，既南役群蛮百濮，乃北向以规中原。武、文两代，剪灭汉阳诸姬略尽，乃至侵及周疆，灭申吕，扼南阳门户，中原诸国始惧楚矣。当齐桓之世，楚地已千里，陈蔡皆役属之，齐桓以诸侯之师伐楚，不能克，盟于召陵而还。顾楚威亦自此暂戢（语在"齐桓霸业章"）。齐桓卒，宋襄欲图霸，与楚战，败于泓。溯兹以前，诸侯盖未有能胜楚者。及晋文公勤王创霸，而楚围宋甚急。其时曹、卫、陈、蔡皆楚与国，晋以齐、秦之师救宋，遂与楚战城濮，楚师败绩，晋霸始定，而楚遂久不得志于中原（语在"晋文霸业"章）。召陵、泓、城濮诸役，皆楚成王时事也。成王享国最久，盖四十六年，乃为子商臣所弑。商臣称穆王，继之者曰庄王、曰共王、曰康王、曰灵王、曰平王、曰昭王、曰惠王，皆雄鸷能善用其国，而庄王最贤。晋国代有名卿，而楚国代有名王，世卿专政，为中原诸国通患，楚独无之，此其所以久雄强而最后亡也，而父子兄弟篡弑之祸亦烈于他国。穆庄承城濮挠败之后，北向之势稍杀，而全力以恢廓南服，东灭江、黄、蓼、六、英、舒，奄有淮颍之野，西灭庸、夔，控扼巴、蜀（楚前后灭国数十，此不俱列。其详在"霸政详纪"章）。晋之攘楚，亦楚之所以滋大也。庄王立三年而灭庸，自尔以后，无日不申儆国人曰："吁！民生之不易，祸至之无日，戒惧之不可以怠！"在军则申儆曰："吁！胜之不可保，纣之百克，而卒无后。"训之以若敖、蚡冒：筚路蓝缕，以启山林；告之曰："民生在勤，勤则不匮。"楚内政之修明，民业之昌阜，于兹称最焉。其后遂伐宋，获五百乘（六年），伐陆浑戎，过周郊问鼎（八年），伐陈，县之（十六年），卒乃伐郑而与晋战于邲，大败晋师（十七年）。史家以庄王列诸五霸，自兹役也。共王时，与晋战鄢陵，败绩，楚稍衰（语在"晋楚交兵"章）。未几与晋弭兵为宋之盟，共王旋卒。灵、平两代，皆拥兵居外，以阴谋篡弑得国（康王时灵王为令尹，主兵事，康王疾，自郑驰归，弑之，及其子；灵王时，平王将兵伐陈蔡，为陈蔡公后弑王及公子比自立）。虽皆骁雄，益为楚廓境，然侈汰荒淫，民不见德，楚自此衰矣。初，共王之世，申公巫臣得罪奔晋，为晋谋通吴以病楚，是时吴始强。康灵之间，自吴屡侵楚边，楚于是乎一岁七奔命。灵王既灭陈蔡，承宋盟之后，晋楚之从交相见，乃大会诸侯于申，骄盈无度，大陈于乾溪，将围徐以惧吴。平王乘其在外，入国而夺其位。而平王亦以谗言杀太子傅伍奢，奢子子胥奔吴。至昭王时，遂以吴师大伐楚，入郢，挞平王之墓，楚国几覆。幸获秦救，且吴有内乱，引兵退，昭王仅得复国焉（语在"楚吴交兵"章及《子胥传》）。昭惠之世，吴正强，楚不能与争。惠王时，楚复有白公之难。既而越灭吴，而不能正江淮以北，楚因东侵，广地至泗上。至是春秋终焉。入战国，而楚犹常雄于诸侯。梁启超曰：读《春秋传》者鲜不疾楚，谓其以夷猾夏，灭国最多也。然当时江淮间古部落棋布，其俗盖在半文半野之间，文化远在楚下，江以南则群蛮百濮所窟宅，狂獠如鹿豕，使其孳孳浸大，则为害于诸夏者岂有量？夫此非中原诸国之力所能及也。楚自武、文、成、庄以来，以锐意北向争中原故，力革蛮俗，求自济于上国。春秋中叶，既甚彬彬矣，然后出其所新获之文明，被诸所灭之国，广纳而冶化之，缘地运民情之异宜，卒乃孕育一新文明统系，与北方旧系相对峙相淬厉，而益骈进于高明。微楚之力，何以及此？楚子囊颂共王之言曰："赫赫楚国，而君临之，抚有蛮夷，奄征南海，以属诸夏。"（见宣十三年《左传》）言举蛮夷以属诸夏也，楚于是乎有大功于中国矣。

　　齐太公佐周克殷，武王封建功臣而齐为首，国于营丘（今山东青州、临淄县），甫就封，而莱夷与之争国（莱夷在今登州、莱州）。盖齐亦在边徼，非忧勤自树立，不能与蛮族争存，与晋楚同也。然其地东至海，饶鱼盐之利，西至河，凭襟带之固，南至穆陵，扼大岘之险，北至无棣，拊广漠之野，其势易以强。故春秋之世，最先兴焉。太公传十二世至僖公，入春秋，僖公之子曰襄公，曰子纠，而桓公小白最幼。襄公继世立，荒淫不道，群臣群弟惧祸及，故管仲、召忽奉子纠奔鲁，鲍叔牙奉小白奔莒。既而襄公为母弟夷仲年之子无知所弑，无知旋见弑于微者，齐大乱。鲁伐齐，将纳子纠。桓公自莒先入，遂相管仲，为五霸首（语在"齐桓霸业"章及《管仲传》）。桓公卒，其五子曰无诡、曰孝公、曰昭公、曰懿公、曰惠公，争立，次第相屠杀。惠以少传统，其嗣曰顷、曰灵、曰庄。庄公为崔杼所弑，弟景公立，景公三传至简公，为陈恒所弑，更历平、宣、康三公而灭于陈氏。齐自桓公以后，不复能管大局之中枢，常为晋与国。入春秋二百二十余年，除鞍之战外，齐晋未尝交兵。鞍之役（鲁成公二年，齐顷公、晋景公也）虽曰起于妇人之笑辱，然实由齐之凭陵鲁卫（晋宣战之辞曰："晋与鲁卫，兄弟也！来告曰：大国朝夕释憾于敝邑之地，寡君不忍，使群臣请诸大国。"）。时晋新丧师于邲，楚会十三国盟于蜀，齐、鲁、卫皆与焉，倘微此役，晋将遂失诸侯也。及春秋末叶，晋霸益衰，齐景公新立，晏婴辅之，颇思修桓、管之业。其与晋侯投壶也，举矢祝曰："寡人中此，与君代兴。"（见昭十二年《左传》）隐然有争长之志。属当平丘会后，晋已不复能宗诸侯（见"晋楚争霸"章），楚新挫于吴，无复北向之志。而吴亦未遽争衡于中国，齐乘此收召列辟，得郑、得卫、得鲁、得宋，十余年间，盟会六七，而与晋交兵者再焉。然其伐晋也，助臣以叛君（助范氏、中行氏），其伐卫也，助子以拒父（助出公辄拒蒯聩）。不以义动，而轻弃盟主，齐之所以与晋俱敝也。初桓公时，有陈敬仲完者奔齐，桓公命为大夫，更姓田，以羁旅之臣，保世滋大，卒移齐国。及陈恒弑简公，而姜氏之齐，遂为田氏矣（语在"霸政余纪"及《齐诸臣传》）。齐霸祚短，既不竞于晋楚，而惟思弱鲁，终春秋之世，齐鲁交兵凡三十一见焉〔（一）桓十一年十二月，齐、卫、郑来战于郎；（二）桓十三年二月，公会纪、郑，与齐、宋、卫战；（三）桓十七年五月，及齐师战于奚；（四）庄九年夏，公伐齐纳纠；（五）庄九年八月，及齐师战于乾，时我师败绩；（六）庄十年正月，公败齐于长勺；（七）庄十九年，齐、宋、陈伐我西鄙；（八）僖二十六年春，齐侵我西鄙，公追齐师自酅，弗及；（九）其年夏，齐伐我北鄙；（十）其年冬，公以楚师伐齐，取榖；（十一）文十五年秋，齐侵我西鄙；（十二）其年冬十二月，齐侵我西鄙，遂伐曹；（十三）文十七年四月，齐伐我西鄙；（十四）成二年春，齐伐我北鄙；（十五）其年六月，鲁会晋、卫、曹，败齐师于鞍；（十六）襄十五年夏，齐伐我北鄙，围成；（十七）襄十六年三月，齐伐我北鄙；（十八）其年秋，齐伐我北鄙，围成；（十九）襄十七年秋，齐伐我北鄙，围桃，又围防；（二十）襄十八年秋，齐伐我北鄙；（二十一）其年冬十月，鲁会晋侯及诸侯，围齐；（二十二）襄二十四年春，鲁侵齐；（二十三）襄二十五年，齐伐我北鄙；（二十四）定七年秋，齐伐我西鄙；（二十五）定八年正月，公侵齐；（二十六）其年二月，公侵齐；（二十七）其年夏，齐伐我西鄙；（二十八）哀十年春二月，公会吴伐齐；（二十九）哀十一年春，齐伐我；（三十）其年夏五月，公会吴伐齐，败齐师于艾陵；（三十一）哀二十四年，会晋师伐齐，取廪丘。〕。大抵晋霸盛则齐虐稍戢，晋偶有间，或新君初立，则齐必思逞于鲁，而纪、莒、曹、卫亦数被齐无名之师。甚矣，齐之不务德，而桓公之志久荒也！然以地势形便，故田氏窃国后，雄于战国者犹数百年。

秦兴于周故地，历数百年，卒移周祚，甚矣，形胜之不可以假人也。然秦以厄于晋故，终春秋之世，不能得志于中原。秦自称颛顼苗裔而祖伯益，入周有非子者，以善畜马事周孝王，孝王分土为附庸，邑之秦。周宣王时，命秦仲为西陲大夫，使伐西戎，自秦仲、庄公、世父、襄公、文公五世，岁岁与戎战，而死戎难者三君焉（秦仲、世父、文公）。盖秦戎之争，自始建国迄春秋中叶（穆公时），历四百余年而始略定。而秦人强武不挠之德，实经此磨炼以得之，诵《秦风·小戎》《驷骥》诸篇，虽妇人犹以武健相矜尚。梁启超曰：求诸外史，则古代希腊之斯巴达似之矣。周避戎东徙，襄公以兵送平王，工封为诸侯，赐之岐以西之地，与誓曰："能攻逐戎，即有其地。"秦自是始与诸侯通。后文公屡伐戎，戎败走，周日积弱，不克西归，而酆、鄗故京，遂永为秦有。秦入春秋，初为宁公，中更争乱，历六君而至穆公，穆公始见于《春秋》经传。自穆公前已灭荡、灭亳、灭邽冀戎、灭小虢，穆公初年复灭梁、灭芮，秦始大。秦在战国时，议取三川与伐蜀孰先，卒先伐蜀，谓利尽西海而天下不以为贪，秦所以能遂并天下者以此。春秋之初，秦之浸大，事势亦相类，盖剪灭诸戎以自广，非中原诸国所能与争也，而秦之所以有裨益于进化之运者则亦在是。与晋灭群狄、楚灭群蛮群濮群舒、齐灭莱夷山戎同功也。秦穆与晋为婚媾，值晋之乱，两次纳置其君（惠公、文公），将乘是东向以规中原，而晋常厄之。故终春秋之世，两国交欢时甚暂，而交争时甚长，晋不衰，秦终不能以得志（语在"晋霸消长"章）。春秋诸异姓大国，多尊用客卿拔擢微贱以得其力，而秦特甚。秦穆三名臣，曰百里奚，虞之逋臣也；曰蹇叔，齐之寒门，而百里所荐也；曰由余，晋人而仕于戎者也。穆公皆罗致而宠任之，秦用以昌。盖诸姬之国，其公族皆受特别教育，多贤才，其民亦宗而归之，非是莫莅也。如秦者，僻在群戎间，僿野无士大夫，有雄主起，舍藉材异地，无以善治，故求之独勤，而任之独重。穆公以此诒谋，世世子孙袭之，以区区之秦，兴于附庸以并天下，皆客卿之力也。秦既不得志于中原，益西收诸戎，穆公享国久（三十九年），能恢其业，益国十二，开地千里焉。春秋中叶以后，秦楚之交，亲于秦晋，然秦终胫胫自立，不甚依附东诸侯。故论春秋史者，秦之重不逮齐，益不逮晋楚也。及晋裂为三，春秋终焉，天下之大势始在秦矣。

纪鲁卫宋郑陈蔡吴越国势章第二

春秋之局，晋楚对峙，宋郑为之楔，宋稍畸于晋而郑稍偏于楚，亦若齐与秦之异趋也。而鲁卫则常宗晋，陈蔡则常役楚。此八国者，左萦右拂，相对相当，以纬成春秋事迹。吴越其兴也浡，其亡亦忽，苍头特起，而全局几为之一变，其犹躔象之有彗星也。今次述诸国位置形势，不复能详，其尚有他小国宜附纪者，则益略也。

论春秋大势，鲁卫之重，不逮宋郑；论中国文明，则鲁卫其最渊浩之源泉也。鲁受周公之泽，笃生孔子，为百世师，孔子游居，多在鲁卫，而作《春秋》亦因鲁史，故鲁尤重焉。鲁卫始封之君（周公、康叔），皆文王之子，武王之弟，于周室最为懿亲。鲁邑于太昊之墟（曲阜）而卫邑于殷墟（朝歌），并先王故都，夙为中原文物之府，经数百年涵养滋长，益以盛大，故称君子国焉。然亦以晏处中原之故，疆场稀警，其俗右文而不武，逮兼并盛行，大国崛起而环逼，动见陵轹，殆无宁岁。霸政既兴，恭事盟主，仅乃自保，然甚哉急矣。鲁在春秋，历隐、桓、庄、闵、僖、文、宣、成、襄、昭、定、哀十二公，孔子作《春秋》，托始于隐公元年，绝笔于哀公十四年，凡二百四十二年，而其君公及其嗣子不得良死者七焉〔（一）隐公为弟桓公所弑；（二）桓公以夫人姜氏通于齐侯，适齐遇害；（三）庄公子般为公子庆父所弑；（四）闵公为庆父所弑；（五）文公子恶及视为襄仲所弑；（六）襄公子野为季孙宿所弑；（七）昭公为季孙意如所逐，死于乾侯。]。鲁称守礼之国，犹且若是，则其时篡乱之祸烈可推见 [《春秋》书弑君三十六，其实绝不止此数：（一）内大恶讳不书，故鲁之弑君，经无明文；（二）未成君者不书，故晋奚齐、齐之无诡等不在三十六数之内；（三）不赴告者不书，故楚郏敖、子比等皆不见。当时与鲁通赴告之国，不过十数耳，以此比例，则当时篡弑何止百计！其他因外患奔走，不保社稷者亦称是。呜呼，惨哉]。故孔子作《春秋》以笔诛乱贼，盖深痛之也。鲁代有贤大夫臧文仲、公子友、季文子之徒，故虽乱而不亡。然中叶以还，政在三桓，驯至阳虎以陪臣执国命，周公其衰矣。初，鲁公伯禽与齐太公同受封就国，太公五月报政，伯禽三年焉。周公问之，伯禽曰："变其俗，革其礼，故迟。"太公曰："吾简其君臣，礼从其俗，故速。"周公叹曰："鲁后世其北面事齐矣，政简易近民，民乃归之。"（见《史记·鲁世家》）鲁之缛其文礼，或亦其致弱之一因耶？然亦由其地平衍四达，无高山大川为之限，无鱼盐之利为之饶，以守则不足以固，以攻则不足以克，故终春秋之世，常畏齐逼，而托庇于晋，晋稍衰则齐患遂亟。晋霸未兴，鲁至联楚伐齐（僖公二十六年），晋霸既替，鲁至联吴伐齐（哀公十一年）。吁，可伤也！然鲁究以周公明德，为世所宗，在诸姬中，称后亡焉。

卫始封，全有殷武庚故地，在周初最称大国。然西界晋，东界齐，东北与齐、晋、宋、鲁错，南与曹、宋错，兼并虽行，绝无廓境余地。入春秋未久，重罹狄难，渡河而南，迁于楚丘（今河南卫辉府滑县），旋迁帝丘（今直隶大名府开州），河北故墟，委于狄手。及晋灭狄，而朝歌、河南诸地，皆折入晋，卫益削弱矣。晋文城濮之役，楚始得曹而新昏于卫，盖欲远交近攻，结卫以折晋左臂。晋欲服郑，则不得不先服卫，盖卫据大河南北，当齐、晋、郑、楚孔道，卫服斯东诸侯从风而靡矣。兹役以后，卫几同晋之鄙邑，然亦赖以自全，直至秦二世时始废君绝祀，其亡又在鲁后也。孔子居卫久，称其多君子，而孔门弟子，亦卫人最多，故与鲁同为春秋文化中坚云。

宋郑同为四战之区，自古迄今，凡用兵必争焉，故必熟知兹二国形势，然后春秋赌棋争劫之局可批郤而导窾也。宋微子始封商丘（今河南归德府商丘县），其后兼并宿、杞、曹、戴、偪阳五国及古大彭国之彭城（今江苏徐州府治），实奄有今河南归德府及开封府、卫辉府、陈州府之一部，又跨有江苏徐州、颍州，山东兖州、泰安、曹州之各一部。周公之改封殷后于宋也，盖惩前此武庚国于纣都，有孟门太行之险，其民易煽，其地易震，而商丘四望平坦，又近东都，虽子孙或作不靖，无能据险为患，匪特制驭，亦善全先代之裔宜尔也。入春秋时，宋乃有彭城，彭城俗劲悍，又当南北之冲，故终春秋之世，宋最喜事。齐兴则首附齐，晋兴则首附晋，悼公之再霸也，用吴以掎楚，先用宋以通吴，实于彭城取道。楚之拔彭城以封鱼石也（见成十八年《左传》），非以助乱，实欲塞夷庚使吴晋梗不得通也。晋之灭偪阳以畀宋也（见襄十年《左传》），非以德宋也，欲宋为地主，通吴宋往来之道。盖彭城虽为宋有，而祖为楚地，偪阳为楚与国，皆在今沛县境，如物在喉。宋有偪阳，而吴晋相援如左右手矣，故当日楚最仇宋，常合郑以龋之。迨晋悼已服郑，不复恃吴。吴阖闾之世，力足制楚，不复恃晋，而宋乃晏然无事。从可知彭城系于南北之故者至大，而宋之常为天下重，盖以此也（今虽有海道及铁路之变迁，而徐州犹极为要害地，则古代益可知耳）。其后吴欲伐宋，太宰嚭曰："可胜也，而弗能居。"（见哀十三年《左传》）盖宋宜于为通衢，不宜于为安宅。此宋形势之大凡也。宋之重以彭城，而郑之重以虎牢（今河南开封府氾水县。西汉高祖与项羽相持于荥阳、成皋之间，即其地也）。郑初封虢桧之地，北有延津，西有虎牢，南据汝颍，自谓扼此天险，可以左右天下，诚哉然也。故春秋之初，郑庄独倔强于东诸侯间（语在"霸业前纪"章）。然既处可以左右天下之地，自为经营天下者所必争，故齐晋迭霸，与楚争郑者二百余年，南北有事，郑首被兵，迄无宁岁。及晋得虎牢，且城之以逼郑（见襄二年《左传》），自是晋三驾而楚不能与争。其后三家分晋，韩得成皋，卒以灭郑，秦亦灭韩而帝业乃成，刘项相持荥阳、成皋间，亦一晋楚争郑之局，其为重于天下若是其要且久也。此郑形势之大凡也。

宋人喜事而狂，郑人谙世故而黠，殆其血统所遗传与地势所薰冶，相合使然，抑亦史迹之异观也。三代之民，惟殷商为浮动，过于夏周。殷人毗刚，而周人毗柔。盘庚迁殷，胥动浮言，致劳三诰，殷顽入周，倔强不改，周公病之，诰誓频繁。宋人受此遗性，加以彭城所居，地四冲而俗慓急，故其人常如中酒，躁叫狂掷。春秋之初，殇公立十年而十一战（见桓二年《左传》），狂态既不可向迩。齐桓创霸，首与于北杏之会者宋也（庄十三年），明年遂背之，见伐乃行成焉（庄十四年）。齐桓始卒，宋襄即汲汲欲与代兴，乘丧两伐齐（僖十八年正月、五月），旋执滕子婴齐（僖十九年三月），用鄫子于次睢之社（僖十九年六月）；遂不量力，横挑强楚。以齐桓养威积虑二十年，召陵之役犹不敢轻敌，而宋襄乃视若无物，卒乃执于盂（僖二十一年秋，宋公、楚子、陈侯、蔡侯、郑伯、许男、曹伯会于盂，执宋公以伐宋），伤于泓（僖二十一年十一月，宋公及楚人战于泓，宋师败绩，襄公伤股，明年遂卒），身殒国削，为天下笑。历古可诧之战事，莫过兹役也。及晋文之兴，其首推戴以致楚师者，则亦宋也。自尔忠服于晋，曾无躁扰者垂百年，在宋实为异数。然华元以楚不假道之故，杀其使者以激楚怒，致析骸易子之惨（见宣十四年《左传》）。其举措之卤莽，亦可惊绝。及晋霸既衰，宋向戌忽首倡弭兵之论，遂为宋之盟，会晋楚之从交相见，而春秋之局一大变。宋果何求？亦好事而已。其后晋楚两皆不竞，宋景遂又嚣然思动，会洮叛晋（定十四年），伐郑（哀七年），执小邾子（哀四年），连岁伐曹（哀三年六年七年），执曹伯（哀八年），狂焰四出，似乃祖襄公故态也。直至战国时，宋之末主曰康王偃者，犹以发狂图霸，得"桀宋"之名以取灭（王偃图霸，灭滕、伐薛，东败齐，取五城，南败楚，取地三百里，西败魏军，与齐魏为敌国），其虚骄躁妄，盖成为国性矣。虽然，宋当春秋之世，左右世变之力，抑不可谓不巨矣。郑之左右世变，其力不让宋，而操术乃相反。宋勇于趋利，而郑巧于避害，宋浮刚而郑阴沉。楚人称郑昭宋聋（见宣十四年《左传》），可云善譬，郑之得国，本以术取，阴险相尚，盖自桓武已然（《史记·郑世家》："周幽王时，郑桓公问太史伯曰：'王室多故，予安逃死乎？'对曰：'独洛之东土，河济之南可居。其地近虢郐，虢郐之君贪而好利，百姓不附。'桓公于是言王东徙其民于洛东，而虢郐果献十邑，后武公克取以为国，命曰新郑。"）。入春秋初，郑庄有操纵一世之概，然其狙诈亦世所共见。突、忽、仪、亹（庄公诸子）兄弟争立，亦各以术相轧。及晋楚争霸，郑当其冲，其君臣皆明事势，识利害，常首鼠两大之间，视其强弱以为向背，贪利若鹜，弃信如土，故当天下无伯则先叛，天下有伯则后服。其

先叛也，惧楚也。齐桓以僖十七年十二月卒，郑文明年正月即
朝楚。邲之战，郑首叛晋，坚事楚者十二年，中间以与许讼不胜，
改而从晋。至成九年，贪楚重赂复从楚，未三年复从晋。至成
十六年，贪汝阴之田复从楚。投骨于地，就而食之，摇尾乞怜者，
郑之谓也。其后服也，欲以诸侯之力毙楚，使楚不敢与争也。
庄十六年，与齐桓同盟于幽，明年即不朝，历十三年，始复同
盟于幽，至僖五年首止之盟，复逃而从楚。晋文之兴，践土甫盟，
而明年翟泉复不至，烛之武复间晋事秦，旋召杞子之谋，不得
不从晋，未五六年，复与陈蔡偕会楚于厥貉矣。每间伯主之有事，
则侵伐小国以自益，昼伏夜行，窃食盆盎，常惧人觉者，郑之
谓也。其卿士大夫，顾以此为最良之政策，昌言之曾不少讳，
子良之言曰："晋楚与其来者可也。晋楚无信，我焉得有信？"
子驷之言曰："牺牲玉帛，待于二竟，以待强者而庇民焉。"子
展之言曰："吾伐宋，晋师必至，使晋师致死于我，楚弗敢敌，
而后可固与晋。"其揣量两国情势至审而于其间求所以自处之道，
因此得保其社稷，常倔强于诸侯间，虽处四战之冲而国戚不挫，
民力不疲，其国性则风斯下矣。梁启超曰：呜呼！凡民久生息
虐政之下与夫久颠顿于兵燹之中者，非养成顽钝狡黠之性，不
能自存，有如郑矣，可不痛念哉？可不痛念哉！春秋之季，晋
楚弭兵，郑鲜侵伐之虞，惟有征赋之扰，子产执政，因应两大，
善其辞令不刚不柔，有君子之道焉，抑亦袭累代遗策而善用之
云尔。春秋大事，什九皆与郑有连，使郑易其形改其度，则春
秋作何局势，非所敢言也。宋郑同为春秋机轴，而两国之自相
争阋，亦较他国为尤剧烈。二百四十二年之中，宋郑交兵见于
经传者，盖四十九役云，其为楚晋伥者半，其自逐利互报怨者
亦半，俱在年表，此弗论次也。

陈蔡始终役属于楚，而蔡尤为楚重，楚北向以争中原，首灭申，灭吕灭息，其未灭而为楚用者，惟此二国为最有力。陈今之河南陈州，蔡则今汝宁府之上蔡县也。中叶以后，陈于楚尚间有服叛，惟蔡则无役不从。而欲攘楚者必先有事于蔡。僖四年，齐桓为召陵之师，《春秋》书之曰："齐侯以诸侯之师侵蔡，蔡溃，遂伐楚。"盖齐不伐蔡，则不能长驱以压楚境也。蔡在淮汝间，为楚北屏蔽，其俗自古称强悍，服楚最早，从楚最坚，受楚祸最深，其卒也为楚祸亦最烈。盖陈蔡皆自始以楚为可恃，甘服属焉，其后供亿已不堪命，及楚灵狂汰，竟灭陈蔡而县之。后虽复续，而怨毒已深，陈弱则饮恨，蔡悍则思报。定四年吴楚柏举之役，《春秋》书之曰："蔡侯以吴子及楚人战于柏举，楚师败绩。庚辰，吴入郢，以主兵予蔡，蔡导吴故也，是役也，楚几已。"然则蔡之去就系楚之利害者，岂有细哉？自哀三年吴迁蔡于州来，汝宁之地，全为楚有，蔡与陈亦再灭于楚，而春秋之局已将终矣。

读《春秋》者，语及晋楚，辄联想南北，在当时诚然。实则楚地东南至昭关，在今安徽和州含山县北，仍江北也，盖当时楚地西南不逾湖（顾栋高有春秋楚地不到湖南论），东南不逾江，其筚路蓝缕以开辟东南者，则吴越也。吴自周太王时，泰伯、虞仲让国南逃，断发文身以从其俗，遂为之酋长，号曰句吴（今江苏常州府），后始迁苏（今苏州府治），传十九世至寿梦，吴始大称王，实鲁成公四年，晋霸中衰之际也。越自称大禹之后，夏少康世初封，国于会稽（今浙江绍兴县），其俗亦断发文身，开国已千余岁云，不必深考。至王句践始闻于中国，实鲁昭公时，霸政全堕后也。春秋初叶，晋、楚、齐、秦各征略四裔蛮落，以恢廓土宇，旋内向以争中原，吴越乃于其间大辟众所不争之地以自广，然于大局若风马牛不相及也。及晋通吴以痛楚（成八年），吴始渐为重于天下，继是与楚大小十余战，楚大创。及黄池之会（哀十三年），吴乃执诸夏牛耳焉，未几见灭于越。越亦遂倔强于齐鲁间。盖中原诸国，自霸政衰熄后，其大国各骛于国内政权之争夺，其小国或自相噬啮，而吴越以方新之气乘之，故所向披靡。此春秋之尾声，亦变调也。然植基不厚，故兴骤而亡亦速焉（语并在"霸政余纪"章）。吴灭于越，越灭于楚，文化以次被于江左，而东越、闽越、扬越皆句践子孙，广殖海疆，传祀至汉，为今瓯闽粤开化之祖焉，则禹之明德远矣。

以上十二国，为春秋干枝，故先述其形势如上。司马迁表十二诸侯，有燕曹而无越，燕虽名国，至战国始显，故于次卷叙论之，曹未足为轻重，不复论也。

霸政前纪章第三

梁启超曰：霸政为中国春秋时特产，求诸他国史迹无有也（希腊颇有相类者，然精神不同），即中国前乎此后乎此亦无有也。然春秋二百四十年中，霸政全盛，亦不过百年耳。观于前乎此与后乎此者，然后知当时之中国，不可以一日而无霸也。今自周室东迁迄齐桓定霸，命之曰霸政前纪，就史传可考见之事实而排比之，得数大端焉。

其一，列国篡弑攻伐之祸也。当时存者尚百数十国，史迹皆不可考，其最称名国者，若鲁，若卫，若宋，若郑，若齐，若晋，皆叠有篡弑之祸。鲁隐公，贤者也，以长庶子摄位，将传之其弟，弟桓公急不能待，且中谗构，遂弑隐也（隐十一年），无天子之诛，无方伯之讨也。宋宣公、穆公皆贤者也，宣公舍其子而立弟穆公，穆公亦舍其子而立兄之子殇公（隐三年），越十年而其太宰华督卒弑殇公而迎立穆公子庄公也（桓二年），而庄公子闵公亦为南宫万所弑（庄十二年），于是宋三世两弑君矣，天子不能诛，方伯不能讨也。卫州吁弑其兄桓公而自立（隐四年），天子不能诛，方伯不能讨也。夫岂惟不能诛讨而已？诸弑君之主且互相比周，而群侯亦从而党之。故鲁、齐、陈、郑皆受宋赂，会于稷以成宋乱（桓二年），宋、陈、蔡与州吁相结以伐郑（隐四年），当时非无会盟战伐，什九则奖篡修怨之资也。于是此数国者，几无岁无战事。时则郑庄公最称雄鸷，内为周卿士，外号召东诸侯，纵横捭阖，以求逞志，两伐卫（隐二年四月），两伐宋（隐五年、十年），侵陈（隐六年），取戴（隐十年），入郕（隐十年），入许（隐十一年），战鲁于郎（桓十年），其出师动联合数国，且会盟亦频数，俨然有霸者之规焉。但郑地本非图霸之资，郑庄所操，又非霸术（霸术须奉正大之名义，且能为公众捍患，说见次章），徒见其滋乱也。卒乃黩武以陵天子，射中王肩（桓五年），天子恶之矣。及其既死，而诸子忽、突、亹、仪争立，迭相残弑二十余年（自桓十一年至庄十四年），祸更烈于鲁、宋、卫也。时鲁则以文姜之难，桓公为齐所戕（桓十八年），鲁不能报，诸侯亦未闻仗义执言者。卫则以宣姜之难，惠公朔阴贼两公自立（桓十二年），王命讨之，而鲁、齐、宋、陈、蔡乃联军以纳之也（庄六年）。齐亦以篡弑致乱，僖公为近臣所弑，立公孙无知，无知旋被杀（庄八年九年），及桓公立乃定。晋时僻处西北，不与于东诸侯之役，而曲沃争国，祸更惨酷，桓叔弑昭侯，庄伯弑孝侯、鄂侯，武公弑哀侯、缗侯、小子侯（自《春秋》前，鲁惠公三十年至《春秋》庄八年），五十年间，六弑其君焉，天子虽尝致讨（庄九年），然旋且受赂，奖而立之也（庄十六年）。其间鲁、邾、莒、齐、杞、宋、卫、邢、郑、许诸国，岁寻干戈，民不堪命。此则春秋初中原诸国之情状也。其二，戎狄之猖獗也。《春秋》书法，吴楚在初期皆书同夷狄，渐近乃与中国齐视，嘉其能同化也。后儒以齐晋之遏楚，颂为攘夷，非能深知圣人之意也。春秋之真可称为夷狄者，在东曰戎州己氏之戎，亦单称戎，曰莱夷，曰淮夷。在东北曰山戎，亦称北戎，曰无终。在北曰狄，其种有赤狄、白狄、长狄；赤狄最强，其部落曰东山皋落氏、曰廧咎如、曰潞氏、曰甲氏、曰留吁、曰铎辰；白狄部落曰鲜虞、曰肥、曰鼓。在西北曰犬戎，曰骊戎，曰茅戎，曰允姓之戎；亦称陆浑之戎，亦称小戎，亦称姜戎，亦称阴戎，亦称九州之戎；在腹地曰扬拒泉皋之戎，曰伊洛之戎。在西曰西戎。在西南曰巴。在南曰百濮，曰群蛮，曰卢戎。在东南曰群舒。西戎病秦，巴、濮、蛮、舒病楚，莱夷病齐，淮夷病杞，其祸皆不中于中原，且较弱，非久已驯服自余诸戎狄，则皆凶悍慓忽，蹂躏大河以北数千里，为诸夏巨患者百余年。而春秋之初，其焰最炽，宗周之灭实由犬戎，此前事矣。入春秋后，其祸见于经传者，戎州己氏之戎凡八（一、隐二年春，公会戎于潜；二、秋八月，公及戎盟于唐；三、隐七年，天王使凡伯来聘，戎伐凡伯于楚丘以归；四、桓二年，公及戎盟于唐；五、庄十八年，公追戎于济西；六、庄二十年冬，齐人伐戎；七、庄二十四年，戎侵曹，曹世子羁出奔；八、庄二十六年春，公伐戎，夏，公至自伐戎），北戎凡四（一、隐九年，北戎侵郑；二、桓六年，北戎伐齐；三、庄三十年，齐人伐山戎，以其病燕故；四、僖十年，齐侯许男伐北戎），扬拒泉皋伊洛之戎凡四（一、僖十一年，王子带召戎伐京师；二、僖十三年，为戎难故，诸侯会于咸以谋王室；三、僖十六年，王以戎难告于齐，齐征诸侯戍周；四、文八年，鲁公子遂从晋赵盾会伊洛之戎，盟于暴），茅戎凡二（一、文十七年，周甘歇败戎于邲垂；二、成元年，王师败绩于茅戎），犬戎凡二（一、闵二年，虢公败犬戎于渭汭；二、僖二年，虢公败戎于桑田），群狄凡三十三（一、庄三十二年冬，狄伐邢，其明年春，齐人救邢；二、闵二年冬，狄入卫；三、僖元年夏，邢避狄，迁于夷仪；四、僖二年，狄灭卫，诸侯城楚丘以封卫；五、僖八年夏，狄伐晋；六、僖十年春，狄灭温，温子奔卫；七、僖十二年春，卫有狄难，诸侯城卫楚丘之郭；八、僖十三年春，狄侵卫；九、僖十四年秋，狄侵郑；十、僖十六年秋，狄侵晋；十一、僖十八年五月，宋伐齐，纳孝公，狄救齐；十二、其年冬，邢人、狄人伐卫；十三、僖二十年秋，齐人、狄人盟于邢；十四、僖二十一年春，狄侵卫；十五、僖二十四年夏，狄伐郑；十六、其年冬，狄入成周，天王出居于郑；十七、僖三十年夏，狄侵齐；十八、僖三十一年冬，狄围卫，卫迁于帝丘；十九、僖三十二年夏，卫人侵狄，秋，卫人及狄盟；二十、僖三十三年夏，狄侵齐；二十一、其年秋，狄伐晋，晋人败狄于箕；二十二、文四年夏，狄侵齐；二十三、文七年夏，狄侵鲁西鄙；二十四、文九年夏，狄侵齐；二十五、文十年冬，狄侵宋；二十六、文十一年秋，狄侵齐；二十七、其年冬，狄侵鲁，鲁败之于咸；二十八、文十三年冬，狄侵卫；二十九、宣三年秋，赤狄侵齐；三十、宣四年夏，赤狄侵齐；三十一、宣六年秋，赤狄伐晋；三十二、成九年冬，秦人、白狄伐晋；三十三、成十二年秋，晋人败狄于交刚）。其被诸戎狄之难者，周凡七度，王至出奔焉；鲁凡四度，而以会盟纾难者亦三见；郑凡三度；宋曹各一度，虢凡二度，邢温各一度，温遂亡，邢则亡而他迁也；卫凡九度，而数濒于亡，两迁其都以避；齐凡八度；晋凡七度，而皆屡胜之（晋卒灭群狄，别见次章）。诸戎最胜于隐、桓之际，群狄最胜于闵、僖、文之际，此其大较也。孔子曰："微管仲，吾其被发左衽矣。"此言悦望霸者之出，犹解倒悬也。齐晋蚕食四邻以自广，而因以役属群小侯，虽不可谓能遵王度，然亦思当时王室微弱如彼，京师为戎马蹂躏者一再焉，温邢卫等不能当其一蹑，其余亦惴惴不自保，苟非有一二大国当其冲而挫其焰，则五胡之祸，宁更俟千年以后？恐羲、轩以来之文明，当孔子前既扫地尽矣。则中国之为中国更何若者？嘻！此霸政之所以系人怀思也。

其三，兼并之盛行也。霸政以后，非无兼并也，然远不如前此之烈，盖霸者以禁兼并为职志也。然非廉并则何以为霸资？故禁兼并者，其始皆自兼并来也。兼并最盛者齐、晋、秦、楚，尤盛者实晋楚。齐在春秋兼十国，其灭于霸政以前及创霸之际者，曰纪、曰郕、曰谭、曰遂、曰鄣、曰阳、曰牟，其灭于霸政以后者，曰莱、曰介、曰介根。秦所灭国，大率在霸政后，西戎十二国，史不能举其名（《史记》有冀戎邦或彭戏氏，殆在十二国内耶），其所灭诸夏之国，曰小虢、曰芮、曰梁、曰滑、曰郜，然滑旋入晋，郜旋入楚，秦不能终有也。晋自创霸以后，不复兼并诸夏，其所灭潞氏、甲氏、留吁、铎辰、廧咎如、肥、鼓、陆浑诸部落，不能以兼并目之。其霸政前灭国，年代可考者，则闵元年之灭耿（今山西平阳府河津县）、灭霍（今山西平阳府霍州）、灭魏（今山西解州芮城县北），僖五年之灭虢（今河南府陕州东南）、灭虞也（今解州平陆县东北）；然旧国确为晋所灭而史传失其年代者尚极多，曰沈、曰姒、曰蓐、曰黄，皆颛顼时古国，邑于汾河两岸（《左传》昭元年），晋得之是以能控制群狄；曰韩（今陕西同州府韩城县，本武王子封地，春秋为晋大夫韩万食邑）、曰贾（今同州府蒲城县，本姬姓国，春秋为晋大夫狐氏邑）、曰毕（今陕西西安府咸阳县北，本文王子封地，春秋为晋大夫毕万邑），皆河西国也，与秦所灭梁、芮二国错壤，晋得之是以能制秦；曰荀、曰冀（皆在今山西绛州界，荀为文王子封地，冀失考；春秋，荀为晋大夫原氏食邑，冀为郤氏食邑），与耿、魏俱滨河东而处，晋制秦之第二门户也；曰杨（今平阳府洪洞县，东姬姓国，春秋为晋大夫羊舌氏食邑），与霍同处北鄙，曰蒲（今山西蒲州府蒲城县，晋献公时为公子重耳食邑。《国语·郑语》云"当成周者北有徐蒲"，则蒲亦古国名也），晋制狄之第二门户也；曰焦（今河南府陕州南，亦姬姓国），与虢比疆，晋经略中原之要地也。凡此诸国，皆在成周之西，晋武献两代所兼并也（或有更在前者亦未可知）。而其关系最大者莫如灭虢，晋自是扼崤函之险，周所以不能西归者以此，秦所以不能东略者亦以此。其为他国所灭转入于晋者，曰滑（今河南府偃师县南，僖三十三年为秦所灭），取之于秦；曰邢（今直隶顺德府邢台县，后为晋申巫臣邑），曰黎（今山西潞安府黎城县。《诗序》称"黎侯失国而寓于卫"，盖早为狄所灭，晋当复封之，后复赤狄潞子所灭，晋灭潞，地遂入晋），取之于狄。其旧国封地，为周所特赐者，曰温（今河南怀庆温县），曰原（今河南怀庆府济原县西，本文王子封地），曰樊（亦在今济原县西，本仲山甫封地）。盖春秋之晋，兼二十三国之地，而戎狄不与焉，其霸政前所吞灭者则十七国也。然晋之大启土宇，实由剪灭群狄。春秋之初，狄所蹂躏数千里，其吞噬之国及古部落史失其名者，当不知凡几，后乃尽入于晋。故晋极盛时，其地跨及今直隶之大名、广平、顺德三府，山东之东昌、曹州二府，大抵皆取之于狄也。晋人之言曰："狄之广莫，于晋为都，晋之启土，不亦宜乎？"（《左传》庄二十八年）信矣！春秋为楚所灭之国见于经传者凡四十二，实则犹不止此

数（城濮战时，晋栾枝曰："汉阳诸姬，楚实尽之。"今考楚所灭国
见于经传者，惟随、毛、聃、蒋、顿、蔡六国为姬姓，随至春秋末
尚存，毛至昭二十六年尚存，顿至定十四年乃灭，蔡则当时方在战
役，惟蒋不知亡于何时，然其国非在汉阳，惟聃或可强指为姬国，
亦仅一国耳，不应云诸姬实尽。且观下文眡楚所灭国，在今襄阳府
属境者七，在德安府属境者六，在汝宁府属境者九，由此可推知现
今一府总包含当时六七国以上。而下文所列诸灭国，荆州、黄州属
仅各一，汉阳属绝无，安有是理？殆春秋前已灭，后人亦无征引及
之者，遂永不可考耳。苟非栾枝一语，谁亦复知汉阳有若干姬姓国
耶？他可推故知必尚有多国为楚所灭，史失其名也）。齐晋霸后，
浸食未已，然其虐诸夏也，以武、文、成三主为最悍，皆在霸政
前也。《春秋》于桓二年书"蔡侯、郑伯会于邓"，《传》曰：
"始惧楚也。"时实楚武王之三十一年。越六年，楚合诸侯于沈
鹿，随、黄不会，遂伐随，楚会盟攻伐见于《传》者始此，当时
楚氛既甚恶矣。考楚北规中原之路有二，其西路由荆襄平原出新
野趋南阳，当其冲之国，在今湖北境者，曰聃、曰权（聃为文王
子聃季封国，权，古国。两国皆在今荆门州当阳县之间，灭于楚最
早）、曰罗（今襄阳府宣城县西，桓十年楚伐罗，其灭年失考）、曰
卢戎（今襄阳府南漳县东，桓十年尝攻楚，其灭年失考）、曰邓、
曰鄾（皆今襄阳府治襄阳县东，邓以庄十六年灭，鄾灭年失考）、曰
穀（今襄阳府穀城县西，灭年失考）、曰唐（今德安府随州东南，
服楚最早，故定五年始见灭），在今河南境者，曰蓼（此与下文所
举文五年灭之蓼同名异国，此在河南南阳府唐县南，灭年失考）、
曰吕、曰申（并在今南阳府南阳县，吕为穆王时作"吕邢"之吕侯
故国，申为导犬戎攻周之申侯故国。庄六年《传》纪楚文王伐申过
邓，两国灭年皆失考）；其东路循汉水东下至汉阳，经德安，北

渡淮，经汝宁，趋开封，当其冲之国，在湖北境者，曰州（今荆州府监利县，灭年失考）、曰汉阳诸姬（当有数国，史失其名）、曰随（今德安府随州，楚最先伐之而最后灭之，其灭年失考）、曰郧（今德安府安隆县，灭年失考）、曰贰（今德安府应山县，灭年失考）、曰轸（今德安府应城县，灭年失考）、曰绞（旧说皆称绞，在郧阳府郧县西北。启超按：桓十一年《左传》："楚屈瑕将盟贰轸郧人，军于蒲骚，将与随、绞、州、蓼伐楚师。"蒲骚在今德安府应城县，贰、轸、随、郧皆在德安境，州在荆州境，蓼在南阳境，皆与德安接壤。绞若在郧阳，安能越宜昌、襄阳数百里来会师？故知绞亦当在德安境内也。前人所以误者，因郧人召之，故附诸郧阳之郧县，殊不知春秋之郧，本有两地，彼乃哀十二年会于郧，与此不相涉也。绞灭年失考）、曰弦（今黄州府蕲水县，僖五年灭），在今河南境者，曰赖（亦称厉，今汝宁府光州息县东北，昭四年灭）、曰息（今汝宁府光州息县，庄十四年灭）、曰黄（今汝宁府光州西，僖十二年灭）、曰江（今汝宁府真阳县东，文四年灭）、曰道（今汝宁府确山县，灭年失考）、曰柏（今汝宁府西平县，灭年失考）、曰房（今汝宁府遂平县，灭年失考）、曰沈（今汝宁府沈阳县，灭年失考）、曰蒋（今开封府尉氏县西，灭年失考）、曰顿（今陈州府商水县，定十四年灭）、曰蔡（今汝宁府上蔡，昭十一年灭，后复兴，旋再灭）、曰陈（今陈州府淮宁县，昭十三年灭，后复兴，旋再灭）。以上所举西东两路诸国，皆从与楚接境之国叙起，次第北趋，当霸政未兴以前，楚兼并之力所及，西路至于申，东路至于息。自申、息以南，其灭年失考者，大抵皆霸政前灭也。故城濮之败，楚子曰："其若申息之父老何？"（见僖二十八年《左传》）灭庸之役，史称："申、息之北门不启。"（见文十六年《左传》）盖至是而申、息为楚北门也久矣，申本王畿，南阳称天下之膂，自申灭而天下大势几尽折而入于楚。霸政以后，西路不复能进取（更进则灭周矣），东路则晋政稍衰，楚势辄张，驯至灭陈、蔡而止焉。此楚人经略中原并吞诸国之大势也。自余所灭不甚关大局者，在西曰麇（今陕西兴安州白河县）、曰郼（今湖北襄阳府宜城县南，本秦所灭，楚取之于秦）、曰庸（今湖北郧阳府南境，文十六年灭），庸常为楚患，自灭之，无复西顾之忧焉；在东曰六、曰蓼、曰英氏、曰舒蓼、曰舒庸、曰舒鸠（皆在今安徽六安州、庐州、颍州之间），则与吴争衡之要害地也，其灭皆在霸政后。楚所灭国可考见者，具于是矣（《荀子·仲尼篇》云："齐桓公并国三十五。"《韩非子·有度篇》云："楚庄王并国三十六，齐桓公并国三十。"《难二篇》云："晋献公兼国十七，服国三十八。"《吕氏春秋·贵直篇》云："晋献公兼国十九。"《真谏篇》云："楚文王兼国三十九。"《文选》李斯《上秦始皇书》云："秦穆公并国三十。"虽不能一一指其名，然其数当不远）。梁启超曰：吾为霸政前纪而论列兼并之迹，及于霸政之后，从行文之便云尔，然兼并之祸，实以霸政前为最烈，过此以往，一小结束矣。夫无兼并则无霸政，兼并盛而霸政不得不起。兼并者，封建之极敝，而霸政者，大一统之前驱也。

纪齐桓晋文霸业章第四

春秋霸政，实一种畸形之政体，中外古今，无伦比焉。古希腊雅典、斯巴达、德巴之选主希盟，似近之矣。然彼甲乙丙代兴，此则常有两势力抗衡，其不向一也；彼各同盟国之上，别无共主，此则有之而常奉以为名义，其不同二也；彼绝不干涉各国内政，此则时或有之，其不同三也。至若欧洲中世之神圣罗马帝国，颇有捭阖争盟之事，德意志数十国，戴一盟主以成联邦，其迹盖间有相类者，而差异之点则益多矣。凡各国家各时代各有其历史之醖酿与时势之摩荡，然后一种之政制应运而生，未有能从同者。春秋霸政，吾知其为我国彼时应运之政制，而影响于全国进化者至巨云尔，正不必与异代异国之史实求相比附也。

天下大势，恒趋统一，其犹万流之不舍昼夜以朝宗于海耶？然其间往往潴汇而为湖，湖之为状，若淳滞以遏逝水之势，虽然，苟无湖焉，则水或相搏而失其性，岂惟为民祸害？甚或倒流以益远于所宗者有焉矣，有湖为之一顿潴而更宣泄之，则水之泽愈溥，而其流愈引而弥长。春秋霸政，譬则湖欤，倘无霸政，则秦汉统一之局，或遂早见数百年。何也？以当时兼并之势之锐，苟无以遏之，则弱小之国必悉不能自存，非为一二国所囊括焉不止也。霸政者务维持现状以逆制此大势，毋令猛进也。夫统一者，进化之象征也，而霸政逆之，毋乃为进化之梗？是又不然。霸政以前，我统一之国民性未熟，强揉而一之，则未一之前，疾痛懵怛，将不可状；既一之后，支离灭裂，旋不能免，欲求如两汉数百年之治而犹不可得也。霸政骤起，兼并之锋为之一顿，小国既稍得苏息，大国亦有所严惮于外，而惕厉以修治于内，在此均势小康机局之下，各国人民各本其良能，顺应所遇，徐徐为内部之发育，而复有会盟聘享征发征伐诸役，使各国互生繁复之系属频数之交际，以扩其聪智而融其情感，其间且常有公约之规律，公守之礼俗，以整齐其国纪而画一其民志。夫是以行之数百年，而文化之锐进，乃为前此数千年，后此数千年所莫能拟也。故曰：霸政犹湖焉。夫湖也者，上承下注而润千里者也。

霸政中坚曰齐晋，齐晋霸功，莫大攘楚。攘楚曷为而可称也？曰为中国正统之文明争也。楚非不有功于中国，春秋以降，其文化亦殊不劣弱，然当齐晋攘之之时，则一切固远在中原诸国下也。使楚竟以其时宰制诸夏，则中国之为中国，果将何若？未可知也。而楚兼并之锐烈，实足使诸国民无复喘息之余地，如是则匪特固有之文明不能增进，即新系之文明，亦曷由诞育也？楚见攘乃益退而浚发其内部之文明，以求与诸夏竞，则攘楚岂惟有功于诸夏，抑又有功于楚也。吾今所语，则多齐晋与楚之事矣。

五霸之名，始于春秋，章于战国，旧说所指不一（或以夏之昆吾、殷之大彭、豕韦，合齐桓、晋文为五；或以齐桓、晋文、宋襄、秦穆、楚庄为五。然齐国佐称"五霸之伯也，勤而抚之，以役王命"语，见宣十八年《左传》，不应指并时之楚庄、秦穆，则前说或较有据）。然以吾所言霸政之界说，惟齐晋足以当之耳。齐桓公以鲁庄九年返国，实《春秋》纪元后之三十七年，周平王东迁后之八十五年也，在位凡四十三年，在春秋名诸侯中，称老寿焉，故功名亦最盛。即位之初，用鲍叔教，委政管仲，崇礼义廉耻以固国难，尊宪明法，信赏必罚，为后世法治之祖；立乡国都鄙之制，导民以自治，官山府海，利用天产，通鱼盐材木之饶，劝女红，奖制器，务尽人巧，使齐衣带冠履天下；作内政，寄军令，故兵强而民弗病焉，邻弗猜焉。齐之所以霸，实基于内治，皆管仲功也（语在《管仲传》）。当桓公即位之前三年，而楚文王伐申；即位之后一年，而楚入蔡，俘蔡侯以归；又四年灭息，又二年，灭邓。至是而申、息为楚北门，诸夏惴惴，殆不相保。桓公即位之五年，内政既修，始勤诸侯，欲障公敌，而先合与国。庄十三年（齐桓五年也，本篇以孔子所作《春秋》纪元，故用鲁历而注齐历于下。下仿此），合宋、陈、蔡、邾会于北杏。（衣裳之会一）实霸业之发轫。先是，齐鲁交恶久，齐桓之人也，鲁人纳子纠不克，寻更有长勺之战，至是桓公欲释怨于鲁，其年冬，与鲁盟于柯，返其侵地，鲁始服而齐霸以固。北杏会后，宋旋背盟。庄十四年（六年）春，合陈、曹伐宋，宋请成。其年冬，合宋公、卫侯、郑伯会于鄄，周之单伯亦与会焉。（衣裳之会二）宋卒服而郑卫亦至，霸略定矣。然楚怒蔡之从齐也，以其年秋七月入蔡，齐力未盛，弗能救也。自是蔡一折而入于楚，终齐桓之世不能得蔡焉。庄十五年（七年）春，合宋公、陈侯、卫侯、郑伯会于鄄。（衣裳之会三）然其年郑私伐宋，故翌庄十六年（八年）夏，齐以诸侯伐郑，郑请成。楚又怒郑之从齐也，其年秋，伐郑。郑为霸战交争之鹄，自兹始也。然郑遂不敢贰于齐，其年冬十二月，会鲁侯、宋公、陈侯、卫侯、郑伯、许男、滑伯、滕子同盟于幽。（衣裳之会四）于是东诸侯尽即齐（除蔡外），齐霸以成。前此诸侯恒有特相盟者，自兹以往，惟从盟主，霸政轨范立矣。楚既惮齐，重以有巴之难，文王殂殒（庄十八年，巴人叛，伐楚；十九年春，楚子御之，大败于津，还及湫，有疾，六月卒）。故十年间无北扰之师，诸夏小康，齐亦不复数为会盟。至庄二十七年（十九年），始合鲁、宋、陈、郑同寻盟于幽。（衣裳之会五）其时戎狄方猖獗于北方，山戎病燕，而狄残邢卫。庄三十一年（二十三年），桓公伐山戎大捷，因告燕修召公之政焉。明年冬，狄伐邢（桓公二十四年，鲁庄三十一年），桓公救之（桓二十五年，鲁闵元年春），邢迁于夷仪，桓公会宋曹之师为之城守（桓二十七年，鲁僖元年夏）；狄灭卫（桓二十五年，鲁闵元年冬），桓公率诸侯城楚丘而封卫（桓二十八年，鲁僖二年春）；鲁有庆父之难（弑子般及闵公），桓公为落姑之盟，纳季友以宁鲁国（僖元年），所谓存三亡国以属诸侯也。于是诸侯益宗齐。而楚成王即位已十余年，北窥之志渐亟，比年四加兵于郑（一、庄二十八年秋，二、僖元年秋，三、僖二年冬，四、僖三年冬），齐苟无以遏楚，郑且折入于楚，而中原不复可问。齐将图楚，先结江黄。僖元年八月（二十七年），合鲁、宋、郑、曹、邾会于柽。（衣裳之会六）僖二年九月（二十八年），合宋人、江人、黄人盟于贯。（衣裳之会七）僖三年（二十九年）秋，复合宋、江、黄会于阳谷。（衣裳之会八）江、黄为楚与国，江、黄服而齐无左顾之忧矣。僖四年（三十年）春正月，乃合鲁、宋、陈、卫、郑、许、曹八国之师侵蔡，蔡久昵楚，为楚屏蔽，非先有事于蔡，则师不能压楚境也。蔡溃，遂伐楚。楚子使与师言曰："君处北海，寡人处南海，唯是风马牛不相及也。不虞君之涉吾地也何故？"管仲对曰："昔召康公命我先君太公曰：'五侯九伯，女实征之，以夹辅周室。'赐我先君履，东至于海，西至于河，南至于穆陵，北至于无棣。尔贡包茅不入，王祭不供，无以缩酒，寡人是征。昭王南征而不复，寡人是问。"对曰："贡之未入，寡君之罪也，敢不共给？昭王南征而不复，君其问诸水滨。"师进次于陉。夏，楚子使屈完如师，师退，次于召陵。齐侯陈诸侯之师与屈完乘而观之，齐侯曰："岂不穀是为？先君之好是继，与不穀同好何如？"对曰："君惠徼福于敝邑之社稷，辱收寡君，寡君之愿也。"齐侯曰："以此众战，谁能御之？以此攻城，何城不克？"对曰："君若以德绥诸侯，谁敢不服？君若以力，楚国方城以为城，汉水以为池，虽众，无所用之。"于是屈完与诸侯成盟，师乃退焉。梁启超曰：桓公、管仲处心蓄锐以谋楚者，垂三十年，今一伐之，不战而退，论者或犹有憾焉。夫楚之不可灭，甚章章也。非惟不可灭，岂遂必可克，若其不克，祸焉可测？霸政职志，在保均势，威楚使无敢悍然破均势，斯亦足矣。召陵之役，所谓不战而屈人，善审势而善养勇也。然逾年而楚人灭弦（僖五年），又六年而楚人灭黄（僖十年），齐皆不能救，君子亦以知齐霸之将衰也。僖五年（三十一年，即召陵后一年）夏，合鲁、宋、陈、卫、郑、许、曹会王世子于首止。（衣裳之会九）其年秋八月，盟于首止，郑伯逃归不盟，郑始贰矣，于是连年两伐郑（僖六年夏、七年春）。僖七年（三十三年），秋七月，始会鲁侯、宋公、陈世子款、郑世子华盟于宁母。（衣裳之会十）僖八年（三十四年）正月，复会王人、鲁侯、宋公、卫侯、许男、曹伯、陈世子款会于洮，郑伯乞盟。（兵车之会一）是役也，是为兵车之会，自是终齐桓之世（九年间），楚不敢复加兵于郑。僖九年（三十五年），会周公、鲁侯、宋子、卫侯、郑伯、许男、曹伯于葵丘，秋九月，诸侯盟于葵丘。（衣裳之会十一）齐霸至是而极盛。是盟也，束牲载书，而不歃血，示大信也，以五事命于诸侯：初命曰诛不孝，无易树子，无以妾为妻；再命曰尊贤育才，以章有德；三命曰敬老慈幼，无忘宾旅；四命曰士无世官，官事无摄，取士必得，无专杀大夫；五命曰无曲防，无遏籴，无有封而不告。盖属于各国内治者四事，而属于同盟国公益者一事焉。僖十三年（三十九年），合鲁、齐、宋、陈、卫、郑、许、曹会于咸。（兵车之会二）为淮夷病杞，谋拯之，且周方有戎难，谋王室也。僖十五年（四十一年）春，楚人伐徐，三月合鲁、宋、陈、卫、郑、许、曹盟于牡丘。（兵车之会三）遂以诸侯之师救徐。僖十六年（四十二年），合鲁、宋、陈、卫、郑、许、邢、曹会于淮。（兵车之会四）为淮夷病鄫，欲城鄫也，不果城而还。东徼益骚然多事，桓公亦耄荒，齐霸衰矣。其年管仲卒，明年桓公卒，齐国乱，齐霸终焉。齐霸四十年中，北膺狄，南惩楚，东慑淮夷，中抚宁诸夏，字小兴灭，布信义，明约束，衣裳之会十一，而不事歃誓，兵车之会四而未尝有大战；东诸侯庇以安焉，文治骎隆，而齐亦富庶甲天下，后世遵其政，盛强数百年。故孔子曰："管仲相桓公，霸诸侯，一匡天下，民到于今受其赐。"又曰："如其仁，如其仁！"盖深美之也。桓公卒后，宋襄公不量力，欲继其业，强合诸侯，战楚于泓，败绩身殒。是时楚成悍鸷，令尹子文为之相，楚益强。桓公卒后七年，而晋文公归有晋国，晋霸代兴。

晋文公遭骊姬之难，出亡十九年，以僖二十四年归于晋，年既六十有四矣。其年冬，而王室有叔带之难。带，襄王母弟也，召狄入周，王出居郑地汜，使告难于晋、鲁、秦诸国。明年春，秦穆公次于河上，将纳王，晋大夫狐偃言于文公曰："求诸侯莫如勤王，诸侯信之，且大义也。"文公遂辞秦师而下，三月，次于阳樊，右师围温，左师逆王，四月，王入于王城，文公朝王，王赐以阳樊、温原、攒茅之田，晋于是始启南阳。是役也，殆天将启晋，故文公甫入，而值王室之难，既得此名义以号召诸侯，复得赏邑控南阳，为制楚之具焉。其辞秦师而自专其功，亦所以遏秦之东渐也。然是时值齐乱宋熸之余，楚氛甚恶，东诸侯与于齐桓之盟会者，蔡无论矣。若鲁、若陈、若郑、若曹、若卫、若许皆党于楚，惟齐宋不附，鲁至导楚师以伐之（僖二十六年），楚遂以四国之师围宋，复合七国之诸侯盟于宋（僖二十七年，七国：鲁、卫、陈、蔡、曹、郑、许也），天下大势，几尽在楚矣。文公始入而教其民，三年而后用之，赋职任功，弃责薄敛，施舍分寡，救乏振滞，匡困资无，轻关易道，通商宽农，茂穑劝分，省用足财，利器明德，以厚民性；昭旧族，爱亲戚，明贤良，尊贵宠，赏功劳，事耇老，礼宾旅；诸姬之良，掌其中官，异姓之能，掌其远官；于是搜于被庐，作三军，谋元帅，赵衰举郤縠，从亡诸勋臣咸让长让贤而自为之佐，少长有礼，上下大和。楚则令尹子文既老，传政于子玉，楚之识者，谓子玉帅师过三百乘，将不能以入也。夫以久乱新奠之晋，当积威方张之楚，其险艰盖可想见，然观其臣下之一骄一惧，则胜负之数既可知耳。文公即位之五年，而有城濮之役。僖二十七年冬，楚合陈、蔡、郑之师围宋。其明年春，晋侵曹伐魏以救宋，楚人救卫。三月，宋人使门尹般如晋师告急，文公曰："宋人告急，舍之则绝，告楚不许，我欲战矣，齐秦未可，若之何？"中军将先轸曰："使郑舍我，而赂齐秦，藉之告楚，我执曹君而分曹卫之田，以赐宋人，楚爱曹卫，必不许也。喜赂怒顽，能无战乎？"公说，执曹伯，分曹卫之田，以畀宋人。梁启超曰：当时楚之与国，偏于中原，晋仅得一宋，而救亡不给，晋非得齐秦，不能战楚，慎之至也。楚成王入居于申，使申叔去穀（两年前，鲁以楚师伐齐，取穀，楚申公叔侯驻师戍穀），使子玉去宋，曰："无从晋师。晋侯在外十九年矣，而果得晋国，险阻艰难，备尝之矣。民之情伪，尽知之矣。天假之年，而除其害，天之所置，其可废乎？"《军志》曰：'允当则归。'又曰：'知难而退。'又曰：'有德不可敌。'此三志者，晋之谓矣。"子玉固请战，成王怒，少与之师。子玉乃使告晋师曰："请复卫侯而封曹，臣亦释宋之围。"晋大夫子犯曰："子玉无礼哉！君取一，臣取二。不可失也。"先轸曰："子与之，定人之谓礼，楚一言而定三国，我一言而亡之，我则无礼，何以战乎？不许楚言，是弃宋也，救而弃之，谓诸侯何？不如私许复曹卫以携之，执楚使者以怒楚，既战而后图之。"文公说，乃拘楚使者于卫，且私许复曹卫，曹卫告绝于楚。子玉怒，从晋师。梁启超曰：今世文明国之战争，必欲以先开衅之罪责归诸其敌，盖非是无以作我士气而收天下之望也。当时晋楚处不能不战之势，其始晋未敢战，得齐秦则晋战志决矣。而楚子则不欲战，晋惧楚之逸而不欲战也，而又必欲以罪责嫁诸楚也，故其君臣密勿谋议，如此其周详而审慎也。先是，文公出亡历各国，楚待之有加礼，成王问返国何以为报，文公曰："晋楚治兵遇于中原，其避君三舍！"至是楚师进，晋师退。军吏曰："以君避臣，辱也，且楚师老矣，何故退？"子犯曰："师直为壮，曲为老，岂在久乎？微楚之惠不及此，退三舍避之，所以报也。我退而楚还，我将何求？若其不还，君退臣犯，曲在彼矣！"退三舍，楚众欲止，子玉不可。夏四月，戊辰，晋师、宋师、齐师、秦师次于城濮。文公犹有疑惧，子犯曰："战也！战而捷，必得诸侯。若其不捷，表里山河，必无害也。"公又曰："若楚惠何？"栾枝曰："汉阳诸姬，楚实尽之。思小惠而忘大耻，不如战也。"子玉使斗勃请战，曰："请与君之士戏，君凭轼而观之，得臣亦与寓目焉。"（得臣，子玉名）文公使栾枝对曰："寡君闻命矣！楚君之惠，未之敢忘，是以在此，为大夫退，其敢当君乎？既不获命矣，敢烦大夫，谓二三子，戒尔车乘，敬尔君事，诘朝相见。"文公登有莘之墟以观师，曰："少长有礼，其可用也。"己巳，晋师陈于莘北，胥臣以下军之佐当陈蔡。楚子玉以若敖之六卒当中军，曰："今日必无晋矣。"子西将左，子上将右，胥臣蒙马以虎皮先犯陈蔡，陈蔡奔，楚右师溃。狐毛设二旆而退之，栾枝使舆曳柴而伪遁，楚师驰之。原轸、郤溱以中军公族横击之，狐毛、狐偃以上军夹攻子西，楚左师溃。楚师败绩，子玉收其卒而止，故不败。晋师三日馆谷，及癸酉而还。梁启超曰：城濮一役，为霸政最大关键，吾故全移录《春秋左氏传》之文如上。其最足令我辈生异感者，则以如此有名之大战，不过一日而毕，则古代战术之简单，与所蒙损失之微眇，可以想见（《春秋》所谓五大战，皆不过尔尔），以较战国诸战役，既若天渊矣。然决战之时虽甚短，备战之日则甚长。晋之君臣，盖以五年之力为可战之预备，以三月之力为临战之预备，史实斑斑可考也。其胜败之机，一言蔽之曰：晋惧而楚骄。《军志》曰："两军相对，哀者胜矣。"晋之谓也。召陵之役，齐楚皆惧；城濮之役，晋惧而楚骄；邲之役，晋骄而楚惧；此得失之林矣。孔子谓齐桓正而晋文谲，以召陵、城濮两役较之，斯盖然也。然非可以定霸功之优劣。齐桓经营三十年，会盟以十数，仅能合鲁、卫、宋、陈、郑、许，最后乃得江、黄；而召陵陈师，楚威不能挫也。城濮之役，在晋文即位之第五年春，实则四年耳，其时中原诸侯尽即楚，晋盖孤立于北方，苦心结齐秦以奏此肤功。而天下靡然从风，鲁、卫、郑、陈、蔡皆震于一战之威，去楚即晋，故《春秋》大之，书曰："五月癸丑，公会晋侯、齐侯、宋公、蔡侯、郑伯、卫子、莒子盟于践土，陈侯如会。"又书曰："冬，公会晋侯、齐侯、宋公、蔡侯、郑伯、陈子、莒子、邾子、秦人于温。"其明年（僖二十九年）又书曰："夏六月，公会王人、晋人、宋人、齐人、陈人、蔡人、秦人盟于翟泉。"楚于是忽反成孤立，而霸局始定。中原食其赐者垂百年，则晋文之功，视齐桓为烈也。

纪晋霸消长章第五

晋文返国，年已垂暮，定霸三年而卒，然遗烈不沬，传襄公、灵公、成公、景公、厉公、悼公六世七十年，虽有兴替，然常不失为齐盟长，逮盟宋弭兵，而霸运渐告终矣。今以此七十年间大势著之此章。

此七十年实可称晋楚争盟时代。其晋秦、晋齐、晋吴之关系，亦多所变化，而晋楚势力之消长恒随之。请先言晋秦。晋之与楚，显敌也，然终春秋之世，三战而已。晋之与秦，世婚也，然六十九年间十五战，晋伐秦者七，秦伐晋者八，而韩原之役尚不与焉。秦穆之世与晋襄交兵者五（一、僖三十三年夏，崤函之役，秦潜师袭郑，晋逆击败之；二、文二年，彭衙之役，秦伐晋报崤之怨，晋败之；三、其年冬，晋会宋、陈、郑伐秦，报彭衙之怨，取汪及彭衙；四、文三年夏，秦伐晋，取王官及郊，晋人不出；五、文四年秋，晋伐秦，围邧及新城，报王官之怨），秦康之世与晋灵交兵者四（一、文七年夏，令狐之役，时晋襄公卒，晋遣人往秦迎立公子雍，秦以重师送之，既而晋改立灵公，拒秦，败其师；二、文十年春，晋伐秦，取少梁；三、其年夏，秦伐晋，取北徵；四、文十二年冬，河曲之役，秦修令狐之怨，伐晋，取羁马，晋御之于河曲，秦师夜遁，复侵晋，入瑕），秦共之世与晋灵交兵者一（宣二年春，秦师伐晋，盖由去年晋人侵崇，崇，秦与国也，故伐晋以报之，遂围焦），秦桓之世与晋成交兵者一（宣八年夏，晋师白狄伐秦），与晋景交兵者二（一、宣十五年七月，秦伐晋，乘晋略狄土，窥其虚也，晋败之于辅氏；二、成九年冬，秦人白狄伐晋），与晋厉交兵者一（成十三年夏，晋率八国之师伐秦，盖两年前秦晋为成，秦旋背盟也），秦景之世与晋悼交兵者三（一、襄十一年冬，秦伐晋，战于栎，晋师败绩；二、襄十二年冬，秦人伐宋以报晋；三、襄十四年夏，晋侯率十二国之师伐秦，报栎之怨，栾黡违命，晋师乃还，晋人谓之迁延之役）。秦所亟欲得者崤函也（贾生《过秦论》谓"秦孝公据崤函之固，以窥周室"，后此秦所以能一统，其最要一著在此），而又晋之所必争也。秦晋之所以兵连祸结者以此。夫秦穆公当世之雄主也，与为婚媾（秦穆夫人为晋献女，其女怀嬴，既事怀公，复事文公），十四年中，三置晋君，岂真有所爱于晋？欲因以为利也（秦穆既纳晋惠，与公孙语谓晋惠忌而多怨，又焉能克是吾利也？见《左传》僖公九年）！晋惠之入也，赂秦以河外列城五，东尽虢略，南及华山，盖自华阴以及河南府之嵩县，南至邓州，凡六百里，皆古虢略地。崤函桃林之塞在焉，赂秦则晋之地险尽，而晋遂永为秦役矣。晋之赂，亦诳秦已耳。故惠既入而遽背之，烛之武所谓"许君焦、瑕，朝济而夕设版"也（见《左传》僖三十年）。秦不堪其侮，是以有韩之役，晋师熸，惠公俘焉；于是秦始征河东置官司（当时秦晋以河为界，然河西尚有晋地，河东则无秦地），然不能久有也，越二年而归之。盖晋民不服使然。秦知晋之未易与，乃更纳文公以徼好。城濮以后，三年之中，秦之于晋，无役不从，晋之霸，秦与有力焉。然其间有两事，已伏衅瑕。文公初入之年，周有戎难，秦穆次于河上将纳王，晋文辞之而独专其功；秦以纳王，为东向争霸之一良机，晋亦知之而突起抑之，秦之隐恨可知也。僖三十年，晋秦同围郑，郑使烛之武说穆公，穆公私与郑盟，使杞子等三人戍郑，潜退师焉；是役也，秦实负晋，晋虽念旧好，未忍击之，然其隐恨又可知也。未几遂有崤之役，秦穆郁雄心，屡不得志，及是则既耄矣，日暮途远，冒险逆施，乘晋文新丧，谓晋不足畏，信杞子等之言，潜师越周晋境千里以袭郑，郑人有备，灭滑而还。晋中军将先轸曰："秦不哀吾丧，而伐吾同姓。一日纵敌，数世之患也。"遂率姜戎，逆击之于崤函，秦师匹马只轮无返者。秦晋之交自此绝，而秦亦终春秋之世，不能得志于东方。虽然，秦穆固一时之杰也，善用人，善补过，卒霸西戎，为数百年后帝业之资焉。崤以后之数十役，大率修怨负气相报复，其曲直不必深问。两军互渡河东西，夺取城邑，不甚为大局轻重，顾秦虽绌而晋亦疲，楚之日张，亦未始不坐是。秦桓景以降，折而昵楚，晋益病矣。

晋楚争霸，春秋史之骨干也。其间可略分数期：城濮战后，为晋极盛时代；越十六年有厥貉之会，楚渐复兴；更二十年有邲之战，为楚极盛时代；邲战后二十三年，有鄢陵之战，晋复兴；更十四年有萧鱼之会，为晋再盛时代；萧鱼后十六年，盟宋弭兵，则晋楚不复争，而晋楚亦皆自此衰矣。城濮战后五年而晋文公卒，子襄公立，襄公立之明年，而楚太子商臣弑其父成王，自立，是为穆王。两国同时易新君，外竞之势，自然停顿。楚穆本以凶狠之姿，岂不思凭陵以逞？然晋襄才器，能负荷先业，文公佐命诸贤，原、胥、狐、赵、栾、郤之徒咸在，败秦败狄，国威方张。楚不敢撄其锋也，然已稍稍蚕食附近诸小国。文四年（楚穆三年），灭江，明年灭六、灭蓼，晋方岁岁与秦构难，弗能救也。又明年（文六年），晋襄公卒，灵公立，诸元老凋落已尽，而赵盾执政，灵公既不君，盾亦无远图，晋始替矣。梁启超曰：国之兴衰，天运与有焉。文襄皆享祚不长，晋之不幸也。文九年，楚范山言于楚子曰："晋君少，不在诸侯，北方可图也。"三月，楚伐郑，晋以诸侯之师救郑，不及。其夏，楚侵陈，陈请平。明年（楚穆九年，晋灵四年），陈侯、郑伯会楚子于息，遂及蔡侯，次于厥貉，将以伐宋，宋公逆楚子劳焉，且听命。二十年来，从晋之宋、郑、陈、蔡，至是皆贰于楚，楚连年伐麇围巢，中州骚然矣。然郑、陈犹以其明年同朝于晋，未遽叛也。凶穆旋殒，庄实继世（文十四年）。夫庄王，楚之贤王，世所称五霸之一也，其在位二十二年中，楚称全盛。庄王即位三年，不出号令，有讽谏者，王曰："三年不蜚，蜚则冲天；三年不鸣，鸣则惊人。"其年（文十六年）秋，遂联秦人、巴人之师灭庸，此亦春秋一大事也。城濮之役，秦附晋攘楚，至是秦楚合而晋益孤矣。巴、庸世为楚病，巴服而庸灭，楚自兹更无内顾忧，得以全力争中原。先是，文十四年（即楚庄即位之年），晋赵盾合鲁、宋、陈、卫、许、曹同盟于新城，于是诸侯之从楚者皆至，惟蔡未服。明年夏伐蔡，冬复盟于扈，蔡亦与。盖楚新丧而晋有忧危之心，故晋霸稍振。然陈蔡实已昵楚，而郑亦首鼠于其间，既而晋讨宋弑，为鲁讨齐，皆取赂而还（宋弑昭公，晋会诸侯讨之；齐屡侵鲁，鲁诉于晋，晋拟合诸侯于扈，将讨之，皆受赂而罢。此文十七年事也）。郑穆公会于扈而归，曰：“晋不足与也！”遂受盟于楚，实楚庄王之六年也，自兹遂成晋楚争郑之局。向后十二年间，郑无岁不被兵，见伐于晋者五（一、宣元年秋，郑从楚侵陈，遂侵宋，晋救陈，遂会宋、陈、卫、曹之师于棐林，伐郑，楚芃贾救郑，晋师还；二、其年冬，晋宋伐郑；三、宣二年春，郑受命于楚，伐宋。夏，晋、宋、卫、陈会师侵郑，楚斗椒救郑，晋师还；四、宣三年春，晋伐郑，郑请成；五、宣十年六月，晋、宋、卫伐郑，郑请成），见伐于楚者八（一、宣三年夏，楚人侵郑；二、宣四年冬，楚子伐郑；三、宣五年冬，楚伐郑陈，及楚平，晋荀林父救郑，伐陈；四、宣六年冬，楚人伐郑，取成而还；五、宣九年冬，楚子伐郑，晋郤缺救郑，郑伯败楚师于柳棼，国人皆喜，惟子良忧曰：“是国之灾也。”六、宣十年六月，郑及楚平；诸侯之师伐郑，取成而还；冬，楚子伐郑，晋士会救郑，诸侯遂戍郑；七、宣十一年春，楚子伐郑，夏，郑与楚盟于辰陵，冬，郑又徼事于晋；八、宣十二年春，楚子围郑，郑降，遂有邲之战），郑盖三即晋（一、宣三年夏，二、宣七年春，三、宣十一年冬），而四即楚（一、宣六年冬，二、宣十年夏，三、宣十一年夏，四、宣十二年春），其间不被兵者两年而已（宣七年、八年）。晋复有内难（宣二年，赵盾弑灵公），是以益不竞，至宣十二年而有邲之役，实城濮战后之三十六年也（楚庄十七年，晋景三年）。其年春，楚子围郑，涉数月而晋弗能救，郑伯肉袒牵羊以降，楚人退三十里而许之平。楚潘尪入盟，郑子良出质，楚郑之交既固矣。夏六月，晋师始救郑，荀林父主军，六卿皆行，及河，闻郑既及楚平，林父欲还，曰："无及于郑而剿民，焉用之？楚归而动不后。"诸卿士会栾书、韩厥等皆同林父，惟中军佐先縠不用命，率所部先济，全从之。楚庄王及其令尹孙叔敖犹不欲战，使求成于晋。晋人许之，盟有日矣。而两军军士之乐战者，迭互相挑致，前伍频有小哄。晋恃盟成不严备，楚突起薄晋军，林父不知所为，鼓于军中，曰："先济者有赏！"晋师大溃。是役也，晋卿不和，先縠骄而群帅惰，是以败。梁启超曰：晋楚之战，与晋秦异。晋秦屡战，一胜一败，疆场之事耳。晋楚不轻战，战则为大局所关，故城濮一战而天下靡然从晋，邲一战而天下摩然从楚。楚至是既得陈、蔡、郑、许，而更有事于宋。宣十三年（邲战之明年）夏，伐宋，十四年秋，复围宋，十五年夏，宋遂及楚平。成二年（邲战后九年），楚为蜀之盟，齐、秦、鲁、宋、陈、卫、郑、曹、邾、郳十国会焉，晋文践土之会，不是过也，霸权殆移于楚。先是，齐自晋文卒后，即不复与于晋之会盟，及晋霸中衰，齐辄肆虐于鲁卫。晋郤克执政，欲树威以复霸业，而首务服齐，于是乎有鞍之役，即楚盟蜀之岁也，亦春秋一大战也。齐既败于鞍，坚从晋者二十余年。于时楚庄既殂，楚共嗣立，楚锋稍戢。而晋亦于邲战后专力北方，剪灭赤狄，尽收潞氏、甲氏、留吁、铎辰之地，拓境千里，史或称晋景为再霸焉。成五年（晋景十三年），晋合诸侯同盟于虫牢，鲁、齐、宋、卫、郑、曹、邾、杞会焉。成七年，同盟于马陵，寻虫牢之盟，八国之外复加以莒。成九年，同盟于蒲，谋通吴也，吴人未至。盖终晋景之世，五合诸侯同盟云。先是楚申公巫臣，与子重、子反有怨，奔晋，晋以为邢大夫（事在楚盟蜀之年）。楚诛其族人，巫臣自晋遗二子书曰："余必使尔疲于奔命以死。"巫臣乃为晋通好于吴，教以车战骑射，使叛楚。吴乃伐楚、伐巢、伐徐，子重奔命；马陵之会，吴入州来，子重自郑奔命；子重、子反于是乎一岁七奔命，蛮夷属楚者，吴尽取之，自是大为楚病。晋独力不能制楚，而资援于吴，殆事势不得不然。然自吴通上国后，春秋之局又一变矣。成十一年，晋景公卒，厉公立，时则弭兵息争之论骤起，然与时势相反，事同滑稽。是年，秦晋为成，将盟于令狐，晋侯先至，秦伯不肯涉河，使史颗盟晋侯于河东，晋郤犫盟秦伯于河西。秦伯归而背晋成。越二年而晋使吕相绝秦。当秦晋之将盟也，宋华元又谋合晋楚之成。明年（成十二年）夏五月，晋楚之大夫盟于宋西门之外，晋郤至聘于楚，楚公子罢聘于晋。乃越三年而楚复伐郑，子囊谓新与晋盟不可背，子反曰："敌利则进，何盟之有？"于是晋、齐、宋、鲁、卫、郑、邾七国之大夫会吴于钟离，谋共敌楚。明年（成十六年），遂有晋楚鄢陵之役，实邲战后二十三年也（晋厉六年、楚共十六年），其机仍起于争郑。自邲战后，郑服楚者十二年，晋两伐之（宣十四年、成三年），至虫牢之盟（成五年）而郑更服晋者四年，楚亦两伐之（成六年、七年）；盟蒲以后（成九年），郑复即楚，晋又两伐之（成九年、十年），越四年而晋楚为成，又三年，楚背盟伐郑，郑复服楚。故鄢陵之役，楚郑实合师焉。晋中军将栾书曰："不可以当吾世而失诸侯，必伐郑！"遂兴师，厉公及诸卿皆主战，惟范燮不欲，曰："惟圣人，能外内无患，自非圣人，外宁必有内忧。盍释楚，以为外惧乎？"燮之不欲战，非谓楚之不可克也，知其且必克而克之，适以速晋内乱也。是时楚既外疲于吴，而子重、子反复偷以汰，故未交绥而溃遁，晋师大捷。然晋犹终未能得志于郑。而厉公归自鄢陵，益骄侈，一朝而杀三卿，卒为栾书、中行偃所弑，范燮外宁内忧之言验焉。及悼公立而晋霸复大昌。晋悼霸业，不类晋文而类齐桓。终悼之世，未尝与楚一战，而楚遂不敢逞，诸夏庇而安焉，故史称其三驾而楚不能与之争。吁！盛矣！悼在位十五年，韩厥、知䓨继为正卿，魏绛、荀偃、士匄、赵武佐之，皆晋之彦也。史称美其政曰："举不失职，官不易方，爵不逾德，师不陵正，旅不逼师，民无谤言。"盖内政之修明，文襄以降，未尝有也。其对外之政略有四：曰和戎，曰用吴，曰伐郑，曰弃陈。戎狄之在河北者，赤狄最悍，晋已灭之，其余诸戎种落尚繁，魏绛乃陈和戎有五利，悼公采之，乃盟诸戎，修民事，田以时（《左传》纪和戎之效而特详四事。考魏绛和戎五利，其第一利曰戎狄荐居，贵货易土，土可贾焉；其第二利曰边鄙不耸，民狎其野，穑人成功。当时殆以廉价收诸戎之地而垦辟之，又既无戎扰边境，穑事大安，其影响于晋之农业必甚大也）。其后公赐绛以金石之乐，曰："子教寡人和诸戎狄，以正诸华。八年之中，九合诸侯。"又曰："微子，寡人无以待戎，不能济河！"则和戎所关之重，可以推见。用吴制楚之策，肇于景而成于悼，终悼之世会吴凡五：其一，襄三年（即晋悼三年，下推）夏，鸡泽之盟，逆吴于淮上而吴子不至，吴未易役也；其二，襄五年夏，善道之会，吴谢不会鸡泽之咎，且请听命，故使鲁卫先会之；其三，是年秋，戚之会，合十三国而吴在末次（仅附庸之鄫为吴下），且命戍陈焉，晋令遂行于吴；其四，襄十年春，柤之会，柤实楚地，会于此，示得吴以威楚也；其五，襄十四年春，向之会，吴伐楚丧而告败，晋数吴之不德而退之，然仍为吴谋楚，以霸者之威德，临吴而怀之也。晋悼盖善用吴而不为用也。晋得吴则楚之右臂断而不敢扰郑，惧吴之议其后也，而诸夏则坐是小康矣。晋楚争郑之局，至晋悼之世而止，而其争亦最烈。晋虽胜楚于鄢陵而不能有郑也，故夏告捷而秋伐郑。厉公末叶，盖三伐而不有功（一、成十六年秋，即鄢陵后一月也，二、成十七年夏，三、其年冬）。悼公即位之始，楚间晋难，而崛起争宋，纳宋叛臣鱼石于彭城，郑实导之，晋于是率诸侯城虎牢以逼郑，东争彭城，西争虎牢。据两天险，郑南面以待楚之敝，此晋君臣之长计也。终悼之世，郑亦再服晋而再叛，再叛之后，卒乃坚服。襄二年冬，城虎牢，三年六月，郑乃与于鸡泽之盟，此初服也，于是郑从楚已七年矣。及襄八年之冬，楚公子贞伐郑，郑及楚平，此初叛也，距初服盖五年。襄九年冬，晋以诸侯伐郑，十一月，同盟于戏，此再服也。晋师还而楚复来伐，复与楚平，此再叛也，相去旬日间耳。当是时也，晋知非敝楚不能服郑（襄九年《左传》云："冬，诸侯围郑，郑人恐，乃行成。荀偃曰：'遂围之，以待楚人之救也，而与之战，不然无成。'知䓨曰：'许之盟，而还师以敝楚人，吾三分四军，与诸侯之锐以逆来者，于我未病，楚不能矣，犹愈于战。'乃许郑成。"此晋对楚之大方针也，不战楚乃所以敝楚也），郑亦知非怒晋不能拒楚（襄十一年《左传》云："郑人患晋楚之故，诸大夫曰：'不从晋，国几亡，楚弱于晋，晋不吾疾也，晋疾楚，将避我。何为而使晋师致死于我，楚弗敢敌，而后可固与也。'子展曰：'与宋为恶，诸侯必至，吾从之盟，楚师至，吾又从之，则晋怒甚矣。晋能骤来，楚将不能，吾乃固。'与晋诸大夫说，乃侵宋。"此郑对楚之大方针也，其从楚正所以谋绝楚也），晋郑之间若有默契焉。郑以叛服不常故，终悼之世，四从楚伐宋（一、成十八年夏，二、襄二年春，三、襄十年秋，四、襄十一年秋），五见伐于晋（一、襄元年夏，二、襄九年冬，三、襄十年秋，四、襄十一年夏，五、襄十一年秋），而三见伐于楚（一、襄五年冬，二、襄七年冬，三、襄九年冬）。至襄十一年，郑与于萧鱼之会，郑自是从晋不贰者二十四年。晋楚争郑之局，亦告终焉。其后楚虽三伐郑（一、襄十六年冬，二、襄二十四年冬，三、襄二十六年冬），不能得志，亦不关于大局也。都凡晋楚争郑六十年，郑被兵三十有四度，而晋楚恰各半，及虎牢城戍之功就，楚遂不复能为郑患，故虽至战国，郑犹灭于韩而不灭于楚也。先是鸡泽之会（襄三年），陈侯使其大夫袁侨来乞盟。陈之不宾，既三十四年矣（宣五年冬，陈及楚平，自是役属于楚），至是忽弃楚即晋。越二年，楚子囊为令尹，晋人知其必争陈也，捐力与之，然后专力与争宋郑（襄五年《左传》云："楚子囊令尹。范宣子曰：'我丧陈矣，子囊必疾讨陈。陈近楚，民朝夕急，能无从乎？有陈非吾事也，无之而后可。'"），故虽尝以诸侯之师戍陈，后乃更以之戍郑。夫霸政之指归，在均势，在维持现状，残民逞欲，在名义上实所不许。晋之攘楚，非欲划除楚固有之势力，使楚之势力毋更横溢以扰中原已耳。故与楚密迩之陈，不复强以所不堪，以还其均势之旧，有力而用之不尽，亦晋之所以善自全也。悼公之卒，年仅三十，倘其永年，晋之兴且未艾，而春秋之局，亦不至遽蜕变为战国。惜哉！自悼之卒，平昭继位，席其余烈，犹能为诸夏宗主者二十余年。平公之世，合诸侯十三（一、襄十六年三月溴梁之盟，二、襄十九年正月祝柯之盟，三、襄二十年六月澶渊之盟，四、襄二十一年十月商任之会，五、襄二十二年冬沙随之会，六、襄二十四年八月夷仪之会，七、襄二十五年第二次夷仪之会，八、其年八月重丘之盟，九、襄二十六年第二次澶渊之会，十、襄二十七年夏宋之盟，十一、襄二十九年五月城杞之会，十二、襄三十年第三次澶渊之会，十三、昭元年虢之盟），盟公之世二焉（一、昭十一年秋厥憖之会，二、昭十三年秋平丘之会）。然宋盟以后，晋日以不竞，霸政行熄矣（语在"霸政余纪"章）。晋霸起践土之盟，迄平丘之会，都凡一百有四年。

霸政余纪章第六

自宋盟以后，迄于获麟，为霸政余纪。其间大事，则晋楚之中衰，一也；吴越之忽兴忽亡，二也；各国大夫之专政，三也；小国之乱亡，四也。余纪云者，谓无霸也。盟宋之时，晋霸形来坠也，其后尚数合诸侯，曷为谓之无霸？霸具不存焉尔。楚亦尝合诸侯，吴齐亦争盟，曷为谓之无霸？彼之所持非霸者之职志也。故盟宋以后，无霸之天下也。

初，晋厉初立，宋华元合晋楚之成，未几楚背盟，伐郑，以有鄢陵之役。越三十年而宋向戌复以合晋楚弭兵倡于天下。襄之二十五年，晋范匄老，传政于赵武，而楚屈建（即子木），亦新为令尹。向戌与二人者皆相善也，欲弭诸侯之兵以为名，如晋告赵武。赵武谋于诸大夫，韩起曰："兵，民之残也，财用之蠹，小国之灾也。将或弭之，虽曰不可，必将许之。弗许，楚将许之以召诸侯，则我失为盟主矣。"晋人许之。如楚，楚亦许之。齐秦无异辞。向戌乃遍告小国，以襄二十七年七月会盟于宋，与会者晋、楚、齐、秦、鲁、卫、陈、蔡、郑、许、曹、邾、滕，并宋为十四国。屈建请晋楚之从交相见，赵武曰："晋、楚、齐、秦，匹也，晋之不能于齐，犹楚之不能于秦。"乃释齐秦，既而齐人请郑，宋人请滕，以为私属，皆不与盟。盟者十国焉。将盟，楚人衷甲，楚伯州犁以为不信，固请释甲。屈建曰："晋楚无信久矣，事利而已。苟得志焉，焉用信？"及盟，晋楚争先，晋人曰："晋固为诸侯盟主，未有先晋者也。"楚人曰："子言晋楚匹也，昔晋常先，是楚弱也，且晋楚狎主诸侯之盟也久矣，岂专在晋？"晋人不欲复与竞，卒先楚人，盟成。向戌求邑于宋公以为赏。司城子罕曰："凡诸侯小国，晋楚以兵威之，畏而后上下慈和，慈和而后能安靖其国家以事大国，所以存也。无威则骄，骄则乱生，所以亡也。天生五材，民并用之，废一不可，谁能去兵？子求去之，不亦诬乎？以诬道蔽诸侯，纵无大讨，而又求赏，无厌之甚也。"梁启超曰：子罕之言谅哉！岂惟小国，即彼大国者，惟常有敌国外患临乎其前，其君臣日相戒惧，内之惧失其民，外之惧失与国，而因以整纲饬纪，礼贤让能，兴事趋功，招携怀远。其人民亦常觉民生之不易，祸至之无日，相辑和以事其长上，壹其心志，齐其步伐，以争俄顷之生死于其敌。夫如是，然后其国能有朝气，有朝气然后国有所以与立于天地而日进于高明。国国皆如是焉，则含生之类所由进善而多福也。无敌国则骄，无外患则逸，骄且逸则汰，汰则偷，执政者汰偷于上，民汰偷于下，则充国中皆暮气也。此而不衰亡，未之闻也。呜呼！自盟宋以后，诸侯之气皆暮矣。故晋臣争权黩货以失诸侯，卒自分裂，楚主骄盈恣戾，迭相篡弑，以召入郢之祸。自余诸小国，外则时相踶啮，逐尺寸之利；内则自相挤轧，世卿移国者项背相望也，遂以成春秋之季。呜呼！以匹夫口舌之力而狎弄列强，迁转世运，未有如宋向戌者也；不有所废，其何以兴？天其或将开战国之局，而假手于戌焉，莫之为而为莫之致而致也。宋盟后五年（昭元年），十一国之大夫复盟于虢以寻宋盟，弭兵之论益炽，自是鲁、卫、宋、郑之君相，岁仆仆朝聘于楚廷。更三年（昭四年），而楚灵王合十二国诸侯盟于申，既而十年之中，楚三伐吴（昭四年、五年、十二年），执徐子（昭四年），伐徐（昭十三年），灭赖（昭四年），迁许（昭九年），灭陈（昭八年），灭蔡，虐用蔡世子如刲羊豕（昭十一年）。晋惟卑辞以请蔡于楚，曾不敢以一矢相加遗，惧以背宋盟滋口实也。晋霸于是扫地矣。同时齐景亦侈欲争霸，伐徐（昭十六年），伐莒（昭十九年），不戢其武。鲁叔孙昭子伤之曰："诸侯之无伯，害哉！齐君之无道也，兴师而伐远方，会之有成而还，莫之亢也，无伯也夫。《诗》曰：'宗周既灭，靡所止戾。正大夫离居，莫知我肄。'其是之谓乎？"梁启超曰：无伯之害，岂唯一端？吾读昭、定、哀间《春秋传》，触目皆是矣。

请言鲁与邾、莒。初，鲁桓公之子、庄公之弟三人，曰庆华，曰叔牙，曰季友。庆父、叔牙为乱，季友忠而才，克靖公室，受封邑为季孙氏。而庆父、叔牙虽伏罪，不绝其后，号孟孙、叔孙氏，是为三桓，与臧氏、郈氏、展氏等同为鲁卿族。而三桓代有贤良，递秉国政，国权亦渐以下移。至昭五年，舍中军，四分公室，季氏取二，孟氏、叔氏各取一，鲁君殆同寄食。实宋盟后之九年也。其后昭公不堪三家之逼，自起伐季氏，而孟、叔助季，公徒败绩。公出奔齐（昭二十五年），齐欲纳之，而齐臣梁丘据之徒尼之。诉于晋，晋范鞅执政，受季孙赂，弗之恤也。越七年而昭公卒客死于乾侯。又其后，哀公欲以越兵伐鲁，逐三桓，不胜，出奔，客死于越。于是鲁逐两君而莫之讨也，无伯也夫。初，邾、莒在鲁肘腋，夙虐于鲁，昭襄之际（即宋盟前后二十余年），鲁四纳邾叛臣，而取其邑（一、襄二十一年，邾庶其以漆闾丘奔来；二、襄二十三年，邾畀我来奔；三、昭二十七年，邾快来奔；四、昭三十一年，邾黑肱以滥来奔），五伐邾，而卒灭之（哀七年），又屡伐莒，取郓（昭元年），取鄶（昭四年），受其叛邑（昭五年，莒牟夷以牟娄及防兹来奔），莒濒于亡。于是鲁辖两国而莫之救也，无伯也夫。

请言卫。卫当鲁襄之世，而孙林父逐其君献公，入于戚（孙氏封邑）以叛，卫献虽不君，而林父固乱臣也。晋为盟主，匪为不讨，乃反为澶渊之会以疆戚田，取卫邑六十以予孙氏而执卫侯，实盟宋之前一年也（襄二十六年）。卫侯旋因宁喜以归，复杀宁喜，卫卒不靖。其后卫灵以女宠故，逐太子蒯聩而立其孙辄，蒯聩以父而与子争国，辄以子而拒父，为天下笑。而晋赵鞅纳卫叛人以奖其乱，其失霸者之谊益远。卫俶扰数十年而莫能正之，无伯也夫。

请言宋与曹。宋华元、向戌，先后以合晋楚自喜。然皆无后于宋，若有天道，为好事乱政者戒焉。自宋盟后以迄春秋之终，宋凡四叛乱：一曰华向之乱（自昭二十年至二十二年），二曰乐大心及公弟辰公子地之乱（自定九年至十一年），三曰桓魋之乱（自定十一年至十四年），四曰大尹之乱（襄二十六年）。宋自弭兵之后，谓无复外患，而内争乃迭起，国以削弱，无伯也夫。宋景之世，曹灭于宋而晋不救（哀七年八年），曹固自取，然文王之胤，经春秋二百余年并吞之烈，岿然幸存者今斩焉，而莫之能救，无伯也夫。

请言郑与许。诸国中最受宋盟之赐者厥惟郑。盖郑本以首鼠于晋楚之间而获自存，晋楚息争，郑可以昌言服事二伯而无复罪责，郑实利焉。而适有命世之英子产其人者为之执政，且先之以子皮，而继之以子太叔。故郑在春秋以昭定之世为最康荣。虽然，有一事焉，郑与宋当隐、桓、庄之际，日相侵伐无宁岁，自霸政既兴，惟当从霸主之后相讨而已，自阋则未之闻，及定、哀之季，乃一返隐、桓之旧，二十年间，宋、郑攻伐见于经传者九焉。各修小怨，逐小利以糜烂其民，而两败以为人驱除，无伯也夫。郑之谋许，始自庄公，二百年中惮霸威而不敢取，盟宋后四十二年而许灭矣。太岳之胤，不祀忽诸，无伯也夫。

请言陈蔡。陈蔡役属于楚者百余年，楚不之灭也。曷为不之灭？知灭之而晋必夺而复之，楚亦不能守也，故不如留为与国以当晋之冲。及弭兵局成，楚知晋之倦于兵而不我竞也，故十年之中，陈蔡相继为县，蔡世子乃至宰刲以为牺，诸夏之辱，人道之惨，至是而极。虽后皆复封，亦等于鄙邑耳。而当前之荼毒，已不可复忍，谁谓为之？无伯也夫。

请言齐。齐当晋霸全盛之时，本已稍倔强，不甚用命。齐庄值晋悼即世之后，睨晋之将衰，思逞其欲，而晋之内竞，亦有以导之。初，晋栾、范不睦，范匄执政，逐栾氏，栾盈奔楚，旋奔齐。襄二十三年，齐纳栾盈于曲沃，遂以师随之，伐晋取朝歌，入孟门登太行封少水而还。入春秋以来，未有诸侯伐盟主至于此极者。齐虽不道，而晋之衰抑可知已。实盟宋前之三年也。然齐旋有庆封之难，庄公弑焉。景公嗣世，忽萌争霸之志，结郑、结卫、结鲁、结宋相与为特盟（特盟者，无主盟之国，而二国或三国各自特相盟也，春秋初年盛行，齐桓霸后即无之。其复见则自定七年秋，齐侯、郑伯盟于咸始也，同时齐侯、卫侯盟于沙；定八年冬，卫侯、郑伯盟于曲濮，定十年冬，齐侯、卫侯、郑游速会于安甫，定十二年冬，公会齐侯盟于黄，定十四年五月，公会齐侯、郑伯于牵，其年秋齐侯、宋公会于洮。盖齐景争霸之际，特盟凡七见焉。吾谓定哀之际多返于隐桓之旧，此亦一征也）。而皆以叛晋为职志，晋固不复振，而齐亦安能有成？徒贾怨于民以为陈氏资耳。初，齐之诸卿，曰国氏，齐同姓也，不知所自出；曰高氏，出于文公之子子高；曰崔氏，出于丁公；曰庆氏，出于桓公；曰鲍氏，非公族，桓公勋臣鲍叔牙之后也；曰栾氏、高氏，出于惠公之子公子栾、公子高，是称二惠（栾高之高与国高之高异族）；而陈氏，则陈公子敬仲当桓公世奔齐，受封邑传世焉。高国世为命卿，自灵公时杀国佐（成十八年），庄公时杀高厚（襄十九年），景公时逐高止（襄二十九年），二族遂替，而崔、庆特强，至有庄公之弑（襄二十五年）。其时陈氏最能持正，民望归焉。既而庆氏灭崔氏（襄二十七年），栾、高灭庆氏，而陈氏与有功焉。陈乞始得政，齐惟余栾、高、陈、鲍四族，而鲍氏党于陈。昭十年陈、鲍逐栾、高，于是齐公族尽矣。景公蕴利而侈汰，齐民苦之（晏子谏景公曰：“君外内颇邪，上下怨疾，动作辟违，从欲厌私，高台深池，撞钟舞女，斩刈民力，输掠其聚。”又曰：“山林之木衡鹿守之，泽之萑蒲舟鲛守之，薮之薪蒸虞侯守之，海之盐蜃祈望守之，县鄙之人，入从其政，逼介之关，暴征其私，征敛无度，宫室日更。”景公当时贪淫可见），而陈氏则厚施以市恩于民（晏子曰：“陈氏虽无大德，而有施于民。豆区釜钟之数，其取之公也薄，其施之民也厚。公厚敛焉，陈氏厚施焉，民归之矣。”），齐政遂归陈氏。景公卒，群公子争立，而孺子荼（哀六年弑）、悼公（哀十年弑）、简公（哀十四年弑）皆见弑于陈氏。齐于是九年而弑三君矣。陈恒之弑简公也，孔子斋戒沐浴朝鲁哀公而请讨之，然而非惟鲁不能讨，举天下竟莫能讨也，无伯也夫。

曷为无霸？晋失霸也。晋曷为失霸？晋自失之。欲知晋失霸之由，则于其卿族废兴之迹不可不深察。盖春秋中叶以还，晋之政治，卿族政治也。晋卿著者十一族：曰狐氏，唐叔之裔也，曰韩氏，曰栾氏，曰郤氏，皆公族也，曰赵氏，曰魏氏，曰胥氏，曰先氏（亦称原氏），曰范氏（亦称士氏），曰知氏，曰中行氏（二家皆出荀氏），皆异姓也（其他尚有祁氏、羊舌续氏、庆氏、伯氏皆公族，而未尝为执政）。晋制三军，军各有将有佐。中军之将，战时则为主帅，平时则为执政，其余五卿（即中军之佐及上下军将佐），参赞之以决国事。诸族皆昌于文、襄以后，而常以齿德资望递相代为执政，当其盛时，彬彬交让，同寅协恭，实贵族政制之楷式也。［文公初作，三军谋元帅，赵衰荐郤縠，乃使縠将中军，郤溱佐之；使狐偃将上军，让于狐毛而佐之；命赵衰为卿，让于栾枝、先轸，使栾枝将下军，先轸佐之。赵衰、狐偃、胥臣皆从亡，最有勋劳者也。赵、胥皆不在六卿之列，狐偃仅班在四，让德至美矣。未几郤縠卒，使原轸（即先轸）将中军，胥臣佐下军，《左传》美之曰上德也。晋诸卿之初兴，其形势如是。悼公时，中军将知罃，卒使士匄将中军，辞曰：“伯游（即荀偃）长昔臣，习于知伯（即知罃），是以佐之，非能贤也，请将伯游。”于是荀偃将中军，士匄佐之。使韩起将上军，辞以赵武，又使栾黡，辞曰：“臣不如韩起。”韩起愿上赵武，君其听之。使赵武将上军，韩起佐之，栾黡将下军，魏绛佐之。《左传》美之曰：“范宣子让，其下皆让，晋国以平，数世赖之。”此中世诸卿选相嬗代之形势也］及其敝也，递相剪灭，余三数强宗，晋以分焉。先氏当文公城濮之战，先轸以中军将为功首，旋自致死于狄难，襄公以其子先且居代之（且居以晚辈，而狐、赵、胥、栾诸勋臣乐为之下，愈见当时晋卿之贤）；其后先縠愎不用命，偾师于邲，复召狄病国，景公杀之，先氏以亡。狐氏自狐突为太子申生傅，二子毛、偃，俱事文公；至襄公将使偃子射姑将中军，阳处父易之以赵盾，射姑杀处父奔狄，狐氏以亡。胥氏自胥臣从文公，与其子甲世佐下军，其后胥甲以疾废，胥童导厉公为虐，见杀，胥氏以亡。郤氏自惠公时，郤芮实见信任，文公入，以罪废，旋录其子缺；成公时郤缺执政，景公时郤克执政，厉公时郤锜、郤犨、郤至并居卿位，栾书谮而杀之，郤氏以亡。栾氏自栾枝从文公有大功，至景公时栾书执政，厉公时鄢陵胜楚，反而弑君，再传至盈，范匄逐之，盈入为乱，栾氏以亡。范氏实献公时大夫士蒍之后，景公时上会执政，平公时士匄执政，定公时士鞅执政，其子吉射与中行氏作乱，范氏以亡。荀氏自林父将中行（其时晋尝改军称行），因以为氏；至悼公时荀偃执政，传荀吴、荀寅，与范氏同作乱，中行氏以亡；荀首食采于知（亦作智），因别氏焉，其子罃辅悼公执政，晋以复霸；再传至跞，与韩、魏、赵共逐范、中行氏；跞子瑶，贪而愎，三卿灭之，知氏以亡。至春秋末，晋卿惟余韩、魏、赵三族，称三晋，寝为战国之世矣。三族皆起于献公时，而赵氏自赵衰从文公，功最高，贤而能让；其子盾，历襄、灵、成三世为执政，至景公时，栾、郤构灭赵氏，赖韩厥为请，复立赵武续衰盾之祀；至平公时赵武执政，定公时赵鞅执政。魏氏自魏犨从文公，其后世有为军佐者；至悼公时魏绛最贤，顾未为执政；顷公时而魏舒执政也。韩氏自韩厥战鞍有功，至悼公时厥执政；平公时厥子起执政。此三家传世之大凡也。按其兴替之迹，诸族实递为驱除，逼狐者赵，而赵几灭于栾、郤；灭胥者郤，而郤复杀于栾；谗郤者栾，而栾复逐于范；锢栾者范，而范卒倾于赵；助赵以分范、中行者、知，而知卒入于三家。如是展转以成三晋之局。当悼公时，七族并盛，郑子展谓晋八卿和睦，八卿：知罃、范匄、荀偃、韩起、栾黡、范鲂、魏绛、赵武也。知罃以外，魏绛最贤，绛以位卑寿促而不及执政，晋之不幸也。平公之初，范匄当国，凡百不务，而专与栾氏为仇，商任一会合八国（襄二十一年），沙随一会合十二国（襄二十二年），假盟主之力，动天下之众，其究也不过锢栾氏以报私怨。晋失诸侯，实自此始。明年（襄二十三年），遂召齐兵（齐纳栾盈于曲沃，遂伐晋），又明年（襄二十四年），会于夷仪，将以伐齐而不成行也，诸侯有以量晋之无能。晋之所以失诸侯者二矣。又明年（襄二十五年），再会于夷仪，将讨齐，齐庄方见弑，受赂而许齐成，与弑君之齐同盟于重丘，霸政大义坠焉。晋之所以失诸侯者三矣。又明年（襄二十六年），会于澶渊，夺卫邑以畀其叛臣孙林父。晋之所以失诸侯者四矣。又明年（襄二十七年），而遂盟宋以弭兵。史家共知盟宋为晋之失计，谓受向戌诬蔽也。殊不知当时之晋，已成日中将昃之象，其君臣实乃欲假此以自全，赵武有贤名，实下材也，其偷已甚（襄三十一年《左传》云："穆叔至自会，语孟孝伯曰：'赵孟将死矣，其语偷，不似民主，且年未盈五十，谆谆焉如八九十者，弗能久矣。'"昭元年《左传》云："天王使刘定公劳赵孟，刘子曰：'子盍亦远绩禹功而大庇民？'对曰：'老夫罪戾是惧，焉能恤远？吾侪偷食，朝不谋夕，何其长也？'刘子归以语王曰：'赵孟所谓老将至而耄之也，为晋正卿以主诸侯而侪于隶人，朝不谋夕，弃神人矣，何以能久？'"）。向戌谋议，适与其暮气相应，故欣然即之以为安。宋盟既成，晋君臣谓自今以往天下无复事，益侈汰而不恤诸侯。赵武既卒，韩起继执国政二十余年（起昭九年讫昭二十六年），徒雍容养望，而不知大体，且轻信谗慝。诸卿荀吴、范鞅、知跞辈，黩货无厌，倾轧报复，弗能正也，故晋政日荒。襄二十九年（宋盟后二年），平公以杞为外家故，合十国之大夫以城杞，强鲁使归杞田，姬宗怨咨，弗之恤也（郑游吉曰："甚哉！其城杞也。"晋不恤周宗之阙而夏肄是屏，其弃诸姬亦可知矣。晋使女叔侯责鲁治杞田，叔侯曰："杞夏余也，而即东夷鲁周公之后也，而睦于晋，以杞封鲁犹可，何必瘠鲁以肥杞？"）。晋之所以失诸侯者五矣。宠姬之丧，而劳诸侯以吊（昭三年《左传》："郑游吉如晋，送少姜之葬。梁丙曰：'甚矣，子之为此来也！'吉曰：'将得已乎？昔文襄之霸也，其务不烦诸侯，今嬖宠之丧不敢择位，惟惧获戾，岂敢惮烦？少姜有宠而死，齐必继室，今兹吾又将来贺，不惟此行也。'"）；宫室之成，而劳诸侯以贺［昭八年《左传》："叔弓如晋贺虒祁之宫，游吉相郑伯，以如晋，亦贺虒祁也。晋史赵见子太叔（即游吉）曰：'甚哉，其相蒙也！可吊也，而又贺之。'"］。晋之所以失诸侯者六矣。于时楚虔（灵王名）张甚，四年之间，灭陈（昭八年），灭蔡（昭十一年），弭兵之效可睹矣。于是乎有厥慭之会，时则平公卒昭公新立，诸侯将以观晋德焉，乃谋救蔡而竟不果也（昭十一年《左传》："楚师在蔡，晋荀吴谓韩起曰：'不能救陈，又不能救蔡，已为盟主而不恤亡国，将焉用之？'秋会于厥慭，谋救蔡也。郑子皮将行，子产曰：'行不远，不能救蔡也。'晋人使狐父请蔡于楚，弗许。"）。晋之所以失诸侯者七矣。晋亦知诸侯之将贰也，乃不务树德招携，而示威示众以临之，于是乎有昭十三年平丘之会（晋成虒祁，诸侯朝而归者皆有贰心。叔向曰："诸侯不可以不示威。"乃并征会，遂合诸侯于平丘）。然吴首辞会（告于吴，吴以水道不可，辞），齐继辞盟（晋人将寻盟，齐人不可。曰："诸侯讨贰则有寻盟，若皆用命，何盟之寻？"叔向以危词威之，齐人惧，乃许盟），以黩货而见轻于卫（次于卫地，晋叔鲋求货于卫。卫人曰："诸侯事晋，未敢携贰，况卫在君宇下乎？"），听邾莒之诉而贾怨于鲁（邾人、莒人诉于晋曰："鲁朝夕伐我，几亡。"晋侯不见鲁侯，使叔向来辞曰："诸侯将以甲戌盟，寡君知不得事君矣，请君无勤。"子服惠伯曰："君信蛮夷之诉以绝兄弟之国，弃周公之后，亦惟君，寡君闻命矣。"叔向曰："寡君有甲车四千乘在，虽以无道行之，必可畏也，况其率道，其何敌之？有牛虽瘠，偾于豚上，其畏不死？"鲁人惧，听命），争贡献而卒屈于郑（及盟，子产争承曰："天子班贡，轻重以列。郑伯，男也，而从公侯之贡，惧弗给也，诸侯修盟存小国也，贡献无极，亡可待也。"自日中以争至于昏，晋人许之。既盟，子太叔咎之曰："诸侯若讨，其可渎乎？"子产曰："晋政多门，贰偷之不暇，何暇讨？"），虽强成盟，只取辱焉。晋之所以失诸侯者八矣。平丘以后，晋遂不复能宗诸侯，未几鄢陵之参盟起（昭二十六年，齐、鲁、莒、邾、杞盟于鄢陵，为《春秋》复书参盟之始），晋虽亦有会盟，而盟主之资格坠矣。当晋政之始衰也，齐晏婴尝与晋叔向语，叔向曰："齐其何如？"晏子曰："此季世也，吾弗知。齐其为陈氏矣，公弃其民而归于陈氏。"叔向曰："然，虽吾公室，今亦季世也！戎马不驾，卿无军行，公乘无人，卒列无长，庶民罢敝；而宫室滋侈，道殣相望，而女富溢尤。民闻公命，如逃寇仇，政在家门，民无所依，君日不悛，以乐慆忧，公室之卑，其何日之有？"（昭三年《左传》）呜呼！晋之衰征俱见矣。昭、定、哀之世，晋业稍有可纪者，其惟伐鲜虞（自昭元年迄哀六年），灭肥（昭十二年），灭鼓（昭十五年），灭陆浑（昭十七年）诸役，盖至是而戎狄殆绝迹于中原，晋之力也。若其诸卿之选相轧阋剪灭，则晋之事，非天下之故也。

梁启超曰：孔子作《春秋》，于讥世卿之义，三致意焉。世卿云者，质言之则贵族政制云尔。春秋诸夏之国，盖纯为贵族政制，楚则参半，秦、吴、越皆无之。其得失之数，可得而论也。凡一群之进化也，必其少数优秀者实先进，遂以造成一群之中坚，以巩树其群焉，指导其群焉。言夫国政，则近于以智治愚，以贤治不肖，于理势甚顺。立乎其上者有君后，常能以名分轨率其下，而庶政又非一人所得而专制，非咨决于群贵，事不克举也。群贵既累世练习政事，才智必间出不乏，又与国同休戚，而威信夙行于其民。故虽有昏僻之主，常得节制匡救，无使慝恶以覆国命。其有一人或一族之跋扈不轨，则自余诸族能协而戡之，故不敢妄发，发亦祸不烈也。春秋中叶，晋鲁诸国之所以屡倾而不颠，皆坐是也。言夫群治，则诸贵族常受特别之教育，其学问品格，皆自成风气，其性类畸于保守，能持续固有之文明勿使坠；其侪族既日相摩习，而又常得与他邦之贤士大夫游，取精用宏，故能树一国文化之体系，为民庶所矜式以寝成国俗。夫春秋之文物，岂不彬彬乎懿铄古今也哉？孰庄严之？孰浚发之？皆中原诸国世族大夫之赐也。此其所长也。及其敝也，则骄侈淫泆，专横恣肆，上之傀儡其主，而下之刍狗其民，中之则自相残夷，若鸡之斗而蟀之搏也。大抵当国基新造与夫敌国外患殷忧相乘之际，则戒惧而辑和，勤勉而精进；四郊无虞，安富尊荣，则惰气中焉，而百病丛茁。无论何种政制之国皆有然，而贵族其尤甚也。贵族政制之敝，至春秋之季极矣。晋在昔本以最善用此制而致盛强，逮其末流，而受祸亦最烈。晋为盟主，而犹尔尔自无以表正诸夏，岂惟不能表正而已，益以转相比周而重其敝，故强宗移国之事，成为当时各国之所同病。各国虽各有其积渐之势，抑亦相互助长之矣。《春秋》记溴梁之盟曰："三月，公会晋侯、宋公、卫侯、郑伯、曹伯、莒子、邾子、薛伯、杞伯、小邾子于溴梁，戊寅，大夫盟。"明自兹以往，诸国皆政在大夫也。梁启超曰：贵族政制，为群治进化必历之级，功过各不相掩，通数千年史迹而观其成果，则功尚较多也。观西方希腊罗马以及近世英法诸国兴替之迹而益信也。

以上述宋盟后晋及中原诸国形势既竟，其当次论者，则楚与吴越也。楚当宋盟后二年，而王子围为令尹，虢之盟，围实与晋争长焉。越五年（昭元年），围弑其君郏敖自立，是为灵王。灵王立三年，遂合十二国诸侯会于申以伐吴，既而伐徐、灭赖、灭陈、灭蔡（并见前），威日张而心日侈，筑章华之台，召诸侯以落其成，立十二年而使五帅大举伐徐以惧吴，自次于乾溪以为之援。初，灵王既灭陈蔡，城之，使其弟公子弃疾居焉。至是弃疾以蔡作乱，召公子比弑王于乾溪，既而又弑公子比自立，是为平王，复讨陈蔡以徼名焉。平王在位十二年，颇矫灵王侈汰之习，楚以小康。然以谗杀太子建，展转召吴祸，又用囊瓦为令尹，瓦贪而不仁，楚自是益衰。传至昭王而有吴入郢之变。夫吴自始本役属于楚也（宣八年，楚伐舒蓼，灭之，盟吴越而还，盖楚庄图霸之始，先抚吴越以固其东南围也），及申公巫臣为晋通吴以病楚，吴伐郯入州来（俱成七年），围巢伐驾（俱成十七年），吴楚疆场之争起矣。至襄三年而吴楚之兵始交（楚伐吴，克鸠兹，吴伐楚，取驾），实晋悼会鸡泽之年也。自是以还，楚康之世，与吴诸樊六交兵（一、襄十三年，吴乘楚丧侵楚，楚递战于庸浦，大败之；二、襄十四年，楚伐吴，报庸浦之役，吴人自皋舟之隘要而击之，大败楚师；三、襄二十四年，楚为舟师以伐吴，无功而还；四、襄二十五年秋，吴为舟师之役，召舒鸠人叛楚，楚伐舒鸠，吴救之，败绩，楚遂灭舒鸠；五、其年冬十月，吴子伐楚报舟师之役，门于巢，楚人射杀吴子；六、襄二十六年，楚子秦人侵吴，及雩娄，闻吴有备而还），盖吴胜楚仅一，楚无功者二，而楚胜吴者三，吴主死焉。楚灵之世，与吴余昧五交兵（一、昭四年七月，楚子以诸侯伐吴，围朱方，克之；二、其年冬，吴伐楚，取棘栎，以报朱方之役；三、其年冬，楚子以诸侯伐吴，吴人败诸鹊岸；四、昭六年，楚令尹子荡帅师伐吴，吴人败之于房钟；五、昭十二年冬，楚子大举伐徐以惧吴，次于乾溪，明年四月楚子被弑，楚师还自徐，吴人败诸豫章，获其五帅），楚一胜而四败，楚灵威虐肆于诸夏，而吴患亦日深矣。楚平之世，与吴僚三交兵（一、昭十七年，吴伐楚，楚人败之于长岸；二、昭二十三年，吴伐州来，楚合顿、胡、沈、蔡、陈、许之师救州来，吴公子光帅师败之于鸡父；三、昭二十四年，楚为舟师以略吴疆，吴御之，楚师遁，吴灭巢、灭钟离、灭沈），楚一胜而再败，楚益不竞于吴。楚昭之世，与吴阖庐七交兵，其在入郢前者三（一、昭二十七年，吴伐楚，围潜，吴公子光弑其君，楚师救潜，闻吴乱而还；二、昭三十一年，吴侵楚，伐夷，侵潜六，楚师救潜，吴师还，吴又围弦，楚师救弦，及豫章，吴师还；三、定二年秋，楚人伐吴师于豫章，吴人见师于豫章而潜师于巢，大败楚师），在入郢后者亦三（详下文），而入郢之役，楚不亡盖如缕焉。初，平王杀太子建及其傅伍奢，奢子员奔吴，誓报公仇。员知吴公子光有异志，进刺客鱄诸，为光弑王僚。光自立，是为王阖庐。伍员见亲任用事，教吴以病楚之策，亟肄以罢之（上文注昭三十一年，侵潜围弦诸役是也），多方以误之（上文注定二年，豫章之役是也），而后以三军继之。阖庐用其谋，既屡挫楚，至定四年而有柏举之役，实鄢陵以后春秋一大战也。时楚令尹囊瓦欲蔡昭侯之佩裘，弗与，三年止之，卒献佩，乃释归，归及汉，执玉而沈曰："余所有济汉而南者，有若大川！"以其子为质于晋，请伐楚。晋人为之合十八国之诸侯于召陵，既而晋荀吴求货不得，乃辞蔡侯，蔡侯更质子于吴，而导之以伐楚。《春秋》书之曰："蔡侯以吴子及楚人战于柏举，楚师败绩。"以主兵予蔡者，蔡虐于楚既百年，大其能雪耻且哀晋之不复勤诸侯也。吴之伐楚也，舍舟于淮讷，自豫章与楚夹汉，楚师济汉而阵，自小别至于大别。盖吴与楚共长江之险，而楚在上游，水战吴必不能以得志。是役也，吴师盖在今安徽之寿州登陆（淮汭即州来，今寿州地），历光黄径义阳三关之险，至汉江北岸（在今汉阳），与楚夹水而阵，盖悬军深入楚境千一百余里。十一月庚午，二师陈于柏举（今湖北麻城县境），吴王弟夫概先击楚令尹囊瓦之卒，囊瓦溃，楚师大败。吴追击之，五战及楚都郢。庚辰，吴入郢。自始战迄终战凡十日，战线之长，战役之久，春秋以来未尝有也（韩城、濮、崤、鞍、邲、鄢陵诸役，皆战于一地，终日而毕），楚昭王奔随。伍员发平王墓，鞭其尸三百焉。初，伍员与申包胥友，其亡也，谓包胥曰："我必覆楚国。"包胥曰："子能覆之，我必能兴之。"及昭王在随，包胥如秦乞师，立秦庭七日哭，秦师乃出。明年（定五年），包胥以秦师两败吴师，吴师乃还，楚子复归于郢。又明年（定六年），吴复败楚于繁阳，楚自郢迁于都。自是吴、楚无兵争者二十年。至哀六年，吴伐陈，楚救之，昭王死焉，此柏举后吴楚之三战也。楚自宋盟以来，有轻晋之心，故灵王侈而平王惰，致吴坐大江东，不可复制，楚儿覆焉。故曰盟宋后而晋楚俱敝也。然楚自迁都后，君臣儆惧，故渐以复兴，终春秋以至战国，盖盛强焉。

　　晋患楚，故通吴以制楚，楚患吴，亦通越以制吴。然吴虽得志于楚而终不能为晋病，越虽得志于吴而终不能为楚病，则晋楚之设谋臧而植基厚，与后此赵宋之用金制辽、用元制金者异矣。昭五年冬，楚子以诸侯及东夷伐吴，越大夫常寿过帅师会楚子于琐，是为吴越交兵之始，越从楚之后而已。昭二十四年，楚舟师之役，越又从焉。昭三十二年夏，吴伐越，吴渐感越之足为患矣。定四年冬，吴方入郢，五年夏，越遂入吴，秦掎吴于前，而越议其后，吴人狼狈归焉。更十年（定十四年），吴王阖庐伐越，越王句践御之于樵李，大败之。阖庐伤将指，死焉。子夫差立，使人立于庭，苟出入，必谓己曰："夫差，而忘越王之杀而父乎？"则对曰："不敢忘。"三年乃报越，败之于夫椒，遂入越，实哀元年也。越王以甲楯五千保会稽，请成于吴，吴王许之，伍员谏不听，退而告人曰："越十年生聚，十年教训，二十年外，吴其为沼乎？"越王句践既反国，乃苦身焦思，卧薪而尝胆，身自耕作，夫人自织，食不加肉，衣不重采，折节下贤，振贫吊死，与百姓同其劳欲，用范蠡、文种，委以国政，未尝一日亡报吴也。而吴狃屡胜之威，方侈然思争雄于上国，两会鲁（哀六年七年），两伐齐，大败齐师（哀十年十一年），遂与晋争盟于黄池（哀十三年），吴之伐齐也，越王率其众以朝焉，王及列士皆有馈赂。伍员惧曰："是豢吴也夫。"入谏曰："越在，我心腹之疾也。壤地同而有欲于我，夫其柔服，求济其欲也。得志于齐，犹获石田，无所用之，越不为沼，吴其泯矣。"王弗听，赐之死。越二年，越乘吴王之在黄池，伐而大败之，请行成，许焉。又四年（哀十七年），越复伐吴，吴御之笠泽，败绩。又三年（哀二十年），越围吴。又二年（哀二十三年），遂灭吴。实伍员死后十年，越败于夫椒后之二十二年，而吴入郢后之三十三年也。句践既平吴，乃以兵北渡淮，与齐晋诸侯会于徐州，致贡于周，周元王使赐句践，命为伯；句践以淮上地与楚，归吴所侵宋地与宋，与鲁泗东方百里。当是时，越兵横行江淮，东诸侯毕贺，号称霸王。梁启超曰：越句践几可以语于霸矣！夫霸者兴灭继绝，衭暴字小，自晋霸之坠，中原不闻此也久矣。句践率天下宗周，返诸国侵地，以视楚灵、齐景、吴夫差，何其远也？其有后于中国迄汉不斩，宜哉！

　　鲁哀公十四年春，西狩获麟，孔子作《春秋》，于是绝笔焉。实周敬王之三十九年也。其年，齐田常（即陈恒）弑简公，政由田氏。越九十二年（周安王二十三年），齐康公迁死于海上，姜齐亡。获麟后二十八年（周贞定王十六年），韩、魏、赵三分晋地。七十八年（威烈王二十三年），三家始立为诸侯。九十五年，晋靖公夷为庶人，晋亡。获麟后二年，而楚再灭陈，后八年而越灭吴，后三十四年而楚再灭蔡，后三十六年而楚灭杞，后九十六年而韩灭郑。春秋诸国皆略尽。惟秦楚益强，北燕亦浸大，与三晋及田齐称战国七雄，而鲁、卫、宋亦至战国尚存。获麟后八九十年间，史阙有间，故靡得而纪焉。

（1918 年春夏间）

战国载记

纪列国疆域形势章第一

春秋史域，惟在山西、河南、山东、湖北四省，及江苏北部、陕西东部之一小分，逮其晚年，则安徽、江西、浙江渐见史迹。战国之世，除两广、福建、云贵外，今各行省，悉编版籍矣。其陕西省则曾分隶秦、魏、楚、赵四国，山西则曾分隶魏、赵、韩三国，直隶则曾分隶燕、赵、齐、卫、中山五国，山东则曾分隶齐、宋、卫三国；其间尤有泗上诸小侯国，河南则曾分隶周、韩、魏、楚、宋、卫六国，甘肃曾分隶秦、赵二国，四川曾分隶秦、楚二国，江苏曾分隶宋、楚、越三国，安徽曾分隶楚、魏、宋三国，两湖江西曾全隶楚国，浙江曾全隶越国，后乃次第辗转入于秦——此其大较也。其先后离合既不常，故难以确指。仅就周及七雄，示其初期领域之梗概，其诸要地之攻取，则分见于次章。

周。周疆域在各国中为最狭，而三百年间，变迁较少。盖其地既不足贪，亦惮于犯共主也。《汉·志》（《汉书·地理志》省称，下同）称河南、洛阳、毂城、平阴、偃师、巩、缑氏，皆周故地。盖在今河南河洛道之东北偏，有洛阳、偃师、巩、孟津四县，沿陇海铁路东尽巩县，西尽洛阳，北距河，南带伊阙（即龙门）、轘辕（今偃师县治南七十里），至宜阳、登封两县界而止；然且分为二周，西周治洛，东周治巩，时复侵阅，愈用局促。至季年盖少分先入韩（一六六年即秦庄襄元年，韩献成皋、巩，见《秦本纪》，是巩先已入韩也），既乃尽入于秦云。

魏。战国之初，魏最强，盖分地得晋中权，形势雄要，故亦袭晋名，魏惠王语孟子所谓"晋国天下莫强"也（《史记》《战国策》凡称晋者，皆指魏）。其都凡四迁：春秋晋献公时，封毕万于魏，即晋所灭之故魏国也（今山西河东道芮城县）；悼子徙霍，故霍国也（今河东道霍县）；昭子徙安邑，故夏都也（今河东道夏县）；惠王徙大梁，即汴梁，后此五代、宋、金之建都也（今河南省城）。其地分四部，曰河东、河西、河内、河外。河西地在今陕西境，西距河，东据洛，今陕西关中道内旧同华商等州所属诸县，榆林道旧延安府、绥德州所属诸县，及鄜州所属北东境诸县是也。其在今榆林道内者亦称上郡，河西上郡之西边，与秦为界，有长城，南自今华县、郑县西北过渭水，滨洛水南岸向北，经鄜县极北达榆林，蜿蜒千余里，而上郡东鄙则界赵焉。河东地在今山西境，西距河，东据汾，今河东道境内旧蒲、绛、解、吉、隰等州所属诸县，旧平阳府所属之汾城县，及冀宁道内旧泽州所属之晋城、阳城等县是也，其故都安邑在焉。自汾城以北，与赵为界，河东、河内皆在大河之北，地势本相属，而有韩之上党纵断其间，故析为二部，上党西称河东，上党东称河内。河内跨今河南直隶两省，其在河南者，即故殷墟。有今河北道境内旧卫辉、怀庆二府所属诸县，及旧彰德府所属南境诸县；其在直隶者，有今大名道境内旧大名府所属诸县，北与赵为界，东与齐为界，而卫实虱于其间。卫虽褊小，然终战国之世不亡，其地惟东界齐，北、西、南皆界魏，卫实在魏之封域中也（卫地跨今直隶、山东、河南三省）。河外在今河南境西，错入安徽、山东之边，亦分两部，不相联属。西部有今河洛道境内陕县、灵宝、阌乡、卢氏诸县，汝阳境内之舞阳县，西界秦，南界楚；东部有今开封道境内旧开封府及许州所属诸县（中与宋、卫、韩错壤），今汝阳道境内旧汝南府所属诸县（中与楚错境）。其极东乃至今山东济宁道之菏泽、曹县，其极南乃至今安徽淮泗道之阜阳县（苏秦说魏惠王云："王之地南有新郪。"新郪故城在今阜阳县西北）。盖东界齐、宋，南界楚，新都大梁在焉。东西两部之间，有韩周横梗，以陇海铁路所经明之，商丘驿为宋地，自是而西，历宁陵、睢县、杞县、陈留、开封、中牟、郑县以东皆魏地，由郑县历荥阳至巩县皆韩地，自巩县历偃师至洛阳皆周地，西则新安、黾池又为韩地，更西则陕县、灵宝、阌乡又为魏地。此魏形势之大凡也。范雎曰："韩魏中国之处，而天下之枢也。"顿子曰："魏，天下之胸腹。"司马迁亦曰："昔唐人都河东，殷人都河内，周人都河南，夫三河在天下之中，若鼎足，王者所更居也。三河之枢，魏实绾之。"魏之为重于天下宜矣。然亦以处天下之中，环周皆强国，末由斥境以自广，终战国之世，魏地有蹙而无辟。文侯尝一克中山（前七三年）（谓战国前纪之第七十三年也，后仿此，参观年表），不能有也，而卒归于赵。不宁惟是，其国川原平旷，乏险可守，故张仪说惠王曰："魏地四平，诸侯四通辐凑，无名山大川之限。梁之地势，固战场也。齐攻其东，赵攻其北，韩攻其西，楚攻其南，四分五裂之道也。"言虽恫喝，于势实审。当其盛时，守在河西，足以自强。及与秦遇而不克支，失少梁（五十年）（谓战国本纪之第五十年也，后仿此），失雕阴（七十一年），尽纳河西地（七十四年），并及上郡（七十六年），大河之势全失。盖自去安邑徙大梁以后（六十四年），魏之命运

定矣。（地名今释详下文）

韩。韩都五迁。晋封韩武子于韩原（今陕西关中道韩城县），宣子徙居州（今河南河北道泗阳县），贞于徙平阳，故尧都也（今山西河东道临汾县），景侯徙阳翟（今河南开封道禹县），哀侯徙郑，故郑都也（今开封道郑县）。其地分二部，本部在今河南境，别部曰上党，在今山西境。其本部当初分晋时，西境极今河洛道之西徼，逼近潼关，与秦、魏为界，黾池、崤函皆在境内（黾池即今渑池县，二崤在县境，史称秦攻商君，杀之于郑黾池，郑即韩也。其时黾池犹为韩地，贾谊称秦孝公据崤函之固，盖指潼关一隅耳。说详下）。东亦极今河洛道之东徼，登封、临汝县境，与郑为界。北则与周、魏为界。南有旧河南府之南部（旧河南府除前条周四县外，皆韩地），沿汝水与楚为界，西南至今汝阳道之内乡县北境、商城县东境，各与楚、秦为界。其别部上党则在大河以北，有今山西河东道境内旧平阳府之一部及冀宁道境内旧潞安府泽州之全部，斗入魏境数百里而纵断之。此战国初之韩疆也。初，三家分智伯地，段规谓韩康子曰："必取成皋。"康子曰："石溜之地，安所用之？"规曰："不然，一里之厚而动千里之权者，地利也，用臣言则郑为韩有矣。"及入战国，而韩卒灭郑（二十九年），兼有春秋郑、许二国地，跨今开封道之半，而东与魏为界，自是韩亦称郑焉（《史记》《战国策》凡称郑者皆指韩）。西扼桃林之塞，东据虎牢之险，虢略十邑，其八在韩。故顿子曰："韩，天下之咽喉也。"然其周遭见胁列强，不克展拓，乃甚于魏。加以地处四冲，自春秋来，久为争的，故其人儇巧善趋避而不武。战国之世，七雄无岁不战，各有武功可纪，惟韩独无，而常首鼠于纵横两派之间。韩袭郑名，信哉其肖郑也。自宜阳武遂入秦（九十七年、百〇一年），所谓天险者已资敌，为制我之资。苏秦说赵王曰："秦攻韩魏，无名山大川之限，稍蚕食之，傅国都而止。"又说楚王曰："韩魏所以重畏秦者，为与秦接境，兵不出十日，而战胜存亡之机决矣。"张仪说韩王曰："大王不事秦，秦下甲据宜阳，断韩之上地（指上党），塞成皋，则王之国分矣。"其后秦之灭韩，果先取南阳（此春秋之南阳，非今之南阳。说详下），绝太行道（一百五十一年），上党遂不能守，转以予越（一百五十三年），卒乃献荥阳、成皋（一百六十五年），秦亦拔上党（一百六十七年），而韩遂为秦藩矣。

赵。终战国之世，能倔强与秦亢者莫如赵。虽曰国有人焉，亦形势然矣。赵始封于耿（今山西河东道河津县），成子居原，故原国也（今河南河北道济源县），简子居晋阳（今山西省治），献侯治中牟（今河南河北道汤阴县），后复居晋阳，肃侯徙都邯郸（今直隶大名道邯郸县），其地跨今山西、直隶两省，错入河南、山东，后拓境越陕西之西北。其在山西者自今冀宁道之辽县、泗县、赵城、石楼以北，北抵长城，而南与魏为界。西阻河，界魏之上郡；其在直隶者，有今保定道之全境（保定道内定、曲阳、深泽三县本中山地，武灵王灭中山，地尽入赵），大名道之大半（大名道除旧大名府属与山东、河南错壤之数县属魏外，其余皆属赵），津海道西偏旧河间府属之诸县，而东与燕齐为界，其在河南者，有今河北道北偏诸县（临漳、内黄、武安、涉等县），南与魏为界；以京汉铁路所经明之，则涿县、定兴间，燕赵界也；汤阴、淇县间，赵魏界也。此战国初赵疆域之大凡也。及武灵王廓境（九十八年至一百〇四年），置雁门代郡，则北尽山西之北境（今雁门道全境），入察哈尔、绥远边界，东北有直隶口北道西偏诸县（怀安、阳原、蔚县等），西北至云中、九原，则有陕西榆林道以北，包河套抵甘肃境矣。苏秦说赵肃侯曰："当今山东之国，莫如赵强，地方三千余里。"其时之赵，固已若是（事在七十一年，距武灵王廓境前三十年），武灵所廓又不下千余里，其强大可想。苏秦又曰："秦所害于天下者，莫如赵。然而不敢举兵伐赵者，畏韩魏之议其后也。故韩之南蔽也，虽韩魏翦灭后，秦犹无如赵何？"先后间廉颇、李牧去之，然后始能以得志，赵亦一世之雄哉！

燕。燕自周初建国，历数百年未尝为重于天下，入战国乃为七雄之一。始都易（今直隶津海道易县），后并蓟地迁焉，即今京师也。全境在今直隶，并跨奉天、热河。战国初，有今京兆及津海道境内旧天津府及遵化州所属各县。昭王时（百十四十五年间），其将秦开破东胡、楼烦，拓地千余里，置上谷、渔阳、右北平、辽东、辽西诸郡，于是东北有津海道旧永平府所属诸县，更奄包辽东半岛，逼距朝鲜，环今京奉铁路安东铁路以内，率皆燕地也。西北更有今口北道之泰半（今口北道全境皆燕之上穀郡，初全属燕，其后赵伐燕，取三十六城，故有数县属赵，如前条所述），热河属之旧承德府各县亦在焉。此燕境最恢之时矣。苏秦说赵王曰："燕固弱国，不足畏也。"其说燕王曰："秦之攻燕也，逾云中、九原，过代、上穀，弥地踵道数千里，虽得燕城，不能守。秦之不能害燕亦明矣。"故终战国之世，燕常与齐赵相攻取。齐尝墟燕（九十年），燕亦尝墟齐（百三十年），与赵从亲则安，否则恒有赵患，而齐赵亦恒视燕向背为安危。故苏代曰："天下战国七，而燕处弱焉，独战不能有所附，则无不重也。"然二百余年间，秦兵未始一加于燕，及赵亡，则秦师不再举而燕下矣。苏秦又曰："秦之攻燕，战于千里之外，赵之攻燕，战于百里之内。"夫始皇灭燕时，则固战于百里之内也。

齐。齐表东海，在春秋即称雄国。自献公（周厉王时）居临

淄（今胶东道临淄县），历春秋战国六百余年不徙。诸国宅都之
久，未若齐临淄者也。战国齐全盛时，奄有今山东省什之九，济
南、东临、胶东三道皆隶焉，东三面襟海，北则跨直隶津海道内
旧天津府沧州、景州所属各县，北界燕，西界赵。今津浦铁路北
段所经，则沧县以北为燕，其南为齐也。今山东济宁道境，其旧
沂州府全属及旧兖州府属之宁阳、汶上、邹、滕四县皆齐境，余
则宋及泗上十二小诸侯地，十二小侯不能悉举其名，鲁、邹、
滕、薛、兒等其可考者也，皆在旧兖州府属。宋于七雄外最为强
大，其地有山东济宁道之菏泽、曹、定陶、单、武城、巨野、金
乡、鱼台等县，有河南开封道之商丘、虞城、夏邑、永城等县，
有江苏徐海道旧徐州府属之全境，安徽淮泗道之宿、亳二县。及
齐、楚、魏分宋（一二八年），山东境内宋地尽入齐，齐于是奄
有全省。其未入版图者，旧兖州府、泰安府属一小分而已（泗上
小侯，次第为宋所灭，分宋后地入齐），齐前此南与宋为界，至是
则与楚为界。今津浦铁路所经滕县与徐州之间，则齐楚界也。田
肯曰："齐有琅琊、即墨之饶，南有泰山之固，西有浊河之限，
北有渤海之利，地方二千余里，持戟百万，县隔千里之外，此东
秦也。秦之无如齐何，犹齐之无如秦何。"故终战国之世，秦加
兵于齐者仅二度（一二九年、一四四年），而皆不能为齐病。齐
之亡，则大势既去，望风降服而已。

　　楚。楚当春秋之季，尝一度大创于吴，然吴未能略楚寸地也。
及越灭吴而不能正江淮以北，楚取之地益广，其后灭越分宋，又
益广矣。自七十一年至九十一年之时，楚版图称全盛（七十一年
灭越，九十二年秦取我汉中地）。北有今河南汝阳道什之八九，与
韩魏为界，京汉铁路所经郾城、西平间，则魏楚界也（汝阳道舞
旧县以北属魏，内乡县以北属韩）；其中权则全有湖北、安徽、

江苏三省（时安徽、江苏尚有一部分属宋，见前条）。南则有江西之浔阳、庐陵、豫章三道（赣南未辟），湖南全省。东则有浙江之钱塘、金华、会稽三道（瓯海为百越所散居）。西则有陕西、汉中道及四川东川道之半（其时汉中道南、郑以西属秦，其东属楚）。当是时，楚地盖半天下。自怀王丧师，西境陕西、四川之地去矣（九十二至一〇六年）。然旋复灭宋分其地（一二八年），从燕伐齐，取淮北（一三〇年），于是尽有江苏、安徽余境，且及山东旧济宁道之旧泰安、兖州二府地。此楚疆沿革之大凡也。《淮南子》曰："楚地南卷沅湘，北绕颖泗，西包巴蜀，东裹郯淮，颖汝以为洫，江汉以为池，垣之以邓林（今邓县），绵之以方城（今裕县）。"全楚盛时之形势略具是矣。及汉中巴蜀既失，秦控上游以临楚，楚始不竞。韩魏臣服于秦，楚遂不可复守。苏秦说楚曰："秦之所害于天下莫如楚。王不从亲以孤秦，秦必起两军，一军出武关，一军下黔中，则鄢、郢动矣。"张仪说楚曰："秦下甲据宜阳，韩之上地不通，下河东，取成皋，韩必入臣于秦，韩入臣，魏则从风而动，秦攻楚之西，韩魏攻其北，社稷岂得无危哉。"苏代约燕王秦正告楚曰："蜀地之中，轻舟出于汶（汶山即岷山），乘夏水而下江，五日而至郢。汉中之甲，轻舟出于巴，乘夏水下汉，四日而至五渚（在宛、邓间）。寡人积甲宛（宛城。今河南汝阳道南阳县），东下随（今湖北江汉道随县），智者不及谋，勇者不及怒。"凡此虽当时策士恫愒之言乎，而后此秦之并楚，实遵斯道。地势形便所系之重如是夫。

秦。六国皆并于秦，然秦当战国初，境壤实视诸国最狭，其国界约自西经七度至十度，北纬三十三度半至三十五度耳。其地皆在今陕西，惟故都跨甘肃之东偏，而陕西亦与楚、魏共之，秦所得仅三之一也。盖东距洛水，自今关中道东境白水、郃阳间，蒲城、朝邑间，高陵、华县间，蓝田、商县间，与魏之河西地为界。北自榆林道鄜县、甘泉间，与魏之上郡为界。南则有汉中道内旧兴安府属北境诸县。而西南与楚为界，西则尽甘肃渭川道而止。其时秦地之广，乃仅与韩、宋、燕比肩。献、孝、惠、武、昭五世（自二十年至百六十四年），锐意攻克，东侵韩、魏、赵、楚，北灭义渠，南并巴、蜀。始皇初立，则既有今山西、河东道全境及冀宁道之泰半（旧太原汾泽潞所属诸县），河南旧怀庆、卫辉（河北道），开封（开封道）、南阳（汝南道）四府所属诸县，湖北荆南道全境及襄阳道内旧郧、襄两府所属诸县，西南奄举全蜀，北及榆林，尽陕西北鄙，西北有甘肃之泾原道。天下形势，尽在秦矣。越二十余年，遂并天下。荀卿曰："秦国塞险，形势便，山林川谷美，天府之利多，此形胜也。"田肯曰："秦带河阻山，隔绝千里，地势便利，其以下兵于诸侯，譬犹居高屋之上建瓴水也。"呜呼！先乎秦者有周，后乎秦者有汉，三代之兴，皆以关中，关中诚重于天下哉！

纪六国兴衰梗概章第二

战国各国，各有其全盛时代，亦有中衰而复兴者。前纪七十余年中，各国率画疆自理，无大事可纪（或史阙文），而魏最先强。自前纪五十六七年至本纪三十二三年约五十余年间，魏之全盛时代也，实文侯、武侯两代。盖魏分晋得故都，西据长河两岸，以全河为带，东有南阳（此南阳为故晋之南阳，在今河北道温县、济源、修武诸县境，非今南阳府属地），虢略（故虢略西部桃林塞，其时属魏，东部则属韩也）形胜为天下最。文侯一时令辟，享国久长（前纪五十六年即位，本纪二十七年卒，在位三十八年），敬礼儒贤，器使才俊，师事子夏、田子方，过段干木之庐必式，任李悝守上地（即上郡。今陕西榆林道内旧延安府及绥、鄜两直隶州所属诸县皆是），吴起守西河（即河西地。今陕西关中道，旧同华两州境），西门豹守邺（今河南河北道临漳县及其附近一带，即汉之魏郡也）。李悝为尽地力之教，盛奖农穑，其言曰："地方百里，提封九万顷，除山泽邑居三分去一，为田六百万亩，治田勤谨，则亩益三斗，不勤则损亦如之。地方百里之增减，辄为粟百八十八万石。为平粜法，观数年之通，调节谷价，使农末交利，而御荒有备。"近世生计学者所称社会政策，斯其嚆矢也（悝言："粜甚贵伤民，甚贱伤农，善平粜者，必谨观岁。岁有上中下熟，上熟收四百石，粜三而余一；中熟三百石，粜二余一；下熟二百石，粜一余一。使民食适足，而谷价适平。小饥则发小熟之所敛，中饥、大饥发中熟上熟之所敛而粜之。"），而西门豹在邺，亦凿十二渠，引河漳之水以灌田，后世言水利者祖焉。悝又撰次诸国法，著《法经》六篇，秦汉采之，历二千余年，至明清条例，虽代有增删，然大纲则悝之旧也。悝之治迹，存于史策者弗多，即此数端，其规模弘远可见。卫鞅本魏人，习见悝法治之效，采之以相秦（《晋书·刑法志》云："商鞅受李悝之法以相秦。"），秦用是强。吴起为我国第一流名将，所著书与司马穰苴、孙武书同为兵家祖（《汉书·艺文志》有《吴起》四十八篇）。初为鲁将，为鲁破齐，既而适魏，文侯以为将，伐秦，屡败之，因使守西河以拒秦。起之为将，卧不设席，行不骑乘，亲裹赢粮，与士卒最下者同衣食，分劳苦，卒有病疽者，起为吮之，故士战不旋踵，咸为死敌。起前后拔秦列城五：曰少梁（前六二、六四年），曰繁，曰庞（前七十一年），曰洛阴，曰郃阳（前七十三年），皆大河以西要地也（凡与秦争之地，其今释皆详"秦并六国"章）。东则伐中山克之（前七十三年，乐羊为将），南则败楚于榆关（十三年），当是时，魏威震天下。武侯承余业（十八年至三十三年），值秦丧乱（十八至二十年，秦有出公之乱），尽取河西地，于是与秦距洛为境，扩地殆过晋全盛时矣。然魏之衰实自兹始。吴起既久在西河，武侯中王错之谮召之还，起至岸门，回望西河，泣数行下，曰："君诚使我毕能，秦可必亡，君今信谗，而不知我，西河之为秦不久矣，魏其削乎！"起惧诛，卒奔楚（起奔楚之年史失载，《纲目》列之魏武侯元年，当本纪十八年，大约当在此后二三年间）。时幸值秦献初立，内难甫夷，未遑外略，故魏犹得席余威以自雄，然前此与秦遇辄胜，后此与秦遇辄败。盖吴起去后不二十年，而秦尽复其河西故地；不三十年，而魏西河且入秦矣。此魏之失计一也。文侯政策，常欲结三晋同盟以相保而自固（见次章），盖魏地本横亘韩赵之中，魏睦二国，二国自不能越魏以相残。武侯初立，即改其道，纳赵公子朔之叛，而与之袭赵（十八年，武侯元年），自是三晋暌涣，迭寻干戈，以为秦资。此魏之失计二也。魏相公孙痤疾革，劝惠王举国以听卫鞅，否则杀之，惠王以为老悖，既不能用鞅，而纵之入秦（四十三年，惠王八年），习于魏故，既相秦则首以全力图魏。此魏之失计三也。夫魏四战之国，虽袭晋名，其形势与全晋之时则大异。全晋雄据西北，如虎负嵎，尽有天下形胜，南向以临诸国，兵法所谓"能为不可胜以待敌之可胜"也。故春秋城濮之役，其谋议曰："战而捷，必得诸侯。若其不捷，表里山河，必无害也。"以晋形胜如彼，而其君臣之持重于战事也特甚。终春秋之世，大战三四而已。魏西有秦，东有齐，北有赵，南有韩、楚，其地华离绣错于列强之间，四面及腹心皆受敌（腹心谓韩之上党），故战国诸国皆可战，惟魏最不可战。韩自知之，故始终未尝以战挑其邻。魏则不然，惠王藉祖父之业，狃于盛强，不戢其武，致四邻汹汹自危，环起与之为难。此魏之失计四也。惠王者，文侯孙，武侯子，在位五十二年（三十五年立，八十五年卒），战事见于史策者二十七〔一、三十四年（惠王元年，下类推）与韩赵战浊泽。二、三十五年败赵于怀。三、同年败韩于马陵。四、三十六年齐伐我，取观。五、三十八年与韩伐秦，败绩。六、三十九年伐宋，取仪台。七、四十年秦伐，败我于石门。八、四十一年秦攻我少梁。九、四十二年秦复败我少师。十、同年败韩赵师于浍。十一、四十四年与赵伐齐。十二、四十五年楚伐我，决白马之口。十三、四十七年伐韩，取朱。十四、四十四年侵宋黄池。十五、五十年秦败我元里，取少梁。十六、同年伐赵，围邯郸，齐楚伐我以救赵；明年，齐败我桂陵。十七、五十三年秦围降我固阳。十八、六十一年赵攻我首垣。十九、六十三年伐韩，齐救韩，败我于马陵。二十、六十四年秦卫鞅伐我，虏公子卬。廿一、同年齐赵伐我。廿二、六十五年与秦战岸门。廿三、七十一年秦伐我，取雕阴。廿四、七十四年秦围我焦、曲沃。廿五、七十九年韩赵伐我，败之。廿六、八十年秦伐我，取陕。廿七、八十一年楚败我襄陵〕，其衅自魏启者十焉。初立二十年间，无战事者四年而已。魏之不竞，始于五十年桂陵之败，其祸自魏之伐赵拔邯郸也。时秦方取魏少梁，惠王失于西而欲取偿于东，乃大举伐赵。韩则朝魏以骄之（魏围邯郸，申不害谓韩昭釐侯曰："我执珪于魏，魏得志于韩，必外靡于天下矣。"），宋则虚与为援（魏征师于宋伐赵，宋使请于赵曰："请受边城，徐其攻而留其日以待下吏之有城而已。"赵王曰："善。"宋因举兵入赵境，围一城。魏王大悦，谓宋助我攻矣），惠王遂围邯郸经年。赵乞救于齐楚，皆缓救，以待魏赵之两敝。明年（五十一年，惠王十八年），邯郸拔，而齐田忌用孙膑之谋，引兵疾袭魏都，魏还自救，遇于桂陵（今山东济宁道曹县境），师覆焉。自是今山东境内无魏地。楚亦乘虚取雎、濊之间（雎即雎水，汴河支流，濊即浍水。雎濊之间，今河南开封道雎县、宁陵、商丘一带），魏东南孔道遂塞（今徐州至开封铁路，前此自商丘以西皆属魏，后此自陈留以西皆属楚），邯郸终不能有，而东陲骚蹙，而魏乃大创。自是与秦赵和会（五十三年与秦盟漳水上，五十六年与赵会阴晋），无兵事者垂十年。越十二年（六十三年，惠王二十年），而复有马陵之败，其祸自魏之伐韩也（《史记·魏世家》作伐赵，《六国表》及《战国策》皆作伐韩，今从《表》《策》）。魏使庞涓伐韩，五战而五胜，韩东委国以请救于齐，齐使田忌、田婴、田蚡将，孙膑为师，声言将袭魏都以救韩，庞涓去韩奔命，魏更起境内众，使太子申将以御齐，齐师入魏境，故示怯弱，以诱魏逐利，庞涓果弃其步军，率轻骑倍日并行逐之，齐伏兵马陵（今山东东临道濮县境，本卫邑也。时卫服属于魏），魏师暮夜至，万弩骤发，魏师大乱相失，庞涓死焉，齐乘胜大破魏，虏太子申。盖桂陵之役战河南，今战河北，而皆大败于齐，魏元气凋悴尽矣。孟子所谓梁惠王以土地之故，糜烂其民而战之大败（指围邯郸及桂陵之败），将复之恐不能胜，故驱其所爱子弟以殉之也（指伐韩及马陵之败）。夫魏之敝则秦之利也。明年（六十四年），秦遂伐魏，虏公子，大败魏师，献河西地七百里于秦以讲，故都安邑不可复居，东徙大梁。实惠王即位后之三十一年也。盖战国初元六十年间，史迹中枢，皆集于魏，自兹以往，魏惟日忧秦患，自救不瞻，不复为重于天下矣。其末年有公子无忌最贤，力殆足以复振魏国，然卒以谗废，魏遂首为秦灭（语在"秦并六国"章也）。

　　与魏代兴者，惟楚与齐。楚当春秋之季，既创于吴，旋有内难，百年间不闻有事于中原，盖魏方强于北，而越在其东（《越绝书》称句践霸后，即治琅琊，至楚成王灭越，杀王无疆，而无疆子孙居琅琊者犹二世。琅琊，今山东胶东道诸城县境也。然则春秋末战国初越地，盖跨浙江、江苏、山东三省沿海各州县，楚尚未能独有江苏也。）。巴蜀在其西，常为楚患［二十七年（楚肃王四年），蜀伐楚，取兹方，于是楚作扞关以拒之（见《史记》），扞关在今四川东川道奉节县。又《华阳国志》称战国初，巴楚数相攻伐，故置江关、阳关；《水经注》于此三关外尚有弱关，皆巴楚防守地。攻争之烈可想。］。而楚贵族颇横恣，政出多门，是以不能北向。吴起之去魏奔楚也，悼王以为相。起明法审令，捐不急之官，废公族以养战士，徙贵人往实广虚之地，黜游说之言纵横者，于是南平百越，北却三晋，西伐秦，诸侯皆患楚之强。（以上据《史记·吴起传》及《吕氏春秋》，其事当在十八年至廿二年之五年间，然《六国表》《楚世家》及《战国策》皆不著。此五年间有却晋伐秦事，当是阙文）既而悼王卒，贵戚大臣共攻杀起，肃王嗣位，尽诛为乱者，夷七十余家（二十三年）。起虽死，而楚政则自兹一新矣。越四十余年，威王灭越，实为楚全盛时代。威王以六十五年即位，盖魏徙大梁之次年，其灭越在七十年，则苏秦约从之前一年也。先是，越三世弑君，国大乱，至是越王无疆立，先伐齐，既而伐楚，适齐魏为会以相王。威王怒，伐齐，败之于徐州，遂移师伐越，大败之，杀王无疆，尽取吴故地，东至于浙江。越以此败，诸公族争立，或称王，或称君，滨于海上，朝服于楚。威王又使将军庄蹻将兵，循江上略巴蜀黔中以西。蹻至滇池，地方三百里，旁平地肥饶数千里，以兵威定属楚，欲归报，会秦击夺楚巴黔中郡，道塞不通，因还以其众王滇，变服从其俗以长之。云南之通上国，自兹始也。苏秦说秦王曰："楚西有黔中（今湖南武陵辰沅两道全境，及湖北荆南道之长阳、公安、五峰等县，皆楚黔中地），巫郡（今四川东川道旧夔州府所属各县，及湖北荆南道之巴东、恩施、建始三县，皆楚巫郡地），东有夏州（今汉口）、海阳（旧说谓指扬州海陵，即今江苏淮扬道之泰县也。此盖泛指徐扬一带），南有洞庭、苍梧（苍梧，旧说但称零陵南，其包及今广西境与否不敢断），北有陉塞（今河南开封道许昌县）、郇阳（今陕西汉中道洵阳县），地方数千里，带甲数百万，车千乘，骑万匹，粟支十年，此霸王之资也。"盖在当时诸国中，幅员之广莫如楚，故入战国九十年间，秦不敢有所加于楚，诚惮之也。及九十一年，怀王见欺于张仪，召秦兵以自取败，十二年间，三丧其师，上流形胜，尽入于秦，楚几不国矣。百三十六年，秦遂入郢都。楚东徙于陈，距怀王初战秦时四十五年耳（语并在"秦并六国"章）。楚以五百年积累之业，怀王一朝眢惑而颠坠之。此屈原所为发愤自沉，而司马迁所谓："王之不明，岂足福也。"怀王既客死于秦，子顷襄王嗣，尝彷徨于纵横两策之间，楚日以削。

齐在战国，始终不衰，而威宣之间尤强。自二十六七年至百二十七八年，约一百年间，齐之全盛时代也（二十六年威王立，九十年宣王卒，百二十八年湣王灭宋）。齐自春秋以来，即为大国，席山海之利，厉工商之业，冠带衣履天下数百年。入战国后，以远在海东，不罹兵革之苦，故齐之繁荣，莫与京焉。苏秦之说宣王曰："临淄七万户，其民无不吹竽鼓瑟，击筑弹琴，斗鸡走犬，六博蹋踘者；临淄之途，车毂击，人肩摩，连衽成帷，举袂成幕，挥汗成雨，家敦而富，志高而扬。"此虽专言齐都之盛美，而全齐可概矣。自桂陵、马陵两度挫魏（桂陵之役当威王二十六年，马陵之役当宣王二年），东方诸国无复能与齐抗颜行者。秦既不能越三晋以病齐，楚亦不复勤远略，越虽尝雄据齐东，今盖衰落，不足数矣。故此百余年间，中原蝡唐沸羹，而山以东，乃极欢虞闲暇。儒墨方术游谈之士，咸集于稷下，孟轲、邹衍、邹奭、淳于髡等其最著也。于是齐为学艺之渊薮焉。齐北与燕为邻，宣王末年，燕王哙嬖信其臣子之，既任为相，旋让与国而自为之臣，燕人弗服也。宣王伐燕，五旬而举之。杀王哙，醢子之，孟子劝王谋于燕众，为置新君，王弗能用也，欲遂有燕国。既而燕人叛，楚赵胥谋救燕，齐终不克有燕，而宣王亦寻卒，齐自此衰（八十九年至九十年）。宣王卒之前五年（八十六年），六国合纵伐秦，齐亦与焉，无功而还。是为秦齐交兵之始，然终以东西隔绝，更数十年未被秦祸（百二十九年秦伐齐，取河东九县，为秦加兵于齐之始）。湣王继世，席累叶之业，犹雄于诸侯。先是宣王以田婴为相，封于薛，至是婴子文袭封，继为相，号孟尝君，能以礼下士，士多归之，与魏之信陵君赵之平原君并名，齐深藉以为重。湣王末年，秦来致帝号，称东西帝（百二十六年）；旋灭宋，与楚魏分其地（百二十八年），于是齐威张甚。然过此则骤替矣。宋，故春秋名国，入战国则介楚魏间，其地四战，本处不竞之势，乃其末主偃忽图称霸，灭滕伐薛，东败齐，取五城，南败楚，取地三百里，东败魏军，乃与齐魏为敌国，八十六年，遂自立为王，实六国合纵伐秦之岁也。称王后益狂暴，乃至射天笞地，曰威服天下鬼神，有谏者辄杀之，诸侯号曰桀宋，如是者逾四十年，至是齐伐之，其民散亡，莫或城守，王偃奔魏死焉。齐南割楚之淮北，西侵三晋，邹鲁之君皆称臣，诸侯恐惧。然燕人已窃窃议其后，越二年（百三十年），燕乐毅遂以五国之师来伐，齐国为墟，而湣王亦与宋偃同命矣。

然旋以田单之力，齐复振者犹数十年。

与齐楚代兴者，惟燕赵。燕自王哙既死，太子平立，是为昭王，实齐破燕后之三年也（九十三年）。昭王有报齐之志，顾燕弱小，且新见残，艰厄实甚，昭王乃卑身厚币，以招贤俊，筑黄金台，尊事郭隗，以树风声，于是乐毅自魏往，邹衍自齐往，剧辛自赵往。昭工吊死问孤，与百姓同甘苦，休养十年，民忘其劳矣。东胡者，春秋之山戎，自齐桓时已病燕，霸政之兴，其焰少戢，入战国后，复大为边患，至是燕将秦开大破之（自百〇一年至百〇四年），拓地千里，置上谷（汉上谷郡，今直隶口北道之宣化、龙关、怀来、蔚县、延庆、涿鹿六县及京兆之昌平县皆其地。汉郡因秦，秦郡殆因燕也。下同）、渔阳（汉渔阳郡，今京兆之武清、宝坻、顺义、密云、平谷五县及热河所属旧承德府全境皆其地）、右北平（汉右北平郡，今京兆之蓟县、直隶、津海道之滦县、丰润一带皆其地）、辽西（汉辽西郡，今直隶津海道之卢龙、迁安、抚宁、昌黎、滦县，奉天辽沈道之锦县及热河之土默特二旗界皆其地）、辽东（汉辽东郡，今奉天辽沈道辽阳辽中北镇、义县、海城、盖平一带皆其地）等郡，朝鲜亦役属焉。东北拓境之广，实自燕始。昭王即位二十八年（百三十年），日夜抚循其民，益以富实，而齐湣王矜灭宋之功，骄淫愎谏，贤士去之，民不堪命。昭王乃与乐毅谋伐齐，毅以齐霸国之余业，独攻未易决胜，毅乃自使于赵，且因赵结秦，别使使者约楚魏。咸得当，昭王悉起兵，以乐毅为上将军，秦与三晋会之，毅并将秦、魏、韩、赵之兵伐齐，战于济西（今东临道临清、堂邑、聊城一带），齐师大败。乐毅遣还秦韩之师，分魏师以略宋地，部赵师以收河间，身率燕师，长驱逐北，遂入临淄。湣王奔莒，为淖齿所弑。昭王封毅为昌国君，留徇齐地。六月之间，下七十余城，置郡县焉。是时燕威动天下。梁启超曰：秦之西侵也，皆稍蚕食，阅数十百年，然后举其国。东方诸国之相攻伐反是，恒一举而夷之。越之灭吴也有然，楚之灭越也有然，齐之灭宋也有然，而燕齐之迭相灭而旋恢复者各两度，皆一战之效也。齐地既尽入燕，独湣王子法章保莒，宋人田单保即墨，不下。乐毅留镇齐五年而昭王卒，子惠王立（百三十六年）。初，人有谮乐毅于昭王，谓其欲顿兵自王者。昭王曰："吾求能报齐者，尚欲与之共燕国，今乐君亲为寡人破齐，塞先仇，齐国固乐君所有，非燕所得也。汝何敢言？"乃斩之，而遣立毅为齐王，毅皇恐不受，以死自誓。毅既感昭王恩，齐人亦服毅之义，而诸侯畏其信，故克有功。至是惠王新立，齐田单广为蜚语间构之，惠王召乐毅而使骑劫代之将，毅奔赵，燕将士由是愤惋不和。单之守即墨也，身操版锸，与士卒分劳，妻妾编行伍，饮食尽以飨士，其人既感激于国耻而服单之教，单乃出奇兵夜袭燕军，杀骑劫，遂北至河上，旬日之间，七十余城皆复为齐，迎太子于莒返临淄，立为襄王。于是齐复兴而燕日替。

当燕昭王东北拓境之日，正赵武灵王西北启宇之年。三家分晋，赵得地最寒瘠，半春秋时之狄疆也，故其兴较晚，而其运亦较长。当魏盛时，曾拔赵邯郸，微齐赵几亡矣。魏浸衰，赵亦浸强，苏秦约从时，而赵肃侯为约长（七十一年）。赵渐见重于天下，然仅与秦、魏、齐为疆场之争，未独有所表异也。至武灵王而赵浡兴。武灵王以七十九年即位，修内治者十余年，九十七年乃大集朝臣肥义、楼缓等议变法胡服曰："今中山在我腹心，北有燕，东有胡，西有楼烦、林胡、秦、韩之边，而无强兵之救，是亡社稷也。夫有高世之名，必有遗俗之累。吾欲胡服骑射以教百姓，虽驱世以笑我，胡地、中山，吾必有之！"时贵族诸臣虽有疑沮，以王之英断恳谕，卒悦服奉行。赵兵骤强。既灭中山，遂攘群胡。中山者，春秋鲜虞白狄遗种也。春秋之季，晋用兵数十年，未能克，入战国益大。前纪六十七年，武公自立，齿于群侯，其地全在今直隶保定道境内（有唐完、获鹿、井陉、平山、灵寿、无极、定新、乐行，唐曲阳诸县地），东北界燕，西南界赵，魏义侯曾攻拔其都，不能有也。赵敬侯时，战败之于房子，献四邑请和（廿八、廿九年），赵成侯时，筑长城防赵（三十五年），其后恃齐援侵赵，引水围鄗，几于不守（鄗，故城在今直隶大名道柏乡县），此肃侯时事也（史失载，今据武灵王告公子成语）。至是武灵年年攻略中山，乘胜致群胡而挫之。九十七年（武灵十九年），北略中山地至房子，遂之代北（代，本北狄国，前纪六年灭于赵，至是百六十年矣。其地跨今山西代县至直隶易县界，所谓代北者，则出雁门关以北也），至无穷（即无终。春秋时为北狄国，今直隶保定道涞源县）。九十八年（二十年），略中山地至宁葭，西略胡地至榆中（今陕西榆林道榆林县外边城），其后三年（自九十九年至百零一年），连攻中山，中山献邑请和，暂休兵。百零四年（二十六年）复攻中山，攘地北至燕代，西至云中、九原（见下）。明年，武灵王传位少子何，是为惠文王，使大臣傅之，自称主父。主父使子治国，身胡服将士大夫西北略胡地，而欲从云中、九原直南袭秦，乃诈自为使者入秦，察地形，且观秦王为人。秦昭王不知，已而怪其状甚伟，非人臣度，使人逐之，则已脱关出矣，秦人大惊。百零七年（惠文王二年），主父行新地，遂出代西，遇楼烦王于西河，而致其兵。明年，遂灭中山，迁其君于肤施（今县属陕西榆林道）。悉破林胡、楼烦，置雁门（今山西雁门道，自雁门关之西北大同、山阴、朔县、漯源、应县、右玉、左云、平鲁等县及察哈尔旧镶蓝旗界，皆汉雁门郡地。汉因秦，秦因赵也）、代郡（今直隶口北道之阳原、怀安、蔚县，保定道之涞源县，山西雁门道之大同、阳高、天镇、广灵、丘繁、峙等县及察哈尔之旧正黄旗、镶蓝旗界，皆汉代郡故地）、云中（今绥远归化、城西、托克，及鄂尔多斯旗界一带，皆汉云中故地）、九原（汉改称五原，今绥远沿河以北，自包头镇至五原一带，皆汉五原郡故地）诸郡，还归行赏，大酺五日。梁启超曰：吾观古今中外诸大小国之君主，其飒爽瑰特，未有过赵武灵王者也。然以废长立少，故其长子作乱，攻惠文王，败往依主父，主父庇之，遂为王臣李兑所弑。实百零九年，楚怀王客死于秦之次年也。时韩魏日削弱，秦祸渐中于赵。然赵人习武灵之教，矜气节，右武善战，有平原君、廉颇、蔺相如、赵奢、李牧先后为之将相，皆一时之杰也。故历数十年与秦为劲敌，秦以间去此数贤，仅乃得志（语在"秦并六国"章），而李牧却匈奴之功，终赵世不衰。

之五国者，各有其盛时。大抵第五十年以前，魏之盛时也。第六十五年至第九十年，楚之盛时也。第三十年至第百三十年，齐之盛时也。第九十三年至第百三十五年，燕之盛时也。第八十年至第百五十三年，赵之盛时也。惟韩无特盛之时可称述者，必强举之，则自第五十一年至第七十年，约廿年间。昭侯为君，申不害为相，不害本郑之贱臣，其学黄老刑名，相韩十五年，国内以治，诸侯不来侵伐云。然其治迹之见于策者，不过教韩朝魏以骄魏弱魏而已。韩，故郑也，其外交袭郑辙迹，良非得已，抑申不害亦诚郑人哉！

纪秦创业次第章第三

树久大之规画，悬鹄校程，以图进取，百折不挠而卒贯其初志者，其惟秦乎！秦之创业也，盖自穆公至始皇四百余年间，未尝一日息。虽缘外力抵抗之强弱，而屡有屈伸，顾未尝或一退转，其步骤亦未或一凌乱。嘻，谋国若是，信难能而可贵者哉！秦之图中原也，始于穆公之索晋赂以纳惠公。晋惠公之入，赂秦以河外列城五，南至华山，东尽虢略（事在春秋第七十三年）；其地盖西自今陕西关中道之华县、华阴逾潼关，包有今河南河洛道之阌乡、灵宝、陕县，东尽渑池、洛宁。盖自新安以西至潼关四百八十里，皆古崤函地，亦称桃林之塞，河流翼岸，巍岸插天，绝谷深委，险甲天下，秦图中原必争之地也。晋惠急于得国，乃投秦所最欲者以为饵，秦诚得此，则翱翔东向，早莫之能制也。然晋之君臣，固见及此，故旋即背约，所谓"许君焦、瑕（二邑皆今河南河洛道。陕县焦故城在县治南二里，即古焦国，后并于晋；瑕，在县治西南三十二里有曲沃城。文十三年《左传》称"晋使詹嘉处瑕以守桃林之塞"，即其地也），朝济而夕设版"也（郑烛之武说秦穆公语，见僖三十年《左传》）。秦既见欺不得逞，越二十年，会晋围郑（《春秋》第九十三年，僖三十年），冀有所获，犹前志也。郑烛之武说之曰："越国鄙远，君知其难。"又曰："若舍郑以为东道主，行李之往来，供其困乏。"盖知秦久蓄憾于晋，又窥其东侵之念未息，故耸以利害而言遶入也。越三年（《春秋》九十六年），潜师袭郑，而晋败之于崤，灭滑而不能有也（滑在今河南河洛道偃师县南二十里，有缑氏故城，即其地）。盖秦锐意经略此地者二十余年，至是乃知其未可图矣。故晋先轸谓"一日纵敌，数世之患"也。既不得志于东，乃折而图南。晋人亦思泄于彼以缓吾冲，故《春秋》八十八年（僖二十五年），晋人、秦人伐鄀，越十三年（《春秋》百零一年），秦遂入鄀（今河南汝阳道内乡县境），然亦不能有也，卒以资楚（何年入楚，史失载。然楚以定六年徙都于鄀，当秦入鄀后百十八年，想楚早灭之以为邑矣）。夫秦通中原，厄塞有二，东则函关，南则武关也；秦得之可以控制天下，他国得之，卒以厄秦（豪杰亡秦时，沛公从武关入，项王从函关入）。武关在春秋为少习，而始终属楚（武关在今陕西关中道，商县南百八十里。哀四年《左传》楚人告阴晋大夫将通于少习以听命，即其地），秦得虢略郑滑，则函关举矣。得鄀则武关举矣，然既厄于晋，复厄于楚，此秦所为疾首而痛心也。自是秦转北趋，以求东出之道，其与晋疆场之争，多在河汾交流直西之境，若少梁（在今韩城县境，本秦地，春秋百零六年晋取之），若北徵（在今澄城县境，本晋地，同年秦取之），若彭衙（在今白水县境，本秦地，《春秋》九十八年晋取之），若刳首（在今郃阳县境，《春秋》百零三年晋伐秦，至其地），若令狐（今山西河东道猗氏县境，与刳首阳河相望。《春秋》百零三年秦伐晋，至其地，晋败之），若辅氏（今朝邑县境，《春秋》百廿九年。百六十年，秦两次伐晋，至其地），皆两国迭相攻取之区也。概括言之，则穆公以前，秦晋争河南（所争为今陕西与河南接壤诸地），穆公以后，秦晋争河西（所争为今陕西与山西接壤诸地），然终不能以大得志。春秋之季，晋威稍替，秦始能画河而守。晋秦为成时（《春秋》百四十三年），晋大夫盟秦伯于河西，秦大夫盟晋侯于河东，是为长河之险，两国共之。终春秋之世，秦所得止此矣。入战国之初，而秦中衰，尽失其河西地。孝公初立，下令曰："会往者厉、躁、简公、出子之不宁，国家内忧，未遑外事，三晋攻夺我先君河西地，诸侯卑秦，丑莫大焉。"三晋夺地之事，史阙有间，今参错钩稽之。百零八年，赵武灵王迁中山君于肤施（今县），则知是年以前，延安以北尚为赵地。七十一年，秦取魏雕阴，地在今甘泉县，西滨洛水，则知是年以前，洛东尚有魏地。至春秋时，秦晋历争诸地，今属韩城、郃阳、澄城、白水、朝邑一带者，则正吴起所守之西河，魏之重镇也（前纪六十二年至六十四年，魏两次城少梁，今韩城境；六十九年魏围秦繁、庞，出其民，今澄城白水境；七十二年魏伐秦，筑临晋元里，今朝邑境；七十三年魏伐秦，筑洛阴、合阳，今郃阳境。孝公所谓夺河西地者，殆即指此诸役）。其在河渭以南者，则华县、华阴一带，为魏阴晋地。七十二年，魏始纳阴晋，则知是年以前，仍魏地也。商县为魏上洛地，《秦策》记楚魏战于陉山，魏许秦以上洛（战陉山之年失考，当在魏惠王时），则前此之商县，仍魏地也。然则战国之初，函关属魏，而阴晋更在函关西百里。武关属楚，而上洛更在武关西北百二十里。北境则自子午岭以北皆赵，而自洛以东皆魏也。秦之蹙狭，可想见矣。盖秦自前纪第四年悼公之卒，迄本纪第二十年献公之立，约一百年间，中经厉、躁、怀、灵、简、惠、出七公，内乱频仍。秦自建国以来，惟此时最为衰弱。而魏文侯以一世之贤豪，适亢起于其间，秦之不竞于魏以此。然其间秦灭大荔，亦春秋战国之交一大事也。大荔，戎也，地在今县，并包有蒲城、朝邑两县境，本晋地而没于戎，及秦灭之，自秦得此，而魏之河西及阴晋地乃中梗而为二（秦灭大荔年代不可确考，大抵为时甚长。前纪第二十年秦伐大荔，取其王城，大荔之大受创自此。然至本纪第六十六年，大荔犹围秦郃阳，距取王城时百一十年矣。秦殆先后历百余年始尽灭之也）。献公以后，秦渐张矣。献公以第二十年立，明年，即城栎阳，徙都之，前此秦都雍，为今凤翔县治，今徙栎阳，则临潼县东北五十里也，盖东下已四百二十余里。孝公下令，所谓献公镇抚边境，徙治栎阳，且欲东伐复故地也。前此秦与三晋遇屡败（参观年表），至第四十年（秦献二十一年）伐魏，韩、赵救魏，秦败之于石门，斩首六万，天子致贺，秦威始振。越三年，孝公嗣位，秦帝业草创矣。

秦之创业略分五期：一曰商鞅时代，当孝公之世；二曰张仪、司马错时代，当惠王世；三曰樗里疾、甘茂时代，当惠王、武王世；四曰魏冉时代；五曰范雎时代，皆当昭王世。五者各应其时而效其策，秦用是兴。今于是章叙述前三期，其后二期则语在第五章也。

孝公以四十三年即位，六十六年卒，凡在位二十五年，与魏惠王、齐威王同时。初立，即下令求宾客群臣能出奇计强秦者，卫公孙鞅自魏往，一见而授以政。鞅少好刑名，事魏相公叔痤，明习魏故，悦服李悝治法。痤且死，荐诸惠王，弗能用，至是挟其术以强秦。鞅之言曰："民不可与虑始，而可与乐成。论至德者不和于俗，成大功者不谋于众。苟可以强国，不法其故，苟可以利民，不循于礼。"故主变法。又曰："农者寡而游食者众，则其国贫危。凡治国者患民散而不可抟也。民避农则轻其居，轻其居则不为上守。圣人必令民归心于农，则民朴而可正也。"故主贵农。又曰："战者民之所恶也，能使民乐战者王。强国之民，父遣其子，兄遣其弟，妻遣其夫，皆曰：不得无返。"（言无所获则勿返，以此相遣勉也）又曰："失法离令，若死我死（言将连坐也）。民固欲战，又不得不战，是为重强。"故主厉战。又曰："以杀去杀，虽杀可也。以刑去刑，虽重刑可也，国之乱也，非其法乱也，非法不用也。国皆有潜法，而无使法，必行之法也。刑用于将过，则大邪不生，赏施于告奸，则细过不失。刑重者民不敢犯，则无刑矣。"故主峻刑。鞅之言论，见于今所传《商君书》者，其要旨皆类此。孝公既纳鞅议，于是徙都咸阳（今县），集小都乡邑聚为县，凡四十一县，皆置令丞，为田，开阡陌、封疆而赋税平，平斗桶权衡丈尺，勠力本业，耕织致粟帛多者复其身，事末利及怠而贫者，举收以为孥，民有二男以上皆别居，违者倍其赋，有军功者，各以率受上爵（秦本有计首虏赏功之制，鞅更严密定其法），为私斗者各以轻重被刑，令民为什伍而相收，司连坐，不告奸者腰斩，告奸者与斩敌同赏，匿奸者与降敌同罚，宗室非有军功论，不得为属籍，明尊卑爵秩等级，各以差次名田宅臣妾衣服，有功者显荣，无功者虽富无所芬华。行之十年，秦民大说，道不拾遗，山无盗贼，家给人足，民勇于公战，怯于私斗，秦以骤强。鞅又以秦土广民稀，不能尽地力，三晋土狭民稠，今以草茅之地，徕三晋之民，使之事本（本谓农业，对末业言），此其损敌，与战胜同实。于是下令，凡诸侯之民来归者，给以田宅，复其三世（复谓免赋税），三晋民归之若水赴壑，秦资其力以事农，而秦民悉数属于战，故兵莫强焉。梁启超曰：战国之世，人不称土，殆为公患。梁惠王诉于孟子谓邻国之民不加少，寡人之民不加多，然则欲徕民者非独秦也。而商鞅得其道矣。孝公立之八年（五十年），伐魏取少梁，少梁本秦地而入于晋，晋分属魏，至是二百六十一年矣，秦始复之。越三年（五十三年），鞅亲伐魏，围固阳降之，固阳在今陕西榆林米脂县，盖魏筑长城距秦，此其极北之塞也。至是秦与魏始复距河而守，长河千里之险，彼我共之矣。同年城商塞（今商县），扩境及河渭以南。梁启超曰：函关、武关何时入秦，史策无考。吾参稽之，宜在孝公之世。崤函数百里，当时固非能全有（详下文），然盖已自大荔出朝邑至今潼关，故贾谊亦谓"孝公崤函之固"也（秦函关即今潼关，汉函关乃东徙今新安县界，去秦故关三百里）。其南境则史文于城商塞一事外他无纪，商塞所在，虽未明言，然商于十五邑为鞅封地，则今之商县商南一带，必在其内，而商塞即为武关，盖可断言。既有二塞，秦制天下，天下莫复能制秦。六十四年（秦孝二十二、魏惠三十一），齐新败魏于马陵，鞅说孝公曰："秦之与魏，譬人之有腹心疾，非秦并魏，魏即并秦。今魏新破，诸侯叛之，因此伐魏，魏不支，必东徙。东徙，秦据山河之固，东向以制诸侯，此帝王业也。"孝公乃使鞅将以伐魏。鞅乃以诈虏魏将公子卬，大败魏师于岸门，是即四十年前魏吴起回望西河、泣数行下之地也（岸门即今永济县之风陵渡，与潼门隔岸相对）。魏于是去安邑，徙都大梁，献河西地以和。秦封鞅以商于十五邑，号曰商君。鞅之初变法也，秦民嚣然议其不便，于是太子犯法。鞅曰："法之不行，自上犯之，太子君嗣，不可施刑，刑其傅公子虔，黥其师公孙贾。"太子怨之。及其诈杀公子卬，太子益疑其行。六十六年，孝公卒，太子立，是为惠王。鞅惧诛，亡走魏，魏不纳，惠王卒车裂之以徇。司马迁曰："商君其天资刻薄人也，余读其书与其人行事相类，卒受恶名，有以夫。"贾谊曰："秦孝公据崤函之固，拥雍州之地，君臣固守，以窥周室。商君佐之，内立法度，务耕织，修守战之备，外连衡而斗诸侯。于是秦人拱手而取西河之外。"又曰："商君遗礼义，弃仁恩，并心于进取，行之二岁，秦俗日败，然并心而赴时，犹曰蹙六国，兼天下。功成求得矣，终不知反廉愧之节、仁义之厚，信兼并之法，遂进取之业，天下大败，众掩寡，智欺愚，勇成怯，壮陵衰，其乱至矣。"刘向曰："商君极身无二虑，尽公不顾私，故令行而禁止，法出而奸息。"《书》曰："无偏无党。"《诗》云："周道如砥，其直如矢。"秦所以强六世而并诸侯，皆商君之谋也。然亦诈取三军之众，故诸侯畏而不信。梁启超曰：商君功罪不相掩，于秦有殊功，而于世风有深罪。当国与国竞之正剧，谋国迫切者，恒以国为主公，以人民为械器，主公以其时所最利便于己者制置其械器，不适今用，虽善必芟，其适，虽恶必奖。故能抟挶其民，若范型，驱而用之，无不如志。以与任运之民相遇，蔑弗胜矣。然而拂民之性，夭阏其一部分之良能。况其所奖者，必功之急而利之近者也，故每导民于恶，发扬其近于禽兽之初性，末流乃不胜其敝。岂惟商君，吾于今世之名国且见之矣。虽然，商君之于秦则诚忠也，感激主知，厉行所信，不惜贾怨以种后祸，其视公孙衍、张仪辈险侧取容者何远哉！鞅奚负秦，乃为魏报怨，秦之不中蹶幸耳。

上第一期先定内治基础，训练国民，完成外竞之实力。其对外也，则集全力以与魏争河西，夺据函关、武关二要塞，为不可胜以待敌之可胜，此秦业之始基也。第二期自第六十七年至第九十二年约二十余年间，秦主为惠王，其臣最有力者曰张仪，曰司马错，与秦交涉最繁之国，曰楚魏，魏则惠王、襄王，楚则怀王也。其间大事有四：曰继蹙魏，曰始谋楚，曰灭巴、蜀，曰弱义渠。魏既大创于岸门，安邑不可复居，狼狈东徙。安邑即今山西河东道附郭首县，地处河汾之间，当时魏河西、河东、河南三部，皆以此为中枢。魏之安邑，则非惟河西，即河东、河南亦失其控驭之方，势所必然也。秦之战略，则先扰其河南、河东，以竟河西之功，既全有河西，而复致全力于河南。岸门之败，魏纳河西数邑（史未指何邑，然河西地其广，非一次所尽，故七十四年史复有纳河西语）；越六年（七十一年），取魏雕阴地（在今甘泉县），与十八年前所取之固阳相策应。于是魏河西之上郡，南北两端要塞皆入于秦。七十四年，围魏焦、曲沃（即春秋时晋惠公赂秦之焦、瑕二邑，曲沃即瑕，非山西境之曲沃也。今陕县西南有曲沃城），魏尽纳河西地以请成，明年降焦、曲沃，渡河取汾阴（今荣河县）、皮氏（今河津县），又明年取蒲阳（今隰县。以上三地皆属今山西河东道），魏纳上郡十五县请成，乃归魏蒲阳。又明年（七十七年），归魏焦、曲沃。此四年间，秦之蹙魏也，取其河南数邑，而胁之以求西河，取其河东数邑，而胁之以求上郡（魏故河西地，合西河、上郡两部之通名也），取之以示威，而归之以市恩。魏情见势绌，但求能与秦画河而守，乃并阴晋（今华县华阴）而纳之。盖自七十六年以后，今陕西境内无魏寸土矣。自尔秦魏息兵者四年。八十年，张仪复伐魏取陕（今县），九十年，再拔焦（前以归魏，易取上郡，越十三年再取之），至是而魏河南西部之地尽，今陕县灵宝、阌乡、卢氏等县皆入秦矣（魏河南地分东西两部，周韩梗其间，自陕以东则韩地矣）。

梁启超曰：自晋惠赂秦穆以焦、瑕，秦不能有，至是阅三百有七年，始乃得之。秦之树业，吁其艰哉！然西得阴晋，东得焦陕，崤函形胜，什九在秦矣。魏既日蹙，东诸侯始汹惧，纵横论乃大昌，而张仪最善为秦谋（语在“纪纵横”章）。纵横论之方兴也，秦之国论亦分二派，张仪之徒主东窥中原，司马错之徒主西辟陇蜀。八十八年（秦惠王后八年），巴、蜀相攻，俱告急于秦。秦欲伐蜀，虑道险狭难至，而韩又来侵，犹豫未决。司马错请伐蜀，张仪请伐韩。仪之言曰：“亲魏善楚，下兵三川，攻新城、宜阳，临二周之郊，据九鼎，按图籍，挟天子以令天下，此王业也。不争此而争于戎翟，去王远矣！”错之言曰：“今秦地小民贫，愿先从事于易，蜀僻而乱，以秦攻之，譬狼逐羊，得其地足以广国，得其财足以富民，缮兵不伤众，而彼已服焉。拔一国而天下不以为暴，利尽西海而天下不以为贪，是一举而名实附也。今攻韩，劫天子，恶名也，而未必利也，不如伐蜀完。"惠王卒从错言。蜀与巴皆殷周古国，春秋时，巴尝服属于楚，而蜀僻远不通于诸侯。战国初，蜀称王，而别封其弟葭萌于汉中，号苴侯。蜀、巴、苴三国分峙川中、川东、川北，而苴密迩秦封域及陕西境，故夙与秦构难。第十七年（秦惠公十三年），秦伐蜀，取南郑，蜀实苴也。至是苴侯与巴王为好，巴与蜀仇，故蜀王怒伐苴侯，苴侯奔巴求救于秦，秦遂伐蜀灭之，还军灭苴、巴。自是今四川始内属，而秦亦益强，富厚轻诸侯。秦既得蜀，更图逾陇。义渠者，本西戎国，数为秦边患。先是七十三年，义渠内乱，秦定之。七十七年，义渠称臣，灭蜀后二年（九十年），因伐义渠，取其二十五城，虽未能灭之，然秦自是无西北忧（百四十三年秦灭义渠）。秦地在甘肃境者，前此惟有今渭川道之半，主是则泾原道隶版图矣（旧庆阳府全境皆故义渠国境）。张仪本计伐韩，既得巴蜀，形势转便，乃先谋弱楚。仪察楚怀王之贪愎而昏，欲致其师以挫之，而合纵论方盛，虑齐为之援，乃佯去秦，厚币委贽事楚，谓怀王曰："秦甚憎齐，齐与楚从亲，楚诚能绝齐，秦愿献商於之地六百里。"（《史记》《战国策》皆作秦欲伐齐，故先给楚。启超按：当时韩魏未服，越两国境以攻齐，秦不如此之愚。盖得巴、蜀后即发心弱楚，故设此辞愚楚，以致其师耳）怀王信之，遂绝齐，使使如秦受地。仪曰："仪与王约六里，不闻六百里。"楚使怒去，归告怀王。怀王怒，大兴师伐秦。秦发兵击之，大败楚师于丹、析（丹，今浙川县；析，今内乡县。皆在河南汝阳道西南境），斩首八万，虏楚将屈丐，遂取楚汉中地（汉中当时本分属秦楚，今道治之南郑县，前此早已属秦，至是并取楚地，秦乃全有汉中矣）。怀王益悉发国中兵以深入击秦，战于蓝田（今陕西关中道属，西距秦都咸阳仅百余里），魏闻之，袭楚至邓（今县。河南汝阳道属），楚兵惧，自秦归，而齐竟怒不救楚，楚大困。楚自威王以来，扩地及中国之半，雄镇南服，至是几一蹶不复振矣。

既挫魏楚，乃全力压韩，而时出扰赵，是为秦创业之第三期。韩之弱固不足畏也，然其地则足贪。韩之重镇曰宜阳，二崤、渑池在焉（宜阳，今县，属河南河洛道，然当时宜阳实不止此。《战国策》云："宜阳城方八里，材士十万，粟支数年，名为县，其实郡也。"《汉书·地理志》："宏农郡有宜阳县故，在渑池。"《括地志》云："宜阳城在洛州福昌县东，此韩之大郡。伐取之，三川路乃通。"参稽诸说，今宜阳、渑池、新安三县地当时统名宜阳也）。秦非得之，则无以尽崤函之险，而通三川之道。故十三年曾一攻宜阳，六十九年拔宜阳而不能守，盖有魏之阴晋、焦、瑕为之屏蔽，秦末由越境而据也。当魏盛时，申不害以韩事魏。秦欲弱魏，策宜毋急韩使合于魏。故终商君之世，未尝伐韩。自张仪取陕，而韩患日亟矣。未几，六国合从摈秦，韩魏继伐秦，秦樗里疾败韩于修鱼，追北至浊浑（修鱼地失考，浊泽或作观泽，在今河南开封道长葛县，殆秦追北至此）。秦大创韩自此。张仪遂欲伐韩，会有蜀之役，继以再战楚、韩亦新败之后谨事秦，以太子入质，故得免秦兵者垂十年。九十三年，秦惠王卒，张仪免。九十五年，秦武王以樗里疾、甘茂为左右丞相。明年，樗里出相韩。其年，甘茂围韩宜阳，逾年，而遂拔之。秦之将围宜阳也，先结魏，既久围，赵楚屡议救，而犹豫不能决，故卒拔。宜阳拔而崤函天险全入秦，秦且兴师临周以求九鼎矣。时恰当战国史之半，亦史迹上一大结束也（战国凡百九十五年，是年为九十七年）。此期间秦亦始略赵地，八十八年，伐赵取西都中阳，九十一年，伐赵取蔺阳，然非其主力所萃也。

纪纵横策章第四

自秦商鞅见傦以后，范雎得政以前，约七八十年间，有所谓纵横家者出，骋辞说以鼓扇世局，万乘之主，立谈而为之回虑，瓮牖之夫，徒步而径取卿相，此实战国时代独有之异象。非直中国前后古今之所无，即泰西千余年列国并立，外交迭相钩距，然以此诪张，迄未尝睹也。其人大抵佻薄倾侧，嗜富贵，挟意气，勇于趋私利，苟达所向，不择其术，谈说无定旨，惟所遭值，投栖无定主，惟所豢畜，天下之可厌贱，莫此辈若也。然既已衍为一时风气，而其力足以震撼左右天下，故论世者不得而废之。所谓纵横论者，合六国摈秦谓之合纵，连六国事秦谓之连衡，主其说者相呼以纵人横人焉。夫纵横说皆所以说六国也，由后世观之，事秦惟为秦利，而不为六国利，则持横说以入六国，宜不能容立，然事实适得其反，纵人败而横人胜也。合纵之键在三晋，当时有说赵王者曰："三晋合而秦弱，三晋离而秦强。此天下之所明也。虎将即禽，禽不知虎之即己也而相斗，两罢而归其死于虎。今山东之主，不知秦之即己也，而尚相斗，两敝而归其国于秦，何秦之智，而山东之愚也。"（见《战国策·赵策》，不著为谁氏说，亦不纪其年代）其言可谓博深切明，然而六国终以此共命而不能自拔也。其故可思也，春秋以来，秦所以垂三百年不得逞者，徒以有晋也，晋分则既无以御秦。夫既分矣，三晋各自有其利害，强联合之势，固不可久明矣。昔魏文侯最知三晋利害之当相共也，韩赵相难，韩乞师于魏伐赵，文侯曰："寡人与赵，兄弟，不敢从。"赵来乞师，谢之亦然。二国始怒而后皆感之。魏地亘两国之间，两国不能越魏而相伐，故以魏和韩赵而三晋合，终文侯之世，三晋未尝交讧，常一致以待秦楚。文侯卒，武侯立，五年而三伐赵（十八年、廿一年、廿二年），致赵积愤而以楚伐魏（廿三年）三晋之离，魏实启之。及武侯之卒，韩赵伐丧而谋分魏（三十四年），则韩赵之过也。自是三晋互为仇雠矣。魏惠王恃其强，数侵陵韩赵，韩赵不得不结齐秦以自救。时各国所公患者，非秦而魏也。及魏屡败衄，秦拱手享其成利，东诸侯乃窃窃惧秦，纵横论嚣然作矣。

纵人之健者曰苏秦。苏秦始欲为横，说秦惠王不报，乃一反而为纵。苏秦之为纵也，初说燕，衔燕命以说赵，衔赵命以说韩、说魏、说齐，最后而说楚。其说燕文侯也，耸之以不亲赵之害，而因以合燕于赵，其言曰："夫安乐无事，不见覆军杀将，无过燕者，以赵蔽其南也。秦攻燕，战于千里之外，赵攻燕，战于百里之内，愿王与赵从亲，天下为一，则燕无患矣。"时燕在诸国中最小弱，西逼赵而南畏齐，故文侯深纳其言，资之于赵。赵者，苏秦所欲倚以为纵长也，故说赵肃侯用全力而多危词，全局之规画寓焉。其言曰："当今山东之建国，莫强于赵，秦之所害，亦莫如赵，而秦不敢伐赵者，畏韩魏之议其后也。秦攻韩魏，无名山大川之限，稍蚕食之，传国都而止。韩魏不支，必入臣于秦。秦无韩魏之隔，祸必中于赵。夫秦下轵道则南阳危，劫韩包周，则赵氏自操兵，据卫取淇，则齐必入朝秦。秦欲已得乎山东，必举兵向赵，秦甲渡河逾漳据番吾，兵必战于邯郸之下矣。臣按天下诸侯之地，五倍于秦，诸侯之卒，十倍于秦，为大王计，莫如一韩、魏、齐、楚、燕、赵以摈秦，令天下将相，会盟洹水上，约曰：'秦攻一国，五国各出锐师，或挠秦，或救之，有不如约者，五国共伐之！'则秦甲必不敢出函谷以害山东矣。"肃侯大悦，厚赐赏之，以约于诸侯。先至韩。韩屏国也，久畏秦欲事秦，苏秦乃怵以害而激其耻，说韩宣惠王曰："大王事秦，秦必求宜阳、成皋，今兹效之，明年复求割地，与则无地以给之，不与则弃前功受后祸。王地有尽，而秦求无已，以有尽之地，遂无已之求，此所谓市怨结祸者也，且不战而地已削矣。谚曰：'宁为鸡口，无为牛后。'夫以大王之贤，挟强韩之兵，而有牛后之名，窃为大王羞之。"于是韩王勃然作色，攘臂瞋目，按剑仰天太息曰："寡人虽不肖，必不能事秦。"次乃至魏。魏新丧败茶怯，横人日恫愒其侧。苏秦乃为壮语以厉之，说魏惠王曰："越王句践以敝卒三千禽夫差，武王以车三百乘制纣。今大王之国，武士二十万，苍头二十万，奋击二十万，厮徒十万，车六百乘，骑五千匹，其过句践、武王远矣！乃听群臣之说，而欲事秦，夫事秦必割地以效，兵未用而国已亏矣。夫为人臣而外挟强秦之势，内劫其主，以求割地，破公家以成私门，愿大王熟察之！"惠王许之。因东说齐。苏秦之说赵也，极言秦之可畏以耸之，其说齐也，极言秦之不足畏以侈之。谓齐宣王曰："齐四塞之国，地方二千余里，带甲数十万，粟如丘山，即有军役，未尝倍泰山、绝清河、涉渤海者也。韩魏所以重畏秦者，为与秦接壤也。战而胜秦，则兵半折，四境不守；不胜，危亡随其后。秦攻齐则不然，倍韩魏，过卫阳晋，经亢父之险，百人守险，千人不敢过也。秦虽欲深入则狼顾，恐韩魏之议其后也。故恫疑虚喝而不敢进，秦之不能害齐亦明矣。夫不深料秦之无奈齐何，而欲西面事之，是群臣之计过也。"齐王听之。最后乃南说楚。时楚方盛强，秦曲意与之交欢，苏秦乃歆之以与秦争霸之利，说楚成王曰："秦之所害莫如楚，楚强则秦弱，秦强则楚弱，其势不两立。为大王计，莫如从亲以孤秦，大王诚能听臣，臣请令山东之国，奉四时之献，以承大王之明诏，委社稷厉兵士，在大王所用之。故从亲则诸侯割地以事楚，横合则楚割地以事秦，两策相去远矣。故赵王使臣效愚计，奉明约。"楚王亦许之。于是苏秦为从约长，并相六国，北报赵，车骑辎重，拟于王者。赵遂会五国盟洹上，投从约书于秦，秦深惮之（《史记》及《六国表》皆不记洹上之会，然苏秦游说本以此为明约，后张仪说魏亦述诸侯约为昆弟，刑白马盟洹水上，则此事果已实行也，故补记之。又《战国策》言苏秦约纵后，秦兵不敢出函谷者十五年。《史记·苏秦张仪传》皆有此语，考诸《秦本纪》《六国世家》《六国表》殊不然，今不采）。时维第七十一年，魏徙大梁后之七年，商鞅死后之五年，楚怀王即位之前五年也。既而秦使公孙衍欺齐魏与共伐赵，以败从约，赵肃侯让苏秦。秦恐，请使燕必报齐。苏秦去赵，而从约皆解，然盟洹后十五年（八十六年），六国尝联军一伐秦，至函谷，无功而还，而苏秦卒以阴构齐燕见杀。秦虽死，而合纵论尚盛于六国中者数十年。

横人之健者曰张仪。仪始与苏秦同学，秦用事于赵，仪上谒，秦辱谢之，仪遂入秦为横，已而相秦。六国伐秦函谷之明年（八十七年），秦败魏于浊泽，诸侯振恐，而魏已失西河上郡，境土日蹙。仪乃说魏襄王曰："梁地方不至千里，卒不过三十万，地四平，无名山大川之限，卒戍楚、韩、齐、赵之境，守亭障者不过十万。梁之地势，固战场也。夫诸侯之约从盟于洹水之上，结为兄弟以相坚也。今亲兄弟同父母，尚有争钱财相杀伤，而欲恃反覆苏秦之余谋，其不可成亦明矣。大王不事秦，秦下兵攻河外（按：此河外指河南东部），据卷衍酸枣，劫卫取阳晋，则赵不南，赵不南则梁不北，梁不北则从道绝，从道绝则大王之国欲毋危，不可得也。"魏王乃倍从约，因仪以请成于秦，事在八十八年，即司马错灭蜀之年也。越四年，而仪绐楚怀王以致楚师，楚是以有丹析、蓝田之败（语在前章）。战蓝田之明年，秦告楚请以武关以外易黔中地，楚王曰："不愿易地，愿得张仪而献黔中地。"仪遂入楚，因其嬖臣靳尚、宠姬郑袖以说，王复赦张仪厚礼之。仪因说楚王曰："夫为纵者无异驱群羊攻猛虎，不格明矣。王不事秦，秦劫韩驱梁而攻楚，则楚危矣。秦西有巴、蜀，治船积粟，浮岷江而下，一日行五百余里，不十日而拒扞关，扞关惊则境以东尽城守矣，黔中巫郡，非王之有。秦举甲出武关则北地绝。秦兵攻楚，危难在三月内，楚待诸侯之救，在半岁外。王诚听臣，臣请令秦楚长为兄弟之国，无相攻伐。"楚王已得张仪而重出黔中地，乃许之。仪遂之韩说韩王曰："韩地险恶山居，国无二岁之食，见卒不过二十万。秦被甲百余万，以攻不服之弱国，无异垂千钧之重于鸟卵之上，必无幸矣。大王不事秦，秦下甲据宜阳，塞成皋，则王之国分矣。为大王计，莫如事秦以攻楚，以转祸而悦秦。"韩王许之。张仪归报秦，秦封以六邑，号武信君。复使东说齐湣王曰："齐蔽于三晋，地广民众，兵强士勇，虽有百秦将，无奈齐何。大王贤其说而不计其实，今秦楚嫁女娶妇，为昆弟之国，韩献宜阳，梁效河外，赵王入朝，割河间以事秦。大王不事秦，秦驱韩梁攻齐南地，悉赵兵度清河指博关，临菑、即墨非王之有也。国一日见攻，虽欲事秦，不可得也。"齐王许之。张仪西说赵武灵王曰："大王收率天下以摈秦，秦兵不敢出函谷关十五年，大王威行山东，敝邑恐惧，缮甲厉兵，力田积粟，愁居慑处，不敢动摇，唯大王有意督过之也。今以大王之力，举巴、蜀，并汉中，包两周，守白马之津，秦虽僻远，然心忿忿念怒之日久矣。今秦有敝甲凋兵，军于渑池，欲渡河逾漳，据番吾，会邯郸之下，愿以甲子合战，正殷纣之事。谨使使臣先闻左右。今楚与秦为昆弟之国，而韩梁称东藩，齐献鱼盐之地，此断赵右肩也。夫断右肩而与人斗，失其党而孤居，求欲毋危得乎？今秦发三将军，其一军塞午道，告齐使度清河，军邯郸东。其一军军成皋，驱韩梁军于河外，一军军渑池，约四国为一以攻赵，赵报四分其地。臣窃为大王计，莫如与秦王面相约而口相结，常为兄弟之国。"赵王许之。乃北之燕，说燕昭王曰："今赵王已入朝，效河间以事秦。大王不事秦，秦下甲云中、九原，驱赵而攻燕，则易水长城，非王有也。且今时齐赵之于秦，犹郡县也，不敢妄举师以攻伐。王事秦，长无齐赵之患矣。"燕王请献常山之尾五城以和。苏秦之合纵也，先燕、次赵、次韩、次魏、次齐、次楚；张仪之连衡也，先魏、次楚、次韩、次赵、次燕。皆审地势时势以为先后。苏秦用赵为从约主，燕则入赵之阶耳，其最难致者，莫如韩魏，次则楚，韩魏皆密迩秦，韩积弱而魏累创，与言摈秦，谈何容易。苏秦引方兴之赵以壮其声援，而激其羞恶，是以动听，然苏秦与韩魏极言事秦之害，而于其不事秦之害，则匿而不言，其说非能完也。齐本与秦无患无争，燕与三晋既合，齐自易动，楚则一向一背，利害立见。当苏秦时，为楚谋者，固宜以超然无所倚为长计。故秦之至楚，楚王经月不见之（见《战国策》），诚不愿与为缘也。秦亦仅能利用其侈心，以与秦争霸歈之。故苏秦之合纵也，其论锋在燕赵最强，齐次之，在楚较弱，韩魏尤甚。张仪之时，魏楚皆经巨创，不复能鼓勇以与秦为难，魏襄、楚怀又皆昏闇，仪首从事于此，横基植矣，楚魏下则取屠韩如拾也。其最难者莫如赵，武灵王一世之雄，而赵有韩魏为之蔽，其视秦蔑如也。故苏、张游说之辞，皆在赵为最费，各出全力以搏之。仪欲服赵而先挠齐，其说齐也，曰："韩献宜阳，梁效河外，赵入朝，割河间。"当时宁有是事，皆谀词虚喝而已。齐于纵、横两策，利害本皆非迫切，故漫然许之。仪乃复假之以虚喝赵，其说赵曰："齐献鱼盐之地，断赵右肩。"此又宁有是事，夫武灵王固非易受恫喝者，然方将有事于中山，却胡辟地，雅不愿显与秦示敌，故仪说得行焉。齐赵无异辞，燕更何有？此张所以能有功也。然仪说魏、楚、韩之言，尚多实录，其说齐、赵、燕，则皆虚声也。苏秦纵约成，逾年而解，张仪横约成，归报秦，未至咸阳，秦惠王卒，武王立。武王自为太子时不说张仪，诸侯闻仪与秦王有隙，皆叛横复合纵。

并时及其后言纵横者猥多，大抵袭仪秦说，而陈轸、公孙衍、苏代最著。轸出入于秦、楚，而衍出入于秦、魏。衍当苏秦时，首为秦间齐赵以败从约，张仪死后，又尝佩五国相印，为纵长。苏代在燕，酿子之之乱，召齐伐燕，其后复为燕昭王画策破齐，燕复使约诸侯从亲，如苏秦时。此皆纵横家之觥觥者也。仪、秦、衍、轸辈皆与大国之主周旋，得声名，致富贵，汲其流者更为一时之权要封君作鹰犬效奔走，风益下矣。然当时若齐孟尝君田文、赵平原君赵胜、魏信陵君公子无忌、楚春申君黄歇之徒，皆以好客相竞，藉国力以养游士，故展转相扇，其焰益张。以终战国之世，惟信陵君颇能延揽志节之士，自余则无讥焉尔。或问孟子曰："公孙衍、张仪岂不诚大丈夫哉？一怒而诸侯惧，安居而天下息。"孟子曰："是焉得为大丈夫乎，以顺为正，妾妇之道耳。"司马迁曰："言纵横者大抵皆三晋人，苏秦长于权变，顾被反间以死，天下共笑之。"张仪行事，甚于苏秦，秦先死而仪振暴其短。要之，此两人真倾危之士哉！梁启超曰：吾刺述史文，备列两人之言论行事，则论世者自得之矣。苏秦之诋横人曰："夫横人者皆欲割诸侯之地以事秦。秦成则高台榭美宫室，听竽瑟之音，前有楼阙轩辕，后有长姣美人，国被秦患而不与其忧，是故横人日夜务以秦权恐愒诸侯，以内劫其主，罪无过此者。"张仪之诋纵人曰:"夫纵人多奋辞而少可信,言其利不言其害,说一诸侯而成封侯,故天下之游谈士,日夜扼腕言纵之便,猝有秦变,不与其忧,彼其所互相诋者皆是也。同一肺肠,故交揭之无遁形也。"范雎为秦散纵曰:"秦于天下之士非有怨也,相聚谋秦者,欲富贵耳,投骨于地,群犬相牙。"乃遣载金以适东方,散不能三千金,而天下之士,大相与斗。呜呼!以政论为资生之具,其流毒如此其极也!虽然,若仪、秦之言则诚辩矣,于大局之见状及趋势,若烛照而数计,后此六国以纵散而致亡,一一如苏秦言,而秦之攻取方略次第,又一一如张仪言也。时主之徊徨眩惑,进退无据,有以也夫。

终战国之世,列国联军战秦者十:其一,三十八年,韩魏伐秦,败于洛阴;其二,四十年,秦伐魏,韩赵救之,败于石门;其三,八十六年,楚为从长,合赵、韩、魏、燕、齐伐秦,军于函谷,无功而还;其四,八十七年,三晋伐秦,败于浊浑;其五,百有六年,齐、魏、韩伐秦至函谷,秦割河东三城以讲;其六,百二十二年,韩魏伐秦,败于伊阙;其七,百二十八年,赵李兑约五国伐秦,兵未合而罢;其八,百五十七年,秦围赵,魏楚救之,魏信陵君全赵师败秦邯郸下;其九,百六十七年,秦伐韩,魏信陵君率五国之师败之于河外;其十,百七十三年,楚、魏、韩、赵、燕伐秦,败于函谷。通二百年形势观之,六国诚合,秦必不能得志,此事理之易明者。虽然,此则安能?秦人固料之矣,曰彼六国者,犹连鸡不能并栖。夫本已处难合之势,而秦复日夜构扇之,宜其益涣阋以为秦资也。时有说齐王者曰:"天下为秦相割,秦曾不出刀;天下为秦相烹,秦曾不出薪。"有说魏王曰:"以地事秦,犹抱薪救火,薪不尽,火不灭。"由此观之,利害昭然,五尺之童所共能解。然在当时大声疾呼,日聒于耳，而时主不寤，则利害有所蔽，而意气有所中也。虽然，天下之趋统一，势也，不统于秦，亦统于他国，而统一之愈于分争，则明甚也。天将假手于秦，以开汉以后之局，夫谁能御之！而秦与他国，又何择焉！

续纪秦创业章第五

自是赓续述秦创业之第四期，其主则昭王，其执政则穰侯魏冉也，起九十八年讫百三十八年，都凡四十年。张仪连横方成之年，而惠王卒，武王立。武王立四年，而拔韩宜阳，其年卒，无子，异母弟稷立，是为昭王。昭王母曰宣太后，后有异父弟曰魏冉，自惠武时任职用事，至是唯冉力能立昭王。昭王即位，以冉为将军，卫咸阳，诛大臣及诸公子之谋乱者。王少，宣太后任事，魏冉为政，威震秦国。梁启超曰：母后垂帘，外戚柄国，前无闻焉。有之，自秦宣后、穰侯始。此无他故，贵族政制之国，人主不能以政权私其所亲爱，春秋以前诸国，多此类也。秦建国以来，即为君主独裁政制，国土愈廓，独裁力亦愈张，则凡与此政制相缘之弊，不期而自生，母后其一也，外戚其一也，宦官亦其一也，而皆作始于秦。其后赵惠文后、韩太后、齐君王后皆临朝用事，而秦实最初行之，遂历二千年与独裁制相终始，悲夫！

穰侯相秦之功绩，曰收魏河东，驯伏魏韩；曰蹂躏半楚，迫之东徙；曰挑扰强赵，始务北侵。先是，魏西河、上郡已尽入秦，秦复渡河而南略地至陕，自是魏地在今陕西境内者，及在今河南西北隅滨河与陕西接壤者，皆为秦有，再进则及河东矣（魏河东地即今山西河东道，沿汾水两岸之地，北兼有冀宁道之汾水流域，参观第一章魏疆域）。秦之经略河东也，始于七十五年之取汾阴（今荥河）、皮氏（今河津），其地分峙汾水入河处之南北两岸，与隔河之少梁（今韩城）相对，由河西入河东第一门户也。明年，复取蒲阳（地为今隰县），稍北进矣，已而归之以易上郡。八十二年，取曲沃、平周（此曲沃与前文所云焦、曲沃者为两地，彼在河南陕县境，此在河东，今闻喜县与曲沃县之交，平周则今冀宁道介休县境），则渡汾而东，筦汾城南北两要冲矣。此皆秦惠王时事也。时魏犹全力欲保河东，乘秦昭初立，内乱未靖，夺还皮氏（九十九年，魏城皮氏），百有一年（秦昭四年），秦伐魏，取蒲坂（今垣曲县）、晋阳（此非太原之晋阳也，亦作旧晋，今虞乡县）、封陵（今永济县，即岸门所在地），则沿河之北岸东下，安邑在包抄中矣。然秦究以主少国疑，未敢殚力于外。明年，归魏蒲坂；百有六年，魏与齐韩伐秦至函谷，秦复归魏封陵（窃意晋阳亦当同时归魏，史略之耳。既归永济，自不能越永济而有虞乡也）。盖自秦昭三十年间，不能大有所获于魏。其在韩亦然，拔宜阳之年（九十七年），并渡河城武遂（武遂，今地不可确指，旧说谓在平阳附近，必不然。其地当时非韩属也，更屡以宜阳、武遂连举，地必相近，但宜阳在河南，武遂在河北耳。以意度之，当在今渑池、新安两县隔河北岸，韩上党最南境也），明年归之，百有一年，复取之（与取封陵三邑同时），百有六年复归之（与归封陵同时）。盖此十年间，为秦稍韬敛之时，且亦方有事于楚，不得不暂弛韩魏也。百有八年，魏襄王、韩襄王同时卒，明年，秦伐魏至襄城（见下），伐韩取武始（今地待考，大约当在今河洛道东南偏。《汉书·地理志》魏郡有武始县，其地乃在今直隶大名道邯郸县西南，当时绝非韩地），兵锋骤深入今河南之东境，盖乘丧侵之，且欲以致两国之师也。明年，复伐魏，败之于解

（今县与安邑东境接壤，此又用兵于河东也），又明年（百一十一年），韩魏果伐秦。穰侯荐白起为将，击败之于伊阙（今洛阳县南），斩首二十四万，取韩五城（时秦已得陕县宜阳，故战线移于洛阳以南，今河南省之中央矣）。白起率师自此始，实战国后半期发端之一大事也。明年，起复伐魏，取垣（即蒲坂，前以归魏，今复取之），又明年，伐韩取宛（今河南汝南道南阳县）。百十四年，魏遂纳河东地四百里，韩纳武遂二百里。明年，起与司马错伐魏至轵（今河南河北道济源县，当时河东地最东境），取城大小六十一。百十八年，司马错攻魏河内，魏遂纳故都安邑于秦，至是魏河东地尽矣。此十年中，秦志在全有魏河东，而频扰其河南河内，魏力穷于抗围，乃更为断腕全躯之计，犹前之弃河西以保河东也。于是秦魏息兵十年（中间惟百二十一年，秦由武关出师伐魏安城，地在今河南汝南府汝南县，盖魏南鄙也，与秦魏战争大局所关甚微）。百二十九年，伐魏，围大梁，魏割温以和（温，今县。属河南河北道）。百三十一年，复伐魏，走芒卯，魏割南阳以和（史于割南阳下，有"实修武"一语，汉修武县属河内郡，兼有今河北道修武、获嘉两县境。此南阳郡即春秋时周襄王赐晋文公以温原十二县之田，晋于是始启南阳也。与今之南阳府不相蒙。三国分晋，南阳分属魏韩，韩之南阳当即武遂一带，至是并得魏南阳，秦遂置南阳郡），河内之半，又入秦矣。韩则自纳武遂后，二十年不被秦兵（其间惟百十八年秦败韩夏山，小战无关轻重也）。盖当时秦之于魏韩，略其要地，使之屈伏，而不肯蹙之于极窘，毋使铤而走险，因得留吾力以向他方，此穰侯当国四十年待魏韩之方略也。

与韩魏息兵之时，正经略楚赵之日。初，楚怀王败蓝田后（九十二年，怀王十七年，见第三章），纳张仪连横说，与秦约和，会秦惠卒，犹豫未决，齐湣王复遣与约纵，遂合于齐。时秦兵方与韩距于宜阳，未遑事楚，而武王暴卒，昭王新立，厚赂楚，归楚上庸（今湖北襄阳道竹山县地，与败丹析时为秦所取，至是归之），与结婚姻。齐、韩、魏以楚负从约伐之，楚质太子于秦，秦救楚，三国兵解（百有一年），既而楚太子与秦重臣私斗，杀之亡归。百有三年，秦遂与齐、韩、魏共伐楚，败之于重丘（今河南汝阳道泚源县），杀其将唐昧。是为秦楚再交兵之始，上距蓝田之役十年也。明年，复伐楚，取襄城（今县。属河南开封道），杀其将景缺。又明年，诱怀王入武关，要以割地，怀王不许，卒割八城。又明年，伐楚，取析等十六城（汉析县属弘农郡，在今河南汝阳道内乡县西北。时秦所取诸侯，史不具载，其名大约旧南阳府所属诸县，皆在其内也。又《楚世家》仅载本年取十六城事，《秦本纪》仅载前年取八城事，《六国表》两载之，今从表），此即齐、韩、魏伐秦至函谷，秦割三城以讲之年也。当是时，彼三国纵约颇坚，秦实严惮之，苟非楚背纵，秦或不敢逼，而楚进退失据，四年之间，坐丧名城数十，可叹也。怀王遂客死于秦。顷襄立，与秦绝。百十二年，秦伐楚，取宛（今河南汝阳道南阳县，其年《史》又记秦伐韩，取宛，盖宛分属楚韩也）、取叶（今县。属汝阳道）、取穰（今汝阳道邓县，《史》《表》载秦于十年前伐韩取穰，《国策》载是年伐楚取穰，当亦分属两国），明年取邓（今县），楚南阳地尽矣。顷襄王不支，复与秦和亲，自是不被秦兵者亦十年。百二十四年，楚顷襄复遣使诸侯约纵，谋伐秦。秦闻之，骤攻楚黔中，楚割上庸（今竹山县），及汉北地（今自郧西至光化，凡汉水以北诸县）以讲。明年，秦遂大举伐楚，一军陆行出武关取襄阳，一军舟行自巴渝浮江而下取江陵。其出关之师拔鄢（今湖北襄阳道襄阳、宜城两县），其下江之师拔西陵（今湖北荆南道宜昌，县溯江二十里入峡口处）。又明年，遂会师拔楚郢都（今江陵县），烧夷陵（即宜昌），毁其先王陵庙，楚遂东徙陈（今河南开封道淮阳县治）。实魏献安邑后之八年，于是六国故都入秦者二矣。又明年，益尽拔楚巫、黔中地（楚巫郡有今荆南道之巴东、建始、恩施诸县，黔中道则湖北长阳、公安，湖南则自洞庭以西之华容，西南括武陵、辰沅两道全境皆其地也）。大抵蓝田战役以后，楚尽失其陕西境内之地；重丘战役以后，楚失其河南境内旧南阳府属之地；此役以后，楚尽失其湖北境内今襄阳、荆南两道，湖南境内辰沅道全道及武陵道之泰半（洞庭以西）。至是楚所余者，尚有今安徽、江西、江苏、浙江四省之全境，湖北之江汉道，湖南之湘江道，及武陵道之小半，而河南之汝阳道与秦共之，开封道与魏共之。此楚疆变迁之一大结束也。自春秋八十八年，秦伐都以围荆襄，至是历三百五十七年卒乃得之，其坚忍不拔，可敬也哉！

秦之弱赵，始于七十六年攻取离石（今县。在山西冀宁道，原名永宁县，民国三年改），实魏纳上郡十五县之年，地与上郡密迩秦，因取之。八十八年，取西都中阳（中阳，今县。原名宁乡，民国三年改），九十一年，取蔺阳（今临县）。诸地皆在河东，而与魏接壤，秦正有事于河东，故取之以临魏也。然正值武灵即位十有余年，赵奋迅蹈厉，势方全盛，秦不敢撄其锋，赵亦正勤远略，不与秦校，故秦赵无兵战者二十五年。武灵王躬微行诇秦，欲从云中、九原拊其背，时赵之谋秦，盖猛于秦之谋赵也。会武灵王卒（百有八年），赵威日替，而秦方大捷于伊阙（百十一年），韩魏纳土，秦全有魏河东地（百十四至百十八年），自是祸中于赵矣。百十六年，秦拔赵梗阳（今山西冀宁道榆次县，与太原东南接壤），明年，拔新垣、曲阳（今山西河东道垣曲县），百二十二年，拔两城（史阙其名），明年，拔石城（今河南东临汾县），又明年，拔代光狼城（今冀宁道高平县），秦谋赵日益亟。虽然，赵固非易与者。赵俗本矜懻勇健，而武灵益厉之，地尽直北数千里，居高临下，形势殊不弱于秦。武灵虽没，而平原君公子胜为相，以贤闻于诸侯，廉颇、蔺相如、赵奢皆一时俊杰，内赞枢机，外司专阃。取光狼之明年（百二十五年），秦王告赵王愿为好，会于渑池（今渑池县，本韩地，时已入秦），廉颇、蔺相如计曰："王不行，示赵弱且怯也。"赵王遂行，相如从，颇送至境，与王诀曰："王行度道里，会遇之毕，不过三十日，过此不还，请立太子以绝秦望。"王许之。及会，饮酒，秦王请赵王鼓瑟，赵王鼓之，相如请秦王击缶，秦王不肯，相如曰："五步之内，臣得以颈血溅大王矣。"左右欲刃相如，相如瞋目叱之，左右皆靡，秦王不怿，为一击缶。罢酒，秦终不能有加于赵，赵人亦盛为备，秦不敢动。赵王归，以相如为上卿，位在颇右。颇自以多战功，相如素贱，不平，扬言将众辱之。相如避匿，其舍人以为耻。相如曰："相如敢廷叱秦王，独畏廉将军哉。顾吾念之，秦所以不敢加兵于赵，徒以吾两人在。今两虎共斗，势不俱生。吾为此者，先国家之急而后私仇也。"颇闻之，肉袒谢罪，遂为刎颈交。赵奢初为田部吏，收租税，平原君家不肯出，奢以法杀其用事者九人。平原君怒，奢曰："君于赵为贵公子，今纵君家而不奉公，则法削，法削则国弱，国弱则诸侯加兵，是无赵也。"平原君以为贤，言于王，使治国赋，国赋大平，民富而府库实。百三十四年，秦伐韩，围阏与（阏与地有二，皆今山西冀宁道境内，一在和顺县，当时为赵地，一在武乡县，当时为韩地。此战在武乡之韩阏与也）赵王召群臣问之，皆曰道远险狭难救，奢曰："道远险狭，如两鼠斗穴中，将勇者胜。"王乃令奢将兵救之，出邯郸（赵都），三十里而止，坚壁不行者二十八日，秦将以为怯，不为备。奢乃卷甲趋，一日一夜而至阏与，大破秦师，围解，秦归师反攻几（几，今地失考，《史记正义》云在相潞之间），廉颇复大败之。实渑池会后之九年，秦破楚郢都后之八年也。秦自孝公商鞅以来，九十年中，战无不克，始见挫者，此役而已。故终穰侯之世，不得志于赵。

穰侯执政四十年，秦所获实至丰，其恃兵力攻取者半，其恃智术操纵者亦半也。自张仪连横，日以秦权恐喝诸侯，仪虽死，秦袭用其术不衰，其兵谋常昌言之不讳，往往先声而后实，诸侯受其劫持者，则割地以事之，得数年或十数年不被兵，不受劫耶。近者则如其所昌言之兵谋实施而膺惩之，以明吾虚喝之言，非无验也；远者为己兵力所未能遽及，则唆他国以利助力而嗾使斗之，以待其两蔽也。故其于各国忽攻伐，忽盟会，术售于甲，则力加于乙，力既足，威术复行焉，如环无端，以骇眩其敌，各国时或以自救，故冀移秦祸于他国，或欲附秦弱他国，而分有所获，或失于秦，而欲向他国取偿也。故惟秦之所操纵，无不如志。会渑池之前两年，秦召燕王，燕王欲往，苏代极陈秦二三十年欺胁诸侯之往迹，以尼其行。其言虽未必尽实录，然穰侯时代秦之所得于战功外者，略可睹矣。［苏代说燕王曰："秦之行暴正告天下。告楚曰：'蜀地之甲，乘船浮于汶，乘夏水而下江，五日而至郢；汉中之甲，乘船出于巴，乘夏水而下汉，四日而至五渚（按：此言后两年即已实行）。寡人积甲宛东下随，智者不及谋，勇士不及怒，寡人如射隼矣。'楚王为是故，十七年事秦。秦正告韩曰：'我起乎少曲，一日而断太行（按：此言后十八年实行）；我起乎宜阳而触平阳，二日而莫不尽繇我；离两周而触郑，五日而国举。'韩氏以为然，故事秦。秦正告魏曰：'我举安邑，塞女戟，韩氏太原卷，我下轵道南阳封冀，包两周，决荥口，魏无大梁；决白马之口，魏无外黄、济阳；决宿胥之口，魏无虚顿丘；陆攻则击河内，水攻则灭大梁。'（按：后此秦灭魏，兵略次第皆如此）魏氏以为然，故事秦。秦欲攻安邑，恐齐救之，则以宋委于齐，已得安邑，因以破宋为齐罪；欲攻韩，恐天下救之，则以齐委于天下，已得宜阳，因以破齐为天下罪；欲攻魏，重楚，则以南阳委于楚，及魏弃与国而合于秦，因以塞鄢厄为楚罪。必令言如循环，用兵如刺蜚。秦所杀三晋之民数百万，今其生者皆死秦之孤也。秦祸如此其大，而燕赵之为秦者，犹以争事秦说其主，此臣所大患也。"燕王乃止不行〕故此数十年中，凡韩、魏、楚等国，不被秦兵之年，大抵皆受秦欺胁，供秦利用之年也。穰侯更番用此策，以弱六国，而强秦；然亦坐是为范雎所龁而夺其位。

穰侯之时，秦力足以亡楚，魏韩更无论矣，而穰侯之计，欲存之以斗东侯。百二十六年之破郢而楚东徙也，秦军将遂穷追灭楚，楚人黄歇说秦，谓毁楚实以强韩魏而益齐。〔其言曰："今王妒楚之不毁，而忘毁楚之强韩魏也。秦无德于韩魏，而有累世之怨焉，韩魏父兄子弟接踵死秦者十年矣。今秦资之以攻楚，不亦过乎！且秦攻楚将安出兵？将借路于仇敌之韩魏乎？兵出之日，忧其不返。不借路必攻随水右壤，此皆广川、大水、山林、溪谷不食之地也，是有毁楚名无得地之实也（按：此时楚已迁陈，故形势如此）。且秦楚之兵构而不离，魏氏将出，而攻留方与铚湖陵砀萧相，故宋必尽，齐必南攻楚，泗上必举。此皆平原四达膏腴之地，是王破楚以肥韩魏而劲齐也。"〕秦乃释楚。百三十一年之破魏师走芒卯也，秦遂围大梁，魏人须贾说穰侯以大梁之不易拔，而可以少割收也，秦乃割魏南阳而解梁围。时穰侯方增封于陶（今山东济宁道定陶县），乃合魏楚之师伐齐，取刚（今济宁道宁阳县）、寿（今东临道寿张县），以广陶邑，时正秦丧师于阏与之年也。穰侯柄政四十年，威名翕赩，昭王固已畏恶习其逼，及是释楚魏于累胜之后，人有议宣太后本楚产而私徇楚（见《秦策》），穰侯本魏产而私徇魏者（《韩非子·初见秦篇》云："穰侯用一国之兵，而欲以成两国之功。"），加以伐赵失利，故恭者益得而中之。范雎者，魏人也，为魏相魏齐所虐，奔秦，窥昭王旨，多为危词以构穰侯。百三十八年（秦昭四十一年），秦遂相范雎，而逐穰侯。宣太后旋卒，自是入第五期。司马迁曰："穰侯，昭王亲舅也，而秦所以东益地约诸侯，天下皆西乡稽首者，穰侯之功也。一夫开说，身折势夺，而以忧死，况于羁旅之臣乎。"司马光曰："穰侯援立昭王，除其灾害，荐白起为将，南取鄢郢，东属地于齐，秦益强大，虽其专恣骄贪，足以贾祸，亦未至尽如范雎言。若雎者亦非能为秦忠谋，直欲得穰侯之处，故扼其吭而夺之耳，遂使秦王绝母子之义，失舅甥之恩。"要之，雎真倾危之士哉！

范雎所标帜之政策，当时成功而后人且乐道不衰者，所谓远交近攻是已。实则此策殊非雎所自创，自商君、张仪以来，既累世行之，虽穰侯亦然，特最近以韩、魏、楚既宾服，欲资之以图齐赵。故雎初说昭王，即乘此为间，其言曰："穰侯越韩魏而攻齐，非计也。齐湣王攻楚，再辟地千里，而尺寸无得焉者，形势不能有也。诸侯见其罢敝而伐之，齐几于亡，以其伐楚而肥韩魏也。今王不如远交而近攻，得寸则王之寸也，得尺亦王之尺也。"秦王大说，雎渐用事，而韩魏之祸，益煎迫矣。

范雎以韩魏为天下之枢，必收韩魏，乃能制楚赵。既为客卿用事后二年（百三十六年），并力以谋魏河内，首伐魏拔怀（今河南河北道武陟县），明年拔邢丘（今温县。《魏世家》作郪丘，《六国表》作廪丘，皆误，此据《秦本纪》及《秦策》），邢丘拔而魏附秦。遂以雎为相。雎说昭王曰："秦韩地形，相错如绣，秦之有韩，若木之有蠹，人之病心腹，天下有变，为秦害者，莫大于韩。今举兵而攻荥阳，则成皋之路不通，北斩太行之道，则上党之兵不下，其国断而为三，则韩服而霸成矣。"雎为相后一年（百三十九年），伐韩取少曲（今河北道济源县西），明年，取陉及汾旁五城（凡连山中断者皆称陉，河北八陉，轵关陉、太行陉、白陉、滏口陉皆在韩境，此未知所指。要之，自汾以东河以北沿太行山脉要道也），因城河上广武（今开封道中牟县），又明年，拔野王（今河北道沁阳县，旧称河内县）及其旁九城，于是韩南阳地尽（晋南阳地分属韩、魏。百三十四年，魏割南阳与秦和，此次所拔魏之怀及邢丘，亦魏南阳地，前未割尽者。野王等十城，则韩南阳地也），上党路绝。是役也，秦用兵于韩三年，其主力军屯河北以图上党（取少曲、汾陉、野王，皆此军也），而以出河南厄成皋者，为牵制之师（城广武者，即此军。盖厄中牟、郑县之间，则新郑之韩都及其东南长葛、鄢陵、扶沟等县之韩地，皆隔绝矣）。上党守冯亭与其民谋曰："郑道已绝（韩都新郑，自上党趣郑，由野王渡河，今秦拔野王且驻兵广武，故郑道绝），秦兵日进，韩不能应，不如以上党归赵，赵受我，秦必攻之。赵被秦军，必亲韩，韩赵为一，可以当秦。"遂以上党降赵。明年，秦在河南之师，拔韩缑氏（今县。属河南河洛道，此地盖分属周韩）、蔺（今河洛道登封县西南，汉之纶氏县即其地，与赵之北蔺异），而王龁之河北军亦拔上党，上党民走赵，赵廉颇军于长平（今山西冀宁道高平县），以按据上党民。先是秦取韩少曲之年，同时伐赵取三城，赵得齐救，兵乃解。至是王龁因伐赵，赵军数战不胜，遣使与秦媾，秦厚礼其使，以间赵与国使毋救赵，而阴持赵益急。而廉颇长平军坚壁不出，赵王以为怯，数谯让之。范雎又使人行千金于赵为反问曰："秦独马服君之子为将耳，廉颇易与，且降矣。"马服君赵奢也，已前卒。初，奢子括少学兵法，自以天下莫能当，尝与其父言兵事，奢不能难，然不谓善。括母问其故，奢曰："兵死地也，而括易言之，赵若将括，军其破矣。"至是赵王中秦间，欲将括。蔺相如谏曰："括徒能读父书，不知合变，不可用。"王不听，卒以括代颇。秦闻括已为赵将，乃阴使白起为上将军，而王龁裨属之。括至军，悉更约束，易置军吏，出兵击秦，白起佯败走，张二奇兵劫之。括乘胜追造秦壁，壁坚拒不得入，奇兵二万五千人绝赵军后，又五千骑绝赵壁间，赵军分为二，粮道绝，括因筑壁，坚守待救。秦王自如河内，发民年十五以上悉诣长平，益遮绝赵救兵及食道。赵军饥守四十六日，人相食，欲突围不得，括自出锐卒搏战，秦人射杀之，赵师大败，卒四十万人皆降。白起曰："秦已拔上党，上党民不乐为秦而归赵，赵卒反覆，恐为乱。"乃挟诈尽坑杀之，遗其小者二百四十人归赵，赵人大震，时百四十四年九月。上距阏与之战恰十年（秦昭四十七、赵孝成四）。是役也，合两军兵数盖逾百万（秦力能抗赵卒数十万，其兵必更多于赵。观前文秦王发民年十五以上悉诣长平可知），相持将一年，战事之剧，开辟讫兹，未尝有也。（初，齐田单尝问赵奢曰："单闻帝王用兵，不过三万，而天下服，今将军必负十万二十万之众乃用之，此单所不服也。"奢曰："君不明时势也。古者四海之内，分为万国，城虽大，无过三百丈，人虽众，无过三千家，而以集兵三万，距此何难哉！今取古之为万国者，而为战国七，千丈之城，万家之邑相望也。不能具数十万之众，旷日持久，数岁何以为战！"单乃叹服。启超按：此春秋与战国之用兵所为绝异者也）秦赵交兵以来，胜负恒略相当，过此以往赵始为秦弱矣。

长平一役，为秦帝业成败最大关键，国史上第一大事也。赵所以败，其近因固由不能坚守平原君、廉颇持久之策，临阵易将，为秦所乘（赵初受韩上党之时，虑召秦兵，平原君曰："白起可与持久，难与争锋，廉颇勇鸷而爱士，知难而忍耻，与之野战，则不如持久，则足以当之。"是颇之坚壁不出，乃赵之原定计画也。故秦必以间去颇，乃能取胜）；其远因实由魏附秦弱韩，秦无魏忧，故得并力于赵也。当两军相持于长平也，楚赵皆约魏合从，秦则约割韩垣雍平都地（今释见下）予魏，劝共伐韩。魏安釐王异母弟信陵君公子无忌极陈利害，谓韩亡则秦地与大梁邻，祸且不测，秦亡韩后，兵必不先加于楚赵，而先加于魏，劝王速纳楚赵之约，相与摈秦。其言于当时前后数十年之事势，若烛照数计焉（其略曰："秦与戎翟同俗，贪戾好利，无信，不识礼义德行。苟有利焉，不顾亲戚兄弟，若禽兽耳。故太后，母也，以忧死；穰侯，舅也，功莫大焉，竟逐之；两弟无罪，再夺之国。于亲戚若是，而况仇雠之国乎？今王与秦共伐韩而益近秦患，臣甚惑之。夫韩氏以一女子奉一弱主，内有大乱，外受强秦之兵，王以为不亡乎？韩亡，秦有郑地，与大梁邻，王以为安乎？王欲得故地，今负强秦之亲，王以为利乎？秦非无事之国也，韩亡之后必将便事，便事必就易与利，就易与利，必不伐楚与赵矣！何也？夫越山逾河，绝韩上党而攻强赵，是复阏与之事，秦必不为也。若道河内倍邺、朝歌，绝漳、滏水，与赵兵决于邯郸之郊，是智伯之祸也，秦又不敢。伐楚，道涉而谷，行三千里，而攻危隘之塞，所行甚远，所攻甚难，秦又不为也。若道河外，背大梁，右蔡、左召陵，与楚兵决于陈郊，秦又不敢。故曰秦必不伐楚与赵矣！又不攻卫与齐矣！夫韩亡之后，兵出之日，非魏无攻矣。秦固有怀茅邢丘，城垝津以临河内，河内共、汲必危，有郑地，得垣雍，决荥泽水灌大梁，大梁必亡。昔秦在河西，去梁千里，有河山以阑之，有周韩以间之，从林军以至于今；秦十攻魏，五入国中，边城尽拔，文台坠，垂都焚，林木伐，麋鹿尽，而国继以围；又长驱梁北，东至陶卫之郊，北至平监，所亡于秦者，山北河内河外大县数十，名都数百。秦乃在河西，晋去梁千里，而祸若是矣！又况于使秦无韩，有郑地，无河山而阑之，无周韩而间之，去大梁百里，祸必百此矣！异日者纵之不成也，楚魏疑而韩不可得而约也。今韩受兵三年，秦挠之，以讲识亡不听，投质于赵，请为天下雁行顿刃，楚赵必集兵，皆识秦之欲无穷也，非尽亡天下之国而臣海内，必不休矣。是故臣愿以从事王，王速受楚赵之约而挟韩之质，以存韩而求故地，韩必效之，此士民不劳而故地得，其功多于与秦共伐韩，而又无与强秦邻之祸也。夫存韩安魏而利天下，此亦王之大时已。"）。魏王不能用，故赵孤而韩益不支。战长平之明年，秦分兵为三：王龁攻赵武安（今县。属河南河北道）、皮牢（今地失考。《史记正义》谓皮牢故城在绛州龙门县，《通鉴注》谓秦兵已至上党，不应复回攻绛州之皮牢。启超按：《史》明言分军为三，盖白起、王龁、司马梗各领其一，王龁军攻武安，所以横断邯郸与大梁之联络，使赵魏不能相救；若同时攻武安，又攻相去数百里之绛州，岂非龁军又分为二邪？《史记正义》说必误，皮牢当在武安附近也），拔之，司马梗北徇太原，白起既复定上党地，欲遂围邯郸，求益军粮。韩赵恐，使苏代厚币说范雎，谓白起功高，秦帝业成且为三公。起之进，本由穰侯，雎固慤之。乃言于昭王曰："秦兵穷，请许韩赵割地以和，且休士卒。"昭王亦微震于起之勋名（《史记·邹阳传》云："卫先生为秦画长平之事，太白蚀昴，而昭王疑之。"苏林曰："白起破长平军，欲遂灭赵，遣卫先生说昭王益兵粮，为应侯所害，事竟不成。"），乃许韩割垣雍，赵割六城以和。垣雍者（今河南河北道

原武县），与魏之卷安城河阳接壤，即秦先以许魏之地也，至是
自取之。其年（百四十五年）正月，秦兵悉罢归，白起由是与范
雎有隙。雎前以伐三晋之功，既受封为应侯，凭藉秦权，恣报恩
怨，至是威名极盛，谋所以自固其位，故韩赵之间得行焉。

赵既许秦割六城，既而用虞卿之谋，转以赂齐。故其年九
月，秦复伐赵，武安君白起谢病不行，使五大夫王陵率师，师出
数月屡失利。明年，正月，强起白起。起曰："邯郸实未易攻也，
且诸侯之救日至，虽秦胜于长卒，士卒死者过半，国内空远，绝
河山而争人国都，赵应其内，诸侯攻其外，破秦军必矣。"王与
范雎迭造劝，起终谢疾，乃以王龁代王陵，赵王使平原君求救于
楚。初，楚东徙于陈（战长平前十八年），藉黄歇游说之力，移
秦祸于韩魏，以其间收东地兵，得十余万，复被秦所拔江旁十五
邑为郡以拒之，楚复振。战长平之前二年，楚顷襄王卒，其太子
方质于秦，黄歇以计归之，立为考烈王，歇遂辅政，封春申君。
至是赵平原君胜聘楚，门客毛遂从，胜谒楚王约从，久不决。毛
遂按剑历阶进，面折楚王，从遂定，歇率师救赵（平原君至楚，
约从，日出言之，日中不决。毛遂按剑上，谓平原君曰："从之利
害，两言而决耳！"楚王怒叱曰："胡不下，吾乃与而君言，汝何
为者？"毛遂按剑而前曰："王之所以叱遂者，以楚国之众也。今
十步之内，王不得恃楚国之众也，王之命悬于遂手，吾君在前，叱
者何也？"曰："以楚之强，天下弗能当。白起，小竖子耳，率数
万之众战楚，一战而举鄢郢，再战而烧夷陵，三战而辱王之先人，
此百世之怨，赵之所羞，而王弗之恶焉。合从者为楚非为赵也，吾
君在前，叱者何也？"楚王曰："唯唯，谨受教。"约遂定）。兵未
至，而秦急围邯郸。平原君尽散其家财飨士卒，令夫人以下分功
城宋，魏王亦使晋鄙将兵十万救赵，然实畏秦，止晋鄙留兵壁

邺，持两端，又使新垣衍说赵，欲共尊秦为帝，以却其兵。齐人鲁仲连方在围城，径造衍责之曰："秦即为帝，连惟有蹈东海死耳，不忍为之民。秦梁俱据万乘之国，各有称王之名，奈何睹其一战之胜，欲从而帝之，卒就脯醢之地乎！"衍遽谢，不敢复言帝秦。秦将闻之，为却军五十里，而围终不解。平原君夫人，魏信陵君姊也。至是平原使者冠盖相属于魏请救，颇责让信陵。信陵数请魏王敕晋鄙救赵，及宾客辩士游说万端，王终不听。信陵焦悚，乃属宾客约车骑百余乘，欲赴斗以死于赵。初，信陵君仁而下士，士有隐于夷门监者曰侯嬴，年七十矣，信陵敬事之，执礼甚恭。至是嬴为信陵画谋，使王所幸如姬窃王卧内虎符，复荐力士朱亥从行。信陵君至邺，出符代晋鄙军。晋鄙疑焉，朱亥袖四十斤铁锥锥杀鄙。信陵遂勒兵，下令军中曰："父子俱在军者，父归，兄弟俱在军者，兄归，独子无兄弟者，归养。"得选兵八万人，将之而进。于是王龁围邯郸既两年矣，久不拔，诸侯之救至。白起曰："王不听吾计，今何如矣？"秦王闻之怒，强起之，起遂称病笃，乃免为士伍，迁之阴密，旋赐死。秦人怜之，乡邑皆祀焉。秦益发卒军汾城旁，为龁声援。百四十七年（秦昭五十年、魏安釐二十年）十二月，魏信陵君公子无忌帅师大破秦军于邯郸下，秦将王龁走，郑安平以二万人降赵，时上距长平之役三年耳。魏自失吴起后，迄兹垂百三十年，与秦交兵，大小数十，遇辄败，秦见创于魏，惟兹一役。天下共叹诵魏公子之贤而杰也，然公子遂不敢归，与宾客留居赵，使将将其军还魏焉。赵王率平原君自迎公子于界，平原君负韊矢先引，不敢自比于人，赵王扫除缮宴，执主人礼，引公子就西阶。公子侧行辞让，从东阶上，自言罪过，已负魏而无功于赵。赵王欲献五城为公子汤沐邑，侍酒至暮，不敢出口，以公子退让也。公子闻赵有处士毛公，隐于博徒，薛公隐于卖浆家，欲见之，两人不肯见，乃闲步从之游。平原君闻而非之，公子曰："吾闻平原君之贤，故背魏而救赵，今君所与游，徒豪举耳，非求士也。以无忌从此两人游，尚恐其不我欲也。平原君乃以为羞乎？"为装欲去，平原君免冠谢，乃止。平原君欲封鲁连，连不受，又以千金为寿，连笑曰："所贵于天下士，为人排患释难解纷乱而无所取也。即有取，是商贾之行也！"遂辞去，终身不复见。而侯嬴既送魏公子往，计数公子至晋鄙军之日，遂北乡自刭以谢公子也。

秦军既破于邯郸而郑安平降。安平，范雎所举也，秦法任人而所任不善者，各以其罪罪之，于是雎罪当收三族，秦王不忍诛，既而雎所举河东守王稽坐与诸侯通弃市，雎益不自安，遂谢病免相。而秦将军摎犹伐韩，取阳城、负黍（阳城，今河南河洛道登封县；负黍失考），斩首四万，又伐赵取二十余县，斩首虏九万。周赧王恐，欲与诸侯约从，将天下锐师出伊阙攻秦，令无得通阳城。秦使将军摎攻西周，赧王入秦，顿首受罪，尽献其邑三十六，口三万。秦受其献，归赧王于周。是岁，赧王崩。周自武王克殷传二十七王，八百六十七年而亡，实战国之第一百四十八年，民国纪元前之二千一百六十七年也。

秦昭王在位五十六年，飨国之久，古今罕匹（前此惟殷太戊在位七十五年，后此惟清圣祖在位六十一年，高宗在位六十年，较此为更久了）。秦之帝业，启之者孝公，享之者始皇，而成之者实昭王。第四、第五两时代史绩，皆昭王史绩也。秦兵虽挫于邯郸，然赵已罢敝，非复秦敌，韩则上党既失，成皋中断，国华离割裂，不复能守。故周亡后二年，韩王入朝于秦，魏则环大梁四周皆秦地，举国以听秦命，楚更积弱畏逼，东徙巨阳（今安徽淮泗道皂阳县）。百五十三年，昭王卒，至是三晋与楚半为秦役矣。继之者为孝文王，在位仅一年，庄襄王在位仅三年，承昭王余烈，遂灭东周（西周报王已前降，至是使吕不韦并灭东周，置三川郡）。其年，伐韩，拔荥阳、成皋（成皋，今荥阳县；荥阳，今荥泽县。俱属河南开封道），韩人献巩（今县），于是韩虎牢之塞入秦。明年，伐赵，取榆次、狼孟等二十七城（榆次，今县，狼孟，今阳曲县东北二十里；并属山西冀宁道），于是赵晋阳故都入秦。又明年，王龁徇韩上党诸城，悉定之（邯郸败后，上党诸城多叛秦者）。蒙骜遂率大兵伐魏，拔高都、汲（高都，今山西冀宁道晋城县；汲，今县，属河南河北道）。魏师数败，魏王患之，乃使人请信陵君于赵，信陵君畏得罪，不肯还，诫门下毋为魏使通，宾客莫敢谏。毛公、薛公入见曰：“公子所以重于诸侯者，徒以有魏也。今魏急而公子不恤，一旦秦人克大梁，夷先王宗庙，公子当何面目立天下乎？”语未卒，信陵君色变，趣驾还魏，魏王持之而泣，以为上将军。信陵君使人求援于诸侯，诸侯闻信陵君复为魏将，皆遣兵救魏。信陵君率五国之师，败蒙骜于河外（此河外指大河以南也，对魏都河内言。非战国初之河外，彼时河外指河西也）。蒙骜遁走，信陵君追至函谷关，抑之而还，此魏第二度破秦军也。秦人患信陵君，使人行万金于魏以间之，求得晋鄙客，令说魏王曰：“公子亡在外十年矣，今复为将，诸侯皆属，天下徒闻信陵君，不闻魏王。”秦王又数使人贺信陵君得为魏王未也。魏王日闻其毁，不能不信。乃使人代信陵君将兵，信陵君自知再以毁废，乃谢病不朝，以酒色自晦，四岁而卒。越十八年，而秦虏魏王，屠大梁。其后汉高祖每过魏，辄遣祠祭信陵君，为置守冢，世世不绝云。梁启超曰：战国之局，魏实为枢。故秦魏交兵最繁数，见于史者，盖四十五役焉（并联军计，参观年表）；次则韩，二十一役；次则赵，二十役；次则楚，十三役；燕齐乃一举亡之耳。魏自文侯时战秦皆胜，过此则皆败，信陵君力能振之，然以母弟之亲贤，能使后王起敬，而当世不免忧废。甚矣，魏之勇于自绝也！

纪秦并六国章第六

秦帝业成于始皇，亦终于始皇，然旧史以为始皇固非秦人也。孝文王之为太子也，所爱妃曰华阳夫人，无子，庶孽子二十余人有名异人者，出质于赵。秦数伐赵，赵人不礼之。异人以庶孙无内援，车乘进用不饶。阳翟大贾吕不韦适邯郸见之曰："此奇货可居！"乃资异人以金，使结宾客，复为西入秦，厚奉华阳夫人，因得立为嗣，而不韦为之傅。不韦娶邯郸诸姬绝美者与居，知其有身，异人从不韦饮，见而请之，不韦佯怒，既而献之。孕期年而生子政，异人遂以为夫人。未几，昭王卒。孝文王立，异人归自赵为太子，一年而继立为庄襄王，政为太子，三年而继立，即始皇也，始皇以百五十八年即位，年十三矣，实周亡后之十年。自庄襄王时，吕不韦既为相国，封文信侯，至是更号仲父，国政一以委之，其所进之邯郸姬，则秦太后也。其后太后以淫乱废，不韦免相，迁于蜀。始皇立十年而始亲政。

楚之上蔡人李斯者，从荀卿学帝王之术，学成而入秦，因吕不韦进说始皇，以遂灭六国，谓若怠而不图，脱诸侯复强，相聚约从，虽有黄帝之贤，不能并也。先是，始皇亲政前之四年，楚、赵、韩、魏、燕尝合兵伐秦，至函谷，秦击走之，是为合纵联军之最末次。秦威役诸侯，虽已六世，犹有所惮，不敢墟人国而覆其宗，斯窥始皇雄略，故以为言。始皇乃拜斯为客卿，听其计，阴遣谋士赍持金至以游说诸侯，诸侯名士可以下以财者，厚遗结之，不肯者利剑刺之。乃使良将随其后，其将王翦、王贲、蒙骜、蒙武、蒙恬，皆一时之杰也。行此策十余年，六国尽灭。

首灭韩。韩之削也，初失宜阳，次失南阳、上党，次失荥阳、成皋、巩。当秦昭王之末年，韩已比关内侯，故昭王卒，韩王衰服入吊，执臣礼焉。入始皇时，韩所有者，仅今郑、新郑、禹、密、洧川、尉氏等数县，河北阳武、原武之间，亦稍有余壤而已。百六十年（始皇三年），秦复伐韩，取十三城。百七十一年（始皇十四年），韩王安使韩非使于秦。韩非者，韩之诸公子也，善刑名法术之学，数以书干韩王，王不能用。非乃观往者得失之变，著书五十六篇，十余万言。至是衔命入秦，说以存韩，且为秦陈取天下之术。非本与李斯同学于荀卿，斯自谓不及。至是始皇颇悦非，斯妒，急潜杀之。百七十四年（始皇八年），遂灭韩，虏王安，若摧枯焉。

次灭赵。赵自长平大败，邯郸久围，国力凋耗略尽，然民善战而多良将，在诸国中犹最为倔强。晋阳先已入秦，始皇初立之年，晋阳叛秦，秦复定之，根本之地去矣。然廉颇尚存，李牧新用，皆名将也。故于其间犹能伐魏，取繁阳（百五十九年），伐燕，取武遂、方城（此武遂非韩武遂，此方城非楚方城），又却燕师，取其军二万（百六十一、六十二年），破杀匈奴十余万骑（约自百五十七年，至百五十九年）。然自悼襄王以乐乘代廉颇，颇奔魏（百六十年），后虽欲复之，而卒以谗止，颇遂卒于楚，赵失一长城矣。百六十四年，秦攻魏急，魏以邺（今河南河北道临漳县）予赵。越四年，赵方伐燕，秦遂拔邺、安阳（今县。属河南河北道）等九城，别军下阏与（此赵阏与，在今山西冀宁道和顺县，非前此赵奢破秦军处），百七十年，桓齮攻赵平阳（亦在今临漳县，非河东之平阳），杀赵将扈辄，斩首十万，赵更以李牧为大将军，复战于宜安肥下（今直隶保定道藁城县），大败之。桓齮奔还后二年，秦大举伐赵，一军抵邺，一军自太原、狼孟趋番吾（番吾，今直隶保定道平山县，此军拊邯郸之北，抵邺军厄其南也），李牧再败之。当是时，秦军所向披靡，顿其锋者，唯一李牧。百七十五年，王翦将上郡，兵下井陉（今县。属直隶保定道），杨端和将河内兵下邺，共伐赵，赵李牧、司马尚御之。秦人多与赵王迁嬖臣郭开金，使毁牧及尚。王迁母，倡也，嬖于悼襄王，王废适子嘉立之。迁素无行，信谗，竟诛牧废尚。李牧之初为将也，常居代雁门备匈奴，惟教所部习骑射，谨烽火，多间谍；匈奴入寇，辄收保，不与战，如是数岁，匈奴以为怯。士曰："得赏赐而不用，皆愿一战。"牧乃选精骑部勒，以计致匈奴，大破之。后世言制匈奴之策，莫良于牧云。牧既以间死，明年（始皇十九年），秦遂灭赵，虏王迁，而公子嘉犹帅其宗数百人奔代，自立为代王。赵之亡，大夫稍稍归之，与燕合兵军上谷（秦上谷郡，跨今直隶口北道及京兆境上谷，故城在今怀来县东北百里），距秦十年。

次灭魏。魏自信陵君既没，则待亡而已。然秦用兵犹六度：百六十年，拔赐、有诡（二地今失考），百六十二年，拔酸枣（今延津县）、虚（同上）、顿丘（今浚县）、燕（今滑县。以上四地皆属今河南河北道）、长平（今淮阳县，此非赵长平）、雍丘（今杞县。以上二地属今河南开封道）等二十城，明年，拔朝歌（今河南河北道淇县），又明年，拔汲（见前），百六十六年，拔垣（今河北道封丘县）、衍（今开封道郑县）、蒲阳（今直隶大名道长垣县），于是魏地殆尽。百七十九年（始皇二十二年），秦王贲遂引河沟灌大梁城，城坏，虏魏王假，如信陵君言。

次灭楚。楚自徙陈以后，不被秦兵者垂四十年。非有所爱于楚，盖秦攻楚新都，必逾黾厄之塞（亦称冥厄），即今武胜关也。度险以求，不可幸胜，秦固不为；假道两周，背韩魏以攻楚，秦又不敢。楚于其间得以苟安。而春申君柄国侈恣，方大治宫室于吴故地，楚力益殚矣。秦既拔魏，垣衍、魏郢（今鄢陵县）、许（今许昌县）等地相次入秦，楚于是复东徙寿春（今安徽淮泗道寿县），盖至是而黾厄之险已无所用也。百六十九年，秦驱魏伐楚，败之。百七十九年，既灭魏，遂大举伐楚。始皇问李信："吾欲取楚，于将军度用几何人？"信曰："二十万。"问王翦，翦曰："六十万。"始皇以为怯，遂用李信及蒙恬，王翦谢病。信攻平舆（今汝阳道汝南县），蒙恬攻寝（今开封道沈丘县），屡破楚军，信遂引兵而西，与恬会城父（今河洛道郏县）。楚将项燕尾之，三日三夜不顿舍，入李信军壁，大破之。秦楚交兵以来，楚之胜秦，此其最始，亦其最终矣。始皇强起王翦，予兵六十万。明年，翦率之以击楚。楚人悉国中兵御翦，翦坚壁不与战，日休士，洗沐而善饮食，抚循之，亲与士卒同食。久之，翦使人问军中戏乎？对曰："方超石投距。"翦曰："可用矣！"楚既不得战，乃引而东，翦追破之，令壮士击，大破楚师，杀项燕。翦乘胜略定城邑。又明年（百八十一年，始皇廿四年），翦与蒙武遂灭楚，虏其王负刍。初，秦既以计诱楚怀王至幽死，楚与秦交数十年特恭顺，而入郢之役，秦夷烧楚陵庙；至是秦伐楚，师尤无名，楚人怨愤积焉。楚有道之士曰南公者，常为预言曰："楚虽三户，亡秦必楚也！"

次灭燕，并灭代。燕夙与秦不相犯也，有强赵以为之蔽也，及赵亡而燕既无以自存。燕太子丹质秦逃归，欲图秦，问其傅鞠武，鞠武请西约三晋，南连齐楚，北媾匈奴共图之。太子病其旷日弥久。卫人荆轲沈深而任侠，太子闻其贤，卑辞厚礼，请见之，谓轲曰：“今秦已虏韩王，又举兵南伐楚，北临赵，赵不能支秦，则祸必及燕。燕小弱，数困于兵，何足以当秦？诸侯服秦，莫敢合从。丹之私计，诚得天下勇士使秦，劫秦王，悉反诸侯侵地，不可则因而刺杀之。彼大将擅兵于外，而内有乱，则君臣相疑，以其间诸侯得合从，破秦必矣。唯荆卿留意！”荆轲许焉。太子乃舍轲于上舍，日造门下，所以奉养无不至。及王翦灭赵，太子惧，欲轲速行。先是，秦有将军樊於期，得罪亡至燕，秦人购其首千金，而太子丹庇之。至是荆轲曰：“诚得樊将军首与燕督亢之地图，奉献秦王，则秦乃得见，臣乃有以报太子。”太子曰：“樊将军穷来归丹，丹不忍也。”轲乃私见樊於期，语以己意，於期曰：“此臣之日夜切齿腐心也！”遂自刎。太子闻之，奔往伏哭，然已无及，遂以函盛其首。太子豫求天下之利匕首，使工以药淬之，以试人，血濡缕无不立死，乃装为遣荆轲。以燕勇士秦舞阳为之副，入秦。百七十七年（始皇二十年），荆轲至咸阳，因宠臣蒙嘉卑辞求见，始皇大喜，朝服设九宾见之。轲奉图进，图穷而匕首见，因把王袖而揕之，未至身，王惊起袖绝，轲逐王，王环柱走，群臣皆愕，卒起不意，尽失其度。而秦法群臣侍殿上者，不得操尺寸兵，左右以手共搏之。且曰：“王负剑！负剑！”始皇遂拔以击轲，断其左股。轲废，乃引匕首擿王，中铜柱。遂体解荆朝以徇。始皇大怒，益发兵诣赵，就王翦以伐燕，与燕师代师战易水西，大破之。明年，冬十月，王翦拔蓟（今京师），燕王及太子率其精兵东保辽东（今奉天南境），李信急追之，燕王斩太子以谢，秦不许。百八十二年（始皇二十五年），大兴兵，使王贲攻辽东，虏燕王喜，遂攻代，虏代王嘉。司马迁曰：“荆轲刺秦，虽不成，然较然不欺其志，名垂后世，岂妄也哉！"

最后灭齐。初，齐太后柄国，遇秦谨，与诸侯信，齐亦东边海上，秦日夜攻三晋、燕、楚，五国各自救，以故齐王建立四十余年不受兵。及太后且死，戒王建曰："群臣之可用者某。"王曰："请书之。"太后曰："善。"王取笔牍受言，后曰："老妇已忘矣。"太后卒，后胜相齐，多受秦间金；宾客入秦，秦又多与金，客皆为反间，劝王朝秦，不修战备，不急五国之难，故秦得灭五国。王建将朝秦，雍门司马前曰："立王者为社稷耶，为王耶？"王曰："为社稷。"司马曰："王何以去社稷而入秦？"齐王还军，即墨大夫闻之，见王曰："齐地方数千里，带甲数百万；三晋大夫不欲事秦而在阿甄之间者百数，王收而与之百万之师，使收楚故地，即武关可以入矣。如此则齐威可立，秦国可亡，岂特自保哉！"齐王不听，百八十三年（始皇二十六年），王贲自燕南攻齐，猝入临菑，民莫敢格者。秦使人诱齐王，约封以五百里之地，齐王遂降。秦迁之共（今河南河北道辉县），处之松柏之间，饿而死。六国之亡，除韩本已无力抵抗外，其最苦斗者则赵矣，濒亡犹致秦两巨创焉，亡后犹保边境十年；次则楚，濒亡一败秦；次则燕，刺秦不成，其志可哀也；魏固惫矣，然其亡也，必俟决水灌大梁，则力殚始屈可知也；齐始终未尝一被秦患，数千里之地，数百万之众，一旦拱手而献之，王建其非血气之伦哉！抑由陈氏之取齐，本不以其道也？

始皇既并六国，自以为德兼三皇，功过五帝，乃更号曰皇帝，命为制，令为诏，自称曰朕，废谥法，自为始皇帝，欲自一至万，传之无穷。实战国第百八十三年，始皇即位后之二十六年，周武王克殷后之九百零一年，周平王东迁后之五百四十九年，民国纪元前之二千一百三十二年，西历纪元前之二百二十一年也。司马迁曰："秦起襄公，章于文穆，献孝之后，稍以蚕食六国，百有余载，至始皇乃能并冠带之伦，盖一统若斯之难也。"梁启超曰：后之读史者，虽五尺之童，咸知哀六国而憎秦，夫疾强暴，愍微弱，人性宜然矣。虽然，假长此不获统一，岁岁交糜烂其民而战之，其惨状将伊于胡底？而在六七专制君主之下，重以各地大小之封君，徭役供亿，民又何以堪命？其他若曲防遏籴，关讯市征，各自为政，民之患苦，亦何可量！故孔子尊大一统，孟子称定于一。秦并六国，实古代千余年大势所趋，至是而始成熟。非始皇一人所能为，并非秦一国所能为，其功罪尤非一人一国所宜任受也。

始皇自建号为皇帝以迄崩殂，凡十二年，盖无日不有所兴作，其自刻金石，则盛称功德，汉史则多述其淫侈事，意存诋贬。平心论之，功罪不相掩也。今举其荦荦大者：一曰销兵器。六国既灭，始皇示不复用兵，收天下兵器，聚咸阳，销以为钟锯（同虡），铸金人十二，各重二十四万斤，其钟锯高三丈，钟小者犹容千石云。二曰堕名城。各国都会坚城及国境间之城障皆毁坏之〔贾谊《过秦论》有"堕名城"一语，碣石门刻石有"堕坏城郭""夷去险阻"二语，所堕之城名失载。今考当时国境多筑城为防，魏有两长城，一曰固阳长城，在今陕西境，由今华县达榆林，南北千余里。二曰荥阳长城，在今河南境，由阳武达密县，南北数百里。齐亦有长城在今山东境，由平阴达诸县之琅琊，尽海滨东西千余里。燕亦有两长城，一曰外长城，由今直隶之怀来达秦天之辽阳，东西二千里，一曰内长城，在今直隶易县西南，延袤数里。赵则有扞关，在今陕西肤施西北，北扞胡，西扞秦，长千五百里。楚则有方城，自春秋初已有之，入战国益增，筑在河南境，以今方城县为中枢（春秋时所筑在此），南经南阳达沘阳，北达叶县、鲁山县，亦有遗迹屈曲数百里。除燕之外长城及赵扞关之一部用以防匈奴外，其余皆各国境上之障堡也。楚汉战争时，已无复此等痕迹，其为始皇所堕无疑。各国名都堕者当亦不少，惜不能遍考〕。三曰徙豪富。六国之豪杰及富室，强徙之于咸阳者十二万户。此三事者，其本意虽不过欲以弱故宗，杜反侧，然固有不可厚非者。盖偃武息兵，实当时天下共想望，各国境上城障，遮绝不通，毁之殊便民，各国豪富徙聚京师，使得交相熏习，去畛域，通情感，其于铸冶国民性，效至宏也。四曰确立郡县制。郡县制起于春秋，盛于战国，而整齐画一，通全国著为定制，则自始皇。始皇初并天下，丞相王绾以燕、齐、楚地远，请立诸子为王以镇之。李斯议为不可，始皇从斯议，乃分天下为三十六郡（三川、河东、南阳、南郡、九江、鄣郡、会稽、颍川、砀郡、泗水、薛郡、东郡、琅琊、齐郡、上谷、渔阳、右北平、辽西、辽东、代郡、巨鹿、邯郸、上党、太原、云中、九原、雁门、上郡、陇西、北地、汉中、巴郡、蜀郡、黔中、长沙，凡三十五郡，并京畿之内史，为三十六郡），郡置守、尉、监，守掌治，尉佐守典、武职、甲卒，监以御史时出巡视，监郡守焉，郡下为县，置令丞。此实我国国家组织之一大变革，所为能统一以迄今兹也。虽封建余烬，历汉晋尚存，然亦仅与郡县参错，且不旋踵而废，今二千年间所率由，实秦制也。五曰同文字。六国时各国言语异声，文字异形，至是李斯乃奏同之，罢其不与秦文合者，取周史籀大篆，颇省改之，作为小篆。又，初有隶书，以趣简约（此据许慎《说文解字》序，所谓"言语异声，文字异形"者，非全异不相通，特有不与秦文合者耳。说详"志略"卷），其所创篆隶，亦三千年书体所沿袭也。六曰一度量衡。官为程式，铭以诏书，至今其遗物尚多存于世，往往间出也。七曰颁法典。用李悝、商鞅《法经》

之旧，有所损益，颁诸天下，遂为《汉律》所本，因袭亦逾千岁也（《始皇本纪》载之峄刻石云："建定法度，显著纲纪。"又云："普施明法，永为仪则。"会稽刻石云："始定刑名，显陈旧章，初平法式。"又载李斯奏云："欲学法令者，以吏为师。"又载赵高教胡亥狱律令法事。知当时秦律必沴为成书，颁布全国，君民共学之。《晋书·刑法志》云："汉承秦制，萧何定律，除参夷连坐之罪，增部主见知之条，合为九篇。"知《汉律》实秦之旧也）。八曰决堤防，兴水利。前此各国各谋自利，互为曲防，以邻为壑，始皇尽决去之，民食其赐焉（碣石门刻石有"决通川防""恩肥土域"二语，以是为功德之一。考《汉书·沟洫志》云"堤防之作，近起战国壅防百川，各自为利。齐与赵魏以河为竟，赵魏濒山，齐地卑下，作堤，去河二十五里，河水东抵齐堤，则西泛赵魏；赵魏亦为堤，去河二十五里。虽非其正，水尚有所游荡，时至而去，则填淤肥美，民耕田之，大水时至，湮没则更起堤防以自救"云云，观此可见当时互相抵制，防碍水利之情状。又白圭自称善治水，孟子责其以邻国为壑，盖各国分立，务垄利于己，而嫁害于邻，无怪其然也。秦皇以决防为功德，诚一大功德哉）。先是，始皇初即位，韩人欲疲秦，使无东伐，乃使水工郑国为间于秦，凿泾水为渠，并北山东注洛，中作而觉，秦人欲杀之。郑国曰："臣为韩延数年之命，然渠成亦秦万世利也。"乃使卒为之，引水溉舄卤地，关中益饶。至是决堤，则为全国谋也。九曰更田制，令黔首自实田。盖前此土地，皆国家所有。君主用赐其臣为食采，以爱憎为予夺，力穑之氓，仅为佃作。故《礼记》有"田里不鬻"之文。至是始皇乃开放之，许民私有也。十曰奖产业。有乌氏倮以畜牧致富，始皇使奉朝请，比封君；有寡妇清能殖财自卫，始皇为之筑女怀清台。其于奖励殖业，若三致意焉。此七事者，皆当时一种规画，革变古来之制度思想，虽流弊在所不免，然规模抑宏远矣。

始皇最伟之业有二，曰却匈奴，筑长城；曰定百越，开五岭道。匈奴种族，自黄帝时之獯鬻，周宣王之猃狁，久为边患。入春秋则为群狄，为山戎，绎骚河北，所至荼毒。晋齐创霸，始予惩艾，屏诸塞外，而种落亦渐孳繁。及战国之末，天下冠带之国七，而秦、燕、赵三国边于匈奴，赵武灵王、李牧、燕秦开咸膺惩匈奴，垂名国史，而秦始皇与蒙恬功最高。百八十九年，即秦并六国后六年（三十二年），遣蒙恬发兵三十万人北伐，恬斥逐匈奴，自榆中（今甘肃兰山道皋兰县）并河以东，属之阴山，收河南地为四十四县（颜师古曰："河南地当北地之北，黄河之南。"启超按：今绥远特别区域伊克昭盟全境也。），筑长城，因地形用制险塞，起临洮（今甘肃兰山道岷县），至辽东（今山海关），延袤万余里，于是渡河据阳山（今绥远特别区域狼山、乌拉山一带），逶迤而北，设重防，筑亭障。而蒙恬常居上郡统治之（秦上郡故城在今陕西榆林道绥德县），威振匈奴。大抵今河套一带之地，自赵武灵拓境，曾一度及此，赵中衰，复为匈奴游牧往来，至是恬悉规复尊定之，虽有长城，并非守在关内。故贾谊称之曰："却匈奴七百余里，胡人不敢南下而牧马。"此始皇在西北之功绩也。南越之地（今广东），昔为蜑种所居。春秋时，越灭吴，吴子孙有避越岭外者，始筑南武城于广州。战国时，楚灭越，越人公师禺复入粤，增修其城，是为江南人士入广东之始。始皇北伐匈奴之年，同时发诸尝逋亡入赘婿贾人为兵，略取南越陆梁地（《史记索隐》曰："谓南方之人，其性陆梁。"《汉书·高帝功臣表》有"陆量侯须无诏使，置吏令长，受令长沙王"。注家谓陆量即陆梁，是实有其地也。但今难确指），置南海（汉南海郡因秦旧，今广东粤海道之南海、番禺、清远、四会等县，潮循道之博罗、龙川、揭阳等县皆其地)、桂林(秦桂林郡，汉为郁林、苍梧两郡，今广东粤海道之高要、新兴、德庆、封川等县，广西之苍梧、柳江、南宁三道及桂林道之平乐、富川、荔浦等县，湖南衡阳道之永明、江华等县皆其地)、象郡(汉曰南郡，今越南国地)，以谪徙民五十万人戍五岭(五岭者，大庾、始安、临贺、桂阳、揭阳也)。与越杂处，其郡惟置尉不置守，以任嚣为南海尉，兼辖他二郡焉(秦郡制，守掌民治，尉典戎，而职居守下。惟此三郡无守，以一南海尉统之，史称东南一尉是也。《汉·志》于郁林郡下明言，秦桂林郡属尉佗，曰南郡下但言秦象郡，不言所属。考汉高帝十一年立尉佗为南越王，王此三郡，故知秦时必以一尉统三郡也。此采极广漠之军民合治制，与内地各郡异，盖新辟边境宜然也)。两粤入版图，有中原人种来与杂居自兹始。此始皇在东南功绩也。

始皇最为后世诟病之事，曰焚书坑儒。百九十一年(始皇三十四年)，始皇置酒咸阳宫，博士七十人，奉觞上寿，有淳于越者，请复封建。始皇下其议，李斯曰："五帝不相复，三代不相袭，各以治，非其相反，时变异也。异时诸侯并争，厚招游学。今天下已定，法令出一，百姓当家则力农工，士则学习法令避禁。今诸生不师今而学古，以非当世，惑乱黔首，相与非法教人，闻令下则各以其学议之，入则心非，出则巷议，夸主以为名，异主以为尚，率群下以造谤。如此弗禁，则主势降乎上，党与成乎下，禁之便。臣请史官非秦记皆烧之，非博士官所职，天下敢有藏《诗》《书》百家语者，悉诣守尉杂烧之，有敢偶语《诗》《书》，弃市，以古非今者族。吏见知不举者，与同罪，令下三十日不烧，黥为城旦，所不去者医药、卜筮、种树之书。若有欲学，以吏为师。"制曰："可。"此焚书之原委也。坑儒之事，在其次年。时始皇方求神仙，所尊显有卢生、徐市等，皆无验，然畏罪遁去。始皇大怒曰："卢生等吾尊赐之甚厚，今乃诽谤我。诸生在咸阳者，吾使人廉问，或为妖言以乱黔首。"于是使御史悉案问诸生，诸生转相告引，乃坑四百六十余人于咸阳。此坑儒之原委也。梁启超曰：二事同为虐政，而结果非可以一概论。坑儒之事，所坑者咸阳四百余人耳，且祸实肇自方士，则所坑者什九，皆当如汉时文成五利之徒（汉武帝时方士），左道欺罔，邪诡以易富贵，在法宜诛也；即不然，袭当时纵横家余唾，揣摩倾侧，遇事风生；即不然，如叔孙通之徒，迎合意旨，苟以取荣（观当时奉觞上寿七十人可知也）。凡若此辈，皆何足惜。要之，当时处士横议之风，实举世所厌弃，虽其间志节卓荦、道术通洽之士，亦较他时代为特多，然率皆深遁岩穴，邈与世绝矣，其仆仆奔走秦廷者，不问而知其为华士也。始皇一坑，正可以扫涤恶氛，惩创民蠹，功逾于罪也。若夫焚书则不然。其本意全在愚民，而其法令施行，遍及全国（至汉惠帝时，始除挟书律，则始皇此令，历三十年有效可知也）。当战国之末，正学术思想磅礴勃兴之时，乃忽以政府专制威力，夺民众研学之自由，夭阏文化，莫此为甚。而其祸最烈者，尤在灭绝诸国史记。盖令中虽并禁《诗》《书》百家语，然限于非博士官所职，则博士所职，不烧甚明，其后入汉首传《尚书》之伏生，即秦博士可证也（叔孙通亦秦博士，张苍则秦御史主柱下方书，此皆秦廷儒生，考见于后者，可知秦皇、李斯并非绝学，特欲私其学于官府耳）。且《诗》《书》六艺，受习者皆口说相承，百家之言，亦传诸其徒，递相诵习，故虽遭秦焚，末由灭绝。观《汉书·艺文志》"六艺略""诸子略""兵书略"所载先秦百家遗书尚富，又可证也。惟周室及诸侯史记，则一烬无复余（《史记·六国表》序云："秦烧天下书，诸侯史记尤甚，《诗》《书》所以复见者，多藏人家，而史记独藏周室，以故灭。惜哉惜哉！独有《秦记》又不载日月，其文略不具。”）。自三代春秋以来，学术渊海，实在史官，故春秋士夫言学者，必取正于史，虽以孔子之圣，犹适周读柱下书，始敢言述作也（《庄子》有“孔子繙百二十国宝书”语）。秦燔史记，而千余年先民进化之总记录，一举而尽，汉后学者，乃不得不抱残守缺，悴心力于摭拾考据，否则为空衍冥漠之论而已。学术正始敷荣而摧窒之，是始皇之罪也夫。

始皇尤有一大事当纪者，则治驰道也。汉贾山述之曰：“为驰道于天下，东穷燕齐，南极吴楚，江湖之上，濒海之观毕至。道广五十步三丈而树厚筑其外，隐以金椎，树以青松。”驰道制度之壮丽，略可想见，其道线则旧史不详载（《史记·始皇本纪》于二十七年纪云：“治驰道。”于三十五年记云：“除道，道九原抵云阳，堑山堙谷，直通之。”），征诸巡狩所经，而可知也。始皇第一次出巡（百八十四年，始皇廿七年），巡陇西北地，出鸡头山，过回中（今甘肃泾原道固阳县），则此路线当由长安循泾水旁西北，趋达甘肃固原以西也。第二次出巡（二十八年），东行郡县上邹峄山（今山东济宁道邹县），遂上泰山（今济南道泰安县），南登琅琊（今胶东道诸城县），还过彭城（今江苏徐海道铜山县），乃西南渡淮之南郡（南郡，今湖北荆襄一带），浮江至湘山，自南郡由武关归。则此路线当由长安经华县，出潼关历洛阳、开封，以达济宁，由济宁至泰安，由泰安至诸城，直穷海滨，由海州经徐州，至临淮南渡，复由凤阳西趋，经信阳至襄阳，折而东南，浮江至汉阳、岳州，以达湘阴、长沙，其归途则经沙市、江陵、襄阳入紫荆道商县返长安也。第三次出巡（二十九年），东游经阳武（今县。属河南河北道），登之罘（今山东胶东道福山县），遂之琅琊，道上党入。则此线路当由长安经同州，渡河而东，沿河之北岸，经蒲州、怀庆、东昌，抵济南道青州，至烟台，复循海南下至诸城，其归途则取道彰德经潞安，循太行山脉，历临汾、韩城返长安也。第四次出巡（三十二年）东北至碣石（今直隶津海道昌黎县），巡北边，从上郡入（秦上郡，今陕西绥延一带）。此路线出时所经，史无可考，或当巡燕、魏、赵故都，则经安阳、邯郸至今京师，东北趋海滨，抵山海关、秦皇岛，其归途则沿长城道榆林、肤施归长安也（三十五年除道，道九原通甘泉，九原为今馁远特别区域地，此道成，始皇似未经行）。第五次出巡（三十七年），至云梦（云梦泽在湖北境，今监利、石首、枝江、荆门、沔阳、郢县、黄冈、麻城、安陆等县，皆有云梦故迹），浮江下观藉柯（今释失考），渡海渚（疑指镇江），过丹阳（今县。属江苏金陵道），至钱塘（今浙江钱塘县），临浙江，水波恶，乃西百二十里从狭中渡（盖今余杭），上会稽（今浙江会稽道绍兴县），还过吴，从江乘渡（今江苏金陵道句容县），并海上北至琅琊之罘，遂渡河而西至平原津（今山东东临道平原县），及沙丘（今直隶大名道平乡县），而遂不归。此路线舟行最多，盖由巴东循江而行，既游云梦，复循江直下，经金陵至镇江，折而南掠太湖至杭州，由余杭至绍兴，旋经苏州，从句曲、仪征间渡江津，北历淮徐，更遵东海绕胶东半岛一周，自齐东渡河，历临邑、平原、武城、巨鹿，将取道邯郸以归，而遂崩于沙丘也。都凡十二年中，五度巡游，历十二省数万里之地（陕西、甘肃、河南、山东、直隶、山西、江苏、安徽、浙江、湖北、湖南、四川）。自古迄今帝王之车辙马迹，未或能过也。而所经皆治驰道，则道线延衰之境，可考推矣。在当时为历民府怨之一大虐政，此无待言，然后世驿站官道，半因袭之，斯固交通之一大业矣。始皇发祥之地，崎岖山谷，而雄心常寄于海，故三揽琅琊，两巡之罘，一临碣石，若有余慕焉，尝立石东海上朐界中（今山东胶东道临朐县），命为秦东门，示表海建国也。始皇东巡所至，刻石自颂功德，其文字传于史志者凡七，曰峄山，曰泰山，曰琅琊台，曰之罘，曰之罘东观，曰碣石门，曰会稽，今皆亡佚，所存者泰山残石十字而已（图第□□□之罘，之罘东观、碣石、会稽四刻久亡；峄山唐时亡于野火；泰山存二十九字，清乾隆五年毁于火后，再觅得残石仅余十字；惟琅琊台一刻岿然久存，在诸城海神祠中，清宣统失去，或云毁于电，或云堕海；今惟存泰山十字，尚疑为后人摹本也）。始皇博采六国图像，大营宫室于咸阳，其阿房宫尤绝壮丽。又自营陵墓于骊山，备极人巧，今迹虽不存，然据史传所记，犹可想见当时建筑术之盛美焉（语在"志略"中）。然纵欲无度，用民不惜其力，自灭六国时，民肝脑涂地，既数十岁，统一之后，谓得苏息，乃大役岁兴，久而弥属，计堕城决堤诸役，兴作已匪细，筑长城治驰道之劳费，又数倍之，巡狩供张称是，却匈奴开百越之劳费，又数倍之。此犹得曰关系国家之大业也。若乃骋生前之游观，侈死后之霾藏，使天下之民，父母妻子兄弟不相保，以从事力役，则无道至是而极。据旧史所载，役于阿房骊山者，盖各七十余万人，初以犯罪处徒刑者充之，不足则发贾人赘婿，不足则入闾而发其左，盖锋镝孑遗之丁壮，更为一人土芥视，惴惴然不知命在何时。始皇益为严刑峻法以督责之，事无大小，皆自裁决，至以衡石量书，网益密而罪益繁，天下嚣然，丧其乐生之心久矣。而始皇方日日耽慕神仙，求长生不死之药，方士卢生、韩终、侯公、石生、徐市辈屡以欺谩亡匿，而始皇不寤也。益营宫观，恣远游，当第三次出巡时，经阳武博浪沙中，为侠者狙击，误中副车，大索十日，不能得主名，盖故韩诸公子张良之所为也。初，始皇既并天下，三年而三巡，自是稍节，八年间两巡而已。百九十四年（始皇三十七年），始皇第五次东巡，左丞相李斯从，右丞相冯去疾居守，始皇二十余子，未有所立，长子扶苏贤，因谏诤忤旨，使出监蒙恬军于上郡，少子胡亥最爱，请从，许之。始皇既历云梦，渡浙江，刻石会稽，复造琅琊之罘，归途至平原津而病，始皇恶言死，群臣莫敢言死事。病益甚，乃令中车府令符玺事赵高为书赐扶苏曰："与丧会咸阳而葬。"书已封，在赵高所，未付使者。秋七月，甲寅，始皇崩于沙丘平台，即八十五年前赵武灵王饿死之地，而其台址实八百余年前殷纣之所建。丞相斯以帝崩在外，恐诸公子及天下有变，乃秘不发丧，棺载辒辌车中，所至上食百官奏事如常，独胡亥、赵高及亲幸官者五六人知之。初，蒙氏自骜、武、恬三世为秦将，始皇特宠任之，蒙恬任外将，蒙毅常居中参谋议，咸著忠信，诸将相莫敢与争。赵高者，生而隐宫（俗称天阉），始皇闻其强力，通狱法，举为中车府令，使教胡亥决狱，胡亥幸之。赵高有罪，始皇使蒙毅治之，毅当高法应死。始皇以高敏于事，赦之，高既雅得幸于胡亥，又怨蒙氏，乃说胡亥请诈以始皇命诛扶苏，而立胡亥为太子。胡亥然其计，高乃谋诸李斯，斯初不从。高耸以危言，乃从，乃更为书赐扶苏，数以不能辟地立功，士卒多耗，数上书诽谤怨望，将军恬不矫正知其谋，皆赐死。以兵属裨将王离，扶苏即自杀。恬虑有诈，不肯死，使者以属吏，系诸阳周。丧车遂径井陉抵九原，从直道至咸阳发丧（直道，即三十五年蒙恬所治之驰道，始皇死乃行之），太子胡亥袭位，是为二世，遂杀蒙毅、蒙恬。恬曰："自吾先人积功位于秦三世矣，今臣将兵三十余万，身虽囚系，其势足以倍叛。然自知必死而守义者，不敢辱先人之教，以负先帝也。"二世、李斯、赵高益尽戕杀群公子及公主。二世立七月，而陈涉发难，三年而秦亡。其间赵高复谮杀李斯，旋弑二世，秦末帝子婴乃诛赵高也（语并在《汉载记》）。贾谊曰："秦以区区之地，千乘之权，招八州而朝同列，百有余年。然后以六合为家，崤函为宫，一夫作难而七庙隳。身死人手，为天下笑者，何也？仁义不施而攻守之势异也。"梁启超曰：秦始皇宁为中国之雄，求诸世界，见亦罕矣！其武功焜燿，众所共知，不必论，其政治所设施，多有皋牢百代之概。秦之政书，无传于后，而可藉汉以窥见之。汉高起草泽，百事草创，未遑制作，文景谦让，不改其度，故汉制什九皆秦制，细绎《汉书》表、志可见也。夫汉制虽非尽善美乎，而治二千年来之中国，良未易出其范围，后世所改，率每况愈下。然则始皇可厚非乎哉！其所短者，主我意力，强过乎度，狃于成功，谓君权万能，天下万事万物，可以随吾意所欲变置之，含生之俦，悉吾械器，骄盈之极，流为侈汰，专恣之余，重以忌刻。此其所以败也。

（1918 年春夏间）

志三代宗教礼学

  三代以前，以教为学，春秋战国以后，以学为教，此我国精神思想界一大变迁也。我国宗教盖最高一神教，而辅以祖先教。《记》曰："万物本乎天，人本乎祖。"孔子曰："明乎郊社之礼，禘尝之义，治国其如示诸掌乎！"惟万物本乎天，故有郊社之礼。郊，祭天也。惟人本乎祖，故有禘尝之义。禘者，祭其祖之所自出，以其祖配之也。《诗》《书》所记，言必称天，或冠以形容之语：

  曰皇天，以表其博大（《书经》"其自时配皇天""格于皇天"，《诗经》"肆皇天弗尚""燕及皇天"等）；曰上天，以表其崇高（《诗经》"明明上天，照临下土"，又"上天之载"等）；曰昊天，以表其洁白（《书经》"钦若昊天"，《诗经》"昊天有成命""昊天其子之""昊天疾威""昊天曰明""昊天不忒"等）；曰旻天，以表其森严（《书经》"昊天大降丧于殷"，《诗经》"旻天疾威"等）；亦曰帝（《书经》"帝乃震怒""惟帝降格""告敕于帝""帝钦罚之"等，《诗经》"在帝左右""帝谓文王""顺帝之则""帝度其心""履帝武敏歆""帝命率育""帝命不违"等）；曰上帝（《书经》"肆类于上帝""以昭受上帝""予畏上帝""上帝监民""用端命于上帝"等，《诗经》"上帝既命""克配上帝""皇矣上帝，临下有赫""上帝居歆""上帝不宁""上帝板板""荡荡上帝"等）；曰皇上帝（《书经》"惟皇上帝，降衷于下民"，《诗经》"有皇上帝"）；曰皇天上帝（《书经》"皇天上帝，改厥元子"）；曰昊天上帝（《诗经》"昊天上帝，则不我遗"）；曰皇帝（《书经》"皇帝哀矜，庶戮之不辜""皇帝清问下民"）；曰皇（《书经》"皇建其有极"）；曰后帝（《诗经》"皇皇后帝"）。天帝一也，而有二名者，以天示抽象观念，以帝示具象观念。帝者以人拟神之称，欧语所谓人格神也（《孝经》"郊祀后稷以配天，宗祀文王于明堂以配上帝"，是天帝之名，可通可别也）。后世哲学思想之言天也以理，古代宗教思想之言天也以象，言理故虽精深而去人远，言象故虽简质而去人近。今得刺举《诗》《书》之言天道者而观其会通焉：

其一，人之生命，为天所赋，寿夭长短，天实司之（《诗经》"天生蒸民，其命匪谌"，《书经·甘誓》"天用剿绝其命"，又《盘庚》"罔知天之断命"，又"予迓续乃命于天"，又《召诰》"天其命哲、命凶、命历年"等）。

其二，天为人类立一道德之轨则，其名曰彝（《诗经》"天生蒸民……民之秉彝"，《书经·康诰》"天惟与我民彝大泯乱"，又《洪范》"惟天阴骘下民，相协厥居，我不知其彝伦攸叙"，又"是彝是训，于帝其训"）；言其恒常也，曰极（《书经·洪范》"皇建其有极，用敷锡厥庶民，惟时厥庶民于汝极，锡汝保极"）；言其中正也，曰则（《诗经》"天生蒸民，有物有则"，又"不识不知，顺帝之则"），曰叙，曰秩（《书经》"天叙有典""天秩有礼"）；皆言其条理也。

其三，此道德轨则，天有命令，使人率循，其名曰命（《诗》《书》言天命者太多，不及枚举），曰敕（《书经·多士》"告敕于帝"）。

其四，天常监察人类，视其曾否实行此轨则（《诗经》"皇矣上帝，临下有赫，监观四方，求民之莫"，又"明明在下，赫赫在上"，又"穆穆在下，明明在上，灼于四方"，又"昊天曰明，及尔出往，昊天曰旦，及尔游衍"，《书经·吕刑》"上帝监民"，又《高宗肜日》"惟天监下民，典厥义"）；所谓监察者，非空漠想象之辞：天能闻（《书经·康诰》"其尚显闻于天"，又"闻于上帝，帝休"，又《君奭》"迪见冒闻于上帝"，《逸书》"天听自我民听"），能见（《诗经》"监观四方""逸书天视""自我民视"），能嗅（《诗经》"上帝居歆，胡臭亶时"），能问（《书经·吕刑》"皇帝清问下民"），能语（《诗经》"帝谓文王，无然叛援""帝谓文王，予怀明德"），能思量（《诗经》"帝省其山""帝度其心"）。

其五，人从天所命，则无灾害（《诗经》"上帝是依，无灾无害"），更进则天锡之福（《诗经》"天保定尔，俾尔戬谷，罄无不宜，受天百禄"），违天所命，则天乃怒（《书经·洪范》"鲧堙洪水，帝乃震怒，不畀《洪范》九畴"，《诗经》"逢天僤怒"，又"敬天之怒，无敢戏豫"），乃威（《书经·大诰》"天降威，知我国有疵"，又《吕刑》"皇帝哀矜不辜，报虐以威"，《诗经》"畏天之威，于时保之"，又"昊天疾威"），乃罚（《书经·康诰》"惟天其罚殛我"，《牧誓》"今予惟恭行天之罚"），乃讨（《书经·皋陶谟》"天讨有罪"）；威罚加于一人之身者，为忧患贫弱死亡等（《书经·洪范》"威用六极，曰凶短折、曰疾、曰忧、曰贫、曰恶、曰弱"，又《甘誓》"天用剿绝其命"，又《高宗肜日》"降年有永有不永，非天夭民，民中绝命"）；加于群众者，为饥馑疾疠兵乱等（《书经·微子》"天毒降灾荒殷邦"，《诗经》"浩浩昊天，不骏其德，降丧饥馑，斩伐四国"，又"天方荐瘥，丧乱弘多"，又"昊天不佣，降此鞠凶。昊天不惠，降此大戾"，又"昊天疾威，敷于下土"）；甚则灭绝其种姓（《书经·吕刑》"昊天报虐以威，遏绝苗民，无世在下"）；惟受罚者有所哀吁，天亦鉴其诚而许之（《书经·召诰》"夫知保抱携持，厥妇子以哀吁天，天亦哀于四方民"）；必情真罪当，罚乃行焉（《书经·西伯戡黎》"乃罪多参在上，乃能责命于天"，又《吕刑》"苗民无辞于罚，乃绝厥世"，又《康诰》"惟天其罚殛我，我其不怨"，又《多士》"惟天不畀罔非，有辞于罚"）。

其六，天命令赏罚之权使王代行（《书经·尧典》"惟时亮天功"，又《皋陶谟》"天工人其代之"，又《大诰》"予造天役"，又《吕刑》"惟作天牧"，又《多士》"丕灵承帝事"），凡人皆天之子也，而王则其元子（《书经·召诰》"皇天上帝，改厥元子"，又"王来绍上帝"），故王亦称天子（按：天子之名，始见于《书经·洪范》"天子作父母，以为天下王"，《诗经》亦云"时迈其邦，昊天其子之"）以其代天主民，故亦称民主（《书经·多方》"天惟时求民主"）；众所归往，故谓之王（见《说文》）；王为天代表，故对天负一切之责（《书经·皋陶谟》"天叙有典，敕我五典五惇哉！天秩有礼，自我五礼有庸哉！天命有德，五服五章哉！天讨有罪，五刑五用哉！"此言一切职务皆代天而行也。又《多士》"上帝引逸，有夏弗适，逸弗克庸，命厥惟废元命，降致罚"，此言王对天有责任，不践责任，则受天罚也。此等义见《书经》者甚多）；常率人民以钦顺天命（《书经·多方》"今至于尔辟，弗克以尔多方享天之命"，又《召诰》"欲王以小民，受天永命"）。

其七，天之立王也，先求得其人（《书经·多方》"天惟时求民主，乃大降显休命于成汤，刑殄有夏""乃惟尔商后王不蠲蒸天，惟降时丧""天惟求尔多方，开厥顾天。惟尔多方，罔堪顾之。惟我周王，克堪用德，惟典神天。天惟式教我用休，简畀殷命，尹尔多方"。此先言当夏之末，天求堪作民主者，得成汤而命之，及殷纣失德，天始欲在殷人中择其人继殷，求之而不得，后乃得之于周王也），乃锡以灵宝，为受命之符（符命之说见于经者，《书·洪范》云"鲧堙洪水，帝乃震怒，不畀《洪范》九畴。禹嗣兴，天乃锡禹《洪范》九畴"，注家谓禹治水得《洛书》也。纬书言帝王之兴，天必有所锡，名为受命之符。虽间有出汉儒依托者，要之，古代宗教思想所寄也），而前王亦得荐后王于天，天以为可，则受之（《孟子》称尧荐舜于天，而天受之，又称舜荐禹于天，禹荐益于天）。

其八，王者失道，天先谴告警惧之，不改而罚乃加（《书经·多方》"天惟五年须暇之子孙"，注家谓"假以数年，待其知改"也。《史记·董仲舒传》"国家将有失道之败，天先出灾害以谴告之；不知自省，又出怪异以警惧之。尚不知变，而伤败乃至"）；其罚则使新王执行之（《书经·汤誓》"有夏多罪，天命殛之"，又"夏氏有罪，予畏上帝，不敢不正"，又《多士》"天乃命尔先祖成汤革夏"，又"我有周佑命，将天明威，致王罚敕，殷命终于帝"）。

其九，天意所寄，在于众民（《书经·皋陶谟》"天聪明，自我民聪明；天明畏，自我民明畏"，《逸书·泰誓》"天视自我民视，天听自我民听"）；民之所欲，天必从之（二语见《伪古文尚书》，但其义实出于古《尚书·西伯戡黎》"今我民罔不欲丧，曰天曷不降威，大命不挚"，又《召诰》"天亦哀于四方，民其眷命用懋"）。

其十，人死则归命于天，其有贤哲，则在帝左右（《书经·召诰》"越殷多先哲王在天"，《诗经》"文王陟降，在帝左右"）。

古代人对于天之观念，大略如是。其与后世哲学思想异者，后世孔子老子之教，以理言天，所谓天者，乃包举自然现象之总名，大化运行，微漠无朕，其性质在有意识无意识之间。古代宗教，则以为天具有意识，一如吾人，特其威力甚强，超出吾人之上而为吾人主宰。耶稣教言上帝无所不知，无所不能，无所不在，为造化主，而威力不可抗，其与《诗》《书》垂教之义，乃绝相类也。其极当注意者尤有一义，则《诗》《书》只言天，不言天地（惟《伪古文尚书·汤诰篇》有"惟天地万物父母"一语，与古代宗教义不相应，即此可证其为晚出伪作）。言天地始于孔子之演《易》，以天地分表阴阳，此哲学家言，非宗教家言矣（说详下）。古代此种宗教思想，其圆满微妙，诚不逮后之哲学，而直接鞭辟，普遍深入于人心，则为力过之，能使人人对于具象之上帝，生寅畏度恭之念。故其《诗》曰："小心翼翼，昭事上帝。"又曰："各敬尔仪，天命不又。"群治所以维系于不敝，实恃此也。其与西方古教异者，佛、耶诸教，皆言死后善恶之应报，我国言善报有陟降帝座之说，恶报则未之及。盖我国古教有天堂无地狱也，所谓五福六极，近则报诸其身，远则报诸其子孙，皆言现世不言来世。此中西教义最异之点也。

综上所述，则中国古代为一神教，昭然甚明。然群俗嬗变，近世反堕退而邻于多神教者，则亦有故：其一，自哲学盛行后，对于古代宗教思想多有怀疑，古教本质朴，不能悉范围后人智慧大辟之人心，故其力浸衰薄。其二，我国数千年本以信仰自由为职志，国内各种族崇祀之神，至统一后，绝未尝以政治之力干涉之，所谓凡祭有其举之，莫敢废也。及与外国交通，外人移来者，亦一仍其俗，西北诸种之教俗，其羼入吾民间者已不少，迨祆、佛、耶、回诸派纷来，皆容纳之而常浸变其相，故教观日以复杂也。其三，古代天教，虽为一神，然尚有群神隶此一神之下，在古代，主从系统本极不明，后世渐失其真，遂成黩乱。考《书经》称类于上帝，禋于六宗，望于山川，遍于群神，此唐虞时之祭典也。此后《诗》《书》两经所言祭事，皆祭天祭祖，无祭群神者。至《周礼》及《礼记》，而群礼之名杂见焉。其大别为天神、地示、人鬼、物魅四种。郊之外有社，郊祭天而社祭地，以地配天，此取阴阳之义也。上帝之外有五帝（《周礼·大宗伯》以禋祀祀昊天上帝，《小宗伯》兆五帝于四郊。刘向云："天神之大者曰昊天上帝，其佐曰五帝：东方苍帝灵威仰，南方赤帝赤熛怒，西方白帝白招提，北方黑帝汁光纪，中央黄帝食枢纽，此所谓五天帝也。"《礼记·月令》复有五人帝，即东木帝太昊、南火帝炎帝、西金帝少昊、北水帝颛顼、中央土帝黄帝。汉儒以五人帝配五天帝焉），上帝由本体而有化身，此取五行之义也。其余则有日、月、星辰、司中、司命、风师、雨师、五祀（五祀之名见于《礼记·月令》者曰"户灶门行中霤"，《祭法》则言"王立七祀，诸侯五，大夫三，庶人一。七祀加司命及泰厉也"）、五岳、山林、川泽、四方（见《周礼·大宗伯》）、寒暑、水旱等（见《礼记·祭法》）。此天神地示之属，皆佑天命分掌百司者也。其人鬼除各自祭其先祖外，凡法施于民者，以死勤事者，以劳定国者，能御大菑捍大患者，皆列祀典（见《礼记·祀法》）。其著者有句芒、祝融、蓐收、玄冥、后土（见《礼记·月令》）、先啬、司啬（见《礼记·郊特牲》）、先圣、先师（见《礼记·文王世子》）、乐祖（见《礼记·大司乐》）、田祖（见《诗》）等。

大抵我国宗教道德之根本观念，莫重报恩，所谓"反本报始，不忘其初"也。祭日月星辰，报其照临，祭名山大川，报其兴云致雨，祭先啬报其始，养，祭先师报其始教，自余百神祀典，罔匪由报，而各国各部落各乡闾各有所报，则神日滋矣。各时代先民之有功德者，赓续有所报，则神又日滋矣，报又徒施于所敬事者而已。《记》曰："古之君子，使之必报之。迎猫，为其食田鼠也；迎虎，为其食田豕也。祭坊与水庸，事也。"（见《礼记·郊特牲》。坊，谓堤防；水庸，谓沟洫祭报其为我执事也）此物魅所由亦与于祭典也（此与埃及等国之拜物教精神绝异。彼迷信诸物能为人祸福，我则但酬其劳而已）。坐此之故，神之种类及名称，可以人人自由扩增至于无量。以绝对一神教之国，而泛滥为极端之多神，实变象之不可思议者也。但其与印度、埃及、希腊诸国古代之多神教有绝异者，彼等多神，各自强立，常代表部分观念、矛盾观念，我国则崇天帝以定一尊，百神在天之下各率其职，故推敬天之念以敬之（《礼记·礼器》："鬼神以为徒，故事有守也。"注云："谓职守不移。"又《礼运》云："故礼行于郊，而百神受职焉。"此皆以天统群神之义）。常代表全体观念系统观念，故虽多神而不害为一神也。《周礼》有大祀、小祀之分，大祀谓郊禘等，祭天而以祖配者，小祀日月山川之属，余则群祀。此古代宗教之体要也。然其思想制度，亦缘时代而微有异同，而影响恒及于政俗。孔子曰："夏道尊命（按：命指抽象之天也），事鬼敬神而远之，近人而忠焉；先禄而后威，先赏而后罚，亲而不尊；其民之敝，蠢而愚，乔而野，朴而不文。殷人尊神（按：神指具象之上帝，及附属各神祇也），率民以事神，先鬼而后礼，先罚而后赏，尊而不亲；其民之敝，荡而不静，胜而无耻。周人尊礼尚施（按：施与报相待），事鬼敬神而远之，近人而忠焉；其赏罚用爵列，亲而不尊；其民之敝，利而巧，文而不惭，贼而蔽。"（《礼记·表记》）此言宗教政俗相为因果之义，可谓博深切明也已。

其为天教之辅而完成我国群治者，厥惟祖先教。两者教义，同导一原。《孝经》曰："孝莫大于严父，严父莫大于配天。昔者周公郊祀后稷以配天，宗祀文王于明堂以配上帝。祀天帝而以其祖配，明教义之一贯也。"（《礼记·郊特牲》："郊之祭也，大报本反始也。"言天为人之大祖）古者谓人死灵魂升天，常爱护监察其子孙，虽不能直降罪福，然其圣哲之王，则在帝左右，能为子孙请命（《书经·金縢》"惟尔玄孙某，遘厉虐疾，若尔三王，是有玊子之責于天，以旦代某之身"。郑玄注曰："玊读曰不，爱子孙，曰子言元孙遇疾，汝若不救，将有不爱子孙之过，为天所责，欲使为之请命也。"）。其臣民之贤者，亦能从先王以间承恩威之命于天，分掌子孙休咎（《书经·盘庚》："兹予大享于先王，尔祖其从与享之。"孙星衍疏引《礼器》："大飨其王事与，大飨即禘祭，以祖配天，诸功臣皆从祀也。"又："我先后绥乃祖乃父，乃祖乃父乃断弃汝，不救乃死。"又："乃祖乃父玊乃告我高后曰：'作玊刑于朕孙！'迪高后玊乃崇降不祥。"此言祖父能救子孙之死，亦能请降祸于子孙也）。此言死后魂灵，其意识语默动作，一如生人，与其言天帝同一观念也。

抑吾之祖先教，尤有与西方古教最异者。西方古教（指埃及、希腊、巴比伦等国），神之与人纯为异系，不能相即。我国不然，谓凡有功德于民者乃至聪明正直者，没皆为神，神人之间，非有不可逾之阶级，人人皆可以自进于神。此种天人合德之观念，实古代思想渊微圆融高尚之一表征，而亦祖先教之所由能成立也。而其设教之大义，尤在反本报恩。万物本乎天，天帝之恩，含生所通也。人本乎祖，父祖之恩，子姓所独也。通以报通，独以报独，则教义完而群治立矣。祖先教与宗法政制辅行。《记》曰："人道亲亲，亲亲故尊祖，尊祖故敬宗，敬宗故收族。"（《礼记·大传》）此古代率群敷治之根本义也。宗法盖起于上古，至周而益严密。礼，诸侯不敢祖天子，士大夫不敢祖诸侯（《礼记·檀弓》），于是别为宗法以统之，别子为祖，继别为宗，继祢者为小宗，有百世不迁之宗，有五世则迁之宗（《礼记·大传》）。盖开国之君，举国莫敢以为祖，君之世子，即为继体之君，举国莫敢以为宗。故立别子（世子母弟之最长者），使为众所共祖，继承别子者（别子之长嫡子），曰大宗，为众所共宗，百世不迁焉。其余支庶之子皆曰祢（称父也），继承此支庶子者（此支庶子之长嫡子），曰小宗，世五则迁焉，五世以后，同于齐民矣。此宗法之大概也。宗法与姓氏族之制相连。《传》（以下所引，皆隐八年《左氏传》之文）曰："天子建德，因生以赐姓，胙之土而命之氏。"此言天子所赐姓氏也。姓惟天子得赐之（姓如姚、姒、子、姬等），氏有国氏，有群氏，国氏亦惟天子得赐之（国氏如鲁、卫、齐、宋等，本国名，同时亦为氏名），各国大宗所世继也。又曰："诸侯以字为氏（今本氏作谥，误；此据《史记集解》引郑玄《驳五经异义》），因以为族。"此言侯国群氏之出于公族者也。诸侯之子称公子，公子之子称公孙，公孙之子以王父字为氏（《左传》本文杜预注），公子，支子之为祢者也，公孙，继祢者也。以王父字为氏，因以为族，即别立之小宗也。又曰："官有世功，则有官族，邑亦如之。"此言群氏之出于庶族者也。凡群臣以功世其官者，或以功得封邑者（或异姓或公族之小宗，经五世而迁，同于齐民者），皆得以官为氏，以邑为氏，凡氏皆谓之族。故姓有定而氏族无定，姓有限而氏族无限（《世本·氏姓篇》云："言姓则在上，言氏则在下。"其体例以姓为纲，各国之国民缀于其所属姓之后，列于上层，其群氏又分缀各国之后，列于下层。后世之所谓姓皆古代之氏耳）。而一切氏族，皆以宗统之，小宗复统于大宗，故曰："从宗合族属。"（《礼记·大传》）又曰："族别任宗。"（《大戴礼·文王官人篇》）又曰："宗以族得民。"（《周礼·大宰》）古代以此种严密繁重有系统之组织，造成宗法群集，运用贵族政治，以与封建制相维于不敝。故曰："克明峻德，以亲九族，九族既睦，平章百姓，百姓昭明，协和万邦。"（《书经·尧典》）又曰："天下之本在国，国之本在家。"（《孟子》）

　　盖古代组织国家之单位，非个人而家族也，家之积为族，家隶于族，族之积为宗，族隶于宗，宗族之积为国，宗族隶于国，国之积为天下，国隶于天下，故天子与诸侯分土而治，诸侯与大夫分土而治，然犹能传之久而不陵替者，有宗法以为之枢干也。而制度之所以能立，其源又出于宗教。率报本反始之教义，以人上属于祖，而人与祖同上属于天，天教与祖教一贯也。故孔子曰："昔者明王事父孝，故事天明。"又曰："昔者明王以孝治天下，不敢遗小国之臣，而况于公族伯子男乎？故得万国之欢心以事其先王，治国者不敢侮鳏寡，而况于士民乎？故得百姓之欢心以事其先君。"（俱《孝经》）夫敬祖必不敢慢其祖之所爱，斯宗族亲矣；敬天必不敢慢天之所爱，斯民众和矣。宗法制度之下，小宗对于大宗，不敢自有其宗（小宗可绝，大宗不可绝，故大宗无后，小宗当以其宗子为之后）；个人对于宗族，不敢自有其身；教民以先公后私之义，此祖先教所以能搏揝群治使勿敝也。氏族虽别，同出于姓，姓虽别，同出于天。故曰："谓为母之子也可，谓为天之子也可，尊者取尊称焉，卑者取卑称焉。"（庄三年《穀梁传》）故天子称元后，凡诸侯大夫之有土者皆曰群后；天子称天之元子，则凡人类皆天之群庶子也。故曰："四海之内，皆兄弟也。"（《论语》）又曰："以天下为一家，中国为一人。"（《礼记·礼运》）此等最闳远、最普遍、最高尚之世界主义、博爱主义，三千年前西方各国各教所未见及者，我国盖视为布帛菽粟焉，此天教、祖教之极效也。欧洲近数百年来，以政教分离为一大问题，彼其合之而不能安也，我国古代政教合一而能安者何也？西方之教，本无与于政，我国古代则政之所有事，皆教之所有事也。

宗法图表

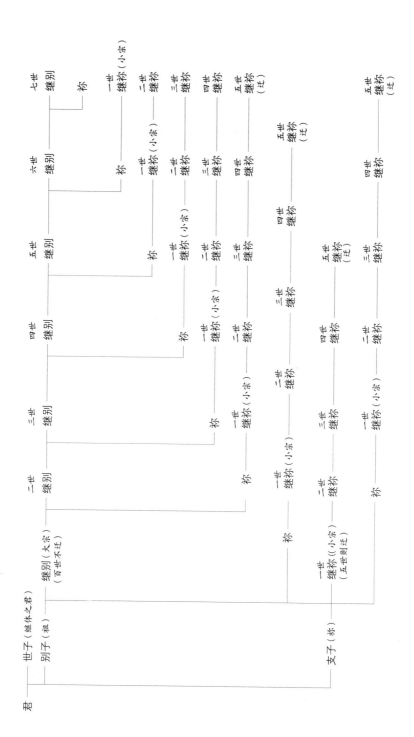

惟以教为政，故以礼为法；法治主义，在我国殊为后起，古代惟礼治而已。所谓天之秉彝、天之皇极、天秩、天叙、天纪、天则者，一皆于礼焉寓之。礼也者，人类一切行为之轨范也。有人所以成人之礼，若冠礼是；有人与人相接之礼，若士相见礼是；有人对于家族、宗族之礼，若昏礼、丧礼是；有宗族与宗族间相接之礼，若乡射、乡饮酒诸礼是；有国与国相接之礼，若朝聘、燕享诸礼是；有人与神、与天相接之礼，则祭礼是。故曰："礼所以承天之道以治人之情也。"（《礼记·礼运》）诸礼之中，惟祭尤重（《礼记·祭统》："凡治人之道，莫急于礼，礼有五经，莫急于祭。"）。盖礼之所以能范围群伦，实植本于宗教思想，故祭礼又为诸礼总持焉。祭礼之中，其最大典曰郊，曰庙，郊祭天，而庙祭祖也。祭天之礼，惟天子行之，此与诸侯不敢祖天子，大夫不敢祖诸侯同义。天虽为人类所同祖，其主祭必以天之元子也（周制：诸侯不得祭天子，鲁有文王庙，由成王嘉周公之功，特赐之也。支子不祭，祭必告于宗子。盖支庶之于小宗，小宗之于大宗，皆莫敢僭为祭主。诸侯以下所以不敢祭天者，义同一贯）。然天子祭天，四海之内，各以职来助祭（见《孝经》），是天子实率天下之人同祭也。祭祖之制，天子七庙，诸侯五，大夫三，适士二，官师一，庶士庶人无庙，祭于寝（见《礼记·王制》《祭法》）。而天子之祭，有禘有祫、有蒸有尝，诸侯有祫蒸尝，大夫以下，时祭而已。凡礼皆天子、诸侯、大夫、士、庶各有等差，采极严重之阶级制。此其大较也。祭仪极繁重，愈繁重所以愈表其虔恭也。其宗教观念最著明者曰斋。《记》曰："君子非有大事也，非有恭敬也，则不斋，不斋则于物无防也，耆欲无止也。及其将斋也，防其邪物，讫其耆欲，耳不听乐，不敢散其志也。君子之斋也，专致其精明之德也，故散斋七日以定之，致斋三日

以齐之，精明之至，然后可以交于神明也。"（《礼记·祭统》）
是故斋也者，停蛰其躯壳界之生活，以游存于魂灵界者也。当斋
之时，其所守之戒，与夫所以养息其神明者，视佛教之修持，几
过之矣。"及其祭也，洞洞乎，属属乎，如弗胜，如将失之。"
（《礼记·祭义》）视耶教之诵祷，几过之矣。故曰："谕其志意，
以其恍惚与神明交。"（《礼记·祭义》）此实魂灵界甚深微妙之
义，所以导人类使日向上者也。故曰："夫祭者，非物自外至者
也，自中出生于心也，唯贤者能尽祭之义。"（《礼记·祭统》）
又曰："唯圣人为能飨帝，孝子为能飨亲。"（《礼记·祭统》）
此祭礼所以为诸礼之枢也。各国古代宗教，多拜偶像，惟我国无
之。拜偶像者，以人类粗末意识之所及，刻画鬼神之情状，遂以
己所制之物品为神灵所托，此初民僿野之观念也。

　我国则自古以来，皆以为神灵界有一种不可思议之精气
（《礼记·祭义》："其气发扬于上，为昭明焄蒿悽怆，此百物之
精也，神之著也。"）。惟能冥心以契之，不能体物以求之（《礼
记·中庸》："鬼神之为德，其盛矣乎！视之而不见，听之而不闻，
体物而不可遗。洋洋乎，如在其上，如在其左右。"）。故遍考经
记，无雕范人物形状以肖拟神灵之事，天为至崇贵之祭，并坛不
设，扫地燔柴而已，盖以为必空诸迹象，乃能接此最高之神明
也。其特奇异者，为方明之祭，王者朝会诸侯时所行，极重大之
祭典也（方明祭典见于《仪礼·觐礼》，如下文所述。按《竹书纪
年》云："大甲十年，大飨于太庙，初祀方明。"《汉书·律历志》
引《伊训篇》云："伊尹祀于先王诞资，有牧方明。"则方明祭典，
殷已有之矣）。《仪礼·觐礼》说其形制曰："方明者，木也。方
四尺，设六色，东方青、南方赤、西方白、北方黑、上玄下黄；
设六玉：上圭下璧、南方璋、西方琥、北方璜、东方圭。"郑玄

《注》云："方明者，上下四方神明之象也。"又云："六色象其神，设玉者，刻其木而著之。"此刻物象神之仅见于经者。其制以方四尺之木六出之，著六色而嵌以六玉，设而祭焉，其形状颇肖西教所礼之十字架，斯亦奇也。其所以设此象者，盖以表六位同体之观念，实一种微妙之抽象。或以为唐虞之六宗，周之明堂，即此祭之异名，盖近之矣（《书经·尧典》："禋于六宗。"为舜受禅后举行之大祭，其次在上帝之后，山川群神之前，其重可知。六宗果为何神，注说纷歧，其最古者为西汉初欧阳、大小夏侯三家说，谓六宗者上不及天，下不及地，旁不及四方，居中央恍惚如有神，助阴阳变化，实一而名六。此实一种玄妙之抽象观念，《仪礼》方明源出于此，盖无可疑。明堂说亦人人殊，然据《逸周书·明堂篇》《礼记·明堂位篇》，皆言明堂为天子朝诸侯之地，与《觐礼》所言制度略同，或以祀方明之堂而得名也）。

祭祖则有主。先儒说云，祭有主者，孝子以主系心也（许慎《五经异义》），其制用木方一尺，穿中央以达四方（见《白虎通义》。盖于面背左右各开孔达中央也，唐及金元庙主制俱准是式）。此与方明之制，取义略同，盖以是为神所凭依，亦使祭者之精诚，有所寄注也。神所凭依而不以肖神之形貌者，以神之形貌不可得肖，肖之必非其真，反使祭者之精神滋淆缪也。夫古不墓祭，不像祭，而祭惟设主，此足证其对于灵界别有所冥会，而于躯灵相接之故，有颇高尚之信仰焉矣。其与此观念稍矛盾者，则立尸之礼也。古者祭祖必有尸（祭天无尸，惟《国语·晋语》有"晋祀夏郊，董伯为尸"之语），尸以生人代表其所祭之神，坐而受祭，且与祭者，献酬酢嘏，人摄神职，制最诡特，为各国所未闻。而与昭明焄蒿之观念，亦不甚能相容，此殆邃古遗制，至商周而未能尽革耶。要之古代宗教，确含有一种博大高明之理想，于以为一切道德之源泉，为一切制度之根核。而其与西方诸国所谓宗教最相异者，则举宗教思想，一皆敷切于人事，专言现世，不言来生。故西方诸古国，教司僧侣恒别成一阶级，与齐民殊业，后遂浸成教会，于今为烈；我国古代，则政与教同源，君父与师同职，故虽以神道设教，而所衍群俗，自异于彼也。

古代既以宗教系群治，故特重祭器。《记》曰："凡家造，祭器为先。"又曰："君子虽贫，不粥祭器。"又曰："祭器不逾竟。"（俱《礼记·曲礼》）天子、诸侯、大夫、士皆有祭器，器以铜为之，皆有铭（《礼记·祭统》："铭者，论撰其先祖之有德善、功烈、勋劳、庆赏、声名，而酌之祭器以祀其先祖者也。"）。天子、诸侯之于其臣，有大功者恒费以祭器（《左传》所谓"班之宗彝"），列国相攻伐，以夺得人国之祭器为大荣（如齐宣王伐燕，迁其重器，燕乐毅破齐亦然），亦有以之充馈赂者（鲁取郜大鼎于宋，纳于太庙，齐人赂晋以纪甗等），亡国之臣，犹抱祭器不使失坠（如殷亡时，微子抱祭器出奔）。惟其重之若是，故其制极郑重，铭词渊雅，雕刻精良，考三代文明以为瑰宝焉。别于艺术章详论之。

宗教信仰深，故卜筮特见重。箕子告武王："汝则有大疑，谋及乃心，谋及卿士，谋及庶人，谋及卜筮。"（《书经·洪范》）实则古代事无大小，多听于卜筮也。卜以龟，亦以兽骨，卜法，削治骨甲使平，乃凿之钻之，或既钻更凿之，所谓契也（《诗经》"爰契我龟"，契即《荀子》"锲而不舍"之锲）。既契乃灼于契处以致坼，灼于里则坼见于表，先为直坼，而后出岐坼，所谓兆也。占兆以观其吉凶焉。筮者置蓍茎五十，用其四十九，分而为二，揲而为四，挂一为奇，归余于扐（见《易·系辞》）。其法今不传，其义亦难明也。此外尤有用粟者（《诗经》"握粟出卜"），用茅者（《楚辞》："索琼芳以筵筳兮，命灵氛为余占之。"）。要之，古代上自王侯，下至民庶，莫不尊信卜筮，此征诸经传而历历可稽者也。因此衍为《易》义，而哲学之秘扃启焉。《周礼》太卜掌三《易》之注，曰《连山》，曰《归藏》，曰《周易》。《连山》《归藏》久佚不可见，《周易》则旧说相传谓伏羲作八卦，文王重之为六十四，系以爻辞，周公作《象辞》，孔子为《象辞》《文言》《系辞》《说卦》《序卦》《杂卦》等，即今本是也。窃意最初卜筮之用，本甚简陋，用之既勤，遂生触悟（观近日出土之殷商贞卜文字，当时殆无所谓卦爻者，卦爻自文王重《易》创之也）。其卜也，以坼兆之长短或横直，命为阴阳，契灼六次，累观其兆，而得卦焉。惟筮亦然，以著之奇偶命为阴阳，分揲六次，累观其扐，而得卦焉。六十四卦三百八十四爻，参伍错综，爻各有象，象各有义，遂以尽万物之情，穷天人之变。盖文王作《易》，所以广卜筮之用，及孔子演《易》成，而《易》之用，已非复卜筮所能尽矣。此古代宗教，与周末哲学递嬗之一大枢钥也。

我国虽非如西方古国之分僧俗阶级，然宗教仪典固有专司。司此者既世守其官，积虔信之心，冥求天道以推合人事，则学问之府，浸归之矣。殷有巫咸、巫贤（此以官为氏也），称为名臣。盖殷最尊神，率民以事神，巫氏宜为右职，故异才出焉。周则凡教职皆统于大宗伯，而太师、大祝、大卜、大史、小史、内史、外史等相为联事。侯国不能备官，多以史摄诸职，则博物君子与善谈名理者，恒出乎其间。其见于经传者，若殷之老彭（殷之守藏史，在周为柱下史，见《论语》及《世本》）、向挚（殷太史，见《吕览·先识篇》），周之史佚（亦作史逸，亦称尹逸，见《逸周书·世俘解》《礼记·曾子问》《左传》僖十五年、

《国语·周语》，《汉书·艺文志》墨家有"《史佚》十二篇"）、周任（周史官，见《论语》及《左传》隐六年）、史扁（见《文选》注）、辛甲（周太史，见《左传》襄四年）、辛有（辛甲之后，见《左传》昭十五年），左史戎夫（见《逸周书·史记解》）、内史过（见《左传》庄三十二年、《国语·周语》）、史角（见《吕览·当染篇》，言其后在鲁墨子学焉）、内史叔兴（见《左传》僖十六年、二十八年，《国语·周语》）、老聃（见《史记·老子传》）、苌弘（见《左传》昭十八年、《国语·周语》）、内史叔服（见《左传》文元年）、史大弢（见《庄子·则阳篇》）、太史儋（见《史记·周本纪》《秦本纪》《老子传》），鲁之中须（见《左传》昭十七年）、卜楚丘（见《左传》闵二年）、师挚（见《论语》）、左丘明（鲁史官，著《左传》《国语》《世本》者），晋之太史屠黍（见《吕览·先识篇》）、卜偃（见《左传》闵元年），辛廖（见《左传》闵二年）、董狐（见《左传》宣二年。又昭十五年云："辛有之二子董晋典籍，于是有董史。"则董氏实辛有之后也）、梁卜招父（见《左传》僖十七年）、籍偃籍麜（司典籍者，见《左传》成十六年）、史赵（见《左传》襄三十年）、史苏（见《左传》僖十五年）、师旷（见《逸周书·太子晋解》《左传》襄十四年、《国语·晋语》）、蔡墨（亦称蔡史墨，亦称史墨、史黯、史鹰，见《左传》昭二十九年），卫之史鱼（见《论语》，亦作史鳅，见《左传》襄二十九年）、师襄（见《史记·孔子世家》）、史猋（见《左传》昭七年），齐之大史氏、南史氏（见《左传》襄二十五年）、祝佗父（同上），郑之史伯（见《国语·郑语》）、裨灶、里析（俱见《左传》昭十八年）、梓慎（见《左传》昭七年、十七年），虢之史嚚（见《左传》庄三十二年，《国语·晋语》），楚之史老（见《国语·楚语》）、工尹襄（见《左传》成十六年）、左史倚相（见《左传》昭十二年）、詹尹（见《楚辞》），秦之卜徒父（见《左传》僖十五年），内史廖（见《史记·秦本纪》）。类皆专司教宗学艺典籍以世其官，能占验天象，先知休咎，熟于掌故，善推论古今国族盛衰兴亡之故。时主及贤士大夫，恒咨访以决事，师资以广学焉。故春秋以前，学问为贵族所专有，而学问之府，尤在司宗教之世官，盖时势然矣。自孔子以后，而学界现象一大变。

附：原拟《中国通史》目录

一、政治之部。

朝代篇，民族篇，地理篇，阶级篇，政制组织篇上（中央），政制组织篇下（地方），政权运用篇，法律篇，财政篇，军政篇，藩属篇，国际篇，清议及政党篇。

二、文化之部。

语言文字篇，宗教篇，学术思想篇（上、中、下），文学篇（上、中、下：文、诗、词、曲本、小说），美术篇（上、中、下：绘画、书法、雕刻、髹治、陶瓷、建筑），音乐剧曲篇，图籍篇，教育篇。

三、社会及生计之部。

家族篇，阶级篇，乡村都会篇，礼俗篇，城郭宫室篇，田制篇，农事篇，物产篇，虞衡篇，工业篇，商业篇，货币篇，通运篇。

附：原拟《中国文化史》目录

朝代篇（神话及史阅时代、宗周及春秋、战国及秦、两汉三国南北朝、隋唐及五代、宋辽金元、明、清、民国、历代政况与文化之关系观），种族篇上（汉族之成分、南蛮诸族），种族篇下（北狄诸族、东胡诸族、西羌诸族），地理篇（中原、秦陇、幽并、江淮、杨越、梁益、辽海、漠北、西域、卫藏），政制篇上（部落时代、周之封建、秦之郡县、汉之郡国及州牧、三国南北朝之郡县及诸镇、唐之郡县及藩镇、唐之藩属统治法、宋之郡县及诸使、元之行省及封建、明清之行省及封建、清之藩属统治法、民国之国宪及省宪），政制篇下（政枢机关之制度及事实上沿革、政务分部之沿革、监察机关之沿革、清末及民国之议会、司法机关），政治运用篇（神权、贵族、世卿、君主独裁、母后及外戚、宦官、武人干政、舆论势力、政党），法律篇（古代法律蠡测、自战国迄今法典编纂之沿革、汉律、唐律、明清律例及会典、近二十年制律事业），军政篇（兵制沿革、兵器沿革、战术沿革、历代大战比较观、清末及民国军事概说、海军），财政篇（力役及物质、租税、专卖、公债、支出分配、财政机关），教育篇（官学及科举、私人讲学、唐宋以来之书院、现代之学校及学术团体），交通篇（古代路政、自汉迄清季驿递沿革、现代铁路、历代河渠、海运之今昔、现代邮电），国际关系篇（历代之国际及理藩、明以前之欧亚关系、唐以后之中日关系、明中叶以来之中荷中葡关系、清初以来之中俄关系、清中叶以来之中英中法关系、清末以来之中英关系、现行之国际条约），饮食篇（猎牧耕三时代、肉食、粒食、副食、烹饪、麻醉品、米盐茶酒烟之特别处理），服饰篇（蚕丝、卉服、皮服、装饰、历代章服变迁概观），宅居篇（有史以前之三种宅居、上古宫室蠡测、中古宫室蠡测、西域交通与建筑之影响、室内陈设、城垒井渠），考工篇（石铜铁器三时代、漆工、陶工、冶铸、织染、车、舟、文房用品、机械、现代式之工业），通商篇（古代商业概想、战国秦汉间商业、汉迄唐之对外商业、唐代商业、宋辽金元明间商业、《恰克图条约》以后之对外商业、《南京条约》以后之对外商业、近代国内商业概观），货币篇（金属货币以前之交易媒介品、历代圜法沿革、金银、纸币、最近改革币制之经过、银行），农事及田制篇（农产物之今昔观、农作技术之今昔观、荒政、屯垦、井田均田之兴业、佃作制度杂观），语言文字篇（单音语系、历史的嬗变、古今方言概观、六书之孳乳、文字形体之蜕变、秦汉以后新造字、声与韵、字母、汉族以外之文字、近代之新字母运动），宗教礼俗篇（古代之迷信、阴阳家言及谶纬家言、道家之兴起及传播、佛教信仰之史的观察、摩尼教犹太教之输入、回教之输入、基督教之输入及传播、历代祀典及淫祀、丧礼及葬礼、时令与礼俗），学术思想篇上（古代学术思想之绍述机关、思想渊原、儒家经典之成立、战国时诸子之勃兴、西汉时儒墨道名法阴阳六家之废兴及蜕变、两汉经学、南北朝隋唐经学、佛典之翻译、佛学之宗派、儒佛道之诤辩与会通、宋元理学之勃兴、程朱与陆王、清代之汉学与宋学、晚清以来学术思想之趋势），学术思想篇下（史学、考古学、医学、历算学、其他之自然科学），文学篇（散文、诗骚及乐府、词、曲本、小说、骈文及八股），美术篇（绘画、书法、雕塑、建筑、刺绣），音乐篇（乐律、古代音乐蠡测、汉后四夷乐之输入、唐之雅乐、清乐、燕乐、唐宋间燕乐、四十八调之变化、元明间之南北曲、乐器、乐舞、戏剧），载籍篇（古代书籍之传写装潢、石经、书籍印刷术之发明及进步、活字板、汉以来历代官家藏书、明以来私家藏书、类书之编纂、丛书之辑印、目录学、制图、搨帖）。

（1918 年春夏间）

中国佛法兴衰沿革说略

一

佛法初入中国，相传起于东汉明帝时，正史中记载较详者，为《魏书·释老志》，其文如下：

汉武……开西域，遣张骞使大夏还，传其旁有身毒国，一名天竺，始闻有浮屠之教。哀帝元寿元年，博士弟子秦景宪受大月氏王使伊存口授《浮屠经》，中土闻之，未之信了也。后孝明帝夜梦金人，顶有白光，飞行殿庭，乃访群臣，傅毅始以佛对。帝遣郎中蔡愔、博士弟子秦景等使于天竺，写浮屠遗范。愔仍与沙门摄摩腾、竺法兰东还洛阳。中国有沙门及跪拜之法，自此始也。愔又得佛经四十二章及释迦立像，明帝令画工图佛像置清凉台及显节陵上，经缄于兰台石室。愔之还也，以白马负经而至，汉因立白马寺于洛城雍关西，摩腾、法兰咸卒于此寺。

此说所出，最古者为汉牟融《理惑论》，文在梁僧祐《弘明集》中，真伪未敢断（《隋书·经籍志》有《牟子》二卷，注云："汉太尉牟融撰，今佚。"《弘明集》本篇篇目下注云："一名《苍梧太守牟子博传》。"然读其内容则融乃苍梧一处士，流寓交趾，不惟未尝为太尉，且未尝为太守也。书凡三十七节，专务拥护佛法，文体不甚类，汉人故未敢置信。若其不伪，则此为论佛法最古之书矣）。其后文饰附会，乃有永平十四年僧道角力，宗室妃嫔数千人同时出家，种种诞说；又造为摩腾所译《四十二章经》，编入藏中，流通迄今，殆皆不可信（此等诞说，最古者出《汉显宗开佛化法本内传》，见唐道宣《广弘明集》注云"未详作者"。据所说则道士褚善信、费叔才奉敕集白马寺前，与摩腾等斗法，道经尽毁云云）。大抵愔景西使，腾兰东来，白马驮经，雍西建寺，事皆非虚，然所谓提倡佛法者亦仅此。至于创译经典，广度沙门，则断非彼时所能有事也（《四十二章经》真伪别详第五章）。然诵习佛法者早已有人，盖不容疑。《后汉书·光武十王传》云：

楚王英喜为浮屠斋戒，永平八年，奉黄缣白纨三十匹诣国相赎愆罪，诏报曰："王诵黄老之微言，尚浮屠之仁慈，洁斋三月，与神为誓，何嫌何疑？当有悔吝，其还赎以助伊蒲塞、桑门之盛馔。"因以班示诸国。

汉明遣使事，相传在永平十年（《释老志》《弘明集》《高僧传》皆无年岁。其指为永平十年，自隋费长房之《历代三宝纪》始）。然报楚王英诏在永平八年，浮屠（佛陀）、伊蒲塞（优婆塞）、桑门（沙门）诸名词，已形诸公牍，则其名称久为社会所已有可知，有名称必先有事实。然则佛法输入，盖在永平前矣。《释老志》称："汉世沙门，皆衣赤布。"则当时沙门，应已不少。然据晋石虎时著作郎王度所奏，谓："汉明感梦，初传其道，唯听西域人得立寺都邑以奉其神，其汉人皆不得出家。魏承汉制，亦循前轨。"（《高僧传》卷十《佛图澄传》引）此述汉魏制度，最为明确。盖我国自古以来，绝对的听任"信教自由"，其待远人，皆顺其教不易其俗。汉时之有佛寺，正如唐时之有景教寺，不过听流寓外人自崇其教，非含有奖厉之意也。然桓帝延熹九年，襄楷上书，有"闻宫中立黄老浮屠之祠"一语（《后汉书·本传》），据此，则其信仰已输入宫廷矣。桓、灵间，安息国僧安世高、月支国僧支娄迦谶先后至洛阳，译佛经数十部。佛教之兴，当以此为纪元。

三国时，刘蜀佛教无闻，曹魏稍翻有经典，而颍川朱士行以甘露二年出家，实为汉地沙门之始（据费长房《历代三宝纪》卷三），士行亦即中国西行求法之第一人也。吴孙权因感康僧会之灵异（参观《高僧传·会传》），在建业设建初寺，是为佛教输入江南之始。而支谦亦在吴译《维摩》《泥洹》《法句》诸经，故后此佛学特盛于江南，谦之功也（详第五章）。

至西晋时，洛下既有寺四十二所（见《释老志》），而竺法护远游西域，赍经以归，大兴译事（详第五章），河北佛教渐以光大；及石勒僭号，而佛图澄常现神通力以裁抑其凶暴（参观《高僧传·澄传》）。其于佛教之弘布，极有力焉。

计自西历纪元一世纪之初至四世纪之初，约三百年间，佛教渐渐输入中国且分布于各地，然其在社会上势力极微薄，士大夫殆不知有此事。王充著《论衡》，对于当时学术、信仰、风俗，皆痛下批评，然无一语及佛教，则其不为社会注目可知。沙门以外，治此学者，仅一牟融，然所著书犹真伪难断，具如前说。

此期之佛教，其借助于咒法神通之力者不少。摩腾角力，虽属诞词，然康会在吴，佛澄在赵，皆藉此为弘教之一手段，无庸为讳。质言之，则此期之佛法只有宗教的意味，绝无学术的意味，即以宗教论，亦只有小乘绝无大乘。神通小术，本非佛法所尚，为喻俗计，偶一假途（注一）。然二千年来之愚夫愚妇，大率缘此起信，其于佛法之兴替，功罪正参半耳。

【注一】《高僧传·佛图澄传》："石勒问澄：'佛道有何灵验？'澄知勒不达深理，正可以道术为征，即取应器盛水烧香咒之，须臾生青莲花。……"《续高僧传·菩提流支传》："支咒水上涌，旁僧嘉叹大圣人，支曰：'勿妄褒赏，斯乃术法，外国共行，此方不习，谓为圣耳。'"

二

佛法确立，实自东晋。吾于叙述以前，先提出两问题。第一，佛法何故能行于中国，且至东晋而始盛耶？第二，中国何故独尊大乘，且能创立"中国的佛教"耶？此第二题，当于第六章别解答之，今先答第一题。

我国思想界，在战国本极光明，自秦始皇焚书，继以汉武帝之"表章六艺，罢黜百家"，于是其机始窒。两汉学术号称极盛，揽其内容，不越二途，一则儒生之注释经传，二则方士之凿谈术数，及其末流，二者又往往糅合。术数之支离诞妄，笃学者固所鄙弃，即碎义逃难之经学，又岂能久餍人心者。凡属文化发展之国民，其"学问欲"曾无止息，破碎之学既为社会所厌倦，则其反动必趋于高玄。我国民根本思想，本酷信宇宙间有一种必然之大法则，可以范围天地而不过，曲成万物而不遗。孔子之《易》，《老子》之五千言，无非欲发明此法则而已。魏晋间学者，亦欲向此方面以事追求，故所谓"易老"之学，入此时代而忽大昌，王弼、何晏辈，其最著也。正在缥缈彷徨，若无归宿之时，而此智德巍巍之佛法，忽于此时输入，则群趋之，若水归壑，固其所也。

季汉之乱，民察已甚，喘息未定，继以五胡，百年之中，九宇鼎沸，有史以来，人类惨遇，未有过于彼时者也。一般小民，汲汲顾影，且不保夕，呼天呼父母，一无足怙恃，闻有佛如来能救苦难，谁不愿托以自庇？其桀恶之帝王将相，处此翻云覆雨之局，亦未尝不自怵祸害，佛徒悚以果报，自易动听，故信从亦渐众。帝王既信，则对于同信者必加保护，在乱世而得保护，安得不趋之若鹜？此一般愚民奉之之原因也。其在"有识阶级"之士大夫，闻"万行无常，诸法无我"之教，还证以己身所处之环境，感受深刻，而愈觉亲切有味。其大根器者，则发悲悯心，誓弘法以图拯拔；其小根器者，则有托而逃焉，欲觅他界之慰安，以偿此世之苦痛。夫佛教本非厌世教也，然信仰佛教者，什九皆以厌世为动机，此实无庸为讳。故世愈乱而逃入之者愈众，此士大夫奉佛之原因也。

前所论者为思想之伏流，此所论者为时代之背景，在此等时代背景之上，而乘之以彼种之思想伏流，又值佛法输入经数百年，酝酿渐臻成熟，此所以一二大德起而振之，其兴也，沛乎莫之能御也。

中国佛教史，当以道安以前为一时期，道安以后为一时期。前此稍有事业可纪者皆西僧耳（即竺法护，亦本籍月支），本国僧徒，为弘教之中坚活动，实自安始。前此佛学为沙门专业，自安以后，乃公之于士大夫，成为时代思潮。习凿齿《与谢安书》云："来此见释道安，故是远胜，非常道士，师徒数百，斋讲不倦。无变化技术，可以惑常人之耳目；无重威大势，可以整群小之参差。而师徒肃肃，自相尊敬，洋洋济济，乃是吾由来所未见。其人理怀简衷，多所博涉。内外群书，略皆遍睹，阴阳算数，亦皆能通，佛经妙义，故所游刃。"（《高僧传·安传》）此叙安威德，盖能略道一二。安值丧乱，常率弟子四五百人转徙四方，不挠不乱；安十五年间，每岁再讲《放光般若》，未尝废阙；安不通梵文，而遍注诸经，妙达深指，旧译讹谬，以意条举，后来新译，竟与合符；安创著经录，整理佛教文献；安制僧尼轨范，佛法宪章，后来寺舍，咸所遵守；安劝苻坚迎罗什，间接为大乘开基；安集诸梵僧译《阿含》《阿毗昙》，直接为小乘结束；安分遣弟子布教四方，所至风靡，若慧远之在东南，其尤著也；安与一时贤士大夫接纳，应机指导，咸使妙悟，大法始盛行于居士中。（以上杂据《高僧传·安传》及其他诸传，不备引原文）要而论之，安自治力极强，理解力极强，组织力极强，发动力极强，故当时受其人格的感化与愿力的加被，而佛教遂以骤盛。安，常山人，所尝游栖之地极多，而襄阳与长安最久，卒于东晋安帝之太元十年（385）。自安以后，名僧接踵，或事翻译，或开宗派，其应详述者极多，当于第五章以下分叙，本章惟随举其名耳。惟安公为大法枢键，故稍详述如上。

三

东晋后佛法大昌，其受帝王及士大夫弘法之赐者不少。其在北朝，则苻坚敬礼道安，其秘书郎赵正尤崇三宝，集诸僧广译经论；姚兴时，鸠摩罗什入关，大承礼待，在逍遥园设立译场，集三千僧咨禀什旨，大乘经典，于是略备。故言译事者必推苻、姚二秦。北凉沮渠蒙逊供养昙无谶及浮陀跋摩，译经甚多，其从弟安阳侯京声亦有译述。西秦乞伏氏，亦尊事沙门，圣坚司译焉。北魏太武帝一度毁佛法，及文成帝兴复之，其后转盛，献文、孝文并皆崇奉，宣武好之尤笃，常于宫中讲经；孝明时胡太后秉政，迷信尤甚，几于遍国皆寺，尽人而僧矣。魏分东西，移为周齐，高齐大奖佛法，宇文周则毁之。隋既篡周，文帝首复佛教，而炀帝师事智颉，崇奉尤笃，在东西两京置翻经院，译事大昌焉。

其在南朝，东晋诸帝虽未闻有特别信仰，而前后执政及诸名士，若王导、周颛、桓玄、王濛、谢尚、郗超、王坦、王恭、王谧、谢敷、戴逵、孙绰辈咸相尊奉（见《弘明集》卷五引《何尚之答宋文帝问》）。及宋，则文帝虚心延访，下诏奖厉，谯王义宣所至提倡，而何尚之、谢灵运等阐扬尤力。及齐，则竟陵王子良最嗜佛理，梁武帝、沈约辈皆尝在其幕府，相与鼓吹。及梁武帝在位四十年中，江左称为全盛。帝嗜奉至笃，常集群臣讲论，至自舍身于同泰寺。昭明太子及元帝皆承其绪，迭相宏奖，佛教于是极盛。陈祚短促，无甚可纪。东晋南北朝及隋帝王执政提倡佛教之情形，大略如此。

唐宋以后，儒者始与佛徒哄，前此无之也。两晋南北朝之儒者，对于佛教，或兼采其名理以自怡悦，或漠然置之。若不知世间有此种学说者然。其在当时，深妒佛教而专与之为难者，则道士也。梁僧祐《弘明集》、唐道宣《广弘明集》中所载诸文，其与道家抗辩者殆居三之一。其中如刘宋时，道士顾欢著《夷夏论》，谢镇之、朱昭之、慧通、僧愍等驳之。南萧齐时，张融著《门论》，周颛驳之；道士复假融名著《三破论》，刘勰著《辩惑论》驳之，其最著者也。所谓道教者，并非老庄之"道家言"，乃张道陵余孽之邪说，其于教义，本一无所有。及睹佛经，乃剽窃其一二，而肤浅矛盾，无一是处，乃反伪造《老子化胡经》等，谓佛、道实出于彼，可谓诞妄已极。其壁垒本不足以自立，乃利用国民排外之心理，倡所谓夷夏论者，此较足以动人。谢、朱辈本非佛徒，亦起而驳之，于学术无国界之义，略有所发挥焉，盖非得已也。然在南朝则以言论相排挤而已，北朝则以势力相劫制。北魏太武帝时，信任崔浩，而浩素敬事"五斗米道教"之寇谦之，荐之魏主拜为天师，改年号曰"太一真君"。太一真君七年（445），忽诏诛长安沙门，焚破佛像，令四方一依长安行事。其诏书所标榜者，曰："荡除胡神，击破胡经。"其法则"沙门无少长，悉坑之。王公已下敢隐匿沙门者，诛一门"（《魏书·释老志》）。我国有史以来，皆主信仰自由，其以宗教兴大狱者，只此一役。元魏起自东胡，犷悍之性未驯也。后四年，浩亦族诛，备五刑焉。魏毁佛法凡七年，文成帝立，复之，后转益昌。后七十余年，孝明帝正光元年（520），又再集佛道徒使讨论，道士姜斌以诬罔当伏诛，而佛徒菩提支为之乞杀。又五十余年，周武帝建德元年（572），下诏并废佛道两教，寻复道教；越十年（大象元年），并复之，然此役仅有遣散，并无诛戮云。计自佛法入中国后，受政府干涉禁止者，仅此两次，时皆极短，故无损其流通，其间沙汰僧尼，历代多有，然于大教，固保护不替也。

佛教发达，南北骈进，而其性质有大不同者。南方尚理解，北方重迷信；南方为社会思潮，北方为帝王势力。故其结果也，南方自由研究，北方专制盲从；南方深造，北方普及（此论不过比较的，并非谓绝对如此，勿误会）。此不徒在佛教为然也，即在道教已然。南朝所流行者为道家言，质言之，即老庄哲学也；其张道陵、寇谦之之妖诬邪教，南方并不盛行。其与释道异同之争，亦多以名理相角，若崔浩梵坑之举，南人所必不肯出也。南方帝王，倾心信奉者固多，实则因并时聪俊，咸趋此途，乃风气包围帝王，并非帝王主持风气，不似北方之以帝者之好恶为兴替也。尝观当时自由研究之风，有与他时代极差别者。宋文帝时，僧慧琳著《白黑论》、何承天著《达性论》，皆多曲解佛法之处，宗炳与颜延之驳之，四人彼此往复各四五书，而文帝亦乐观之，每得一札，辄与何尚之评骘之。梁武帝时，范缜著《神灭论》，帝不谓然也，自为短简难之，亦使臣下普答，答者六十二人，赞成缜说者亦四焉。在东晋时，"沙门应否敬礼王者"，成一大问题，庾冰、桓玄先后以执政之威，持之甚力，慧远不为之屈，著论抗争，举朝和之，冰玄卒从众议。（以上皆杂采正史各本传、《高僧传》及两《弘明集》，原文不具引）诸类此者，不可枚举，学术上一问题出，而朝野上下相率为公开讨论，兴会淋漓以赴之，似此者，求诸史乘，殆不多觏也。若北方则惟见寺塔、僧尼之日日加增而已，其士大夫讨论教理之文，绝无传者，即僧徒名著，亦极希。后此各大宗派，不起于北而起于南，良有以也。然则南北两派，何派能代表我国民性耶？吾敢断言曰南也。五胡以后，我先民之优秀者，率皆南渡，北方则匈、羯、鲜、羌诸族杂糅，未能淳化于吾族，其所演之事实，非根于我国民性也。

北方之迷信的佛教，其发达之速实可惊，《释老志》尝列有简单之三度统计，今录如下：

年　代	寺　数	僧尼数
承明元年（476）	6，478	77，350
延昌二年（518）	12，727	不详
兴和二年（540）	30，000	2，000，000

前后六十四年间，而寺数由七千余增至三万，僧尼数由七万余增至二百万，以何故而至此耶？试检《释老志》中所记当时制度及事实，可以知其梗概。《志》云：

永平元年诏曰："自今以后，众僧犯杀人已上罪者，仍依俗断。余犯悉付'沙门统'（僧正）昭玄，以内律制之。……"

和平初，昙曜奏："民有岁输谷六十斛入僧曹者，即为僧祇户，粟为僧祇粟，至于俭岁，赈给饥民。"又请："民犯重罪及官奴，以为佛图户，供诸寺洒扫。"并许之。于是僧祇户、粟及寺户遍于州镇。……永平四年，诏曰："僧祇之粟，本期济施，但主司冒利，规取赢息，及其征责，不计水旱，或偿利过本，或翻改卷契，侵蠹贫下，莫知纪极。……自今以后，不得传委'维那'（僧职），可令刺史共加监括。……"

熙平二年，灵太后令曰："自今奴婢，悉不听出家。……其僧尼辄度他人奴婢者，移五百里外为僧。僧尼多养亲识及他人奴婢子，年大私度为弟子，自今断之。……"

神龟元年，任城王澄奏曰："……自迁都以来，年逾二纪，寺夺民居，三分且一。……非但京邑如此，天下州镇僧寺亦然，侵夺细民，广占田宅。……"

正光以后，天下多虞，工役尤甚，于是所在编民，相与入道，假慕沙门，实避调役，猥滥之极。自中国之有佛法，未之有也。

据此，可见当时制度，一、有各种僧职，权力极大，最高者为"沙门统"，其下有"州统""都维那""维那"等。二、僧侣有治外法权，非犯杀人罪不到法庭。三、挂名寺户可避徭役。四、犯罪者及奴婢，凭藉教力，可免罪为良。五、假立寺名，可以侵占田宅，猥滥横暴，至于此极。佛法精神，扫地尽矣。其帝室营造之侈靡，犹令人惊骇。就中若灵岩石窟，伊门石窟，若永宁寺，据《释老志》《续高僧传》（《菩提流支传》）、《洛阳伽蓝记》诸书所载，略可追想一二。使其至今犹在，或可大为我国建筑学上一名誉纪念。然当时民力之凋敝于此者，亦殊不让罗马教皇之营彼得寺也。至今过伊门、龙门间，睹石像攒若蜂窠，即在琉璃庙求魏齐造像拓片，广搜之犹可得数千种。此实当时佛教兴隆之遗影留传今日者，而无数之罪恶苦痛即隐于其背。后此唐韩愈有"人其人、火其书、庐其居"之议，虽庸妄可笑，抑亦东流极敝反动使然也。南方佛教，此弊固亦所不免，然其兴也，不甚凭藉政治势力，以视北方，清明多矣。以上叙佛教黑暗方面略竟，今还叙其光明方面。

四

从中国佛学史大量观察，可中分为二期。一曰输入期，两晋南北朝是也。二曰建设期，隋唐是也。实则在输入期中早已渐图建设，在建设期中亦仍不怠于输入，此不过举其概而已。输入事业之主要者，曰西行求法，曰传译经论（具详第四第五章两章），建设事业，则诸宗之成立也（具详第六章以下）。今欲使学者得一简明之概念，且略知各部分事业之联络，故以极简单之文句，先述如下（其有重要资料不能入以下诸章者，则于此处稍为详叙，望读者通前后参错观之）。

印度佛教，先有小乘，后有大乘，中国亦不逾斯轨，然小乘之行于中国，时期甚短，势力亦弱，非如印度、西域之以小乘为正统而大乘为闰位也。后汉、三国所译经典，虽小乘较多，然大乘亦已间译；至两晋以后，则以译大乘为主业。诸大乘经中，《方等》先昌，支谶之《般舟三昧》，佛调之《法镜》，支谦之《维摩》《首楞》，法护之《宝积》《大集》《普曜》，皆其先河也。《般若》之兴，亦略同时，支谶之《道行》，法护之《光赞》，叔兰之《放光》，罗什之《摩诃》，皆其选也。此两部分皆起于西历二世纪中，而发达于四世纪末。《法华》之来，则在四世纪，法护、罗什前后两译。《涅槃》《华严》最晚出，昙谶、佛驮所译，皆在五世纪初元。至五世纪初元，而大乘要经略备，小乘之四《阿含》亦次第完成，译事告一段落焉。道安，此方弘法之祖也。遍注诸经，而犹精《般若》，可谓"空宗"最初之建设者。其弟子慧远，在庐山结莲社念佛，今之"净土宗"尊为初祖焉。罗什入关，气象万千，后此大乘之"三论宗"、小乘之"成实宗"，皆于此托始；其弟子僧肇、僧睿、道生等，皆为一时龙象。自此以前，为输入全盛、建设萌芽之时期。

在此时期中，有两种事实，颇足资研究兴趣者。其一则小乘派殆无反抗力也。印度大乘初起，其与小乘之对抗极烈，即在今日之日本尚有持"大乘非佛论"者；独我国则大乘一至，靡然从风，其持小乘以非毁大乘者，今所考见，才得数人：一、慧导疑《大品般若》，二、昙乐非拨《法华》，三、僧渊诽谤《涅槃》，四、竺法度禁一切大乘经典，不听读诵（见梁僧祐《出三藏记集》卷五末两篇）。僧睿著《喻疑篇》，专为当时疑《涅槃》者而发，中有言曰："三十六国，小乘人也，此躄流于秦地。"可知当时西域诸僧在中国者，非无反抗大乘之人，特力不足以张其军耳。其二则大乘教理多由独悟也。朱士行读《道行般若》，知其未尽，矢志往求（《高僧传·本传》）。道安订正旧译诸经，其后罗什重译，适与冥合，初无乖舛（《魏书·释老志》）。凡此之类，具征深智。"道生尝叹，经典东流，译人重阻，多守滞文，鲜见圆义，于是校练空有，研思因果，乃立善不受报及顿悟义，笼罩旧说，剖析佛性，洞入幽微，说阿阐提人（译言多贪）皆得成佛。于时《大涅槃经》未至此土，孤明先发，独见迕众。旧学僧党讥忿滋甚，摈而遣之，俄而《大涅槃》至，果言阐提有佛性，与生说若合符契。"（《出三藏记集》卷十七）吾读此等记载，发生两种感想：其一可见我先民富于"研究心"，虽于其所极尊仰之经典，并非一意盲信；其二可见我先民有创作之能，虽于所未闻之学说，而精思所运，能与符契，后此能蔚然建设"中国的佛教"，盖有由矣。以上为东晋之重要事业。

印度大乘性、相两宗，罗什所传来者则性宗也，而相宗则未之闻。梁陈之交，真谛创翻《摄论》《俱舍》，法泰、智恺最能传其业，于是开大乘之"摄论宗"与小乘之"俱舍宗"，"摄宗"即后此"法相宗"之前驱也。世亲依《华严·十地品》作《十地经论》，元魏时菩提流支、勒那摩提合译之，北齐惠光治之最明，于是创"十地宗"，即后此"华严宗"之前驱也。以上为南北朝之重要事业。

自罗什译《中》《百》《十二门》三论，后百余年间传习极盛，至隋吉藏（嘉祥大师）大成之，创"三论宗"，此宗入唐转衰，其一部分人"天台宗"，一部分人"禅宗"焉。自《法华》《涅槃》输入后，研究极盛，六朝时有所谓"法华宗""涅槃宗"者，至隋智颤（智者大师）神悟独运，依《法华》创"四教五时"之义，立止观之法，学者以颤居天台，名之曰"天台宗"。其后唐湛然（荆溪）益大弘之，中国人前无所受而自创一宗者，自"天台"始也。此为隋代之重要事业。

　　唐玄奘三藏孤游天竺，十有七年，归而译书千三百卷，为我学界第一恩人。而其所最服膺者为戒贤显识之论，于是大阐之，立"法相宗"，亦称"唯识宗"。其弟子窥基最能传其学，基住持慈恩寺，故此宗或称"慈恩宗"焉。自"十地宗"成立以后，《华严》研究日盛，唐法藏（贤首国师）与实义难陀重译《华严》，乃大阐扬之，立"华严宗"。亦可谓中国自创之宗也。此后宗密（圭峰）、澄观（清凉）盛弘其业，自慧远提倡念佛，至唐善导大成之，是为"净土宗"。自道安提倡戒律，至唐道宣大成之，是为"律宗"。自唐善无畏金刚智传授密咒真言，是为"密宗"。此诸宗皆盛于唐，而其传最广而其流最长者，则"禅宗"也。相传佛灭度后，以衣钵授大迦叶，心心相传，历二十八代而至达摩，达摩以梁时至中国，更不译经说教，惟物色传法之人，六传而至唐慧能（六祖大鉴禅师），乃大弘之，直指一心，不立语言文字，号为"禅宗"，亦称"心宗"。其徒南岳让、青原思传之，后衍为"云门""法眼""临济""沩仰""曹洞"之五宗，数百年间，遍天下焉。此宗虽称来自印度，然自六祖以前，既一无传布，则虽谓中国自创之宗焉可耳。禅宗与天台、华严、法相皆极盛于唐，彼三者称"教下三家"，禅宗则称"教外别传"。此为唐代之重要事业。

　　以上诸宗，实为我国佛学之中坚，吾将于下卷各著专章以论之，此不过举其名而已。通计佛教盛于中国前后将及千年，法海波澜，不无起伏。最初输入小乘，墨守所谓"三法印"即"万行无常""诸法无我""涅槃寂静"之教，以尘世为可厌，以涅槃为可乐，既而闻"方等""般若"之说，谓涅槃真空，既并涅槃而空，则乐涅槃者丧其所据，此慧导、昙乐之徒所为大怖而盛诘也。"般若"昌明以后，空义既闻而习之矣，及《法华》《涅槃》传来，又明佛性不空，浅根闻之，疑非佛说，故道生"阐提成佛"之论，旧学指为邪说，集众而摈之也。诸大经次第都来，群疑亦既涣释，而"相宗"之人，犹滋疑议，所以者何？诸宗所说皆当今世西欧哲学所谓"形而上学"之一部分，相宗所说，则当其所谓"认识论"之一部分也。前此既未之闻，而其所用"因明"又为外道所同用，其论心物之法，又与小乘之俱舍相翼辅，重以繁重艰深，不易明习，则厌而蔑焉。故法泰"屡演摄论，通俗无受"（《高僧传·本传》）。直至奘师归来，乃始大昌，而数十年后已莫能为继也。"教下三家"鼎立盛行，诸经义解发挥略尽。然诵习愈广，渐陷贫子说金之讥，故禅宗出而荡其障，惟密传心印，取信实难，呵佛骂祖，滋疑尤众，故六祖得法黄梅，十年乃布，而荆溪著《金刚錍》以非难之，自比于距杨、墨，新说推行之不易，自古然矣。及夫两干开基，五花结实，禅宗掩袭天下而诸宗俱废，公案如麻，语录充栋，佛法于兹极盛，而佛法即于是就衰矣。

五

唐以后殆无佛学。唐以后何故无佛学耶？其内部之原因，则禅宗盛行，诸派俱绝，踞座棒喝之人，吾辈实无标准以测其深浅。其外部之原因，则儒者方剽窃佛理，自立门户，国中上驷咸趋此途，而僧界益乏才。若在宋代求佛教史上有价值之人，吾惟数一延寿（永明禅师），倡"禅净合一"之教，"净宗"复兴，实受赐焉。戒环（温陵）之理解，抑其次也。元代师礼蕃僧，颇兴密教，其于显说，则未有闻。有明末叶，莲池（袾宏）、交光

（真鉴）、妙峰（福登）、憨山（德清）、藕益（智旭）先后崛起，斯道称中兴焉。入清转衰，清诸帝虽皆佞佛，然实政治作用，于宗教无与，于学术益无与也。清僧亦无可特纪者，惟居士中差有人，晚有杨文会者，得力于"华严"，而教人以"净土"，流通经典，孜孜不倦，今代治佛学者，什九皆闻文会之风而兴也。

附录：佛教大事表

表例：一、表至唐末而止，以后无大事也。二、年代用西历，省混杂，便省览，惟诸帝纪元仍附注于下。三、年代不能确考者，下附疑号（？）。

247	吴赤乌十	立建初寺，江南有寺之始
253	吴建兴二	支谦卒，谦译经百种
260	魏景元元	朱士行出家，汉地沙门之始
266	晋泰始二	法护始释经
269	泰始五	《方等泥洹经》初出（护译）
272	泰始八	《道行般若》再出（护译）
288	晋太康九	《法华》初出（护译），《光赞般若》初出（护译）
291	晋元康元	《放光般若》再出（竺叔兰译）
302	晋太安元	《维摩诘经》再出（护译），护卒（？）
377	苻秦建元九	道安入长安
384	晋太元九	惠远入庐山
387	建元十九	《阿毗昙》初出（道安监译）
389	建元二十一	道安卒

397	晋隆安元	《中阿含》《增一阿含》出
399	隆安三	法显往印度
400	姚秦弘始二	鸠摩罗什至长安
402	晋元兴元	智猛往印度
403	秦弘始五	《摩诃般若》三出（什译）
	晋元兴二	《阿毗昙毗婆沙》初出（觉铠译）
404	弘始六	《百论》出（什译）
405	弘始七	《大智度论》出（什译）
406	弘始八	《法华》定本出。《维摩诘》定本出（什译）
408	弘始十	《小品般若》三出，《十二门论》出（什译）
409	弘始十一	《中论》出（什译）
411	弘始十三	《成实论》出（什译）
412	弘始十四	罗什卒
	凉玄始元	昙无谶至凉
413	弘始十五	《长阿含》出（佛念译）
414	凉玄始三	《涅槃》定本出（谶译）
	晋义熙十	惠远结白莲社念佛
416	义熙十二	法显归国
417	玄始五	《大集》出（？）（谶译）
418	义熙十四	《大般泥洹》三出（？）（法显译）
420	宋永初元	晋译《华严》出（佛驮译）
435	宋元嘉十二	《楞伽》定本出（求那译）
446	魏太平真君七	魏焚佛经，坑沙门
452	魏兴安元	魏复佛法
500	魏景明元	菩提流支至洛阳

504	梁天监三	武帝集道俗二万人，发愿皈佛法
511	魏永平四	《十地论》出（流支译）
516	魏熙平元	遣宋云、惠生求经于印度
519	梁天监十八	慧皎著《高僧传》成
522	魏正光三	惠生等赍经百七十部归
527	梁大通元	达摩至建业
553	梁承圣二	《大乘起信论》出（真谛译）
563	陈天嘉四	《摄大乘论》《俱舍论》出（真谛译）
572	周建德元	周废佛道二教
575	陈太建七	智顗初入天台
594	隋开皇十四	敕法经等撰众经目录
597	开皇十七	智顗卒
624	唐武德七	傅奕前七上书请废佛法，不报
628	唐贞观二	玄奘适印度
645	贞观十九	玄奘归国始译经，《显扬论》出
648	贞观二十二	《瑜伽师地论》出
650	永徽二	《俱舍论》再出
659	显庆四	《大毗婆沙论》出。《成唯识论》出
663	龙朔三	《大般若经》出（以上俱奘译）
664	麟德元	玄奘卒
674	上元元	惠能受衣钵于弘忍
676	仪凤元	惠能在曹溪开演宗门
682	永淳元	窥基卒
694	武周证圣元	义净适印度
700	武周久视元	唐译《华严》出（难陀译，法藏同译）

701	武周大足元	法藏始在长安讲新《华严》
705	唐神龙元	《佛顶首楞严》出（密谛、房融同译）
712	先天元	惠能卒
714	开元二	无畏至京师
730	开元十八	智升撰《开元释教录》

（1920 年）

阴阳五行说之来历

　　阴阳五行说，为二千年来迷信之大本营，直至今日，在社会上犹有莫大势力。今当辞而辟之，故考其来历如次。

一　"阴阳"二字语意之变迁

　　"阴阳"两字义之见于《说文》者，"阜"部云："阴，暗也，水之南、山之北也。从昌，侌声。""阳，高明也，从昌，昜声。"然阜旁乃挛乳后起，其原字实为侌、昜。"云"部云："霒，云覆日也。从云，今声。侌，古文。""勿"部云："昜，开也，从日，一，勿，一曰飞扬，一曰长也，一曰强者众兒。""侌"字所从之"云"，即古"雲"字，侌为云覆日，此其本义，引申为凡覆蔽之义。覆蔽必暗，因又引申为暗义；背日之地必暗，城市多倚北而背日，因又引申为背面或里面或北方之义。此"阴"字字义变迁之大凡也。"昜"从日从一者，日在地上，即日出之意；从勿者，《说文》云："勿，州里所建旗象……"日出地上而建旗焉，气象极发扬，此其本义，引申以表日之光彩，故日称太阳，朝日称朝阳，夕日称夕阳；日出则暖，故又引申谓和暖之气为阳气；向日乃能见阳光，故又引申为正面或表面或南方之义。此"阳"字字义变迁之大凡也。南北向背相对待，故"阴阳"二字连用，常以表南北或表里之义。

"阴阳"两字相连属成一名辞，表示无形无象之两种对待的性质，盖自孔子或老子始。孔老以前之书确实可信者，一曰《诗经》，二曰《书经》，三曰《仪礼》，四曰《易经》之卦辞、爻辞。《仪礼》全书中无"阴阳"二字，可置勿论；其他三经所有"阴"字"阳"字之文句及意义，列举诠释如下：

《诗经》：

曀曀其阴，虺虺其雷。（《卫风·终风》）

习习谷风，以阴以雨。（《卫风·谷风》）

阴靷鋈续。（《秦风·小戎》）

芃芃黍苗，阴雨膏之。（《曹风·下泉》）

迨天之未阴雨。（《豳风·鸱鸮》）

三之日，纳于凌阴。（《豳风·七月》）

又窘阴雨。（《小雅·正月》）

既之阴女，反我来赫。（《大雅·桑柔》）

殷其靁靁，在南山之阳。（《召南·殷其靁》）

君子阳阳，左执簧，右招我由房。（《王风·君子扬扬》）

我送舅氏，曰至渭阳。（《秦风·渭阳》）

春日载阳。（《豳风·七月》）

载玄载黄，我朱孔阳。（同上）

湛湛露斯，匪阳不晞。（《小雅·湛露》）

曰归曰归，岁亦阳止。（《小雅·采薇》）

日月阳止，女心伤止。（《小雅·杕杜》）

在洽之阳。（《大雅·大明》）

居岐之阳。（《大雅·皇矣》）

度其夕阳，豳居允荒。（《大雅·公刘》）

梧桐生矣，于彼朝阳。（《大雅·卷阿》）

龙旂阳阳。（《周颂·载见》）

居岐之阳。（《鲁颂·閟宫》）

既景乃冈，相其阴阳。（《大雅·公刘》）

《书经》：

阳鸟攸居。（《禹贡》）

华阳，黑水惟梁州。（同上）

岷山之阳。（同上）

南至于华阴。（同上）

惟天阴骘下民。（《洪范》）

乃或亮阴，三年不言。（《无逸》）

《易》爻辞：

鹤鸣在阴，其子和之。（《中孚》九二）

上《诗经》言阴者八，言阳者十四，言阴阳者一；《书经》言阴、言阳各三；最奇者《易经》一书，《庄子》所谓"《易》以道阴阳"者，卦辞爻辞中仅有此"《中孚》九二"之一条单举一"阴"字。（上所列皆临时翻检，不审有无挂漏，希读者指正）

上列诸文中"阴"字，《谷风》《下泉》《鸱鸮》《正月》之"阴雨"及《终风》之"曀曀其阴"，皆用"云覆日"之义，即最初本义也。《桑柔》之"既之阴女"，孔《疏》云："往阴覆汝。"《洪范》之"惟天阴骘下民"，马《注》云："阴，覆也。"（《吕氏春秋·君守篇》引《洪范》此文，高《注》云："言天覆生下民。"）皆用覆蔽之引申义。"阴靷鋈续"，毛《诗》云："阴靷，掩轨也。"掩亦覆义。《无逸》之"亮阴"，《尚书大传》

作"梁暗"，言凶庐之阴暗也，即《说文》以暗释阴之义。《七月》之"纳于凌阴"，毛《诗》云："凌阴，冰室也。"盖深邃黑暗之室。《中孚》之"鹤鸣在阴"，谓鹤鸣于其子所不及见之处，而其子能和之也，亦覆蔽之引申义。《禹贡》之"华阴"，谓华山之背面，亦从暗覆义引申来。凡三经所有"阴"字意义尽于此。

其"阳"字，《閟宫》之"龙旂阳阳"，正"易"字从"勿"之本义，谓旂在日下飞扬也。"君子阳阳"者，《史记·晏子传》"意气阳阳甚自得"（今本作扬扬，此据毛《诗》孔疏引），亦如日下之旗神气飞扬也，此皆最初之义。《湛露》之"匪阳不晞"，《卷阿》之"于彼朝阳"，《公刘》之"度其夕阳"，皆节彼日在地上之义，直以阳为日。《七月》之"我朱孔阳"，言朱色之光如日，亦同前解。《七月》之"春日载阳"，《采薇》之"岁亦阳止"，《杕杜》之"日月阳止"，《禹贡》之"阳鸟攸居"，皆用向日和暖之引申义。《殷其靁》之"南山之阳"，《渭阳》之"曰至渭阳"，《大明》之"在洽之阳"，《皇矣》《閟宫》之"居岐之阳"，《禹贡》之"华阳""岷山之阳"，皆言某山某水之正面或表面或南方，盖从向日之一面得名也。凡三经所有"阳"字意义尽于此。

"阴阳"二字连用者，惟《公刘》"既景乃冈，相其阴阳"一语，谓在山冈上测日影察其向背云尔，与后世所谓阴阳之义迥别。

由此观之，商周以前所谓阴阳者，不过自然界中一种粗浅微末之现象，绝不含有何等深邃之意义。"阴阳"二字意义之剧变，盖自《老子》始。《老子》曰：

万物负阴而抱阳。

此语当作何解，未易断言，抑固有以异于古所云矣。虽然，五千言中，言阴阳者只此一句，且亦非书中重要语，故谓老子与阴阳说有何等关系，吾未敢承。

《庄子》言"《易》以道阴阳"，《易》卦辞、爻辞皆未尝言阴阳，既如前述，然则此语只能作孔子所赞之《易》解耳。今所传《十翼》，其确出孔子手著最可信者，莫如《彖传》《象传》。惟此两传中，惟《乾》"初九"《象传》云："潜龙勿用，阳在下也。"《坤》"初六"《象传》云："履霜坚冰，阴始凝也。"《彖》《象》两传中，刚柔内外上下大小等对待名词，几于无卦不有，独"阴阳"二字，仅于此两卦各一见，可谓大奇。至《系辞》《说卦》《文言》诸传，则言之较多，今列举其文如下：

> 一阴一阳之谓道。
>
> 阳卦多阴，阴卦多阳，其故何也？阳卦奇，阴卦偶。
>
> 乾，阳物也；坤，阴物也。阴阳合德而刚柔有体。
>
> 阴阳之义配日月，易简之善配至德。（以上《系辞传》）
>
> 观变于阴阳而立卦。
>
> 立天之道，曰阴与阳；立地之道，曰柔与刚；立人之道，曰仁与义。（以上《说卦传》）
>
> 潜龙勿用，阳气潜藏。
>
> 阴，虽有美含之。
>
> 阴疑于阳必战，为其嫌于无阳也，故称龙焉。（以上《文言传》）

《系辞》《文言》诸传，不敢遽认为直接出孔子手，因传中多有"子曰"字样，论体例应为七十子后学者所记也，姑置不论。即将以上诸条全认为孔子学说，其所谓阴阳者亦不过如此。

盖孔子之哲学，谓宇宙间有两种力（如电气之有正负），相对待相摩荡，斯为万有之缘起，此两种力难于表示，故以种种对待名辞形容之，如刚柔、动静、消息、屈伸、往来、进退、翕辟等皆是，而阴阳亦其一也。就中言阴阳者，远不如言刚柔、消息、往来者之多，与其谓《易》以道阴阳，毋宁谓《易》以道刚柔、道消息也。要之，"阴阳"两字，不过孔子"二元哲学"之一种符号；而其所用符号，又并不止此一种。其中并不含有何等神秘意味，与矫诬之术数更相远。故谓后世之阴阳说导源于孔子，吾亦未敢承。

二 "五行"二字语意之变迁

"五行"二字最初见于经典者，则《尚书·甘誓》云：

有扈氏威侮五行，怠弃三正。

此语作何解，颇难臆断。后世注家，多指五行为金、木、水、火、土；三正为建子、建丑、建寅。然据彼辈所信，子、丑、寅三建，分配周、商、夏；《甘誓》为夏书，则时无子、丑二建，何得云三正？且金、木、水、火、土之五行，何得言威侮？又何从而威侮者？窃疑此文应解为威侮五种应行之道，怠弃三种正义。其何者为五，何者为三，固无可考，然与后世五行说绝不相蒙盖无疑。

次则为《洪范》。自汉人作《洪范五行传》后，于是言五行者必联想《洪范》，此两名词几成不可离之关系。虽然，实际上《洪范》所谓五行果有何等神秘意味否耶，请勘视原文：

我闻在昔，鲧堙洪水，汩陈其五行。

一五行：一曰水，二曰火，三曰木，四曰金，五曰土。水曰润下，火曰炎上，木曰曲直，金曰从革，土爰稼穑，润下作咸，炎上作苦，曲直作酸，从革作辛，稼穑作甘。

此不过将物质区为五类，言其功用及性质耳，何尝有丝毫哲学的或术数的意味。"鲧堙洪水，汩陈其五行"者，言因湮水之故，致一切物质不能供人用，若谓汩乱五行原理，则与堙水何关耶？《洪范》本为政治书，其九畴先列五行者，因其为物质的要素，人类经济所攸托命耳。《左传》所谓："天生五材，民并用之。"即此义也。然则《洪范》本意，并非以此一畴统贯生八畴甚明。后世愚儒，欲取凡百事物皆纳入五行中，于是首将第二畴之五事——貌、言、视、听、思，分配水、火、木、金、土。试问第四畴之五纪，第九畴之五福，数固同为五，然有法分配否？第三畴之八政，第六畴之三德，数不止五或不及五者，又有法分配否？第五畴之皇极，第七畴之稽疑，第八畴之庶征，并无数目者，又有法分配否？以一贯八，而所贯者亦仅一而止，愚儒之心劳日拙，大可怜也。

除《书经》此两文外，《诗经》《仪礼》《易经》传乃至《老子》《论语》《孟子》，皆不见有以"五行"二字连文者（此凭吾记忆所及耳，读者如有所发见望指正）。惟《墨子·经下》及《经说·下》云：

五行毋常胜，说在宜。

五：合水、火、土，火离然。火铄金，火多也。金靡炭，金多也。合之府水，木离木。……

此确与《洪范》所言五行为同物，且其言"无常胜"之义，注家或以后世五行生克说解之，实则胜训贵，意谓此五种物质无常贵，但适宜应需则为贵，其说甚平实，不待穿凿也。

《荀子·非十二子篇》其非子思、孟轲也，有颇奇异之数语。曰：

> 案往旧造说，谓之五行，甚僻违而无类，幽隐而无说，闭约而无解。案饰其辞而只敬之曰："此真先君子之言也。"子思唱之，孟轲和之。

此五行不知作何解。若谓即《洪范》之五行耶，子思、孟轲书中，只字未尝道及。《中庸》以君臣、父子、兄弟、夫妇、朋友五者为天下之达道，道有行义，五行或指此耶？然此为儒家常言，非思、轲所创，且无所谓"僻违、幽隐、闭约"。杨倞注释为仁、义、礼、智、信之五常，或者近是；然子思说虽无可考（或《中庸》外尚有著述），孟子则恒言仁、义、礼、智，未尝以信与之并列也。此文何指，姑勿深论，但决非如后世之五行说，则可断言耳。

古籍中可信者，其言五行之说，以吾记忆所及，尽于是矣。此外尚有应怀疑者一段，则《左传》昭二十五年记郑子大叔与晋赵简子问答语：

> 吉也闻诸先大夫子产曰："天地之经，而民实则之。……用其五行，气为五味，发为五色，章为五声，……"

此与后世所谓"洪范五行"者甚相类。此文如可信，则是孔子之先辈子产时已有此说矣。然《左传》真伪，在学界久成问题，藉曰非全伪，然其作者最早应为战国时人，且最少有一部分为汉人窜乱，此殆无可讳者。谓子产有是言，吾以当时所有学说旁证之，不能置信也。

五行说之极怪诞而有组织者，始见于《吕氏春秋》之十二览，其后小戴《礼记》采之（即《月令篇》），《淮南子》又采之，其说略如下：

> 孟春之月，……其日甲乙，其帝太皞，其神句芒，其虫鳞，其音角，……其味酸，其臭膻，其祀户，祭先脾。……天子居青阳左个，驾苍龙，载青旗，衣青衣，服青玉，食麦与羊。……

如此将一年四季分配五行，春木，夏火，秋金，冬水，所余之土无可归，则于夏秋交界时为拓一位置。于是五方之东、西、南、北、中，五色之青、赤、黄、白、黑，五声之宫、商、角、徵、羽，五味之酸、苦、咸、辛、甘，五虫之毛、介、鳞、羽、倮，五祀之井、灶、行、户、中霤，五谷之黍、稷、稻、麦、菽，五畜之马、牛、羊、犬、豕，五脏之心、肝、肺、脾、肾，五帝之太皞、炎帝、黄帝、少昊、颛顼，五神之句芒、祝融、后土、蓐收、玄冥，皆一一如法分配（《洪范》五事抑未编入）。乃至如十天干、六律、六吕等数目不与五符者亦割裂以隶之，如是将宇宙间无量无数之物象事理，皆硬分为五类，而以纳诸所谓五行者之中。此种诡异之组织，遂二千年蟠据全国人之心理，且支配全国人之行事。嘻，吾辈生死关系之医药，皆此种观念之产物；吾辈最爱敬之中华民国国旗，实为此种观念最显著之表象，他更何论也。

三　阴阳家之成立及阴阳五行说之传播

由此观之，春秋战国以前所谓阴阳、所谓五行，其语甚希见，其义极平淡。且此二事从未尝并为一谈，诸经及孔、老、墨、孟、荀、韩诸大哲，皆未尝齿及。然则造此邪说以惑世诬民者谁耶？其始盖起于燕齐方士，而其建设之传播之宜负罪责者三人焉：曰邹衍，曰董仲舒，曰刘向。

《史记·孟子荀卿列传》云："邹衍乃深观阴阳消息，而作迂怪之变，《终始》《大圣》之篇十余万言。"又云："称引天地剖判以来，五德转移，治各有宜，而符应若兹。"又《封禅书》云："齐威宣之时，驺子之徒，论著《终始》五德之运，及秦帝，齐人奏之。"《文选·魏都赋》注引《七略》云："邹子有《终始》五德，从所不胜，土德后木德继之，金德次之，火德次之，水德次之。"邹衍之书，见于《汉书·艺文志》者有《邹子》四十九篇、《邹子终始》五十六篇，今虽已佚，然据《史记》及《七略》所说，可知其概。妖言之作俑者，实此人也。

衍倡此妖言，乘秦汉间学术颓废之隙，遂以万斛狂澜之势横领思想界之全部。司马谈作《六家要旨》，以阴阳家与儒、道、墨、名、法并列，其势力可想。今将《汉书·艺文志》所著录此类书照录如下（书目下括弧中文字皆《汉书》原注）：

《宋司星子韦》三篇（景公之史）、《公梼生终始》十四篇（传邹奭《终始》书）、《公孙发》二十二篇（六国时）、《邹子》四十九篇（名衍，齐人，为燕昭王师。居稷下，号"谈天衍"）、《邹子终始》五十六篇、《乘丘子》五篇（六国时）、《杜文公》五篇（六国时）、《黄帝泰素》二十篇（六国时韩诸公子所作）、《南公》三十一篇（六国时）、《容成子》十四篇、《张苍》十六篇（丞相北平侯）、《邹奭子》十二篇（齐人，号曰"雕龙奭"）、《闾丘子》十二篇（名快，魏人，在南公前）、《冯促》十三篇（郑人）、《将巨子》五篇（六国时，先南公，南公称之）、《五曹官制》五篇（汉制，似贾谊所条）、《周伯》十一篇（齐人，六国时）、《卫侯官》十二篇（近世，不知作者）、《于长天下忠臣》九篇（平阴人，近世）、《公孙浑邪》十五篇（平曲侯）、《杂阴阳》三十八篇（不知作者），上《诸子略》阴阳家二十一家，三百六十九篇。

《太壹兵法》一篇、《天一兵法》三十五篇、《神农兵法》一篇、《黄帝》十六篇（图三卷）、《封胡》五篇（黄帝臣，依托也）、《风后》十三篇（图二卷，黄帝臣，依托也）、《力牧》十五篇（黄帝臣，依托也）、《鵊冶子》一篇（图一卷）、《鬼容区》三篇（图一卷，黄帝臣，依托也）、《地典》六篇、《孟子》一篇、《东父》三十一篇、《师旷》八篇（晋平公臣）、《苌弘》十五篇（周史）、《别成子望军气》六篇（图三卷）、《辟兵威胜方》七十篇，上《兵书略》阴阳家十六家，二百四十九篇。

《泰一阴阳》二十三卷、《黄帝阴阳》二十五卷、《黄帝诸子论阴阳》二十五卷、《诸王子论阴阳》二十五卷、《太玄阴阳》二十六卷、《三典阴阳谈论》二十七卷、《神农大幽五行》二十七卷、《四时五行经》二十六卷、《猛子闲昭》二十五卷、《阴阳五行时令》十九卷、《堪舆金匮》十四卷、《务成子灾异应》十四卷、《十二典灾异应》十二卷、《钟律灾异》二十六卷、《钟律丛辰日苑》二十三卷、《钟律消息》二十九卷、《黄钟》七卷、《天一》六卷、《泰一》二十九卷、《刑德》七卷、《风鼓六甲》二十四卷、《风后孤虚》二十卷、《六合随典》二十五卷、《转位十二神》二十五卷、《羡门式法》二十卷、《羡门式》二十卷、《文解六甲》十八卷、《文解二十八宿》二十八卷、《五音奇胲用兵》二十三卷、《五音奇胲刑德》二十一卷、《五音定名》十五卷，上《数术略》五行家三十一家，六百五十二卷。

此外如《数术略》医经、房中两门，亦大抵属此类，观今所传《黄帝内经》可知也。即以此三门论，为书一千三百余篇，对于《艺文志》总数万三千二百六十九卷，已占十分一而强。其实细绎全志目录，揣度其与此等书同性质者，恐占四分之一乃至三分之一。嘻！学术界之耻辱，莫此为甚矣。

邹衍书及他诸书皆不可见，可见者有董仲舒之《春秋繁露》。仲舒二千年来受"醇儒"之徽号，然其书祖述阴阳家言者几居半。今无暇一一胪列内容，但举其篇目：

五行对第三十八、五行之义第四十二、阴尊阳卑第四十三、王道通三第四十四、天辨在人第四十六、阴阳位第四十七、阴阳终始第四十八、阴阳义第四十九、阴阳出入第五十、天道无二第五十一、暖燠孰多第五十二、基义第五十三、同类相动第五十七、五行相生第五十八、五行相胜第五十九、五行逆顺第六十、治水五行第六十一、治乱五行第六十二、五行变救第六十三、五行五事第六十四、天地之行第七十八、如天之为第八十、天地阴阳第八十一。

以上二十三篇，皆言阴阳五行，殆占全书之半，其中所含精深之哲理固甚多，要之半袭阴阳家言（最少亦受其影响），而绝非孔、孟、荀以来之学术，则可断言也。仲舒以儒家大师，而态度如此，故一时经学家皆从风而靡。仲舒自以此术治《春秋》，京房、焦赣之徒以此术治《易》，夏侯胜、李寻之徒以此术治《书》，翼奉、眭孟之徒以此术治《诗》，王史氏之徒以此术治

《礼》，于是庄严纯洁之《六经》，被邹衍余毒所蹂躏，无复完肤矣。《艺文志·六艺略》所著录之书，其属于此类者，以吾所推度，最少有如下之各种：

《易》：《古五子》十八篇（自甲子至壬子，说《易》阴阳）、《淮南道训》二篇（淮南王安聘明《易》者九人，号九师说）、《杂灾异》三十五篇、《神输》五篇（师古曰："刘向《别录》云，神输者，王道失则灾害生，得则四海输之祥瑞。"）、《孟氏京房》十一篇、《灾异孟氏京房》六十六篇、《京氏段嘉》十二篇；

《书》：刘向《五行传记》十一卷、许商《五行传记》一卷；

《诗》：《齐后氏传》三十九卷、《齐孙氏传》二十八卷、《齐杂记》十八卷；

《礼》：《明堂阴阳》三十三篇、《王史氏》二十一篇（？）、《明堂阴阳说》五篇、《古封禅群祀》二十二篇、《封禅议对》十九篇、《汉封禅群祀》三十六篇；

《春秋》：《公羊外传》五十篇（？）、《穀梁外传》二十篇（？）、《公羊杂记》八十三篇（？）；

《诸子略·儒家》：《董仲舒》百二十三篇（？）。

上诸书虽什九已佚，然经近人辑出，尚多能得其梗概。要之，两汉所谓今文家经说，其能脱阴阳五行臭味者，什无二三，大率自仲舒启之。

《汉书·五行志》云："汉兴，承秦灭学之后，景、武之世，董仲舒治《公羊春秋》，始推阴阳，为儒者宗。宣、元之世，刘向治《穀梁春秋》，数其祸福，传以《洪范》，与仲舒错。至向子歆……言《五行传》，又颇不同。是以揽仲舒别向、歆……所陈行事……著于篇。"据此知汉儒阴阳五行之学，开于仲舒而成于向、歆父子；《五行志》所载，大抵即刘向《洪范五行传》之言也。吾侪试一籀读，当审其内容为何如；而后此所谓正史者，大率皆列此一篇，千余年莫之易。呜呼！祆祥灾祲之迷信，深中于士大夫，智日以昏而志日以偷。谁之咎也？吾故略疏证其来历如上，俾涌法孔子之君子得省览焉。

（1921 年）

中国历史上民族之研究

本篇即《五千年史势鸟瞰》之一部分，本年春夏间曾在北京清华及高师两校讲演者。其未惬处甚多，故存之，待他日改正。

十一年双十节，著者记。

一

民族与种族异。种族为人种学研究之对象，以骨骼及其他生理上之区别为标识。一种族可析为无数民族，例如条顿种族析为英、德等民族，斯拉夫种族析为俄、塞等民族；一民族可包含无数种族，例如中华民族含有羌种族、狄种族，日本民族中含有中国种族、倭奴种族。

民族与国民异。国民为法律学研究之对象，以同居一地域有一定国籍之区别为标识。一民族可析为两个以上之国民，例如中国当战国、三国、六朝时；一国民可包含两个以上之民族，例如今中华国民，兼以蒙、回、藏诸民族为构成分子。

血缘、语言、信仰，皆为民族成立之有力条件，然断不能以此三者之分野，径指为民族之分野。民族成立之唯一的要素，在"民族意识"之发现与确立。何谓民族意识？谓对他而自觉为我。"彼，日本人；我，中国人。"凡遇一他族而立刻有"我中国人"之一观念浮于其脑际者，此人即中华民族之一员也。《史记·楚世家》两载楚人之言曰："我蛮夷也。"（一为西周时楚子熊渠之言，一为春秋初楚武王之言）此即湖北人当春秋初期尚未加入中华民族之表示。及战国时，天下冠带之国七，而楚与居一焉，则其时楚人，皆中华民族之一员也。南越王佗自称"蛮夷大长"，此即汉文帝时，广东人尚未加入中华民族之表示。及魏晋以后，粤人皆中华民族之一员也。满洲人初建清社，字我辈曰汉人，而自称旗人，至今日则不复有此称谓有此观念，故凡满洲人今皆为中华民族之一员。反之，如蒙古人，虽元亡迄今数百年，彼辈犹自觉彼为蒙人而我为汉人，故蒙古人始终未尝为中华民族之一员也。

民族意识，曷为能发见且确立耶？其详细当让诸民族心理学之专门研究。举要言之，则："最初由若干有血缘关系之人人（民族愈扩大，则血缘的条件效力愈减杀），根据生理本能，互营共同生活，对于自然的环境，常为共通的反应。而个人与个人间，又为相互的刺激，相互的反应，心理上之沟通日益繁富，协力分业之机能的关系日益致密，乃发明公用之语言文字及其他工具，养成共有之信仰学艺及其他趣嗜。经无数年无数人协同努力所积之共业，厘然成一特异之'文化枢系'，与异系相接触，则对他而自觉为我。"此即民族意识之所由成立也。凡人类之一员，对于所隶之族而具此意识者，即为该民族之一员，吾所释民族之意义略如是，今准此以论中华民族。

二

中华民族为土著耶？为外来耶？在我国学界上，从未发生此问题，问题之提出，自欧人也。欧人主张华族外来者，亦言人人殊，或言自中亚细亚，或言自米梭必达美亚，或言自于阗，或言自外蒙古，或言自马来半岛，或言自印度，或言自埃及，或言自美洲大陆（注一）。吾以为在现有的资料之下，此问题只能作为悬案。中国古籍所记述，既毫不能得外来之痕迹，若摭拾文化一二相同之点，攀引渊源，则人类本能不甚相远，部分的暗合何足为奇？吾非欲以故见自封，吾于华族外来说，亦曾以热烈的好奇心迎之，惜诸家所举证，未足以起吾信耳。

【注一】中亚细亚说，英人 Robinson 所倡；米梭必达美亚说，法人 Lacuperie 所倡；于阗说，德人 Rechthofen 所倡；印度说，英人 Davis、法人 Pauthier 所倡；埃及说，法人 Deguignes 所倡；美洲说，法人 Gobineau 所倡。余两说颇后起，吾未能举其名。

欲知中国何时始有人类，当先问其地气候何时始适于住居。据近年地质学者发掘之结果，则长城以北，冰期时已有人迹；即河南中原之地，亦新发现石器时代之遗骨及陶器等多具，则此地之有住民，最少亦经五万年。若不能举出反证以证实此骨非吾族远祖所遗，则不能不承认吾族之宅斯土已在五万年以上，故所传"九头""十纪"等神话，虽不敢认为史实，然固足为我族渊源悠远之一种暗示。然则即云外来，亦决非黄帝、尧、舜以后之事。外来说之较有力者，则因有数种为此地稀乏之物，我先民习用而乐道。例如玉为古代通宝，而除于阗外，此土竟无产玉之区，麟凤龙号称三灵，而其物皆中亚细亚以西所有。然此等事实，认为古代我族对西方交通频繁之证，差足言之成理，径指彼为我之所自出，恐终涉武断也。

复次，中华民族由同一祖宗血胤衍生耶？抑自始即为多元的结合？据旧史，则唐、虞、夏、商、周、秦、汉，皆同祖黄帝，而后世所传姓谱，大抵非太岳胤孙，即高阳苗裔，似吾族纯以血缘相属而成立。然即以《史记》所纪而论，既已世次矛盾，罅漏百出（注二）。后乎此者，弥复难信。且如商、周之诗，诵其祖德曰："天命玄鸟，降而生商。"曰："厥初生民，时维姜嫄。"使二代果为帝喾之胤，诗人何至数典而忘，乃反侈陈种种神秘，以启后世"圣人无父，感天而生"之怪论？故知古帝王之所自出，实无从考其渊源。揆度情理，恐各由小部落崛起，彼此并无何等系属。盖黄河流域一片大地，处处皆适于耕牧，邃古人稀，尽可各专一壑，耦俱无猜，故夏、商、周各有其兴起之根据地。商、周在虞、夏时固已存在，但不必为虞、夏所分封，此等小部落，无虑千百，而皆累千百年世其业。若近代之"土司"，诸部落以联邦式的结合，在"群后"中戴一"元后"（注三），遂以形成中华民族之骨干。

【注二】据《三代世表》，黄帝五世孙为帝尧，八世孙为帝舜，五世孙为大禹，十七世孙为成汤，十八世孙为周文王。时代全不相应，学者久已疑议百出，或强为之解，皆不能成理。

【注三】元后、群后名称，屡见于《尚书》。

吾族自名曰"诸夏"，以示别于夷狄。诸夏之名立，即民族意识自觉之表征。"夏"而冠以"诸"，抑亦多元结合之一种暗示也。此民族意识何时始确立耶？以其标用"夏"名，可推定为起于大禹时代。何故禹时能起此种意识？以吾所度，盖有三因：第一，文化渐开，各部落交通渐繁，公用之言语习惯已成立。第二，遭洪水之变，各部落咸迁居高地，日益密接，又以捍大难之故，有分劳协力之必要，而禹躬亲其劳以集大勋，遂成为民族结合之枢核。第三，与苗族及其他蛮夷相接触，对彼而自觉为我（注四）。自兹以往，"诸夏一体"的观念，渐深入于人人之意识中（三代同祖，黄帝等神话，皆从此观念演出），遂成为数千年来不可分裂、不可磨灭之一大民族。

【注四】《尚书·皋陶谟》大禹陈述治水经过，云："各迪有功，苗顽弗即工。"似是苗族当治水时不肯协力，或尚有其他扰乱之事，以此与吾族加增恶感。又《禹贡》有嵎夷、淮夷、莱夷、和夷、岛夷、析支、渠搜、昆仑诸名，当是既平水土之后，我族领域日广，与外族接触日繁。

复次，中华民族既由同一枢核衍出，此枢核最初之发源地，果在何处耶？依普通说，古帝王都邑所在地如下：

包牺	都陈	（河南陈州）
神农	都陈，迁曲阜	（山东今县）
黄帝	都涿鹿	（直隶今县）
颛顼	都帝丘	（直隶濮阳县）
帝喾	都亳	（河南偃师）
帝尧	都平阳	（山西临汾）
帝舜	都蒲坂	（山西永济）
大禹	都安邑	（山西今县）
成汤	都亳	
文王武王	都丰镐	（陕西长安）

吾辈姑据此种传说为研究基础，自然发生下列三个问题：一、何故古帝王皆各异其都，似中国文化并非一元的发展？二、神话时代的包牺、神农，既奠居黄河下游沃壤，何故有史时代的尧、舜、禹三帝，反居山西寒瘠之地？是否吾族发祥，果在高原，前此神话并不足信？三、黄帝、帝、尧等，是否起自西北之异系民族（同系中之小异）？而我族文化实自彼等传来，黄河下游，并非最初之枢核？上第一、三两问题，当于第四节附带说

明，今专论第二问题。吾确信高等文化之发育，必须在较温腴而交通便利之地，黄河下游为我文化最初枢核，殆无可疑。尧、舜、禹之移居高原，其唯一理由，恐是洪水泛滥之结果。《孟子》称舜为"东夷之人"，其所留史迹之地如历山，如负夏，学者多考定在今山东。夏代诸侯国之见于史者，如有穷、有仍、斟灌、斟寻等，其地亦在河南、山东间。吾侪因此种暗示，可推想虞夏之交，我族一切活动实以此域为中心。中间遭值水祸，去湿就燥，不过一时现象，水土既平之后，旋复其故也。

<h2 align="center">三</h2>

民族之正确分类，非吾学力所能及，但据东西学者所研索而略成定说者，则现在中国境内及边徼之人民，可大别为六族：

一中华族，二蒙古族，三突厥族（即土耳其族），四东胡族（东籍所称通古斯族，即东胡之译音），五氐羌族，六蛮越族。

此六者皆就现在而言，若一一寻其历史上之渊源，则各族所自出及其相互之关系，殆复杂不易理。即如我中华族，本已由无数支族混成，其血统与外来诸族杂糅者亦不少，此当于次节详言之。今但略示蒙古以下五族之概念。

蒙古族。狭义的蒙古族，在历史上甚为晚出，公历十世纪后，始以蒙兀儿之名见于史乘，非久，遂建设元代之大帝国。广义的蒙古族，殆与乐胡极难析画，史籍上所谓山戎、乌桓、鲜卑、吐谷浑、奚、契丹、室韦、鞑靼等，皆此族之主要成分。元亡以后，退出塞北，今犹有一千万人以上，游牧于内外蒙古及青海等地。

突厥族。与今欧亚间之土耳其族同源，因隋唐间突厥特强，故以此名传。史籍上所谓獯鬻、玁狁、匈奴、柔然、铁勒、回纥、葛逻录、乃蛮、黠戛斯等，皆属此族。此族自远古后期至近古中期约二千年间，为祸甚剧，但未尝一度入主中夏。此族大部分，今居于中亚细亚及欧洲东部，其小部分则明清以来号为回回，散居新疆及甘肃、云南之一部。

东胡族。广义的东胡族，如前文所说，实可谓为蒙古族所自出，与现在之蒙古族分子混化甚多。狭义的东胡族，专指古来居于今东三省及朝鲜半岛者，史籍中之肃慎、挹娄、勿吉、靺鞨、高句骊、渤海、女真等属之。最近满洲入主中国，可谓为此族之全盛。但清代二百余年间，次第同化于我，至今日殆全失其民族的独立性。

氐羌族。此族之名，《诗》《书》已见，知其起源甚古。其后见于史籍者，则汉之月氏、唐之吐蕃、宋之西夏、元之乌斯藏、明之西番皆属之。在中国境内者，以西藏为根据地，而云南之猓猓，川边之土番，皆其同族。境外则缅甸及北印度之一部，亦其势力范围。

蛮越族。此族极复杂，三代之苗、蛮、濮，汉之南越、瓯越、爨、僰，唐之六诏等皆属之。此族在今贵州、云南、广西一带，犹存苗及摆夷等名，以示别于吾族。其在境外，则安南（苗）、暹罗（摆夷）其胤胄也。

四

凡一民族之组成分子愈复杂者，则其民族发展之可能性愈大。例如西南部之苗及猓猓等，虽至今日，血统盖犹极纯粹，然进步遂一无可见。现代欧洲诸名国之民族，殆无不经若干异分子之结合醇化，大抵每经一度之化合，则文化内容必增丰一度。我族亦循此公例。四五千年，日日在化合扩大之途中，故精力所耗虽甚多，然根柢亦因之加厚。凡民族当化合进行期内，如动物之蜕其形，其危险及苦痛之程度皆甚剧。欧洲中世一千年之黑暗时代，皆旋转于此种状况之下，直至所谓现代民族者，化合完成，然后得有余裕以从事于文艺复兴、宗教改革诸大业，而近世之新曙光乃出。我族以环境种种关系，能合而不能析，民族员之数量，数十倍于欧洲诸族，则化合期间，固宜视欧洲加长，我国黑暗时代之倍于欧洲，此或亦其原因之一也。

曰"诸夏"，曰"夷狄"，为我族自命与命他之两主要名词，然此两名词所函之概念，随时变迁。甲时代所谓夷狄者，乙时代已全部或一部编入诸夏之范围，而同时复有新接触之夷狄发现，如是递续编入，递续接触。而今日硕大无朋之中华民族，遂得以成立。今将吾族各时代加入之新分子有痕迹可考见者，略举如下。先考本部固有之诸族，次及外来侵入或归化之诸族焉。

古夷狄主要诸族名称，见于经传者略如下：

苗（三苗。《书·尧典》《皋陶谟》《禹贡》《吕刑》等）。蛮（《诗》《书》屡见）。群蛮（《左传》）。黎（九黎。《书·尧典》《国语》）。荆（荆楚、荆蛮、蛮荆。最初见者《诗·商颂》"奋伐荆楚"，《小雅》"蛮荆来威"，其后春秋时习见）。舒（群舒。《诗·鲁颂》《左传》）。吴（句吴。《左传》）。越（於越。《左传》）。嵎夷（《书·尧典》《禹贡》）。莱夷（《书·禹贡》）。淮夷（《书·禹贡》《诗·大雅》《鲁颂》）。徐戎（《诗·小雅》）。和夷（《书·禹贡》）。岛夷（《书·禹贡》）。濮（百濮。《书·牧誓》《左传》）。氐（《诗·商颂》）。羌（《诗·商颂》《书·牧誓》）。

庸、蜀、髳、微、卢、彭（《书·牧誓》、卢戎亦见《左传》）。巴
（《左传》）。貊（《诗》《论语》《孟子》）。濊（《逸周书·王会》）。
西戎（昆仑、析支、渠搜。《书·禹贡》）。戎州己氏之戎（《左
传》）。北戎（山戎、无终。《左传》）。鬼方（《易》《诗》）。獯鬻
（昆夷、玁狁。《诗》《孟子》）。允姓之戎（陆浑之戎、小戎、阴
戎、九州戎。《左传》）。扬皋泉拒、伊洛之戎（《左传》）。茅戎
（《左传》）。犬戎（畎夷。《左传》）。骊戎（《左传》）。赤狄（东
山皋落氏、廧咎如、潞氏、甲氏、留吁、铎辰。《左传》）。白狄
（鲜虞、肥、鼓。《左传》）。林胡（《战国策》）。楼烦（同上）。
义渠（同上）。瓯越（《史记》）。闽越（同上）。南越（同上）。

上所列举者殊未备，但古代民族之散布于今十八省内者略可
睹矣。试以春秋中叶（公历前六世纪）为立脚点，观察当时民族
分布之形势，大略可分为以下之八组：

第一，诸夏组。以河南、山东两省为根据地，直隶、山西、
陕西、湖北之一部分为属焉。

第二，荆吴组。群舒属焉，以湖北及江苏、安徽之一部分为
根据地。

第三，东夷组。其别为嵎夷、莱夷、岛夷、淮夷、徐戎等，
山东濒海半岛及安徽、江苏之淮河流域，皆其势力范围。

第四，苗蛮组。苗、黎、蛮、卢、濮等皆属焉，湖南、江
西、广西、贵州、云南等省，其所出没也。

第五，百越组。其别为东越、瓯越、闽越、南越等，浙江、
福建、广东等省为其势力范围。

第六，氐羌组。巴、庸、蜀及骊戎、阴戎等皆属焉，四川、
甘肃及陕西之一部为其势力范围。

第七，群狄组。即匈奴之前身，其异名有鬼方、獯鬻、玁

狁、昆夷等，其种别有赤狄、白狄、长狄等，山西、直隶之大部分为所蟠踞，且蹂躏及河南、山东。

第八，群貊组。即东胡之前身，其异名有山戎、北戎等，辽东及直隶北部为其势力范围。

此八组者，第二、第三、第五组之全部分及第四、第六、第八组之大部分，今已完全消纳于中华民族。然在当时，殆各有其特性以示异于我，惜史料缺乏，无从举证，惟亦尚有一二可考见者。

一、服饰。《左传》记："辛有适伊川，见被发而祭于野者，曰：'不及百年，此其戎乎！'"《论语》记孔子之言，曰："微管仲，吾其被发左衽矣。"可以推定西北群狄之俗，殆皆被发，《史记》吴、越《世家》皆有"断发文身"语，可以推定东南濒海之族多断发。《史记·西南夷传》称："自滇以北皆魋结，其外嶲、昆明，皆编发。"可以推定西南羌蛮或盘发或编发。是故对于我中华冠笄民族，得名彼等曰被发民族，断发民族，椎发民族，编发民族。

二、言语。各组各有其言语，殆事理所当然。《左传》记戎子驹支云："我诸戎衣服饮食，不与华同，言语不通。"驹支为陆浑戎，所居在今河南嵩县，然犹未用华语。《左传》又记介葛卢朝鲁，待译而通，介国在今胶州，而与曲阜之人不同言语，《孟子》斥楚之许行为"南蛮鴃舌之人"，是武昌、襄阳一带土语，中原人便不了解。凡此皆足为各组语言不统一之证。惜其语今皆僵灭（除苗、蛮、羌犹存一部分外），末由考察。但据楚、吴、越、狄之人名、地名，如熊渠、执疵、熊挚红、寿梦、阖庐、夫差、句践、斗谷於菟、皋落、廧咎如等等，似各组中多复音语系，与诸夏之纯用单音语者不同也。

三、宗教。各组各有其宗教，亦意中事，惜今无可博考。据《国语》称"九黎民神杂糅"，《书·甘誓》称"有扈氏威侮五行，怠弃三正"，皆足为古代我族与他族争教之一种暗示。《左传》记东夷有"用人于社"之恶俗，秦《诅楚文》所质证之大神，有巫咸、亚驼等怪名。直至战国时，楚人犹以特信巫鬼闻。似当时各族大抵迷信多神，与敬天尊祖之诸夏民族带一神教色影者，颇有异也。

以上不过杂举吾记忆及感想所及，非惟不完备，且未敢自信为定说，特藉此以表示古代彼我殊风之一概念而已。以种种殊异之诸组，何以能渐次抟揉为一？其经过之迹何如？所操之术何如？当以次论之。

五

混诸组以成一大民族，皆诸夏同化力为之也，故当先述能为同化主体之诸夏组。诸夏组者，当神话时代，有多数文化相近之部落，已常为互助的接触。至舜禹时，民族意识确立，始渐为联邦式结合，历夏、商两代八九百年，民族的基础益趋巩固。周创封建制度，更施一番锤炼组织。其制度一面承认固有之部落，使在王室名义的支配之下，各行其统治权；一面广封宗亲功臣，与之参错，既钳制其跋扈，亦使各得机会以受吾族文化之熏染。此制度行之极有效。春秋以降，文化遂为各地方的分化发展。晋、齐、燕皆立国于夷狄势力范围内，以多年奋斗之结果，成为泱泱大部。鲁、卫、宋、郑以文化最高之国，尽媒介传达之责任。秦、楚、吴、越皆当时半开化之族，因欲与诸夏强国——齐、鲁等——对抗之故，不能不求得诸夏小国之同情，于是努力自进以同化于我。故在春秋初期，诸夏所支配地，惟有今河南、山东两全省（其中仍有异族），及山西、陕西、湖北、直隶之各一小部分。及其末期，除此六省已完全归属外，益以江苏、安徽二省及浙江省之半，江西省之小部分。及战国末年，则除云南、广东、福建三省外，中国本部皆为诸夏势力范围矣。其次第化合情形，须与下文所述各组之史迹相对照乃能明之。

次论东夷组。东夷自昔有九夷之名，种类盖甚复杂，在春秋前后最著者曰莱夷、曰淮夷、曰徐戎。

莱夷。在山东环海半岛登、莱、青一带地，不知其所自来，以情理度之，或自海外漂流而至也。《史记》称齐太公初封营丘，而莱夷来与争国，则当周初时其族似颇强盛，其国以襄六年灭于齐。然《左传》记孔子相礼于夹谷之会，而齐人欲以莱夷劫盟，是其族至春秋末犹在。但齐之名相管仲即莱人，可知此数百年间，藉齐国文化之权威，莱夷已次第同化，至战国时遂无复痕迹。

淮夷。淮夷始见《禹贡》，知其与我族接触甚早。周初尝侵暴，鲁公伯禽讨之，《书·费誓》所谓"淮夷徐戎并兴"是也。此后渐以臣服，故《诗·江汉》（周宣王时）美之曰："淮夷来求。"《閟宫》（鲁僖公时）美之曰："淮夷来同。"虽然，此族至春秋时犹未尽同化，《春秋》于僖十四年记其"病杞"，于昭四年记其"随楚伐吴"，则依然为诸夏以外独立之一族甚明。

徐戎。东部之民，以徐泗间人为最勇悍，至今犹然。故他族皆曰夷，独此族以戎目之。此族初见于经，即前文所引之《费誓》，似是与淮夷相结作难，盖其地本毗连也。至周穆王时而徐偃王极强，旧史谓臣服者三十六国，夷狄称王，自彼始焉（《史记·周本纪》《后汉书·东夷传》）。宣王时大举伐之，《江汉》《常武》两诗，皆歌颂其绩，细绎诗文，似是用淮夷以克徐戎也，故曰："率彼淮浦，省此徐土。"又曰："如雷如霆，徐方震惊。"又曰："四方既平，徐方来庭。"其记述郑重若是，知为当时一大事矣。此后徐戎侵暴不见于史，惟徐国春秋时尚存，昭十三年乃灭于吴。徐戎强于淮、莱，而衰亡亦较速者，殆以逼近诸夏，不如边远者之能苟延也。

诸夏在黄河下游植基已千余年，在理宜沿海滨南下，直开发长江流域。然而迟之又久者，殆由淮夷、徐戎居中为之梗。所以如此者，或缘淮域一带，湿量过重，夏期酷热，非古代诸夏所克堪，惟土著之民习焉，而其人又悍不易驯，故江、河两带之联属久愆其期也。

大抵东夷当西周时颇为诸夏所患苦，春秋时已渐衰熄，然种别尚存。《论语》记孔子欲居九夷，曰："君子居之，何陋之有？"有夷可居而俗以陋闻，即春秋末诸夷尚未同化之明证也。《后汉书·东夷传》云："秦并六国，其淮、泗夷皆散居为民户。"故自汉以后，此一带无复夷之名矣。

复次论荆吴组。春秋时，楚吴两国本与诸夏为异族，无待说明。两国是否为亲近之族，其族何自出，苦难确考。近世治西南人种学者，或疑楚与今摆夷有系属，既未能举出铁证，只得阙疑。《诗·殷武》云："奋伐荆、楚，采入其阻。"知商时此族已与诸夏对抗，其势力不可侮。春秋之楚国，自言其始封祖鬻熊为文王师，吾侪只能以神话观之。管仲责楚人以"昭王南征而不复"，语见《左传》，当是当时一事实，可见周初时楚已甚强。然而彼之君长屡宣言："我蛮夷也。"（见第一节）是其别有一种民族意识之证据。然则彼此后何故能与诸夏化合为一耶？彼因势力发展之结果，蚕食诸夏，所谓："汉阳诸姬，楚实尽之。"

（《左传》文）诸夏文化，本高于彼，彼欲统治其所灭之国，遂不得不自进而与之同化。楚人之"用夏变夷"，其最大动机当在是。此后鲜卑、女真、满洲之对我，皆以征服为归化，其先例实自楚开之。春秋中叶以降，楚与晋"狎主夏盟"，自此遂成为中华民族之一主要成分。

《诗·閟宫》称："荆舒是惩。"舒与荆并举，当亦为古代一大族。《左传》有"群舒"之称，其所建国有舒蓼、舒庸、舒鸠，在今安徽庐、凤一带，后皆见灭于楚。此族盖介于荆与淮夷之间，春秋时已同化终了。

吴俗断发文身，其族系与楚较近，抑与越较近，尚难断定。旧史称其开国之祖为泰伯，虽带半神话的性质，吾辈亦无反证以否认之。果尔，则不能不谓诸夏豪杰以有意识的行动谋开发此地。虽然，自泰伯至春秋中叶五百余年，吴地实在诸夏文化圈外为独立的发展，后此之加入诸夏，实受楚之影响，且与楚同遵一途径也。

复次论苗蛮组。苗蛮族种类甚夥，今在滇、黔、桂诸省者，细别之不下数十族。经学者研究之结果，区为三大系：曰苗，曰摆夷，曰猓猡（猓猡与羌同族）。古代有"三苗"之称，是否即用此分类，无从悬断。此族来自何地，无可考。惟现在尚有安南、暹逻、缅甸三国，代表彼族之三派，而皆在南服，或者彼族竟来自马来群岛，亦未可知。此族中有一别派号为槃瓠种，学者或以为即"盘古"之异文，然则彼辈或即为此地最初之土著，我族神话，有多数与彼混杂，亦未可知。境内诸异族中，惟此组与我族交涉最早，而运命亦最长。据汉儒说，黄帝所讨伐之蚩尤，即苗首长（郑玄、韦昭等说），此属神话性质，且勿深考。但据《书·尧典》《皋陶谟》《禹贡》《吕刑》，皆言苗事至再至三，则在古代为我一劲敌可想。《尧典》称"分背三苗"，又称"窜三苗"，《吕刑》称"遏绝苗民"，大抵当尧、舜、禹之际，苗族已侵入我族之根据地，故以攘斥之为唯一大业。《淮南子》称："舜南征三苗，道死苍梧。"虽袭神话，亦当日时局一种暗示也，经累代放逐之后，其族愈窜而愈南。《韩非子》云："三苗之不服者，衡山在南，岷山在北，左洞庭之陂，右彭蠡之水。"其后此根据地所在，略可推见。至春秋时谓之蛮——以其种类杂多，谓之群蛮，其别种谓之濮——亦以其种类杂多，谓之百濮，以现存诸族比推之，蛮殆即苗，濮则摆夷或猓猓也。春秋时，蛮役属于楚，然亦屡叛（《左传》桓十三年、文十六年），濮似颇为楚患，楚尝作舟师以伐之（《左传》文十六年、昭十九年。杜预谓濮夷在建宁郡，晋之建宁在今云南境，春秋时楚之势力似所未及）。战国时，楚吴起南并蛮越，遂有洞庭、苍梧之地（今湖南、广西），秦昭王将伐楚，先略取蛮夷，置黔中郡（今湖南及贵州之一部），其后汉武帝通西南夷，蜀诸葛亮奠定南中四郡，此组之根据地，始渐为我有。然对于其人，羁縻而已。故二千年间，叛服靡常，至唐时遂有南诏蒙氏之独立，复蜕为段氏之大理。至元代乃复合于中国，经过情节，当于次节别论之。我族对于此组，素持轻蔑排斥的态度，吸收其成分，视他族为较少，故至今遗种尚存。然亦有数种途径，使其大部分渐次同化于我：

其一，寇暴内地，留而不归，后遂散为齐民。例如五胡乱时，诸蛮北迁，陆浑以南，满于山谷。后周平梁、益，自尔遂同华人（《通典》文）。

其二，华人投入其族，抚有其众，因率以内附。例如桓玄败后，其子诞亡入蛮中，为太阳蛮首，率八万余落附魏，诞子叔兴，复招慰万余户，请置郡十六，县五十（《魏书》文）。

其三，略卖为奴婢，渐孳殖成编氓。"僰僮"见《史记·货殖传》，"獠奴"见杜诗，足证汉唐以来，此族奴婢，久成一种货品，如黑奴孳殖于美，浸假遂成为美国国民之一部也。

其四，历代用兵征服，强迫同化。自汉以来，代有斯举，前清两次"改土归流"，尤为风行雷厉，苗蛮之变为汉族，大部分皆循此途。

要之，湘、桂、滇、黔四省之中华民族，其混有苗蛮组之血者，恐什而八九，远者或混化在千年以前，近者或直至现代犹未蜕其旧。此组历史上之著姓，其在苗，则舒氏、彭氏、田氏、向氏；其在摆夷，则蒙氏、孟氏、依氏、岑氏、段氏、冼氏；其在猓猡，则禄氏、安氏、白氏、龙氏、沙氏。至今犹有袭土司不替者。咸同间中兴悍将之田兴恕，即苗族豪宗；前清总督民国南政府总裁之岑春煊，即摆夷阀胄；洪宪亲王之龙济光，即猓猡巨室。俯拾举例，他可推矣。

复次论百越组。此组类亦甚繁，其著见于史者，曰越、曰瓯越、曰闽越、曰南越、曰山越。从人种上观察，百越与群蛮，可云同系，故或亦合称苗越。

越。越王句践自称夏少康之后，不必深考。要之，彼在春秋时尚断发文身，画然与诸夏殊风，无可疑者。其同化于诸夏，大抵与吴、楚同一途径，霸诸夏故为诸夏所化也。战国以后，已无复异族痕迹。

瓯越及闽越。两名似皆始见于《史记》，其君长云是句践之后。闽本人种名，非地名（《说文》："闽越，蛇种也。"）。汉初瓯、闽为两国，常相攻。武帝建元三年，"东瓯请举国徙中国，乃悉举众来处江淮之间。"（《史记·东夷传》文）元封元年，"天子曰：'东越狭，多阻；闽越悍，数反覆。'诏军吏皆将其民徙处江淮间，越地遂虚。"（同上）据此，则后此江淮间人，混合所谓"蛇种血"者必甚多，而浙东及福建各处，旧种已虚，继居其地者，是否仍昔时之闽族，亦成疑问。吾侪研究中华民族，最难解者无过福建人。其骨骼、肤色，似皆与诸夏有异，然与荆、吴、苗、蛮、氐、羌诸组亦都不类。今之闽人，率不自承为土著，谓皆五代时从王审知来，故有"八姓从王"之口碑。闽人多来自中原，吾侪亦承认，但必经与土人杂婚之结果，乃成今日之闽人。学者或以其濒海之故，疑为一系之阿利安人自海外漂来者，既无佐证，吾殊无从妄赞，但福建之中华民族，含有极瑰异之成分，则吾不惮昌言也（浙之温、处两州人亦然）。

南越。广东在汉称南越，其土著盖杂摆夷。当在六朝时，冼氏以巨阀霸粤垂二百年。冼，摆夷著姓也，然累代江淮人及中原人移殖者不少。番禺古城，相传为越灭吴时，吴遗民流亡入粤者所建，楚灭越时，越遗民亦有至者（《羊城古钞》所记，其出处待检）。其最重要之一役，则秦始皇开五岭，发谪戍四十万人，随带妇女（《史记》），实为有计画的殖民事业。盖粤人之成分，早已复杂矣。汉武平南越后，亦数次徙其民于江淮，则江淮间人，又含有南越成分也。今粤人亦无自承为土著者，各家族谱，什九皆言来自宋时，而其始迁祖皆居南雄珠玑巷，究含有何种神话，举粤人竟无知者。要之，广东之中华民族，为诸夏与摆夷混血，殆无疑义。尚有蛋族，昔居丛箐间（忘记出何字书，似是《说文新附》），迄未全同化，今已被迫逐作舟居，然亦未澌灭，粤人名之曰"蛋家"，不与通婚。琼崖间有黎人，是否古代九黎之后，不可考。

山越。在今江苏、安徽一带，汉以前无闻，吴孙权时始讨之，凡十余年乃平。最诡异者，黄武五年，大秦（罗马）贾人秦伦至交趾，送诣权，权以所获黟、歙短人男女各十人送伦（《梁书·海南传》）。学者考推此短人当为山越，此真境内怪族之一矣。自尔以后，此族遂不复见，不审有无一部分同化于我。

复次论氐羌组。此组与我族交涉亦甚古，《商颂》称："昔有成汤，自彼氐羌，莫敢不来享，莫敢不来王。"是商时已在羁縻之列。《书·牧誓》记从武王伐纣者，有庸、蜀、羌、髳、微、卢、彭、濮人，武王誓师发端语曰："逖矣，西土之人。"此诸族中，或杂苗蛮，然要以氐羌为多。西土本周发祥地，而氐羌实最初翼从有功者，彼辈或有一部分从周师以入居中原，恐在所不免。此组种类繁多，其同化于诸夏之年代，亦先后悬绝，今略考其所属之各系。

一、秦系。秦人虽自称出颛顼，而《史记》已称："其子孙或在中国，或在夷狄。"秦之先即所谓在夷狄者也，其最少必有一部分氐羌混血，盖无可疑。但所居为宗周故都，又与晋比邻，世为婚姻，故其同化甚早。春秋中叶，已为中华民族主要成分，其后遂统一全国。

二、巴庸系。庸为《牧誓》中"西土"诸国之首，在商周间殆纯为异族。春秋时有庸国，在今湖北竹山县，文十六年楚人、秦人、巴人共灭之。巴在今四川重庆，巴为食象蛇，诸夏以名其族，殆如目闽人以蛇种，其名凡三见于《春秋传》（桓九、庄十八、文十六），皆与楚有连，战国时灭于秦。此系当为本组中同化之次早者。然至汉时，巴人中一部分尚为独立民族，《后汉书·南蛮传》所谓廪君种，即其人也，亦称为"巴梁间诸巴"。光武时曾反叛，刘尚讨之，徙其种人七千余口置江夏界中，其后名为沔中蛮。和帝时巫蛮复反，讨平后亦徙江夏。然则今武汉一带，杂巴种多矣。五胡时，巴酋李特，遂据有全蜀，然自此以后，巴人竟全化于诸夏。

三、蜀系。古代神话，称黄帝子昌意娶蜀山氏之女生高阳。此是否与后此蜀人有连，不可深考。《牧誓》西土之人，蜀居其一，然其名竟不见于《春秋》。《华阳国志》记蜀之先有蚕丛、鱼凫、杜宇诸帝，纯为别系神话，与诸夏殊源。战国时，秦司马错灭蜀，徙秦民万家实之（周赧元年，314B. C.）。蜀人被诸夏之化，盖自此始。秦伐楚，汉定中原，皆发蜀卒，计蜀人以从车入内地流寓同化者当不少。然汉高王巴、蜀、汉中时，南中犹弗宾（《华阳国志》文）。孝文末年（163—157B. C.），文翁为蜀守，垦田兴学，纯然华风矣。右庸、巴、蜀一带，皆春秋时所谓西戎，其土著之民，皆属氐羌组。秦汉以后，以次加入诸夏，其余众则为后此之狭义的氐羌族。

四、狭义的羌系。羌种类繁多，见于史者盖以百计。大约当春秋战国时，种落尝布于秦陇。及秦之强，畏威西徙，其根据地移于甘肃嘉峪关外诸地及青海。汉景帝时，有研种者入居兰州一带（《后汉书·西羌传》："景帝时，研种留河率种人求守陇西塞，于是徙之于狄道、安故，至临洮，氐、羌道县。"）。宣帝时，先零种复度大通河而东（同《传》："宣帝时，先零种豪言，愿得度湟水，逐人所不田处，以为畜牧。赵充国以为不可听，后因缘前言，遂度湟水，郡县不能禁。"），未几先零遂为寇虐，赵充国击败之，置金城属国（今兰山道境），处降羌三万余人。东汉初，复两次徙置（建武十一年，马援破羌降之，徙置天水、陇西、扶风三郡。见《援传》。永平初，窦固击羌降之，徙七千口置三辅。见《固传》），及顺、桓、灵间，遂大为寇钞，劳师三十余年，所费三百六十余亿。厥祸与汉相终始，中间虽屡被斩刈，余种犹盛。晋江统《徙戎论》谓："关中之人百万余口，率其少多，戎狄居半。"其人大抵皆羌族也。其后大酋姚弋仲用之，建设所谓姚秦朝者，自是关中群羌，侪于诸夏矣。

余羌散居青海、新疆一带者，尚无虑百十种，其著者曰葱茈羌，曰婼羌，曰宕昌羌，曰邓至羌，曰党项羌。党项羌最晚起而最强，唐初渐统一诸部为中国保塞。其后遂奄有甘肃全境，西役属新疆，东割陕西之徼，以建设西夏国，历二百五十年，其末叶遂纯与诸夏同化。《宋史》称："其设官之制，多与宋同，朝贺之仪，杂用唐宋，而乐之器与曲则唐也。"又记其："建国学设弟子员三千，尊孔子为帝。"盖今日秦陇一带之中华民族，其含有姚秦及西夏之成分者，殆什而八九也。

此外群羌，散在陇右及川边迄未同化者尚多，《元》《明》史之四川土司，乃至现在青海、新疆、川边之"番子"，皆其遗种也。

五、狭义的氐系。殷商来享之氐，曾居何地，是否即与后此所谓氐者同族，今皆难确指。《史记·西南夷传》："自蜀以西，冉駹（今茂县）以东北，君长以什数，皆氐类也。"则汉初氐族，殆散居今四川西川道之全境。自汉开益州，置武都郡（甘肃今县），排其人种，分窜山谷间，或在福禄（今甘肃酒泉），或在沔、陇（今陕西沔阳、陇县。鱼豢《魏略·西戎传》文），其俗语不与中国及羌胡同，各自有姓，如中国之姓，因与中国错居，故多知中国语（《文献通考·四裔考》文），而其根据地则在仇池（今武都县西北）。魏武帝徙武都诸氐于秦川以御蜀，氐人居关中自此始。其前杨氏、齐氏，汉晋间屡构乱。五胡时，苻坚以氐酋统一中原，文物之盛，为诸胡最。自尔，诸氐什九为诸夏矣。坚败后，仇池余种仍崛强，六朝时杨氏、苻氏之氐乱，间见于史，唐以后无闻。

六、狭义的氐羌族之最初入中国者。前两条所言之氐羌，皆汉以后逐渐同化者，其最初来者，当为春秋时之姜戎——亦称阴戎，或陆浑之戎，或九州之戎。《左传》记周詹桓公责晋人之言："允姓之奸，居于瓜州，伯父惠公归自秦，而诱以来。……戎有中国，谁之咎也？"（昭九年）又记晋范宣子数戎子驹支于朝，谓："昔秦人迫逐乃祖吾离于瓜州，我先君惠公有不腆之田，与女剖分而食之。"（襄十四年）瓜州即今敦煌，在玉门关外，为甘肃极西境。吾离为秦所迫逐，乃西徙此地，则其始似居于今陕西境，其入中国在僖二十二年，《传》所谓秦晋迁陆浑之戎于伊川也。伊川，今洛阳，实当时诸夏腹地。秦晋合力从数千里外之甘肃边境，徙此族于王畿所在之河南，未审其目的何在。然徙异族入居内地之政略——汉以后所习行者，实则以此役为作俑。故当认为历史上一大事，此族尝从晋伐秦师于崤，至昭十七年遂灭于晋。然戎子驹支在朝会时赋《青蝇》之诗，知其渐染文化已深矣。西徙诸族同化最早者，当推此系，盖尚在巴、蜀前也。

七、徼外之氐羌。秦、陇、巴、蜀间诸氐羌，至隋唐时同化殆尽。然其余种蟠踞今四川松潘迄雅安一带者尚千余年，《明史》所记四川诸土司是也，至清代犹有大小金川之役。今其人多屏居川边特别区，迄未尽同化。

氐羌组在历史上曾建设四大国：一曰汉时之月氏，似与春秋之阴戎同系，本居敦煌，为匈奴所迫西徙，度葱岭，曾征服中亚细亚及印度，惟与中国交涉甚少；二曰六朝时之吐谷浑，国主虽为鲜卑人，其所统部皆氐羌族，唐时灭于吐蕃，其地即今之青海也；三曰唐时之吐蕃，当其全盛时，东向与中国为敌国，在今则为我藩属之西藏。四曰宋时之西夏，即前文所谓党项羌之遗胤，元以后全入中国。

复次论群狄组。春秋时之群狄，皆西北民族内侵者，大抵匈奴种最多，鲜卑及他种似亦已有，其种别有赤狄、白狄、长狄，有时亦谓之戎。今略推定其与后此北徼诸族之关系，而考其部分同化之迹。

一、匈奴。匈奴与我族交涉最早最密且最久，古代所谓獯鬻（亦作薰鬻、荤粥）、獫狁（亦作猃狁、严允、严狁）、鬼方（亦作鬼戎）、昆夷（亦作昆戎、混戎、绲戎）、犬戎（亦作畎夷），皆同族异名（今人王国维著有《鬼方昆夷獫狁考》，在"雪堂丛刻"中，考证最精核）。《史记·五帝本纪》称"黄帝北逐荤粥，合符釜山"，是否征信，今难确考。《易》爻辞："高宗伐鬼方，三年克之。"（1300B. C.？）是此族在殷时，已劳征戎，周之先，太王居豳（今陕西邠县），为獯鬻所迫，迁于岐（今陕西岐山县，1260B. C.？见《孟子》）。王季伐西落鬼戎，俘二十翟王，见《竹书纪年》。文王初事昆夷，后駾昆夷，见《孟子》及《诗经》（《诗·绵》"混夷駾矣，唯其喙矣"，言混夷畏周之强而惊走也）。武王放逐戎夷于泾洛之北（1134B. C. 以后），穆王伐畎戎，取其五王，遂迁戎于太原（今甘肃庆阳县，1001—909B. C.）。见《史记》。而宣王（827—782B. C.）以伐獫狁之绩，号为中兴，《诗》之《采薇》《出车》《六月》及金文中之《小盂鼎》《梁伯戈》《虢季子白盘》《不忌敦》等，皆歌颂其功德，然非久至幽王（771B. C.），终有犬戎灭宗周之祸（771B. C.）。综合古籍所纪，大约匈奴当商周五六百年间，久以秦陇一带为根据地，商之末年，已侵入今陕西关中道之西北境。周初兴时，攘斥之，乃西北徙，居于今陕西之榆林道及甘肃之泾原道，所谓泾洛以北也。及周中衰，此族渐次内侵，宣王时獫狁"侵镐及方，至于泾阳"，《不忌敦》又言"伐之于高陵"，泾阳、高陵皆今县，在长安之东，已到河、渭合流处。

盖宗周西、北、东三面，皆在玁狁包围中矣，宣王迫伐之至太原（《诗》："薄伐玁狁，至于太原。"薄，迫也。太原即庆阳，非今山西省会），彼族乃稍戢威暴，蜷伏陇西。迨幽王时，遂入居泾渭间，夺取周故京，而周乃东迁洛阳以避之。

入春秋后，我族则称彼为"狄"（或作翟），前文所言，不过专指其居于西徼陕甘间之一部分而已。其实彼族自周初，已在北部山西一带占有根据地，周成王以"怀姓九宗"封唐叔于晋（1115—1079B. C.），此九宗即匈奴邦落（说详下）。故晋人自谓："在深山之中，戎狄之与居，王灵不及，拜戎不暇。"（《左传》昭十五年）又曰："狄之广莫，于晋为都。"（庄二十八年）可见今山西一省，当晋霸未兴以前，殆全属狄族势力范围。春秋初期，此族之西方部落（戎）与北方部落（狄）相呼应，诸夏全体皆受其敝：灭邢（今直隶邢台县，庄三十二年）、灭卫（今河南淇县，闵元年）、灭温（今河南温县，僖十年）、伐晋（僖八、十六，宣六、七，成九，定三，哀元年）、伐卫（卫为狄灭，迁于楚丘，今河南滑县，此所伐者，楚丘之卫也。僖十三、十六、二十一、三十一，文十三年）、伐郑（今河南郑州，僖十四、二十四年）、侵齐（僖三十、三十三，文四、九、十一，宣三、四年）、侵鲁（文七年）、侵宋（文十年），甚至两次破残京师（僖十一、二十四年）。诸夏根据地之河南、山东，几于无岁无戎狄之难，其猖獗可想。当时为诸夏捍患者，前有齐，后有晋，吾侪试将史迹比次研究，方知桓、文霸业之足贵，方知孔子曷为称："微管仲，吾其被发左衽。"

此族部落名称见经传者，赤狄有东山皋落氏（今山西垣曲县），有廧咎如（今地难确指），有潞氏（今山西潞城至直隶永年，皆潞氏辖境），有甲氏（今直隶鸡泽），有留吁（今山西屯留），有铎辰（今潞安附近）；白狄有鲜虞，有肥，有鼓（今直隶保定道全境及大名道北部，皆白狄辖境）。此皆积年出没于北徼，故谓之狄；其商周以来居西徼久为边患者，则谓之戎；实则皆与后此所谓匈奴者同族也。晋自文公称霸以后，未尝一灭诸夏之国，然及春秋末年，晋之领土，占当时所谓中国者之半。盖因彼百余年间，尽灭群狄，凡狄地及狄人所掠诸夏之地，皆入于晋也。同时秦人亦向西部发展，一面服属西南诸羌，一面攘斥西北诸戎。此族始不复能逞志于内地，然犹散布于西北徼。《史记·匈奴传》所谓"自陇以西有绵诸、绲戎、翟豲之戎，岐、梁山、泾、漆之北，有义渠（今甘肃庆阳）、大荔（陕西今县）、乌氏朐衍之戎，而晋北有林胡（今山西大同东北）、楼烦（今朔州西南）之戎"。盖春秋末，西徼之匈奴，以今甘肃泾原道为根据地，复周武王时之旧观。其最深入一部落，则在潼关以西，长安以东，今之大荔县是也。北徼之匈奴，则屏居雁门关外今朔州、大同一带。逮战国之末，秦赵武功皆极盛，秦灭大荔、义渠，赵灭中山（今直隶正定），各筑长城为塞。今长城所界，西自宁夏，东迄大同，其南殆无复匈奴，商周以来累代为患之獯鬻、玁狁，至此乃告一结束。

此族人与诸夏错居垂千年，其间必有一部分同化于我，此事理之至易推见者。据可信之史料，则此族有姓曰"隗"，而与我族广通婚姻。周襄王有狄后，亦称隗后。晋文公出亡居狄，狄人赠以二女叔隗、季隗，文公娶季隗，以叔隗妻赵衰，生盾，然则后此之赵氏，盖已混狄血之一半。而古金文中之包君鼎、包君盉、郑同媿鼎、芮伯作叔媿鼎、邓公子敦，皆为媿氏作。古器流传至今者如彼其少，而与媿姓有关系者且如此其多，则当时杂婚之盛可想。不宁惟是，据《世本》称陆终取鬼方氏之妹，谓之女嫄（《大戴礼·帝系篇》作女嬇，"鬼""贵"同声，故馈亦通作馈，"女隤"即"女隗"，"女嬇"即"女媿"也）。此虽属神话，抑亦诸夏与诸隗通婚甚早之一暗示矣（《国语·郑语》云："当成周者西有虞、虢、晋、隗。"是隗本为国名，即鬼方之鬼，古文中地名，后世皆加邑旁为识别，其例甚多）。其后秦始皇时，有丞相隗状，汉有隗嚣，魏有隗禧，其籍贯皆在秦陇间，必为春秋时群狄遗种无疑。不宁惟是，晋初封时，所受"怀姓九宗"，据近世学者所推定，"怀""隗"同音，则晋之民族，或最初即以诸隗为主要成分。再考晋文公兄弟所自出，则《左传》所记"大戎狐姬生重耳，小戎子生夷吾，骊戎之骊姬生奚齐"，殆无一不杂异种之血。注家谓小戎即阴戎（氏羌组），大戎即狄，"狐"音与"隗""怀"皆近，则文公母系殆即诸隗，故出亡时处狄十二年，备蒙优待。而舅犯（狐偃）一族在春秋为晋贵阀者，实狄胤也。要之，春秋二百余年中，群狄之次第同化者必不少，而晋实管其枢。今山西、直隶之中华民族，其与匈奴混血，盖在二千五六百年以前矣。

匈奴之部分，化为诸夏，其未化者，经战国秦赵开边之后，远徙塞外，渐次蕃息。至汉而骤强，集合诸部，成一大国，南向与中国争衡，汉武殚国力，从事挞伐，仅乃却之（140—87B.C.）。至宣、成间，匈奴内乱，裂为南北，甘露二年（52B.C.），南匈奴呼韩邪单于遂款塞称臣。其北匈奴至后汉永元三年（88A.C.），为窦宪击攘，越阿尔泰山北遁，至晋武帝宁康二年（374A.C.）卒侵入欧洲，开西方民族大移徙之局。此当于次节别论之。虽当汉与匈奴拒战时，我族吸收匈奴分子计亦不少，其最著者，汉武之托孤大臣金日磾，即匈奴人，而其胤嗣累叶为汉巨阀。南匈奴款塞后，入居西河美稷（今山西汾县、离石一带），历数百年，其种人日日在蜕化之中，然讫未能与我族为一体。晋永兴元年（304A.C.），其酋刘渊倡乱，石勒继之，遂开五胡之局。渊等虽为异族，然渐染中国文化已甚深，即其袭用汉姓，已足为一种暗示。《晋书·渊载记》称其"习《毛诗》、京氏《易》、马氏《尚书》，尤好《春秋左氏传》《孙吴兵法》，略皆诵之，《史》《汉》诸子，无不综览"，盖俨然中国一士大夫矣。其僭位诏令，攀引汉代列祖以自重，尤可发噱。虽出于托名揽望之策略，抑亦可征其"中华的民族意识"早已潜伏也（《渊载记》渊下令云："昔我太祖高皇帝，……廓开大业，孝文皇帝重以明德……孝武皇帝拓土攘夷……是我祖宗道迈三王，功高五帝……我世祖光武皇帝……恢复鸿基……昭烈播越岷蜀……后帝窨辱……宗庙不血食四十年于兹矣……孤今为群公所推，绍修三祖之业……"乃追尊刘禅为孝怀皇帝，立汉高祖以下三祖五宗神主而祭之）。渊、勒之族，既恣虐中夏，卒乃假手冉闵以锄刈之，《石季龙载记》称："闵躬率赵人，诛诸胡羯，无贵贱男女少长皆斩之。……屯据四方者，所在承闵书诛之，于时高鼻多须，至有滥死者。"由此观之，兹役以后，内地之匈奴族殆尽。其有孑遗，亦必冒汉族以求自免矣。

二、东胡。汉初形势，雄据塞外者三大族，正北曰匈奴，东北曰东胡，西北曰月氏。匈奴盛时，破灭两族，月氏自兹西徙，而东胡则后此乘匈奴之敝，代之而兴，其与中华民族之关系最复杂，今当分别论之。

甲、汉以前之东胡。东胡盖居于今京兆、直隶北部及奉天、热河间，其初以名通于中国，则曰北戎。《春秋》于隐九年记其伐郑，桓六年记其伐齐，庄三十年记其病燕，是为此族与中国交涉之始。庄三十一年（664B.C.），齐桓公大败之，自是百年间不见于经传。襄四年（569B.C.）无终子嘉父纳款于晋，请和诸戎，无终为今京兆之昌平，实山戎所建国，盖自齐霸既衰，此族渐自立矣。昭元年（541B.C.）晋荀吴败无终，此后亦不复见，似役属于晋，或一部已同化也。战国燕昭王时（311—279B.C.），破走东胡，却之千余里。此族自是始屏居塞外。

乙、乌桓。汉初，匈奴冒顿灭东胡，余类保乌桓山，在今热河北境之阿噜科尔沁旗，因号乌桓（亦作乌丸）。汉武帝击破匈奴左地，因徙乌桓于上谷（今直隶宣化）、渔阳（今京兆顺义）、右北平（今热河东喀喇沁旗）、辽西（今直隶卢龙）、辽东（今奉天）五郡塞外，为汉侦察匈奴（121B.C.），东胡复与中国接近自此。建武二十二年（46A.C.），乌桓乘匈奴之敝，大败之，始渐猖獗。东汉末叶，屡为寇暴，建安十二年（207A.C.），曹操亲征破之，首虏二十余万人，余众万余落，悉徙居中国为齐民，东胡中之乌桓一派遂消灭。然燕代一带之中华民族，吸收乌桓分子抑已多矣。唐时犹有乌桓遗民，见《旧书·室韦传》，其所居盖在今黑龙江外。

丙、鲜卑。鲜卑之名，始见《楚辞·大招》："小腰秀颈，若鲜卑只。"若《大招》果屈原或景差所作，则此族战国时已通，但恐不足信。诸史为鲜卑立传，始《三国志》及《后汉书》，称为"东胡之支别依鲜卑山者"。据学者所考证，则在今外蒙古以北，俄属伊尔库次克省境，最近赤塔政府所在地也。此族自中世以降，与我族交涉最繁，其最著者为拓跋氏、慕容氏、宇文氏。慕容氏自三国时即已入居辽西，其沐诸夏文化最早。在东方则当五胡时建设前、后、南、北诸燕，在西方则开吐谷浑（青海）。拓跋氏南迁较晚，然创业最强且最久。元魏与南朝中分中国，垂三百年（386—557），孝文迁洛以还（太和十八年，494），用夏变夷，殆底全绩，就中改鲜卑姓为汉姓，尤属促进民族混合之大政策（所改各姓具见《通志·氏族略》。其显著者如拓跋为元，贺鲁为周，贺葛为葛，是娄为高，屈突为屈，叱李为李，高护亦为李，莫卢为卢，拔烈兰为梁，阿史那为史，渴烛浑为朱，破多罗为潘）。盖自魏之中叶，鲜卑的民族意识早已渐灭，纯然自觉为中国人矣。宇文之兴，与慕容相先后，中间经衰落，卒乃承魏之敝，建北周朝。然其官制及公牍，乃悉拟三代，其沉醉华风可想。自余若乞伏秃发，号为"河西鲜卑"，皆五胡时据有凉土，逐渐同化。盖中世诸夏民族之化合，鲜卑人实新加入诸成分中之最重要者也。

丁、契丹。自鲜卑入中原以后，塞外东胡族之代兴者，曰霫，曰库莫奚，曰契丹。契丹初为慕容所破，迁松漠间，实今热河东北部一小部落。魏、齐、隋时屡入贡，间亦寇掠。唐太宗时内附，赐姓李。玄宗时，其酋李怀秀，受朝命为松漠都督，安禄山欲徼边功，出兵伐之，怀秀发兵十万与战，禄山大败，是为契丹倔强之始。唐末藩镇拥兵相攻，契丹益坐大，尽并附近奚、霫诸部。五代时，中原无主，而契丹雄据东北，更国号曰辽，政治颇修明，诸镇咸引以为重，后晋石敬瑭至受彼册立为"儿皇帝"，而燕云十六州遂全入其手。宋有天下，威德不及远，成宋辽对抗之势。宋常纳岁币以保和局，澶渊一役，幸而不辱，时论或称为孤注焉。及金崛兴，卒为所灭。辽自建国后，别制契丹文字，东胡人于汉字外别立文字，自辽始也。其原有部落本甚微弱，部民以汉人或东胡人已同化者为多数，故辽室灭亡以后，契丹族亦不复存在。

戊、渤海及女真。周初有所谓肃慎氏者，尝贡石矢，后世考据家谓其地在今黑龙江，信否无从悬断。至南北朝时，有所谓鞅鞨者始通中国，或译作勿吉。靺鞨有七部，其最著者曰粟末靺鞨、黑水靺鞨，黑水即黑龙江得名。高丽盛强时，诸靺鞨役属之。唐太宗征高丽，黑水靺鞨曾出兵十五万拒战。高宗时李勣破灭高丽，而粟末靺鞨保东牟山，后遂建设渤海国，其国王姓大，传十余世二百余年，其疆域有今之奉天、热河全境及吉林、朝鲜之各一部。其黑水靺鞨，唐开元中来朝，置黑水都督，以其酋任之，赐姓名曰李献诚。五代时，契丹尽取渤海地，其在南者籍契丹号熟女真，其在北者不隶契丹籍号生女真。生女真始终居今黑龙江地，服属契丹，辽全盛时，贡献不绝。北宋中叶，辽政渐衰，而生女真崛起，先灭辽及西夏，改灭宋，建国号曰金。遂占领中原，与南宋对峙垂百年，卒为蒙古所灭。金建国后，亦自制文字，现居庸关之六体字碑，其中一体即女真文也。金人初内侵时，备极残暴，自迁汴后，全同化于中国。

己、满洲。女真之金为蒙古灭后，其在内地者同化于汉人，其在关外者服属于蒙古。明既灭元，势力直拓于东三省。洪武间，分封韩王于开原，宁王于今喀喇沁新城，辽王于广宁、辽河流域，势力巩固。永乐间，更进及黑龙江，汉族势力之奄暨东北，前此所未有也。其女真之见于《明史》者有三：曰建州女真，以今吉林省城为中心；曰海西女真，在松花江下游；曰野人女真，在黑龙江边徼。满洲者，建州女真中之一小部落，与渤海大氏盖同族，在明廷曾受建州都督金事官号。明政既衰，彼乃崛起，先略定吉、黑两省，次奉天，次热、察两特别区。初建国号曰金，后乃改为清，乘明之乱，入主中夏。最近史迹，犹为吾辈所略能记忆，不必多述。当其初期，创制满洲文字，严禁满汉通婚，其他种种设施，所以谋保持其民族性者良厚。然二百余年间，卒由政治上之征服者，变为文化上之被征服者。及其末叶，满洲人已无复能操满语者，其他习俗、思想皆与汉人无异。不待辛亥革命，而此族之消亡，盖已久矣。

综观二千年史迹，外族与我族之关系，以东胡为最频繁，其苦我也最剧，其同化于我也亦最完。前有鲜卑，后有女真，皆数度入主中原，且享祚较永，殆由彼我民族性较接近，易相了解，不期而若螟蛉之有果蠃也。由今观之，过去侵暴，已成陈迹，东胡民族全部变为中华民族之成分，吾侪但感觉吾族扩大之足为庆幸云尔。

三、杂胡。"胡"以匈奴族之自称得名，因此凡塞北诸族，皆被以胡号。其在最初与匈奴对峙者，惟古代之山戎，故命曰东胡。匈奴西徙之后，复有与彼类似之族出现，其族大率抚有匈奴之旧部，而与匈奴不同系，我族因统名之曰杂胡。诸史所谓杂胡，除蒙古外，大抵皆突厥民族，与匈奴同干别支者也。其主要者，曰柔然，曰突厥，曰回纥。

甲、柔然（蠕蠕）。匈奴西徙后，鲜卑南下，居其故地，鲜卑入主中原，而柔然受之，柔然之后为突厥，突厥之后为回纥，回纥之后小部落割据，逮蒙古起而统一之。千余年间，今外蒙古一带统治权之递嬗，大略如是。据《魏史》所述，柔然之先，本拓跋家奴也。当其盛时，辖境西抵焉耆，东及朝鲜，北则渡沙漠、穷瀚海，壤宇埒冒顿，南向与魏争衡。魏筑长城，距柔然也。柔然猖獗垂二百年。其后突厥骤兴，而高车复乘其后，至北周与突厥连和，柔然败残之余，率千余落奔关中，周文帝徇突厥之请，收柔然主以下三千余人斩之，妇稚配为奴隶，此族遂尽。柔然兴亡皆暂，于我民族之化合，影响盖细。

乙、突厥。突厥，今之土耳其民族也。旧史称为平凉杂胡，匈奴别种，在汉时为丁零，南北朝之初为高车，亦称铁勒。盖居于俄属贝加尔湖之东部，逐渐蕃育南下，初臣服柔然，后灭之，奄有其地，至北朝季而极强，齐周争与和亲。隋末之乱，外则契丹、室韦、吐谷浑、高昌皆役属之，内则群雄割据者皆依彼为重。唐高祖亦其一也。及唐太宗大破之，俘其可汗颉利，即高祖所尝臣事者也。颉利亡后，其部众或走薛延陀，或入西域。而来归者尚十余万，拓塞内地，自朔州（今山西朔县）、属灵州（今甘肃灵县）以处其人，置两都督统之。其后群臣多言处突厥于中国非是，乃封颉利族子思摩为可汗，赐姓李，悉徙突厥，还故地。高宗席太宗之业，国威最盛，置瀚海、云中两都护府，分领漠北、漠南诸胡，凡三十年，北方无戎马警。及玄宗时，突厥内乱，其国遂为回纥所有。突厥兴自西魏大统间，亡于唐开元间（535—735），有国凡二百年。

突厥之一部，自南北朝时分为西突厥。西突厥极强时，跨有葱岭东西，其极西与波斯为界。今欧人称俄属西伯利亚之西南一隅为土耳其斯坦，称我新疆全境为东土耳其斯坦，盖从当时西突厥领土得名。唐高宗时灭之，裂其地为州县，统以安西都护府。安西都护府不常所治，最远时曾建置于怛逻私城，即今西伯利亚铁路最终点之浩罕一带地也。西突厥经唐膺惩后，逐渐西徙，九、十、十一、十三世纪间，侵入印度、波斯，遂定居于小亚西亚，更进而居东罗马故都之君士但丁堡，中间与他种混杂，且缘地理上之影响变化，遂形成今日之土耳其民族。

突厥一别部曰沙陀，始附东突厥，继附西突厥，西突厥亡，沙陀内属。安史乱时，先后附回纥、吐蕃，继为吐蕃所破，悉部落归唐，唐赐其酋姓名曰李国昌，命为大同军使，唐末据有今山西全境。黄巢陷京师，国昌子克用屡破之，与巢部将朱温相持，后卒灭朱温，称帝汴京，建国号曰后唐。突厥民族曾入主中原者惟此一支，然历时甚暂，享祚亦短。

丙、回纥。回纥亦高车之一部。隋时始闻，初臣附突厥。唐武后时，突厥衰，而回纥已尽并东北诸部落，乘虚西侵，尽得古匈奴故地。安史之乱，助唐复两京，恃功而骄，部众麇集长安，白昼杀人市中，有司莫敢问。河北数千里，皆受其荼毒。至唐文宗时，为黠戛斯所灭，余众居新疆碛西地。

要而论之，隋唐四五百年间，东胡族甚微不振，其先后纵横于塞北者，若突厥，若回纥，若薛延陀，皆土耳其族，与古匈奴血缘相近。今中华民国五大民族之一——甘肃、新疆一带之回族，皆其胤也。此族始终未尝一度为中国之主权者（沙陀突厥短时间割据，可不必计），其受诸夏民族之同化亦较少。然唐代将帅亦颇有其种人。

丁、蒙古。蒙古于诸族中最后起，颇难确指其所出。旧史多指为铁勒部落之一，然铁勒为土耳其族，衍为今日之回族，渊源历历可征。蒙之与回，分野显然，混为一谈，必无合矣。蒙古名始见于《旧唐书·室韦传》，称室韦部落至众，有蒙兀室韦者，北傍望建河，河即今之黑龙江也。室韦为东胡别部，故蒙古亦可谓为东胡。但起自极北，其文北在鲜卑、女真诸族下，其所统部众，又经千余年间之混合——塞北诸地，累代为匈奴、鲜卑、突厥、回纥等所嬗居，包含异分子甚多。故欧西学者，往往以蒙古族与东胡、突厥鼎峙而三，实则其酋盖别部东胡，其民则东胡、突厥之混种耳。蒙古浡兴后，据中国为中心，以武力统一欧、亚两洲，建设空前绝后之大帝国，其史迹范围甚广，非此所宜喋述。其族颇倔强，不甚受同化，故其帝国瓦解后，仍保持其民族性，居漠南北故地，至今为中华民国五族之一焉。

四、其他诸异族。

甲、乌孙。我国历史上有一最怪异之民族，曰乌孙，不知其所自来，惟知其族当汉初时居今新疆伊犁河两岸。《汉书·西域传》"乌孙"条下，颜师古注云："胡人，青眼赤须，状类狝猴。"盖其容貌与当时诸胡皆迥别。六朝时乌孙为蠕蠕所侵，其一部徙居葱岭中，为五识匿国，亦名达摩识铁帝。《新唐书·西域传》谓："五识匿人碧瞳。"《大唐西域记》谓"达摩识铁帝国民眼多碧绿"是也。其一部徙居唐努乌梁海间，在唐曰黠戛斯，《唐书·回纥传》谓"黠戛斯人长大，赤发，皙面，绿瞳"是也。黠戛斯为古坚昆地，汉时匈奴封李陵为右贤王驻此。唐景龙中，黠戛斯入贡，中宗劳使者曰："尔国与我同宗，非他部比。"据此，则源出西凉李暠之唐家，似与此族有系属，其同化程度，不知何若也。

乙、塞种。两汉《西域传》屡见塞种之名，注家不知其所指，经近世学者所考证，则塞人即希腊人，殆成定论。此种东方根据地为大夏，在葱岭北西麓，即亚历山大王部将所建设之柏忒里亚国，月氏西徙时灭之。其种人沿葱岭南下入印度，内中一小部分，度岭而东，居乌孙旧地，故《魏书》谓乌孙人杂塞种及月氏种。是今伊犁一带，混希腊血之民当不少也。要之，今新疆境内，民族至复杂，西比利亚及中亚细亚各族皆混焉，而远在欧洲之希腊人，亦其成分之一也。

丙、波斯、阿刺伯、犹太。九世纪时，阿刺伯人所著《旅华见闻录》，称唐末黄巢之陷广州，屠杀外国人十二万，波斯、阿刺伯、希腊人皆有。被杀者数且如此，则广州外国侨民之众可想。唐以来沿海诸地置市舶司，职如今之海关，专司外人互市，其久留不归者，谓之蕃户。蕃户经数代后，往往纯同化于我。宋末有蒲寿庚者，其先本广州之大食蕃户（即阿刺伯），世袭明州

（今福州）市舶司，以富倾动一时。南宋之亡，宋遗臣曾依之以谋匡复，寿庚暗通蒙古，宋祚乃陨。而蒲氏终元之世，为市舶司不替。此可证闽粤沿海诸区，杂中亚细亚诸国民不少也。非惟沿海，即中原亦有然。唐制，凡外人侨寓者，悉听其自由奉教建寺，长安景教寺遗迹见于《唐会要》者尚三处，现存之《景教流行中国碑》即其一。波斯袄教寺遗迹亦不少，乃至河南省城今犹有犹太教遗寺，据其碑文，则亦唐时已入居中国。知现时之中华民族，所含西域诸族分子，不知凡几也。

本篇所论述，欲使学者得三种概念：

一、中华民族为一极复杂而极巩固之民族；

二、此复杂、巩固之民族，乃出极大之代价所构成；

三、此民族在将来，绝不至衰落，而且有更扩大之可能性。

欲令此三种观察证实，宜分两方面观察：第一，中华民族同化诸异民族所用程序共有几种；第二，中华民族同化力特别发展之原因何在。今综析之。

中华民族同化诸异族所用程序，略有如下之各种：

一、诸异族以国际上平等交际的形式，与我族相接触，不期而同化于我。如春秋时秦、楚、吴、越诸国之同化于诸夏是。

二、我族征服他族，以政治力支配之感化之，使其逐渐同化。如对于氐、羌、苗、蛮族屡次之改土归流是。

三、用政治上势力，徙置我族于他族势力范围内，使我族同化力得占优势向其地发展。如周代封齐于莱夷区域，封晋于赤狄区域，秦徙民万家于蜀，发谪戍五十万人开五岭之类是。

四、我族战胜他族，徙其民入居内地，使濡染我文明，渐次同化。如秦晋徙陆浑之戎于伊川，汉徙百越于江淮，汉魏徙氐羌于三辅，唐徙突厥于塞下之类是。

五、以经济上之动机，我族自由播殖于他族之地。如近世福建人开拓台湾，山东人开拓东三省之类是。

六、他族征服我族，经若干岁月之后，遂变为文化上之被征服者。如鲜卑、女真、满洲诸朝代是。

七、他族之一个人或一部落，以归降或其他原因，取得中国国籍，历时遂变为中国人。如汉之金日磾，晋之刘渊，唐代大多数之蕃将皆是。

八、缘通商流寓，久之遂同化于中国。如宋代蒲寿庚之类是。

以上所述，除第四、第六两项外，亦可称为民族化合之普通程序。惟当此等程序进行时，何故我族不为被同化之客体，而常为能同化之主体？何故不裂为二个以上之民族，而常集中为一个民族？其原因盖有数端：

一、我所宅者为大平原，一主干的文化系既已确立，则凡栖息此间者，被其影响，受其函盖，难以别成风气。

二、我所用者为象形文字，诸族言语虽极复杂，然势不能不以此种文字为传达思想之公用工具。故在同文的条件之下，渐形成一不可分裂之大民族。

三、我族夙以平天下为最高理想，非惟古代部落观念在所鄙夷。即近代国家观念亦甚淡泊，怀远之教胜，而排外之习少，故不以固有之民族自域，而欢迎新分子之加入。

四、地广人稀，能容各民族交互徙置，徙置之结果，能增加交感化合作用。

五、我族爱和平，尊中庸，对于他族杂居者之习俗，恒表相当的尊重（所谓因"其风不易其俗，齐其政不易其宜"）。坐是之故，能减杀他方之反抗运动，假以时日，同化自能奏效。

六、同姓不婚之信条甚坚强，血族婚姻，既在所排斥，故与他族杂婚盛行，能促进彼我之同化。

七、我族经济能力发展颇达高度，常能以其余力向外进取，而新加入之分子，亦于经济上、组织上同化。

八、武力上屡次失败退婴之结果，西北蛮族侵入我文化中枢地，自然为我固有文化所熏育，渐变其质，一面则我文化中枢人数次南渡，挟固有文化以灌东南，故全境能为等量的发展。

具以上诸因，故能抟捖数万万人以成为全世界第一大民族。然三千余年殆无日不在蜕化作用中，其所受苦痛，殆不可以计算，而先民精力之消耗于此间者亦不可纪极。进化所以濡滞，职此之由，今此大业之已成就者则八九矣。所余一二——如蒙、回族未同化之一部分之赓续程功，与夫此已成民族之向上发展，则为人子孙者所当常念也。

（1922 年）

地理及年代

历史者，因空际时际之关系而发生意义者也。吾尝言之矣，曰："史迹之为物，必与'当时''此地'之两观念相结合，然后有评价之可言。"故于《地理及年代》托始焉。

第一节　地理

中国领土以地势言之，可略分为六部：第一部十八行省，第二部东三省及三特别区域，第三部新疆，第四部外蒙古，第五部青海及川边，第六部西藏。

此六部者，其文化之开发有先后，其历史之关系有深浅，即在今日，其统治权行使之所及亦有松密。大概言之，则第一部为中华民族（狭义的）历古之根据地，而其西南一隅，至今犹有苗蛮族未尽同化；第二部历古为东胡、北胡与我族交事之区，今则在广义的中华民族完全支配之下；第三部则历古为西羌、北胡乃至东亚欧诸族错处代兴，今亦完全在我主权之下，而人种同化犹未尽；第四部历古为北胡根据地，至今犹为东北胡杂种之一族（蒙古）居之，所谓主权者，羁縻而已，然我族势力之向此地发展者，今方兴未艾；第五部西羌及北胡居之，统治权之行使，较

462

优于第四、第六两部，而住民中我族势力之微弱，亦仅与第四部相埒耳；第六部名义上虽为领土，事实上则住民与统治权皆属西羌族。其各部蜕变状况之分析，别于第二章详之。

地理形势，非本书所宜喋述，今惟抽出其与史迹关系最巨之数特点，略为推论。当推论之前，有一义应先商榷者，则历史现象受地理之影响支配，果至若何程度耶？历史为人类心力所构成，人类惟常能运其心力以征服自然界，是以有历史。若谓地理能支配历史，则五百年前之美洲，地形气候皆非有以大异于今日，而声明文物判若天渊，此何以称焉？虽然，人类征服自然之力，本自有限界，且当文化愈低度时，则其力愈薄弱，故愈古代则地理规定历史之程度愈强。且其所规定者，不徒在物的方面而兼及心的方面，往往因地理影响，形成民族特别性格，而此种性格递代遗传，旋为历史上主要之原动力。近代以科学昌明之结果，其能嬗变地理而减杀其权威者虽不少，然衡以总量，究属微末。且前此影响之镌入民族性中者，益非可以骤变，故治史者于地理之背景，终不能蔑视也。今请刺举中国地理特点数端，而说明其与史迹之关系。

一、中国黄河流域，原大而饶，宜畜牧耕稼，有交通之便，于产育初民文化为最适，故能于邃古时即组成一独立之文化系。

二、该流域为世界最大平原之一，千里平衍，无冈峦崎岖起伏，无湾碕岛屿旋折，气候四时寒燠俱备，然规则甚正，无急剧之变化，故能形成一种平原的文化，其人以尊中庸爱平和为天性。

三、以地形平衍且规则正故，其人觉得自然界可亲可爱，而不觉其可惊可怖，故其文化绝不含神秘性，与希伯来、埃及异。居其地者，非有相当之劳作不能生活，不容纯耽悦微眇之理想，故其文化为现世的，与印度异。

四、天惠比较的丰厚，不必费极大之劳力以求克服天然，但能顺应之即已得安适，故科学思想发达甚缓，又以第二项所言地形气候皆平正少变化故，故乏颖异深刻的美术思想，又以爱乐天然顺应天然之故，故伦理的人生哲学最发达。

五、此一区域中，别无第二个文化系，而本部（即第一部）地势毗连，不可分割，故随民族势力之发展，文化亦愈益扩大，结成单一性的基础。

六、以第二项理由故，中庸性质特别发展，惟其好中庸，万事不肯为主我极端的偏执，有弘纳众流之量，故可以容受无数复杂之民族，使之迅速同化。亦惟因周遭之野蛮或未开的民族太多，我族深感有迅令同化之必要，而中庸性格实为同化利器，故演化愈深，而此性格亦愈显著。

七、国境西界葱岭以与中亚及欧洲之文化隔绝，南界喜马拉耶以与印度文化隔绝，缺乏机缘以与他系文化相摩厉相资长，故其文化为孤立的、单调的、保守的。

八、以下文第十项之理由，其文化屡受北方蛮族之蹂躏，我族常须耗其精力以从事于抵抗及恢复，故愈益养成保守性。

九、东南虽濒海，然其地之岛民，无文化足以裨我，又以地大物博之故，凡百闭关皆足自给，故民族从不作海外发展之想，益无以改其单调的、保守的之特性。

十、西北徼之中亚细亚、西伯利亚诸区，夙为群蛮所产育出没，其人生苦寒之域，习于勇悍，而常思觊觎内地之温沃富殖，狡焉思逞。北境即无重洋峻岭以为之限，而我土著之民，爱护其耕稼室庐，以平和为职志，其势易为所蹂躏，故三千年来北狄之患，几无宁岁，其影响于文化及政治者至大。

十一、文化发源，起自黄河流域，次及长江流域，此两流域平原毗连，殆无复天然境界可以析画，与欧陆形势绝异。我民族既以此地为枢核，则所谓"大一统"主义自然发生，故幅员虽大于欧陆，而欧陆以分立为原则，以统一为例外，吾土正反是。

十二、以第十项之理由，吾族有集权御侮之必要，此种必要，与第十一项之理由相结合，遂产生中枢专制的政治，而此中枢时复为外族所劫夺，则其助长专制也益甚。

十三、因下列各理由，致地方自治不能发达：（甲）因地势地味关系，始终以农立国，乡村农民惟安习于家族的统制；（乙）都市常为政治或军事之中心地，专制干涉力极强；（丙）如第十一项所说，无画疆自保之凭藉；（丁）如第十项所说，悍蛮恣暴，地方事业易被摧坏。

十四、地势既不适于诸国分立，又艰于发育自治，其势自然趋于中枢专制，而又以幅员太广之故，统治力不能贯彻，故内乱屡起，或为外族所乘，此种野蛮革命，既成为历史上常态，故文化恒屡进而屡踬。

十五、地势虽不可分裂，然因山脉与河流皆自西而东（专就第一部言），且气候有寒、温、热带之异，故南北常不免自为风气，而当政象有异动时，亦恒以南北对峙为暂局。

十六、西南与东北两边徼，以位置弯僻及地形有特别构造故，虽加入我族文化系，而迄未成熟，"远心力"常常发动，故朝鲜、安南屡次编为郡县，屡次自立，至今竟排出中国历史圈外，而辽东、滇南往往蒙其影响，其不自绝于中国，乃间不容发。

十七、第三、四、五、六之四部，地理上各有特色而形势上各有其与中国不可离之关系，故吾族常努力吸收之以自卫，所以促其住民之同化者亦多术，而此愿望至今犹未能全达，则吾侪及吾子孙所当有事也。

十八、以全势论之，则此一片大地，最不宜于国家主义之发育，故吾族向不认国家为人类最高团体，而常以"修身"为出发点，以"平天下"为究竟义，全部文化皆含此精神，故其历史或不在过去而在将来也。

上所举地理影响于历史者，崖略可睹矣。然此类地理之权威，迄近代既日以锐减。例如海运及国境上之铁路既通，则连山大漠，不足为对外交通之障；国内船路、邮电诸机关渐备，则幅员虽广，不艰于统治；周遭诸民族同化略尽，则野蛮的侵掠蹂躏不复成问题；工商业渐发展，则重心趋于都市，而自治之可能性愈大。诸如此类，今皆有以异于古所云。特前此影响之留迹于心理者，则其蜕变非旦夕间事也。

第二节　年代

史何自起？就广义之史言之，可谓有人类即有史。据地质学家所推定，人类发生已在五十万年或二十万年前；即新石器时代迄今，亦已五万年。吾侪既确知新石器时代中国已有人，则亦可谓五万年前中国已有史。虽然，吾今所治，为狭义之史，以先民活动之迹，有正确日记录可征者为限。则中国有史时代，盖起于夏禹；若再以严格的年代学绳之，则完全信史，起于周之共和元年，即西纪前 841 年。

有史以前，谓之神话时代（其实神话时代亦有史迹，历史时代亦有神话，此不过举概画分）。神话时代，其悠远乃数十百倍于有史时代。若著一部"人类活动通考"，则有史时代所占之篇幅，不过其最末数叶而已。神话时代状态之研究，其大部分当以让诸地质学家，非治史者所宜过问。史家有时或以神话为副料，不过藉以推见初民心理，或因其象征所表示而窥其生活之片影。例如因盘古剖卵而生的神话，推想吾先民最古之宇宙观；因三皇五帝等神话，推想三才五行说之起原；因燧人、神农等名称，推想火及耕稼之发明影响于当时人心者若何深切。神话之辅助历史，其程度当至是而止。

司马迁曰："学者多称五帝，尚矣！而《尚书》独载尧以来，百家言黄帝，其言不雅驯，搢绅先生难言之。"此语足表其态度之谨严。虽然，迁之为书，仍托始于《五帝本纪》，未能践其断制也。夫岂必黄帝以前，即《尚书》所载尧舜事，吾侪亦只能以半神话视之。《韩非》曰："孔墨皆言尧舜，而取舍不同，皆自谓真尧舜，尧舜不可复生，谁与定儒墨之诚乎？"由是观之，恐《尚书》之"曰若稽古"亦半为后人所追记，未必能悉视为信史也。而迁乃于《尚书》所不载之黄帝、颛顼、帝喾偏有尔许事实为之铺张扬厉，降及皇甫谧、罗泌之徒，生迁后又数百年千年，乃自诧为知迁之所不知，举凡迁所吐弃为"不雅驯"之言者，而悉宝之。于是古代史益芜秽不可治。近世治史者，动辄艳称炎黄尧舜时代之声明文物，此说若真，则夏商千余年间，不能不认为文化之中绝或停顿，其原因何在，实无由说明。而或者更撷拾传说，穿凿考证，例如五帝三王是否同出一宗，彼此相距年代几何等，聚讼之言殆将充栋，皆所谓："可怜无益费精神。"盖考证惟当于事实范围内行之，事实存在与否尚成问题，则对于事实内容之讨论，太早计矣。吾侪不敢谓黄帝、尧、舜绝无其人，但至多认为有史以前半开化部落之一酋长，其盛德大业，不过后人理想中一幻影。古本《竹书纪年》托始夏禹，当是史官旧文，吾辈遵之，可以寡过矣。

夏以后因已有近真之史迹，然年代殊难确算。如俗说皆称夏四百年，殷六百年，而《竹书》则云："夏年多殷。"《书·甫刑》称："王享国百年。"旧说谓指周穆王在位之岁，《竹书》则云周武王至穆王凡百年。诸如此类，异说滋多。故司马迁于三代但作《世表》而不凿考其年（注一），纪年则起于《十二诸侯年表》，其第一年为西周之共和元年，下距今民国十一年为二千七百六十三年。此表殆极可信，盖共和后六十六年，周幽王六年十月辛卯朔有日食，见于《诗经》（注二），共和后百二十年，即鲁隐公元年，《春秋》于是托始焉。故我国史可谓有二千七百六十三年极正确之年代，继续不断以迄今日也。

【注一】《史记·三代世表》序云："孔子因史文，次春秋，纪元年，正时日月，盖其详哉。至于序《尚书》，则略无年月，或颇有，然多阙不可录，故疑则传疑，盖其慎也。"此最足见良史谨严态度。

【注二】看《研究法》四一叶。

旧史皆以帝王纪年，盖舍此亦实无良法，然而破碎断续，虽强记者犹不能遍，致使史迹之时间的尺度，恒在朦胧意识之中，不便莫甚焉。故定出一画一的纪年标准，实为史者急切之要求。近年来讨论此问题者，或议用孔子卒后，或议用帝尧甲寅，然皆不能言之成理。共和元年，现为历史上最初正确之年，则以之托始，在理论上固无可疵议。然即为国人耳目所不习，且与世界史迹比照，亦须多费一重换算。吾以为史之为物，以记述叠人类活动为职志，国别史不过人类通史之一部分，故所用记号，总以人类最大多数已经通行者为最便，基督纪元，在今日殆可称为世界公历，吾侪不妨迳采用之以作史之时间的公尺，无庸有彼我分别之见存也。

历史时代当若何分画耶？史迹所以记人类之赓续活动相，强分时代，乃如抽刀断水，欲得绝对的精确标准，为事殆不可能。近今史家，卒将欧史区为古、中、近之三世，此如治天体学者画分若干星躔以资研究方便而已。中国史欲仿斯例，颇极困难，依严格的理论，则秦以前为一时代，自秦统一迄民国成立为一时代，两者分野最极严明。然似此区分，则每时代所包含时间太长，几与不区分相等，若欲稍得平均，则易陷削趾适履之敝。故吾以为论次国史，或以不分时代为较适宜，必不获已，则姑命秦以前为远古，自秦迄清为近古，民国以后为今代，而远古近古中复为小区画，庶几不至大戾。今列表如下：

远古、近古、今代之区别，最为分明。其在政治上，则远古为分治的、贵族的，近古为集治的、独裁的，今代行将为联治的、平民的。其在文化上，则远古为发育的，近古为保守的，今代行将为蜕新的。凡百现象，皆俨若有一鲜明之帜志以示别。更将远、近、古各期细分之，则其特色可指者如下：

一、远古前期。自大禹以来，"诸夏"的观念（即中国人的观念）已完全成立，故为国史之始。然夏商虽称王天下，其实仍是部落分立，政治中枢势力甚微，文化亦朴僿不甚可考见。自周创制封建，诸夏结合密度益增，政治渐有重心，文化亦或或可观。

二、远古后期。周东迁后，政治重心渐失，各地方分化发展，诸夏以外之诸民族亦渐形活动；然藉封建之势，各地皆以诸夏所建国为中心，以吸收同化境内诸异族，而此诸夏之国复次第合并，由数百而数十而六七以归于一。故此期实为中华民族混成时代，亦因分化之故，思想言论皆极自由，社会活态呈露，故文化极高度且极复杂。

三、近古初期。民族既已抟挽为一，故秦汉以后，完全成为不可分之局；然版图既廓，统治益难，故因封建时代经验蜕变之成规，创立中央君主独裁政体，人民亦经长期战事之后，动极思静，务咀嚼前期所产文化，以应用之于恬适的生活。故保守性习从此发生，文化渐入停顿时代。中间境外诸蛮族屡图侵入，卒距之不得逞。故此期最足为代表吾族真面目之期。

四、近古中期。两汉之政治组织，及其末年已发见流弊，且呈露惰性，于是有三国之分裂。在前期中境外及边徼诸异族，本已蓄有潜势，但被抑不得发，至是乘虚纷起，遂至有五胡及南北朝之难，历数百年迄唐之兴，乃始告一结局。此期内之政治现象，因外族杂治之结果，法律屡失效力，人民保障益危，中央之组织能力亦渐趋薄弱，故汉唐虽同称盛世，然唐政实不逮汉远甚。文化方面，固有者极形衰落，惟因与印度开始交通，加入外来文化之新成分，在史中开一异彩。即民族方面，亦因外族侵入之结果，次第同化，使吾族内容益加扩大，其得失正参半焉。

五、近古后期。唐代号称统一，然中叶以后，蕃将跋扈，吾族统治能力既日减杀。经五代迄宋，人民以厌兵之故，益趋孱弱，而北徼新兴之族，翻极鸱张，辽、金、元相继蹂躏，大河以北，久逸出吾族支配之外。蒙古入主，与前此五胡情势悬殊，以绝对不受同化之族，而据有中国全境，吾族殆无所托命。明代虽云光复，然为膻腥所染，政治组织益紊其轨。文化方面，则印度学术输入既久，完全消化，别构成中印合流之新哲学。亦因政治上活动余地较狭，士夫之聪明才智，专用之于学艺，故文学、美术等皆别辟新方向，然而消极颓废的思想，实随处表现。

六、近古末期。前清以异族统一中国逾二百年，在史上盖无前例。然东胡民族与北狄殊，其被同化也甚速，非久已渐失其种族的色彩。此期之政治，虽不能谓为美善，然就组织力言之，则除汉代外，殆无其匹。西北徼诸地，在此期内悉隶中国版图，历年悍族侵暴之祸殆绝，人民颇得苏息。明中叶以降，欧人航海觅地热骤兴，开华欧交通之端绪，逮清而转变愈剧，于是中国人始渐知有"世界"，不能不营国际的生活。此期文化，承前明空疏之反动，刻意复古，由明而宋，而六朝唐，而两汉而先秦，次第逆溯，精神日趋朴实，及其晚期则受欧学输入之影响，驯至思想根本动摇。故此期可谓为历史上一大转捩之过渡时代，遂酝酿以成今后之局。

附　最初可纪之年代

此似亦《五千年史势鸟瞰》之又一稿，兹附第二节后。

我国史果自何时始有正确之年代耶？据一般俗史所称述，多托始于帝尧之甲辰，其远者或溯诸黄帝，杜撰四五千年以上之史迹，而一一比附其时日，纯属妖诬，殆不必辩（注一）。其比较的可认为有史料之价值者，则为汲冢之《竹书纪年》，据称夏年四百七十一，商年四百九十六，西周年二百五十七，由是而下接东周焉（注二）。以西纪换算之则如下：

夏禹元年：前一九九四年 —— 距今三九一五年

商成汤元年：前一五二三年 —— 距今三四四四年

周武王元年：前一〇二七年 —— 距今二九四八年

东周平王五年：前七七〇年 —— 距今二二九一年

上述年代，盖已与俗说相差二百一十一年（俗史夏禹元年，当纪前2205），然此以周末人述夏殷事，能否完全征信，已属疑问，况其书久佚，作伪杂出。今所举者乃展转引自他籍，尤未敢遂信为原本（注三），然则此说亦只能认为传疑中之较有价值者而已。

【注一】俗史详记古帝王年代，大抵皆据宋邵雍之《皇极经世》，如云黄帝元年距今四千六百二十五年，帝尧即位之岁为甲辰，距今四千二百七十八年之类，皆是也。雍书间采自晋皇甫谧之《帝王世起》（谧书今佚），然又多参差，殊不知其所据。彼盖用术数家伎俩，闭目布算耳。自汉以来，因争论历法，而古年代之伪造窜乱不少。刘歆著《三统历》，详纪三代受命年数，张衡辟之，谓其"横断年数，损夏益周，考之表纪，差缪数百"（《后汉书·本传》）。后世之侈谈古年代者，大抵皆汲刘歆之流而煽其毒者也。

【注二】《汲冢竹书》来历，具详于晋杜预《左传集解》后序及《晋书·束皙传》《王接传》中。盖晋太康二年（西280）从河南汲县一古冢中掘得此书，故以"汲冢"名，同时所得书尚十余种，尤有铜剑等物，其《纪年》一书，绝笔于魏哀王二十年，即周赧王十六年（西纪前299），故学者考定此冢为魏安釐王冢。

玩其体例，知是当时魏史官所记，以之殉葬，经五百八十一年后乃发现者也。此书在史料上之价值，殆与孔子之《春秋》埒，而远在司马迁《史记》上，其中事实与旧史殊异者甚多，惜原书至宋已佚，今所传者伪本也。清朱右曾从各书中辑出为《汲冢纪年存真》二卷。上所纪夏年，见《太平御览》八十二；所纪商年，见《史记殷本纪集解》及《文选六代论》注；所纪西周年，则见《通鉴外纪》三也。

【注三】朱氏辑本，自是晋、唐、宋人所见之本，非今《四库》中伪本所可比，然是否各条皆汲冢之旧，尚属疑问。盖杜预《左传》后序明云"纪年起自夏殷周"，《晋书·束晳传》明云"记夏以来……至魏安釐王二十年"。而今所引者乃有黄帝事，《束晳传》又明言"纪年夏年多殷"，而今所引者，殷年乃多于夏，则其非尽原本，已可概见。考当时书初出土，多残缺，经许多大学者如荀勖、和峤、卫恒、束晳、黄庭坚、王绩、续咸辈为之移写编定，其间当不免有臆改也。要之，此书终不失为我国史学界第一瑰宝，凡古史有异同者，皆宜以彼为正。但须辨别，勿误引伪本耳。

若采最谨严的态度，当宗《史记》，以西周之共和元年为断，其年当西纪前841年，下距孔子作《春秋》所托始之鲁隐公元年，恰百二十年。史公当时所见古代谱牒之书盖不少，然皆不敢置信（注一），故于三代仅作《世表》，其《年表》则起自十二诸侯，而共和庚申实为第一年。其年数之下与《春秋》衔接者，以《汲冢竹书》校之，正吻合也。且尤有一事最足注意，盖此年后六十六年——周幽王六年十月辛卯朔日食，见诸《诗经》，此为科学上极强之证据，更无可容其疑议（注二）。故吾侪认《史记·十二诸侯年表》所载纪年，为中国有正确年代之始，自是即衔续不断以迄今日。质而言之，则我国史迹在时间上不生疑问者，最少已阅二千六百七十一年之久也。

【注一】《史记·三代世表》序云："孔子……序《尚书》，略无年月，或颇有，然多阙不可录，故疑则传疑，盖其慎也。余读牒记，黄帝以来皆有年数，……咸不同乖异。夫子之弗论次其年月，岂虚哉。"考《汉书·艺文志》春秋家，有《太古以来年纪》二篇，历谱家有《古来帝王年谱》五卷，可见当时并非无此类书，史公亦并非未见，其共和以上仅表世而不表年者，正示后史以谨慎之态度耳。

【注二】《诗·小雅》："十月之交，朔日辛卯，日有食之，亦孔之丑。"此事经中外天文学家推算一致之结果，周幽王六年周正之十月朔日辛卯，即西纪前 776 年 8 月 29 日，确是日食。此诗之流传，无意中为我年代学得一铁证焉。自《春秋》以下，日食必书，虽于史迹无关，亦有裨于年代也。

虽然以上考证，专就年代言之耳，年代学之与史学，今已分科，中国有严格的正确年代，虽仅二千六百余年，其有史则固当远溯诸四千年以上矣。

（1922 年）

研究文化史的几个重要问题

对于旧著《中国历史研究法》之修补及修正。为南京金陵大学第一中学演讲。

前回已经把文化的概念和内容说过。文化史是叙述文化的，懂得文化是什么，自然也懂得文化史是什么，似乎不用再词费。但我觉得前人对于历史的观念有许多错误，对于文化史的范围尤其不正确，所以还要提出几个问题来讨论一番。

第一 史学应用归纳研究法的最大效率如何

现代所谓科学，人人都知道是从归纳研究法产生出来。我们要建设新史学，自然也离不了走这条路。所以我旧著《中国历史研究法》极力提倡这一点；最近所讲演《历史统计学》等篇，也是这一路精神。但我们须知道，这种研究法的效率是有限制的。简单说：整理史料要用归纳法，自然毫无疑义；若说用归纳法就能知道"历史其物"，这却太不成问题了。归纳法最大的工作是求"共相"，把许多事物相异的属性剔去，相同的属性抽出，各归各类，以规定该事物之内容及行历何如。这种方法应用到史学，却是绝对不可能。为什么呢？因为历史现象只是"一躺过"，自古及今，从没有同铸一型的史迹。这又为什么呢？因为史迹是人类自由意志的反影；而各人自由意志之内容，绝对不会从同。所以史家的工作，和自然科学家正相反，专务求"不共相"。倘若把许多史迹相异的属性剔去，专抽出那相同的属性，结果便将史的精魂剥夺净尽了。因此我想：归纳研究法之在史学界，其效率只到整理史料而止，不能更进一步。然则把许多"不共相"堆叠起来，怎么能成为一种有组织的学问？我们常说历史是整个的，又作何解呢？你根问到这一点吗？依我看：什有九要从直觉得来，不是什么归纳演绎的问题。这是历史哲学里头的最大关键，我现在还没有研究成熟，等将来再发表意见罢。

第二　历史里头是否有因果律

这条和前条，只是一个问题，应该一贯的解决。原来因果律是自然科学的命脉；从前只有自然科学得称为科学，所以治科学离不开因果律，几成为天经地义。谈学问者，往往以"能否从该门学问中求出所含因果公例"为"该门学问能否成为科学"之标准。史学向来并没有被认为科学，于是治史学的人因为想令自己所爱的学问取得科学资格，便努力要发明史中因果，我就是这里头的一个人。我去年著的《中国历史研究法》，内中所下历史定义，便有"求得其因果关系"一语。我近来细读立卡儿特著作，加以自己深入反覆研究，已经发觉这句话完全错了。我前回说过："宇宙事物，可中分为自然、文化两系。自然系是因果律的领土，文化系是自由意志的领土。"（看《什么是文化》）两系现象，各有所依；正如鳞潜羽藏，不能相易，亦不必相羡。历史为文化现象复写品，何必把自然科学所用的工具扯来装自己门面？非惟不必，抑且不可。因为如此便是自乱法相，必至进退失据。当我著《历史研究法》时，为这个问题，着实恼乱我的头脑。我对于史的因果很怀疑，我又不敢拨弃他，所以那书里头有一段说道：

> 若欲以因果律绝对的适用于历史，或竟为不可能的而且有害的，亦未可知。何则？历史为人类心力所造成，而人类心力之动，乃极自由而不可方物。心力既非物理的或数理的因果律所能完全支配，则其所产生之历史，自亦与之同一性质。今必强悬此律以驭历史，其道将有时而穷，故曰不可能。不可能而强应用之，将反失历史之真相，故曰有害也。然则吾侪竟不谈因果可乎？曰：断断不可。……（原著一七六页）

我现在回看这篇旧著，觉得有点可笑。既说"以因果律驭历史，不可能而且有害"，何以又说"不谈因果断断不可"？我那时候的病根，因为认定因果律是科学万不容缺的属性，不敢碰他，所以有这种矛盾不彻底的见解。当时又因为调和这种见解，所以另外举出历史因果律与自然科学因果律不同的三点（原著一七七至一七九页）。其实照那三点说来，是否还可以名之为因果律，已成疑问了。我现在要把前说修正，发表目前所见如下：

因果是什么？"有甲必有乙，必有甲才能有乙，于是命甲为乙之因，命乙为甲之果。"所以因果律也叫做"必然的法则"（科学上还有所谓"盖然的法则"，不过"必然性"稍弱耳，本质仍相同）。"必然"与"自由"是两极端，既必然便没有自由，既自由便没有必然。我们既承认历史为人类自由意志的创造品，当然不能又认他受因果必然法则的支配，其理甚明。

再检查一检查事实，更易证明。距今二千五百年前，我们人类里头产出一位最伟大的人物，名曰佛陀。为什么那个时候会产生佛陀？试拿这问题来考试一切史家，限他说出那"必然"的原因，恐怕无论什么人都要交白卷！这还罢了；佛陀本是一位太子，物质上快乐尽够享用，原可以不出家，为什么他要出家？出家成道后，本来可以立刻"般涅槃"，享他的精神快乐，为什么他不肯如彼，偏要说四十九年的法？须知，倘使佛陀不出家，或者成道后不肯说法，那么，世界上便没有佛教——我们文化史上便缺短了这一件大遗产。试问有什么必然的因果法则支配佛陀，令其必出家必说法？一点儿也没有，只是赤裸裸的凭佛陀本人的意志自由创造！须知，不但佛陀和佛教如此，世界上大大小小的文化现象，没有一件不是如此。应用自然科学上因果律求出他"必然的因"，可是白费心了！

"果"的方面也是如此。该撒之北征雅里亚（今法兰西一带地），本来为对付内部绷标一派的阴谋；结果倒成了罗马统一欧洲之大业的发轫。明成祖派郑和入海，他正目的不过想访拿建文，最多也不过为好大喜功之一念所冲动；然而结果会生出闽粤人殖民南洋的事业。历史上无论大大小小都是如此，从没有一件可以预先算准那"必然之果"。为什么呢？因为人类自由意志最是不可捉摸的，他正从这方向创造，说不定一会又移到那方向创造去。而且一个创造又常常引起（或不引起）第二，第三……个创造。你想拿玻璃管里加减原素那种顽意来测量历史上必然之果，岂不是痴人说梦吗？

所以历史现象，最多只能说是"互缘"，不能说是因果。互缘怎么解呢？谓互相为缘。佛典上常说的譬喻："相待如交芦。"

这件事和那件事有不断的联带关系，你靠我我靠你才能成立。就在这种关系状态之下，前波后波，衔接动荡，便成一个广大渊深的文化史海。我们做史学的人，只要专从这方面看出历史的"动相"和"不共相"，倘若拿"静"的"共"的因果律来凿四方眼，那可糟了！

然则全部历史里头，竟自连一点因果律都不能存在吗？是又不然。我前回说过：文化总量中，含有文化种、文化果两大部门。文化种是创造活力，纯属自由意志的领域，当然一点也不受因果律束缚。文化果是创造力的结晶，换句话说，是过去的"心能"，现在变为"环境化"。成了环境化之后，便和自然系事物同类，入到因果律的领域了。这部分史料，我们尽可以拿因果律驾驭他。

第三　历史现象是否为进化的

我对于这个问题，本来毫无疑义，一直都认为是进化的。现在也并不曾肯抛弃这种主张，但觉得要把内容重新规定一回。

《孟子》说："天下之生久矣，一治一乱。"这句话可以说是代表旧史家之共同观念。我向来最不喜欢听这句话（记得二十年前在《新民丛报》里头，有几篇文章很驳他），因为和我所信的进化主义不相容，但近来我也不敢十分坚持了。我们平心一看，几千年中国历史，是不是一治一乱的在那里循环？何止中国，全世界只怕也是如此。埃及呢，能说现在比"三十王朝"的时候进化吗？印度呢，能说现在比《优波尼沙昙》成书、释迦牟尼出世的时候进化吗？说孟子、荀卿一定比孔子进化，董仲舒、郑康成一定比孟、荀进化，朱熹、陆九渊一定比董、郑进化，顾炎武、戴震一定比朱、陆进化，无论如何，恐说不去。说陶潜比屈原进化，杜甫比陶潜进化；但丁比荷马进化，索士比亚比但丁进化，摆伦比索士比亚进化；说黑格儿比康德进化，倭铿柏格森、罗素比黑格儿进化，这些话都从哪里说起？又如汉、唐、宋、明、清各朝政治比较，是否有进化不进化之可言？亚历山大、该撒、拿破仑等辈人物比较，又是否有进化不进化之可言？所以从这方面找进化的论据，我敢说一定全然失败完结。

从物质文明方面说吗？从渔猎到游牧，从游牧到耕稼，从耕稼到工商，乃至如现代所有之几十层高的洋楼，几万里长的铁道，还有什么无线电、飞行机、潜水艇等等，都是前人所未曾梦见。许多人得意极了，说是我们人类大大进化！虽然，细按下去，对吗？第一，要问这些物质文明，于我们有什么好处？依我看，现在点电灯、坐火船的人类所过的日子，比起从前点油灯、坐帆船的人类，实在看不出有什么特别舒服处来。第二，要问这些物质文明，是否得着了过后再不会失掉？中国"千门万户"的未央宫，三个月烧不尽的咸阳城，推想起来，虽然不必像现代的纽约、巴黎，恐怕也有他的特别体面处，如今哪里去了呢？罗马帝国的繁华，虽然我们不能看见，看发掘出来的建筑遗址，只有令现代人吓死羞死，如今又都往哪里去了呢？远的且不必说，维也纳、圣彼得堡战前的派势，不过隔五六年，如今又都往哪里去了呢？可见物质文明这样东西，根柢脆薄得很，霎时间电光石火一般发达，在历史上原值不了几文钱。所以拿这些作进化的证据，我用佛典上一句话批评他："说为可怜愍者。"

现在讲学社请来的杜里舒，前个月在杭州讲演，也曾谈到这个问题。他大概说："凡物的文明，都是堆积的非进化的；只有心的文明，是创造的进化的。"又说："够得上说进化的只有一条'智识线'。"他的话把文化内容说得太狭了，我不能完全赞成。虽然，我很认他含有几分真理。我现在并不肯撤消我多年来历史的进化的主张，但我要参酌杜氏之说，重新修正进化的范围。我以为历史现象可以确认为进化者有二：

一、人类平等及人类一体的观念，的确一天比一天认得真切，而且事实上确也著著向上进行。

二、世界各部分人类心能所开拓出来的"文化共业"，永远不会失掉，所以我们积储的遗产，的确一天比一天扩大。

只有从这两点观念察，我们说历史是进化，其余只好编在"一治一乱"的循环圈内了。但只须这两点站得住，那么，历史进化说也尽够成立哩。

以上三件事，本来同条共贯，可以通用一把钥匙来解决他。总结一句，历史为人类活动所造成，而人类活动有两种，一种是属于自然系者，一种是属于文化系者，分配到这三个问题，得表如下：

	自然系的活动	文化系的活动
第一题	归纳法研究得出	归纳法研究不出
第二题	受因果律支配	不受因果律支配
第三题	非进化的性质	进化的性质

（1923 年）

明清之交中国思想界及其代表人物

一

本讲所叙述,是以 1644 年清朝兴起的时候为中心,上溯二十年,下衍八十年,约自 1624 至 1724 凡百年间中国思想界大概形势及其重要人物。

为欲令诸君明了思想来源起见,先将二千余年来思想界历史分六期简单说说:

第一期——纪前 551 至 222。自孔子生年起至秦始皇统一天下止。这个期内,中国内部民族统一完成,各地方文化发展,而以黄河流域为中心,其时思想极自由活泼。孔子、老子、墨子、庄子、孟子、荀子、韩非子等大思想家相继出生,实为古代思想界最有光辉的时代。

第二期——纪前 221 至纪后 219。这个期包含秦汉两朝。那时政治的统一完全告成,中央政府的势力,东至高丽,南至安南,西至新疆;政治上有许多新建设,思想界则经过怒湍壮澜之后回复到平流的样子,专对于从前学者的发明做整理工夫。又因政治的统一延到思想的统一,全学界殆为儒家思想所独占。

第三期——220 至 589。这个期内名为三国南北朝期。政治势力分裂,民族移转大混乱,西北方蛮族入到中原文化最高的地方，渐渐同化。中原文化最高的人迁到南方去，把大江以南文化较低的地方加工开发。那时的思想界，因为政治扰攘的影响，全部带厌世色彩。初期道家言盛行，佛教则前期之末已经输入，到本期发展极猛速而极溥遍，故思想界亦呈分裂混杂的状态。

第四期——590 至 959。这个期包含隋唐及五代，而以唐为中心。那时第二次民族统一告成，政府势力伟大，北至内外蒙古及西伯利亚之一部，西至西土耳其斯坦，南至北中印度，都以"半藩属"的状态受长安政府之支配或监督。思想界则一方面因南北统一，政象安宁，得迅速的进步；一方面因和西方交通频繁，中亚细亚及印度之精神物质的文化次第输入。所以文学、美术、音乐、工艺都发达得极其灿烂，哲学界则佛学各宗派都在这时候完成，儒学亦继续汉代的整理事业。到期末的百余年间，因文化烂熟的结果，发生毛病，延及社会之腐浊，政治之混乱，至五代时，这一期的文明遂陷于破产状态。

第五期——961 至 1643。这个期包含宋元明三朝。那时东北方新兴的野蛮民族——契丹、女真、蒙古、满洲接二连三侵入，给我们的文化以很多的胁迫和蹂躏；内中蒙古人尤与别的蛮族不同，"拒同化"的力量颇不小，他们统治中国九十多年，我们的文化受不少的损失。那时候的思想界，全部分精力耗费在新哲学之建设上头，这一派的新哲学，是努力将印度思想和中国固有思想相调和，他们自己标一个名叫做"理学"——专从"形而上"方面探求宇宙和人生的原理，所以叫做理学。理学发生的动机，一方面因为前期物质文明，末流发生了毛病，惹起反动，所以走到收敛内观那条路去；一方面因为佛教的潜势力很大，儒者都受他影响，不知不觉便镕化成一个新派。理学界重要人物，前有程颐、朱熹、陆九渊，后有王守仁，因此又分程朱和陆王两支派，程朱派带中国固有思想的成分还较多，陆王派便更和印度思想接近了。自理学兴后，唐以前许多文化事业都很受打击，再加以那种八股考试制度，把学界的活气越发腐蚀了。

第六期——1644至今日。自清朝建号那年起，这个期内，满洲人仅治中国二百七十多年，但满洲人不久便完全同化了，所以和蒙古时代有点不同。文化不惟没有受蹂躏，而且因政治统一，社会比较安宁的缘故，各种事业都很有进步。思想界方面，因前期理学末流发生毛病，惹起反动，于是一反前期向内的学风，专从事于客观的研究考察，把第一期到第四期许多学问都复活转来。又因为和欧洲交通大开的缘故，陆续受外来思想影响，造成一种新学风，和欧洲"文艺复兴"时代有许多地方相像。

二

本讲所要讲的是最后那一期——第六期。

这一期的思想界情形很复杂——方面很多，不能全讲，专讲他"黎明时代"的运动。

这一期，若依政治的区划，是应该从1644年起的，但文化史的年代，照例要比政治史先走一步，所以本讲所讲的黎明时代提前二三十年，大约和欧洲的十七世纪相当。

想知道这个黎明时代思想界变迁之动机，要注意那时候"时代背景"如下四点：

第一点，就是前段所讲的"理学反动"。因为在前期末年，理学中之陆王学派，几乎独占了全学界。依我看，这一派的好处本来很多，但是到了末流，讲得太玄妙了，随声附和的人也太放纵了，当然要引起一般人的厌倦和攻击。所以反动的结果，学风全趋向客观的或实践的。

第二点，那时候有外界的一桩重大事件，是耶苏会教士之东来，利玛窦、艾儒略、汤若望、南怀仁等辈先后入中国。他们除传教之外，翻译了许多数学、几何、天文、地理、心理、论理各科书籍，所以那时候思想界很受刺激，和佛学初进来时有点相像。

第三点，中国的学者，向来什有九都和政治有关系，这种关系每每妨碍思想之独立，最少也分减了研究的岁月和精神。清初，因为满洲人初进来，统治者非我族类，第一流学者对于他们或采积极的反抗态度，或采消极的"不合作"态度。这些学者，都对于当时的政治不肯插手，全部精力都注在改良学风作将来预备，所以有许多新颖思想自由发挥，而且因积久研究的结果，有许多新发明。

第四点，那时候的康熙帝，真算得不世出之英主，他在位六十一年（1662—1722），和法国的路易十四、俄国的大彼得同时，性质和他们大略相类，所成就的事业还在他们之上。他即位初年，虽国内有点兵乱，后头四十多年，却是历史上少见的太平时代。因为社会安谧，学者得有从容为学之余裕，康熙帝虽是满洲人，但他同化于中国最早，人又极聪明，对于中国固有的文化和欧洲新输入的文化都有相当的了解，而且极力提倡。有这样一个人做一国的主权者，自然能令思想界发生好影响。

三

在这种时代背景之下，自然会产生出有特色有价值的学问。

今将这期内各派学术的代表人物列举如下：

一、黄道周和刘宗周。道周，福建人；宗周，浙江人。两位都是理学大师，都是1645年在南方举兵反抗满洲死的。他们虽然尊崇理学，却都带点修正色彩。道周提倡象数之学，用他自己的特别论理学推论事物；宗周对于实践道德学，最为切实谨严。这两位都是在前期的理学家中有他的新立场，人格的壮烈，尤令人敬仰。宗周门人最多，江浙间学者大半出其门，影响到后来尤大。

二、孙奇逢和李颙。奇逢，直隶人（1584年生，1675年卒）；颙，陕西人（1627年生，1705年卒）。两位都是陆王派的理学家，但他们都注重实践，少谈玄理，可以说是儒家的"清教徒"。奇逢是一位有侠气能任事的人，明末满洲兵进关，残破了许多州县，他以一书生纠合人守城，竟把满洲兵打退。后来他避乱跑到山里头，许多人跟著他去，他便给这些人立了许多组织，成一个小政府样子，又用学问来教训他们，成就许多人才。李颙的学风，最为"平民的"，他常说不识字也可以做圣贤。两位都是北方讲学大师，孙奇逢年寿最高（九十二岁），影响尤大。

以上四个人，都是前期学派的结束。

三、顾炎武和王夫之。炎武，江苏人（1613年生，1682年卒）；夫之，湖南人（1619年生，1692年卒）。两位当少年时候，都做过反抗满洲的政治运动，到事无可为，才做一个纯粹的学者。炎武，公认为清学开山第一大师，各门学问，都由他提倡出来；他说除却经学没有理学，他说做学问的目的全在经世致用。他对于经学、史学、地理学、音韵学、金石学都有极精审的著作。他的著作，都用客观的归纳研究，给后人留下许多方法。

夫之学问之博，和炎武不相上下，但他对于哲学有独创的见解。向来哲学家，大抵都是专凭冥想，高谈宇宙原理。夫之所注重的问题是，"我们为什么能知有宇宙？""知识的来源在哪里？""知识怎么样才算正确？"他以为这些问题不解决，别的话都是空的。这种讲哲学法，欧洲是康德以后才有的，夫之生在康德前一百年，却在东方已倡此论了。

四、黄宗羲和朱之瑜。两位都是浙江人，和明朝大儒王守仁同县。宗羲 1610 年生，1695 年卒；之瑜 1600 年生，1682 年卒。两位早年都是反抗满洲最激烈的人，宗羲被政府画起相片指名捕拿前后十一次，之瑜亡命到日本、安南、暹罗等处，仍常常秘密入内地，到处运动；前后经过十七八年，他们的政治活动才停止。宗羲是刘宗周第一位门生，讲陆王派理学，但他最长于历史，著了一部《宋元学案》，一部《明儒学案》，把七百年理学家的人物和学说很详慎的来叙述，很公正的来批评，两书合共一百六十二卷（《宋元学案》有一部分是后人续的）。在全世界著作界中，关于哲学史的著述，恐怕没有比他更早比他更详赡的了。他还有一部怪书叫做《明夷待访录》，这部书是说他的政治理想，极力排斥君主专制政体，提倡民权。这部书 1662 年出版，比法国卢骚的《民约论》早一百年，这种眼光，在十七世纪时候真是不容易得了。

朱之瑜学风和黄宗羲不同。他是排斥陆王派理学的，他不喜谈玄，专求实践。他政治运动失败之后，亡命日本，发誓非到满洲推翻之后断不回国。他的伟大人格，渐渐为日本人所认识，那时候日本宰相——事实上全国主权者德川光国十分敬礼他，尊他为国师。他很热心教导日本人，日本近二百年的文化，最少有一半由他造成。这是日本史家人人公认的事实。

五、颜元和李塨。他们两位是师弟，都是直隶人。颜元

1635 年生，1704 年卒；李塨 1659 年生，1733 年卒。他们是思想界的大炸弹，对于汉以后二千年所有学问一切否认；他们排斥注释古书，排斥读书，排斥静坐冥想，排斥开堂讲说；他们以为学问不是从书本能得的，不是空想能得的，不是听人讲演能得的。比方你想认得北京的路，凭你把北京指南念得烂熟也不中用，日日听人说路程方向也不中用，除非你亲自跑一趟街而且天天跑。总而言之，他们以为凡有智识都从经验得来，所以除却实地练习外，没有法儿得着学问。他们对于学问的评价，专以有无效率为标准，凡无益于国家社会或个人身心修养的，一概不认为学问。他们的教育，专主张发展个性，说："断没有一个药方能医好各种病，断没有一个教法能教好各种人。"说："一个人想兼备众长是绝对不可能的，要想把全社会的人在同一个模型铸出来，这种教育政策是很有害的。"总括起来，他们的学说，和现代詹姆士、杜威等所倡之"唯用主义"十二分相像，不过他们所说早二百多年罢了。

六、徐光启和宋长庚。两位都是三百年前科学大家。光启，江苏人，1633 年卒。他是头一位翻译欧文书籍的人，他译的《几何原本》在古今翻译界中，总算第一流作品。他对于数学、天文学、论理学，都有很深的修养；自己著书不少，上海徐家汇的天主堂和图书馆，是他把自己住宅及藏书捐出来创办的，到今日还是继续他的事业，越发巩固光大。

长庚，江西人，生卒年无考，大概 1650 年还生存。他是一位工业科学家，著有《天工开物》一书，用科学方法研究食物、衣服、器用以及冶金、制械、丹青、珠玉之原料工作，绘图贴说，详确明备。三百年前讲工业天产的著作如此详明者，全世界中怕没有第二部。

七、王锡阐和梅文鼎。两位都是初期数学家。锡阐，江苏人，1682 年卒；文鼎，江西人，1721 年卒。他们都是把那时欧洲新输入的天文学、数学研究得十分透彻，自己更发明许多新法，补西法所不及或订正他的错误。锡阐年寿短，著述较少，但他的《晓庵新法》在天文学上实有千古不磨的价值。文鼎寿八十九，著书八十余种，中外著作家如此精勤博大者，实在少见。

八、徐宏祖和顾祖禹。两位是大地理家，都是江苏人。宏祖 1585 年生，1640 年卒；祖禹 1680 年卒。宏祖是一位探险大家，单身步行，把全个中国都走遍了。云南、四川的边界，向来是一个"秘密窟"，没有人走过，旧地理书所讲纯是捕风捉影。宏祖每游一地，先审视山脉如何去来，水道如何分合，既得大势，然后支节搜讨。澜沧江、金沙江、南北盘江的发源，向来没有人到过，经宏祖实地踏勘，然后南部各水的源流始行清晰。他所著《徐霞客游记》，实一部破天荒的地理书。

祖禹的地理学，是把地理和历史合拢起来研究的。他一生也只著有一部书，曰《读史方舆纪要》。这部书却是从二十九岁起到五十岁没有一天停工才始做成。这部书把全国山川形势说得了如指掌，对于军事地理方面尤为详尽。

九、万斯同和戴名世。两位都是大史学家。斯同，浙江人，1702 年卒；名世，安徽人，1713 年卒。斯同是黄宗羲的门生，著有《明史稿》五百卷，现在《二十四史》里头的《明史》，就是用他的底稿，其他关于史学的著作还很多。名世也是要独力私著一部《明史》，因为著作里头犯了满洲朝廷忌讳，政府把他杀死，连许多史稿也烧了；但他所论作史方法的文章，还流传下来，是永远有价值的。

十、方以智和刘献廷。两位都是创造新字母的人。以智，安徽人，大概 1670 年还生存。他反抗满洲，跟着明朝最末的一位皇帝在云南地方十几年。他是近代研究中国文字学的头一个人，专从发音上研究，把历代话语的变迁和各地方方音之变迁，都研究出许多原则来。他主张仿欧洲的拼音文字造出一种新字母来替代汉字。献廷，北京人，1648 年生，1695 年卒。他没有看见以智的书，却是和他一样见解，也造有一副新字母。他的学问方面很多，历史、地理尤其专长。

十一、德清和智旭。两位都是浙江的和尚。德清 1623 年卒，智旭 1655 年卒。前一期的佛教徒，纯属"禅宗"一派，什么经典都不研究，专讲顿悟，有些假托的人连一切戒律都破掉了，弄得佛教很腐败。他两位提倡"净土宗"，算是佛门下的"清教徒"，又注重研究经典，把许多部重要佛书都注释一番，替本期佛教开一新局面。

十二、孔尚任和曹雪芹。两位都是大文学家。尚任，山东人，孔子后裔。他著有一部历史剧，名曰《桃花扇》，通共四十幕，专叙明末南京情事，极悲壮，极哀艳。雪芹，北京人，著有一部空前绝后的好小说，名曰《红楼梦》，通共一百二十四，写一对青年男女因为婚姻不自由而牺牲性命的，带着描写满洲阔人社会生活状况，曲折尽致；因为他文章太好了，二百余年，成了人人共读的作品。

以上所讲十二类二十四个人，大概可以代表那时候思想界的全部了，其余各方面人物尚多，不能全述。依我看，这一百年是我们学术史最有价值时代。除却第一期——孔、孟生时，像是没有别个时代比得上他。

四

以上所讲,是第六期三百年间第一个一百年的思想界状况,后二百年,都是从此演生出来。

第二个一百年。因为满洲政府压制思想自由,把许多学派都压住了,学者专向考证古典方面做工作,但都是应用先辈的研究方法,把中国旧文献整理出来的不少,这种工作的价值是永远存在的。

第三个一百年的末期——即最近三十年间,把第一个一百年的思想全部复活。头一件,他们消极的和满洲人不合作的态度,到这时候变为积极的,卒至推翻清朝,建设民国。第二件,他们的学问种类和做学问方法,因为欧洲文化输入,重新发生光彩,越发向上进。

现在又是第七期的黎明时代了,我希望我们黎明运动的成绩,比先辈更胜一筹。

（1924 年）

印度与中国文化之亲属的关系

诸君:

印度诗哲泰谷尔先生来了，不久便要和我们学界几万青年相见。我今天和明天两次公开讲演，要把我们欢迎他的意思先说说。

讲演之前，要先声明几句话。凡伟大人物，方面总是很多的，所谓"七色摩尼，各人有各人看法"。诸君总知道，我是好历史的人，我是对于佛教有信仰的人。俗语说的好，"三句离不了本行。"我今天所说，只是历史家或佛学家的个人感想，原不能算是忠实介绍泰谷尔，尤不能代表全国各部分人的欢迎心理，但我想一定有很多人和我同感的。

泰谷尔也曾几次到过欧洲、美国、日本，到处受很盛大的欢迎；这回到中国，恐怕是他全生涯中游历外国的最末一次了。看前天在前门车站下车时景况，我敢说我们欢迎外宾从来没有过这样子热烈而诚恳的。我要问问，我们是把他当一位偶像来崇拜他不是？不，不，无意识的崇拜偶像，是欧美社会最普通现象，我们却还没有这种时髦的习惯。我想，欢迎他的人，一定各有各的意义，各种意义中，也许有一部分和欧美人相同，内中却有一个特殊的意义，是因为他从我们最亲爱的兄弟之邦——印度来。

"兄弟之邦"这句话，并不是我对于来宾敷衍门面，这是历史告诉我们的。我们中国在几千年前，不能够像地中海周围各民族享有交通的天惠，我们躲在东亚一隅，和世界各文化民族不相闻问。东南大海，海岛上都是狂狂獉獉的人——对岸的美洲，五百年前也是如此；西北是一帮一帮的犷悍蛮族，只会威吓我们，蹂躏我们，却不能帮助一点。可怜我们这点小小文化，都是我祖宗在重门深闭中铢积寸累的创造出来，所以我们文化的本质，非常之单调的，非常之保守的，也是吃了这种环境的大亏。

我们西南方却有一个极伟大的文化民族，是印度。他和我从地位上看，从性格上看，正是孪生的弟兄两个。咱们哥儿俩，在现在许多文化民族没有开始活动以前，已经对于全人类应解决的问题著实研究，已经替全人类做了许多应做的事业，印度尤其走在我们前头。他的确是我们的老哥哥，我们是他的小弟弟。最可恨上帝不做美，把一片无情的大沙漠和两重冷酷的雪山隔断我们往来，令我们几千年不得见面；一直到距今二千年前光景，我们才渐渐的知道有怎么一位好哥哥在世界上头。

印度和中国什么时候开始交通呢？据他们的历史，阿育王曾派许多人到东方传佛教，也许其中有一队曾到过中国。我们的传说，秦始皇时已经有十几位印度人到过长安，被始皇下狱处死了（《王子年拾遗记》说的）。始皇和阿育同时，这事也许是真，但这种半神话的故事，我们且搁在一边。我们历史家敢保证的，是基督教纪元第一个世纪，咱们哥儿俩确已开始往来。自从汉永平十年至唐贞元五年——西纪67年至789年——约七百年间，印度大学者到中国的共二十四人，加上罽宾（即北印度之Kashmir，今译克什米尔，唐译迦湿弥罗，从前不认为印度之一部分）来的十三人，合共三十七人：此外从葱岭东西的西域各国来者还不计。我们的先辈到印度留学者，从西晋到唐——265年至

790年——共一百八十七人，有姓名可考的一百〇五人。双方往来人物中最著名者，他们来的有鸠摩罗什，有佛陀跋陀罗、即觉贤，有拘那陀罗、即真谛；我们去的有法显，有玄奘，有义浮。在那七八百年中间，咱们哥儿俩事实上真成一家人，保持我们极甜蜜的爱情。

诸君呵，我们近年来不是又和许多"所谓文化民族"往来吗？他们为什么来，他们为看上了我们的土地来，他们为看上了我们的钱来，他们拿染着鲜血的炮弹来做见面礼，他们拿机器——夺了他们良民职业的机器——工厂所出的货物来吸我们膏血！我们哥儿俩从前的往来却不是如此，我们为的是宇宙真理，我们为的是人类应做的事业，我们感觉着有合作的必要，我们中国人尤其感觉有受老哥哥印度人指导的必要，我们彼此都没有一毫自私自利的动机。

当我们往来最亲密的时候，可惜小兄弟年纪幼稚，不曾有多少礼物孝敬哥哥，却是老哥哥给我们那份贵重礼物，真叫我们永世不能忘记。他给我们什么呢？

一、教给我们知道有绝对的自由——脱离一切遗传习惯及时代思潮所束缚的根本心灵自由，不为物质生活奴隶的精神自由。总括一句，不是对他人的压制束缚而得解放的自由，乃是自己解放自己"得大解脱""得大自在""得大无畏"的绝对自由。

二、教给我们知道有绝对的爱——一对于一切众生不妒、不恚、不厌、不憎、不净的纯爱，对于愚人或恶人悲悯同情的挚爱，体认出众生和我不可分离，"冤亲平等""物我一如"的绝对爱。

这份大礼的结晶体，就是一部《大藏经》。《大藏经》七千卷，一言以蔽之曰"悲智双修"，教我们从智慧上求得绝对的自由，教我们从悲悯上求得绝对的爱。

这份大礼物已经够我们享用了，我们慈爱的老哥哥犹以为未足，还把许多副礼物文学、美术等等，送给我们。

我们得着这些副礼物的方法，约有以下几个来源。

一、从西域——即葱岭内外各国间接传来。

二、印度人来中国的随带着来。如各梵僧大率都带有雕刻、绘画等物作为贡品。

三、中国人游历印度的归赆。例如《玄奘传》详记他带回来的东西，除梵夹经卷外，各种美术品都有。

四、从翻译经典上附带得来的智识和技术。

这些副礼物，屈指数来，最重要者有十二件。

一、音乐。音乐大抵从西域间接传来的居多。中国古乐，我们想来是很好的，但南北朝以后逐渐散失，在江南或者还存一部分，中原地方却全受西方传来的新音乐影响。隋唐承北朝之统，混一区宇，故此后音乐全衍北方系统，最盛行的音乐是"甘州""伊州""凉州""梁州"诸调，这些调都是从现在甘肃、新疆等地方输进来，而那时候这些地方的文化，全属印度系。后来又有所谓龟兹部乐、天竺部乐等，都是一条线上衍出来；这些音乐，现在除了日本皇室或者留得一部分外，可惜都声沉响绝了。但我们据《唐书·乐志》及唐人诗文集、笔记里头所描写记载，知道那时的音乐确是美妙无伦。所以美妙之故，大约由中国系音乐和印度系音乐结婚产出来。

二、建筑。中国建筑受印度影响是显而易见的事。《洛阳伽蓝记》里头的遗迹我们虽不得见，永平寺、同泰寺、慈恩寺……诸名区的庄严美丽，我们虽仅能在前人诗歌上或记录上欷歔凭吊，但其他胜迹留传至今的还不少。就中窣墙坡（塔）一项，尤为我们从前所无，自从这项建筑输入之后，增饰我们风景的美观真不少。你看，西湖上得"雷峰""宝俶"两塔，增他多少妩媚；汴梁城上若没有"铁塔"和"繁台"，还有什么意趣；北京城最古的建筑物，不是彰仪门外隋开皇间——六世纪末的"天宁寺塔"吗？北海的琼华岛，岛上"白塔"和岛下长廊相映，正表示中印两系建筑调和之美。我想，这些地方，随处可以窥见中印文化联锁的秘密来。

三、绘画。中国最古的画，我们看不见了。从石刻上——嘉祥县之武梁祠堂等留下几十张汉画，大概可想见那时素朴的画风。历史上最有名的画家，首推陆探微、顾虎头，他们却都以画佛像得名。又如慧远在庐山的佛影画壁，我猜是中国最初的油画，但这些名迹都已失传，且不论他。至如唐代的王维、吴道子所画佛像，人间许尚有存留。依我看来，从东晋至唐，中印人士往来不绝，印度绘画流入中国很多，我们画风实生莫大影响，或者可以说我们画的艺术在那个时代才确立基础。这种画风，一直到北宋的"画苑"，依然存在，成为我国画史上的正统派。啊啊，真是中印结婚产生的"宁馨儿"。

四、雕刻。中国从前雕刻品像只有平面的，立体雕刻，我猜度是随着佛教输入。晋朝有位名士戴安道（王羲之的儿子王子猷剡溪雪夜访戴的故事，访的便是他），后人都知道他会做诗画画，我们从《高僧传》上才知道他和他的兄弟都是大雕刻家，他们哥儿俩曾合雕一佛像，雕时还留下许多美谈。此后六朝隋唐间所刻有名工妙的佛像，见于历史者不计其数，可惜中间经过"三武毁法"（北魏孝武、北周武帝、唐武宗）的厄运和历代的兵燹，百不存一；但毁不掉的尚有洛阳龙门山壁上三四千尊的魏齐造像，我们现在除亲往游览外，还可以随处看见拓片。其尤为世界环宝的，莫如大同府云冈石窟中大大小小几百尊石像，据说是"犍陀罗美术"（犍陀罗为今阿富汗地，他的美术是印度和希腊所产）的结晶作品，全世界找不出第二处。就只这票宝贝，也足令我们中华民族在人类文化史上留下历劫不磨的荣誉，但倘非多谢老哥哥提拔，何能得此？

还有一种艺术要附带说说，我们的刻丝画，全世界都公认他的价值，但我敢说也是从印度学来的，玄奘归赆的清单，便列有这种珍贵作品。

五、戏曲。中国最古的戏曲，所谓"鱼龙曼衍之戏"，大概是变戏法的玩意儿，歌和舞自然是各有很古的历史，但歌舞并行的戏剧，魏晋以前却无可考见。最初的歌舞剧，当推"拨头"一曲，亦名"钵头"。据近人考证，像是从那离代京（大同）三万一千里南天竺附近的拔豆国传来。那戏是演一个人，他的老子被虎吃掉，他入山杀虎报仇，演时且舞且歌，声情激越，后来著名的"兰陵王""踏摇娘"等等戏本，都是从"拨头"变化出来。这种考证若不错，那么，印度又是我们戏剧界恩人了。

六、诗歌和小说。说中国诗歌和印度有关系，这句话很骇人听闻——连我也未敢自信为定论。但我总感觉，东晋时候所译出印度大诗人马鸣菩萨的《佛本行赞》和《大乘庄严经》这两部名著，在我文学界像有相当的影响。我们古诗，后《三百篇》到汉魏的五言，大率情感主于温柔敦厚，而资料都是现实的。像《孔雀东南飞》和《木兰诗》一类的作品，都起自六朝，前此却无有（《孔雀东南飞》向来都认为汉诗，但我疑心是六朝的，我别有考证）。《佛本行赞》现在译成四本，原来只是一首诗，把佛一生事迹添上许多诗的趣味谱为长歌，在印度佛教史上，力量之伟大固不待言，译成华文以后，也是风靡一时，六朝名士几乎人人共读，那种热烈的情感和丰富的想象力，输入我们诗人的心灵中当不少；只怕《孔雀东南飞》一路的长篇叙事抒情诗，也间接受著影响罢（但此说别无其他证据，我未敢自信，我要再三声明）。

小说受《大乘庄严经》影响，我什有九相信。《庄严经》是把四《阿含》里头所记佛弟子的故事加上文学的风趣搬演出来，全书用几十段故事组成，体裁绝类我们的《今古奇观》。我国小说，从晋人《搜神记》等类作品，渐渐发展到唐代丛书所收之唐人小说，依我看，大半从《庄严经》的模子里镕铸出来，这还是就初期的小说而言；若宋元以后章回体的长篇小说，依我看，受《华严经》《宝积经》等影响一定不少。这些经典都是佛灭后六七百年间，由印度文学家的想象力构造，这是治佛学史的人公认的。然而这些经典，中国文学家大半爱读他，又是事实。

中国文学本来因时代变迁自由发展，所受外来影响或比较的仅少，但既有这类新文学优美作品输入，不管当时诗家或小说家曾否有意摹仿他，然而间接受他熏染，我想总不能免的。

七、天文历法。这门学问，中国原来发达很早，但既和印度交通后，当然得他补助。唐朝的"九执术"，便纯从印度传来，僧一行的历学，在我们历学史上是有位置的。

八、医学。这亦是我们固有的，和印度交通后，亦有补助增益。观《隋书·经籍志》《唐书·艺文志》所载婆罗门医药书之多，可知。

九、字母。中国文字是衍形的，不能有跟着言语变化的弹力性，这是我们最感不便的一件大事。自从佛教输入，梵文也跟着来，于是许多高僧想仿造字母来救济这个问题。神珙、守温等辈先后尝试，现存"见溪群疑"等三十六字母，虽然形式拙劣，发音漏略，不能产出什么良果，但总算把这问题提出，给我们以极有益的动机和资料。

十、著述体裁。中国从前书籍，除文学作品及注释古典的训诂书不计外，虽然称"体大思精"的经书子书，大都是囫囵统括的体裁，没有什么组织，不容易理清眉目，看出他的条理。自从佛典输入之后，每一部经论都有他首尾一贯、盛水不漏的主义，里头却条分缕析，秩序谨严，这种体裁，求诸中国汉魏以前是没有的（《荀子》和《论衡》算是最谨严的，但还比不上）。这种译书既盛行，于是发生"科判"的专门学——把全部书脉络理清，令人从极复杂的学说中看出他要点所在；乃至如天台贤首诸师将几千卷藏经判为"三时五教"之类，是都用分析综合的观察，开一研究新途径。不但此也，当六七世纪时，印度的新因明学正从佛教徒手里发挥光大起来，研究佛学的人，都要靠他做主要工具。我们的玄奘大师，正是最深造此学之人，他自己和他门下的人的著述，一立一破（立是自己提出主张，破是反驳别人），都严守因明轨范，应用得极圆滑而致密。这种学风，虽后来因禅宗盛行，一时消歇，然而已经在学界上播下良种，历久终会发新芽的。

十一、教育方法。中国教育，不能不说发达的很早。但教育方法怎么样，共有若干种？我们不容易调查清楚。即如聚许多人在一堂讲演，孔子、孟子书中像没有看见这种痕迹；汉朝伏生、申公诸大师，也不见得是如此。我很疑心这种讲演式的教育，是佛教输入后从印度人学来。不惟如此，即在一个固定的校舍中，聚起许多人专研究一门学术，立一定课程，中国前此虽或有之，但像是从佛教团成立以后，这种制度越发完密而巩固。老实说，唐以后的书院，实从佛教团的教育机关脱胎而来，这种机关和方法善良与否，另一问题，但在中国教育史上不能不特笔重记。

十二、团体组织。中国团体组织纯以家族为单位，别的团体都是由家族扩大或加减而成；佛教输入，才于家族以外别有宗教或学术的团体发生。当其盛时，势力很大，政治上权威一点也不能干涉到他。即以今日论，试到普陀山一游，便可见我们国里头有许多享有"治外法权"的地方，不必租界；他们里头有点像共产的组织，又有点像"生产事业国有"的组织。这种组织对不对，另一问题，但不能不说是在中国全社会单调组织中添些新颖的色彩。

以上十二项，都是佛教传来的副产物，也是老哥哥——印度人赠给我们的随帖隆仪。好在我们当小弟弟的也很争气，受了哥哥提携便力求长进，我们从印度得来的学问完全消化了来荣卫自己，把自己特性充分发展出来。文学、美术等等方面，自己建设的成绩固不用说，即专就"纯印度系的哲学"——即佛教论，天台宗、贤首宗、禅宗、净土宗，这几个大宗派都是我们自创；乃至法相宗虽全出印度，然而成唯识论乃由玄奘集合十大论师学说抉择而成，实是玄奘一家之学。其门下窥基、圆测两大派，各各发挥尽致，剖析入微，恐怕无著世亲一派学问，到中国才算真成熟哩。所以我们对着老哥哥，自问尚可以无惭色。

哎，自唐末到今日，咱们哥儿俩又一别千年了。这一千多年里头，咱们两家里都碰着千灾百难，山上的豺狼虎豹，水里的龙蛇蚌鳖，人间的魑魅魍魉，不断的恐吓咱们，揶揄咱们，践踏咱们；咱们也像有点老态龙钟，英气消减，不独别人瞧不起咱们，连咱们自己也有点瞧不起自己了。虽然，我深信"业力不灭"的真理——凡已经种在人心上的灵苗，虽一期间偶尔衰萎，终久要发新芽，别开一番更美丽的境界。不信，你看曲阜孔林里的汉楷唐柏，皱瘦到像一根积锈的铁柱，却是阳春三月，从他那秃顶上发出几节"孙枝"，比"鹅黄柳条"的生机还充盛。咱们哥儿俩年纪虽老，"犹有童心"，不信，你看哥哥家里头现成的两位现代人物——泰谷尔和甘地。

哈哈，一千多年"爱而不见"的老哥哥，又来访问小弟弟来了。咱们哥儿俩都是饱经忧患，鬓发苍然，揩眼相看，如梦如寐。我们看见老哥哥，蓦地把多少年前联床夜雨的苦辛兜上心来。啊啊，我们要紧紧握着他的手不肯放，我们要搂着他亲了又亲，亲了又亲。……我们要把从娘胎里带来的一副热泪，浸透了他托腮上那可爱的大白胡子。

我们用一千多年前洛阳人士欢迎摄摩腾的情绪来欢迎泰谷尔哥哥，用长安人士欢迎鸠摩罗什的情绪来欢迎泰谷尔哥哥，用庐山人士欢迎真谛的情绪来欢迎泰谷尔哥哥。

泰谷尔对我们说，他并不是什么宗教家、教育家、哲学家……他只是一个诗人。这话是我们绝对承认的。他又讲，他万不敢比千年前来过的印度人，因为那时是印度全盛时代，能产出许多伟大人物，现在是过渡时代，不会产出很伟大人物。这话我们也相对的承认。但我们以为凡成就一位伟大诗人，不但在乎有优美的技术，而尤在乎有崇高的理想。泰谷尔这个人和泰谷尔的诗，都是"绝对自由"与"绝对爱"的权化，我们不能知道印度从前的诗人如何，不敢妄下比较；但我想泰谷尔最少也可比二千年前做《佛本行赞》的马鸣菩萨。我盼望他这回访问中国所生的好影响，不在鸠摩罗什和真谛之下。

泰谷尔又说：他这回不能有什么礼物送给我们，只是代表印度人向我们中国致十二分的亲爱。我说，就只这一点，已经比什么礼物都隆重了。我们打开胸臆欢喜承受老哥哥的亲爱，我们还有加倍的亲爱奉献老哥哥，请他带回家去。

我最后还有几句话很郑重的告诉青年诸君们：老哥哥这回是先施的访问我们了。记得从前哥哥家里来过三十七个人，我们却也有一百八十七个人，往哥哥家里去；我盼望咱们两家久断复续的爱情，并不是泰谷尔一两个月游历昙花一现便了。咱们老弟兄对于全人类的责任大着哩，咱们应该合作互助的日子长着呢！泰谷尔这次来游，不过替我们起一个头，倘若因此能认真恢复中印从前的甜蜜交谊和有价值的共同工作，那么，泰谷尔此游才真有意义啊！那么，我们欢迎泰谷尔才真有意义啊！

（本文为欢迎泰谷尔在师范大学讲演。1924 年）

近代学风之地理的分布

序

吾于三年前作《清代学术概论》，篇末述对于将来学界之希望，有"分地发展"一语，朋辈多疑其所谓。彼书既极简陋，未能发吾旨趣，久思为一文以畅之，顾卒卒未有暇。癸甲冬春之交，夜课休沐，偶与儿曹谈皖南、北，浙东、西学风之异同，乘兴搜资料作斯篇，阅十日而成，亦屠苏酒中一绝好点缀也。

本篇专以研究学者产地为主，于各家学术内容不能多论列，文体宜尔也。欲知其概，则有拙著《近三百年学术史》在。

本篇以行政区域分节，理论上本极不适当，贪便而已，抑舍此而别求一科学的区分法亦非易易也。今以十八行省附以奉天及在京之满洲、蒙古人为二十节，吉林、黑龙江、新疆无可纪者，只得阙焉。就中江苏、安徽、浙江三省情形太复杂，更分区论次。

本篇纯采"案而不断"的态度，胪列事实略为比次而已，其所以产生此事实之原因，盖未遑及。今略摘应注意研究之各问题如下：

一、何故一代学术几为江、浙、皖三省所独占？

二、何故考证学盛于江南，理学盛于河北？

三、何故直隶、河南、陕西清初学者极多，中叶以后则阒如？

四、何故湖南、广东清初学者极少，中叶以后乃大盛？

五、何故山西介在直隶、陕西之间，当彼两省学风极盛时，此乃无可纪述？

六、何故湖北为交通最便之区而学者无闻？

七、何故江西与皖、浙比邻而学风乃绝异？

八、何故文化愈盛之省分其分化愈复杂——如江南之与江北，皖南之与皖北，浙东之与浙西，学风划然不同？

九、何故同一省中文朴截然殊致——如江苏之徐、海一带，安徽之淮、泗一带，可述者远逊他郡？

十、何故同一郡县而文化或数百年赓续不替，如皖之桐、歙，苏之常、扬等？或极盛而骤衰，如直之博、蠡，浙之姚、鄞等？

十一、何故……？

十二、何故……？

精读吾文者，凭藉胪列事实，可以发生大大小小问题如此类者盖不下数十，能一一求其故而解答之，则我国近代文化一部分之性质及其来历可以明了，此史家之责也。吾于全部精细的解答，病未能焉。

虽然，请以感想偶触所及陈其一二。

昔人恒言"山西出将，山东出相"。晋王武子与孙子荆各言其土地人物之美，王云："其地坦而平，其水淡而清，其人廉且贞。"孙云："其山崔巍以嵯峨，其水泙渫而扬波，其人磊落而英多。"斯言虽小，可以喻大也。以我国幅员之广漠，民族之复杂，气候兼寒、温、热三带，地形兼山谷、平原、海滨三界。任举一省，皆足当欧洲一国或二三国；一省之中，而自然界之形与气之区以别者且无量也。气候山川之特征，影响于住民之性质，性质累代之蓄积发挥，衍为遗传，此特征又影响于对外交通及其他一切物质上生活。物质上生活，还直接间接影响于习惯及思想，故同在一国、同在一时而文化之度相去悬绝，或其度不甚相远，其质及其类不相蒙，则环境之分限使然也。环境对于"当时此地"之支配力，其伟大乃不可思议。且如惟江右为能产陆子静、李穆堂，惟皖南为能产朱晦翁、戴东原，惟冀北为能产孙夏峰、颜习斋，惟浙东为能产王阳明、黄梨洲，乃至阮文达之在粤与在滇，其努力传播文化工作相等，而粤之收获至丰，滇之收获至啬也。类此之例，悉数之累百十而不能尽。吾因是则信唯物史观派所主张，谓物质的环境具万能力，吾侪一切活动，随其所引以为进展，听其所制以为适应，其含有一部分真理，无少疑也。

虽然，专从此方面观察，遂可以解答一切问题耶？又大不然。使物质上环境果为文化唯一之原动力，则吾侪良可以委心任运，听其自然变化，而在环境状态无大变异之际，其所产获者亦宜一成而不变，然而事实主决不尔尔。有一陆子，而江右承其风者数百年；有一朱子，而皖南承其风者数百年。虽在风流歇绝之后，而其精爽之薰铸于社会意识中不可磨灭，遇机缘而辄复活。倘其时不有朱、陆其人，或有之，而其所努力者或稍息，则全部学术史，恐非复如今所云云也。乃至同是一冀北而颜习斋、李恕谷之当时，与其前后何以大异？同是一甬上而黄梨洲、万季野、全谢山之当时与其后何以大异？同是一岭南，假使无阮文达为之师，则道咸之后，与其前或不相远，未可知也。类此之例，悉数之亦累百十而不能尽。夫环境之迁嬗，岂其于数年十数年间而剧变遽尔？所以然者，则范蔚宗所谓"仁人君子心力之为"，人类之所以秀于万物，能以心力改造环境而非偶然悉听环境所宰制。

"一夫善射，百夫决拾"，心力伟大者一二人先登焉，而其浡兴遂不可御也。

吾为此文，欲举国青年读之而知所兴焉，各自按其籍贯以寻其乡先辈之遗风。其在文物郁郁之乡，则思如何而后可以无惭于先达，续其绪勿使坠也；又深察乎一时之盛不可以恃，各乡邦固有昔盛而今衰者矣，引以为鉴而日兢兢也。其在昔盛今衰之乡，则夙夜图所以振之，使先辈心力薰铸于吾之潜意识者迅奋复活也。其在夙未展拓之乡，则知耻知惧，愈加努力，毋使长为国中文化落伍之区域，而又思夫他乡之所以先进，亦不过一二仁人君子心力之为，诵"彼丈夫我亦丈夫"之言而自壮自力也。夫自然界之力所能限制吾人者盖可睹耳，今者全世界学风且刹那刹那交相簸荡，而更何一省一郡一邑之所能私？即以近三百年间所演观之，其末流固已交光互影而地域的色彩日益淡矣，其普及之均度，亦月异而岁不同。吾祝十年后有赓续吾文者，其所述学术之种类及内容有以异于今所云，而平均发展之度亦日益进，不复如今之偏枯而可憎也。

吾为此文，虽费十日之力搜集资料，然终凭记忆所及为多，遗漏自当不少。盖尝有极著名之数人一时失忆而嗣乃补入者矣，籍贯误记当更不免，海内君子，摭其所遗以相匡示，俾稍完备，感且不朽。

此种研究方法，吾以为今之治史者所宜有事。踵而扩之，追溯宋明以前各时代学风之地理的分布，乃至遍及文学家、政治家等等之地理的分布，则皆治人文科学极有趣味、极有功用之业也。国之俊髦，其有乐于是耶？吾愿褰裳从之。

十三年二月十一日，即甲子人日，启超记。

一　直隶及京兆

直隶、京兆，今之畿辅而古燕、赵也。自昔称多慷慨悲歌之士，其贤者任侠、尚气节、抗高志、刻苦、重实行，不好理论，不尚考证。明清之交多奇士，乾嘉以降，渐陵夷衰微矣。

近代初期，直隶最著名之大师二：曰孙、曰刁。

明季，定兴鹿伯顺（善继）与容城孙夏峰（奇逢）同讲学于江村，两家子弟交相师，郡中好学之士多就请业，是为近代北学之祖。崇祯末，满洲兵入关，掠畿辅，伯顺以绅士守城殉焉，其弟子最著者曰定兴杜紫峰（越）。夏峰则力保危城，继乃率其族党门生入山保聚，部勒而教化之，如三国时田子春之所为，教泽日以弘远。夏峰最老寿，入清已六十三，卒年盖九十二矣。明、清两朝凡十一征皆不起，晚因家乡田里被政府圈占，乃迁寓河南。顺康之交，海内称三大师，西有李二曲，南有黄梨洲，北有夏峰。夏峰少时，以任侠志节闻于乡邦，为范阳三义士之一。其学术得力在阳明，然不好玄谈。晚年务调和朱、陆，盖以实行家眼光看之，本不见两派有大异同也。清初北方学者，殆无一不被夏峰之泽，著籍弟子千数，直隶、河南尤众。其在直隶最著者，则新城张于度（果中）、新安魏莲陆（一鳌）、新城王介祺（余佑）、定兴耿保汝（极）、清苑高荐馨（镐）、滦州赵宽夫（御众）、永平申凫盟（涵光），皆抗志节，笃践履；而介祺又自一家言，凫盟则兼以文学显。柏乡魏石生（裔介）、蔚州魏环极（象枢）皆立朝有风骨，称名臣；而夏峰子君建（立雅）、君侨（博雅），孙担峰（泾）皆能世其学。

祁州刁蒙吉（包）年辈稍亚夏峰，而最服膺东林开派之高忠宪（攀龙）。北方言程朱学者自蒙吉，与夏峰之陆王学隐若对峙焉，然蒙吉与夏峰交相敬。夏峰之南迁也，过祁，蒙吉留主其家讲学二年。蒙吉卒，夏峰铭其墓曰："先生孤标猛力，大河南北，一人而已。"两君器识，于斯可见。其后大兴张武承（烈）著《王学质疑》，痛诋阳明，则学蒙吉而过焉者也。

同时复有清苑张石卿（罗喆），其学与孙、包皆小异其撰，持论颇矫宋儒。吾名之为北学第三派，盖后此颜李学之先导云。

新城王介祺，即所谓五公山人也，尝受业夏峰，而学风稍区以别。五公，侠士之有道者也。其父以起义抗清遇害，其长兄自投狱以与父同殉，其次兄手刃告密之仇家三十余口，亡命隐淇县以终。五公日讲经世之略，精技击，善谈兵，著书十卷，名曰《此书》，吾谓此"革命军教科书"也。五公不讲学，而好宏奖后进，颜习斋、李恕谷皆礼事之。其最契之友曰蠡县彭九如（通），往往被酒游孙、刁两先生之门，议论蜂起，两先生辄为印可。其后辈中气象逼肖五公者，则大兴刘继庄（献廷），大兴王昆绳（源）。继庄盖古之振奇人，生当康熙之盛，负时誉，而抑塞磊落，终身踯躅风尘中，乃类避人亡命者之所为。其于史学、地理学皆有特识，有创造。昆绳善兵法，能文章，气概不可一世，晚乃折节学于习斋。刘、王性行志事学术一一相同，交相爱若胶漆，要其得力处皆私淑五公。故吾欲名五公之学为北学第四派。治此派者，其为人皆倜傥嵚异，不拘拘绳墨，慷慨多感，常自任以天下之重。此其大较也。

初期北学之一大结束，为博野颜习斋（元）及其弟子蠡县李恕谷（塨）。习斋不及见夏峰，惟尝上书质以所学。其于蒙吉、石卿、五公则以后进之礼见，而得力于五公者较多。其共学友最著者则蠡县王法乾（养粹）及恕谷之父李晦夫（明性）。习斋生平学凡四变：少年尝治道家言，稍进学陆王，再进学程朱，皆用淬厉刻苦工夫有所得；中年以后，乃自创一派，专标唯用主义，排斥冥想讲诵笺释之学，实为二千年学术界一大革命。其短处则在大蔑视智识也。恕谷受家学而归宿于习斋，对于习斋主义，为宗教式之猛烈宣传。习斋踪迹不出里闬，而恕谷周历南北，屡适京师，广交天下士。其学亦自受多方面之影响，故能以淹博之识、综析之辩为习斋益张其军。王昆绳以老名士，晚交恕谷，而俯首受学习斋，盖在习斋卒之前一年，昆绳年既五十六矣。故数北方颜门魁杰，恕谷之外，首推昆绳，次则博野钟金若（錂）。恕谷弟子最著者，有清苑冯枢天（辰）、威县刘用可（调赞），其余两家共学之友及著籍弟子有言行可征者尚百数。盖康熙末叶，颜李学为北学唯一重镇矣。

考证学非北人所长，抑非其所嗜，故乾嘉以降，兹学盛行，而北学声光锐减，其间负时名者多属大兴人。大兴，京师所在，各省寄籍甚多，其人固非必北产也。当乾隆中叶汉学最盛时，则有大兴朱石君（珪）、竹君（筠）兄弟，有大兴翁覃溪（方纲）。有献县纪晓岚（昀），并以达官屡掌文衡，名下士多出其门者，故誉望特盛；竹君首建议设《四库》馆，而晓岚始终董其事。然其于学，无专门，无独到；拟诸东汉汝南党谕，则"厨及"之论耳。覃溪为艺术的赏鉴家，亦颇好为金石考证，然其在金石学界中，仅为别子而已。

乾隆末叶，直隶有一暗然自修之学者，曰大名崔东壁（述）。其学专治古史，而善怀疑，善裁断，剪落枝叶，与东南考证学家大异其撰。著书甚多，其最著者曰《考信录》。

其后学者，则嘉庆间有大兴章逢之（宗源），著《隋书经籍志考证》，论者谓其价值在王深宁《汉志考证》上；有通州雷瞻叔（学淇）治经史有心得，其最有功学界者尤在考订《竹书纪年》及辑《世本》。道光间，有大兴徐星伯（松），熟于掌故，尤精掌西北地理，其著述最有价值者曰《西域水道记》，曰《新斠注地理志集释》；有肃宁苗先簏（夔），治训诂、音韵之学，为大儒王怀祖所推服。

同治光绪间，则丰润张幼樵（佩纶）、南皮张孝达（之洞），皆善谈经济，负时名。孝达尤通显老寿，在晚清以主持学风自命，然文士达官耳，不足语于学者之林。

见存者有新城王晋卿（树枏），熟于乡邦文献，徐菊人（世昌）所著书多出其手。

二　陕西

秦中自古帝都，唐末之乱，文物荡焉，昔人所谓"地绝其脉、水化其味"者也。然张横渠崛起北宋，究极天人，遂建立关中学派，世共传之曰"关学"。明清之交，大师顾亭林习游其地，终乃侨寓以老。其言曰："秦人慕经学，重处士，持清议，实他邦所少。"其重之若此，乌睹所谓绝脉而化味者耶？

清初有"关中三李"之称，谓二曲、子德、雪木也，而二曲尤为关学复兴之重镇。

盩厔李中孚（颙），学者称二曲先生。崛起孤徽，无师友，卓然成就，与孙夏峰、黄梨洲齐名。其学大段宗阳明，规模稍隘，不如东南王学家之踸踔，而谨敕坚苦过之。中年以还，讲学富平，秦士从之如归市。弟子最著者，鄠县王丰川（心敬）、同州李文伯（士璨）、淳化黎长举（宗淳）。

富平李子德（因笃）、郿县李雪木（柏）与二曲并名。子德最服膺亭林之学，治经史有根柢。雪木之学，未知其所至，志称其"贯穿百家，勃窣理窟"云。三李学风，互有出入。二曲狷介刻苦，其学问盖从咬牙嚼舌锤炼出来，而自得处颇逼肖禅宗。雪木殆以礼自律，于程朱为近（据颜习斋《与李复元处士书》，推度其学风如此。复元即雪木也）。子德则嵚崎磊落人，亦以文辞显，盖王昆绳一流人物。然三李相互间交谊盖甚肫笃云。

同时有华阴王山史（宏撰），治经学熟于掌故。有三原孙豹人（枝蔚），亦博学能文，而豹人流寓淮扬以终，于关学关系较少。

其时关中学者虽克自树立，然受赐于外来学者之奖劝实多，其最重要者，前有顾亭林，后有李恕谷。亭林三十五岁以后即屡游秦，晚岁家华阴以终，秦人士咸乐从之游。李子德敬事之，谊兼师友，王山史则其东道主也。李二曲以死拒征后，反扃土室，妻子、门人皆莫得见，惟亭林至则启关晤对。秦士之敬礼亭林如此，亭林亦爱重秦士，其《集》中论学书作于秦中者盖半云。

恕谷门人杨慎修（勤），为富平宰，聘恕谷于幕，政无大小皆待决焉。于是恕谷居陕将两岁，其志固欲小试经济，抑亦将以传习斋学于关中也。初，王昆绳与二曲、雪木皆旧交，常有书札论学。恕谷入关，三李皆前卒，而秦士皆乐从恕谷游。鄠县鲁圣居（登阆）、西安张潜士（中）、富平张少文（景蔚）、西安蔡瑞生（麟）、盩厔陈尚孚（光陛）及黎长举，皆以后学礼见，心折所学，除张少文外皆二曲门下也。二曲首座弟子王丰川亦有论学书与恕谷往复，习斋昔尝上书二曲以所学请益。至是则两家门下不惟"晋楚之从交相见"，二曲之徒，殆皆北面习斋矣。

顺、康、雍之际，三李主之于内，亭林、恕谷辅之于外，关学之光大，几埒江南、河朔。乾嘉以后，戛然不复有闻焉。清季乃有咸阳刘古愚（光蕡）以宋明理学自律，治经通大义，明天算，以当时所谓新学者倡于其乡。其门人同县李孟符（岳瑞）以之比习斋，关学稍稍复苏矣。

三　山西

山西介直隶、陕西之间，而学风寥阒特甚。清初可述者，仅一阳曲傅青主（山），以气节文章名于时，盖古之振奇人也，不得目以学者。太原阎百诗（若璩）在清代经师中首屈一二指，然生长山阳，毕生仅一度回原籍应试而已，其于晋学，直可谓无关系。康熙末叶，有绛州辛复元（全）、洪洞范彪西（鄗鼎）俱以陆王学教于乡里，然所就似尚浅狭。至嘉庆间，乃有寿阳祁鹤皋（韵士），初在史馆研究蒙古诸部之离合封袭，中间又以事谴戍伊犁，遂益究心边事，著《藩部要略》《西域释地》等书，为西北地理专门学之创始者。道光间则平定张石洲（穆）继之，所著《蒙古游牧记》《北魏地形志》等益精核，又撰顾、阎《年谱》，有理法，晋士始为天下重。清季有闻喜杨漪村（深秀），为戊戌殉难六君子之一，行谊学问皆具有本末，中遇摧折，其学遂无传者。

四　甘肃

甘肃与中原窎隔，文化自昔朴僿，然乾嘉间亦有一第二流之学者，曰武威张介侯（澍），善考证，勤辑佚，尤娴熟河西掌故，与段茂堂、王伯申、钱衎石诸人皆友契。

五 河南

河南，中州也，实全国文化最初发源地。至宋，康节、二程生焉，于是有"洛学"之目。元则许鲁斋，明初则薛敬轩，咸以乡人衍其绪，故中州称理学之府焉。姚江、白沙学兴，学界重心移于东南矣。及晚明则有宁陵吕新吾（坤）复兴洛学，宁陵古沙随，即二程故里，故明道、伊川与新吾亦称"先后沙随先生"云。新吾之学，持养绵密，而专向平实处致力，善察物情，而勇于任事，妙于因应，与当时王学末流之好为高谈大言者异撰。然亦受世代影响，持论不如二程之迂，新吾之洛学，盖新洛学也。

孙夏峰避地南迁，老于辉县之苏门，其晚岁大弟子多中州籍，清初洛学之昌，实自夏峰也。睢州汤潜庵（斌），清代以名臣兼名儒者共推以为巨擘，潜庵宦达后假归，乃折节学于苏门。而夏峰弟子中最能传其学者，在燕则魏莲陆，在豫则潜庵。时盈廷以程朱学相夸附，诋陆王为诐邪，潜庵岳然守其师调和朱、陆之旨，而宗陆王为多。居官以忤权相明珠去位，几陷于戮，是真能不以所学媚世者。登封耿逸庵（介）事夏峰最久，笃志传其学，与潜庵同谪宫，主嵩阳书院数十年，学者多出其门。柘城窦静庵（克勤）、中牟冉永光（觐祖）皆不逮事夏峰，而私淑于潜庵与逸庵，稍染程朱派习气矣。

初期中州学者，无一不渊源于夏峰，其崛起与之抗颜行者，则上蔡张仲诚（沐）也。仲诚似与夏峰未相见，潜庵见之，归而述其学于夏峰，夏峰印可焉。其学宗陆王，著有《道一录》，带和会朱、陆色彩，盖与夏峰酷相类也。夏峰既前卒，而仲诚以老宿讲学于上蔡，故康熙之末，仲诚称洛学中心。

夏峰、仲诚，虽各自设教，而学脉则一。其与仲诚同时而为洛学开一新趋向者，曰安阳许酉山（三礼）。酉山著《圣学直指》，谓讲静坐观空之学者为"戴儒巾之禅和子"，谓注经诸贤不离曲学局面，其学虽植本于存养，而必征效于事功，盖与颜李一派颇相近。酉山立朝为显官（官至副都御史，以劾徐乾学、元文兄弟及高士奇去职），讲学之日浅，故弟子无闻焉。颜习斋尝一游中州访张仲诚，与其师弟往复论学者两月；李恕谷亦尝佐幕郾城，多接中州人士，自是梁豫之间有颜李学。其显者曰安阳徐仲容（适）、原武张天章（灿然）、邬陵王次亭（笃周）、汤阴朱主一（敬）。天章，夏峰弟子；次亭，仲诚弟子也。窦静庵在京师晚交恕谷，论学亦甚契云。

洛中稍后起之学者，曰仪封张孝先（伯行），承李厚庵之风，专标程朱为学鹄。孝先宦达，雍乾官至巡抚，与厚庵齐名，称理学名臣。品格虽高于厚庵，然亦巽儒少风骨，洛之有程朱学派由孝先，而洛学亦自此衰矣。

乾嘉以降，考证学掩袭一世，而中州阒无人焉。其稍著者，惟偃师武虚谷（亿），操行峻整，有强项县令之目，其学颇博涉，而于金石最深。

六　山东

山东邹鲁，孔、孟实生，齐稷下，方术之士聚焉，自昔为文明渊丛。两汉经师，什九为齐鲁产，盛矣！魏晋以降，渐以式微。宋南渡后，陵替遂极。及清稍振，然以校他省尚瞠乎其后也。

清初，济阳张稷若（尔岐）首倡《仪礼》之学。顾亭林谓其"独精三《礼》，卓然经师"，论近世经学创始之功，稷若实足与顾、阎、胡比武。其于理学亦有心得，尝有与亭林往复论学书，在两家《集》中皆为有价值之文。邹平马宛斯（骕），为清代最初研究古史者，所著《绎史》，搜罗极富，虽别择未能精审，要不失为一大著作。而同时曲阜颜修来（光敏）亦颇治经史，明算术、乐律，有著书。三人皆与顾亭林交厚，亭林屡游山左，此邦人士挹其风，慕学者渐众。康熙末，有安丘刻昆石（源泺）治程朱学，教授于乡。

同时有淄川薛仪甫（凤祚）学于孙夏峰，而精治历算，与王寅旭齐名，时称"南王北薛"。

乾隆中则曲阜孔㧑谷（继涵）与戴东原为至交，颇熏染于其学。先是，衍圣公毓圻、传铎，两世皆笃行嗜学，有著作。㧑谷则毓圻孙也，究心天算、地志、训诂、典章之学，学风大类东原，东原著述稿悉藏其家，以次校刻焉。其从子荦轩（广森）受学东原，首治《春秋公羊》学，又著《少广正负术》，于数学有新发明，借早卒，未能竟所学。历城周书昌（永年）学极博，与东原同被特征入四库馆，盖异数也。嘉道间则历城马竹吾（国翰）辑佚书颇勤。

山左学者，于小学多所贡献。曲阜桂未谷（馥）著《说文义证》，在斯学中称最博；安丘王菉友（筠）著《说文释例》《说文句读》，在斯学中称最通；而日照许印林（瀚）与菉友共学，于其著作多所参与，又颇治佛学云。栖霞郝兰泉（懿行）著《尔雅义疏》，与浙中邵二云齐名。

山左金石最富，自顾亭林来游，力为提倡，厥后黄小松（易）宦斯土，搜剔日广。斯土学者亦笃嗜之，有以名其家者，海丰吴子苾（式芬）、诸城刘燕庭（喜海）、潍县陈簠斋（介祺）、黄县丁彦臣（彦臣）、福山王莲生（懿荣）皆收藏甚富，而考证亦日益精审。故咸、同、光间金石学度越前古，而山东学者为之魁。

最晚出者胶州柯凤孙（劭忞）著《新元史》，或曰远过昔之作者，或曰非也。吾不治此学，无以判其然否。

七　江苏

大江下游南北岸及夹浙水之东西，实近代人文渊薮，无论何派之学术艺术，殆皆以兹域为光焰发射之中枢焉。然其学风所衍，又自有分野：大抵自江以南之苏、常、松、太，自浙以西之杭、嘉、湖，合为一区域；江宁、淮、扬为一区域；皖南徽、宁、广、池为一区域；皖北安、庐为一区域；浙东宁、绍、温、台为一区域。此数域者，东南精华所攸聚也。语其大较，则合诸域成一风气，与大河南北及关西截然殊撰；细为剖判，则此诸域者，各因其山川之所孕毓，与夫一时大师之偶然的倡导，又各自发挥其特色而分别有所贡献。今兹所述，不能具析，读者宜按图稽索，心知其意也。

江苏近代学风，发轫于东南濒海之苏、常、松、太一带，以次渐扩而北。其初期学界形势大略如下。

当晚明心学末流猖披之时，而东林学派兴于其间。创之者为无锡高景逸（攀龙）、顾泾阳（宪成），以省身克己砥厉名节为教，而最留意于当世之务。学派之得名，则以无锡东林书院为二公讲学地也，其后阉孽以此名陷正人，"东林党"遂遍天下。其后继者曰复社，主之者则太仓张天如（溥），虽流品渐杂，要不失为历史上有价值之讲学团体。江左学术之光芒，滥觞此时矣。

昆山顾亭林（炎武），岳然三百年来第一大师。其制行刚介拔俗，其才气横溢而敛之于范，其学博极群书而驭之在我，标"经学即理学"与"经世致用"之两大徽帜，号召学者以从事于新学派之建设。清代诸科之学，殆无一不宗祢亭林者。亭林中年以后，北游不归，故当时吴士奉手受教者少，然厥后学者，什九皆闻其风而兴也。故亭林应认为吴学之总发起人。

清师渡江，江浙间仗节死义者踵相接，而吴下逸民，则多以程朱学自检束。长洲徐俟斋（枋）、昆山朱柏庐（致一）、昆山归玄恭（庄），其尤矫矫者也。盖以耿介绝俗之姿，茹荼嚼雪，不求闻达，而士自潜受其化。其以程朱学为教，声光烂然者，亭林之外，莫如太仓陆桴亭（世仪），太仓陈确庵（瑚）。桴亭切实博大，不持门户，其《思辩录》包罗万象，颜习斋论清初学者推为第一，谓在夏峰、二曲上也。确庵教人分政、事、人、文四类，读史常注意社会利病实际问题，亦一反明季理学家清谈之习。盖吴下程朱派大师，多注重研究事物条理，与北学、关学、洛学稍异。吾假名之曰吴学第一派。

吴中治陆王者颇少，惟长洲彭南畇（定求）嗜焉，著《阳明释毁录》。传至其曾孙尺木（绍升），遂为佛学宗师。武进恽逊庵（日初），即大美术家南田（寿平）之父，学风亦近陆王。其族孙皋闻（鹤生）亲炙恕谷，私淑习斋，传颜李学于江南，后此常州学派亦间接受其影响。吾假名之曰吴学第二派。

亭林所倡经世致用之学，其基础当求诸历史，而尤重者则现代掌故也，故其学友中多治史，且专嗜明史。吴江吴赤溟（炎），吴江潘力田（柽章），吴江戴耘野（笠），其最著者也。赤溟、力田皆死于"湖州史狱"，著作烬焉；耘野书亦为禁品。自兹以往，史学家始偏重考古矣。吾假名之曰吴学第三派。

亭林倡经学即理学之论，其治经则视宋儒传注而求诸汉唐注疏。元和惠元龙（周惕）受经于徐俟斋，究治古义。其子半农（士奇）、半农子定宇（栋），累世传之，惟古是信，惟汉是崇。自是"汉学"之目掩袭天下，而共宗惠氏。吾假名之曰吴学第四派。

明季，利玛窦辈挟其历算学东来，而上海徐玄扈（光启）最能传受而光大之，与其徒先后译书垂百种，"西学"之名肇焉，思想界为之一变。吴江王寅旭（锡阐）以理学家而好为深沉之思，与亭林、力田交契，共致力斯学。江都孙滋九（兰）学于汤若望，尤能见其大，著《理气众数辩疑纠缪》及《格理》《推事》《外方》《考证》四论，虽大遭俗目之所咤斥，而学者视线亦渐集注焉，实为科学之由柣。吾假名之曰吴学第五派。

明清之交，江浙学者以藏书相夸尚。其在江南，则常熟毛氏之汲古阁为称首，且精择校刻以公于世。继之者常熟钱氏之绛云楼、述古堂，昆山徐氏之传是楼，昭文瞿氏之铁琴铜剑楼，以至太仓顾氏、泰兴季氏等，咸蓄善本，事雠校，自此校书刻书之风盛于江左。吾假名之曰吴学第六派。

以上六派，虽非皆吴人所专有，亦未必足以尽吴学，然大较盖可睹矣。斯邦人物蔚起，更当分区论之。

旧苏州府学风大略从同，然亦可细析为二：其一，府治附郭之长、元、吴；其二，则昆山、常熟附以吴江也。长、元、吴人之特长在淹博，其短处在裁断力稍薄。顺康间，最初以笺释校勘之学名于时者，曰长洲何义门（焯），其学颇杂博而破碎。次则惠氏祖孙父子，而定宇最有名于乾隆间，以记诵浩博为学，其《易汉学》《九经古义》《后汉书补注》等最有名于时，"汉学"之名盖于是创始焉。而定宇亦颇事杂述，如注渔洋诗之类，学风盖甚近义门。定宇弟子最著者，长洲余仲林（萧客）、吴县江艮庭（声）；仲林著《古经解钩沉》，艮庭著《尚书集注音疏》，皆征引甚博。而乾隆末叶，则有元和李尚之（锐）精研数理，能引申古义。元和顾千里（广圻）实艮庭弟子，好校书，然颇破碎。长洲黄荛圃（丕烈），治目录学极精审。嘉道间，则有长洲宋于庭（翔凤）治今文学。有长洲陈硕甫（奂）著《诗毛氏传疏》，极谨严，学风稍异于其先辈。有元和朱允俏（骏声）著《说文通训定声》，纯以音释训。吴县沈文起（钦韩）为诸史补注，且疏《水经》。咸同间，则吴县冯林一（桂芬）喜谈经世之务，著《校邠庐抗议》。同光间，则吴县吴清卿（大澂）以金石学闻。元和洪文卿（钧）覃精蒙古史，著《元史译文证补》，称绝学。吴县潘伯寅（祖荫）以达官宏奖风流，能刻书。元和江建霞（标）善为目录之学。别有长洲彭尺木（绍升）、吴县汪大绅（缙）专治佛学，倡净土宗，在乾嘉间为学界之别动队云。

昆山、常熟、吴江，吴下才士所聚也，其气象视阊门为博大。常熟钱牧斋（谦益）以前明老名士为江南祭酒，虽晚节狷披已甚，其掌故学有不能抹杀者。大儒顾亭林实昆山产，无劳更诵述。其两甥昆山徐健庵（乾学）、徐立斋（元文），虽颇以巧宦丛讥议，然宏奖之功至伟，康熙初叶，举国以学相淬厉，二徐与有力焉。健庵治礼亦颇勤，其《读礼通考》，虽出万季野，然主倡之功不可诬也。《通志堂九经解》，嫁名成容若（德），实出健庵，治唐宋经说者有考焉。常熟陈亮工（芳绩）、常熟黄子鸿（仪）。昆山顾景范（祖禹）皆以地理学名。亮工为亭林友人子，著《历代地理沿革表》。子鸿、景范俱参徐健庵之《大清一统志》，而景范之《读史方舆纪要》实称绝学。常熟陈亦韩（景范）之经学，则汲惠氏之流者也。吴江产史家，前所述吴赤溟、潘力田之外，尚有张文通（隽）亦死湖州史狱。而力田之弟次耕（耒）兼受亭林、俟斋、寅旭三大师之学，卓然能不愧其传。吴江之治经学者，有陈长发（启源）、朱长孺（鹤龄）颇为后此何义门学风所自出，而沈果堂（彤）以三《礼》学名于乾隆间。盖此方学者，顺康间极盛，乾嘉以后骤衰。于道光末，乃有常熟庞子方（大堃）治音韵学，所部析视江、戴、段、王尤密。晚有常熟翁松禅（同龢）善宏奖而已，于学无所名。

松、太之间，学风大类苏州。太仓有陆桴亭、陈确庵两大理学家，而其学皆至博，既如前述。尚有著名文学家太仓吴梅村（伟业），其史学的著作亦有相当价值。乾嘉盛时，则有嘉定钱竹汀（大昕）及其弟晦之（大昭），其从子溉亭（塘）、献之（坫），有嘉定王西庄（鸣盛），有青浦王述庵（昶），有镇洋毕秋帆（沅）。而竹汀最博大精核，同时学者，戴东原外未或能过之。西庄、述庵以赡博见长，其拙于裁断，颇类阊门诸儒也。秋帆宦达为疆吏，所学不至，其《续资治通鉴》称良著，大率出幕府手。上海为商贾之地，自徐玄扈后盖鲜闻人，惟陆耳山（锡熊）总纂《四库全书》，《提要》多出其手，与纪晓岚齐名。

旧常州府，与苏接境，而学风又分二支：迤东无锡、江阴一带，其学大类昆、熟；迤西阳湖、武进，自为风气，卒乃别产所谓"常州学派"者。无锡为吴学发源地，东林高、顾二公后，代有传人。顾庸庵（枢）实泾阳孙，高汇旃（世泰）则景逸犹子，犹主东林讲席，学者宗焉。荆溪汤世调（之锜）亦以阳明学教授；而江阴徐霞客（宏祖）在晚明为近代唯一之探险的地理学家。雍乾间，则顾震沧（栋高）治经与时流稍殊其途，而自有理法。荆溪任翼圣（启运），则以礼学闻。乾隆中叶以降，浸式微矣。江阴是仲明（镜）治程朱学，然不能光大。金匮秦味经（蕙田）以著《五礼通考》得名，然书非己出。晚光绪间，乃有金匮华若汀（蘅芳），数学独出冠时；有无锡薛叔耘（福成），学问虽无专门，但有世界眼光，颇类郭筠仙；而江阴缪艺风（荃荪）则以板本之学闻。最近则无锡吴雅晖（敬恒）提倡极端的欧化。

常州东部，清初百年间无大学者，惟武进恽逊庵称第二流之理学家。康熙末，则其族人恽皋闻传颜李学，卓然人师，惜著述无可稽。武进臧玉林（琳）与阎百诗同时，善考证，著《经义杂记》，惟在当时无闻者，其玄孙镛堂于嘉庆间始述之。逮乾隆中叶以后，常之学乃骤盛。阳湖孙渊如（星衍）善治经，其《尚书今古文注疏》称绝善，又校注周秦古子。阳湖洪稚存（亮吉）善治史，为诸史补表及疆域志。阳湖赵瓯北（翼）亦善治史，所著《二十二史札记》善于属辞比事。阳湖陆祁生（继辂）、武进恽子居（敬）善属文，号"阳湖派"，亦颇能以文谈学。武进张皋文（惠言）、阳湖李申耆（兆洛）、阳湖董方立（祐诚）皆阳湖派文家之雄。而皋文长于经，善言《易》，又能训释《墨子经说》于千年暗窒之后；申耆长于史，善言地理，能绘图制器；方立长于算，能发明数理，卒年仅三十五，在清儒中最短折，成就乃卓然可传。武进臧镛堂（墉）在汉学家中，亦足称第二流人物。而常州一域尤为一代学术转捩之枢者，则在"今文经学"之产生。自武进庄方耕（存与）治《春秋公羊》学，著《春秋正辞》，以授其从子葆琛（述祖），及其孙珊卿（绶甲），其外孙武进刘申受（逢禄）。而申受著《公羊释例》《左氏春秋考证》诸书，大张其军；自是"公羊学"与许、郑之学代兴，间接引起思想界革命。盖嘉道以降，常州学派几天骄矣。及最近则有武进屠敬山（寄）著《蒙兀儿史记》，识者谓其价值在邵阳魏氏、胶州柯氏之上。

旧江宁、镇江二府，清初百年间亦无大师。自乾隆中叶，金坛段茂堂（玉裁）学于戴东原，传其音韵训诂之学，创注《说文》，为小学总汇；而江宁谈阶平（泰）以明算闻。嘉、道、咸间，则句容陈卓人（立）著《公羊义疏》，为斯学绝作。上元汪梅村（士铎）治《水经注》，丹徒柳宾叔（兴恩）治《穀梁传》，能名其家。最近则丹徒马眉叔（建忠）著《文通》，应用高邮王氏之训诂学创造中国文法书。

渡江而北为淮、扬。旧淮安府为顾亭林屡游之地，其门人山阳张力臣（弨），能传其训诂音韵之学，亭林著作之刻布，实自力臣始。而大儒阎百诗（若璩）本籍太原，生长钓游皆山阳也，故斯地学风开发独早。乾嘉以降，惟山阳丁俭卿（晏），其学颇博赡精审。道咸间，则山阳鲁通甫（一同）以古文名，颇能发砭时之论。

徐、泗之间，自昔为豪侠产地，学者鲜闻，清代亦不违斯例。吾所记忆者，清初惟铜山万年少（寿祺），然亦任侠尚气之文学家，非纯粹学者也，继此则更无述焉。

扬州为前清全盛时代学术渊薮，人物辈出，其学风盖甚类皖南，但此地开发视江南略迟。清初，惟江都孙滋九（兰）研究当时新输入之西学，能为深沉之思，然其学不传。康熙、雍正间则有宝应王白田（懋竑），用考证家精神治程朱学，制行亦极严峻。乾隆初叶，则兴化顾文子（九苞）、高邮李孝臣（惇）、高邮贾稻孙（田祖），皆用元和惠氏治学法以从事经学，扬州学风自兹日盛。到乾隆末叶，江都汪容甫（中）以绝伦之资，著述虽不多而备极精核。高邮王石臞（念孙），受经于戴东原，以传其子伯申（引之）；其于声音训诂，深探本原，精锐无两，世称此学为高邮父子之学。兴化任幼植（大椿）亦师事东原，传其典章制度之学。宝应刘端临（台拱）学风颇类李、贾，善治《论语》，以传其子楚桢（宝楠），著《论语正义》，一部分未成而卒；其子叔俛（恭冕）更续成之，为新经疏佳著之一。稍晚出而名于嘉庆间者，则江都焦里堂（循），最通《易》与《论语》，能由训诂以探名理，其于史学、数学、医学、剧曲，无一不博涉而精通。仪征阮芸台（元）任封疆数十年，到处提倡学问，浙江、广东、云南学风皆受其影响。其于学亦实有心得，为达官中之真学者，朱筜河、纪晓岚、毕秋帆辈皆非其比也。更稍晚，则江都凌晓楼（曙）与常州学派始交通，以今文学名家。甘泉江子屏（藩）著《汉学师承记》《宋学渊源记》，实为极有价值之学术史，晚治佛学，所得盖未可量。甘泉薛子韵（传均）则以音韵学名，而仪征刘孟瞻（文淇）与刘端临同时齐名，号扬州二刘。其子伯山（毓崧）、孙恭甫（寿曾）、曾孙申叔（光汉），累代传其家学，迄清末不衰；自孟瞻迄恭甫，三世而成《左传新疏》；伯山又好为局部掌故的考证，最称翔洽。而兴化刘融斋（熙载），治双声叠韵之学有妙解，亦精于算，又提倡陆王理学，在当时称佼佼焉。盖扬之学者，世家最多；江都汪氏、仪征阮氏、宝应刘氏，咸有令子；而绵历四代不殒嘉问者，前则高邮王氏，后则仪征刘氏也。

八　安徽

安徽与江苏合称江南，在前清乡科，同试一闱，事实上盖为不可分之一文化区域也。而皖北与皖南，风气固殊焉。

皖北沿淮一带——今淮泗道，旧凤阳、寿、颖、毫、滁诸州府，自昔惟产英雄，不产学者，故无得而称焉。皖北沿江一带——今安庆道，旧安庆、庐、和、六安诸州府，交通四达，多才华之士，其学以文史鸣。皖南——今芜湖道，旧徽、池、宁国、广德、太平诸州府，群山所环，民风朴惇而廉劲，其学风坚实条理而长于断制。此其大较也。

皖北名都，推合肥与桐城。合肥近代多显宦，学界无杰出之士，故言皖北学风，可以桐城为代表。桐城之学，自晚明方密之（以智）、钱饮光（澄之）开发之后，三百年间未尝中断，学界上一名誉之都邑也。密之、饮光皆间关忧患，从永历于滇南，气节凛然，为后进式。密之之学，坚朴综核，大类皖南，其《通雅》一书，实导后此声音训诂学先路。晚岁乃逃于禅，喜谈名理。其子田伯（中德）著《古事比》；位伯（中通）事梅定九，以善数学闻，又著《物理小识》；素伯（中履）著《古今释疑》，皆能传其父学者。饮光学风则稍异密之，彼盖才气横溢之人，以诗文豪，而治经史则其余事也。逮康熙末叶，则方望溪（苞）与戴南山（名世）并起，两人皆以能文章名。"桐城派古文"，固当祖饮光而称方、戴也。南山善治史，其史识史才皆绝伦，卒以作史蒙大戮，后辈惩焉而讳其学。望溪显宦高寿，又治程朱学，合于一时风尚，故其学独显，桐城派"因文见道"之徽帜，自望溪始。然望溪才力实弱，不足振其文。继起者则乾嘉间有刘海峰（大櫆）、姚姬传（鼐），学益俭觳矣，而桐城文之军乃愈张。同时有方植之（东树）著《汉学商兑》，力诋阎、胡、惠、戴无恕辞，著《南雷文定书后》，掊击梨洲，盖以"程朱派之卫道人"自命，桐城学风然也。咸同间，有马元伯（瑞辰）治汉学家言，著《毛书传笺通释》，盖矫然自异于其乡先辈者。自曾文正笃嗜桐城文，列姚姬传于圣哲画像中与孔子齿，后此承风者益众。

最近犹有吴挚甫（汝纶）、姚叔节（槩）、马通伯（其昶），咸有撰述，为桐城守残垒焉。此外皖北学者无甚可记，无已，则与望溪、南山并时齐名之宿松朱字绿（书），其佼佼矣。

皖南，故朱子产地也，自昔多学者。清初有歙县黄扶孟（生）治文字学，专从发音上研究训诂。是为皖南学第一派。有当涂徐位山（文靖）治史学及地理学，虽稍病芜杂，然颇有新见。是为第二派。雍正间，则休宁程绵庄（廷祚）（绵庄后寄籍江苏之上元，然据彼《上李恕谷书》，自称"新安程某"，则本休宁人矣）、歙县黄宗夏（曰瑚）皆学于李恕谷，而宗夏兼师王昆绳、刘继庄，颜李学派之人皖自此始，绵庄又斯派图南之第一骁将也。是为第三派。同时有休宁汪双池（绂）以极苦寒出身，少年乞丐、佣工自活，而遍治诸经，以程朱学为制行之鹄，又通音乐、医方诸学。是为第四派。宣城梅勿庵（文鼎）崛起康熙中叶，为历算学第一大师，其弟和仲（文鼐）、尔素（文鼏），其孙循斋（瑴成），并能世其学。是为第五派。五派各自次第发展，而集其成者为江慎修，蜕变而光大之者则戴东原。

婺源江慎修（永），乾隆间以经学教授于乡者数十年。其治经之法，从典章、制度、名物、地理、声音、训诂分途爬梳，而归本于义理；其于音韵、律吕、历算皆有精悟；其修养则以程朱为鹄。其弟子最显者，则歙县程易畴（瑶田）、歙县金檠斋（榜）、歙县汪叔辰（龙），而休宁戴东原（震）为之魁。叔辰长于《诗》，檠斋长于《礼》，易畴则名物度数剖析极微而核，而亦有志于探求道术本原。东原以赡博之学、综核之识、清湛之思，每治一学，必期于深造自得。盖自东原出，然后清代考证学之壁垒始确立焉。其所著《孟子字义疏证》，尤为八百年来思想界之一大革命。当时学界惠、戴齐名，实则惠非戴匹也。

东原不以师自居，故弟子甚稀，最著者段茂堂、王石臞，皆非皖人。其同郡后学能得其一体者，则歙县洪初堂（榜）、歙县凌次仲（廷堪）。初堂寿最短，未见其止；次仲治礼学，精绝冠时。

歙县汪衡斋（莱），在嘉庆间与焦里堂、李尚之同治算，最能析繁难之算理，廉悍深刻，纯然皖南学风也。道光间，则歙县程春海（恩泽）治史学颇综核。

绩溪胡朴斋（匡衷）生雍乾之交，其学大端与双池、慎修相近，以传其孙竹村（培翚）、子继（培系）。竹村与泾县胡墨庄（承珙）同时齐名，墨庄亦自绩迁泾也，时称"绩溪三胡"。竹村善治《仪礼》，集慎修、东原、易畴、檠斋、次仲之成作新疏，曰《仪礼正义》。墨庄亦治礼，有《仪礼古今文疏义》，其最有名者则《毛诗后笺》。绩溪诸胡多才，最近更有胡适之（适）云。

清季，皖南学浸衰矣。道咸间，尚有泾县包慎伯（世臣），黟县俞理初（正燮）两家，学皆杂博。慎伯好谈经世之务，而理初长于局部的考证。

最近则石埭杨仁山（文会），为佛学复兴之大师，其在佛学界之地位，不减清初宣城梅氏之于算也。

九　浙江

浙江与江南——江苏、安徽同为近代文化中心点，然而浙西与浙东又各自为其特色。

浙西——杭、嘉、湖之学风，与江苏之苏、松、太如出一型，事实上应认为一个区域。故章实斋《浙东学术篇》，以黄梨洲代表浙东，而以籍隶江苏之顾亭林代表浙西，盖知言也。语其大较，则理学方面，浙西宗程朱，而浙东宗陆王；考证学方面，则浙西多经学家，而浙东多史学家。但此亦其大略，且在初期为然耳。中叶以降，则交光互影，有不能一概论者。大抵两浙学者多集于沿海及钱塘江、瓯江之左右岸，愈近腹地——如严、衢、处等州——则愈少。杭、嘉、湖间与皖南及吴下毗连，学术为多方面的发展；而学风亦日为混合的趋向；浙东之宁、绍为一区；而温州又自为一区。此其大较也。

浙西，理学方面，为程朱派之根据地。明清之交，桐乡张杨园（履祥）、钱塘应潜斋（㧑谦）、仁和沈甸华（昀），皆践履敦笃，为士林宗。康熙中叶，则平湖陆稼书（陇其）、石门吕晚村（留良）咸以排斥陆王自任，比之距杨墨。虽稼书为时主所尊尚，配飨孔庙，晚村攖怒，剖棺戮尸，身后荣戮殊科，语其学风，盖一致也。雍正间，则钱塘桑弢甫（调元）亦以程朱学闻。就中惟清初海宁陈乾初（确），虽师事蕺山，而根本排斥宋明理学家言，其学与颜李一派颇相类云。

浙西之考证学，最初著闻者当推秀水朱竹垞（彝尊），竹垞以文人而贰于学者，其学博赡而不谨严。康熙中叶，则德清胡东樵（渭）以善地理及明《易》，称大师，与阎百诗并名。

浙之省治——仁、钱，治考证学者清初鲜闻人。惟仁和柴虎臣（绍炳）笃行能文章，而又善言音韵，尝有书规亭林之误。至雍乾之交，则仁和赵东潜（一清）以善治《水经注》名。钱塘冯山公（景）始治经学，学风颇类毛西河。乾隆中叶，则仁和卢抱经（文弨）最善校勘，为高邮王氏学之前驱。仁和杭大宗（世骏）博学负时誉，与全谢山齐名。仁和孙顾谷（志祖）善辩伪书，著《家语疏证》。钱塘厉太鸿（鹗）著《辽史拾遗》及《宋诗纪事》，极赡核。钱塘梁曜北（玉绳）、处素（履绳）兄弟，以贵介公子淬厉于学，而曜北治史有《史记志疑》，能成一家言。仁和翟晴江（灏）能治经。嘉道间，则仁和龚定庵（自珍），实段茂堂外孙，而治今文家言，又治佛学，能发奇论，与魏默深同为晚清思想之先驱者。最近则钱塘夏穗卿（曾佑）学风大类定庵，仁和丁益甫（谦）治边微地理极勤，钱塘张孟劬（采田）治史学，综核有通识。

杭属诸县，自陈乾初而后，康熙间有海宁陈莲宇（世琯），师事梨洲，亦颇提倡颜李学。道、咸、同则海宁张叔未（廷济）、海宁蒋生沐（光煦）颇以校勘名。光绪间有海宁李壬叔（善兰）精算学，译西籍，徐文定后一人也。最近则余杭章太炎（炳麟）治声音训诂之学，精核突过前人，学佛典亦有所发明。而海宁王静安（国维），亦善能以新法治旧学。

嘉属诸县，自竹垞、稼书而后，乾隆间则有嘉兴王宋贤（元启）专治历算，最明句股。嘉道间，则有嘉善钱衎石（仪吉）、警石（泰吉）兄弟，衎石谙掌故，警石长校勘。最近有嘉兴沈子培（曾植）学极博而不事著述。

湖属诸县，自胡东樵而后，康雍间有归安郑芷畦（元庆）著《行水金鉴》，善言水利，且博通诸学。有归安沈东甫（炳震）著《二十一史四谱》，且删合新、旧《唐书》。乾隆中，则归安丁升衢（杰）精校勘，为戴东原、卢抱经所推。嘉道间，则有德清徐新田（养原）善治典章及乐律；有归安严九能（元照）善《尔雅》《说文》；有德清许周生（宗彦）善礼学；有乌程严铁桥（可均）善小书，勤于辑书；有归安姚秋农（文田）通音韵学。咸同间，有乌程周郑堂（中孚），仿《郡斋读书志》《直斋书录解题》之例，著《郑堂读书记》，价值足与《四库提要》埒。其外孙德清戴子高（望），经学宗庄、刘，理学宗颜、李，与东原有"前后戴"之目。而乌程程善夫（庆余），实子高师，治金石及数学；有乌程徐钧卿（有壬）以疆吏殉难，邃于算学；有归安陆存斋（心源）善鉴别板本。同光间，则德清俞荫甫（樾）善治训诂，能读故书，学风宗高邮王氏，称清末大师焉。而归安沈子惇（家本）久官刑曹，律学冠时。

严、衢诸属鲜闻人，惟光绪间桐庐袁重黎（昶），治西北地理，通知时务，义和团之役以直谏死。

以上说浙西竟。

浙东之余姚，实王阳明产地，其山阴则刘蕺山产地也，故此地陆王学派，根干最茂实焉。蕺山晚而讲学山阴，门生弟子遍江浙。入清后，其子伯绳（汋）尚能振其绪。而余姚区区一邑，更笃生黄梨洲（宗羲）、朱舜水（之瑜）两大师，嘻，盛矣！舜水虽余姚产，论学顾桃阳明，在明季暗然避时誉，入清则亡命老死于日本，其弟子皆在彼都，故国无称焉。故清初之浙东，殆为王学独占。其在余姚，则同是王学而分二派。其一为姚江书院派，主之者则沈求如（国模）、史孝咸（子虚）、韩遗韩（孔当）、邵鲁公（曾可），承晚明末流之敝，颇近狂禅。其一为证人学会派，主之者则梨洲也。梨洲以忠端之子、蕺山高弟，气节岳岳，而于学无所不窥，又老寿讲学不倦，故岿然为东南灵光，与孙夏峰、李二曲称海内三大师焉。浙东学术，全部出自梨洲，语其梗概，则陆王之理学为体，而史学为用也。梨洲之弟晦木（宗炎），倜傥不让乃兄，尤善言《易》，所疏证在胡胐明上；其子未史（百家）亦能世其学，续其未成之书。而邵鲁公之孙念鲁（廷采），先受业韩孔当，继乃归宿于梨洲，自是余姚两派始合一。念鲁亦勤于治史，述晚明遗事甚详。及乾隆间，则邵二云（晋涵），念鲁族孙也，于小学最精核，为《尔雅新疏》，又拟重撰宋史未成。其孙邵位西（懿辰）显于咸同间，治今文经学，有名。言学脉于余姚，邵氏流泽最长矣。

梨洲讲学甬上最久，其大弟子多出是邦。初，鄞县范氏天一阁、山东祁氏澹生堂，以藏书之富闻于晚明，甬上人士之慕学自兹始。鄞县万履安（泰）学于蕺山而友梨洲，其子八人，皆就梨洲学，各名一艺。而公择（斯选）传其理学，充宗（斯大）传其经学，季野（斯同）传其史学。而季野以布衣参明史馆事数十年，主持京师学风，康熙末称祭酒焉。其兄子九沙（经）、贞一（言）咸能传家学，尤邃于史，九沙最老寿，在乾隆间为鄞学宗。此外鄞士之显者，有陈介眉（锡嘏），其子悔庐（汝咸）、从子南皋（汝登）皆学于梨洲。南皋又学于季野。悔庐宦于闽，时闽人李晋卿方以伪程朱学号召天下，悔庐侃侃与辨，不为屈焉。复有仇沧柱（兆鳌）亦事梨洲，以博赡闻。其晚出者则全谢山（祖望）尝问业于万九沙，而大衍梨洲之绪，续成《宋元学案》百卷，又最谙南明掌故，卓然为乾隆间史学大师。谢山云殁，鄞学衰矣。咸同间有董觉轩（沛）、徐柳泉（时栋），稍振其绪云。

慈溪郑寒村（梁）学于梨洲，晚年逃于禅。其子义门（性）能传其学，更笃实，与全谢山友善。

与梨洲同时讲学而宗风殊异者，有慈溪潘用微（平格）。其学以求仁为宗，谓："朱子，道；陆子，禅。"因为梨洲所诃斥，故不显于世，然万季野、郑义门皆颇称之。而余姚劳余山（史），则以阳明同里而服膺程朱，颇似朱舜水矣。

清初浙东以考证学鸣者，则萧山毛西河（奇龄）。萧山与仁和夹钱塘江而峙，学风乃大类浙西也。西河之学，杂博而缺忠实，但其创见时亦不可没。其同县后学有汪龙庄（辉祖）治元史，能辑类书。

乾嘉间，浙东产一大师，会稽章实斋（学诚）受"六经皆史"之论，为思想界起一大变化，其史学盖一种历史哲学也。同时有天台齐次风（召南）之地理学，临海洪筠轩（颐煊）、百里（震煊）兄弟之经学，临海金诚斋（鹗）之礼学，则台州一时之俊也。

其在晚清，则定海黄薇香（式三）、儆季（以周）父子崛起孤岛中，治三《礼》最通博，能名其家。最近则上虞罗叔蕴（振玉），善金石学，能读殷虚书契文字，熟于掌故考证，有别裁。而山阴蔡孑民（元培）治哲学亦有心得。

瓯海一隅，自宋以来别为永嘉学派，实斋论浙东学术，于兹托始焉，顾近代无能张大之者。晚乃有瑞安孙仲容（诒让）治《周礼》，治《墨子》，治金文、契文，备极精核，遂为清末第一大师，结二百余年来考证古典学之局。

十　江西

江西与皖、浙错壤，而学风复然殊撰。最可诧者，则清代考证学掩袭一世，而此邦殆无一人以此名其家也。

江西在北宋，为欧阳永叔、曾子固、王介甫产地，在南宋为陆子静产地。其士之秀者，咸以"蓄道德能文章"相厉，故学风亦循此方向发展。清初则宁都魏善伯（祥）、冰叔（禧）、和公（礼），号"宁都三魏"。与同县邱邦士（维屏）、南昌彭躬庵（士望）等九人，同隐于翠微山之易堂，号"易堂九子"，而冰叔为之魁。易堂学风，以砥厉廉节、讲求世务为标帜，豪侠任事，而最喜为文，与王崐绳、刘继庄一派颇相类。其后辈有南丰梁质人（份），学于李恕谷，自此与颜李学携手矣。

同时与易堂对峙者曰"程山学舍"，主之者为南丰谢约斋（文洊），及其友同县邵睿明等六人，号"程山七子"，其后六人者皆北面约斋为弟子云。约斋之学，早岁宗姚江，四十以后乃返求诸宋儒，而皈宿于横渠，坚苦力行，类北方学者焉。

雍乾之交有一大师，曰临川李穆堂（绂）。穆堂日私淑其乡先正欧、曾、王、陆之事业道德文章，当欲以一身肩其绪。居官岳岳然厉风节，奋身任艰巨，为文滂沛而渊懿，其学则专宗陆王。当时陆王学为世诟病，其屹然作干城者，穆堂与全谢山而已。

汉学家言，不为江右人所嗜，吾竟不能举其一人。无已，则南康谢蕴山（启昆），以著《西魏书》名，他尚有所撰述，斯界二三流人物也。咸同间，湖口高陶堂（心夔）学颇杂博，小学有著书；其人负才气，谈干济，与湘之王壬秋并在时相肃顺之门。

乾隆中叶，瑞金罗台山（有高）善为古文，而嗜佛学，修净宗，与彭尺木、汪大绅称同调，自是赣士有学佛者。最近则德化桂伯华（念祖）笃嗜焉，初治华严，后修密宗。而宜黄欧阳竟无（渐）治法相、唯识，精博绝伦，称海内第一导师。

十一　湖南

湖南自衡阳王船山（夫之）以孤介拔俗之姿，沉博多闻之学，注经论史，评骘百家，著作等身，巍然为一代大师。虽然，壤地夸僻，与东南文物之区不相闻问，门下复无能负荷而光大之者，是以其学不传。自兹以往，百余年间，湖湘学者无述焉。逮嘉庆中，然后邵阳魏默深（源）崛起。默深之学，方面极多，与龚定庵同为常州派今文经学之骁将，又善治史，著《圣武记》及《新元史》，又好谈时务，著《海国图志》，述域外地理及海防政策，晚乃治佛学，修净业。清季思想界，默深筚路蓝缕之功高也。继此，则善化贺耦耕（长龄）、安化陶云汀（澍），皆以名督抚而好学有述作。新化邓湘皋（显鹤）搜罗乡邦文献最勤，哀辑船山遗著于散佚之余，编校刻布，力事宏奖。新化邹叔绩（汉勋）精挈算学及地理，亦通经学、小学。益阳汤海秋（鹏）善为文，著一书曰《浮丘子》。长沙周荇农（寿昌）为诸史补注。而善化唐镜海（鉴）治程朱学，著《国朝学案小识》。自是湘学彬彬矣。

道咸之间，湘乡罗罗山（泽南），与其友同县刘霞仙（蓉）共讲程朱学，以教授于乡曲，而同县王璞山（鑫）、李迪庵（续宾）、希庵（续宜）皆罗山弟子，师弟弦歌诵讲，若将终身焉。及大乱起，罗山提一旅卫桑梓，已而出境讨贼，死绥焉。璞山、迪庵先后殉，霞仙赞军幕，希庵独将，并立功名。自是一雪理学迂腐之诮，而湘学之名随湘军而大振。

先是，巴陵吴南屏（敏树）为桐城派古文，湘乡曾涤生（国藩）嗜而学焉。涤生早达，官京师，遍交当时贤士大夫，治义理、训诂、词章皆粗有得，思为和合汉宋之学。乱起，涤生治军，建大功，为元臣，虽后半生尽瘁政治，不尽所学，然学风固影响一世矣。同时并名者，益阳胡润之（林翼）、湘阴左季高（宗棠），并才气过人，学问根柢亦不浅。

湘阴郭筠仙（嵩焘）少与刘霞仙、曾涤生同学，学风略相类。乱起，参诸军，常密勿运筹。晚乃持节英、法，周知四国之为，国人知欧洲有文化、道术、治法，盖自筠仙始。其于旧学亦邃，经部、史部著作颇多。同时有平江李次青（元度），谙熟掌故，善为文。

湘潭王壬秋（闿运）本文士，治今文经学，有盛名于同光间，然晚节猖披，殆等钱牧斋矣，其著述亦浮薄鲜心得。善化皮鹿门（锡瑞）晚出，亦治今文学，博洽翔实，非壬秋敢望也。而长沙王益吾（先谦），雅善抄纂，淹博而能别择，撰述甚富，咸便学者。

浏阳谭复生（嗣同）与其友同县唐绂丞（才常）共学。复生少治龚、魏之学，好今文家言，又研究船山学，能为深沉之思。晚学于杨仁山，探佛理，所著《仁学》能发奇论，与绂丞先后死国难，年并不逾四十，所学未竟什一也。

十二　湖北

湖北为四战之区，商旅之所辐集，学者希焉。清初，惟有天门胡石庄（承诺）著《绎志》六十卷，成一家书。康熙间，则孝感熊青岳（赐履）以治程朱学跻显宦，好诋諆陆、王，其学无自得也。咸同间，则有监利王子寿（柏心）著《枢言》，当时曾、胡辈颇重之。光绪间，有黄冈洪右臣（良品）颇治经，欲继毛西河之业为《古文尚书》平反。有宜都杨星吾（守敬）颇治金石、校勘、目录之学。

十三　福建

福建，朱晦翁侨寓地也，宋以来称闽学焉。明季漳浦黄石斋（道周）为理学大师，与刘蕺山齐名，其学精研象数，博综掌故，一矫空疏之病。清初，有莆田吴任臣（志伊）善史学，为顾亭林所称。有闽县方子向（迈）能辨《易图》，与毛西河往复，史部著述亦富。康熙间，则安溪李晋卿飞（光地）善伺人主意，以程朱道统自任，亦治礼学、历算等，以此跻高位，而世亦以大儒称之。同时有同安陈资斋（伦炯）善言海防，能绘图，终于武职，世莫知为学者也。晋卿弟耜卿（光坡），则亦学晋卿之学而自得似较多，其子姓中亦多传礼学云。雍正间，则漳浦蔡闻之（世远）亦以程朱学闻于时。乾隆间，则建宁朱裴瞻（仕琇）能为古文，朱筍河亟称之。而汀州雷翠庭（铉）则继李、蔡治理学。嘉道间，有侯官陈左海（寿祺）治经赡博而精审，卓然一大师，并时江浙诸贤，未或能先也。其子朴园（乔枞）治今文家言，编辑《西汉佚说》，用力最勤。而光泽何愿船（秋涛）治西北地理，著《朔方备乘》，其学力与张石洲、魏默深相颉颃焉。嘉道间，闽县林鉴塘（春溥）治古史，极博洽而缺别择，盖马宛斯之亚也。

十四　广东

吾粤自明之中叶，陈白沙、湛甘泉以理学倡，时称新会学派，与姚江并名，厥后浸衰矣。明清之交，士多仗节死国，其遗逸则半遁空门，或以诗文显，而学者无闻焉。惟新会胡金竹（大灵）力学自得，时以比白沙。康熙末，惠半农督广东学政，始以朴学厉士，其秀者有惠门四君子之目，然仍皆文士，于学无足述者。粤中第一学者，推嘉庆间之海康陈观楼（昌齐），观楼学甚博，于《大戴记》《老子》《荀子》《吕览》《淮南》皆有校注，又善算学，今著述存者甚稀。然大儒王石臞为其文集序，称其考证为能发前人所未发，石臞不轻誉人，则观楼之学可想也。

时则阮芸台先生督两广，设学海堂课士，道、咸以降，粤学乃骤盛。番禺侯君谟（康）、子琴（度），南海桂子白（文灿），南海谭玉生（莹），嘉应吴石华（兰修），番禺林月亭（伯桐），南海曾勉士（钊），嘉应李贞甫（黼平），番禺张南山（维屏），番禺李恢垣（光庭），南海邹特夫（伯奇），番禺梁南溟（汉鹏），顺德梁章冉（廷枏），香山黄香石（培芳），咸斐然有述作。而君谟善治《穀梁传》，名其家，又为诸史作补注及补表志；月亭善《毛诗》；石华能说《南汉史》；玉生校刻《粤雅堂丛书》，每书为之跋；恢垣熟于地理，著《汉西域图考》；特夫、南溟则独精算学，特夫与湘之邹叔绩齐名，称"二邹"，又善光学，能布算以测光线曲折，南溟亦雅善制器。

咸同之间，粤中有两大师：其一番禺陈东塾先生（澧），其一南海朱九江先生（次琦）也。东塾早岁著学海堂弟子籍，晚而为"学长"垂三十年（学海堂无山长，置学长六人，终身职）；九江则以其学教授于乡。两先生制行皆极峻洁，而东塾特善考证，学风大类皖南及维、扬；九江言理学及经世之务，学风微近浙东，然其大旨皆归于沟通汉宋，盖阮先生之教也。东塾弟子遍粤中，各得其一体，无甚杰出者。九江弟子最著者，则顺德简竹居（朝亮），南海康长素先生（有为）。竹居坚苦笃实，卓然人师，注《论语》《尚书》，折中汉宋精粹。长素先生治今文经学，能为深沉瑰伟之思，实新思想之先驱。启超幼而学于学海堂，师南海陈梅坪先生（瀚），东塾弟子也；稍长乃奉手于长素先生之门，盖于陈、朱两先生皆再传递子云。启超之友嘉应黄公度（遵宪）著《日本国志》，有史才，其学略可比郭筠仙。而番禺朱执信（执信）亦学海堂旧人，能以学术辅革命。

十五　广西

广西崎岖山谷，去文化圈绝远，学者无得而称焉。雍乾间，有临桂陈榕门（宏谋）讲程朱学，为达官，有著书，时论颇称之。然以置他省，车载斗量矣。咸同间，有象州郑小谷（献甫），陈东塾曾称其学。又有苏爻山（其名及县籍待考）著《墨子刊误》，东塾为之序，称其"正讹字，改错简，涣然冰释，恰然理顺，而《备城门》以下尤详"云，斯亦一奇士一奇书矣。晚有临桂唐春卿（景崇）注《新唐书》，世以比裴松之。

十六　四川

四川夙产文士，学者希焉。晚明，成都杨升庵（慎）以杂博闻。入清，乃有新繁费燕峰（密），传其父经虞之学，而师孙夏峰，友万季野、李恕谷，著书大抨击宋儒，实思想界革命急先锋也。康熙中叶，则达县唐铸万（甄）著《潜书》，颇阐名理，洞时务。然两人皆流寓江淮，受他邦影响不少也。同光间，王壬秋为蜀书院师，其弟子有井研廖季平（平）治今文经学，晚乃穿凿怪诞,不可究诘。戊戌之难,蜀士死者二人,曰富顺刘裴村（光第）,曰绵竹杨叔峤（锐）,并学能文,而裴村之学更邃云。

十七　云南

云南自宋至玉斧画江后,几为化外。元、明、清以来,政治上皆在半羁縻的状态之下,无论文化也。至咸同间,有宝宁方鸿濛（玉润）著《诗经原始》,善能说诗,可比崔东壁,凤毛麟角,致足珍焉。

十八　贵州

贵州亦自昔鸾远朴僿,自道光间程春海为学政,提倡汉学,而独山莫子偲（友芝）、遵义郑子尹（珍）兴焉。咸通小学,善校勘,子尹子伯更（知同）亦能传家学,而遵义黎莼斋（庶昌）能为古文,善刻书。

十九　奉天

奉天,新开化地耳,然雍乾间有一学者焉,曰铁岭李铁君（锴）,著《尚史》,世以比马氏《绎史》,后此无闻焉。

二十　蒙古及满洲

蒙、满人在京师者亦颇染渐于学，然能诗文者多，精治一学者少。独咸同间，蒙古倭艮峰（仁）治宋学，与曾涤生为学友。满洲七椿园（十一）能言塞外地理，有著述。光绪间，则满洲宗室盛伯羲（昱）能为金石考证。

（1924 年）

中国文化史

社会组织篇

第一章　母系与父系

近世社会学者，多言人群之始，先有母系而后有父系。母系云者，以母为家族中心，子孙皆从母为系属也。现代尚有存其影响者，例如暹罗。此阶级是否为凡人群所必经，是否为我民族所曾经，今尚未得完证，然古籍中固有足供此问题研究之资者。

许慎《五经异义》述今文家经说云："圣人皆无父，感天而生。"神话所传，如华胥履人迹而生伏羲（见《诗含神雾》及《孝经钩命决》），安登感神龙首而生神农（见《春秋元命苞》），女节感流星而生少昊（见《宋书·符瑞志》），女枢感虹光而生颛顼（见《山海经》及《诗含神雾》），庆都感赤龙而生尧（见《春秋合诚图》），女嬉吞薏苡而生禹（见《吴越春秋》及《论衡》）。诸如此类，太史公所谓言不雅驯者，姑勿深论。至如商、周之祖契、稷，史家皆谓帝喾之子，然《玄鸟》之诗曰："天命玄鸟，降而生商。"《长发》之诗曰："有娀方将，帝立子生商。"《生民》之诗曰："厥初生民，时维姜嫄。"《閟宫》之诗曰："赫赫姜嫄，其德不回。上帝是依……是生后稷。"此皆商、周人祀祖庙之乐章，皆颂其姚而不及其祖，使商、周果帝喾之胤，诗人曷为舍而不言？以吾侪所观察，"无父感天"说之由来，可作两种解释：其一，后人欲推尊其祖为神圣以示别于凡人，乃谓非由精血交感所产而为特种神灵所托化，如基督教徒谓玛利亚以处子而诞基督，此则全属宗教的作用，无与于事实也；其二，则当婚姻制度未兴以前，只能知母为谁氏，不能知父为谁氏，此则母系时代自然之数也。之二说者，后说为近之。（《公羊传》云："谓为天之子也可，谓为母之子也可。尊者取尊称焉，卑者取卑称焉。"不言父之子而曰母之子，恐亦是母系时代之成语）

四裔诸族，亦多有无父感生之传说。如槃瓠蛮之祖为犬，高车突厥之祖为狼，蒙古之祖亦为狼，九臣蛮之祖感浮木，满洲之祖感朱果之类。其所以不能确指其父之故，皆可以母系之一原则解释之。《宋书》《齐书》皆言鲜卑索头部从母为姓，亦可为初民多经母系时代之一证。

《说文》"姓"字下云："人所生也。古之神圣母感天而生子，故称天子。从女，从生。"《白虎通·姓名篇》云："姓者生也，人禀天气所以生者也。"可见姓之起源，实以母为中心，而于父无与，故其文从女。古之著姓，若姚，若姒，若姬，若姜，若妫，若嬴，若姞，若妘，字皆从女。若以姓为我国最古之团体，则一姓者即一母系之称也。《尧典》所谓"平章百姓"，即善能处理多数之母系团体也。

推想母系时代之情状，必以亲属牝交为最便利，则其时之团体，盖纯粹的同一血统而无外杂者也。故《国语》曰："同姓则同德，同德则同心；异姓则异德，异德则异类。"若后世姓从父衍，一父一母所生之子，当然兼函两姓之血统，则同德同类何以称焉？故知《国语》彼文，实"姓"字最初之定义。不同一母系者谓之异姓，截然为一别血统，故相视为非我族类也。

同姓不婚之制，至周代始确立，然其理论殆早发生于母系时代。《国语》曰："同姓不婚，惧不殖也。"叔詹曰："男女同姓，其生不蕃。"子产曰："内官不及同姓，美先尽矣，则相生疾。"此殆积母系时代长期间之经验，乃发见血统交合不利传种之生理上原则，流传至春秋间，而士大夫犹常断断然以为戒也。故司空季子之言婚姻曰"异德合姓"，谓合两异血统为匹耦也。至于周，乃应用此原则以严立法制，行之三千年，至今莫或敢畔。《大传》云："系之以姓，虽百世而婚姻不通者，周道然也。"由今日观之，"姓"之意义已变，一姓相传阅百年，所杂血统已不知凡几，无复德类同异之问题。同姓不婚，几等于无意义，反不如中表不婚之尤为合理。然此非所论于母系正盛及初蜕变之时代也。（社会学者言母系时代有以甲系之男为乙系之女所公有者，在吾国古籍中不见此痕迹，但当其已发见同姓不殖之原则而婚姻制度尚未确立时，或当有此制以为过渡。周制，诸侯娶于一国，同姓两国从而媵之。其事颇奇异，其习惯所由来不可考，不知与此制有关否）

我国若曾有母系时代，则此时代以何时终止耶？若承认稷、契为母系人物，则当是唐、虞时此风犹存。要之，母系必俟婚姻制度确定后始消灭，而婚姻制度之渐立，恐亦始于唐、虞之际耳。

第二章　婚姻

父系代母系而兴，自婚姻始也。《易传》："有夫妇然后有父子。"《记》曰："男女无别则父子不亲。"未有婚姻则男女共，有之则男女别。《曲礼》："日月以告君，斋戒以告鬼神，为酒食以邀乡党僚友，以厚其别也。"言昭告于神，注籍于国，公布于众，以示此男别属此女，此女别属此男，而不与人共也，是之谓"夫妇有别"。有夫妇则不如前此之仅有母子而更有父子。

相传伏羲始制嫁娶，以俪皮为礼。事太荒远，无从证实。然观夏禹传子，知当时父系必已成立，而婚姻必更在其前。洎周人所制《仪礼》，有《昏礼》一篇，始著为郑重的仪式，以实行所谓"厚其别"者。此等仪式，上下通行垂三千年，直至今日，除都市中一部分人有所谓新式结婚外，全国犹率其旧，一切法制中效力之强，蔑以过是矣。然当昏礼制定之前后，其时之婚姻状况，犹有一二当推论者。

其一，社会学者言最初之婚姻起于掠夺。盖男子恃其膂力，掠公有之女子而独据之，实为母系革命之始。我国载籍中虽无明征，然《易·爻辞》屡见"匪寇昏媾"之文。其一曰："乘马班如，泣血涟如，匪寇婚媾。"夫寇与昏媾，截然二事，何至相混，得毋古代昏媾所取之手段与寇无大异耶？故闻马蹄蹴踏，有女啜泣，谓是遇寇，细审乃知其为昏媾也。《爻辞》据孔子所推定，谓"兴于殷之末世，周之盛德"，若吾所解释不缪，则掠昏之风，商周间犹未绝矣。即据《昏礼》所规定，亦有痕迹可寻。如亲迎必以昏夜，不用乐，女家三日不举烛，其制礼本意皆不可晓。若以掠昏遗蜕释之，则是掠者与被掠者两造各求遇密焉耳。今俗亦尚有存其余习者，如婿亲迎及门，妇家闭门，妇家儿童常哗逐媒妁之类皆是。

其二，社会学者又言掠夺婚姻后，尚经买卖婚姻之一级。在我国古典中，亦无确证，然昏礼纳采、纳征、纳币，皆以货财为礼，或亦由古俗蜕来。至如南北朝时，门第之见极重，寒门骤显贵者，争出重聘，攀援故家女为婚，故家亦往往贪其利而就之（看赵翼《廿二史劄记》卷十五"财婚"条）。此与现代美国富家女贪招欧洲零落贵族为婿，事适相反。要之皆为虚荣心所蒙，以货财渎婚姻之神圣也。明清律"户婚"门下各条，关于婚姻诉讼，常以财礼之处分为附带条件，盖今日乡曲习惯，对此犹极重视也。至"买妾"一辞，远见《曲礼》，至今沿之，其为财婚余影更显而易见。

其三，昏礼主要精神，在以父母之命，媒妁之言，庄严郑重，别嫌明征。然婚姻之始，果遵此严格的仪式而成立耶？殆未必然。欧西今俗，男女率于婚前结爱；国内苗族，至今犹以踏舞合婚事，人情不甚相远，我族初民，恐亦尔尔。其痕迹略可寻者，则《周礼》媒氏职，"以仲春之月会男女，是月也，奔者不禁。"其或古代本以艳阳之节，秉兰赠芍，合欢定情，后圣制礼防淫，曲为之限，然旧俗终有未可骤革者，因于一年中设一月为例外。如筑堤有闸，资宣泄焉以毋使溃决，未可知也。

于此有当附带说明之一种史迹焉。妇女贞操，我族称最，然此恐秦汉以后为然耳。远古勿论，当春秋时，文物郁郁，不可谓野，而《左传》所载鲁、卫、齐、晋诸名国之公卿大夫，淫辟之事，更仆难数。其甚焉者，亲族尊属卑属间上烝下报，恬不为怪。如齐桓公有姑姊妹不嫁者六人，卫宣公夺子伋妇，晋惠公烝贾姬等，后世所目为禽兽行者不绝于史册，则当时社会风纪之凌乱，略可察也。夫"男女无别，则父子不亲"，鲁桓公曰："同非吾子，齐侯之子也。"而桓亦遂死于齐难，似此，非社会之所以为安，固明矣。秦汉以降，此风渐革，其原因盖有二：其一，由儒家之昌明礼教也。《仪礼》是否为周初书，本属疑问，即尔，而儒家诵习之本，殆亦曾经孔子修订，故自儒学盛行，而夫妇有别之伦理观念，入人日深而浸成风俗也。其二，由法家之严厉干涉也。自秦之统一，国家法律效力日强，诛罚所加，豪顽就范，始皇《会稽刻石》云："……饰省宣义，有子而嫁，倍死不贞。妨隔内外，禁止淫泆，男女洁诚。夫为寄豭，杀之无罪。男秉义程，妻为逃嫁，子不得母，感化廉清。……"夫以当时刻石纪功德，而叙整饬男女风俗之事多至十二句，约占全文五分之一，与灭六王一宇内侈为美谈。则其重视此种设施，可谓至极，而收效之弘，亦略可推矣。

从婚礼仪式上观察，我国婚姻制度之主要精神，其表现者有两点：

其一，以婚姻为旧家庭之扩大及继续，不认为新家庭之创立。故见舅姑、庙见等仪节，占昏礼主要一部分，与新婿新妇相互间之仪节同一重视。

其二，绝对承认男女平等之原则。《记》曰："妻之为言齐也。一与之齐，终身不改。"故自亲迎至于合卺，一皆用平礼，而尤以"男下女"之精神为多。

其三，男女作合，皆由父母或长亲主之。故六礼中除最后亲迎一节外，前此自纳采以至纳币，皆以父母为主人。

上三点，除第二点无可疵议外，第一、第三两点，颇为现代欧化东流所诟病。平心论之，极端的大家庭固不胜其敝，然新旧家庭之联属嬗代，在社会结构上实含有重大意义，使新家庭经旧家庭若干时期之卵育训练而始独立，其事盖未可厚非。至于作合之事，自主与干涉其利害亦各有可言。我国婚礼之素主干涉，固由古代矫正风纪等不得已之故，然其中颇含精意。青年男女自择配耦，是否必适当，在今日欧美尚为问题，若我国往日早婚之俗，未成年无别择力者更无论矣。以优生学者眼光观之，兹事应苦心折中者抑尤多也。

关于婚姻年龄，《礼》经无明文，《周官》："媒氏掌万民之判，令男三十而娶，女二十而嫁。"而载记所说皆略同。而《墨子·节用篇》则云："古者圣王为法曰：丈夫年二十无敢不处家，女子年十五无敢不事人。"此恐皆非有成法，特儒墨两家各自推论耳。儒家从生理上作观点。《汉书·王吉传》："世俗嫁娶太早，未知为人父母之道而有子，是以教化不明而多夭。"其言最为合理。墨家则从人口政策上作观点。《越语》记越王勾践令男二十女十七不嫁娶，其父母有罪，盖务增殖人口也。自汉以后，早婚之风日盛，而政府且常为法令以助其焰。汉惠帝令："女子十五以上不嫁者五算。"（五倍其丁税）晋武帝泰始九年制："女年十七，父母不嫁者，长吏配之。"唐太宗贞观元年诏："男年二十女年十五以上无家者，州县以礼聘娶。"尤可骇者，周武帝建德三年，唐玄宗开元廿二年，皆下诏以男十五女十三为嫁娶期。自宋以降，虽罕见此项政令，然至今民间习惯，大率如墨氏所言。

在本节中最后当附述者，为妾媵制度之沿革。妾媵制由多妻制蜕变而来，多妻之来历，其始起于权力。掠婚时代，男子强有力者得多妻，势所固然。及父系确立，以广继嗣之理由，权力遂变为权利，虽然，嫡庶之名分未有闻焉。尧厘降二女于舜，舜崩二妃未之从，不言其孰为嫡庶也。殷制兄弟相及，见于卜辞中者无嫡庶之痕迹，契文虽有"妾"字，函义是否与后世合，未敢言也。及周有天下，定立嫡之制以弭争，因子有嫡庶，而母之嫡庶不得不预为规定。以诸侯论，有嫡夫人，有右媵，有左媵，嫡及两媵又各有其侄与娣，是为九女。（《公羊传》隐元年何《注》）等而上之，天子十二女；等而下之，士庶人之一妻一妾。苟有二女同居者，莫不别其名分，此周以后之制也。

以爵级别妾数之多寡，此自阶级制度时代之遗蜕。十二女、九女，由今视之，讶其特权之优越，乃在当日或正所以限之，使不得过十二与九之数耳。《明律》："民年四十以上无子者方能置妾，违者笞四十。"则亦承认妾媵制而加以裁制也。

从人权上观察，蓄妾制之不合理，自无待言，但以家族主义最发达之国，特重继嗣，此制在历史上已有极深之根柢。故当清季修订新民律时，颇有提议禁革者，卒以积重难返，且如欧律以无妾之故，而仆仆于私生子之认知，亦未见其良。故妾之地位，至今犹为法律所承认也。

离婚与再醮，在后世颇为社会所贱，古代似不然。妇人有七出，而男子亦可为出夫，齐太公是已。据《檀弓》所记，则以孔子之圣，而三世出妻，其事颇不可晓。要之，古代夫妇关系之固定，似远不逮今日也。《丧服》有为继父之服，则父死母嫁，不以为怪矣。"有子而嫁"，谓之"背死不贞"，此秦之新制也，然亦限于有子者而已。

第三章　家族及宗法

婚姻既兴，父系斯立。"父"古文作 ㄅ，《说文》云："家长率教者，从又，举杖。"（又即右手）实则所举之杖，固以率教，亦示威严也。ㄅ与ㄐ形义皆极相近，《说文》"尹"下云："治也，从又丿，握事者也。""父"所举杖与"尹"所握事，实同一物。其后于"尹"下加口以表发令，则为"君"。父之与君，谓由一字孳乳而来可耳。《孝经》曰："家人有严君焉，父之谓也。""父"之本义如此，即家族制度所由成立也。

家庭组织及其相互间权利义务关系，远古特别情形如何，不可深考。自周迄今，原则上似无剧烈变化。父之在一家，尊无与二，故《丧服》"父在为母期"，明母不得匹父也（父母同服，始自明洪武）。然"父又为长子三年"，则重其继父统也（此宗法时代之制，汉后实际上已不适用）。父母对于子女，在古代殆纯认为所有品，不承认其独立人格。《旧约》书中艳称杀子祭天之事，旧《蛮夷传》中，亦多载"杀长子谓之宜子"诸异俗。我国自"敬敷五教"以后，此种观念固当久革，然故书中载瞽瞍日以杀舜为事，尹吉甫赐子伯奇死，虽乃涉神话，抑可见父母擅夺子女生命，固非稀见也。及周公作《康诰》则云："于父不能字厥子，乃疾厥子，刑兹毋赦。"与"子弗祗父服事"同一显戮。《汉书·贾彪传》记："小民因贫多不养子。彪严为其刑，殴杀及爱憎而故杀者各减一等。"《唐律》："以刃杀子孙者徒二年，故杀者加一等。"《清律》："子孙违犯教令而祖父母父母非理殴杀者，处十等罚，故杀者徒一年。"一般平等之原则究未适用也。财产则"父母在，不有私财"，为古礼所教。《唐律》犹严"卑幼私擅用财"之禁，盖父在时，常合一父所产之子若孙为一家族单位，析产而居，目为不祥。此观念至今未尽变，且更有以四五世同居或百口同居为美谈者，此皆上古父权之遗影也。然贾谊言："秦人家富子壮则出分。"则父在而子分居，财产独立，自战国时秦俗已然矣。财产承袭，在周代封建制组织完整时，其贵族所有土田，盖皆归袭爵之子。故争立之事，在《左传》数见不鲜，若庶人之家，则其制未闻。汉以来贵族制渐消灭，则兄弟均分遗产事，屡见于史，后代法令，皆承认均袭之原则。《清律》更详为规定云："分析家财田产，不问妻妾婢生，止以子数均分。"故如近世英、德、俄诸国财产集中爵胄之制，盖革除几二千年矣。

各家庭相互间，有大家族之联属组织焉。此其事殆自然之势，起于远古。然加以人为的规画形成一大规模有系统之组织者，则周代之宗法也。

宗法与封建相辅。周代封建制度，在历史上含有重大意义，其详已见《政制篇》。然封建实籍宗法相维系，故研究封建兴替之迹及其原因，不能不对于宗法稍加说明。宗法之制，"别子为祖，继别为宗，继祢者为小宗，有五世则迁之宗，有百世不迁之宗。"（《大传》文）"五世而迁之宗，其继高祖者也，故祖迁于上，宗易于下。"（《丧服小记》文）今试以封建时一诸侯为中心，作简单之解释。假定一诸侯于此，生有三子，其长嫡子袭为诸侯，余二子不袭爵者谓之别子，各自为开宗之祖，继其世者谓之宗。宗有大小。大宗者，此别子之长嫡累代袭继者也。凡此别子所衍之子孙，皆永远宗之，其国一日不已，则其家一日不绝，故曰"百世不迁之宗"。小宗者，例如此别子复有三子，其长嫡子继世为大宗，余二子复各自立宗，继之者谓之继祢，其所衍之宗谓之小宗。小宗亦长嫡世袭，其支庶代代劈立小宗。宗之世袭法，大小一也，所异者，大宗则同此一"祖"所出之子孙永远宗之，小宗则宗至同高祖昆弟而止，故曰"五世则迁之宗"。今为图以明之（见下页）。

后世"祖宗"合为一词，若祖即宗、宗即祖者，其实不然。《白虎通·宗族篇》云："宗，尊也，为先祖主者，宗人之所尊也。"故祖者父道也，宗者兄道也，以事父之道事其祖，以事兄之道事其宗，则子无室者，继体之今君即其宗，不敢兄君，故无宗名耳。自余则人人皆奉一大宗，而因其世次之尊卑兼奉一小宗，至四小宗而止，故谓之"五宗"。凡宗人之于宗子，皆事以

宗法图

今君　　今君　　今君　　今君　　今君　　今君　　今君

（八世） 大宗（百世不迁）

（七世） 大宗

（六世） 大宗

（五世） 大宗

（四世） 今君同大高祖弟　大宗

（三世） 今君同高祖弟　大宗

（二世） 今君同曾祖弟　大宗

（一世） 今君同祖弟　继别为大宗，不祢宗今君，故无宗

今君同父弟　别子为大宗，不祢宗今君，故无宗

（五世） 小宗（迁）有一宗

（四世） 大宗同高祖弟　小宗　有一宗

（三世） 大宗同曾祖弟　小宗　宗其同曾祖之兄为大宗，故有一宗

（二世） 大宗同祖弟　继祢为小宗，宗其同祖之兄为大宗，故有一宗

（一世） 大宗同父弟　庶子为称　宗其同父兄，有一宗

（五世） 小宗（迁）有二宗

（四世） 小宗　有二宗

（三世） 小宗　有二宗

（二世） 继称为小宗　宗其同高祖为大宗，又宗其同曾祖小宗，故有二宗

（一世） 庶子为称　宗其兄所之二宗，又宗其同祖之兄，故有二宗

（五世） 小宗　有三宗

（四世） 小宗　有三宗

（三世） 小宗　有三宗

（二世） 小宗　有三宗

（一世） 继称为小宗　宗其同大高祖之兄为大宗，又宗其同曾祖同祖之兄小宗，故有三宗

（一世） 庶子为称　宗其兄所之三宗，又宗其同曾祖之兄，故有三宗

（四世） 小宗　有四宗

（三世） 小宗　有四宗

（二世） 继称为小宗　宗一大宗三小宗，又宗其兄，故有四宗

（一世） 庶子为称　宗其兄所之四宗，又宗其兄，故有四宗

（三世） 小宗　有五宗

（二世） 继称小宗　有五宗

（二世） 庶子为称　宗一大宗四小宗，又宗其一宗以迁，小宗，仪宗大宗及三小宗，又宗其兄，故有五宗

（一世） 庶子为称　有五宗

（二世） 继称小宗　有五宗

小宗五世而迁者何也？《记》曰："亲亲，以三为五，以五为九，上杀下杀旁杀而亲毕矣。"此义云何？凡人之生，多逮事其祖，故爱敬其父若祖，祖父并己身为三代，故言亲以三起算，爱其祖以及其祖之祖，推之高祖而极，高曾祖父并己身为五，故曰"以三为五"。上数四代，下数四代（子孙曾玄），并己身为九，故曰"以五为九"，《尧典》所谓"以亲九族"也。愈上则爱愈杀，愈下则爱愈杀，平属愈疏则爱愈杀，故曰"上杀下杀旁杀而亲毕"。丧服之隆杀准此而立。尽于高祖者，推爱至此而极，过此则不复为亲属。故祭祀则有四亲之庙，高祖以上，"亲尽则祧"，而宗亦五世则迁也。故以亲则至小宗极矣，大宗者则以广其意，非亲之事而族之事也。《大传》曰："亲亲故尊祖，尊祖故敬宗，敬宗故收族。"《丧服传》云："大宗收族者也。"故《周礼》言九两系民，"五曰宗，以族得民"，《大传》亦言"同姓从宗合族属"，谓大宗也。

试假定一国君有三子，其子复各有三子，世世如是，则至第三代时（此君之孙之时），此君所衍有三大宗，第四代有三大宗六小宗，第五代有三大宗二十四小宗，似此除大宗固定不迁外，小宗以三递乘，孳乳至十代，其小宗之数多至何如。假定继世之君，君亦各有三子，累至十世，其大小宗之数合计又多至何如。而诸侯者则为国之群宗所共宗，天子又为王国内及群侯国群宗所共宗。《笃公刘》之诗曰："君之宗之。"《传》曰："为之君，为之大宗也。"是天子诸侯虽无大宗之名而有其实也。诸侯与诸侯间亦各相宗，故虞公曰："晋，吾宗也。"滕文公曰："吾宗国鲁先君。"如是一国中无数小宗以上属于大宗，无数大宗以上属诸侯，诸侯迭相宗而同宗天子，故亦"宗周"。层层系属，若网在纲。《白虎通》谓："大宗率小宗，小宗率群弟，以纪理族人。"则社会上一大部分事业，皆可以亲睦的意味行之，由父系部落进为"家族主义的国家"，其组织于是大完。

上所举例，国君同姓之宗也。异姓亦有宗。郑玄《注》"别子为祖"，谓："公子若始来在此国者。"则大宗之祖，以二种资格取得，一为公子，一即始迁者，第二种当兼同姓异姓而言。唐叔封晋，分殷余民怀姓九宗，怀姓即隗姓，实狄族，则不必周同姓始有宗法可知。周制同姓不婚，则异姓之宗，皆为甥舅，故天子之于诸侯，同姓称伯父叔父，异姓称伯舅叔舅。而原邑之民自谓"夫谁非王之婚姻"，则宗法又可以为同异姓之连锁。此家族政治之旁通也。

宗法以何时始衰坏耶？《板》之诗曰："宗子维城，毋俾城坏。"此幽王时诗也。忧其坏则其渐坏益可知。然春秋初年，"翼九宗五，正逆晋侯"，则宗法与政治之维系尚甚密切也。春秋之末，其郭郭确犹存在，叔向云："胙之宗十一族。"谓一大宗下有十一小宗也。自战国以后，其痕迹遂不复见。

秦汉间存宗法之遗蜕者，则"为父后"之制是也。就今世普通观念论，则凡人子未有不后其父者，宗法时代不然，惟长嫡谓之为父后，支庶则不谓之为父后。西汉文、景以前诏书，"赐为父后者爵一级"之文屡见，可见彼时此种分限犹甚明，实宗法之残影也。武、昭、宣以后渐希见，东汉则几绝矣。今日影中之影，则惟服制中之承重孙，以长嫡孙为丧主，诸父虽尊属而不敢先者，宗人不敢先宗子也。服制为宗法时代产物，今社会组织已剧变，则此亦等于无意义而已。

秦汉以后之社会，非宗法所能维持，故此制因价值丧失以致事实上之消灭。然在周代既有长时间之历史，儒家复衍其法意以立教，故入人心甚深，至今在社会组织上犹有若干之潜势力。其藉以表现者则乡治也，别于彼章论之。

第四章　姓氏　附名、字、号、谥

今世姓氏同物，古则不然。郑樵云："三代以前，姓氏分而为二，男子称氏，妇人称姓。"（《通志·氏族略序》）此实录也。以社会眼光观之，亦可谓姓为母系时代产物，氏为父系成立以后产物，姓久已亡，今所谓姓，皆以氏而冒称耳。

姓之见于经传及故书者，如姚、姒、子、姬、姜、嬴、妫、风、己、祁、任、戈、庸、姞、曹、董、荀、嬉、嬛、妘、伊、酉、隗、芈、曼、熊、偃、允、归、漆等，屈指可数（所举容有遗漏，但全数考出之殊不难）。吾侪可认为母系时代遗物至春秋犹存者，其间最可注意者，则神农之后为姜姓。而姜戎氏来自瓜州，似属西羌族，而亦为姜姓，是否同出一母系，抑姓之函义已变，未敢断定。而南方之姓如芈、如曼，西北方之姓如隗等，其得姓之由是否与诸夏同，皆无可考。要之，姓之来由，远在初民时代。《国语》云："使名姓之后，能知上下之神祇氏姓之所出者，谓之宗。"则姓实含有神秘的意味，与神祇同原。后世谓姓由古天子所赐者（《左传》"天子建德，因生以赐姓"），殆臆度之词耳。

氏，盖部落之称。古帝皇伏羲氏、高阳氏、高辛氏、陶唐氏、有虞氏等，诸臣如祝融氏、共工氏、有扈氏、有穷氏、大彭氏、豕韦氏等，皆非一人之私名而部落之共名也。此类之氏，盖与父系共生，莫知其所自来，及封建制行，而氏日孳乳。郑樵《氏族略》推考得氏之由，凡三十有二类，虽分类不免琐碎，而取材盖云极博。《左传》云："天子胙之土而命之氏，诸侯以字为氏，因以为族，官有世功，则有官族，邑亦如之。"按此，知周代受氏之途有四。其一，天子以命诸侯，以国为氏，管、蔡、成、霍、鲁、卫、毛、聃之类是也。故春秋践土之盟，《书》曰："晋重、鲁申、卫武、蔡甲午、郑捷、齐潘、宋王臣、莒期。""晋重"者，晋文公重耳；"鲁申"者，鲁僖公申也。此为氏之最尊贵者，所谓"胙之土而命之氏"也。然春秋后出奔他国，亦有以国为氏者，如陈敬仲在齐为陈氏，宋朝在卫为宋氏，卫鞅在卫秦为卫氏是也。其二，侯国之支庶，以王父字为氏，其得氏始自大宗小宗之第三代继祖父者。诸侯之子称公子，公子之子称公孙，皆无氏，公孙之子则以公子之字为氏，鲁公子无骇字子展，隐公命其后以字为展氏，宋孔父嘉之后为孔氏之类是也。晋羊舌肸称肸之宗十一族，族即氏也。盖避胙土命氏之名，故诸侯所命不曰氏而曰族，其实则一焉，《左传》所谓"因以为族"也。其以祖父之谥或排行为氏者准此。其三，世其官者则以官为氏，司徒、司马、司空之类是，所谓"官有世功，则有官族"也。其人不限于懿亲，亦不限于旧家，虽羁旅疏贱者皆能以功得之。凡以技术得氏，如巫，如屠，如甄，如漆雕等准此。其四，则受有采邑者，以邑为氏，如周之祭、尹、苏、刘、单，鲁之臧、郈等皆是，所谓"邑亦如之"也。其人不必以亲，亦不必以功，惟天子诸侯所欲命而已。自二至四之三种，严格的正其名，当谓之族，其后亦通称为氏。后世之氏，其来由罕出此四种外者。

此类之氏，与封建宗法相辅，是否为周以前所曾有，盖不可知。然殷墟契文中尚不见有"氏"字，恐其名实始周代，古部落之称氏，或周人比附而追命之耳。氏既由于锡命，则非普及可知。郑樵曰："氏所以别贵贱，贵者有氏，贱者有名无氏。今南方诸蛮，此道犹存。古之诸侯诅辞多曰：'坠命亡氏，踣其国家。'明亡氏则与夺爵失国同也。"此论甚是，叔向谓："其宗十一族，惟羊舌氏在。"岂其余十族皆绝嗣，亦但亡其氏，等于齐民耳。由此言之，则氏也者，实贵族政制时代特殊阶级之徽识也。

历战国以至秦汉，贵族埽迹，自是无人不有氏，氏不复为特权。汉以后亦复罕新创之氏，今日之氏，什九皆袭自周世者也。其间有因避讳而改姓，或帝王恶其人而改以恶姓者，其事甚希，且不久即或复或废。又如元之廉希宪，本西域色目人，生时其父适官廉访，遂取姓曰廉；清初理寒石本姓李，因耻与李自成同姓，自改姓理。此类创造新姓氏之例，史甚罕见也。

古者姓氏异撰。《世本》曰："言姓则在上，言氏则在下。"盖自述其作谱之例，姓氏并举，以姓列上格，以氏列下格也。混姓氏为一谭，自《史记》始。其本纪于秦始皇则曰"姓赵氏"，于汉高祖则曰"姓刘氏"，后世传记谱牒皆沿其称，在古则为不词矣。四裔诸族所谓姓氏，其性质与周制氏族不同，而与古代以部落为姓氏者相近。例如回鹘九姓，月支之昭武九姓，拓跋鲜卑初期之九十九姓，实皆部落也。至如北魏之河南《宫氏志》记献帝"七分国人，使兄弟领之"，因有纥骨、普、长孙、达奚、伊娄、丘敦、俟之七姓；《北盟会编》记："女贞至唐末部领繁盛，设三十首领，每领一姓，递三十姓。"所谓姓者，全不含血统的意义，亦非因原有之部落状态，而用人为的部勒分隶，与华夏文姓之旨相去益远矣。近代蒙古、满洲入主中原，虽亦各有姓，而不以姓行，盖其视姓不如汉族之重也。

自魏晋以后，民族移转，旧姓系统益紊。如金日磾本匈奴，汉武帝取休屠祭天金人之义，赐姓金；刘渊、石勒皆匈奴种，而有汉姓，渊即位告天，且祀汉高、光武、昭烈为三祖焉；元魏孝文向慕华风，力求同化，凡鲜卑姓皆改为汉姓，如拓拔之为元，贺鲁之为周等。《通志·氏族略》（卷三十叶十二至十五）所载凡百四十五姓。金代亦改女真姓为汉姓，如完颜之为王，乌古论之为商，见于《辍耕录》（卷一叶七）者，凡三十一姓。唐宋两代，赐异族降王降将姓李姓赵者，更仆难数。又明洪武元年，诏禁胡姓；九年，以火你赤为翰林编修，更姓名曰霍庄，取火、霍音同也。永乐中赐姓益多，如把都帖木儿赐姓名吴允诚，伦都儿灰名柴秉诚之类，其后蒙古色目人多有不待奉诏而自改者。又民国肇建以来，满洲人什九皆戴汉姓。故今之姓氏，其实质益异于古所云矣。

称氏而系以郡望，汉末颇有之，六朝以后益大盛。王则琅琊、太原，李则陇西，卢则范阳，崔则博陵……如是凡氏皆系以郡，其原盖起于季汉之乱，士民迁徙流亡，不忘故土。及五胡之难，晋室南渡，中原故家之过江者，常怀首丘之思，故郡望在南朝尤重焉。其浸行于南北朝者，固一时风气所播染，或亦因元魏改姓，而土著故家翘其郡望以示异，未可知也。唐以前谱牒严明，如《新唐书》言"河南刘氏，本出匈奴之后刘库仁""柳城李氏，世为契丹酋长""营州王氏本高丽"之类。郡望盖截然不可混。五代以后，谱学失修，郡望亦几等于无意义。如吾梁氏，最初见于载籍者为晋大夫，梁泓、梁益耳。《左传》著焉，今诸梁之郡望皆曰安定，举国同之，自表晋产也。然元魏改姓，则拔烈兰氏为梁氏。诸梁悉安定耶？抑亦有拔烈兰耶？是未易言也。

历代命名之沿革，亦有可言者。《史记》言尧名放勋，舜名重华之类，恐非事实。吾意远古命名多属复音字，此当于《语言文字篇》别论之。殷代命名，皆以甲乙丙丁等干支字，见于契文金文者什九如此，大抵以其生之日为名也。此种名在社会简单时，各个人及各家族间交涉稀疏，尚可适用，在复杂进化之社会，其不便甚矣。入周而命名范围日益广。太广之结果，患其猥杂，于是礼家示以限制，如"不以国，不以日月，不以官，不以器物，不以畜牲"之类，凡所以便于识别，毋使与他种名称相混，抑又取便于讳也。至孔子《春秋》，则有"讥二名"之义，故仲孙何忌书曰忌，晋侯重耳书曰重，魏曼多书曰多，然此义似非创自孔子。晋文公名重耳，而祝鲍述践土之盟，其载书止曰"晋重"（《左传》定四年）；曹始封君叔振铎，而僖负羁称"先君叔振"（《晋语》）。则春秋初期，固有此种称谓，意盖欲使文字趋简易，便于记忆传写耶？秦汉间则喜用吉语为名，《急就章》之"宋延年、郑子方、卫益寿、史步昌、周千秋"，此小学读本之示例，可见一时风尚；《汉书》中此类人名如孔安国、李延年、霍去病、田千秋之类可征也。东汉儒学昌明，实行"讥二名"之制，试翻《后汉书》列传，除《方术传》中有六人用二名外（此六人恐亦佚其名而举其字），自余皆单名，无一双名者，此甚可注意也。魏晋以降，无甚可纪。其最特别者，则元代命名，率皆用排行，或于排行上冠一字，此在史传中不甚可考见。试稽各家族谱，则什有九皆如是。此实命名之一大退化，其原因何在，吾尚未明，更待研索。

名之外复有字，自周始也。"周人以讳事神，名终将讳之。"讳名不可无以为代，字之起盖缘此，其后文胜益甚，不待身后乃始讳名。是故"幼名，冠字，五十以伯仲"。礼家释其义曰："冠而字之，敬其名也。"是知凡成年者之待遇，皆以直斥其名为慢矣，故维"父前子名，君前臣名"。栾针在晋侯前其父曰"书退"，知罃对楚子称其父曰"外臣首"之类是也。自余平辈率相呼以字，此风似起于西周末而盛于春秋。周初或不尔尔，周公、太公，史家皆不能举其字。召公名奭，周公尊称之亦仅曰"君奭"，可见当时未有字也。宗周之末，"方叔""吉甫"等似是字，然其名又无可考，为名为字，尚难断言。至春秋而士大夫无不以字闻矣。

不惟男子有字也，女子亦有之。《曲礼》云："男子二十冠而字，女子许嫁笄而字。"《说文》"女"部下自"嫌"至"妖"十三字，皆注曰："女字。"而彝器之中，女子之字可考见者十有六（王国维《观堂集林》卷三"女字说"），知周时盛行矣。男子之字曰"某父"，"父亦通作甫"，如正考父、仲山甫等是。《说文》"甫"下云："君子美称也。"女子之字见于彝器者多曰某母，则"母"，其女子美称也。至春秋时则多取名字相覆（王引之《春秋名字解诂》），而冠以"子"字或伯、仲、叔、季等伦次。如颜回字子渊，曾点字子皙，孔鲤字伯鱼，仲由字季路等。汉人则多用公卿为美称，如何休字邵公，赵岐字邠卿等，实际上其所谓"字"，仅一字也。汉人亦有省去"甫""子""公""卿"诸美称而专用一单字为字者，如袁盎字丝，匡衡字鼎之类。至唐犹有效之者，如颜师古字籀，以二字为名而以一字为字，最诧异矣。

古之敬称，以字为最矣。故《仪礼》载祭祝之词，皆字其祖祢。子思字其祖曰仲尼，子贡字其师曰仲尼。至后世文胜日甚，乃有以字为不足以展敬而更以别号相呼者，其始盖起于逃名避世之士。如春秋末，范蠡在齐号鸱夷子皮，在陶号朱公；战国时有鬼谷子、鹖冠子之类；汉初则有商山四皓、绮里季、角里先生等。至今莫能举其姓氏。自晋至六朝而葛洪号抱朴子，陶潜号五柳先生，陶弘景号华阳隐居。是为自标别号之始，然尚含肥遁自晦之意。至唐而浸滥，如贺知章号四明狂客，元稹号漫郎，陆龟蒙号天随子，张志和号元真子之类。文人以为名高矣。至宋而益

滥，文人莫不有号，如六一、老泉、半山、东坡等；讲学之风
渐起，尊其师者必曰"学者称为某某先生"，如濂溪、明道之
类是。自兹以往，某斋某轩等称号，遍于贾竖矣。又古者于达
官，尊之则称其官位。至明中叶，又以别号不足为敬，官位不
足示异，乃至以籍贯之称代人称，如张居正曰江陵，严嵩曰分
宜；末流猥滥益甚，贵溪（夏言）、乌程（温体仁）、宜兴（周廷
儒）、武陵（杨嗣昌）等名词，纷形诸公私文牍，有如隐谜，不
知所指。此风披靡，于今为烈。曾湘乡兄终弟及，李合肥父没子
袭，下如袁项城、黎黄陂之流，皆各专其县，甚者徐世昌以郡望
而称东海，孙文以冒日本姓而称中山，"名不正则言不顺"，莫
此为甚矣。

"死而谥，周道也。"后世谓为易名大典。周制"称天而
谥"，美恶必以实，"名之曰幽厉，孝子慈孙不能改"，故《周
书·谥法篇》恶谥不少。及秦始皇以为"臣子议君父，不道"，
废之。汉兴而复，迄清季不替，民国建乃革焉。清制唯一品以上
例得谥，以下特赐，然谥有美无恶，非古意矣。私谥之风，起于
东汉，至今犹有行者。

上名、字、号、谥等，于社会组织无甚关系，因述姓氏类及之。

第五章　阶级（上）

"物之不齐，物之情也。"历史上无论在何时代，其人民恒
自然分为若干阶级。近世欧美，以平等为法律原则，然而贵贱阶
级废，贫富阶级兴焉，故阶级者人类社会所不能免也。其在今日
以前则阶级最显之标识，一曰贵族与平民，二曰平民与奴隶。中
国人在全世界诸民族中，可谓最爱平等之国民也。自有成文史籍

以来，严格的阶级分别，即已不甚可见。彼印度至今犹有释迦时代四级之遗迹。西欧各国，在法国大革命前，贵族、僧侣之特权至为优越。日本明治维新前，尚有"秽多""非人"诸名称。美国当南北战争前，奴隶之待遇非复人道。俄国当苏维埃革命前，大多数人民皆在农奴状态之下。求诸我国，则春秋时代已不复能睹此痕迹。前此有无则不可深考，后此虽有一二时代裂痕颇著，然其地位不如他国之固定，且不久而原状旋恢复。故阶级之研究，在中国史上所占位置，不如欧美各国史之重，但其沿革亦有可言者。

三代以降，"百姓"与"民"之两名词，函义如一，在远古似不尔尔。《尧典》"平章百姓"与"黎民于变时雍"对举，又以"百姓不亲"与"黎民阻饥"对举，是百姓与民异撰。《楚语》述观射父释"百姓"之义曰："王公之子弟之质能言能听彻其官者，而物赐之姓以监其官，是为百姓。"《吕刑》："苗民弗用灵。"郑玄《注》云："苗，九黎之君也。此族三生凶恶，故著其氏而谓之民。民者，冥也，言未见仁道。"夏曾佑据此诸文，因推定古代汉族征服苗族后，自称其族曰百姓，而谓所征服者为民，故民之上系以黎或以苗，因谓"百姓"与"民"为两大阶级之徽帜。此虽近武断，然远古社会或如是也。

阶级制度成立之主要条件有二：一曰将全社会之人画分为统治者与被治者之两级，永沟绝而不能相通；二曰此两级人不通婚姻，各保持其血统勿使相混。我国古代之贵族平民，似不尔尔。第二条件，三代前不知何如，就《左传》所记春秋时状况，殊不见有隔绝的痕迹。盖春秋贵族，什九皆自王侯支派衍出，而周制同姓不婚，其匹耦自不得不求诸本族以外，原邑之民自言"夫谁非王之婚姻"，可见婚姻范围普及于士庶也。最为显证者，晋文公及赵盾之母皆戎狄异族，盾母尤为俘虏之女，则婚姻不甚拘门第可知。尤当注意者为妾媵制，妾子身份，古来公认，而妾更绝对的无门第可言。故阶级血统不能严画者，势也。其第一条件，则《尧典》称"明明扬侧陋"，《孟子》称"傅说举于版筑，胶鬲举于鱼盐"，此皆言起微贱可以为君相，虽或后史追述比附之词，然现存夏殷史料中，亦迄无平民不能执政之反证。周初专门之业，则有世官，酬庸推恩，亦有世禄，而世卿之制未闻。故周公、太公皆武王时三公，而《顾命》所载成王时六卿，则周公、太公之子不与焉。《荀子》（《王制篇》）所谓："虽王公士大夫子孙，不能属于礼义，则归之庶人；虽庶人之子孙，能属于礼义，则归之卿相士大夫。"其为儒家理想之言耶？抑周之开国规模实如是？未可知也。

降及春秋，则确为我国贵族政治极完整之一时期。各国政权，率归少数名族之手。例如周之周氏、召氏、祭氏、单氏、刘氏、甘氏、尹氏，鲁之仲孙氏（即孟氏）、叔孙氏、季孙氏、臧氏、郈氏、展氏，晋之韩氏、赵氏、魏氏、范氏（即士氏）、荀氏（后分为中行氏、知氏）、栾氏、郤氏、胥氏、先氏、狐氏，齐之高氏、国氏、鲍氏、崔氏、庆氏、陈氏，宋之华氏、乐氏、皇氏、向氏，郑之良氏、游氏、国氏、罕氏、驷氏、印氏、丰氏，卫之石氏、宁氏、孙氏、孔氏……春秋二百四十年之史迹，虽谓纯由各国中若干族之人物的活动构成焉可也。

春秋各国虽大部分同施行贵族政治，然各国发达之路径及构成之形式亦各自不同。试举其要点如下：

一、各国中之大多数，皆政权全移于贵族，而君主等于守府。如周、鲁、齐、晋、宋、卫、郑等皆是。就中最特别者为楚国，执政虽常用贵族，至君主黜陟生杀之权迄未旁落，如令尹子玉、子反、子上、子辛、子南，皆以罪诛黜。

二、以前项理由故，各国贵族之执政者，多由前代亲贵荫袭而来，与现代之王室、公室或缘属甚远，其地位则随其身份而自然取得。楚国执政之贵族，大率为时主之子，若弟、若王子围、子囊等，或血统甚近，否则由时主在名族中如斗氏、蓮氏、成氏、阳氏之胤量才特拔，故含尚贤之意味较多。

三、诸国贵族，率皆公族——即由累代之公子派衍而来者。若楚、若鲁、若宋、若郑，殆皆无例外，惟晋最特别。晋自经骊姬之难，"诅无畜群公子"，故文襄之子，皆斥遗在外，终春秋之世，无晋公子与于盟聘之役，执政更无论矣。晋之贵族，皆献、文两代功臣子孙，而公族乃无一焉。齐则折衷两者之间，国、高、崔、庆皆公族，管、鲍、陈则他族也。

四、有以一族为诸贵族之领袖，世掌最高政权者。例如鲁之季孙氏。在此种制度之下，或画出政务之一部分专属某族，例如鲁之叔孙氏世为行人，凡外交事皆专责焉。

五、有以若干贵族轮掌最高政权，以年辈取得领袖资格者。如晋自荀林父以后，士会、郤克、栾书、韩厥、知罃、荀偃、士匄、赵武、韩起、魏舒、范鞅、赵鞅以次涪升，其资格为众所公认，殆无争议之余地。又如郑之归生、子良、子罕、子驷、子孔、子展、伯有、子皮、子产、子太叔，以兄弟叔侄之伦次递升，亦殆无争议余地。在此等制度之下，各贵族皆有取得政权之均等机会，故争相淬厉以养令名。又凡任执政者，皆久为诸先辈之副贰，随习以谙练政务，故于贵族政治中最称完美焉。

六、治政之重心，有常集于一国之中央，而由一贵族或数贵族总揽之者。如楚、如齐、如宋、郑。散于各地方，而由数贵族分领之者，如鲁、如晋。故鲁之后析为费国（费惠公见《孟子》），而晋为韩、赵、魏三家所分。

春秋对贵族政治之内容大略如此。其最与欧洲异者有三点：其一，无贵族合议之法定机关，如罗马之元老院者，虽国之大事，亦常集众讨论，然大权实在国君或执政，与议者备咨询而已。故欧产之议会政治，在我国历史上绝无前例可以比附。其二，贵族平民之身份，乃相对的而非绝对的。其三，贵族平民享有政治权之分限，亦相对的而非绝对的。以此二因，故欧洲贵族政治之基础坚牢而久续，我国则脆弱而易破坏，故欧洲受贵族政治之祸极烈，我国则较微。上第一点事实甚易见，二三两点须稍附以说明。

春秋最显之贵族，皆起自中叶以后。如鲁之三桓皆桓公子孙，闵、僖之际始执国命，晋诸卿之兴亦略与同时。郑之七穆皆穆公子孙，起于文、宣以降，前此岂无贵族？盖已代谢夷为齐民矣。晋诸卿之兴替，最为显例。叔向谓："栾、郤、胥、原，降为皂隶。"此四族者，僖、文间最赫赫者也。不及百年，至昭、定间则已若此。则贵族之与平民，非画然有鸿沟不可逾越也明矣。

诸国之最高执政——即所谓"正卿"，诚为贵族之独占权利；自"次卿"以下，则各国皆取开放主义，惟才是求。例如管仲家世虽不可深考，然"少时尝与鲍叔贾"，则其出于微贱可知。其相齐也，名分虽居"天子二守国高"之下，事实上则政皆彼出焉。又如孔子，在宋虽为贵族，入鲁则"吾生也贱"，尝为委吏乘田，等于庶人在官者，然亦尝官司寇，亚三桓一等耳，晚年且有"国老"之号。又如陈敬仲奔齐以"羁旅之臣"，官仅工正，而其胤乃专有齐国。又如晋诸大夫，声伯历举苗贲皇以下若而人，谓："唯楚有材，晋实用之。"此皆乙国亡命羁贱显贵于甲国者。可见平民在政治上之地位，其与贵族不平等者实至有限也。

春秋时始终不见有贵族政治痕迹者，唯一秦国。秦之史迹，除穆、康两代《左传》稍详外，余均阙如。然据他传记所述，则由余、百里奚诸名相，皆起于异邦贱族。秦不惟无世卿之制，其名族亘数代者，于史绝无征焉。降及战国，则商鞅、张仪、范雎以下，为李斯《谏逐客书》所列举者，皆客卿也。盖秦崛起西陲，文化远在中原之下，欲求自立，不得不借才异地，贵族制之不适用，势使然也。然秦既以此致强，而贵族制至春秋之末亦已不胜其敝，故入战国而诸国皆"秦化"，贵族埽地尽矣。

贵族阶级消灭之原因有三：

一由学问上。前此学问，皆在官守，非其人则无所受，才智之士，集于阀阅焉。春秋前后，故国灭亡者接踵，其君其卿大夫皆变为平民。各国内乱之结果，要人或亡命他国，或在本国失其爵氏，则亦变为平民。于是平民中智识分子日多，与贵族相敌。继以孔、墨两大师以私人讲学，弟子后学遍天下，百家趋风而起者且相望，于是学问之重心，自学府移于民间。势力随才智而递嬗，理固然也。

二由生计上。前此惟农是务，春秋战国间而商业勃兴。农民仆僿不喜事，商则机敏趋时。故"子贡废著鬻财于曹鲁之间，结驷连骑以聘享诸侯，所至国君无不分庭与之抗礼"；吕不韦"居奇货"，操大国君主废立之柄焉。平民阶级中有商人发生，此阶级之所以增重也。

三由政治上。各国并立，以人才之多少争强弱。魏以失商鞅故见弱于秦，于是卑礼厚币以招贤者；燕筑黄金台以罗致乐毅、剧辛之徒；齐则稷下先生比列卿者以百数；至如四公子门下鸡鸣狗盗、监门卖浆之辈，皆备致敬礼而获其用。盖自秦以用客卿致强，各国承流，而处士声价遂隆隆日上。当时诸国中虽仍有保贵族之余蜕，如齐之诸田，楚之昭、屈、景，魏、赵之信陵、平原等，然皆纡尊降贵，不敢以宠位骄人。政治活动区域，卒全为平民阶级所占。

豪杰亡秦，犹共戴楚义帝而立六国后，徇诸地者咸以其故家遗族相号召。人情狃于所习，数百年为民之望者，其势固殁而犹视也。然而韩成、魏豹、田儋、田广之徒，皆一瞥旋灭；即"世为楚将"之项氏，亦不过为新朝作驱除难；而汉高以泗上亭长，率其乡里刀笔小吏与草泽骁雄，不数年而奄有天下。贵族之运，遂随封建而俱绝。

秦汉之际，除奴隶外，一切臣民皆立于法律平等的原则之下。其有爵位者之秩禄章服特予优异（除诸侯王、公主以宗亲享若干特权外），则以贤以功，人人可以得之，故不能目为阶级。其待遇略涉歧视者，惟秦末发卒谪戍，贾人与赘婿独先发，汉高帝时禁贾人不得衣绣乘马，惠帝时令贾人与奴婢倍算，哀帝时禁贾人不得名田。似终两汉之世，贾人身份在法律上受特别限制，若于汉制中勉求所谓阶级者，惟此为差近耳。

至六朝而有变相之阶级——即所谓族望门第者兴焉，至唐中叶以降始渐消灭。其起因盖有二：一由选举制度之变更，一由民族大移徙之识别。

两汉选举，由郡国守相行之。及魏而改用"九品中正法"，立专官以司乡评，造册籍为选举标准。其官在州曰大中正，郡曰中正，州有主簿，郡有功曹。自晋以来，皆以土著之豪右任之，与夺高下出其手，结果乃至"下品无高门，上品无寒士"。所谓世族者，当其入仕之始，已居清要，起家为散骑侍郎、秘书郎、著作郎等，平流而致公卿。寒门则起外郡小吏，累岁不能迁一阶（汉制：入仕者，大率起家郡曹掾，考绩优异，乃察举孝廉，入为郎，罕有躐进者）。以故贵者日益贵，贱者日益贱，浸假乃如鸿沟之不可逾越。阶级之生，实由于此。

然则高门寒门之分何自起耶？旧史盖未尝质言。以吾推之，则汉末及五胡时代民族移转，至少当为构成门第重要原因之一。《唐书》云："过江则为'侨姓'，王、谢、袁、萧为大；东南则为'吴姓'，朱、张、顾、陆为大；山东则为'郡姓'，崔、卢、李、郑为大；关中亦号'郡姓'，韦、裴、柳、薛、杨、杜首之；代北则为'虏姓'，元、长孙、宇文、于、陆、源、窦首之。"此所述虽唐时情状，然其来盖久。东晋南渡，中原士夫随而播迁者，翘然自表异，而孙吴以来，故家久在吴会者，亦不肯相下，故江左有侨姓与吴姓对抗。五胡之难，异族侵入偏于河北，土著之民欲自表为神明遗胄也，于是乎有郡姓。郡者，示异于种落也。魏孝文自代迁洛，尽改汉姓，于是乎有代北之国姓。虏姓云者，唐人名之云尔。南之侨吴，北之郡国，各张其右族以相援系，族愈大者，其享受特权愈优越，此则后此甲姓、乙姓、丙姓之名所由生也。

六朝阶级界限之严，求诸古今，曾无伦比。寒人虽跻贵要，其在交际场中，曾不能与高门齿。右军将军王道隆权重一时，到蔡兴宗前不敢就席，良久方去，兴宗亦不呼坐。到溉执政，何敬容语人曰："溉尚有余臭，遂学作贵人。"甚至积重之势，虽帝者亦莫能易之。宋文帝宠宏兴宗，谓曰："卿欲作士人，得就王球坐，乃当判耳。若往诣球，可称旨就席。"及至，宏将坐，球举扇曰："卿不得尔。"宏还奏，帝曰："我便无如此何。"纪僧真显贵，启宋孝武帝求作"士大夫"，帝曰："此事由江敩、谢瀹，我不得措意，可自诣之。"僧真承旨诣敩，登榻坐定。敩命左右："移吾床远客。"僧真丧气而退，告帝曰："士大夫固非天子所命。"及唐太宗命高士廉等参稽谱牒，刊正氏族，而崔氏犹为第一，太宗列居第三。门第思想之倔强不可拔也如此。

其所以至此且持久不坏者，其主要原因则在不通婚姻。魏太和中，尝定望族七姓子孙迭为婚姻（见《唐书·李义府传》），南朝曾否有此规定，虽不可深考，然以习俗觇之，想亦当尔尔。赵邕宠贵，欲强婚范阳卢氏，卢母不肯，携女潜匿外家。崔巨伦姊眇一目，其家议下嫁，巨伦姑怒曰："岂可令此女屈事卑族？"侯景称兵犯阙，生杀由己，欲请婚于王、谢，梁武帝曰："王、谢门高，可于朱、张以下求之。"景亦终不能夺也。及唐初作《氏族志》，黜降著姓，然房玄龄、魏徵、李勣辈，犹以得婚崔、卢诸族为荣。李义府为子求婚不得，乃奏禁焉，其后转益自贵，称"禁婚家"。男女潜相聘娶，朝廷末如之何。至文宗时，欲以公主降士族，犹以为难，乃下诏曰："民间婚姻尚阀阅，我家二百年天子，反不若崔、卢耶？"则右族之高自矜异盖可想矣。盖六朝阶级之见，入唐虽稍杀，直至五代始全消灭也（赵翼《陔余丛考》卷十七"六朝重氏族"条、"谱学"条）。

以种族区别阶级，征服者常享特权，不与被征服者齿，此历史上常例也。晋世五胡之乱，刘、石、苻、姚辈，类皆保塞种人，久居内地，名为异族入主，实则与草泽英雄崛起者无异。且其户口稀少，不能造成一特别阶级，故影响于社会组织者甚微。鲜卑之慕容、拓跋、宇文诸氏，皆塞外大部落，其势力可以造成阶级。然慕容之侵入也以渐，其先固已为晋室之藩臣编户，次第同化。拓跋自孝文以后，向慕华风，且以自标其种为耻，其种人亦往往不乐内迁。宇文氏则中衰而复兴，复兴后心醉汉化尤甚，方且以步趋成周为事。以故终六朝之世，除北齐高氏稍蔑视汉人外，实无种族的阶级之可言，有之则自金、元以后也。

金之本俗，管军民者有"穆昆"，译言百夫长。穆昆之上有"明安"，译言千夫长。及有中原，虑士民怀贰，始创屯田军，凡女直奚契丹之人，皆自本部徙居中州，与百姓杂处。屯田之所，自燕南至淮陇之北皆有之，亦谓之明安、穆昆，种人与汉民盖显分畛域。世宗虑种人为民害，乃令自为保聚，其土地与民犬牙相入者互易之。其后蒙古兵起，种人往战辄败，主兵者谓所给田少，故无斗志，乃括民田以给之，其所享特权率类是。终金之世，明安、穆昆之众别为一阶级，居征服者之地位。及宣宗南渡，盗贼群起，民报夙仇，不三二日间，屠戮净尽（赵翼《廿二史劄记》卷廿八，"明安、穆昆散处中原"条，"金末种人被害之惨"条）。

金分人民为三级：曰种人，曰汉人，曰南人。汉人谓先取辽地时所得户籍，南人则继取宋山东、河南地之人也。元分四级：曰蒙古人，曰色目人，曰汉人，曰南人。色目人指成吉思以来平定西域所收之种落，自葱岭东西以迄欧洲，其范围至广。其灭金时所得则曰汉人，灭宋时所得则曰南人。据《辍耕录》称汉人八种，一契丹，二高丽，三女真，四竹因歹，五术里阔歹，六竹温，七竹亦歹，八渤海，而真汉人反不与焉。岂凡金之遗民在中原者，概以女真目之耶？

政治上权利之差别，金制对于汉人、南人尚不甚歧视，元制则分别綦严：蒙古人最优，色目次之，汉人次之，南人最下。《元史·百官志》序云："世祖定制，总政务者曰中书省，秉兵柄者曰枢密院，司黜陟者曰御史台，其次在内者有寺、有监、有卫、有府，在外者有行省、行台、宣慰司使、廉访使，其牧民者曰路、曰府、曰州、曰县，其长皆以蒙古人为之，而汉人、南人贰焉。"质言之，则汉人、南人虽可登仕版，终不得为正印官也。《成宗本纪》云："各道廉访司，必择蒙古人为使，或缺则以色目世臣子孙为之，其次始参以色目及汉人。"是色目之待遇，亦较汉人优越也。至元二年，诏以蒙古人充各路达尔噶齐，汉人充总管，回回人为同知，而南人不得与焉。《程钜夫传》记世祖责御史台言："汝未用南人，何以知南人不宜用？"则南人之待遇又下于汉人也。中国虽屡经外族侵入，然挟征服者之权威以相临，侪我族于劣等，则未有如元之甚者（《廿二史劄记》卷三十"元制百官皆蒙古人为之长"条）。

满洲在关外，以民隶军，画为"八旗"。其后蒙古服属，则置蒙古旗。入辽后得关内人民及明降将卒，则置汉军旗。"旗人"与"汉人"之名称，三百年来，遂成为对立之两阶级。旗人驻防各省会，与金之明安、穆昆颇相类，而体势更隆重。就形式上论，别满、蒙、汉三旗于汉人，与元代之四阶级颇相类。然而不同者，则清代蒙旗人之在内地，其地位并不如元代色目人之优越，而清代汉人，比元代之汉人、南人，作官吏之机会，最少也胜一筹。例如中央各官署大小员缺皆满汉平分，外省官吏，因无双缺，汉人以自由竞争之结果，且常占优势（附录《顺、康、雍、乾、咸、同、光、宣督抚满汉人数比较表》），故清代之满汉，在政治上殆无阶级之可言。

第六章　阶级（下）

平民奴隶分级，盖起自原始社会，直至现代，犹革而未尽。古代希腊、罗马，以自由共和政体为揭橥，夷考其实，则希腊当比黎格力时雅典、阿的加两市，人口约合三十万，而奴隶之数乃在八万以上。罗马虽无确实统计，而奴数比例，或更过之。所谓自由，亦部分的自由而已。若印度四姓之制，其"首陀罗"一级，至今不齿于齐民。美洲黑奴，俄国农奴，最近始革。甚矣！平等理想之实现如此其艰也！其在中国，奴隶身份之固定，不如他国，故其为社会问题之梗，亦不如他国之甚，然亦因循数千年，至今乃渐绝，其间沿革，有可言者。

"奴"之名始见于《尚书》及《论语》，"隶"之名始见于《周礼》及《左传》（《书·甘誓》："予则奴戮女。"《汤誓》文同。《论语》："其子为之奴。"《周礼》《左传》言"隶"者，别见下文所引）。

然又有种种异名，曰臣妾，曰臣仆（《易·遁》"九三"："畜臣妾吉。"《书·费誓》："臣妾逋逃。"《周官·太宰》："臣妾聚敛疏财。"《左传》僖十七年："男为人臣，女为人妾。"《书·微子》："我罔为臣仆。"）。

曰童仆（《易·旅》"六二"："得童仆贞。"秦始皇时，徐市将童男童女三千人入海求蓬莱，后人解为幼男女，非也，盖谓奴婢耳。《论语》："夫人自称曰小童。"盖自谦之辞，犹秦穆公夫人自称"婢子"）。

童亦作僮（《史记·货殖传》"僰僮"，又"僮手指千"。《司马相如传》："卓王孙僮客八百人。"《汉书·贾谊传》："今民卖僮者。"王褒有《僮约》，见《古文苑》。此外两《汉书》言僮者甚多）。

曰臧，曰获（《荀子·王霸篇》："虽臧获，不肯与天子易执业。"杨《注》："臧获，奴仆贱称也。"《汉书·司马迁传》："臧获婢妾。"晋灼《注》："臧获，败敌所被虏获为奴隶者。"《方言》："荆淮海岱之间，骂奴曰臧，骂婢曰获。燕齐亡奴谓之臧，亡婢谓之获。"《文选·报任安书》李善注引韦昭："善人以婢为妻，生子曰获；奴以善人为妻，生子曰臧。又凡人男而归婢谓之臧，女而归奴谓之获。"）。

曰竖（左氏僖公二十四年《传》："晋侯之竖头须，守藏者也。"又僖公二十八年《传》："曹伯之竖侯獳货筮史。"）。

曰厮，曰役，曰扈，曰养（公羊宣十二年《传》楚子重云："诸大夫死者数人，厮、役、扈、养死者数百人。"《书·康诰》："民养其劝弗救。"）。

或于其间复分等级，曰皂，曰舆，曰隶，曰僚，曰仆，曰台。台为最下，盖指逃奴复获者，故称"人有十等"，递相臣使，其罚也以次递降（左氏昭七年《传》楚申无宇云："天有十日，人有十等：王臣公，公臣大夫，大夫臣士，士臣皂，皂臣舆，舆臣隶，隶臣僚，僚臣仆，仆臣台。"按：此是否当时通行制度，尚难确指。然昭六年《传》载楚弃疾誓辞云："不用命者，君子废，小人降。"君子当指士大夫，小人当指庶人及奴隶。小人而言"降"，必有等乃可降。是"十等"之别，最少亦当为楚国现行制矣。甚所以区别及名称所由立，今难悉解。惟申无宇此言，为执逃奴而发。其下文云："若从有司，是无所执逃也，逃而舍之，是无陪台也。"可知陪台为逃而复获者，故等最下也）。

奴隶起源，盖自部落时代之俘虏，倔强者杀之，驯服者役焉。"臣"实为其最初之名，象其稽颡肉袒屈服之形（《说文》"臣"字下云："牵也，象其屈服之形。"《庄子》："擎跽曲拳，人臣之事也。稽颡，服之甚也。肉袒，服之尽也。"）。

此风盖至春秋战国间犹有存者（《吕览》："鲁国之法，凡赎臣妾于诸侯，则取金于内府。"盖本国人被俘为臣妾，则以金赎之也。据此知春秋时尚俘人为奴。《孟子》论齐伐燕云："若杀其父兄，系累其子弟。"据此知战国时亦然）。

其次起者，即犯罪人或其家属，剥夺良民资格，没入官为奴婢。《周礼·司属》所谓"其奴，男子入于罪隶，女子入于春、槁”是也。此制由来盖甚古。故“童”“妾”“仆”等字皆从“辛”，罪也（《说文》：“辛，辠也，从干二〇二，古文上字。”谓干犯其上为罪也。辛部所属惟“童”“妾”二字。“童”字下云：“男有辠曰奴，奴曰童，女曰妾。”“妾”字下云：“有辠女子、给事之得接于君者。”辛部下次以丵部，“仆”字从之）。

古代奴隶，大部分皆由此出。故应劭云：“古制本无奴婢，奴婢皆是犯事者。”（《风俗通》）郑玄云：“今之奴婢，古之罪人也。”（《周礼·司厉》注）

当春秋时，奴隶盖有册籍，藏于官府，惟君相得免除之（左氏襄二十二年《传》：“斐豹，隶也，著于丹书。栾氏之力臣曰督戎，国人惧之。斐豹谓宣子：‘苟焚丹书，我杀督戎。’……”）。

凡罪人子孙未赦免者，盖皆从奴籍（？）（左氏《传》：“栾、郤、胥、原，降在皂隶。”四姓皆贵族之以罪废者也。此“皂隶”若不作庶人解，则是四姓子孙皆在奴籍也）。

春秋以前，奴隶似皆服公役（？），私人蓄奴之事无征焉。“大夫有贰宗，士有隶子弟。”（左氏桓二年《传》文）言以子弟执隶役也。孔子固尝“从大夫之后”，《论语》记其日常行事，未尝有使役奴隶之痕迹。樊迟御，冉有仆，阙党童子将命，凡服劳者皆门弟子也。以此推之，当时奴隶之用当有限制，而其数盖亦不多（？）。

战国之末，社会情状剧变，户口日增，民已艰食。重以田制破坏，豪强兼并，工商业勃兴，贫富悬隔斯起。于是民间之大地主、大商贾多蓄奴婢，资其劳力以从事于生产货殖（《史记·货殖列传》：“白圭，周人也，与用事僮仆同苦乐。”又云：“齐俗贱奴虏，而刁间独爱贵之。桀黠奴，人之所患也，唯刁间收取，使之逐鱼盐商贾之利，终得其力，起富数千万。”）。

故问人之富，数奴以对（《货殖传》又云："……马蹄躈千，牛千足，羊彘千双，僮手指千，……此亦比千乘之家。""僮手指千"者，谓蓄奴百名也）。

权贵言奴多至万数千人，民间富豪亦动辄千数百人（《史记·吕不韦列传》："不韦家僮万人，嫪毐家僮数千人。"又《留侯世家》："良家僮三百人。"又《货殖列传》："蜀卓氏，富至僮千人。"《汉书·司马相如传》："临邛多富人，卓王孙僮客八百人，程郑亦数百人。"《汉书·王商传》："私奴以千数。"）。

至汉时，奴乃成为一种货品，公开买卖，与牛马同视（《汉书·贾谊传》："今民卖僮者，为之绣衣丝履偏诸缘，纳之闲中。"可见当时有卖奴公开市场，其场有闲，若马牛栏然）。

一奴之值约万钱（？）（王褒《僮约》："神爵三年正月十五日，资中男子王子渊从成都志安里杨惠买夫时户下髯奴便了，决卖万五千，奴从百役使，不得有异言。"）。

奴亦为馈赠品（《汉书·司马相如传》："卓王孙分与文君僮百人，钱百万，文君乃与相如归成都，买田宅为富人。"）。

乃至可以赎罪，可以易官爵（《汉书·晁错传》："错劝帝募民以丁奴婢赎罪及输奴婢欲以拜爵者。"又《食货志》："武帝募民能入奴婢，得终身复，为郎，增秩。"）。

奴之来源则亦与古异。其一，当时拓土日广，与边徼劣等民族相接触，辄掠而卖之，略如近世白人贩非洲黑奴矣。诸边皆有，而滇、蜀间之西南夷，实奴之主要供给地（《周礼》有蛮隶、闽隶、夷隶、貉隶，窃疑此为汉时事实。《史记·货殖列传》："巴蜀沃野，南御滇、僰、僰僮，西近邛笮、马、旄牛。"此列举各地物产。言僰产之僮，与笮产之马及旄牛，同为主要货品也）。

其二，内地良民亦往往被略卖为奴（《汉书·栾布传》："布为人所略卖，为奴于燕。"又《外戚传》："窦后弟广德，四五岁时，家贫为人所略卖。"）。

其三，或以饥饿自卖或卖子（《汉书·食货志》："高祖令民得卖子。"又《高祖本纪》："五年夏五月，诏民以饥饿自卖为人奴婢者，皆免为庶人。"又《贾谊传》："岁恶不入，请卖爵子。"）。

其四，或为豪家强占，抑良作贱（《后汉书·梁冀传》："冀或取良人悉为奴婢，至数千人，名曰自卖人。"）。

其五，或以特别事故愿自鬻（《史记·张耳传》："贯高与客孟舒等十余人，皆自髡钳为王家奴。"《汉书·季布传》："布匿濮阳周氏，周氏进计，布许之。乃髡钳布，衣褐，置广柳车中，之鲁朱家所卖之。"又《刑法志》："文帝时，女子缇萦愿没入为官奴婢，以赎父罪。"）。

其六，或以子女质钱，谓之赘子。逾期不赎，遂沦为奴（《汉书·贾谊传》："秦人家贫子壮则出赘。"《严助传》："岁比不登，民待卖爵赘子以接衣食。"如淳注云："淮南俗卖子与人作奴婢，名曰赘子。三年不赎，遂为奴婢。"《说文》："赘，以物质钱也，从敖、贝声。敖者犹放贝，当复取之也。"是赘即典当之义。赘子者，犹今之典身立有年限取赎也。说详钱大昕《潜研堂答问》）。

凡此皆春秋以前所未闻者，奴隶数量之激增，职此之由。

以上所言皆私奴也。官奴数量，亦视前有增无减。其来源：一曰轻罪人之科"作刑"者，一岁刑为"罚作"，为"复作"；二岁刑为"司寇作"，三岁刑为"鬼薪"，为"白粲"，四岁刑为"完城旦舂"，五岁刑为"髡钳城旦舂"。此即《周官》所谓"入于罪隶舂槁"者，当其服刑时间则为官奴，故亦谓之"徒"（《汉旧仪》："男为戍，罚作，女为复作，皆一岁。司寇男备守，女为作如司寇，皆作二岁。鬼薪者，男当为祠祀伐山之薪蒸也，女为白粲者，以为祠祀择米也，皆作三岁。完城旦春，四岁。男髡钳为城旦，女为春，皆作五岁。"）。

二曰重罪人已服死刑而家族没官者，黥面为奴婢，非邀特赦，不得为良（《魏志·毛玠传》："《汉律》：'罪人妻子没为奴婢，黥面。'今真奴婢，祖先有罪，虽历百世犹有黥面供官。"）。

此项"相坐"法，起于秦之商鞅。汉文帝虽尝明诏废除，然事实则终汉之世，未之能革。官奴之多，此实主因（文帝元年诏："尽除收帑相坐律令。"然武帝建元元年诏："赦吴楚七国帑输在官者。"可知景帝时已复行相坐律矣。其他两汉诸传中，挐坐之事仍且常见。安帝永初四年诏："建初以来诸讹言他过坐徙边者，各归本郡，其没入官为奴婢者，免为庶人。"是此法至安帝时犹存之明证）。

三曰人民以私奴入官赎罪买爵者及官没收民间私奴者，此在武帝时盖亟行之（入官赎罪拜爵事，已详前注。没收民间私奴者，《史记·平准书》云："杨可告缗遍天下，乃分遣御史、廷尉、正监、分曹郎治郡国缗钱，得民财物以亿计，奴婢以千万数，其没入奴婢分诸苑养狗马禽兽及与诸宫，官益杂置多，徒奴婢众而下河漕度四百万石及官自籴乃足。"）。

坐是之故，官奴日益多，浸假成为财政上一问题，至元帝时始议裁汰，然已积重难返（《汉书·杜延年传》："坐官奴婢，乏食免官。"又《贡禹传》："禹言官奴婢十余万，游戏无事，税良民以给之，宜免为庶人。"）。

私奴方面，奢僭无度，亦成为社会上大问题。虽倍其口算以窘畜奴之家，然为效盖鲜（《汉书·惠帝纪》注引《汉律》："人出一算，算百二十钱。唯贾人与奴婢倍算。"）。

成帝时始敕渐禁（《汉书·成帝本纪》："永始四年诏曰：公卿列侯亲属近臣多畜奴婢，被服绮縠，其申敕有司以渐禁之。"）。

哀帝时始立限制，以爵位高下为蓄奴多寡之差，然其奉行程度何若，盖不能无疑（《汉书·哀帝本纪》："即位诏曰：'诸侯王、列侯、公主、吏二千石及豪富多蓄奴婢田宅亡限，其议限例。'有司条奏：'诸侯王奴婢二百人，列侯公主百人，关内侯吏民三十人，诸名田畜奴婢过品，皆没入县官。'……"）。

诸奴婢既皆由罪没或买卖而来，非如印度"首陀罗"等之先天的区别，故一遇赦免，旋复为良。两汉免奴之诏属下，其关于官奴者五次（一、文帝后四年，免官奴婢为庶人。二、武帝建元元年，赦吴、楚七国帑输在官者。三、哀帝即位恩诏，命官奴婢年五十以上免为庶人。四、光武建武六年，诏王莽时吏人没入为奴婢不应旧法者免为庶人。五、安帝永初四年，诸没入为官奴婢者免为庶人。上五次中，惟第一、第五次为普行放免，余三次皆部分的放免）。

关于私奴者六次（一、高帝五年，诏民以饥饿自卖者皆免为庶人。二、光武建武二年，诏民有嫁妻卖子欲归父母者恣听之，敢拘执，论如律。三、光武建武七年，诏吏人遭乱及为青徐贼所略为奴婢下妻，欲去留者恣听之，敢拘制不还，以卖人法从事。四、光武建武十二年，诏陇蜀民被略为奴婢自讼者，及狱官未报，一切免为庶人。五、光武建武十三年，诏益州民自八年以来被略为奴婢者，皆一切免为庶民，或依托为人下妻欲去者，恣听之，拘留者比青徐二州以略人法从事。六、光武建武十四年，诏益凉二州奴婢自八年以来自讼在所官，一切免为庶民，卖者无还直。上西汉初一次，全体解放，东汉初五次，皆局部解放）。

其间最可注意者。关于私奴之六次，皆行诸丧乱初定之时与地，盖认其掠卖为不法行为。西汉自文、景后，东汉自明、章后，对于私奴绝无解放之举，殆承认其正当权利，谓非政府所宜强夺矣。

魏晋迄唐，变相的奴婢有二种，一曰佃客，二曰部曲。

佃客起于晋初，王公贵人各自占荫，以官品为差，多者四五十户，少者一户（《文献通考》卷十一："晋武帝平吴之后，令王公以下得荫人以为衣食客及佃客，官品第一、第二者佃客无过五十户，三品十户，四品七户，五品五户，六品三户，七品二户，八品、九品一户。"又："东晋官品第一、第二佃客无过四十户，每品减五户至第九品五户。"）。

其主人号曰"大家"，"其客皆注家籍，皆无课役，其佃谷与大家量分"（《通考》原文），盖一种农奴制也（按：《通考》原文云："皆无课役。"下文又云："其课丁男调布绢各二丈，丝三两，绵八两，禄绢八尺，禄绵三两二分，租米五石。……"颇不可解。马端临谓："晋以来人皆授田，无无田之户，是以户赋之入于公家及私属皆重。"此说恐非。如此则何以云"无课役"，又何取于荫耶？此自述晋代课役常制耳，非谓以此课佃客也）。

最可注意者两点，前此之奴皆以口计，此独以户计，前此之奴由买卖或掠夺而来，此独由荫而来，后世所谓"投靠"，盖起于此（《晋书·食货志》："各以品之高卑荫其亲属，多者及九世，少者三世，又得荫人以为衣食客佃客。"据此知佃客实投靠以避免课税，故"注家籍"等于亲属也）。

此制是否南北朝尚通行，何时消灭，今难确考。然佃客目的在托庇以免赋役，"大家"则利其劳力以自封殖，则其事当随赋税制度为转移。北魏行均田制、其受田也，"奴婢依良"，或于佃客之存在不无影响也（《魏书·孝文本纪》："太和九年，诏均天下人田，诸男夫十五以上受露田四十亩，妇人二十亩，奴婢依良。"）。

复次，吾侪试一翻《唐律》，当立发见其中有多数以"部曲奴婢"连举之条文（《名例》"略和诱人"条："略和诱部曲奴婢及藏逃亡部曲奴婢……"《名例》"同居相为隐"条："曲奴婢为主隐皆勿论。"《名例》"官户部曲"条："诸官户都曲官私奴婢有犯本条无正文者各准良人。"《名例》"称道士女冠"条："观寺部曲奴婢于三纲与主之期亲同。"《户婚律》"养杂户为子孙"条："若养部曲及奴为子孙者。"《户婚律》"缘坐非同居"条："若部曲奴婢犯反逆者。"《贼盗律》"部曲奴婢杀主"有专条。《贼盗律》"杀人移乡"条："杀他人部曲奴婢并不在移限。"《贼盗律》"穿地得死人"条："部曲奴婢于主家冢墓……"《贼盗律》"知略和诱"条："略和诱部曲奴婢而买之者。"《贼盗律》"共盗并赃"条："主遣部曲奴婢盗者。"《斗讼律》"部曲奴婢良人相殴"有专条。《斗讼律》"部曲奴婢过失杀主"有专条。《斗讼律》"殴缌麻亲部曲奴婢"有专条。《斗讼律》"部曲奴婢詈旧主"有专条。《斗讼律》"部曲奴婢告主"有专条。《诈伪律》"妄认良人为奴"条："诸妄认良人为奴婢部曲妻妾子孙者……"《杂律》"奴奸良人"条："其部曲及奴奸主者……"《捕亡律》"客止他界逃亡"条："……其官户部曲奴婢亦同。"《断狱》"与囚金刃解脱"条："……部曲奴婢与主者罪亦同。"《断狱》"死罪囚辞穷竟"条："……部曲奴婢于主者，皆以故杀罪论。"《断狱》"闻知恩赦故犯"条："……若部曲奴婢殴及谋杀……"）。

所谓"部曲"者果何物耶？吾侪读《后汉书》《三国志》即已屡见此名词，南北朝史则更夥。其意义亦随时代而渐变，其初盖纯属一种非正式的军队。汉制兵由征调，非将帅所得私，及其末年，边将拥兵自重者始别募一种兵，如后世所谓"家丁"者，以为己腹心，而部曲之名立焉［《魏志·董卓传》："卓故部曲樊稠等合围长安城。"《蜀志·马超传》："父腾征为卫尉，以超领其部曲。"此皆起自凉州，当为部曲最初发生之地（？）］。

其后天下大乱，民离散无归，诸将竞招怀之以为己有（《魏志·卫觊传》：“关中膏腴之地，顷遭丧乱……归者无以自业，诸将各竞招怀以为部曲。郡县贫弱，不能与争。”)。

崛起草泽之英雄，多藉之以成大业（《蜀志·关羽张飞传》：“先主以羽、飞为别部司马，分统部曲。”《吴志·孙坚传》：“敕部曲整顿行阵。”)。

部曲不惟壮丁而已，大率举家相附，且往往随主将移徙(《魏志·李典传》：“典宗族部曲三千余家，居乘氏，自愿徙诣魏郡。……遂徙部曲宗族万三千余口居邺。”又《钟会传》：“将部曲数十家渡江。”《吴志·韩当传》：“将家属部曲男女数千人奔魏。”又《朱桓传》：“部曲万口妻子尽识之。”《晋书·祖逖传》：“将部曲百余家渡江。”)。

其与主将关系既如此密切，故除为别人所击散或攘夺外，率父子相继袭领，而部曲遂成为一家之所有物（《蜀志·马超传》：“领父腾部曲。”《吴志·孙策传》：“袁术以坚部曲还策。”又《孙韶传》：“统父河部曲。”又《朱桓传》：“使子异摄领部曲。”)。

部曲皆有“质任”，不能擅自解除。浸假遂变为法律上一种特殊阶级（《晋书·武帝纪》：“泰始元年诏复百姓徭役，罢部曲将吏长以下质任。”又：“咸宁三年大赦，除部曲督以下质任。”质，即《周官》所谓“质剂”；任，保也；“质任”盖如后世投靠卖身之甘结。罢除须下明诏，则其不易罢除可知)。

经六朝至唐，社会情状日变，部曲遂至全失其军队的性质而与奴隶同视（《唐律疏议》：“部曲奴婢，是为家仆。”又卷十七：“奴婢部曲，身系于主。”)。

虽然，部曲之视奴婢亦有间。唐制分贱民为若干级，而奴婢最贱，“律比畜产”，其处分常适用“物权法”，部曲则仍比诸人类（《唐律疏议》卷六：“奴婢贱人，律比畜产。”又卷十七：

"部曲不同资财，故别言之，奴婢同资财，故不别言。"）。

故其权利义务亦有等差（《唐律·斗讼律》二："诸部曲殴良人者加凡人一等，奴婢又加一等。……其良人殴伤杀他人部曲者减凡人一等，奴婢又减一等。"又《杂律》上："诸错认良人为奴婢者，徒二年，为部曲者减一等，错认部曲为奴者杖一百。"）。

此部曲沿革及身份之大凡也。

唐制别贱民于良民。贱民中又分三级，最下曰奴婢，次则番户，次则杂户（《唐书·职官志》："都官郎中员外郎掌配役隶，凡公私良贱，必周知之。凡反逆相坐，没其家为官奴婢，一免为番户，再免为杂户，三免为良民。"）。

番户亦称官户（《唐会要》前文原注云："诸律令格式有言官户者，是番之总号，非谓别有一色。"）。

部曲身份与官户同，国有者为官户，私有者为部曲（《唐律·斗殴律》二"部曲奴婢良人相殴"条，原注云："官户与部曲同。"《唐书·高宗纪》："显庆二年十二月，敕放还奴婢为良及部曲客女者，听。"放奴婢为部曲，即等于"一免为番户"也）。

部曲之女谓之"客女"，其身份亦等于官户（《唐律疏议》卷十三："客女谓部曲之女，或有于他处转得，或放婢为之。"）。

官户与杂户异者，官户惟属本司，无籍贯于州县，杂户虽散配诸司驱使，仍附州县户贯（《唐律疏议》卷三："官户者，谓前代以来配隶相生，或有今朝配没，州县无贯，唯属本司。杂户者，谓前代以来配隶诸司职掌，课役不同百姓，依令老免，进丁受田，依百姓例。"）。

杂户者，如少府监所属之工乐杂户，太常寺所属之太常乐人等类（《唐大诏令集》卷八十一武德二年八月诏："太常乐人……前代以来，转相承袭。或有衣冠世绪，公卿子孙，一沾此色，后世不改。婚姻绝于士籍，名籍异于编氓。大耻深疵，良可哀愍。……宜得蠲除，一同民例。……"）。

更有所谓"随身"者，则契约雇佣之奴仆，在约限内亦与良殊科（《唐律疏议》卷二十五注："随身之与部曲，色目略同。"又卷二十一释文："二面断约年月赁人指使为随身。"是"随身"即今之雇仆）。

此有唐一代奴隶名色之大凡也。

唐时奴隶，除当时因罪没官及前代奴籍相承外，大率贩自南部，东南则闽、粤，西南则川、黔、湘、桂诸地，谓之"南口"（《唐书·玄宗纪》："天宝八载……其南口请禁，蜀蛮及五溪岭南夷獠之类。"《唐会要》卷八十六："元和四年敕：岭南、黔中、福建等道，虽处遐俗，莫非吾民，……公私掠卖奴婢，宜令所在长吏切加捉搦。"）。

豪强商贾，用以市易，用以馈赠（《唐会要》卷八十六："元和九年诏：自岭南诸道，辄不得一良口饷遗贩易，及将诸处博易，又有求利之徒，以良口博马，并敕所在长吏严加捉搦。"又："太和二年敕：岭南、福建、桂管、邕管、安南等道百姓，禁断掠买饷遗良口。……"又："大中九年敕：岭南诸州货卖男女，奸人乘之，倍射其利，今后无问公私土客，一切禁断。"）。

朝廷且以为贡品（又："大历十四年五月诏：邕府岁贡奴婢，使其离父母之乡，绝骨肉之恋，非仁也，宜罢之。"）。

而獠奴最盛行于公私间，所在皆有焉（《文献通考·四裔考》："獠盖蛮之别种，自汉中达于邛筰，山谷之间，所在皆有。……递相劫掠，不避亲戚，卖如猪狗。……被缚者即服为贱隶，不敢更称良矣……后周武帝平梁益，每岁出兵，获其生口以充贱隶，谓之'压獠'。商旅往来者亦资以为货，公卿逮于人庶之家，有獠口者多矣。"按：杜甫集中即有《示獠奴阿段》一诗，足证唐时獠奴所在皆有，獠奴殆即汉之僰僮欤）。

西北缘边则有突厥奴、吐蕃奴、回鹘奴（又："大足元年敕：西北缘边州县不得畜突厥奴婢。"又："大中五年敕：边上诸州镇送到投来吐蕃、回鹘奴婢等，并配岭外，不得隶内地。"）。

东北登莱一带亦盛贩新罗奴（又："长庆元年，薛苹奏：有海贼诈掠新罗良口将到登莱州界及缘海诸道卖为奴婢，……请所在严加捉搦。"又："太和二年敕海贼诈掠新罗良口……虽有明敕，尚未止绝。"）。

盖自初盛唐以来，武功恢张，幅员式廓，劣等民族接触日多，而掠卖恶风亦日炽。唐代之奴，除罪隶外，此其大宗矣。

北胡凶暴，每有寇抄，畜产之外，掠及人民，自匈奴时盖已然。然永嘉五胡之乱，诸胡率皆久居塞内，杂伍编氓，故其窃踞之地所得户籍，尚未闻以贱隶相视。自南北以敌国对峙，元魏破江陵时，尽以所俘士民为奴，无问贵贱。中国衣冠之族沦入奴籍自此始，至宇文周之末乃渐放免焉（《通考》卷十一："周武帝天和元年诏：江陵人年六十五以上为官奴婢者放免；建德元年又诏：江陵所获俘虏充官口者悉免为百姓。"）。

辽、金、元以还，毒痛滋甚，辽伐渤海、伐宋、伐高丽所俘者，悉以充配赐（《续通考》十四："辽太宗天显五年，以所俘渤海户赐鲁呼等。"又："圣宗统和四年，以伐宋所俘生口赐皇族及乳母。"又："二十九年，以伐高丽所俘人分置诸陵庙，余分赐内戚大臣。"又："统和七年诏：南征所俘有亲属分隶诸帐者，皆给官钱赎之。"）。

靖康之难，自帝胄以迄黎庶，陷虏者皆宛转狼藉（洪迈《容斋随笔》□卷："自靖康之后，陷于金虏者，帝王子孙宦门士族之家尽没为奴婢，使供作务。每人月支稗子五斗，令自舂为米，得一斗八升，用为餱粮。岁支麻五把，令绩为裘。此外更无一钱一帛之入……"）。

元初诸将，竞掠中原良民以为私户，豪横益非人理（《元史·张雄飞传》："前阿尔哈雅行省荆湖，以降民三千八百户没入为家奴，自置吏冶之，岁收其租赋，有司莫敢问。"又《世祖本纪》："至元十七年，诏籔阿尔哈雅、呼图克特穆尔等所俘丁三万二千余人并放为民。"又《宋子贞传》："东平将校占民为部曲户，谓之'脚寨'，擅其赋役，几四百所，子贞悉罢归州县。"又《张德辉传》："兵后孱民，依庇豪右，岁久掩为家奴，德辉为河南宣抚使，悉遣为民。"又《雷膺传》："江南新附，诸将往往强藉新民为奴隶。膺为湖北提刑按察副使，出令为民者数千。"又《王利用传》："都元帅塔尔海抑巫山数百口为奴，利用为提刑按察使，出之。"又《袁裕传》："南京总管刘克兴掠良民为奴隶，后获罪，裕籍其家奴隶得复为民者数百。"）。

虽屡申禁令，而视同具文（《元史·耶律楚材传》："太宗元年，籍中原民。时将相大臣有所驱获，往往寄留诸郡。楚材因括户口，并令为民，匿占者死。"又《太宗本纪》："十二年，籍诸王大臣所俘男女为民。"又《廉希宪传》："至元十二年，希宪行省荆南，令凡俘获之人，敢杀者以故杀平民论，有立契券质妻子者重其罪，仍没入其直。"又《世祖本纪》："至元二十年，禁权势没人口为奴及黥其面者。"）。

盖元代纲纪最紊乱，始终沿塞外之俗，"以杀戮俘卤为耕作"。朝廷本无勤恤民隐之意，而法复不能行于贵近，故蓄奴恶习，唐宋后本有渐革之势，至元而复炽。将帅官吏倡之于上，莠民效之于下，江南豪富，有蓄奴多至万家者（《续通考》卷十四：

"元武宗至大二年十月，乐实奏言：江南富室有蔽占王民奴使之者，动辄百千家，有多至万家者，可增其赋税。"）。

直至明末，腥风犹播，而江南特甚（顾炎武《日知录》卷十三："太祖数蓝玉之罪曰'家奴数百'，今日江南士大夫多有此风。一登士籍，此辈竟来门下，谓之投靠，多者亦至千人。……"又云："人奴之多，吴中为甚。其专恣暴横，亦吴中为甚。有王者起，当悉免为良民，而徒之以实远方空虚之地。士大夫之家所用仆役，并令出赀雇募如江北之例，则豪横一清，而四乡之民可以安枕，其为士大夫者亦不至受制于人。"）。

迨清康熙间"奴变"一役，数千年养奴之习，乃告一大结束矣（"奴变"一役，遍及江南全省。此事惟闻诸故老，知缙绅之家，罹祸极烈。顾亭林所谓"士大夫受制于人"者，盖洞烛几先矣。然事之始末，官私文书记载极稀，吾今不能言其情形，并其年月亦不能举出。今后当极力设法蒐集资料，海内博闻君子傥能以所知事实相告，不胜大幸）。

清之未入关，其历年寇钞畿辅，远及齐晋，所至亦当有掠人为奴之事（颜习斋之父，即被掠为奴之一人，类此者甚多。但此等记载，康、雍、乾间禁毁殆尽，今难博引。《皇朝通考》卷二十载乾隆四年上谕云："国初俘获之人，年份已远，及印契所买奴仆之中，有盛京带来带地投充之人，系旗人转相售卖者，均应开户。"观此知清初此类之奴颇不少也）。

顺治定鼎以后，颇思立纲纪以系民望，故除犯罪者"发满洲披甲人为奴"之外，自余元初惨掠之习，似尚无所闻（？）。其满洲世仆有所谓"包衣"者，虽存主奴名分，仍得应试出仕（包衣旧例，虽官至极品，对旧主仍执主仆礼，至□年始命凡三品以上包衣皆出籍。见□□等书）。

汉人方面，则雍正元年解放山西乐户、浙江惰民，五年解放徽州伴偕、宁国世仆，八年解放苏州丐户；乾隆三十六年解放广东蜑、浙江九姓渔户及各省凡有似此者（《皇朝通考》卷十九，雍正元年上谕："山西等省有乐户一项，其先世因明建文末不附燕兵被害，世世不得自拔，令各属禁革，俾改业为良。又浙江绍兴府之惰民，与乐籍无异，亦令削除其籍，俾改业与编氓同列。"五年谕："江南徽州府有伴偕，宁国府有世仆，本地呼为细民，其籍业与乐户、惰民同。甚至有两姓丁户村庄相等，而此姓为彼姓执役，有如奴隶。究其仆役起自何时，则茫然无考，非实有上下之分……可悉开除为民。"八年又以苏州之常熟、昭文二县丐户与浙江惰民无异，命削除丐籍。乾隆三十六年谕："广州之蜑户，浙江之九姓渔户，及各省凡有似此者，悉令该地方查照雍正元年山陕乐户成案办理，令改业为良。"）。

自是社会上类似奴隶之劣等阶级，缘法律之保障悉予豁除〔事实上却未净尽。例如吾乡及附近各乡皆有所谓世仆者，其在吾乡者为龚姓，其人为吾梁姓之公仆。问其来由，正如雍正谕所谓"仆役起自何时，茫然无考"者。其身份特异之点则：一、不得与梁姓通婚姻（邻乡良家亦无与通婚者，其婚姻皆限于各乡之世仆），二、不得应试出仕，三、不得穿白袜。其职务则：一、梁家祠堂祭祀必须执役，二、凡梁家各户有喜事凶事必须执役。但祠堂及各户所以酬之者颇丰，故其人生计状况尚不恶。依乾隆三十六年上谕，此辈早已当列为编氓，然而至今不改，则社会积习之惰力然也〕。

私人则除蓄婢女外，男奴几全部绝迹，其事实及原因，下方更详言之。

关于奴婢之身份及待遇，历代法制，变革颇繁，汉律亡佚，其所规定不可悉见。然董仲舒建议谓"宜去奴婢，除专杀之威"（见《汉书·食货志》），则其时得专杀奴婢可知。此议虽在武帝时，然终西汉之世，未见施行。及光武建武十一年三月始下诏曰："天地之性人为贵，其杀奴婢不得减罪。"虽未能全采仲舒去奴之议，然揭示人权观念，确立平等原则，可称二千年极有价值之立法（其年八月诏："敢炙灼奴婢论如律，免所炙灼为庶民。"十月又诏："除奴婢射伤人弃市律。"此二诏与前诏同一精神，然即此可见前此炙奴婢不为罪，而奴婢误伤人即处极刑也）。

大抵东汉一代，儒学盛行，合理的制度，多在此时建设。奴隶最少，而待遇亦最优。经三国南北朝以至隋唐，人权思想，转形退化。《唐律疏议》中"奴婢比畜产""奴婢同资财"之语，屡见不一见。"诸奴婢有罪，其主不请官司而杀者杖一百，无罪而杀者徒一年，过失而杀者勿论"（《疏议》卷二十二），此其去专杀也几何（《史记·田儋列传》："儋佯为缚其奴，从少年之廷，欲谒杀奴。"应劭《注》云："古杀奴婢，皆当告官，儋欲杀令，故诈缚奴以谒也。"《晋书·刑法志》："奴婢捍主，主得谒杀之。"然则主人杀奴婢，自秦以来即为法律所许，不过须经"谒""请"之一程序耳）。

至关于犯罪制裁之规定，壹皆以良贱不平等为原则，杀伤部曲奴婢，不特主及亲属拟罪从轻，即他人亦多不实抵（《唐律》主人杀奴婢之制裁，具如前文所述。一般良民惟故杀他人部曲拟绞，余俱无死罪；殴杀伤奴婢者减凡人二等，故杀者亦只流三千里）。

奴婢杀主，《唐律》无文。盖谋杀未成，或殴而致伤，皆已处死，其罪更无可加也（《唐律》卷十七："诸部曲奴婢谋杀主者皆斩，谋杀主之期亲及外祖父母者绞，已伤者皆斩。"卷二十二："诸部曲奴婢过失杀主者绞，即殴主之期亲及外祖父母者绞，已伤者皆斩，詈者徒二年。"）。

此种律文，大体为宋、元、明、清律所因袭，惟常人（本主除外）殴死或故杀奴婢，明清律皆处绞，渐复汉建武之旧矣。现行刑律则奴婢犯罪加等，对于奴婢犯罪减等诸条文什九削除，大体已采用平等原则。盖受近世人权思想之影响使然也。

奴婢身份之世袭，即所谓"家生子"者，实由良贱禁通婚姻而来。秦汉之间，盖男女间有一方为奴者，其所生子即为奴（《方言》三："凡民男而婿婢谓之臧，女而妇奴谓之获。"《文选·报任安书》注引韦昭曰："善人以婢为妻生子曰获，奴以善人为妻生子曰臧。"）。

《唐律》对于奴与良人通婚，绝对禁止（《唐律·户婚律》"奴娶良人为妻"条云："诸与奴娶良人女为妻者徒一年半，女家减一等。离之，其奴自娶者亦如之，主知情者杖一百。……即妄以奴婢为良人而与良为夫妻者徒二年，各还正之。"又"杂户不得娶良人"条："诸杂户不得与良人为婚，违者杖一百，官户娶良人女者亦如之，良人娶官户女者加二等……"按此，则奴攀高固有罚，良人自贬罚更重）。

元律稍进步，男女间有一方为良人者，其所生子即为良人（《元刑法志·奸非篇》："诸奴有女已许嫁为良人妻即为良人。"又："诸良民窃奴隶生子，子离母还主；奴窃良民生子，子随母为良。"）。

然清初满洲世仆名分极严，辄复扩其俗以及汉族，故家生之奴，清中叶盖未革焉（《大清会典·户部则例》卷三："凡汉人家奴，若家生，若印契买，若雍正十三年以前白契所买，以及投靠养育年久，或婢女招配生子者，俱照八旗之例，子孙永远服役。"）。

奴婢身份之解除，其在官奴方面盖有二途：一曰法定年龄之限制（《周官·属人》："凡七十者，未龀者不为奴。"《通考》卷十二："汉哀帝即位诏，官奴婢五十以上免为庶人。"周武帝天和元年诏："江陵人年六十五以上为官奴婢者令放免。"唐显庆二年敕："官奴婢年六十以上及废疾者并免贱。"此外类此之诏令尚多）。

二曰政府之恩免，或豁免杂户。例如北周建德六年平齐诏："凡诸杂户悉放为百姓。"如前所述清雍正、乾隆屡次放免乐户等事。此等杂户，其直接服役义务本甚希，不过名义上不齿于齐民，故革之较易。其直接服役之官奴婢，则除前所述汉代恩诏外，后世普行豁免之事亦常有之，不俱举（参看《通考》《续通考》之"户口考""奴婢"各条）。然唐制则分等级，有"官奴婢一免为番户，再免为杂户，三免为良人"之规定。此项直接服役之官奴婢衣食于官已久，骤然解放，其存活亦颇成问题。如最近清宫之放免太监，为恩为虐，盖尚待事实上之判定也。

其私奴方面亦有二途：一曰政府勒免（《汉书·高祖纪》五年诏："民有饥饿自卖为人奴婢者，皆免为庶人。"《后汉书·光武纪》建武二年五月诏："民有嫁妻卖子欲归父母者悉听之，敢拘执论如律。"后世此项恩诏尚多，看《通考》《续通考》"奴婢"条）。

二曰本主自行放免（《唐律疏议》卷十二："依户令，放奴婢为良及部曲客女者听之，皆由家长给手书，长子以下连署，仍经本属申牒除附。"）。

然关于私奴解放，其法律效力恒不如官奴之强，盖自古然矣。

官奴以俘虏及罪没为大宗，私奴则买卖为大宗。历代对于禁制买卖奴婢之立法，法文法意，皆往往相矛盾，故其效力相消。加以法律实施之能率不强，法且成具文。奴婢制度之久而不革，实由于此。汉制已有卖人之禁（《后汉书·光武纪》建武七年五月诏："吏民遭饥乱及为贼所掠为奴婢下妻，欲去留者悉听之，敢拘执不还，以'卖人法'从事。"所谓卖人法之条文，今已亡佚。然《晋书·刑法志》引陈群《新律》序曰："盗律有和买卖人。"《日知录》注惠氏引"盗律"曰："略人，略卖人，和卖人为奴婢者死。"所谓"盗律"即萧何《九章律》之一篇，光武诏所谓"卖人法"即指此）。

唐以后律，对于略卖和卖，课罪綦严，即长亲卖子孙亦皆有罚（看《唐律·盗律》"略人略卖人""略和诱奴婢""略卖期亲卑幼""知略和诱和同相买"诸条及《宋刑统》《大明律》《大清律例》本篇诸条）。

故自明以来，凡写卖身文契者皆改称"义男义女"（沈之奇《明律辑注》云："祖父卖子孙为奴婢者问罪，给亲完聚，是无罪良人。虽祖父亦不得卖子孙为贱也。……故今之为卖身文契者皆不书为奴为婢，而曰义男义女。……"）。

虽然，一面律文如彼，一面诏敕事例等往往与律意全相矛盾。即最近至清中叶仍常发见有承认买卖人口为正当权利之法令（《皇朝通考》卷二十："康熙二年定八旗买卖人口，两家赴市纳税记册令领催保结列名，若系汉人，令五城司坊官验，有该管官印票，准卖。""十一年，申买人用印例。""五十三年，准四十三年以前白契所买之人俱断与买主。""雍正元年定白契买人例，自康熙四十三年起至六十一年止，白契所买之人俱不准赎身。""乾隆三年定自乾隆元年以前白契所买作为印契者不准赎为民。""二十八年定入官人口之例，年在十岁以上至六十岁者，每口作价银十两，六十岁以上作银五两，九岁以下每一岁作银一两。"）。

既有此等法令，则律文中"略卖"和"卖科罪"诸条，岂非完全等于无效？况律中明有多条为奴婢身份不平等之规定。既禁买卖，则私家奴婢从何而来？律文本身精神已不一贯，何怪其推行无力。去奴之议，所以自董仲舒倡之二千年而迄不能实行者，盖坐是耳。

自宣统元年颁行禁革买卖人口条例,而现行新刑律关于奴婢身份之各条文沿自明清律者,亦已完全削去。主奴名义,绝对为法律所不容许,在立法事业上不能不谓为一种进步,以后则视所以推行者何如耳!

就事实上论,女婢至今依然为变相的存在,男奴则自清中叶以来早已渐次绝迹。此盖非由法律强制之力使然,其原因实在生计状况之变动与赋役制度之改良。所谓生计状况之变动者,战国、秦汉间奴隶阶级骤兴,由于田制破坏,豪强兼并,前文既已言之,凡畜奴者,皆以殖产也。故《史记·货殖传》艳称白圭、刁间以善用奴致富,又言:"僮手指千,与千户侯等。"《汉书·张安世传》称其"家童七百人皆有手技作事,内治产业,累积纤微,是以能殖其富"。《后汉书·樊宏传》称其"课役童隶,各得其宜,上下戮力,财利岁倍"。至如王褒《僮约》,虽属滑稽之文,然其所叙什九皆农田力作事,为殖产而蓄奴,亦可以窥见消息之一斑矣。此后每经一度丧乱,及秩序恢复后,奴制转盛,盖缘乱后地广人稀,豪强盛行占并,则藉奴力开垦经营以自殖。夫行大农制之社会最利蓄奴,小农则否。美国六十年前因南北利害冲突致演放奴战争,表面上虽揭橥"正义人道",其中实含有生计上重大意味,善读史者类能言其故矣。我国自清中叶以后,腹地各省人丁滋衍,地狭民稠,不容大农发生之余地,畜奴者无所利,故不禁自绝也。

所谓赋役制度改者,秦汉以来,行口算之赋(即人头税),又有兵役力役,皆按丁籍征收征发,而贵近豪强,常享免赋免役之特权。民之苦赋役者,则相率逃亡,逃亡无所得衣食,则自鬻或被诱略为奴。汉立"奴婢倍算"之制,思所以防遏救济之,然为效盖甚寡。盖豪贵固善于隐匿，即不隐匿，而区区之算，不足损其畜奴殖产之利也。晋制许品官荫人为衣食客或佃客，限以户数，由今日观之，似是奖励豪强特权。在当日立法，则固已含裁抑之意，盖不明定法荫之限，则其所包庇者正不止此数也。唐代部曲之多，亦由于此，盖在主人庇荫之下，一切赋役皆可以逃避也。自宋王安石雇役法行，民之苦役者稍苏，而赋则如故。元代固绝无所谓政治，纵将吏恣夺朘削，奴之特多，在史迹上为例外。明承元敝，苟简无所革正，中叶后权珰恣虐，民不堪荼毒，惟自鬻于达官豪宗以求活，所谓"投靠"是也。甚至有"带地投靠"者。投靠既多，丁籍益虚，财政收入益窘，则以原额摊派于未投靠之人，未投靠者益苦，则终久亦出于投靠而已。明代江南官族最多，而蓄奴之风亦最盛，弊实由此。清康熙五十一年定"丁随地起"之制，屡颁"滋生人口永不加赋"之谕，此在我国财政立法上实开一新纪元，其目的并不在禁奴，然而投靠不劝自绝，逃亡贩鬻亦清其源，事有责效在此而收效在彼者，此类是也。

自今以往，生计组织受世界潮流之影响而剧变，大工行将代大农而兴，其利于畜奴也盖相若。奴之名义，固非现代所能复活，然而变相之奴且将应运生焉，此则视劳动立法之所以防救者何如矣。

本章脱稿后，见《社会科学季刊》第三卷第三号有王世杰君著《中国奴婢制度》一文，与鄙著互相发明者颇多，望读者一参考。

第七章　乡治

欧洲国家积市而成，中国国家积乡而成，故中国有乡自治而无市自治。

乡盖古代邻里乡党比闾州族之总名，专称乡者则指一国中最高之自治团体（刘熙《释名》："五家为伍，以五为名也，又谓之邻。邻，连也，相接连也。又曰比，相亲比也。五邻为里，居方一里之中也。五百家为党。党，长也，一聚之所尊长也。万二千五百家为乡。乡，向也，众所向也。"《周礼》郑《注》："二千五百家为州，百家为族，二十五家为闾。"）。

《周礼》有乡师、乡大夫、州长、党正、族师、闾胥、比长诸职，《管子》则有乡师、乡良人、州长、里尉、游宗、伍长或轨长诸职，其制不尽相吻合。两书盖皆战国末年所记述，未必皆属事实，即事实亦未必各国从同也。其职权之内容，则《周礼》所说重在乡官，《管子》所说，重在乡自治。

《管子》曰："野与市争民，乡与朝争治。"又曰："朝不合众，乡分治也。"（俱《权修篇》文）其乡分治之实迹，则如《立政篇》所言：

分国以为五乡，乡为之师。分乡以为五州，州为之长。分州以为十里，里为之尉。分里以为十游，游为之宗。十家为什，五家为伍，什伍皆有长焉。筑障塞匿，一道路，博出入，审闾闬，慎管键，管藏于里尉，置闾有司以时闭，有司观出入者以复于里尉。凡出入不时，衣服不中，圈属群徒不顺于常者，闾有司见之，复无时。若在长家子弟、臣妾、属役、宾客，则里尉以谯于游宗，游宗以谯于什伍，什伍以谯于长家。谯，敬，而勿复。一再则宥，三则不教。凡孝弟忠信、贤良俊材，若在长家子弟、臣妾、属役、宾客，则什伍以复于游宗，游宗以复于里尉，里尉以复于州长，州长以计于乡师，乡师以着于士师。……三月一复，六月一计，十二月一著。凡上贤不过等，使能不兼官，罚有罪不独及，赏有功不专与。……

又《小匡篇》曰：

政既成，乡不越长，朝不越爵，罢士无伍，罢女无家。士三出妻，逐于境外，女三嫁，入于舂谷，是故民皆勉为为善。士与其为善于乡，不如为善于里，与其为善于里，不如为善于家，是故士莫敢言一朝之便，……皆有终身之功，……是故匹夫有善可得而举，有不善可得而诛。政成国安，以守则固，以战则强。

《管子》书中尤有一奇异之制度，曰乡治之性质以职业为类别，其大类有二：曰士农之乡，曰工商之乡。大抵前者如今之乡村，后者如今之都市。由今日观之，一地方区域中只有单纯一种之职业，为事殆不可能。虽然，一区域中以某种职业为主，则亦非无之。例如英之牛津、剑桥虽亦有工商业，然可命为学校区，其波明罕、门治斯达虽亦有学校，然可命为工业市。《管子》之意大概如此。（《管子·小匡篇》："制国以为二十一乡，商工之乡六，士农之乡十五。……士农工商四民者，国之石民也，不可使杂处，杂处则其言咙，其事乱。是故圣王处士必于闲燕，处农必就田野，处工必就官府，处商必就市林。今夫士，群萃而州处，闲燕则父与父言义，子与子言孝……长者言爱，幼者言弟，旦夕从事于此，以教其子弟，少而习焉，其心安焉，不见异物而迁焉。是故其父兄之教不肃而成，其子弟之学不劳而能，是故士之子恒为士。今夫农，群萃而州处，审其四时权节，具备其械器用，……少而习焉，其心安焉，不见异物而迁焉。是故其父兄之教不肃而成，其子弟之学不劳而能，是故农之子恒为农。今夫工……是故工之子恒为工。今夫商……是故商之子恒为商。"）

《管子》又有所谓"作内政寄军令"之法，以乡兵为军事基础，且极言其效用曰：

> ……是故卒伍政定于里，军旅政定于郊。内教既成，令不得迁徙。故卒伍之人，人与人相保，家与家相爱，少相居，长相游，祭祀相移，死丧相恤，祸福相忧，居处相乐，行作相和，哭泣相哀。是故夜战其声相闻，立以无乱，昼夜其目相见，足以相识，欢欣足以相死。……

《孟子》述古代井田之制亦曰：

> 死徙无出乡，乡田同井，出入相友，守望相助，疾病相扶持，则百姓亲睦。

汉儒《公羊传》宣十五年何《注》更详述其制度内容曰：

> 夫饥寒并至，虽尧舜躬化，不能使野无寇盗；贫富兼并，虽皋陶制法，不能使强不凌弱。是故圣人制井田之法而口分之，一夫一妇，受田百亩……五口为一家，公田十亩……庐舍二亩半，八家……共为一井，故曰井田。……
>
> 井田之义，一曰无泄地气，二曰无费一家，三曰同风俗，四曰合巧拙，五曰通财货。因井田以为市，故曰市井。……别田之高下善恶，分为三品……肥饶不得独乐，硗埆不得独苦，故三年一换土易居……是谓均民力。
>
> 在田曰庐，在邑曰里，一里八十户，八家同一巷，中里为校室。选其耆老有高德者名曰父老，其有辩护伉健者为里正，皆受倍田，得乘马。父老比三老孝弟官属，里正比庶人在官者。

民春夏出田，秋冬入保城郭。田作之时，父老及里正，旦开门坐塾上，晏出后时者不得出，暮不持樵者不得入。

五谷毕入，民皆居宅。里正缉趋绩，男女同巷，相从夜绩，至于夜中。故女功一月得四十五日，作从十月尽正月止。男女有所怨恨，相从而歌。饥者歌其食，劳者歌其事。

男年六十、女年五十无子者，官衣食之。……

十月事讫，父老教于校室，八岁者学小学，十五者学大学，其有秀者移于乡学。……

三年耕，余一年之畜。九年耕，余三年之积。三十年耕，有十年之储。虽遇水旱，民无近忧，四海之内，莫不乐其业。……

综括上列诸书所述，则古代乡治主要事业有四：一、农耕合作，二、义务教育，三、办警察，四、练乡兵。其精神则在互助，其实行则恃自动，其在于道德上、法律上则一团之人咸负连带责任。因人类互相依赖，互相友爱，互相监督的本能而充分利用之、浚发之，以构成一美满而巩固的社会，此乡治之遗意也（《周礼·大司徒》："五家为比，使之相保。五比为闾，使之相受。四闾为族，使之相葬。五族为党，使之相救。五党为州，使之相赒。五州为乡，使之相宾。"）。

其群集燕会之事，见于《仪礼》者，有乡饮酒礼、乡射礼；见于《周礼》者，有州社之祭（《州长职》）；见于《礼记》者，有宾蜡之祭（《礼运篇》）；有邮表畷等之祭（《祭法篇》）；见于《论语》者，有傩祭。其他如《诗经》之"琴瑟击鼓，以迓田祖"（《小雅·甫田篇》），"献羔祭韭，朋酒斯飨"（《七月篇》）等，大率以岁时聚集一地方团体之全民，于娱乐之中施以教育焉。

诸书所说，是否悉属古代通行事实，抑有一部分为著书者述其理想中之社会制度，今未敢悬断。但《左传》记郑人游于乡校以议执政（襄公三十一年），则春秋时确有乡校可知。《论语》记孔子与乡人饮酒，则乡饮酒礼当时通行可知。准此以推，则诸书所说最少有一大部分应认为事实。而乡治精神，殆有足以令人感动者。故孔子与于蜡宾，慨然想慕"大道之行"（《礼运》文），又曰："观于乡而知王道之易易也。"（《乡饮酒义》文）

战国以降，土地私有，而农民役于豪强。商业勃兴，而社会重心移于都市。乡治渐失其势力，而规模亦日以隳坏。然在汉时，郡国犹行乡饮酒、乡射礼，则其他条目，亦当有行者（？）（《仪礼》郑《注》"乡饮酒礼篇目"下云："今郡国十月行此饮酒礼。""乡射礼篇目"下云："今郡国行此礼以季春。"）。

其乡官则有"三老""啬夫""游徼"分掌教育、赋税、狱讼、捕盗等事（《汉书·百官公卿表》云："大率十里一亭，亭有长，十亭一乡，乡有三老、有秩、啬夫、游徼。三老掌教化，啬夫职听讼收赋税，游徼徼循禁贼盗。"）。

其职权盖由国家所赋予，其人盖由长官所察举，不纯属自治，但所察任例必为本籍人（《汉书·高帝纪》："二年二月，令举民年五十以上有修行能帅众为善者置以为三老，乡一人。择乡三老一人为县三老，与县令丞尉以事相教。"）。

多能举其职，名称往往著于史册（例如壶关三老茂上书诏卫太子冤，见《汉书·武帝纪》。朱邑为桐乡啬夫，没而民祀之，见《汉书·循吏传》。爰延为外黄啬夫，仁化大行，见《后汉书·本传》）。

三国六朝，史载盖阙。惟后魏孝文及后周苏绰皆曾一度刻意复古，颇著成效。至隋开皇间而乡官尽废，无复乡治可言矣（《日知录》卷八："后魏太和中，李冲上言，宜准古五家立一邻长，五邻立一里长，五里立一党长，长取乡人循谨者……孝文从之。史言立法之初，多称不便，及事既施行，计省昔十有余倍，于是海内安之。后周苏绰作《六条诏书》曰：非真州郡之官皆须善人，爰自党族间里正长之职皆当审择。隋文帝师心变古，开皇十五年始尽罢州郡乡官。"）。

宋程颢为留城令，立保伍法，量乡里远近为保伍，使力役相助，患难相恤，奸伪无所容，孤茕老疾者责亲党使无失所，行旅疾病出于途者皆有所养，时称善政。王安石因之，名曰保甲法。其始盖教民以自卫，使习武事，诘奸盗，采《周礼》相保相受之意，而实行商鞅连坐之法，其教育事项、生计事项、救恤则皆未及焉。其后渐练以为乡兵，欲藉以御外侮，然沮挠者既多，奉行者复无状，天下骚然，非久旋废。（熙宁中保甲法：民十家为一保，选主户有干力者一人为保长。五十家为一大保，选一人为大保长，十大保为一都保，选众所服者为都保正。主客户两丁以上选一人为保丁，兵器非禁者听习。每一大保夜轮五人儆盗，凡告捕所获，以赏格从事。同保犯强盗杀人等罪知而不告者，依伍保法连坐。熙宁三年始行于畿甸，以次推及全国。四年始令畿内保丁肄习武事，后亦行于全国。至熙宁九年，保甲民兵七百十八万二千二十八人。详见《宋史·兵志》）

保甲法虽以安石故为世诟病，然明洪武十五年、清嘉庆十九年犹明诏推行之。其意盖取消极的维持治安，为国家地方行政之辅助，而行之能否有效，则恒视长官所以督率之者何如。

纯粹的乡自治，古今盖多有之。惟旧史除国家法制外，余事皆附人以传，自治非一人之畸行，则无述也固宜。其成绩著于史册者，则有如汉末避乱徐无山中之田畴。盖立法及一切行政乃至教育等，皆不藉官力自举焉（《三国志·田畴传》："……畴入徐无山中，营深险平敞地而居，躬耕以养父母，百姓归之，数年间至五千余家。畴与其父老约束，制相杀伤犯盗诤讼之法，法重者至死，其次抵罪，二十余条。又制为婚姻嫁娶之礼，兴举学校讲授之业，班行其众，众皆便之，至道不拾遗。……"）。

宋则吕大防及其昆弟大临等，作蓝田《吕氏乡约》，行之而大效，朱熹复增损约文，广为传播，后此言乡治者多宗焉。其精神注重教育及患难之周恤，于地方行政及生计事项无所及（《吕氏乡约》有四纲：一德业相劝，二过失相规，三礼俗相交，四患难相恤。朱氏增损本全文见《朱子全书》卷七十四。前两纲胪举若干德目，第三纲述最普通之交际礼节，第四纲分水火、盗贼、疾病、死丧、孤弱、诬枉、贫乏，凡七条，务举互助互救之实）。

明王守仁抚江西，所至教民立乡约，其约盖增损吕、朱本而去其繁缛礼文，加入公断、防盗，及禁止重息放债等事项（看《王文成全书》卷十七"南赣乡约"）。

此外义田、社仓、社学，宋明以来，所在多有。义田主恤贫，社仓主救荒，社学主教育，成效如何则存乎其人（义田创自范仲淹，社仓创自朱熹，社学起源待考）。

乡治之善者，往往与官府不相闻问，肃然自行其政教，其强有力者且能自全于乱世，盗贼污吏，莫敢谁何。例如吾粤之花县，在明末盖为番禺县瓯脱地，流贼起，其民筑堡砦自卫，清师入粤，固守不肯剃发，不许官吏入境，每年应纳官课，以上下两忙前汇齐置诸境上，吏临境则交割焉。一切狱讼，皆自处理，帖然相安，直至康熙二十一年始纳土示服。清廷特为置县曰花县，斯可谓乡自治之极效也已（此事始末，清代官书皆削不载，但言昔为盗窟，康熙二十一年盗效顺置为县而已。然吾乡父老类能言其事，吾幼时闻诸先王父。盖有明遗老二人如田畴者为之计画主持，二老临终语其人毋复固守，民从其言，乃纳土，距清之兴三十余年矣。先王父尚能举二老姓名，惜吾已忘之，曾见某笔记中亦约略记此事，今亦不能忆其书名，容更详考）。

大抵吾国乡治，其具有规模可称述者颇多，特其乡未必有文学之士，有之亦习焉不察，莫或记载。史家更不注意及此，故一切无得而传焉。以吾三十年前乡居所睹闻，吾乡之自治组织，由今回忆，其足以系人怀思者既非一，今述其梗概，资后之治史者省览焉。

吾乡曰茶坑，距崖门十余里之一岛也。岛中一山，依山麓为村落，居民约五千，吾梁氏约三千，居山之东麓，自为一保，馀余、袁、聂等姓分居环山之三面，为二保，故吾乡总名亦称三保。乡治各决于本保，其有关系三保共同利害者，则由三保联治机关法决之，联治机关曰"三保庙"。本保自治机关则吾梁氏宗祠"叠绳堂"。

自治机关之最高权，由叠绳堂子孙年五十一岁以上之耆老会议掌之。未及年而有"功名"者（秀才、监生以上）亦得与焉。会议名曰"上祠堂"（联治会议则名曰"上庙"），本保大小事，皆以"上祠堂"决之。

叠绳堂置值理四人至六人，以壮年子弟任之，执行耆老会议所决定之事项。内二人专管会计，其人每年由耆老会议指定，但有连任至十馀年者。凡值理虽未及年亦得列席于耆老会议。

保长一人，专以应官，身份甚卑，未及年者则不得列席耆老会议。

耆老及值理皆名誉职，其特别权利只在祭祀时领双胙及祠堂有谯饮时得入座。保长有俸给，每年每户给米三升名曰"保长米"，由保长亲自沿门征收。

耆老会议例会每年两次，以春秋二祭之前一日行之。春祭会主要事项为指定来年值理，秋祭会主要事项为报告决算及新旧值理交代，故秋祭会时或延至三四日。此外遇有重要事件发生，即临时开会。大率每年开会总在二十次以上，农忙时较少，冬春之交最多。

耆老总数常六七十人，但出席者每不及半数，有时仅数人亦开议。

未满五十岁者只得立而旁听，有大事或挤至数百人，堂前阶下皆满。亦常有发言者，但发言不当，辄被耆老呵斥。

临行会议其议题，以对于纷争之调解或裁判为最多。每有纷争，最初由亲支耆老和判，不服，则诉诸各房分祠，不服则诉诸叠绳堂，叠绳堂为一乡最高法庭，不服则讼于官矣。然不服叠绳堂之判决而兴讼，乡人认为不道德，故行者极希。

子弟犯法，如聚赌斗殴之类，小者上祠堂申斥，大者在神龛前跪领鞭扑，再大者停胙一季或一年，更大者革胙。停胙逾期即复，革胙者非经下次会议免除其罪不得复胙，故革胙为极重刑罚。

耕祠堂之田而拖欠租税者停胙，完纳后立即复胙。

犯窃盗罪者，缚其人游行全乡，群儿共噪辱之，名曰"游刑"。凡曾经游刑者最少停胙一年。

有奸淫案发生，则取全乡人所豢之豕，悉行刺杀，将豕肉分配于全乡人，而令犯罪之家偿豕价，名曰"倒猪"。凡曾犯倒猪罪者永远革胙。

祠堂主要收入为尝田，各分祠皆有，叠绳堂最富，约七八顷。凡新淤积之沙田皆归叠绳堂，不得私有。尝田由本祠子孙承耕之，而纳租税约十分之四于祠堂，名曰"兑田"。凡兑田皆于年末以竞争投标行之，但现兑此田不欠租者，次年大率继续其兑耕权，不另投标。遇水旱风灾则减租，凡减租之率，由耆老会议定之，其率便为私人田主减租之标准。

支出以坟墓之拜埽、祠堂之祭祀为最主要。凡祭皆分胙肉，岁杪辞年所分独多，各分祠皆然。故度岁时虽至贫之家皆得丰饱。

有乡团，本保及三保联治机关分任之，置枪购弹，分担其费。团丁由壮年子弟志愿补充，但须得耆老会议之许可。团丁得领双胙。枪由团丁保管（或数人共保管一枪），盗卖者除追究赔偿外，仍科以永远革胙之严罚，枪弹由祠堂值理保管之。

乡前有小运河，常淤塞，率三五年一浚治。每浚治由祠堂供给物料，全乡人自十八岁以上五十一岁以下皆服工役，惟耆老功名得免役，余人不愿到工或不能到工者须纳免役钱，祠堂雇人代之。遇有筑堤堰等工程亦然，凡不到工又不纳免役钱者，受停胙之罚。

乡有蒙馆三四所，大率借用各祠堂为教室，教师总是本乡念过书的人。学费无定额，多者每年三十几块钱，少者几升米。当教师者在祠堂得领双胙。因领双胙及借用祠堂故，其所负之义务，则本族儿童虽无力纳钱米者，亦不得拒其附学。

每年正月放灯，七月打醮，为乡人主要之公共娱乐，其费例由各人乐捐，不足则归叠绳堂包圆。每三年或五年演戏一次，其费大率由三保庙出四之一、叠绳堂出四之一、分祠堂及他种团体出四之一、私人乐捐者亦四之一。

乡中有一颇饶趣味之组织，曰"江南会"，性质极类欧人之信用合作社。会之成立，以二十年或三十年为期，成立后三年或五年开始抽签还本，先还者得利少，后还者得利多。所得利息，除每岁杪分胙及大宴会所费外，悉分配于会员（乡中娱乐费，此种会常多捐）。会中值理，每年输充，但得连任。值理无俸给，所享者惟双胙权利。三十年前，吾乡盛时，此种会有三四个之多。乡中勤俭子弟得此等会之信用，以赤贫起家而致中产者盖不少。

又有一种组织，颇类消费合作社或贩卖合作社者。吾乡农民所需主要之肥料曰"麻辅"，常有若干家相约以较廉价购入大量之麻辅，薄取其利以分配于会员。吾乡主要产品曰葵扇，曰柑，常有若干家相约联合售出，得较高之价，会中亦抽其所入之若干。此等会临时结合者多，亦有继续至数年以上者。会中所得，除捐助娱乐费外，大率每年终尽数扩充分胙之用。

各分祠及各种私会之组织，大率模仿叠绳堂。三保庙则取叠绳堂之组织而扩大之。然而乡治之实权，则什九操诸叠绳堂之耆老会议及值理。

先君自二十八岁起，任叠绳堂值理三十余年，在一个江南会中兼任值理亦二三十年，此外又常兼三保庙及各分祠值理。启超幼时，正是吾乡乡自治最美满时代。

此种乡自治，除纳钱粮外，几与地方官全无交涉（讼狱极少）。窃意国内具此规模者尚所在多有，虽其间亦恒视得人与否为成绩之等差，然大体盖相去不远。此盖宗法社会蜕余之遗影，以极自然的互助精神，作简单合理之组织，其于中国全社会之生存及发展，盖有极重大之关系。自清末摹仿西风，将日本式的自治规条剿译成文颁诸乡邑以行"官办的自治"，所谓代大匠斲必伤其手，固有精神，泯然尽矣。

自治又必须在社会比较的安宁有秩序时乃能实行。乡民抵抗力薄，受摧残亦较易，故每值鼎革丧乱之际，能保持其地位如汉末之徐无山，明末之花县者盖甚希。畴昔对斩木揭竿之盗，尚可恃锄耰棘矜以自卫，今则杀人利器日益精良，非乡民所能办，而大盗复从而劫持之。例如吾粤自国民政府成立后，尽夺各乡团自卫之枪械，于是民只能束手以待盗之鱼肉，田畴且鞠为茂草，其他建设更何有？恐二千年来社会存立之元气自此尽矣！

第八章 都市

欧洲各国，多从自由市展扩而成，及国土既恢，而市政常保持其独立，故制度可纪者多。中国都市，向隶属于国家行政之下，其特载可征者希焉。现存之书，若《三辅黄图》《长安志》《东京梦华录》《梦粱录》《武林旧事》《春明梦余录》《日下旧闻》等，其间可宝之史料虽甚多，然大率详于风俗、略于制度，其所记述又限于首都。至如《两京》《三都》诸赋，则纯属文学作品，足资取材者益少。本章惟于所记忆之范围内，对于一二首都为断片的记述，而近世之商业都市则较详焉，续蒐资料，更当改作也。

古代盖无乡市之别，"民春夏出田，秋冬入保城郭"（《公羊传》宣十五年何《注》文），城郭不过农民积储糇粮岁终休燕之地而已。其后职业渐分，治工商业者，吏之治人者，皆以阛阓域阙为恒居，于是始有"国"与"野"之分。野扩为村落，国衍为城市（《孟子·滕文公篇》："请野九一而助，国中什一使自赋。"又《万章篇》："在国曰市井之臣，在野曰草莽之臣。"《周礼》中邦国都鄙对文，或国与鄙对文尤多，鄙即野也。《说文》："或，邦也。"邦国之"国"字，实以"或"字为正文，外加围者表垣壁保聚之意，即古代"秋冬入保"之地也）。

后此城市，可分为政治的、军事的、商业的之三种，古代则同出一源。盖筑为崇墉以保积聚，以圉寇盗，而商旅亦于是集焉。其后政务渐扩，即以为行政首长所注地，为出令之中枢，故最初之都市皆政治都市也，市行政即占中央行政之重要一部分。《周礼·天官》之内宰，《地官》之司市、质人、廛人、胥师、贾师、司虣、司稽、肆长、泉府、司门、司关，《秋官》之禁暴氏、野庐氏、蜡氏、雍氏、萍氏、司寤氏、司烜氏诸职，其所职掌，类皆今世市政府所有事也（内宰掌建国立市事；司市总掌市之治教、政刑、量度、禁令；质人掌稽市之书契质剂，裁判买卖之争议；廛人掌市之征收事项；胥师、贾师察诈伪，平物价；司虣、司稽掌维持市之秩序；泉府掌官卖事业及金融；司门、司关掌入市税；禁暴氏掌禁民众之乱暴及不法集会者；野庐氏掌修理扫除道路、种树及其他道禁；蜡氏掌掩埋市中尸骸；雍氏掌沟渠；萍氏掌水禁，其职略如水上警察；司寤氏掌夜禁；司烜氏掌火禁）。

使《周礼》若全部可信，则周时市政之特点略如下：一曰货品须经市官检查，有妨害风化或治安及窳伪者皆禁之（《司市》："以政令禁物靡而均市，以贾民禁伪而除诈。凡市伪饰之禁，在民在商在贾在工者各十有二。"《王制》列举某物某物不鬻于市者若干事，与此相应）。

二曰卖买契约有一定程式，由市官登记，市官得听判商事诉讼，诉讼有"时效"的限制（《质人》："掌成市之货贿，凡卖买者质剂焉。大市以质，小市以剂，掌稽市之书契。……凡治质剂者，国中一旬，郊二旬，野三旬，都三月，邦国期，期内听，期外不听。"）。

三曰市官得斟酌情形，干涉物价之腾贵，货物滞销者，市官则买入之以转卖于人（《贾师》："凡天患，禁贵卖者，使有恒价，四时之珍异亦如之。"《泉府》："敛市之不售，货之滞于民用者，以其价买之，物揭而书之，以待不时而买者。"）。

四曰市官得贷钱与民而取其息，略如现代之银行（《泉府》：
"凡赊者，祭祀无过旬日，丧纪无过三月。凡民之贷者，与其有司
辨而授之，以国服为之息。"）。

五曰市有巡察之官，略如今之警察，犯违警罪者得处罚之
（《司虣》："掌宪市之禁令，禁其斗嚣者与其暴乱者，出入相凌犯
者，以属游饮食于市者。若不可禁，则搏而戮之。"《司稽》："掌巡
市而察其犯禁者与其不物者而搏之，掌执市之盗贼以徇。"《胥》：
"执鞭度而巡其前……凡有罪者挞戮而罚之。"《禁暴民》："掌禁
庶民之乱暴力正者……凡国聚众庶，则戮其犯禁者以徇。"）。

六曰得收入市税，或免之（《司关》："凡货不出于关者，举
其货，罚其人，国凶扎则无关门之征。"）。

七曰有专官司掌扫除道路及道旁种树等事，又有专司救火者
（《掌固》："修城郭沟池树渠之固。"《野庐氏》："掌国道路宿息
林树，掌凡道禁。"《司烜氏》："以木铎修火禁，邦若屋诛，则为
明窆焉。"）。

八曰有公立旅馆（《遗人》："凡国野之道，十里有庐，庐有饮
食；三十里有宿，宿有路室，路室有委；五十里有市，市有候馆，
候馆有积。"）。

《周礼》虽不敢信为周公之书，然据其他传记所散见，则春
秋时列国国都，其行政实颇纤悉周备。故陈国司空不视途，道无
列树，而单襄公卜其将亡。孔子为鲁司寇，而朝不饮羊，市无贰
价（单襄公事见《国语·周语》"定王使单襄公聘于宋"篇，孔子事
见《荀子·儒效篇》及伪《家语》）。

战国时，旧邦次第蔚灭，并为七雄，政治势力渐趋于集中，
而大都市亦随之而起。齐表东海，泱泱大风，自管仲时即以工商

立国，至威、宣而益盛，故稷下谈士，萃文化之薮，临畜户著，极殷乐之观（《史记·田敬仲世家》："齐宣王喜文学游说之士……七十六人皆赐列第为上大夫，不治而议论。是以齐稷下学士复盛，且数百千人。"《齐策》："临菑之中七万户，……临菑甚富而实，其民无不吹竽、鼓瑟、弹琴、击筑、斗鸡、走狗六博、蹋鞠者。临菑之途，车毂击，人肩摩，连衽成帷，举袂成幕，挥汗成雨，家殷人足，志高气扬。"）。

自余各国都会故实，虽书阙有间，而弘敞殷盛，殆相仿佛（《越绝书》记："吴大城周四十七里二百一十步二尺，陆门八，其二有楼，水门八，南面十里四十二步五尺，西面七里百一十二步三尺，北面八里二百二十六步三尺，东面十一里七十九步一尺，吴郭周六十八里六十步。"所记里步，详细如此，决非臆造，然则春秋战国间吴故城，其大几等今之北京矣。《越绝书》又言："吴市者春申君所造，阙两城以为市，在湖里。"市而阙两城为之，则其大可想。魏之大梁，赵之邯郸，其实况虽无可考，然据《史记》信陵、平原诸《传》，犹可仿佛其一二）。

秦汉以降，政治统一，全国视听集于首都。秦始皇及汉诸帝，先后移各地强宗大侠豪富以实长安，所谓"三选七迁，充奉陵邑，所以强干弱枝，隆上都而观万国。"（班固《西都赋》文）其政策与近世法王路易十四之铺张巴黎盖相似（《史记·秦始皇本纪》："秦并天下……徙天下豪富于咸阳十二万户。……每破诸侯，写放其宫室，作之咸阳北阪上，南临渭，自雍门以东至泾渭，殿屋复道周阁相属。"《汉书·地理志》："汉兴，立都长安，徙齐诸田，楚昭、屈、景，及诸功臣家于长陵。后世世徙吏二千石高訾富人及豪桀并兼之家于诸陵，盖亦以强干弱支，非独为奉山园也。"）。

西汉盛时，长安以政治首都同时并为商业首都，壮丽殷圜，超越前古（班固《西都赋》："建金城其万雉，呀周池而成渊。披三条之广路，立十二之通门。内则街衢洞达，闾阎且千。九市开场，货别隧分。人不得顾，车不得旋。阛城溢郭，傍流百廛。江尘四合，烟云相连。"张衡《西京赋》："廓开九市，通阛带阓，旗亭五重，俯察百隧。"《三辅黄图》："长安市有九，各方二百二十六步，六市在道西，三市在道东，凡四里为一市，致九州之人。在突门夹横桥大道，市楼皆重屋。又有旗亭楼，在杜门大道南。又有当市楼，有令署以察商贾货财买卖贸易之事，三辅都尉掌之。"）。

市民品流复杂，习俗豪侈，最称难治（《西都赋》："于是既庶且富，娱乐无疆。都人士女，殊异乎五方。游士拟于公侯，列肆侈于姬姜。乡曲豪俊游侠之雄，节慕原尝。名亚春陵，连交合众，骋骛乎其中。"《汉书·地理志》："……是故五方杂厝，风俗不纯。其世家则好礼文，富人则商贾为利，豪杰则游侠通奸。濒南山，近夏阳，多阻险，轻薄易为盗贼，常为天下剧。又郡国辐辏，浮食者多，民去本就末，列侯贵人车服僭上，众庶仿效，羞不相及。嫁娶尤崇侈靡，送死过度。"按：据以上诸文，可见汉时长安，实具有近代各国大都市之规模）。

汉制掌市政之官，一曰京兆尹及长安令（东汉则河南尹与洛阳令），其常职虽同于郡国守相及县令长，管其所属郡县之一切民事，然其课绩实以首都治理之能举与否为殿最。若比附今制，则京兆尹正如伦敦、巴黎之市长也。汉代以"徙郡国豪杰实关中"故，市民复杂，抚御最难，加以达官贵戚所聚，挠法者多，故京兆尹必以武健综覈者为称职。如隽不疑、韩延寿、赵广汉、王尊、王章皆其选也。其夙以循良著称如黄霸之流，一登斯职，声誉顿减焉（《汉书·百官公卿表》："内史，周官，秦因之，掌治京师。景帝二年，分置左内史、右内史。武帝太初元年，更名京兆尹，左内史更名左冯翊。"《汉书·张敞传》称："京兆典京师，长安中浩穰，于三辅尤剧。"《隽不疑传》称："不疑为京兆尹，京师吏民敬其威信。"《赵广汉传》称："广汉为京兆尹，发长安吏自将至博陵侯霍禹第搜索私屠酤，又率长安丞捕贼。"《张敞传》称："敞为京兆尹，长安市无偷盗。"则长安吏卒皆统率于京兆尹可知。汉京兆尹职权甚大，可以专行诛杀，看《汉书》卷七十六《赵尹韩张两王列传》便知其概。《汉书·酷吏传》："义纵迁长安令，直法行治，不避贵戚，尹赏以三辅高第选守长安令，得一切便宜从事。"《后汉书·董宣传》："特征为洛阳令，搏击豪强，莫不震栗。"又《周纡传》："征拜洛阳令，贵戚跼蹐，京师肃清。"可见两汉之长安、洛阳二令苟得其人，则亦能行其职权）。

二曰执金吾，掌徼巡京师，擒奸讨猾，其职略如今之警察〔《唐六典》："中尉，秦官，掌徼巡京师。"《汉书·百官公卿表》："中尉掌徼循京师，武帝太初元年更名执金吾。"《后汉书》注引《汉官》："执金吾缇骑五百二十人，舆服导从，光满道路，群僚之中，斯最壮矣。世祖叹曰：'仕宦当作执金吾。'"崔豹《古今注》（《玉海》引）："金吾，棒也，以铜为之，御史大夫、司隶校尉亦得执焉。"按：此棒疑为卫士所执，若今警察之持棍。《北齐书·崔暹传》："暹为御史中尉，世宗出之东山，遇暹在道，前驱为赤棒所击，世宗回马避之。"北齐之御史中尉，其职正如汉之执金吾，导从皆持赤棒，时高澄正以世子执朝政，见之亦须避道也〕。

三曰司隶校尉，初本暂设，与执金吾权限不甚分明，其后遂为统部之官，等于州牧，京师市政非所管矣〔《汉书·百官公卿表》："司隶校尉，武帝征和四年初置，持节从中都官徒千二百人捕巫蛊，督大奸猾，后罢其兵，察三辅三河弘农。"《玉海》引《汉仪》："司隶校尉职在典京师，外部诸郡无所不纠。"按：司隶本武帝末年为察捕巫蛊，一时权设，其职略如民国以来所谓军警执法处卫戍总司令等。其职权与执金吾相混，亦正如总司令部之与警察厅争权，其后权力日张，则三辅（京兆尹、左冯翊、右扶风）皆其属部。故《汉·地理志》以京兆等郡为司隶所部，而六朝以降则直改称"司州"矣。《后汉书·鲍永传》："永为司隶校尉，帝（光武）叔父赵王良尊戚贵重，永以事劾良大不敬。……又辟鲍恢为都官从事，恢亦抗直不避强御。帝常曰：'贵戚且宜敛手以避二鲍。'……"按：此可见东汉初司隶职权之一斑！〕。

上三官者，皆以国家大吏（官皆中二千石）而绾都市之政，其主要职责在摧豪强，纠奸慝，以维持市之秩序。至于市官有令丞等职，则皆小吏奉行细故，不足为重轻也（《汉书·百官表》："京兆尹所属有长安市厨两令丞，左冯翊所属有长安四市四长丞。"）。

上三官者，后代递相沿袭，而职权之伸缩，因时而异。西汉之京兆尹，在东汉、魏、晋则为河南尹，在东晋、宋、齐、梁、陈则为丹阳尹，在北魏都代时为万年尹，迁洛后为河南尹，在后周及隋皆为京兆尹，唐则京兆、河南、太原三尹、五代、北宋则开封尹，南宋则临安尹，辽则五京皆以留守行尹事，金则为大兴府尹，元则大都路都总管，明清则顺天府尹，民国复为京兆尹。历代之中，两汉及两宋尹权最重。苟得其人，则于市政能有所整饬。六朝则恒为要人领兵者所兼，于吏事市政两无关焉。唐则专为地方官监属县之治而已。元明皆以应办官府供需，与清末各省首县职权相类。清及民国则为地方官，略如唐制，京师坊市之事非所过问。此其大较也。

执金吾与司隶校尉，职权本相混。魏晋复汉初名为中尉，东晋称北军中侯，宋、齐、梁、陈皆为卫尉，北魏为城门校尉，隋为左右武侯大将军，唐、五代为左右金吾卫大将军，宋为左右金吾卫司仗司,金元为都指挥使司。明为锦衣卫亲军指挥使司,其后复设东厂以内监领之,故并称厂卫。清为步军统领,清末置警部及京师警察厅,警部后改为民政部。民国复改为内务部,又别置京师市政公所,以内务部次长领之,而步军统领仍存,专管四郊,至十三年始并于警厅焉。又常有所谓卫戍总司令、警备总司令等与警察对峙,权力恒在其上。此历代首都保安机关沿革之大凡也。

凡此组织,皆与市政之独立、市民之自治绝无关系,然历史事实之所以诏吾侪者实止于此。一言蔽之,则吾民族只有乡自治之史迹而无市自治之史迹而已。首都如此,其他大小都市亦一皆由地方官吏主持,可以类推。

历代都市状况,虽故事杂记中间有记载,然皆琐屑散漫,难可条次,今略举其有述者,则:汉长安街道修广平直,列树甚多(《三辅决录》:"长安城面三门,四面十二门,皆通逵九达以相经纬,衢路平正,可并列车轨。三途洞开,隐以金椎,周以林木,左出右入,为往来之径,行者升降,有上下之别。")。

东汉末,洛阳曾以机引水洒扫道路(《后汉书·宦者传》:"作翻车渴乌,施于平门外桥西,用洒南北郊路,以省百姓洒道之费。")。苻坚时,长安沿郊有旅馆,街中有列树,北魏孝文时之洛阳亦然(《晋书·苻坚载记》:"自长安至于诸州,皆夹路树槐柳,二十里一亭,四十里一驿,旅行者取给于途,工商贩卖于道。百姓歌之曰:'长安大街,夹树杨槐;下走朱轮,上有鸾栖。'"杨炫之《洛阳伽蓝记》:"伊洛之间,夹御道有四夷馆。……附化之民,万有余家,门巷修整,阊阖填列,青槐荫陌,绿柳垂庭……")。

北魏时洛阳市面积盖甚大,商民以职业分别部居(《洛阳伽蓝记》:"御道南有洛阳大市,周回八里。市东有通商达货二里。里内之人尽皆工巧屠贩为生，资财巨万。市南有调音乐律二里，……市西有退酤治觞二里，……市北有慈孝奉终二里。……别有准财金肆二里，富人在焉。凡此十里，多诸工商货殖之民，千金比屋，层楼对出……"）。

隋则于长安、洛阳盛开河渠（徐松《唐两京城坊考》："长安龙首渠、永安渠皆隋开皇三年开，清明渠亦开皇初开，洛阳通津渠隋大业元年开。"）。

阴渠之制，盖起于汉武帝时。其后魏武帝行之于邺，唐代似亦行之于洛阳（？），元明以降则大行于北京（《史记·河渠书》："武帝初，发卒万余人穿渠，自征引洛水至商颜下。岸善崩，乃凿井，深者四十余丈，往往为井。井下相通行水，水颓以绝。商颜东至山岭十余里。"《水经注》："魏武引漳流自城西东入，迳铜雀台下，伏流入城东注，谓之长明沟。"《唐两京城坊考》："泄城渠自含嘉仓出，流入漕渠。"名曰"泄城"，似是宣泄污水，其制为阴为阳，无考。今北京沿城之阴沟——即大明沟，盖起于元代，明清因之，及民国而废）。

盛唐长安中公园，盖天子与庶民同乐（曲江宫殿栉比，同时又为都人士游赏之地。杜诗："江头宫殿锁千门。"其《丽人行》又写士女杂沓游冶之状，且言"慎勿近前丞相嗔"，自余诗文纪曲江宴游者甚多。文宗太和九年敕："都城胜赏之地，唯有曲江，承平以前，亭馆接连。近年废毁，思俾葺修，要创置亭馆者，给与闲地，任其营造。"）。

在今日研究古都市状况，其资料较多者惟南宋之临安（杭州）。盖有吴自牧《梦粱录》、周密《武林旧事》两书，里巷琐故，往往甄录，又欧人《马可·波罗游记》亦多称述焉。今于其坊陌之繁丽，士女之昌丰，不必多述，刺举如下数事以见其概。

临安全盛时人口盖百万（？），除官俸米由官支给外，每日民间食米由米铺供给者尚需二千石（？），户数约三十万（？）（《梦梁录》卷十八"户口"条引《乾道志》人口十四万五千八百八，《淳祐志》三十二万四百八十九，《咸淳志》四十三万二千四十六。其卷十六"米铺"条则云："城内外不下百十万口，每日街市食米，除府第、官舍、宅舍、富室及诸司有该俸人外，细民所食，每日城内外不下二千余石，皆需之铺家。"《武林旧事》卷六："俗谚云，'杭州人一日吃三十丈木头'，以三十万家为率，大约每十家日吃擂捶一分，合而计之，则三十丈矣。"按：擂捶盖舂米之杵）。

其人口登记甚周悉（《马可·波罗游记》："每家必以家人姓名书之门上，妻子，奴隶，同居友人，须一一记入。人死则删旧名，育儿则添新名，故国家周知人口多少。远客至京师者，逆旅诸人须以客之姓名并来去时日登记入簿。"）。

其所属市镇十有五，略如今之分画市区（见《梦梁录》卷十三"两赤县市镇"条）。

其市肆则以货物种类分地段（《旧事》卷六"诸市"条载各行市所在地，如药市在炭桥，花市在官巷，书坊在橘园亭等）。

其专管市政之官曰点检司（？）（《梦梁录》《武林旧事》多言点检司办某事某事，大概是管市政之官，其官似属于户部）。

市之收入，不得其详，大抵酒税占重要部分（《旧事》卷六："点检所酒息日课以数十万计，而诸司邸第及诸州供送之酒不与焉。"）。

其民以服色辨职业（《梦梁录》卷十八："士农工商诸行百户衣巾装著皆有等差，香铺人顶帽披背子，质库掌事裹巾着皂衫角带，街市买卖人各有服色头巾，可辨是何名目人。"）。

民俗敦厚，乐相友助，尤敬爱外客（《梦梁录》卷十八"风俗"条："人皆笃高谊，若见外方人为人所欺，众必为之救解，或有新搬来居，则邻人争藉动事遗献汤茶，指引买卖，吉凶事出力与之扶持。"又云："富家每沿门亲察贫家，遇夜以碎金银或钱令插于门缝以周其苦。俾侵晨开户，得之如自天降。"《游记》："其人从未有执兵器自卫者，亦无喧哗忿争之事。工商家与人贸易，尤诚朴无欺，待外国人尤恳挚，忠告辅助如不及。"又云："国中绝无莠民，夜不闭户。"）。

其学校有大学，学生一千七百十六人；有医学，学生二百五十人（看《梦梁录》卷十五"学校"条）。

其慈善事业有施药局，慈幼局，养济院，漏泽园及米场、柴场（施药局每年官拨钱十六万贯，以赏罚课督医员；慈幼局雇乳媪育弃儿，养济院收养老病者，漏泽园十二所收葬遗骸，米场、柴场，官收买柴米，以原价售与贫民。详见《梦梁录》卷十八"恩沛军民"条。《游记》云："路有残疾不能谋生者，即引至病院，公费给养。无疾游民，则迫充公役。"）。

其巡警分二十二区，其救火事业设备极周［看《梦梁录》卷十"防隅巡警"条，"帅司节制军马"条（原文太长不录）。《游记》亦言："地多火灾，故火禁极严，救火极敏捷，万二千石桥，每桥有司击柝者，救火者由各桥麇集，动以千数。"淳祐《临安志》卷六："辇下繁盛，火政当严，自赵公与筹尹正京邑，因嘉定以来成规，增置潜火军兵总为十二隅七队，皆就禁军数内抽拨。"此当时消防队沿革之大凡也。该志详述各区人数，十二隅共千一百二十二人，潜火七队共八百七十六人，城南北厢潜火隅兵千八百人，城外四隅千二百人，合计四千九百九十八人］。

有保险仓库数十所，设于水中央［《梦梁录》卷十九"塌房"条："城郭内北关水门里，有水路周回数里，于水次起造塌房数十所，为屋数千间，专以假赁与市郭间铺席宅舍及客旅，寄藏物货，四面皆水，不惟可避风烛，亦可免偷盗，必月月取索假赁（租钱）者，管巡廊钱也（因须支给守夜巡警薪水）。"]。

有公设浴室三千所（《游记》云："其民好洁，间日辄浴，浴室之美备洪大为天下最。"）。

有公设酒楼十一所，极壮丽（《武林旧事》卷六胪举其名如和乐楼、丰乐楼等，云："已上并官库，每库设官妓数十人，各有金银酒器千两以供饮客之用，每库有祗直者数人，名曰下番。……凡肴核盃盘，各随意携至，库中初无庭人。……"按：吴文英、周密皆有《登丰乐楼长词》《调寄莺啼序》，读之可见此项酒楼游赏之胜，丰乐楼后因大学学生争坐闹事，停止公开。见《旧事》卷五）。

私家园林亭馆皆公开游览（《旧事》卷五《湖山胜慨篇》所记皆公共游览之地，其中私人园馆甚多。私馆公开，盖宋时风俗如此，观《洛阳名园记》可知。至今西湖诸园，依然为半公开的，亦沿宋旧也）。

公园亦天子与庶民同乐（《旧事》卷三载朱静佳六言诗："柳下白头钓叟，不知生长何年？前度君王游幸，卖鱼收得金钱。"又载：孝宗常经断桥旁小酒肆，见太学生俞国宝所题《风入松》一词，为之改窜。可见天子雅游，不异民庶）。

全市有石桥一万二千座，高者虽大舰亦可通行，道路皆以石砾筑成。两旁设分道，各阔十步，其下为沟以泄积水，有公差常司淘运（俱见《游记》。所谓沟者为阳沟抑阴沟，俟查原文乃明。《梦粱录》卷十三："街道巷陌，官府差雇淘渠人沿门通渠，道路污泥，差雇船只搬载乡落空闲处。"）。

诸如此类，可纪者甚多。在九百余年前有此等市政，良可以无惭于世界其他都市。书阙有间，不能一一论列也。

复次，述商业都市。

春秋前之商业，不足以成都市。商业都市，盖萌芽于春秋之末，而渐盛于战国中叶以后。当时政治都市，实惟各国之都，然自工商业勃兴，则地之交通利便为货物集散绾毂者，自然为商旅所萃，而新都市兴焉。故范蠡逐时于陶，吕不韦居奇于阳翟，皆非国都也（《史记·货殖列传》："范蠡乘扁舟游于五湖，在陶为朱公。朱公以陶为天下之中，诸侯四通，货物所交易也。"按：陶，今山东定陶县。《史记·吕不韦列传》："不韦，阳翟大贾也。"按：阳翟，今河南禹县）。

秦汉以降，政治都市集于一。此外则以商业所萃为发展主要条件，司马迁序传《货殖》，最能了解此中消息，《传》中所举当时大都市如下：

甲、关中区域（潼关以西。今陕西、四川、甘肃诸省）。

（一）长安（今陕西长安县）。"关中自汧雍以东至河华，膏壤沃野千里，……秦孝文、缪居雍，隙陇、蜀之货物而多贾。献、孝公徙栎邑，栎邑北却戎翟，东通三晋，亦多大贾。武、昭治咸阳，因以汉兴，长安诸陵四方辐辏，并至而会，地小人众。……"

（二）巴蜀（今四川）。"巴蜀亦沃野，地饶卮、姜、丹沙、石、铜、铁、竹木之器。南御滇僰，僰僮，西近邛笮，笮马、牦牛。然四塞，栈道千里，无所不通，唯褒斜绾毂其口。"

（三）天水（今甘肃通渭县）、陇西（今甘肃狄道县）、北地（今甘肃环县）、上郡（今陕西榆林道及内蒙鄂尔多斯左翼地）。"天水、陇西、北地、上郡与关中同俗，然西有羌中之利，北有戎翟之畜，畜牧为天下饶。"

乙、三河区域（今河南全省及山西南部）。

（一）河东之杨（今山西洪洞县）、平阳（今山西临汾县）。

"杨、平阳西贾秦翟，北贾种代。种代，石北也，地边胡，数被寇，人民矜懻忮，好气任侠，为奸，不事农商，然迫近北夷，师旅亟往，中国委输，时有奇羡……故杨、平阳陈椽其间得所欲。"

（二）河内之温（今河南温县）、轵（今河南济源县）。

"温、轵西贾上党，北贾赵、中山。中山地薄人众，犹有沙丘纣淫地余民，民欲儇急，仰机利而食。"

（三）河南之洛阳（今河南洛阳县）。"洛阳东贾齐鲁、南贾梁楚。"

（四）颍川（今河南禹县）及南阳之宛（今河南南阳县）。"颍川、南阳，夏人之居也。……南阳西通武关、郧关，东南受汉、江、淮，宛亦一都会也。俗杂好事业多贾，其任侠交通颍川。"

丙、燕赵区域（今直隶）。

（一）赵故都邯郸（今直隶邯郸县）。"邯郸亦漳河之间一都会，北通燕涿，南有郑卫。郑卫俗与赵相类，然近梁鲁，征重而矜节，濮上之邑徙野王，野王为气任侠。"

（二）燕故都燕（今京师）。"夫燕亦勃碣之间一都会也，南通齐赵，东北边胡，上谷至辽东。地踔远，人民希，数被寇，大与赵代俗相类，而民雕悍少虑，有鱼盐枣栗之饶。北邻乌桓、扶余，东绾涉貉、朝鲜、真番之利。"

丁、齐、鲁、梁、宋区域（今山东全省及河南东部、江苏北部）。

（一）齐故都临菑（今山东济南）。"齐带山海，膏壤千里，宜桑麻，人民多文彩布帛鱼盐。夫临菑亦海岱之间一都会也……其中具五民。"（二）陶（今山东定陶县）、睢阳（今河南商丘县）。

"夫自鸿沟以东，芒砀以北，属巨野，此梁宋也。陶、睢阳，亦一都会也。……好稼穑，虽无山川之饶，能恶衣食，致其畜藏。"

戊、楚越区域（今淮河及长江流域各省及其以南）。

（一）西楚之楚故都江陵（今湖北江陵县）。"夫自淮北、沛、陈、汝南、南郡，此西楚也。其俗剽轻易发怒，地薄，寡于积聚。江陵故郢都，西通巫巴，东有云梦之饶。"

（二）西楚之陈（今河南陈留县）。"陈在楚夏之交，通鱼盐之利，其民多贾徐、僮取虑。"

（三）东楚之吴（今江苏苏州）。"彭城以东，东海、吴、广陵，此东楚也。其俗类徐、僮。朐缯以北俗则齐，浙江南则越。夫吴自阖庐、春申、王濞三人招致天下之喜游子弟。东有海盐之饶，章山之铜，三江五湖之利，亦江东一都会也。"

（四）南楚之楚故都寿春（今安徽寿县）及合肥（今安徽合肥县）。"衡山、九江、江南、豫章、长沙，是南楚也。其俗大类西楚。郢之后徙寿春，亦一都会也。而合肥受南北潮，皮革鲍木输会也。"

（五）越之番禺（今广东广州）。"九疑、苍梧以南至儋耳者，与江南大同俗、而扬越多焉。番禺亦一都会也。珠玑、犀、瑇瑁、果、布之凑。"

据《货殖传》所言："关中之地于天下三分之一，而人众不过什三，然量其富什居其六。"故上表所谓第一区域者，实占当时全国财富之过半。而其唯一大都市即京师长安，巴蜀陇西诸地，实不过长安之贸易区域及物品供给地而已。故《传》中亦不数其都市之名，盖关中都市之发达，为绝对的集中状态也。此外大都市，则在今河南者七，在今直隶、山东、山西、安徽者各二，在今江苏、湖北、广东者各一，其他诸省无闻。可见当时经济状况，北丰而南啬。其在北地，则西部尤殷赈焉。今所谓东南富庶之区者，西汉全盛时，则"江淮以南，无冻馁之民，亦无千金之家"，气象适相反矣。

汉后，江淮以南逐渐开拓。三国时吴之鼎立，以至晋宋两次南渡，在政治上为分化发展，经济上亦当然随之为转移。长江流域及东部沿海岸线陆续发生新都市，二千余年间，变化殊著，其大势别在《地理篇》论之，今不详叙。

现代之商业都市，大约可以现行之八十九个大小通商口岸总括无遗。换言之，则今日海关常关所在地即全国商业集散之要所。再换言之，则商业市之繁荣，实以对外贸易之关系为主要条件也。今专就此部分为历史的观察，说明我国"通商口岸"之来历。

中外交通，自汉初即以广州为孔道，《货殖传》所谓："番禺一都会，珠玑、犀、瑇瑁果布之凑。"盖货品自海外来者集焉。东汉末，中国与罗马之海道交通，殆即以交州或广州为键（《后汉书·西域传》："桓帝延熹九年，大秦王安敦遣使自日南徼外献象牙、犀角、瑇瑁。"）。

中国、印度间之海通，西汉时似已颇盛，其海程见班《志》，而缩毂之者则广东也（《汉书·地理志》："自日南障塞、徐闻、合浦船行可五月有都元国，又船行可四月有邑卢没国，又船行可二十余日有谌离国，步行可十余日有夫都甘卢国，自夫都甘卢船行可二月余有黄支国……黄支之南有已程不国，汉之译使自此返矣。"据此则汉时航路出发点，不在今广州市而在今广州湾。已程不，丁谦谓属南印度境，待考）。

广州以通商关系故，自汉至隋，继续发达。观官吏贪黩之迹，可想见市廛殷赈之概（《晋书·吴隐之传》："广州包带山海，珍异所出，一篋之宝，可资数世……故前后刺史皆多黩货。"《南齐书·王琨传》："广州刺史，但经城门一过，便得三十万也。"《隋书·侯莫陈颖传》："时朝廷以岭南刺史县令贪鄙，蛮夷怨叛，妙简清吏以镇抚之。"）。

隋末迄唐，大食（阿剌伯）、波斯人与中国贸易极盛，中国通商口岸，因此渐扩充及于广州以外。外国人著述中关于此方外之记载，最古者为九世纪中叶阿剌伯地理学家伊般哥达比（Ibn khordadbeh）之《道程及郡国志》。[此书1865年译成法文，1889年重译成荷兰文。据欧洲学者所考定，大概为844年至848年间（唐武宗会昌四年至宣宗大中二年）作品。此书吾未得见，以下所引，据日本桑原骘藏著《伊般哥达比》中之《支那贸易港》文中（《史学杂志》三十卷十号），但桑原亦未见原书，亦从欧人论文中转引云]

据彼书所记，则中国当时通商口岸有四：最南者为Loukin，迤北曰Khanfou，更迤北曰Djaufau，最北曰Kantou。经东西学者考证辨难之结果，则第一口岸为龙编，实今安南境之河内；第二为广府，即广州；第三为泉府，即厦门；第四为江都即扬州。[原书略云："自Semb（此为印度地名，即玄奘《西域记》之瞻波，义净《寄归传》之占波，《新唐书》之占婆）至中国第一口岸Loukin，水陆路皆约一百Farsange，由此往Khanfou，海行四日，陆行二十日，由Khanbon行八日至Djanbou，更行六日至Kontou。"此四市所在地，东西学者不一其说。今据桑原所征引，定为以上四地，其各家所根据之理由恕不详引]

还观中国记载，则当时沿海大市实惟此四处。文宗太和八年曾下诏言"岭南、福建及扬州蕃客"之当保护，令各节度使优待。岭南盖包举龙编、广州二地，福建则泉州，扬州则江都也[《全唐文》卷七十五太和八年诏："南海蕃舶，本以慕化而来，固在接以仁恩，使其感悦。如闻比年长吏多务征求，嗟怨之声，达于殊俗……其怜南、福建及扬州蕃客，宜委节度使常加存问……任其来往通流，自为交易。"按：唐时安南都护府属岭南道，龙编即岭南节度使下之一县（看《旧唐书·地理志》上）。伊般书中四市，此诏仅举三地，以两市隶岭南也〕。

当时回教随大食商人势力入中国，其根据地亦即广、泉、扬三州（明何乔远《闽书》卷三七："……门徒有大贤四人，唐武德中来朝，遂传教中国。一贤传教广州，二贤传教扬州，三贤、四贤传教泉州。"）。

故知唐时通商口岸可指数者，实如伊般氏所云也。今依其顺序加以叙述。

其一龙编，即今安南之河内（《续汉书·郡国志》引《交州记》云："龙编县西带江，有仙山数百里。"《旧唐书·地理志》"岭南道安南都护府"条下云："贞观元年置。"《元和郡县志》卷三十八："龙编县在交州东南四十五里。"）。

盖外船入境之第一码头，先经彼而后达广州（《旧唐书·地理志》："交州都护，制诸蛮，其海南诸国大抵在交州南及西南，居下海中洲上，相去或三五百里，三五千里，远者二三万里。""自汉武以来，朝贡必由交趾之道。"唐李肇《国史补》卷下："南海舶，外国船也，每岁至安南、广州。"）。

中唐以后，且曾议于其地设市舶司焉（《陆宣公奏议》卷十八有《论岭南请于安南置市舶中使状》一篇，内云："岭南节度使奏：'近日船舶多往安南市易。'……"）。

其名亦屡见于诗人讴歌及公牍（沈佺期有《度安海入龙编》一诗，见《全唐诗》卷四。陆龟蒙诗云"路入龙编海舶遥"，见《全唐诗》卷二十三。高骈《回云南牒》叙平定安南事迹云："比者亲征海裔，克复龙编。"见《全唐文》卷八十二）。

盖自两汉时，今两广之地，全属交州刺史治，而龙编实为其首府（东汉建安十五年，交州刺史始移治番禺），故入唐犹为商业重镇，骎骎与广州争席。及清光绪十一年以后，安南割隶法国，龙编繁盛之迹，只留供读史者之凭吊而已。

其二广州。广州自汉以来既为一都会，及唐则市舶使在焉。海关之起源，总管对外贸易而直隶于政府者也，其始置之年无考「市舶使为唐代创置无疑，但自《唐六典》至《旧唐书·职官志》《新唐书·百官志》皆不载其官，故无从考其始置之年（顾炎武《天下郡国利病书》卷百二十言贞观十七年始置，实误引《宋史》绍兴十七年之文，桑原氏辨之甚详）」。

惟玄宗开元初既有是官，似是特派大员专领（市舶使之名最初见于史者曰周庆立。《新唐书·柳泽传》云："开元中监岭南选，时市舶使周庆立造奇器以进。"又《册府元龟》卷五四六云："柳泽开元二年为岭南监选使，会市舶使右卫威中郎将周庆立，波斯僧及烈等广造奇器异巧以进。……"似其官为特派，非节度使兼领。又《旧唐书·玄宗纪》："开元二年，周庆立为安南使舶使。"似其时舶使驻安南也）。

时亦似宦官任之（《通鉴》卷二二三胡《注》："唐置市舶使于广州，以收商舶之利，时以宦者为之。"《旧唐书·代宗纪》："广德元年十二月甲辰，宦官市舶使吕太一逐广南节度使张体，纵下大掠广州。"杜甫诗："自平中官吕太一，收珠南海千余日。"即记其事。又《新唐书·卢奂传》称："奂为南海太守，中人之市舶者，亦不敢干其法。"按：奂为玄宗时人，则中官领市舶，自玄宗末年已然矣）。

其后盖兼领于节度使焉（柳宗元为马总作《岭南节度使飨军堂记》云："……其外大海多蛮夷，由流求，诃陵，西抵大夏、康居，环水而国以百数，则统于押蕃舶使焉。内之辐员万里以执秩拱壁，时听教命；外之羁縻数万里，以译言赍宝。岁帅贡职，合二使之重以治于广州，故宾军之事，宜无与校大。"据此知市舶使亦名押蕃舶使，由节度使兼领，故曰合二使之重莫与校大也。此文作于宪宗元和八年，或者自吕太一叛乱后，朝廷鉴其祸乃收其权于节度使也。《唐书·黄巢传》："……巢又丐安南都护广州节度使，书闻，右仆射于琮议：'南海市舶利不赀，贼得益富而国用屈。'……"可见唐末亦以节度使领市舶，故巢欲得之而朝议靳不与也）。

盖当唐全盛时，海外交通之发达，为从来所未有。正如韩愈所云："唐受天命为天子，凡四方万国，不问海内外，无大小，时节贡水土百物，大者特来，小者附集。"（《送郑员外序》）而缩毂其口者实惟广州，故广州市之殷圆，为天下最。李肇记其事云：

> 南海船母岁至安南、广州，师子国舶最大，梯而上下数丈，皆积宝货。至，则本道奏报，郡邑为之喧阗。有蕃长为主领，市舶使籍其名物，纳舶脚。……（《国史补》卷下）

又天宝九载，僧鉴真往游日本，道出广州，记其所睹情形云：

> 江中有婆罗门、波斯、昆仑等船，不知其数，并载香药珍宝，积载如山，其舶深六七丈。师子国、大石国、骨唐国、白蛮、赤蛮等往来居住，种类极多。州城三重，都督执六纛，一纛一军，威严不异天子。（鉴真书中国失传，日本有之，名曰《唐大和上东征传》。见《群书类从》卷六十九）

韩愈尝为文送岭南节度使郑权赴任，亦云：

> 其海外杂国，若耽浮罗、流求、毛人、夷亶之州、林邑、扶南、真腊、干陀利之属，东南际天地以万数，或时候风潮朝贡，蛮胡贾人，舶交海中。（《送郑尚书序》）

观此则广州繁荣之状——外国人来往之多，民物之殷阜，略可想见。故当时印度乃至西域各国人皆呼广州曰"中国"，长安则曰"大中国"（义净《求法高僧传》卷上："有一故寺，但有砖基，厥号支那寺。"自注云："支那即广州也，摩诃支那即京师也。"按：摩诃译言大）。

据鉴真"往来居住，种类杂多"之文，知外国人杂居城中者不少，此外同样之记载尚多［《旧唐书·王锷传》："广人与夷人杂处，地征薄而丛求于川市。锷能计居人之业而榷其利，所得与两税相埒。"王虔休《进岭南王馆使院图表》（《全唐文》卷五一五）云："今年波斯古逻本国二舶顺风而至……宝舶荐臻，倍于恒数。……除供进备物之外，并任蕃商列肆而市。"］。

故广州具殊方诡俗，诗人往往诧叹，形诸吟咏［《图书集成》卷一三一四引《广东通志》（旧志）云："自唐设结好使于广州，自是商人立户，迄宋不绝。诡服殊音，多留寓流滨湾泊之地，筑室联城以长子孙。使客至者，往往诧异，形诸吟咏。陆龟蒙诗：'居人爱近环珠浦，候吏多来拾翠洲。賨税尽应输紫贝，蛮童多学带金钩。'"按：张九龄《送广州周判官》诗："海郡雄蛮落。"王建《送郑权尚书之南海》诗："敕设薰炉出，蛮辞咒节开。"张籍《送郑尚书赴广州》诗："海外蛮夷来舞蹈。"又："蛮声喧夜市。"皆足为当时诸蛮杂居之证］。

有时长官处置失宜，则惹起骚动(《资治通鉴》卷二〇三："广州都督路元叡，为昆仑所杀。元叡暗懦，僚属侵渔不已。商胡诉于元叡，元叡索枷欲系治之，群胡怒，有昆仑袖剑直登厅事，杀元睿及左右十余人而去。"按：《旧唐书·南蛮传》云："林邑已南，皆拳发黑身，通号为昆仑。"昆仑盖唐时对印度及马来人之通称)。

甚者相率为寇乱(《旧唐书·西戎传》"波斯"条："乾元元年，波斯与大食同寇广州，劫仓库，焚庐舍，浮海而去。"按：此殆如英法联军之烧圆明园矣。杜甫《诸将》诗："回首扶桑铜柱标，冥冥氛祲未全销。越裳翡翠无消息，南海明珠久寂寥。"即咏其事)。

据当时阿剌伯商人之旅行记，则当乾符五年黄巢陷广州时，回教徒、景教徒、祆教徒被害者已十二万人，则外国人流寓之多可想〔唐五代时阿剌伯人之中国旅行记，近代陆续发现译成欧文者不少，内中有一部为阿蒲卓（Ahou Zeyd）所著，记回回历二六四年（西纪878）有大盗 Banshoa 攻陷 Khanfou，摩哈默教徒、基督教徒、穆护教徒被杀者十二万（据日本坪井九马三《史学研究法》引）。回历二六四年即乾符五年，《新唐书·僖宗纪》言黄巢以乾符六年陷广州，而《旧唐书·卢携传》《新五代史·南汉世家》皆云事在五年，然则阿蒲卓书所云 Khanfou 者即广府，其所云大盗 Banshou 者必黄巢之讹无疑。《唐书·黄巢传》称"巢焚室庐，杀人如薙"，其屠戮固不限于外国人。然此役亦可谓千年前之义和团矣〕。

黄巢乱后，广州元气固大伤，然在唐末犹不失为一乐土。五代时南汉刘氏割据其地，尚极侈靡焉（昭宗大顺元年，刘崇龟任岭南节度使，时黄巢乱后十二年也。《广州府志》卷七十六纪其事云："崇龟至广州，修理城隍，抚恤疮痍，岭海靖安，民夷赖之。"是广州并未十分残破之证。《五代史·南汉世家》云："唐末，南海最后乱。僖宗之后，大臣出镇者，天下皆乱，无所之。惟除南海而已。"亦广州较为宁谧之证）。

其三泉州。泉州为唐时通商口岸，可据之史料较乏，然福建为当时外商凑集之一区域则甚明［《唐会要》卷百："天祐元年，三佛齐使者蒲诃栗至福建。"《文苑英华》卷四五七载乾宁三年授王潮威武军（福州）节度使制云："闽越之间，岛夷斯杂。"《五代史记》卷六八记王审知政绩，称其"招来海中蛮夷商贾"。此皆唐时福建通商之证。前所述文宗太和八年诏明言岭南、福建、扬州蕃商，则蕃商悉集此三区甚明］。

福建中则泉为首辟，据当时回教传播区域可推［前文引何乔远《闽书》称："摩哈默德四门徒，其二人各传教广州、扬州，其二人传教泉州。"今扬州故迹虽无可考，然广州现存有怀圣寺番塔（今粤人所称花塔街），宋方信孺《南海百咏》谓创建于唐时。泉州现存清净寺，有阿剌伯文之碑，谓创建于宋大中祥符二年（据桑原骘藏著《蒲寿庚事迹》），则唐代回教，随大食商人势力以入中国，而其最初根据地为广、泉二州盖事实也］。

泉州至南宋以后，骎骎夺广州之席，为全国第一口岸，其事实当在下文别论之。

其四扬州。扬州为唐时第一大都市，时有"扬一益二"之称（《资治通鉴》卷二五九"唐昭宗景福元年"条下云："先是扬州富庶甲天下，时人称扬一益二。"）。

为盐铁转运使所在地，东南财政枢轴寄焉（唐代最著名之财政家刘晏，整顿盐铁及漕运，即以扬州为根据地。宋洪迈《容斋初笔》卷九云："唐世盐铁转运使在扬州，尽干利权，判官多至数十人。商贾如织，故谚称'扬一益二'，谓天下之盛，扬为一而蜀次之也。"）。

王象之《舆地纪胜》（卷三十七）云："自淮南之西，大江之东，南至五岭、蜀汉，十一路百州迁徙贸易之人往还，皆出扬州之下，舟车日夜灌输京师者居天下十之七。"此虽宋人记述之言，其所述者实唐以来情状也（《唐书·李袭誉传》："扬州江吴大都会，俗喜商贾。"又《苏环传》："扬州地当冲要，多富商大贾。"皆唐代扬州商业极盛之证。又《唐会要》卷八十六载代宗大历十四年诏书云："令王公百官及天下长吏，无得与民事争利，先于扬州置邸肆贸易者罢之。"则当时扬州为利权渊薮可知）。

大抵因海岸、江岸变迁之结果，扬州地势，今昔颇殊。在盛唐时，扬州城盖距江岸甚近，其江岸又距海岸甚近，海船出入已便焉（唐李颀《送刘昱》诗："鸬鹚山头片雨晴，扬州郭里见潮生。"又李绅《入扬州郭诗序》："潮水旧通扬州郭内，大历以后，潮信不通。"此可为中唐以后扬州岸移海远之证）。

坐是蕃客麇集，教徒沓来（文宗太和八年诏言："扬州蕃客。"《闽书》记："一贤传教扬州。"俱见前引）。

波斯胡店，往往而有（明谢肇淛《五杂组》卷十二："唐时，扬州常有波斯胡店。《太平广记》往往称之，想不妄也。"按：《太平广记》未及细查，当更有资料可采）。

偶值兵乱，则外商罹其难者且不少（《旧唐书·田神功传》："神功兵至扬州，大掠居人……大食、波斯贾胡死者数千人。"此肃宗上元元年事也。可见当时扬州外侨不少）。

狭邪曲巷，且多贾胡足迹，供诗人谑笑之资（《全唐诗·谐谑二》载崔涯《嘲妓》诗云："虽得苏方木，犹贪玳瑁皮。怀胎十个月，生下昆仑儿。"崔涯与白居易同时，集中多扬州游冶诗）。

观此可知扬州为唐代第一都市，即以对外贸易论，其殷盛亦亚于广州矣。后经五代之乱，扬州糜烂最剧，自此不复为互市重镇（《旧唐书·秦彦传》："江淮之间，广陵大镇，富甲天下。""自毕师铎、秦彦之后，孙儒、杨行密继踵相攻，四五年间，连兵不息，庐舍焚荡，民户丧亡，广陵之雄富扫地矣。"观此可知扬州衰落之原因。南宋洪迈《容斋随笔》卷九"唐扬州之盛"条下云："本朝承平百七十年，尚不能及唐之什一，今日真可酸鼻也。"可见经北宋百余年间，扬州迄不能恢复，重以金军蹂躏，南宋后益不可问矣）。

宋代颇奖励对外贸易，先后置市舶司之地七，元因之，而其地颇有异同。明初因元旧，中叶以后，因倭寇而始设海禁，末年还驰焉。清初以郑氏据台湾，禁海益严。康熙二十二年，台湾平，始弛禁，设江海、浙海、闽海、粤海四海榷关。大抵由宋初迄清之道光，沿海诸市虽递有盛衰，而广州、泉州、宁波、上海恒保持优越地位，后此《南京条约》之所谓"五口通商"者，即沿历史上基础而成立也。今列举宋、元、明三朝之重要海港如下。

宋代市舶司所在地及建置沿革，据《宋史》食货、职官两志可考见者如下：

一广州（开宝四年置），二杭州（初置年不详，熙宁九年议罢，未行，南宋乾道二年罢），三明州（今宁波。同上），四泉州（元祐二年置，南宋建炎初罢，未几复），五密州板桥镇（今胶州青岛。元祐三年置），六秀州（今松江。宣和间置监官），七江阴（绍兴二十九年置市舶务），八温州（初置年不详）。

元置市舶司七，后渐裁并，仅存其三。《元典章》（柯劭忞《新元史》卷六十二引）及《元史·食货志》记其名如下：

一广州（初置年不详，大抵因宋之旧。至元二十五年改称海南博易市舶提举司），二泉州（至元十四年置），三杭州（初置年不详，至元三十年罢），四庆元（今宁波。至元十四年置），五上海，六澉浦（今海盐。上二地皆至元十四年置，大德二年罢，并入庆元），七温州（初置年不详，至元三十一年并入庆元）。

明代市舶司置罢不常，其曾置者则有以下诸市：

一太仓黄渡（此为一市抑二市待考。吴元年置，洪武三年罢），二明州（洪武初置，洪武七年罢，永乐元年复，嘉靖元年再罢，三十九年再复，四十四年再罢，万历中再复），三泉州（同上），四广州（洪武初置，洪武七年罢，永乐元年复。嘉靖后全国舶司总于此市），五交趾、云南（永乐初置。为两官分领两地，抑一官兼领两地，司署设在何处，皆待考）。

据上所述，合以清初之四海关，则自唐迄明各通市之废兴如下表：

今地 \ 朝代	唐	宋	元	明	清（《南京条约》以前）
胶州（青岛）		密州板桥镇			
扬州	扬州				
松江（华亭及上海）		秀州	上海		江海
太仓				太仓黄渡	
杭州		杭州	杭州		
海盐			澉浦		
宁波		明州	庆元	明州	浙海
泉州（厦门）	泉州	泉州	泉州	泉州	闽海
广州	广州	广州	广州	广州	粤海
安南	交趾龙编			交趾	
云南				云南	

上诸市中，扬州、安南，唐以后皆渐衰落。安南今且沦为异域，云南据樊绰《蛮书》所记，似唐时已颇占重要位置（《蛮书》云："大银孔南有婆罗门、波斯、阇婆勃泥、昆仑数种，外通交易之处多诸珍宝。"），宋则至斧画江等诸化外，元亦不闻经略。惟

明始一措意焉，后亦无闻。太仓暂兴旋替，温州仅为宁波附庸，皆不复细叙，惟叙自余各市状况。

其一广州。宋初广、杭、明三舶司并立，而广州实占全国对外贸易额百分之九十八以上［清梁廷枏《粤海关志》引北宋毕仲衍之《中书备对》，记神宗熙宁十年之贸易统计表，而加按语云："谨按《备对》所言，三州市舶司所收乳香三十五万四千四百八十九斤，其内明州所收惟四千七百三十九斤，杭州所收惟六百三十七斤，而广州所收者则有三十四万八千六百七十三斤，是虽三处置司，实只广州最盛也。"朱彧（北宋末人）《萍洲可谈》卷二云："崇宁初，三路各置提举市舶司，三方惟广最盛。"按：所谓三路者，广南东路，福建路，两浙路也。是时泉已开市矣］。

南宋及元，虽一时为泉州所压倒，然广州终常保持优势。他地市舶司，屡有裁并，惟广则除海禁时代外，常为互市门户，历千年无替（绝对的海禁时代，一为明嘉靖元年迄三十九年，二为清顺治元年迄康熙二十二年。广州闭关，惟此两时期耳）。

清康熙海禁开后，首设粤海关总西南洋互市之枢，至鸦片战役后，则以条约定为五口通商之第一口焉（《广东通志》卷一八："康熙二十四年开南洋之禁，番舶来粤者岁以二十余柁为率。至则劳以牛酒，牙行主之，所谓'十三行'是也。"）。

其二泉州。泉州自唐太和时已为蕃客走集之地，入宋而浸盛，当真宗时其地侨民盖已甚多。创建颇壮丽之回教寺院，故神宗时已感有置市舶司之必要，哲宗时遂实行（泉州清净寺创建于大中祥符二三年之间，有现存阿剌伯文碑记为证，前文已引及。则当时泉州外侨之多可想。《宋史·食货志》："熙宁五年，诏发运使薛向曰：'东南之利，舶商居其一，比言者请置司泉州，其创法讲求之。'……"又云："元祐二年增置市舶司于泉州。"）。

南宋以杭州为行在所，泉州以晋江转输内地便利故，骎骎夺广府之席，为全国对外通商之总门户（吴自牧《梦粱录》卷十二云："若欲船泛外国买卖，则自泉州便可出洋。"可见当时以泉州为海外航线之出发点）。

及其末年，泉州市舶提举官有西域人蒲寿庚者，且能举足轻重以制宋元兴亡之键。泉之为重于天下可概见矣（蒲寿庚，《宋史》《元史》皆无传。其人盖阿剌伯人，先世侨居广州，久以豪富闻。寿庚迁于泉，提举泉市舶三十余年，宋末任为福建招抚使。杭州陷，宋少帝逃至泉，欲依之，寿庚不纳，旋以泉降元，杀戮宋宗室。宋不能偏安于闽粤，实寿庚之由。近日本桑原骘藏著《蒲寿庚事迹》一书，考证其全部史实，为历史界一杰作）。

入元，泉州仍继续其在商市中所占之最优地位。《元史》记西南诸蛮夷所在，大率以泉为计里之起点焉（《元史·外夷传》"爪哇"条下云："自泉南登舟海行者，先至占城而后至其国。"又"马八儿"条下云："自泉州至其国约十万里。"此类尚多）。

当时欧洲人来游者如马可·波罗之流，咸称之为全世界第一商埠，入明清不替，道光后以厦门为五口通商之一焉［《马可·波罗游记》称泉州为塞登（Zayton），其书云："塞登为外国商人入蛮子国（元人称南宋为蛮子国）之大埠，凡外国货物，必先至此然后转输至他处。即胡椒一项，经塞登输入中国者，与经亚历山大输入欧洲各国者，盖为百与一之比例。此埠实世界独一无二之大商埠也。"按：泉州称为塞登者，桑原氏考证为"刺桐"之译音。盖宋时泉州亦称刺桐城云。此外，当时阿剌伯人称刺桐城为世界第一大市者尚多，俱见桑原所引。］。

其三杭州。杭在北宋为海船辐辏之区，故初置三舶司而杭与居一焉（欧阳修《杭州有美堂记》："闽商海贾，风帆浪舶，出入于江涛浩渺烟云杳霭之间。"可见其时杭州海舶之盛)。

其后舶司或与明州合并，或独立(《宋史·食货志》"开宝四年，始置市舶司于广州，后又于杭、明置司。"据此似是杭、明同时并置，然《玉海》卷一八六则云："后又置于杭，淳化中徙于明之定州。"然则先置于杭，后乃由杭徙明耳。徙明之年，《玉海》仅云"淳化中"，不得其确年。乾道《临安志》卷二云："提举市舶衙旧在城中，淳化三年四月庚午移杭州市舶司于明州定海县。"则知在淳化三年，且日月皆可考矣。《玉海》又云："咸平中，杭、明各置司。"《文献通考》卷六十二云："'咸平二年九月庚子，令杭州、明州各置市舶，听蕃官从便。'据此，当是太祖开宝间置司杭州，太宗淳化三年废杭司而移于明，真宗咸平二年乃杭、明并置。《宋史》混言之，误也。")。

南宋则杭为行在所，乾道间曾罢舶司，未几旋复(《宋史·职官志》云："乾道初，臣僚言两浙市舶冗蠹，可罢。从之。"然淳祐《临安志》卷七云："市舶务旧在保安门外。淳祐八年，拨归户部，于浙江清水闸河岸新建，牌曰行在市舶务。"则淳祐间杭州明有市舶务，不知何年复置也。咸淳《临安志》卷九亦有市舶务之记事)。

据元代西域人所记载，则宋元之间杭城盖划出二三市区专为外国人居留之地[有阿剌伯人伊般白都达(Ibn Batuta)于元顺帝至正六年(1346)著有《记南宋杭都事》之书，言："城内分六区，第二区为犹太人，基督教徒及拜日教之突厥人所居，第三区则回教徒所居，其市场与回教国无异。"(日本《史学杂志》第二十七编第十号藤田丰八著《宋元时代杭州海港篇》所引)]。

中国故书所记，亦多有景教、回教、摩尼教徒杂居之痕迹(明田汝成《西湖游览志》卷十六："旧十方寺在荐桥西，元僧也里可温建。"按：也里可温为元代基督教徒之称。又卷十八云："真教寺在文锦坊南，回回大师阿老丁所建。先是宋室徙跸，西域夷人安插者多从驾而南，元时内附者又往往编管江浙闽广之间，而杭州尤夥。"又云："灵寿寺，江浙行省左丞相达识帖睦尔建，本畏吾氏世族，故称为畏吾寺，俗讹为义乌寺。"按：此即白都达所谓拜日教之突厥人，其寺实摩尼教寺也）。

然自元以后，杭州渐为明州所掩，不复能占两浙商业市第一流位置。

其四明州庆元。今之宁波，在宋为明州，在元为庆元。当北宋初年，曾移杭州舶司于此，其后与杭并立（见前注），入元则杭为明绌矣（《元史·食货志》："至元十四年，立市舶司三于庆元、上海、澉浦。"而杭州不与焉）。

杭屈于明之故，盖因海岸变迁，杭渐不适于碇泊，明则恃内河转运之便，灌输内地（宋姚宽《西溪丛话》卷上引无名氏之海潮说云："今观浙江之口，起自纂风亭，北望嘉兴大山，水阔二百余里，故海商舶船，畏避沙潬，不由大江，惟浮余姚小江，易舟而浮运河，达于杭越矣。"按：据此知杭州商舶日少之故，由于钱塘江所淤沙滩太大，不适碇泊，而宁波有余姚小江，接连运河，可通杭州、绍兴各地也）。

宁波以交通优便故，元初江浙间虽三市并立，非久皆并于庆元（《元史·食货志》："大德二年并上海、澉浦入庆元市舶提举司，直隶中书省。"）。

明则专为日本通市之地（《明史·食货志》："市舶司……洪武初……设于宁波、泉州、广州，宁波通日本……日本叛服不常，故独限其期为十年，人数为二百，舟为二艘。"）。

嘉靖间，日人以争互市真伪哄于长官，遂引起倭寇之难。于是宁波封锁，而全国海禁且缘之而起。中国自唐宋以来皆奖励互市，輓近政策之变，自兹始也（《明史·食货志》："嘉靖二年，日本使宗设、朱素卿分道入贡，互争真伪。市舶中官赖恩纳素卿贿，右素卿，宗设遂大掠宁波。给事中夏言言倭患起于市舶，遂罢之。市舶既罢，日本海贾往来自如，海上奸豪与之交通，法禁无所施，转为寇贼。二十六年，倭寇百艘，久泊宁台，数千人登岸焚劫……乃严海禁，毁余皇。"）。

明清之交，浙东为明守者有年，清康熙二十二年间开海禁，仍置浙海关于宁波，道光二十二年，遂为五口通商之一。

其五温州。南宋及元曾开市，非久遂罢，无得而详述焉（《元史·食货志》称："至元三十年以温州市舶司并入庆元。"温市何时旬置，无考，想为期甚暂）。

其六澉浦。今海盐也，宋末开市（？），元因之，非久亦并归庆元（明王樵《槜李记》："澉浦在海盐之西，宋元时通番舶之处。"宋常棠《澉水志》："市舶场在镇东海岸，淳祐六年创市舶官，十年置场。"《元史·食货志》："至元三十年，泉州、上海、澉浦、温州、广州、庆元市舶司凡七所。"元姚桐寿《乐郊私语》云："澉浦市舶司，前代不设，惟宋嘉定间置有骑都尉监本镇盐课耳。国朝至元三十年，以留梦炎议置市舶司。"按：以上各书所言，互相违异，据《澉水志》则宋已置司，且能确指其年与地。据《乐郊私语》则云"前代不设"，且明述其创之年与建议之人，而《宋史》亦绝不言有澉浦置司事。两说孰当，更待考证。又《元史》及《续文献通考》皆言澉浦司置于至元十四年，姚相寿云在三十年，疑姚较可信）。

其七秀州、上海。秀州在宋时领嘉兴、华亭、海盐、崇德四县，属两浙路。宣和中始置市舶务于华亭之青龙江浦，实今日上海市场之嚆矢（《宋史·食货志》："宣和元年，秀州开青龙江浦，舶船辐辏，请复置监官。先是政和中，置务设官于华亭县，后江浦淤塞，蕃舶鲜至，止令县官兼掌。至是复设官专领焉。"）。

华亭为旧松江府附郭，南宋时既为通商名县（宋孙觌《鸿庆居士集》卷三十四《朱公墓志铭》云："华泉据江瞰海，富室大家，蛮商舶贾，交错于水陆之道，为东南第一大镇。……"）。

青龙江在城北七十里，明隆庆间始即其地分置青浦县，盖宋时海舶出入之所（《明一统志》"松江府"条下："青龙江在府城北七十里，上接松江，下通沪渎，吴孙权造青龙战舰于此，故名。"明隆庆六年分青龙镇置青浦县，亦见《明一统志》）。

然吴淞江为大江入海尾闾之泄，淤积最易，故宣和元年青龙虽一度开浚，及南宋淳熙开又复堙塞（宋袁燮《絜斋集》卷十二《罗公行状》云："华亭河流断绝，邑宰刘璧相视青龙江可通潮，而堙废已久，集丁夫，给官价，不超五日，浚七十余里，潮达县市。"按：此文所记为淳熙十四年事，上距宣和元年仅六十八年）。

今之上海，本华亭属，旧名华亭海。青龙堙后，江岸南徙，宋末已发展为市，及元而折置县治。历明迄清，至今遂为国中第一市场（《明一统志》："上海本华亭县地，居海之上洋，旧曰华亭海。宋时商贩积聚，名曰上海市。元至元中，置上海县。"明曹学佺《松江志胜》云："按《永乐大典》载《郏亶水利考》谓：'松江南有大浦十八，中有上海、下海二浦。'今县治之左有大川，曰黄浦，亦曰上海浦，县之得名以此。"按：以上两条，记上海沿革及其名称之由来，甚明。《文献通考》卷六十二载宋乾道间臣僚言"市舶置司，乃在华亭"，疑即指"华亭海"，即今上海地）。

其八江阴。在北宋时亦为贾船走集之所（《王荆公诗集》卷三十四有一题云："予求守江阴未得，酬昌叔忆江阴见及之作。"诗云："黄田港北水如天，万里风樯看贾船。海外珠犀常入市，人间鱼蟹不论钱。"）。

南宋初曾置市舶务，盖来者多高丽贾客云［江阴市舶务《宋史》食货志、职官志皆未载，不知设于何年，惟《文献通考》一言之（详下条）。袁燮《絜斋集》卷十七《赵公墓志铭》云："擢隆兴元年进士第……历江阴县……有市舶务，公兼之。高丽之至者，初止一艘，明年六七焉。语人曰：吾闻长官清正，所以来此。"是袁燮时其官犹存也］。

盖南宋以都浙故，浙中设官特多，市舶之在两浙路者凡五处，江阴军其一也（《宋史·食货志》纪宋时市舶，其在两浙者仅及杭、明、秀三州。《职官志》则言："福建广南各置务于一州，两浙市舶乃分建于五所。"所谓"五所"者未尝举其名。《文献通考》卷六十二引乾道初臣僚言："两浙惟临安、明州、秀州、温州、江阴军凡五处有市舶。"此足补《宋史》之阙矣）。

其九太仓。盖明太祖初起时互市之所，未几而废（《明史·食货志》："市舶司提举官……洪武初设于太仓黄渡，寻罢。"）。

其十密州板桥镇。今青岛也，自晋以来，即为中国与印度交通孔道（法显归国时，舟泊于长广郡之劳山，即青岛也。西域僧遵此路来朝者尚有数人。见《高僧传》。今未及细检，容更补注）。

北宋之初，其地海上贸易已颇盛［有蔡齐者，官密州，范仲淹为作墓志铭，称其"力请放海利以救东人"（见《范文正集》卷十二）。欧阳修为作行状，称其"使民得贾海易食以救饥，东人至今赖之"（见《欧阳文忠公集》卷□）。据此知前此密州有海禁，至仁宗时由蔡齐解放］。

至神宗元丰间，遂议置板桥市舶司，哲宗元祐间实行，徽宗政和间益趋繁盛（《宋史·食货志》元丰五年知密州范锷言："板桥濒海，东则二广、福建、淮浙，西则京东、河北、河东三路商贾所聚，海舶之利，颛于富家大姓，宜即本州置市舶司，板桥镇置抽解务。……"元祐三年，锷等复言："……若板桥市舶法行，则海外诸货物积于府库者，必倍于杭、明二州。……乃置板桥市舶司。"杨时《龟山集》卷三十四《陆恺墓志铭》云："乞监密州板桥镇，镇濒海，海舶麇至，多异国珍宝。"按：此盖徽宗大观、政和间事）。

密州所以勃兴之故，盖缘淮南一带，既因唐末五代之乱而衰落，而北宋建都汴梁，北方宜有海港以为灌注，恰值当时对高丽贸易正盛，故密为其最适之地点焉（《萍洲可谈》卷二："元丰待高丽人最厚，沿路亭传皆名高丽亭。高丽人泛海而至明州，则由二浙溯汴至都下，谓之南路。或至密州，则由京东陆行至京师，谓之东路。……"按：此文叙汴梁与海岸交通状况最明了）。

南北海路交通，在此时似亦已盛开，而北之密，南之明，即为两主要港（姚宽《西溪丛话》："今自二浙至登州与密州，皆由北洋。水极险恶，然有自胶水镇三日而抵明州定海者。"）。

宋南渡后，密州实为宋金互市之要地（《宋史·李全传》："胶西当宁海之冲，百货辐辏，全使其兄福守之，为窟宅计，时互市始通。北人尤重南货，价增十倍。全诱商人至山阳，以舟浮其货而中分之，自淮转海，达于胶西。"）。

元行海运，此为运河入海处，置海仓焉（《莱州府志》："元至元时，海运故道入海处，尚有海仓遗迹。"）。

明初为倭寇滋扰，逐渐衰落，海禁后益无可纪。直至近代，德日先后占领，迄今葛藤未绝焉（《山东通志》云："黄岛在胶州东南六十里海中，旧有居民，因倭寇迁避，遗址多存。"）。

以上十地，并前文所述之扬州、龙编，可称为自唐以来中国沿海十二大都市。尤大者为广、泉、扬、杭、明、秀六州，其他六地次之。最盛时期为唐宋，元尚继续保持，自明以迄清中叶则为中落时期。其原因，盖缘波斯、大食人在唐宋时正为全世界商业活动最主要之民族。其人无政治野心，壹惟以通商为务，我国人亦以怀柔远人之态度欢迎之保护之，耦俱无猜焉。都市之繁荣，彼我皆利赖之。明清以还，波斯久衰，大食亦日已不竞。葡萄牙、荷兰先后代兴，其势力未能大伸于远东。故东西互市，顿呈中落之象。中间倭寇滋扰，几与明祚相终始，国人厌恶外夷之心日益甚，驯至有海禁之设。清中叶后，英人横行海上，驯至有"毒药战役"，我师熸焉，作城下盟。今之所谓通商口岸，非复昔所云矣。各市商业状况，当于《通商篇》别述，今但刺取侨民掌故与市政有连者论次一二云。

外人除通商市外是否可以杂居内地，唐以前法制无可考（唐文宗太和八年诏书言："岭南、福建及扬州蕃客，任其来往通流，自为交易。"似当时无杂居内地之禁）。

宋初，盖仅听在广州居止，不得适他地，崇宁间始由市舶司发给护照来往焉（《宋史·食货志》："崇宁三年令蕃商欲往他郡者，从舶司给券，毋杂禁物奸人。初，广南舶司言，海外蕃商至广州，听其往还居止，而大食诸国商亦丐通入他州及京东贩易，故有是诏。"）。

即在通商市中，原则上亦只许居城外（朱熹《文公集》卷九十八《傅自得行状》云："化外人法不当城居。"可见南宋时法律上明有此规定，大抵自唐时已然矣）。

外人所居地谓之"蕃坊"，名义上颇类今租界矣。盖起自唐时，宋后沿之〔朱彧《萍洲可谈》云："广州蕃坊，海外诸国人聚居，置蕃长一人，管勾蕃坊公事。"彧书成于宋徽宗宣和元年（据《直斋书录解题》），则北宋时确有蕃坊可知。然蕃坊恐不止起于宋，顾炎武《天下郡国利病书》卷一百四引《投荒录》云："顷年在广州蕃坊，献食多用糖蜜脑麝，有鱼俎，虽甘香而腥臭自若也。"《投荒录》为唐文宗太和中房千里所著，见《新唐书·艺文志》，则唐之中叶，广州既有蕃坊矣〕。

明则政府特建馆舍以居之（《明史·食货志》："永乐三年，以诸蕃贡使益多，乃置驿于福建、浙江、广东三市舶司以馆之。福建曰来远，浙江曰安远，广东曰怀远。"《广东通志》卷一八〇引郝《志》云："置怀远驿于广州城蚬子步，建屋一百二十间以居番人。"据此知福建、浙江两驿亦必有建屋矣）。

清则牙商筑室招待焉（《广东通志》卷一八〇："番舶来粤则劳以牛酒，牙行主之，所谓'十三行'也，皆起重楼台榭为番人居停之所。"按：十三行今为西关街名，在城中极繁盛处，盖昔日番商租界遗址也。十三行招待番商，盖鸦片战役前尤然）。

宋时蕃坊所在，广、泉、杭三州尚约略可考，广州盖在城西南（广州蕃坊所在确地，今难考。惟据《广东通志》卷二一八引金《志》云："旧府学在西城蕃市通衢。"则蕃市在城西可知。又引黄《志》云："明市舶提举司署在府城外西南一里，即宋市舶亭海山楼故址。"又云："海山楼建于嘉祐中，……在镇南门外，山川拱揖，百越伟观此为第一，楼下即市舶亭。"市舶亭计当与蕃坊相近也。又引郝《志》云："明怀远废驿在府城西。"先辈或言今濠畔街为怀远驿站故址。要之，宋以来外侨皆居城西南，殆无可疑。昔时珠江江面必较今为阔，故在城西南一里之海山楼即临大江。《萍洲可谈》记其形胜云："广州市舶亭，枕水，有海山楼，正对五洲，其下谓之小海。"）。

泉州盖在城南（南宋赵汝适《诸蕃录》卷上记："大食巨商施那帏侨寓泉南，且在泉州城外东南作丛冢为贾胡之公葬地。"又言：

"南毗国蕃商时罗巴智力干父子住居泉南。"又言："天竺僧啰护哪在泉州城南建宝林院。"据此，则当时泉州蕃坊在城南可知）。

杭州盖在城东清泰门内（《西湖游览志》云："三太傅祠，在荐桥东，旧十方寺基也，元僧也里可温建。"又云："文锦坊在荐桥西。"又云："真教寺在文锦坊南，元延祐间回回大师阿老丁所建。先是宋室徙跸，西域夷人安插者多从驾而南。元时内附者又往往编管江浙闽广之间，而杭州尤夥。"陶宗仪《辍耕录》卷二十八云："杭州荐桥侧首有高楼八间，俗谓之八间楼，皆富贵回回所居。……"则荐桥一带为外侨所聚居，甚明。荐桥在何地耶？《游览志》云："清泰门在城东，宋名崇新门，俗称荐桥门。"据此诸条，杭州蕃坊地可以略定矣。前文引伊般具都达所言杭城第二、第三市区，即其地也。《辍耕录》又云："聚景园回回冢冢在焉。"聚景园又在何处耶？徐逢吉《清波小志》卷上云："聚景园在清波门外，孝宗致养之地……此《武林旧事》所载，今则为番回埋骨之地。"嘉靖《仁和县志》云："旧城基南路有回回坟。"则宋聚景园故址入元为回回坟者，明时在旧城基南可知。旧城基又在何处耶？《游览志》又云："张士诚据两浙，改筑杭城，自艮山门、清泰门展出三里，而络市河于内，此其旧基也。"据此则清泰门内一带地即所谓荐桥附近者，在张士诚以前实为城外，宋元蕃坊即在此）。

然所谓"化外人法不当城居"者，不过法律上有此规定云尔。事实上因禁网疏阔之故，城居者盖亦不少（宋楼钥《攻媿集》卷八十八《汪大猷行状》云："蕃商杂处民间。"顾炎武《天下郡国利病书》卷一〇四云："自唐设结好使于广州，自是商人立户，迄宋不绝。诡服殊音，多流寓海滨湾泊之地，筑石联城以长子孙。……禁网疏阔，夷人随商，翱翔城市。"）。

唐代蕃人杂居广州事，前文已述（看第八十叶），至宋时则有蒲姓之酋豪，世居广州城中，实为宋末卖国奴蒲寿庚之祖（宋岳珂《桯史》卷十一："番禺有海獠杂居，其最豪者蒲姓，号曰番人，本占城之贵人也。既浮海而遇风涛，惮于复反，乃请于其主，愿留中国以通往来之货，主许焉。其家岁益久，定居城中，屋室侈靡逾制，使者以其非吾国人，不之问。"）。

蕃商在唐时则波斯最富（波斯胡贾之豪奢，见于唐人笔记小说中者甚多，不可悉举。李商隐《杂纂》卷上有"不相称"一条，所列举者一穷波斯，二病医人，三瘦人相扑，四肥大新妇。波斯不宜有穷人，此段小滑稽语句，可代表晚唐时人感想），在宋时则阿剌伯最富［宋周去非《岭外代答》卷三云："诸蕃国之富盛多宝货者，莫如大食国。"《桯史》卷十一所记豪商蒲姓者，即大食人也。岳珂记其人赴知州宴时豪侈之状云："其挥金如粪土（赏犒），舆皂无遗，珠玑香贝，狼藉座上。"］。

其商人至能报效私财以修城池［《宋史·外国传》"大食国"条下云："熙宁中，其使辛押陀罗进钱银，助修广州城，不许。"按：使所云使者，盖前此商人皆以贡使为名，其实则侨商耳。苏辙《龙川略志》（《天下郡国利病书》引）别有关于辛氏之纪事云："番商辛押陀罗者，居广州数十年矣，家资数百□缗。"明杨思谦《泉州府志》卷四云："嘉定四年，守邹应龙以贾胡簿录之赀请于朝而大修之，城始固。"是熙宁中虽不许蕃商助修广州城，嘉定间却许其助修泉州城矣］。

其侨民首领，名曰蕃长，又有都蕃长，实为后此领事、总领事之滥觞（《萍洲可谈》卷二："广州蕃坊，海外诸国人聚居，置蕃长一人，管勾蕃坊公事，专切招邀蕃商。"《唐会要》卷一百："天祐元年六月，授福建道三佛齐国入朝进奉，使都蕃长蒲诃粟为宁远将军。"），亦名曰蕃首，或呼之为番酋（《宋史·大食传》记都蕃首蒲陀罗离慈事。唐刘恂《岭表录异》记在番酋家食枣事)。

蕃长虽以蕃人为之，但须经朝命，非如今领事官由彼国简派也(《宋史·大食传》云："熙宁中，其使辛押陀罗乞统察蕃长司公事，诏广州裁度。"又云："都蕃首保顺郎将蒲阤婆离慈表令男麻勿奉贡物，乞以自代，诏但授麻勿郎将。"可见蕃长次经政府任命，不轻授，且常须经广州吏察核保举)。

故其人实为中国官吏，服中国之服(《萍洲可谈》卷二："蕃长用蕃官为之，巾袍履笏如华人。")。

其关于外人犯罪之裁判，据《唐律疏议》所规定：

诸化外人同类自相犯者各依本俗法，异类相犯者以法律论。(卷六《名例》)

此实为领事裁判权之嚆矢。盖守"因其风不易其俗"之训，以寓"怀柔远人"之意，纯出于恩惠的特许，非有所胁而然也(《疏议》云："化外人谓蕃夷之国别立君长者，各有风俗，制法不同。其有同类自相犯者，须问其本国之制，依其俗法断之。异类相犯者，若高丽之与百济之类，皆以国家法律论定刑名。"按：此疏解释律文甚明。例如英人与英人争讼，则适用英国法律。英人与法人争议，则适用中国法律也。至英法人与中国人争讼，须用中国法律，自无待言)。

《明律》则改为"凡化外人犯罪者并依律拟断"，无复中外之别(《明律》注云："化外人即外夷来降之人及收捕夷寇散处各地方者皆是。"对于化外人之解释与《唐律疏议》不同，恐非是。盖来降人等，已变成中国人，不必别立规定也。明代外人侨寓者视唐宋为少，且不见有蕃长等官，则其一切受治于本国法律固宜)。

依《唐律》本意，则中国法官审判外人罪犯时，"须问其本国之制，依其俗法断之"云尔，原则上并不以审判权授诸外人也。然对于外国而——调查其"俗法"，为事颇繁难，故为程序简易起见，往往委蕃长以便宜从事，然亦限于轻微罪而已，罪稍重者仍付正式法庭（《萍洲可谈》卷二："蕃人有罪，诣广州鞫实，送蕃坊行遣，……徒以上罪，则广州决断。"）。

然而官吏偷惰，奉行不善，时或放弃职权委诸外人，甚至中外斗讼之案，亦依蕃例「楼钥《攻媿集》卷八十八《特进汪公（大猷）行状》云："蕃商杂处民间，而旧法与郡人争斗，非至折伤，皆用其国俗。"」。

惟伉直守法之长吏，每当官而行，不稍假借（《宋史·王涣之传》："涣之知福州，未至，复徙广州。蕃客杀奴，市舶使据旧比，止送其长杖笞，涣之不可，论如法。"又《汪大猷传》："大猷知泉州。故事，蕃商与人争斗，非伤折罪，皆以牛赎。大猷曰：'安有中国用岛夷俗者？苟在吾境，当用吾法。'"又《张冠之传》："徙广南路转运使，夷人有罪，其酋长得自治，而多惨酷，冠之请一以汉法从事。"）。

其有滥用此特许的恩惠与惰力的习惯，而认为正当权利为治外法权之要求者，实自明成化间之日本人始，论史者有余恫焉耳（《明史·日本传》云："成化四年十一月，使臣清启复来贡，伤人于市，有司请治其罪，诏付，清启奏言：'犯法者当用本国之刑。'且自服不能钤束之罪，帝俱赦之。自是使者益无忌。"按：清启曲解《唐律》条文，不服裁判，而朝廷亦竟优容之。此领事裁判权痛史之第一幕也矣）。

（1925 年）